# RODOLPHE
## et
## les secrets de Mayerling

# DU MÊME AUTEUR

**Aux Éditions Perrin :**
*Louis II de Bavière ou le Roi foudroyé*, couronné par l'Académie française.
*Haussmann, la gloire du Second Empire*, Prix Historia.
*La Princesse Mathilde*, Prix Napoléon III.
*Sissi ou la fatalité*, Prix des Ambassadeurs.
*Eugénie, la dernière Impératrice*, Grand Prix de la Fondation Napoléon.
Albums illustrés de photographies de Jérôme da Cunha :
*Les Châteaux fous de Louis II de Bavière.*
*Sur les pas de Sissi.*
*Sur les pas de Mozart*, en collaboration avec Frédéric Pfeffer.
*Saint-Pétersbourg, sur les pas des tsars.*

**Aux Éditions du Rocher :**
*Il était une fois Monaco. Une famille, 700 ans d'Histoire.*
*Colette et Monaco.*
*Inoubliable Grace de Monaco.*

**Aux Éditions de Fallois :**
*Malesherbes, gentilhomme des Lumières*, Grand Prix de la Biographie d'Histoire de l'Académie française.

**Aux Éditions Julliard :**
*Sleeping Story, la fabuleuse épopée des Wagons-Lits.*

**Aux Éditions Denoël**, en collaboration avec Jean-Paul Caracalla :
*L'Orient-Express*, couronné par l'Académie française.
*Le Transsibérien.*
*Le Train Bleu et les Grands Express de la Riviera.*
*Les Trains des Rois et des Présidents.*
*L'Aventure de la Malle des Indes.*
*La Tour Eiffel* (Album du Centenaire).

**Aux Éditions Flammarion :**
*Mémoires d'un Palace.* Photographies de Jérôme da Cunha.

**Aux Éditions Barthélémy / Caisse nationale des Monuments historiques et des Sites :**
*Le Haut-Koenigsbourg*, en collaboration. Photographies de Robert César.

**Aux Éditions Dargaud / Chronique :**
*Chronique de Paris*, Rédacteur en Chef.

JEAN des CARS

# RODOLPHE
et les secrets de Mayerling

PERRIN
www.editions-perrin.fr

© Perrin, 2004.
ISBN 978-2-262-01719-4

*Pour André Castelot et Marcel Jullian,
qui m'ont donné ma chance,
pour Philippe Caloni,
qui m'a donné la parole.*
In memoriam (†)

*Pour Victoria et Ursula.
Avec gratitude et tendresse.*

# AVANT-PROPOS

C'était la veille de l'anniversaire d'un jour historique, celui de la fin d'une folie sans précédent, transformée, depuis plus de quatre années, en une guerre mondiale. Une large partie du Vieux Monde était devenue un cimetière. Quatre ans plus tôt, il était encore jeune, confiant, la fleur au fusil. Ce monde, inconscient, s'était jeté dans le gouffre et les survivants comprenaient que l'attentat de Sarajevo, le 28 juin 1914, avait sonné le glas de leur manière de vivre et d'un autre temps. Sarajevo avait tué le XIXe siècle qui s'était autorisé une rallonge. Une Europe, l'Europe, elle aussi, avait été assassinée. À moins que cet engrenage d'alliances, d'honneurs insultés, de provocations et de rodomontades ne s'apparente à un suicide...

C'était bien après. C'était le 10 novembre 1982. Venant de Paris, j'avais traversé Vienne, de l'aéroport à la gare du Sud. Dans la capitale autrichienne, le 11 novembre ne saurait être une fête. Et cependant, sous un ciel qui hésitait entre le gris et le bleu, une étrange atmosphère était palpable autour de la cathédrale Saint-Étienne, celle-là même où s'était marié ce garnement surdoué de Mozart. Des employés municipaux dressaient des barrières en bavardant avec des policiers, on évacuait les rares véhicules de cette zone piétonne. Une cérémonie ? Une manifestation ? Plus surprenante, pour le visiteur non averti, était la présence de drapeaux et d'étendards de l'ancienne monarchie. Les couleurs des Habsbourg ! Les armes impériales ! Au cœur de la métropole de l'Autriche fédérale et républicaine, ces symboles pouvaient étonner l'étranger de passage. Mais je savais ce qui se préparait et je pense avoir été, avec mon compagnon de voyage, l'un des rares Français informés de ce que des milliers de Viennois s'apprêtaient à vivre.

Dans un train confortable, nous roulions, sur la ligne Vienne-Trieste aux admirables paysages. Les défilés rocheux et ouvrages d'art témoignent que vers le Semmering, en Basse-Autriche, dès 1854, la voie audacieuse était la première construite en Europe à une altitude aussi élevée. Envoyés spéciaux du *Figaro Magazine*, le photographe François Guénet et moi nous dirigions vers le sud-est du pays, vers la Styrie, en direction de la frontière de ce qui était encore la Yougoslavie. L'Autriche grise de l'hiver restait accueillante mais combien elle me paraissait exiguë ! Depuis mon premier séjour, pour un autre reportage, en 1967, j'aimais profondément ce pays et malgré l'obstacle de la langue, j'avais appris à le connaître. D'ailleurs, c'était presque sans importance, « mon » Autriche avait la courtoisie de parler français. Nous allions atteindre Graz, la capitale de la Styrie, notre terminus. Déjà ! Je songeai à une mise en garde et à un constat. En 1815, dans les fastes trompeurs du congrès de Vienne, Talleyrand, comme d'habitude lucide, avait dit : « Ne détruisons jamais l'Autriche ! C'est le rempart de l'Europe ! » Un siècle, nationaliste et tourmenté plus tard, Clemenceau, aveuglé par sa victoire des armes et sa haine des Empires centraux, avait mis tout son poids pour réduire l'Autriche. « L'Autriche ? C'est ce qui reste ! » rugissait le Tigre lors des négociations du traité de Versailles. En effet, il en restait bien peu de cette Autriche jadis fière et vaste, multinationale et tolérante, maintenant battue et enchaînée à l'Allemagne défaite, écroulée, qui avait demandé et signé l'armistice de Rethondes tandis que son souverain moustachu, le complexé Guillaume II, s'enfuyait en Hollande. De plus, l'empereur François-Joseph était mort, le 21 novembre 1916, après l'un des plus longs règnes de l'Histoire : soixante-huit ans ! Dans ce triste hiver de guerre, alors que l'Italie, jadis liée à Vienne, avait rompu son pacte pour se ranger aux côtés des Alliés, le pays était orphelin de son vieux monarque accablé de malheurs, aimé, respecté, sans génie militaire certes mais avec un extraordinaire sens du devoir d'État. Premier fonctionnaire de son empire, figé dans des tragédies à répétition, sa vie n'était plus qu'un interminable faire-part de deuils. Un règne trop long ? Sans doute. Une grâce lui avait cependant épargné d'assister à l'écroulement final de son pays. L'agitation, la contamination bolchevique, avait gagné Vienne. Trois cent cinquante mille morts austro-hongrois pesaient lourd, la guerre était trop longue, trop coûteuse en vies. Le palais de Schönbrunn se vidait, la sécurité de la famille impériale n'y était plus garantie. Un fantôme s'y glissait encore, celui d'une femme très âgée, la dernière fille du chancelier de Metternich. Hallucinante vision, elle était inconsciente de la réalité. Vienne bougeait, devenait « rouge », comme Berlin. Dans le coin d'un salon de Schönbrunn, le courageux successeur de François-Joseph avait renoncé à régner, le 11 novembre 1918. Il avait signé avec un petit crayon. Toutefois, n'ayant pas abdiqué, l'empereur Charles I$^{er}$, s'il n'était plus, officiellement, qu'un souvenir, celui du dernier monarque autrichien, restait le roi Charles IV de Hongrie ; l'idée d'un royaume prolongé semblait possible. Et l'Autriche allait être restreinte au neuvième de sa superficie impériale ! Elle l'est toujours. Une partie de l'ancienne Pologne, de la Roumanie, la moitié des Balkans, la Bohême, la Moravie et la Slovaquie, le nord de l'Italie, tout était déchiré, en miettes, au nom des nationalismes triomphants. De nouveaux États seraient créés, on s'en réjouissait ; mais l'association forcée de vieux peuples était inquiétante, car ces populations se haïssaient et se déchiraient, parfois depuis l'Empire romain...

Pour l'Autriche, la période de 1945 à 1955 n'avait fait qu'amplifier, si l'on peut dire, cette peau de chagrin. On se souvient de l'atmosphère glauque, poignante, du fameux film de Carol Reed, *Le Troisième Homme*, avec un Orson Welles impliqué dans un trafic de pénicilline dans une Vienne occupée comme Berlin. Et la musique lancinante d'Anton Karas, à la cithare, s'accordait parfaitement au noir et blanc de ce chef-d'œuvre où ne manquent ni une poursuite dans les égouts ni la Grande Roue du Prater. Il a fallu attendre le traité du Belvédère, en 1955, pour que l'Autriche existât à nouveau, en plein soleil, sans honte. À condition d'être neutre, *la* condition pour que les chars soviétiques quittent enfin ce pays qui avait enfanté Hitler et sa rage de revanche, applaudi l'*Anschluss* en 1938. Notons que, en cette même année 1938, les Français avaient largement applaudi, eux aussi, de soulagement et de lâcheté béate, M. Daladier à son retour de la honteuse conférence de Munich. De l'aérodrome du Bourget à l'Élysée, bloquant la rue Royale et la place de la Concorde, la foule avait acclamé le « taureau du Vaucluse », surnom bucolique de M. Daladier. Qui osait s'en souvenir ?

L'Autriche de l'après Deuxième Guerre mondiale était donc de nouveau punie mais, noircie, détruite et pauvre, elle avait enfin le droit de revivre, dix ans après la fin officielle des hostilités. Une prolongation qu'il ne faut jamais oublier, même si, en zone française, au Tyrol, le général Béthouart sut être un occupant mesuré et gentilhomme. L'Autriche avait le droit de se reconstruire, de ne plus subir une quadruple occupation et de nous envoyer une délicieuse ambassadrice, Romy Schneider, un vrai bol d'air. La jolie et fraîche comédienne nous racontait, justement, l'apogée et le début de la fin de cette Autriche impériale à travers ses soucis familiaux, sa belle-mère intraitable et l'inconvénient de trop manger de délicieux gâteaux aux pommes quand on doit s'imposer le tour de taille de Sissi. Un an plus tard, les mêmes chars soviétiques tiraient sur le peuple hongrois, dans les rues de Budapest. À deux cent soixante-sept kilomètres de Vienne seulement.

La Hongrie... Jadis terre « associée à la Couronne » du temps de l'impératrice Marie-Thérèse, la Hongrie s'était révoltée contre les Habsbourg en 1848 et gardait comme jour de fête nationale le signal de cette rébellion durement matée, avec l'appui des troupes russes de l'époque, c'est-à-dire du tsar de fer, Nicolas I$^{er}$. Et par un atroce bégaiement de l'Histoire, la Hongrie, libérée par l'Armée rouge en 1945, avait donc été occupée et martyrisée par ses *libérateurs* en 1956... On peut encore voir les impacts de balles sur la colline du château de Buda. Le monde libre avait vécu, avec angoisse, ce combat dans un pays au-delà du « rideau de fer ». Il y eut des centaines de victimes dont un photographe de *Paris Match* ; ses clichés, implacables, vengeaient sa mémoire et prouvaient au monde libre l'horreur de la répression de MM. Khrouchtchev, qui avait déjà éliminé ses rivaux, et Andropov, l'ambassadeur de Moscou en Hongrie. Lui avait suivi les consignes du fossoyeur de Staline : il avait donné l'ordre de tirer. Je songeai à cette même ville de Budapest que j'aime, la perle du Danube où, le 30 décembre 1916, avaient été couronnés les successeurs de Sissi et de François-Joseph. En plein conflit mondial, le carrosse du couronnement avait été démonté dans les écuries impériales et transporté, par chaland, avec ses roues immenses, depuis Vienne. Moins de 300 kilomètres, mais le passage du cœur de l'Europe à l'Europe centrale avait quelque chose d'irréel. À peu près au même moment, Bucarest, la capitale roumaine, était prise par les armées des

Empires centraux, Aristide Briand venait de rejeter une proposition de paix allemande et Joffre, élevé à la dignité de maréchal de France, était écarté du haut commandement français. Oui, ce 30 décembre 1916, la sombre église Saint-Mathias, sur la colline de Buda, revivait l'émotion du couronnement des souverains de Hongrie, déjà empereur et impératrice d'Autriche. Le précédent remontait au 8 juin 1867, lorsque Franz Liszt tenait les grandes orgues pour le baptême, solennel et miraculeux, d'un prodigieux compromis, l'*Autriche-Hongrie*. Le musicien, avec sa belle tête d'oiseau encadrée de cheveux blancs, jouait enfin sa *Messe du Couronnement*. Dans le chœur, François-Joseph devenait Férenc Jozsef et Élisabeth se muait en Erzsébet, roi et reine apostoliques d'une nation très tôt christianisée. Une sombre mosaïque, à gauche de l'autel et au niveau de la tribune, commémore l'événement, mais personne ne la remarque.

Tant d'images et d'événements soulignaient une histoire incroyable. Il me suffisait de feuilleter le vieux guide *Baedeker*, ce mentor de toile rouge ou vanille, à lettres d'or. C'était inouï. En 1888, le guide réunissait déjà *Allemagne du Sud* et *Autriche* en un volume ; l'*Allemagne* comprenait 128 pages, l'*Autriche-Hongrie* le double, avec Prague, Marienbad mais aussi Presbourg (aujourd'hui Bratislava), Cracovie, les monts Tatras, mais encore Agram (aujourd'hui Zagreb), Belgrade et Fiume (aujourd'hui Rijeka). L'*Autriche-Hongrie* allait jusqu'à Spalato (aujourd'hui Split), Raguse (Dubrovnik) et même aux splendides bouches de Cattaro (aujourd'hui Kotor), à la frontière du Monténégro. Et dans les montagnes, vers le centre-sud, une cité orientale de la Bosnie-Herzégovine annexée par Vienne en 1908 pointait ses minarets vers un ciel de plus en plus chargé, Sarajevo.

Le train était arrêté et mon rêve d'Histoire achevé. Graz, promue capitale culturelle de l'Europe en 2003, nous accueillait ce jour de novembre 1982 dans le calme provincial d'une très ancienne cité. Vers le milieu du XVIIe siècle, au temps du péril ottoman, Graz avait été fameuse, entre autres, pour son arsenal, l'un des plus vastes du monde. Agacé, Napoléon en avait rasé les remparts en 1809. Avant 1918, la ville était le paradis des fonctionnaires et des officiers en retraite. C'était, selon le mot de la duchesse de Berry sur la route de l'exil en 1833, « un joli pays assez proche de l'Italie ». Une douceur de vivre révélée par ses cafés, ses théâtres, ses salles de concert et même un opéra. La capitale oubliée d'un dilettantisme cultivé, bordant la Hongrie et la Slovénie. La frontière franchie, le nom de la ville la plus importante s'écrivait en deux langues, Laibach en allemand, Lubljana en slovène. Un monde multiple. Avant 1914, dans ces pays de la *Mitteleuropa*, on ne savait jamais où on était exactement ! Certaines villes avaient trois noms. Qui sait encore que l'actuelle Bratislava, l'ancienne Presbourg, fut aussi Pozsóny lorsqu'elle était la capitale de la Hongrie, au temps où Mozart venait y jouer pour une bourse d'or ? De fameux pièges géographiques et linguistiques ! Depuis 1945, on avait simplifié. Du moins, les diplomates le prétendaient. Hélas, tous n'étaient pas géographes.

On était venu nous chercher à la gare. Dans une voiture familiale, nous allions vers le château de Waldstein, appartenant à des princes de Liechtenstein, cousins des souverains régnant à Vaduz. Mes contacts, un jeune couple, elle Française, lui Autrichien, étaient charmants. C'était à eux que je devais la raison de ce voyage. En exclusivité pour *Le Figaro Magazine*. j'avais rendez-vous avec l'ultime grand acteur et témoin de cette Europe fracassée. Une audience avec Sa Majesté l'impératrice et reine Zita, dernière souveraine d'Autriche-Hongrie. « Zita ? » m'avait demandé, sceptique, quelqu'un de la rédaction, « elle n'est pas morte ? » Non, elle n'était pas morte. Son Europe l'était et elle avait échappé au pire, y compris à plusieurs tentatives d'empoisonnement, mais elle vivait toujours. Elle allait même revivre une partie de son destin à Vienne dans deux jours. Les barrières pour contenir la foule autour de la cathédrale de Vienne, les rues dégagées, les drapeaux étaient pour elle. Zita revenait en Autriche après... soixante-trois ans d'exil ! Née en 1892, elle avait donc quatre-vingt-dix ans. Elle n'avait accordé aucun entretien, aucune audience à un journaliste ou historien français[1]. En dehors du Gotha et de sa famille, peu de gens savaient qu'elle était encore en vie ni même qui elle était.

---

1. En revanche, elle avait accueilli favorablement un journaliste et historien anglais, Gordon Brook-Sheperd, qui publia une biographie de l'empereur et roi Charles d'un ton nouveau, *The Last Habsburg* (1968), et le journaliste viennois Erich Feigl. Ce dernier tourna, pour une chaîne de télévision autrichienne, un documentaire-entretien d'une heure, diffusé, avec un grand retentissement, le 21 décembre 1972. Ce film est devenu un livre à

Rappelons que Zita était née princesse de Bourbon-Parme, une fille parmi les douze enfants que le duc de Parme avait eus de sa seconde épouse. La première était décédée peu après un accouchement ; elle aussi avait eu douze enfants ! Zita était la... dix-septième enfant de son père, Robert, duc de Parme ! Née en Italie, à Pianore, près de Viareggio, autrefois célèbre pour son carnaval, Zita avait épousé, en 1911, l'archiduc Charles de Habsbourg-Lorraine, petit-neveu de François-Joseph. Après l'assassinat de l'héritier du trône, François-Ferdinand, à Sarajevo, le nouveau successeur désigné du vieil empereur accablé était Charles. Et le 21 novembre 1916, Charles et Zita devenaient souverains d'Autriche-Hongrie, en pleine Première Guerre mondiale. Le couronnement à Budapest évoqué plus haut, c'était le leur...

Ils régnèrent moins de deux ans et furent les derniers à occuper les appartements impériaux de la Hofburg. Tous deux tentèrent, désespérément, de sortir leur pays de la guerre. Zita, dont deux frères servaient dans l'armée belge – donc adversaires de l'Autriche-Hongrie –, soutint, en Suisse, une négociation de paix séparée avec la France. En raison d'une fuite du côté italien, le projet arriva jusque chez Clemenceau, président de la commission de l'armée et des Affaires étrangères au Sénat, au printemps 1917. Pourfendant le défaitisme, *le Tigre* s'opposa de toutes ses forces – et elles étaient vives – à cette solution partielle. En réalité, il ne voulait rien devoir à des monarques, des Bourbons, des Habsbourg, de surcroît notoirement catholiques. Depuis toujours, l'idéologie républicaine et athée faisait partie de son combat, par ailleurs efficace et courageux après les graves défaillances du commandement et les mutineries. La guerre dura donc un an de plus et fit des dizaines de milliers de morts supplémentaires. Et tous les empires impliqués dans le conflit s'écroulèrent.

Le 11 novembre 1918, Zita et son mari sont condamnés à s'effacer, dans une misère matérielle totale. Charles a renoncé à régner mais il n'a pas abdiqué. La famille se retire près de Vienne. Le lendemain, la république est proclamée mais, selon

---

succès en Autriche. Une version française, sous le titre *Zita de Habsbourg, mémoires d'un empire disparu*, a été publiée près de vingt ans plus tard, avec une remarquable préface de François Fejtö, dans une traduction de Jacques Denis et Georges-Albert Salvan (Critérion, 1991).

le mot d'un politicien de l'époque : « ... Maintenant, l'Autriche est une république sans républicains. » En 1919, les biens de la famille sont confisqués. En octobre 1921, une double tentative de restauration monarchique en Hongrie, dans laquelle le régent, l'amiral Horthy, joua un rôle trouble que l'avenir devait confirmer, aggrave la situation des souverains déchus. L'échec du coup d'État a compromis directement Zita et Charles, qui y ont participé. Sur ordre des Alliés, ils sont relégués sur l'île de Madère où, dès novembre, les conduit un bâtiment britannique. Madère, jardin tropical dans l'Atlantique, à mille kilomètres des côtes portugaises et où Sissi, quelque soixante ans plus tôt et au début de son mariage, avait tenté de reprendre des forces et le goût de vivre... Le 1$^{er}$ avril 1922, l'empereur et roi Charles meurt d'une pneumonie et aussi de privations. Il n'avait que trente-quatre ans... Zita est si démunie que le corps de son mari est transporté sur une charrette de l'île. Zita a trente ans, elle a sept enfants et est enceinte d'un huitième ; elle est veuve et proscrite par la nouvelle Europe de MM. Clemenceau et Wilson. Dans un récent livre, qui a connu un légitime succès, le journaliste, historien et essayiste Jean Sévillia a raconté en détail le destin de *Zita Impératrice courage* (Perrin, 1997 et rééditions). Un sort poignant qui, de l'Espagne à la Belgique et après un refuge en Amérique du Nord, a conduit Zita vers une Europe à nouveau dépecée par un renard nommé Staline.

L'Autriche, cependant, lui restait interdite. Depuis 1961, elle vivait en Suisse orientale, à Zizers, près de Coire (Chur), à l'abbaye de Saint-Johann. L'ancien couvent était devenu une maison de retraite tenue par des religieuses. Zita y occupait trois petites pièces ; le mobilier était des plus simples et il était propriété de l'institution. Zita priait et travaillait. Elle écrivait beaucoup sur une machine à écrire portative, dactylographiant des dizaines de lettres chaque jour, répondant à un courrier insoupçonné, quelquefois à la main. Son activité intellectuelle était permanente. Debout à 5 heures du matin, elle lisait trois grands journaux par jour (un autrichien, un français, un américain d'audience internationale), écoutait les radios en allemand. La télévision restait inconnue et les pensionnaires s'en passaient fort bien. Sa vie, discrète, effacée, était celle d'une femme foncièrement chrétienne, qui ne se plaignait pas, suivait les chaos du monde et avait réussi à élever ses enfants, dont l'aîné, S.A.I. et

R. l'archiduc Otto de Habsbourg, était devenu un observateur particulièrement autorisé de la construction européenne, un parlementaire brillant et respecté, d'une curiosité universelle, s'exprimant parfaitement et avec pertinence dans huit langues.

Nous étions enfin arrivés. À Waldstein, nous étions les hôtes du prince Henri de Liechtenstein et de son épouse Élisabeth, la dernière fille et le dernier enfant de Zita. Nous fûmes conduits à nos chambres. Tout était à l'image des Habsbourg, simple, patiné par les siècles. La grandeur sans excès. Une atmosphère de famille, dans une exquise courtoisie. Et on nous prévint que Sa Majesté nous recevrait une heure plus tard. François Guénet préparait ses appareils, choisissait des angles, sélectionnait des lumières ; je m'affairais avec mes questions préparées et mon magnétophone, lequel, bien entendu, semblait défaillant ! Le motif officiel de ce reportage était, évidemment, le retour de l'ancienne souveraine en Autriche. Aucune loi n'ayant, comme en France, effacé celles de l'exil votées en 1955, comment Zita pouvait-elle se trouver très officiellement en Autriche et préparer un retour spectaculaire à Vienne ? J'avais su que depuis le début du mois de mai 1982, la République autrichienne permettait à Zita de revenir. L'annonce en avait été faite par la presse, comme une indiscrétion volontairement divulguée. C'était une décision personnelle du chancelier Bruno Kreisky, socialiste, dont le grand-père avait été un fonctionnaire de l'empereur. À une question posée à la sortie du Conseil des ministres, il avait répondu, avec mansuétude : « Si c'est juridiquement possible, nous trouverons une solution humaine. » Après des décennies de blocage et de refus méprisant du gouvernement de Vienne, le Chancelier ne s'opposait donc plus à ce que Zita puisse enfin se recueillir sur la tombe de sa fille aînée, Adélaïde, décédée en 1971, enterrée à l'est d'Innsbruck, à Tulfes, dans le Tyrol, région où le sentiment monarchiste est demeuré très présent. Depuis cette date, Zita réclamait, humblement, de pouvoir prier à l'endroit où était inhumée cette fille née au début de 1914. À l'origine du revirement des autorités, j'avais appris que Juan Carlos, le roi d'Espagne, était lui-même intervenu auprès du chancelier autrichien lorsqu'il passait ses vacances dans l'île de Majorque. Et après deux ans de négociations discrètes, le souverain avait fait remettre à l'impératrice un passeport diplomatique espagnol.

Dans ce geste, on retrouvait le sang d'un autre roi d'Espagne, Philippe V, petit-fils de Louis XIV dont Zita était, par son père, une descendante. Le document était accompagné d'un ancien passeport espagnol établi un demi-siècle plus tôt (!) à l'un des titres, peu connus, de Zita. Au passage, on notera, comme l'a fait remarquer Jean Sévillia, que l'exil imposé à Zita avait été déclaré... illégal par la Haute Cour de justice administrative autrichienne en 1980. Zita pouvait donc revenir dans ce pays. Elle en avait été la souveraine, elle n'était pas – et n'avait jamais été – prétendante. La République n'avait rien à craindre d'une digne arrière-grand-mère de près de quatre-vingt-dix ans.

Tout étant réglé et Zita ayant écrit au chancelier Kreisky pour le remercier, la princesse Élisabeth, notre hôtesse, avait été chercher sa mère en Suisse, dans une petite Volkswagen bleue. Au retour, le 16 mai 1982, au poste-frontière de Feldkirch, les policiers et douaniers autrichiens avaient reçu l'ordre de se mettre au garde-à-vous. C'était ainsi que pour la première fois depuis le 24 mars 1919, Zita avait eu le droit de revoir ce pays dont elle avait été chassée en franchissant, dans l'autre sens, la frontière, exactement au même endroit que lors de son départ... soixante-trois ans plus tôt ! Quelle revanche sur l'Histoire !

J'avais le cœur battant de rencontrer cette vieille dame que ma grand-mère paternelle, d'origine chilienne, avait connue, lors d'une retraite, à l'abbaye de Solesmes (Sarthe). J'avais un second motif à mes questions. Je préparais alors une biographie de Sissi. Et après cinq années de recherches, je comptais avoir la chance de pouvoir demander à S.M. Zita son sentiment sur l'épouse de François-Joseph. Car, ne l'oublions pas, après l'assassinat de Sissi, à Genève, le 10 septembre 1898, le trône féminin de la double monarchie resta vide jusqu'au 21 novembre 1916. Après dix-huit années, Zita avait donc succédé à Sissi. Il était difficile de comparer deux femmes aussi différentes ; c'était pourtant ce que je me proposais de faire discrètement, en complément à mon reportage pour *Le Figaro Magazine*.

À 5 heures du soir, le prince Vincent de Liechtenstein et son épouse (il était alors marié à une Française née Hélène de Cossé-Brissac), vint nous chercher. Dans une vaste chambre qui sentait bon le bois ciré, Zita nous attendait. Debout, appuyée sur deux béquilles. Et en noir, bien sûr. Ne portait-elle pas le deuil d'une

Europe défunte ? Elle nous souriait. Nous nous inclinâmes, émus. Dans un excellent français, elle me dit : « Asseyez-vous, monsieur. Je vous en prie... J'ai eu la joie de connaître votre merveilleuse grand-mère. Nous avons prié ensemble... » Les princes, ses petits-enfants, s'étaient retirés. Nous étions seuls avec cette femme petite qui était une grande dame par son courage, sa foi, la profondeur de ses sentiments. N'était-elle pas, par son ascendance et sa descendance, comme la reine Victoria le fut en son temps, la grand-mère de l'Europe ? François Guénet photographiait, avec pudeur et tact. Toutes mes questions recevaient une réponse, claire et argumentée. L'impératrice avait une mémoire étonnante ; elle connaissait fort bien ce dont elle parlait. L'entrevue était passionnante et le moment privilégié, car, si on pouvait se souvenir de cette femme d'un autre temps, la rencontrer était absolument exceptionnel, surtout à la veille de son entrée dans Vienne. Soudain, l'impératrice m'interrompit alors que j'évoquais, indirectement, la tragédie de Mayerling et le sort de l'archiduc héritier Rodolphe, afin de connaître son opinion sur ce décès qui avait fait couler tant d'encre.

La vieille dame s'anima davantage et même s'empourpra. Et me fixant de son regard perçant, elle me dit : « Vous devez savoir que Rodolphe, le fils unique de François-Joseph et de Sissi, ne s'est pas suicidé... Il a été assassiné. Tout ce qu'on a dit et écrit sur ce drame est faux ! » J'étais stupéfait ! Alors que je n'attendais rien de particulier sur cette célèbre énigme transformée, depuis longtemps, en inépuisable roman-photo, Zita balayait l'hypothèse classique et imposée pour lancer une accusation d'une rare gravité. Elle devait avoir ses raisons... En tout cas, c'était la première fois depuis l'événement, c'est-à-dire depuis 1889, qu'une personne de son rang avançait une telle assertion. « Rodolphe a été assassiné... »

J'eus du mal à poursuivre l'entretien, car cette révélation était une bombe ! Pourquoi ? Comment ? Par qui ? Pour quelles raisons la vérité avait-elle été cachée ? Et toutes ces rumeurs ? Et pourquoi un tel silence pendant quatre-vingt-treize ans ? Etc. Les déclarations de la veuve de Charles étaient un véritable séisme historico-politique. Et Zita prenait le risque de me confier ses assertions la veille de son entrée officielle dans Vienne ! Justement, avec le calme des gens qui ont vécu le pire et n'ont plus aucune crainte, l'impératrice ajouta : « Donnez-moi votre parole d'honneur que vous ne révélerez ce que je viens de vous dire à personne avant que je ne me sois exprimée devant la presse autrichienne. C'est essentiel. Je vous fais confiance. Puis-je compter sur vous ? » La situation se compliquait. Je tenais un « scoop », une formidable exclusivité en plus de notre rencontre. J'expliquai à l'impératrice que je préparais une biographie de Sissi et que de telles informations, passionnantes et bouleversantes venant d'elle, seraient précieuses pour ce livre. Elle promit de me faire prévenir dans les délais techniques qui me permettraient de réagir, sans doute à la fin de l'hiver.

Après les photographies, reprises un peu partout lors de leur publication, un dîner en famille était prévu, à 7 heures du soir, car Zita aimait se coucher de bonne heure.

Il est inutile de dire que je passai la nuit à réfléchir sur la stupéfiante affirmation de l'impératrice. Le surlendemain, 13 novembre, son retour dans Vienne fut triomphal. Les milieux progressistes, dominants à Vienne, annonçaient qu'il y aurait peu de monde « pour voir cette vieille dame qui ne représentait plus rien »... Or – et j'en fus l'un des témoins – il y eut des milliers de personnes (vingt mille, d'après la police), dont beaucoup de jeunes arborant des chemises et blousons aux armes des Habsbourg qui envahirent les rues piétonnes et se précipitèrent dans la cathédrale ; sous le porche, se trouvait déjà le cardinal-archevêque de Vienne, Mgr König. Zita arriva dans la même petite voiture bleue de sa fille, après avoir attendu dans un hôtel voisin, l'hôtel... Élisabeth ! Après s'être agenouillée devant la Vierge, à droite en entrant, Zita fut applaudie, ce qui est insolite et gênant, lorsqu'elle arriva jusqu'au chœur ! Au premier rang, les ambassadeurs des anciennes nations de l'Empire étaient présents à titre officiel. En uniforme fin de siècle, avec casque et plumet, un détachement rendit les honneurs. Et la foule entonna le *Gott erhalte*, l'ancien hymne chanté jusqu'en 1918 ! La foule était si dense qu'une brigade antiémeutes dut dresser un cordon de sécurité autour de la vieille dame qui risquait d'être étouffée par la ferveur populaire. Dans cette cohue, des hommes âgés rappelaient, fièrement, qu'ils avaient servi sous les ordres de l'empereur et roi Charles. Quelle revanche et quelle leçon ! Une journée extraordinaire. Et, à la une de plusieurs journaux, Zita la revenante prenait plus de place que le défunt M. Leonid Brejnev, décédé la veille... Comme l'écrira, en 1997, Jean Sévillia, un des petits-fils de Zita, alors âgé de vingt et un ans, l'archiduc Karl, se souvient que « ... tous voulaient parler avec elle, la toucher ; pour un peu, ils auraient pris une de ses cannes, comme une relique ».

Mon reportage parut une semaine plus tard. Comme convenu, je n'y fis aucune mention de l'opinion de l'impératrice sur Mayerling. Et, tout en travaillant pour le magazine et à mon livre, j'attendais... Le 10 mars 1983, un appel téléphonique d'Autriche m'informa que Zita avait accordé un long entretien à un important journal de Vienne qui devait être publié à partir du lendemain. L'embargo était levé. Dans le quotidien à grand tirage *Kronen Zeitung* des 11, 12, 13, 14 et 15 mars 1983, elle répondait aux questions de l'envoyé spécial, M. Dieter Kindermann. Cette série fit grand bruit et dérangea beaucoup de monde. Zita n'employait pas la langue de bois. L'ancienne souveraine de cinquante-trois millions de sujets parlant quinze langues et pratiquant cinq religions affirmait, entre autres, que Rodolphe ne s'était pas suicidé.
Les polémiques enflèrent. Beaucoup affirmèrent, alors qu'ils ne l'avaient jamais rencontrée, qu'elle perdait la tête, ce qui était faux. L'impératrice avait toutes ses facultés mentales, sa mémoire était toujours aussi précise et ses arguments donnaient à réfléchir si l'on voulait se donner la peine de les examiner sans *a priori*. L'affaire était relancée par quelqu'un qui avait bien connu les contemporains du drame, dont François-Joseph. Les courants socialistes et d'extrême gauche étaient furieux des offenses à la République que, selon eux, Zita multipliait. Simplement, beaucoup d'Autrichiens avaient retrouvé la mémoire après une occultation et une déformation bien orchestrées de leur passé. Au Tyrol, à chaque apparition de Zita, les autorités, gouverneur en tête, lui réservaient le traitement de « Majesté ». De même, l'archiduc Otto, reconnu dans une rue d'Innsbruck, était salué comme le « Kaiser ». Moins de trois mois plus tard, début juin 1983, la première édition de mon livre *Sissi ou la Fatalité* parut avec un long chapitre annexe sur le drame de Mayerling à la lumière de ces affirmations. Ce contenu en français, si vite imprimé dans un ouvrage historique, en surprit beaucoup, à commencer par de nombreux Autrichiens.

On sait que Zita, décédée le 14 mars 1989, fut, selon son vœu, enterrée le 1er avril, jour anniversaire de la mort de son mari. C'était un samedi. Ses obsèques rassemblèrent à Vienne un million de personnes, chiffre considérable dans un pays comptant environ huit millions d'habitants. Les funérailles de l'impératrice et reine prirent des allures de cérémonie nationale. Le président, Kurt Waldheim, y assista, ce qui aggrava les critiques contre lui. Le maire de Vienne, le socialiste Helmut Zilk, n'eut pas la mémoire courte. Non seulement il était présent, mais il s'était fait précéder d'une couronne de fleurs avec, sur le ruban, cette devise des Habsbourg-Lorraine : « Pietate et Concordia » (Piété et bonne entente), devise du frère de Marie-Antoinette, l'empereur Joseph II, très imprégné de l'esprit fraternel des Lumières. En revanche, le chancelier autrichien, Franz Vranitzky, socialiste, s'illustra par une absence regrettable et un commentaire déplacé sur « Madame Zita Habsbourg, une personne privée » ! On peut ajouter que le contentieux entre l'ancienne monarchie et la République n'est pas soldé chez certains en 2004. En effet, dans la dernière édition du guide officiel des appartements impériaux de la Hofburg, on lit, avec une surprise peinée, que Zita « (...) *resta en exil et vécut ses dernières années en Suisse*, où elle décéda en 1989. *Ce n'est qu'après sa mort qu'elle put rentrer en Autriche*[1] ». Comme on vient de le voir, cette assertion est spectaculairement fausse. Un mensonge flagrant, une choquante désinformation que l'on a du mal à comprendre, à moins de considérer le retour triomphal de Zita en 1982, sa large couverture médiatique et ses multiples voyages comme des hallucinations partagées par des millions de gens...

Le contribuable républicain ne fut pas sollicité pour l'adieu à la dernière souveraine, les frais de la cérémonie ayant été entièrement supportés par la famille. Zita – elle l'avait annoncé elle-même –, tout en répétant et en amplifiant sa mise en cause de la version officielle de Mayerling, n'avait pu prouver ce qu'elle avançait. L'essentiel, pour elle, avait été de lancer ce pavé dans la mare des clichés depuis l'Autriche. Fût-elle restée en exil, l'impact eût été faible, voire nul. Depuis, qu'on le veuille ou non, le doute plane lourdement sur les causes et les circonstances de la tragédie. À la faveur de l'effondrement du bloc communiste

---

1. Texte de Ingrid Haslinger et Katrin Unterreiner, p. 19.

qui a libéré beaucoup de sources occultées, de recherches en Europe centrale et d'une enquête sur Rodolphe avant le drame (il a vécu trente ans), je me propose de réétudier, sans parti pris, le destin de ce prince de la vieille Europe qui allait s'écrouler en 1914. Intelligent, séduisant, libéral et rebelle comme sa mère, l'archiduc pourrait avoir été, au matin du 30 janvier 1889, la proie d'une première tentative de déstabilisation de l'Autriche-Hongrie, donc de l'Europe. De Mayerling à Sarajevo, dans un cas comme dans l'autre, la victime avait le même statut : il était le successeur désigné de François-Joseph.

CHAPITRE 1

UN ENFANT SANS AMOUR

Elle souffre. Beaucoup. Le 21 août 1858, dans les chaleurs de l'été en Basse-Autriche, la jeune impératrice est dans les douleurs de son troisième enfant. L'événement se situe au château de Laxenburg, à quinze kilomètres au sud de Vienne. Résidence impériale dont les anciens bâtiments remontent à 1377 et les nouveaux à l'an 1600, Laxenburg, sur la rivière Schwechat et le canal de Vienne à Neustadt, n'offre rien de remarquable mais l'endroit est agréable avec un joli lac et peu éloigné de la capitale. Si le parc à l'anglaise est toujours ouvert aux visiteurs, les vergers et les parterres sont fermés. Détruit par l'Armée rouge après 1945, le château a été reconstruit. En plus de la souffrance physique, beaucoup plus vive que lors des précédentes délivrances, la douleur morale est très pénible. Celle que le monde entier, après sa famille, surnomme Sissi (l'orthographe correcte est d'ailleurs, en allemand, Sisi mais... passons !) est bien davantage atteinte par l'impudeur de la situation que par les lois naturelles de la délivrance. En effet, la tradition, qui sera le premier ennemi de l'épouse de François-Joseph, exige que la naissance des altesses impériales de la cour d'Autriche se déroule en public. Ainsi, nul ne peut contester une descendance ni dénier le droit du sang dans les règles de succession. On pourrait rappeler la honte qu'avait éprouvée Marie-Antoinette, archiduchesse d'Autriche devenue reine de France, qui avait accouché de sa fille, Madame Royale, au milieu d'une véritable cohue... et avait exigé d'être seule avec les sages-femmes pour la naissance du Dauphin, un caprice qui avait aggravé l'impopularité de « l'Autrichienne. » Que les monarchies européennes aient, depuis longtemps, imposé que des héritiers dynastiques voient le jour en public ne pouvait que choquer Sissi. Si elle incarne le charme, la fantaisie, l'indépendance et un profond amour de la nature, Sissi supporte fort mal les intrusions dans sa vie privée. Tous ces regards sur son corps sont si effrayants qu'elle aimerait s'enfuir. Sa vie ne sera-t-elle pas une interminable fuite du protocole au nom de la liberté ?

Mais en ce 21 août, six jours après le vingt-huitième anniversaire de l'empereur, Élisabeth subit une autre contrainte, celle de donner enfin un héritier mâle à la Couronne. Sept siècles d'histoire pèsent sur cette ravissante femme de vingt et un ans, sept siècles et une tragédie insupportable. En effet, onze mois après son mariage le 24 avril 1854, Sissi avait donné le jour à un premier enfant, une fille, le 5 mars 1855. Déjà, le choix du prénom avait provoqué un affrontement avec sa belle-mère, l'archiduchesse Sophie, également sa tante puisque sœur de la mère de Sissi. Une crise ! Encore une ! La grand-mère, que le chancelier de Metternich avait jadis qualifiée de « seul homme de la famille », avait imposé sur-le-champ son propre prénom pour l'enfant. Aucune discussion n'était possible. La mère de François-Joseph, aux indéniables qualités de vigueur et d'énergie, n'entendait pas être reléguée au deuxième rang par sa belle-fille, d'autant moins qu'elle la jugeait fantasque, irréfléchie, indigne d'être l'épouse d'un Habsbourg-Lorraine régnant sur cinquante-deux millions de sujets. Sissi était une princesse bavaroise, une Wittelsbach de la branche cadette, duchesse *en* Bavière, qui n'avait pas de manières et manifestait des goûts bourgeois comme celui de vivre avec son mari ! Quelle décadence ! Certes, elle était une cousine, mais dans le cœur de François-Joseph, elle avait supplanté la fiancée officielle, Hélène, sa sœur aînée. Et ce coup de foudre entre son fils de vingt-trois ans et la jolie sauvageonne de quinze ans restait une faute impardonnable. Sophie, l'archiduchesse de fer, ne pardonnait pas. Quoi qu'elle fît, sa belle-fille et nièce aurait tort. L'amour ne saurait primer sur le devoir d'État[1].

Le destin avait, malheureusement, donné raison à cette femme intransigeante. Sissi, par bravade et par amour maternel, avait absolument voulu que la petite Sophie soit du voyage organisé en Hongrie à la fin du printemps 1857. Une initiative folle,

---

1. Voir, du même auteur, *Sissi ou la Fatalité*, réédition 2003, Perrin.

d'après l'archiduchesse. Emmener une enfant sujette aux fièvres (les dents, assurait le docteur Seeburger, médecin de la Cour) dans la fournaise du début de l'été hongrois était insensé.

Politiquement, ce déplacement de l'empereur vers le pays magyar dont la révolte avait été écrasée dans le sang en 1849 était une tentative d'apaisement, sinon de réconciliation. Entre les Hongrois et les Habsbourg, le contentieux demeurait lourd, l'empereur jouant un jeu ambigu avec la Russie qui l'avait aidé à mater la rébellion danubienne. François-Joseph avait bien senti que la présence de sa jeune et jolie femme serait un atout. Partout où elle paraissait, Sissi faisait la conquête des gens... sauf à la cour de Vienne ! Et Sissi parle déjà un peu la langue de Liszt. Que leur premier enfant soit présenté à l'aristocratie et au peuple hongrois ne pouvait qu'être un geste apprécié. D'âpres discussions, des susceptibilités et des remarques de bon sens avaient ponctué les préparatifs du départ. Pour une fois, l'empereur avait approuvé sa femme : la petite Sophie serait du voyage, avec une suite et un entourage appropriés. Le deuxième enfant du couple impérial, également une fille, Gisèle, née le 15 juillet 1856, accompagnerait aussi ses parents. Sous un prétexte nationaliste, l'archiduchesse avait refusé de monter à bord d'un bateau à vapeur battant pavillon hongrois pour descendre le Danube. Sissi et son mari échapperaient donc à sa surveillance sans relâche pour se retrouver, en dépit d'un programme aussi lourd que délicat. Pour la deuxième fois de sa vie, l'empereur son fils lui avait désobéi. On lui retirait sa petite-fille ! Il faut préciser que depuis sa naissance, la petite Sophie était littéralement couvée par sa grand-mère qui la présentait à son cercle de dames de la Cour. Et quand la maman, contrariée, apparaissait, elle n'avait droit qu'à des sourires forcés et des propos peu aimables. « Lui laisser son enfant ? Jamais ! » répondait l'archiduchesse à François-Joseph, embarrassé de ces disputes incessantes. Mais d'habitude, il cédait, au nom d'une complicité politique avec sa mère ; c'était avec elle qu'il évoquait les affaires de l'Empire. Avec elle et non avec Sissi... Cette fois, il lui avait tenu tête. Furieuse et vexée, l'archiduchesse avait regardé partir le cortège avec humeur.

Au début de mai 1857, à Buda[1], Gisèle était tombée malade mais s'était remise. Elle avait une solide constitution. En

---

1. Buda et Pesth, de chaque côté du Danube, ne seront administrativement réunies qu'en 1873, pour former la capitale de la Hongrie.

revanche, sa sœur était de plus en plus rouge et fiévreuse. Revenue en hâte d'une tournée dans le sud-est de la Hongrie, l'impératrice veilla sa fille jour et nuit. On diagnostiqua la typhoïde mais il était déjà trop tard. La petite Sophie s'était éteinte le 28 mai ; elle avait deux ans. C'était sa mère, hagarde, hébétée, qui lui avait fermé les yeux. Une première fois, la fatalité frappait Sissi de la manière la plus cruelle. Accablée, Élisabeth entrait dans le cauchemar d'une injuste punition. Non seulement il lui était interdit d'élever ses enfants et elle ne pouvait les voir qu'à certaines heures du jour, mais la seule fois où elle était parvenue à les soustraire à leur grand-mère abusive, la plus atroce sanction lui arrachait son premier enfant. François-Joseph avait envoyé un télégramme à sa mère : « Notre petite est un ange au Ciel. Nous sommes anéantis. Sissi se soumet avec résignation à la volonté du Seigneur. » C'était faux. Son chagrin avivait sa révolte, elle en voulait au Ciel, marmonnant : « Quand il frappe, le Très-Haut est implacable. » À Vienne, l'archiduchesse répétait, presque avec une revanche morbide, qu'elle s'attendait à ce châtiment puisque sa belle-fille s'était mal comportée. Le fossé entre les deux femmes ne serait plus jamais comblé. Il n'y aurait ni armistice ni pause. Sa belle-mère triomphait en silence, Sissi n'en était que plus frustrée et désespérée. Et, très vite, elle avait dû mettre tout son amour dans l'espoir d'être de nouveau enceinte. Après deux filles, ce qui avait visiblement déçu la famille et la Cour, Élisabeth de Wittelsbach était psychologiquement mise en demeure de donner un fils à l'empereur. Après cet effroyable été, le chambellan de la Cour avait annoncé, au cours de l'hiver, que Sa Majesté Impériale attendait un heureux événement. Heureux ? C'était l'enfant du devoir. Et Élisabeth priait pour que ce fût un garçon, car elle ne pouvait douter qu'on ne laisserait pas son corps en repos avant la naissance d'un mâle.

À l'aube du 21 août, l'archiduchesse, que François-Joseph a informée par télégramme matinal de l'imminence de la délivrance, s'est dirigée vers la chapelle du château de Laxenburg. Et, sur son injonction, l'aumônier a exposé le saint sacrement. Puis, en fin d'après-midi, la mère de l'empereur a fait une entrée qui se voulait humble et discrète dans la chambre de sa belle-fille. Depuis, elle reste silencieuse, en prière. Sissi gémit au milieu d'un immense lit. La chaleur est étouffante, des vapeurs de brume entourent Laxenbourg, ce château où Sissi avait passé sa nuit de noces, dans la partie de plain-pied élevée au XVIIe siècle, le Blauer Hof. Sa mélancolie naturelle s'était amplifiée dès sa lune de miel, sa belle-mère tentant de refaire son éducation puisqu'elle la considérait comme une écervelée, une sotte, ravissante, certes, mais sans la moindre expérience ni assurance. L'archiduchesse aurait pu réussir si elle avait été diplomate, patiente et compréhensive avec une toute jeune femme de seize ans scrutée par une cour soupçonneuse. Mais à l'innocence, elle n'avait opposé qu'une poigne de fer. Elle avait même fouillé dans les affaires de Sissi, sur les indications d'une femme de chambre à ses ordres, pour dénicher la seule manière qu'avait sa belle-fille de s'échapper ou, du moins, de se livrer pour décharger son cœur lourd, ses poèmes. Elle en écrivait depuis l'âge de dix ans, aux chevaux, aux chiens, au vent, aux lumineuses montagnes de haute Bavière.

La nature était son univers. Désespérée de se sentir prisonnière et de ne pas trouver un appui assez réconfortant chez son mari, Élisabeth la Bavaroise traçait ces lignes, deux semaines après son mariage :

> *Oh, puissé-je n'avoir jamais quitté le sentier*
> *Qui m'eût conduit à la liberté !*
> *Oh, sur la grande route des vanités,*
> *Puissé-je ne jamais m'être égarée !*
> *Je me suis réveillée en prison,*
> *La main prise dans les fers,*
> *Et plus que jamais nostalgique :*
> *Toi, ma liberté, tu m'as été ravie !*
> *Je me suis réveillée d'une ivresse*
> *Qui tenait mon esprit captif.*
> *En vain, je maudis cet échange*
> *Et le jour, liberté, où je t'ai perdue.*

Derrière la porte, on entend le pas souple mais nerveux de François-Joseph. Un vrai fauve en cage. Médecins et accoucheuses s'affairent, épongeant le visage de l'impératrice. Le va-et-vient de membres de la famille, de domestiques, des dames d'honneur est insupportable. Voici l'inévitable grande maîtresse de la Cour, choisie exprès par l'archiduchesse pour son autorité, la comtesse Esterházy-Liechtenstein ; il y a encore le comte de Grünne, chambellan de Sa Majesté l'empereur qui, à l'été 1853, avait conduit l'attelage de la première promenade officielle des fiancés, dans les montagnes près de Bad Ischl, au sud de Salzbourg. Sissi – elle le dira plus tard – se demande pourquoi cet homme est, lui aussi, obligé d'être présent. Accoucher en public, quelle horreur ! Des dizaines de paires d'yeux l'observent et l'examinent, choquant sa pudeur, violant son intimité au nom d'une maudite étiquette. Cinq heures plus tard, après des efforts très douloureux, enfin Sissi est délivrée. Épuisée. Pendant quelques instants, presque inconsciente, elle ignore le sexe de son enfant. Un garçon ! Dieu soit loué !

La nuit est vite tombée sur Laxenburg, mais François-Joseph rayonne de joie. Certains témoins se signent, d'autres s'agenouillent ; on rend grâces au Ciel qui a, enfin, permis à la Couronne d'avoir un héritier direct. Et l'empereur, grand maître de la Toison d'or en Autriche, cet ordre fondé par le duc de Bourgogne Philippe III en 1429 puis passé à Maximilien de Habsbourg par son mariage avec la fille de Charles le Téméraire, décroche le collier qu'il porte et feint de le suspendre à la poitrine du petit corps fripé et rouge. Quelqu'un songe-t-il réellement à féliciter Sissi ? Son mari, bien sûr, plus épanoui que lorsqu'il avait épousé sa cousine, car le mauvais sort semble écarté. Mais la Cour ne s'embarrasse guère de compliments. Après tout, selon l'archiduchesse superstitieuse, sa nièce n'a fait que son devoir. Il était temps, après trois grossesses... C'était ainsi, on ne pourrait plus reprocher à l'impératrice de ne donner que des filles à la dynastie. L'absence de remarque à ce sujet servirait de remerciement. Il convenait d'être économe de ses bontés. Les dames d'honneur répétaient, horrifiées, que peu de temps après ses noces, Sissi avait voulu accompagner François-Joseph qui se rendait de Schönbrunn à son bureau du palais impérial, la vieille Hofburg, un gigantesque ensemble de monuments qui accumulait sept siècles de styles avec une lourdeur imposante. Circonstance aggravante, Sissi n'avait évidemment soufflé mot à l'archiduchesse de cette promenade en amoureux et caracolait, épanouie, à côté de son époux, presque sans escorte ! Elle voulait être heureuse, on s'évertuait à organiser sa vie à coups d'ordres, de règlements et de paroles blessantes en l'étouffant.

« Si seulement il n'était pas empereur ! » avait-elle soupiré, lors de ses fiançailles. Un regret qui ne cessait de peser sur sa vie de femme.

Maintenant qu'elle avait un petit-fils, la mère de l'empereur entendait bien tout régenter, comme d'habitude. Une duègne à la cour de Philippe II d'Espagne n'aurait pas été plus sévère. Élisabeth se remet, très difficilement, de ses couches et déjà sa belle-mère a donné des ordres. Le petit garçon est prénommé Rodolphe en souvenir de celui qui, au XIIIe siècle, fut à l'origine de la puissance des Habsbourg et porta, le premier, le nom d'un château à une trentaine de kilomètres au nord-ouest de Zurich. Le berceau de la dynastie. Trois siècles plus tard, un autre Habsbourg portant le même prénom, Rodolphe II, avait fait de Prague sa résidence et la brillante capitale du fameux Saint Empire romain germanique. L'archiduchesse a beau être grand-mère, elle ne renonce pas à son autorité et fait aménager une chambre pour l'héritier dans une aile du château de Laxenburg la plus éloignée possible des appartements de Sissi ! De plus, l'impératrice ayant décidé de nourrir son bébé, la digne Sophie fait savoir qu'elle a déjà sélectionné une vigoureuse Tyrolienne pour allaiter l'enfant. Sissi est furieuse et gênée de ses montées de lait. À quoi servira cette poitrine gonflée ? Le docteur Seeburger avance de vaseux arguments médicaux selon lesquels Sissi n'a pas besoin de donner le sein à son fils, une paysanne sera parfaite dans ce rôle. À peine debout, Élisabeth surgit dans le cabinet de travail de l'empereur, plongé depuis l'aube dans ses dossiers et s'appliquant à être le premier fonctionnaire de son Empire. La scène est vive et pénible. L'antre impérial est devenu un bureau de réclamations. Entre les protestations de sa mère et les doléances de sa femme, l'empereur doit arbitrer un conflit permanent. On empêche Sissi d'être mère ! Et qui élève ce barrage ? Sa belle-mère qui donne ses directives au docteur Seeburger, lequel s'incline lâchement, car on ne contrarie pas une femme qui, en 1848, a sauvé la monarchie de la tourmente révolutionnaire soufflant depuis Paris, comme d'habitude. Mais il y a pire puisque c'est ce même médecin qui avait assuré à l'impératrice que sa petite-fille n'avait qu'une forte poussée de dents alors qu'elle suffoquait de la typhoïde. Le docteur Seeburger incarne l'incapacité servile digne des médecins de Molière et

Sissi déclare qu'elle ne veut plus voir cet homme responsable de la mort de leur premier enfant. Une ombre de malheur passe sur le couple. François-Joseph écoute sa femme avec sa courtoisie légendaire, mais il ne l'entend pas. Sa mère l'a élevé, ainsi que ses frères, dans une stricte obéissance. Sissi devrait comprendre qu'elle n'est plus en Bavière, dans une famille fantasque où les enfants poussent tout seuls et où son père, l'excellent duc Max, s'attarde dans les tavernes, joue de la cithare en Égypte au sommet de la Grande Pyramide et veut faire baptiser des négrillons ramenés du bazar du Caire ! Les frustrations accumulées par Élisabeth, aussi bien comme épouse que comme mère, font d'elle une intruse, une inutile, une simple génitrice. Dès qu'elle essaie de voir son fils, un dragon en crinoline survient et lui fait comprendre qu'elle n'est pas à sa place. Désespérée, Sissi songe à passer un séjour chez les siens, à Possenhofen, le château où elle a été élevée en Bavière, au bord du lac de Starnberg. Mais elle est si faible, si anémiée qu'elle n'a pas le courage d'entreprendre ce voyage, fort long à l'époque.

Heureusement, en janvier 1859, sa jeune sœur Marie, sur le point d'épouser le duc de Calabre et de devenir souveraine du royaume de Naples et des Deux-Siciles, a l'excellente idée de passer par Vienne. Quel bonheur de retrouver la vie saine et simple de la Bavière en famille ! Les deux sœurs sont très heureuses, bien que la visiteuse ne puisse ignorer l'état de surveillance continuelle dans lequel on maintient curieusement son aînée. François-Joseph, beau-frère attentif, donne un bal à la Cour pour Marie. Tous les regards se portent vers Sissi qui s'était interdit de paraître à ce type de réjouissances depuis le décès de sa fille, dix-neuf mois plus tôt. L'impératrice s'avance. Elle ne marche pas, elle glisse. Resplendissante, nimbée d'un charme fou, elle éblouit la Cour sans réserve. Mais Marie, qui connaît mieux sa sœur que l'entourage impérial, décèle, bouleversée, une tristesse inconnue mais définitive chez Sissi. Son magnifique regard couleur de miel est las, absent ; elle a perdu cette joie de vivre qui, autrefois, rendait la princesse délicieusement insupportable mais vivante.

À son deuil s'ajoute la colère froide de ne pas pouvoir être une femme comme tant d'autres. Marie apprend avec étonnement que sa sœur ayant retiré ses gants lors de son premier dîner, car il lui paraissait évident que ce serait plus commode pour s'alimenter, sa belle-mère lui avait dépêché, publiquement, du bout de la table, une dame d'honneur pour lui signifier qu'elle devait rester gantée ! Stupéfaite d'un usage aussi stupide, elle avait répliqué, sans desserrer les dents : « Cette règle est désormais sans objet. Je ne remettrai pas mes gants ! » François-Joseph, qui respectait sa mère et la craignait sans doute aussi, avait jugé prudent de ne rien remarquer et de savourer son *tafelspitz,* son plat favori composé d'un morceau de culotte de bœuf bouillie avec raifort et sauce gribiche. D'ailleurs, il n'aime pas perdre de temps à table. Tout était prétexte à des incidents, que Sissi demande de la bière, qu'elle veuille prendre un bain nue au moins une fois par jour ou monter à cheval à l'aube, au Prater...

S'agissant de Rodolphe, l'affrontement a des conséquences plus graves. On imagine la rage d'Élisabeth. Elle est obligée de quémander le droit de voir son fils, contrainte de l'abandonner à la domination de sa belle-mère. Manque de maturité et de concessions chez la jeune femme, manque de tact et indiscrétions chez l'archiduchesse qui avait provoqué la chute de Metternich pour diriger elle-même l'Empire. Sissi est trop jeune, Sophie n'admet pas de vieillir et oublie que lors de son arrivée à Vienne, en 1824, elle aussi n'était qu'une princesse bavaroise. Le résultat de l'antagonisme entre les deux caractères n'est guère étonnant, la relation mère-enfant est à peu près inexistante et aucune bonne conscience ne saurait remplacer la tendresse d'une mère. La neurasthénie de l'impératrice, souvent qualifiée, à tort, de caprice, a certainement pour base ses inhibitions et son manque d'épanouissement lors des plus jeunes années de son fils. Avec ses yeux gris-bleu, immenses, Rodolphe voit sa mère comme une étrangère qui dérange, que l'on ne souhaite pas recevoir et que l'on congédie au plus vite. Et pour Sissi, se contenter d'apercevoir le petit garçon au bout d'un long couloir relève du supplice. On dit que Rodolphe est fragile, sujet à des troubles intestinaux, mais on se rassure quand, à huit mois, il perce sa première dent. De nouveaux médecins l'examinent. L'enfant aurait, dit-on, besoin de beaucoup d'attentions, car il est intelligent mais très sensible. Il n'est heureux et apaisé qu'avec sa sœur Gisèle, débordant d'affection pour son aînée de deux ans. Elle sera sa complice et sa confidente.

Rodolphe a huit mois quand l'Autriche s'engage dans la guerre en Italie du Nord, contre la France de Napoléon III et le Piémont-Sardaigne. Élisabeth voudrait être auprès de son mari en ces heures dramatiques qui se nommeront Magenta et Solferino. Ici encore, elle essuie un refus, dans une lettre datée de Vérone, le 7 juin 1859 : « Mon cher amour, mon ange, au nom de l'amour que tu m'as juré, je te supplie d'essayer de te dominer. Montre-toi quelquefois à Vienne, visite les hôpitaux et les asiles. Tu ne peux t'imaginer à quel point tu me seras utile. Ce faisant, tu donneras ainsi du courage aux Viennois, tu leur remonteras le moral, tu les maintiendras dans cette confiance dont j'ai tant besoin. Prends bien soin de toi pour l'amour de moi, je me fais tant de soucis », répond François-Joseph qui lui a déjà indiqué que « la place des femmes n'est vraiment pas dans les états-majors ». Peut-être, mais l'empereur, battu, perd la Lombardie. Décidément, tout est réglementé, prévu, organisé, même dans le désastre. Aucune spontanéité, aucune entorse à une sacro-sainte règle n'est admise et, cependant, François-Joseph aime passionnément sa femme, comme au premier jour et, semble-t-il, le lui prouve avec une ardeur qu'elle ne partage pas. Sissi a des migraines, son mari un tempérament vif. Elle reste d'une minceur étonnante, s'affolant si elle dépasse les quarante-huit kilos pour un mètre soixante-douze. Elle maigrit et sa beauté étant une revanche, voire une arme, elle succombe à l'anorexie, allant jusqu'à faire préparer du jus de viande de canard dans un pressoir en maillechort fabriqué pour elle par un orfèvre parisien, rue de Seine. Elle en aura quatre, réservés à son usage. L'enfance de Rodolphe est solitaire, marquée par l'éloignement de sa mère qui va commencer à voyager en 1860 pour fuir les contraintes viennoises. À l'été 1862, l'impératrice regagne Vienne après un an d'absence. Est-elle guérie ?

Nullement, mais elle semble heureuse de retrouver les siens. Prenant ses quartiers d'été au château de Schönbrunn, au premier étage, elle découvre son fils autant qu'il la découvre, d'autant plus que l'archiduchesse a eu le bon goût de rester à Bad Ischl, sa résidence au sud de Salzbourg. À cinq jours de voyage de Vienne ! Sissi en profite et fait aménager, au rez-de-chaussée, un jardin pour son fils, à gauche de la cour d'honneur, en entrant dans le palais, que l'on peut toujours voir. Rodolphe sera le dernier archiduc d'Autriche à y jouer. L'enfant est étonné de cette présence maternelle. Il est souvent rêveur, posant ses grands yeux interrogateurs sur ce monde sans imagination, sans invention et surtout sans amour. Comme l'a noté Célia Bertin : « Personne alors ne pouvait déceler chez lui le trouble causé par la carence maternelle [1]. » Quand il veut bien fixer son attention, il est très attachant. Mais d'où viennent ses sautes d'humeur ? Le prince a quelques joies avec sa sœur, entre les attelages de chèvres et un chalet de poupées pour jouer à cache-cache. Tout semble à peu près normal mais voici que, mue par un réflexe protecteur, la mère de l'empereur regagne Vienne en septembre, parcourant furieusement en bateau et en chemin de fer les quelque trois cent cinquante kilomètres de distance. D'un coup, l'impératrice perd son ascendant naturel et ses forces reconquises. À quoi bon lutter ? Elle repartira, comme un fantôme de mère. Rodolphe croira avoir rêvé en se souvenant de cette dame si belle mais toujours lointaine. Les absences de Sissi ont pour effet de la tenir écartée de la vie quotidienne de son fils. Il est, par exemple, regrettable et anormal qu'en 1863, elle ne soit pas informée qu'il a fait une chute en essayant de monter sur une échelle pour grimper ensuite dans un arbre. Sa grand-mère et son cercle de dames se précipitent : la tête du petit garçon a heurté une pierre. Sophie fait envoyer un télégramme à François-Joseph et se garde bien d'avertir sa belle-fille, une attitude franchement inadmissible. L'empereur est alors en discussion avec le roi de Prusse, Guillaume Ier, et son chancelier, Bismarck, à Bad Gastein, une station thermale près de Salzbourg où les monarques prussiens ont leurs habitudes à l'hôtel Germania. Sissi fréquente aussi cet endroit lors de randonnées en montagne mais elle séjourne alors dans une autre ville d'eaux, Bad Kissingen, dans les collines boisées de Franconie, au nord de la Bavière, pour une cure chlorurée-sodique, comme si le mal dont elle souffre relevait du thermalisme. François-Joseph, affolé, revient en hâte dans son train spécial mais on l'a inquiété à tort, son fils va bien et la chute ne laisse aucune séquelle. Ici encore, on peut se demander pourquoi sa mère ne sera que tardivement informée de l'incident, sinon par une conspiration généralisée et maladive s'obstinant à l'éloigner de Rodolphe et à perturber ses velléités d'attention.

---

1. *Mayerling ou le destin fatal des Wittelsbach*, Perrin, 1967.

Écrasé par le poids de sa tâche, inquiet des visées de la Prusse, François-Joseph prévoit les jeunes années de la vie de son héritier comme dans une caserne, sans la moindre tendresse. Rodolphe doit être éduqué comme un futur soldat, avec l'esprit d'obéissance, de discipline, du travail et le respect de la religion catholique dans le souci de la tolérance qui est observé chez les Habsbourg. Appliquant ce principe, François-Joseph n'admettra aucune fantaisie de la part du petit garçon. À six ans, en 1864, Rodolphe subit un choc le jour de son anniversaire. Son père le sépare de sa sœur et lui affecte un précepteur, le général comte de Gondrecourt, réputé brutal, borné et bigot, portant d'épaisses moustaches et dont les cheveux, ramenés en avant sur les tempes, se hissent, sur le sommet du crâne, en un toupet vaguement napoléonien. Son regard est sévère. Ainsi, Rodolphe sort d'un gynécée, où sa mère était rare et l'affection remplacée par la tradition de gouvernantes et de vieilles dames revêches, pour tomber aux mains d'un officier strict, chargé de fortifier l'héritier du trône. Une louable intention, mais avec des méthodes et des idées aberrantes. Gondrecourt croit bien faire en exposant Rodolphe à des séances d'entraînement inflexibles, stupides et cruelles. Maniaque de l'endurance physique, le général impose des douches glacées à l'enfant en plein hiver, sous prétexte que cela se fait à Berlin. D'autres fois, plus tard, il enferme Rodolphe dans un cabinet noir et, quand l'enfant s'est endormi, il le réveille en tirant des coups de pistolet à ses oreilles et en hurlant, par exemple : « Attention, Monseigneur ! Un sanglier ! »

Cette éducation révèle d'autres failles. Un jour où l'enfant est puni pour on ne sait quelle bêtise, il est privé de son gâteau favori. Par un enchaînement invraisemblable de fautes de son entourage, Rodolphe parvient à s'échapper de la Hofburg par une petite porte non gardée et s'engouffre dans la première pâtisserie rencontrée, dans une rue qui part du palais pour rejoindre le Graben, un ancien fossé circulaire qui a été comblé. L'enfant étant correctement vêtu et bien élevé, on lui sert son gâteau. Mais, sans argent sur lui, il se retrouve face à un policier appelé par le maître pâtissier à qui Rodolphe répète, effronté : « Je suis le fils de l'empereur. Accompagnez-moi et vous serez payé... » Puis, le petit garçon fond en larmes. Avec précautions, la police prévient une sentinelle et on trouve un Gondrecourt aux abois qui faisait chercher Rodolphe dans le gigantesque palais. Le pâtissier, d'ailleurs fournisseur de la Cour et dont les tisanes sont commandées par Sissi, est dédommagé et le brave fonctionnaire reçoit un ducat. Le soir, dans les tavernes de Grinzing, ce quartier de vignerons où il réside, le policier raconte volontiers comment le prince héritier lui a rapporté une belle pièce d'or à l'effigie d'un duc de Lorraine. L'escapade du prince est colportée dans Vienne. Informé et effaré, François-Joseph réagit. À partir de huit ans, le prince reçoit son argent de poche et apprend à tenir la comptabilité de ses dépenses, chaque soir, sur un petit carnet. On découvre qu'en un mois, lors d'une sortie (accompagné, cette fois !), il donne cinq forints et demi (la monnaie hongroise) à une pauvre vieille femme dans la rue, un forint à un invalide de guerre, et a consacré la somme de quatre-vingts kreuzers à l'achat de bonbons [1].

Sans être un génie, l'empereur possède de solides qualités, le bon sens notamment. Comment peut-il laisser donner un pareil enseignement à son fils ? Comment ne s'aperçoit-il pas que Rodolphe est terrorisé, abruti de consignes stupides, mécanisé et d'une nervosité préoccupante ? À la surprise générale, c'est Sissi qui va sauver son fils, car il est en grand danger, psychologique et physique. Enfin ! Élisabeth s'impose enfin ! Au retour d'une de ces pérégrinations qui ont transformé sa suite en agence de voyages jonglant avec les horaires de trains et de bateaux, l'impératrice découvre, effarée, que l'éducation infligée à Rodolphe fait de lui, selon son expression, « un idiot ». Accompagnée de sa dame d'honneur, l'astucieuse et dévouée Marie Festetics, une Hongroise qui, avec d'autres, remplace peu à peu leurs homologues autrichiennes, Sissi bondit chez son mari, hors d'elle. Que son fils soit élevé sans elle et malgré elle est déjà insupportable, mais qu'on en fasse un petit soldat de parade, anormalement apeuré, est une honte. Et pour la première fois de sa vie, après avoir hautement dit sa colère, elle adresse un ultimatum écrit à François-Joseph : soit il lui abandonne immédiatement le soin de l'éducation de leurs enfants

---

1. L'organisation monétaire de l'Empire reflète sa complexité. Selon les endroits, plusieurs monnaies ont cours. Le ducat autrichien est une pièce d'or de 20 mm, et d'un poids de 3,490 grammes. Le forint a cours uniquement en Hongrie. Le kreuzer, d'abord utilisé au Tyrol au XVIIIe siècle, est l'unité divisionnaire de l'Autriche-Hongrie.

dans tous les domaines, soit elle le quitte, aussi immédiatement. Ses malles étant toujours prêtes, il n'y a aucun doute possible, c'est une déclaration de guerre conjugale. Sans précédent et sans nuance après une dizaine d'années de mariage, d'humiliations et de renoncements. La crise éclate alors que de bonnes âmes ont insinué que l'empereur aurait eu une aventure avec une jolie comtesse polonaise qui ne suit pas un régime maniaque et dont les formes sont appétissantes... L'absente a eu tort, la revenante sera obéie ou elle repartira pour sa Bavière natale. L'affaire est si grave que François-Joseph cède et donne raison à Sissi. Il était temps ! L'obtus Gondrecourt est démis de ses fonctions, ce qui est une première victoire d'Élisabeth sur l'absurde. À l'évidence, Rodolphe ne regrette pas ce précepteur insensé. Mais Sissi savoure une deuxième revanche sur le diktat de la tradition puisqu'elle obtient que désormais, Rodolphe soit confié à des professeurs qu'elle choisira elle-même ; ils seront presque tous des bourgeois aux tendances libérales, ouverts sur un monde en mouvement où les certitudes ont fait place à des interrogations. Aussi vite qu'elle quitte une pièce de son pas décidé et en tournant ses talons avec élégance, l'impératrice fait savoir que l'origine noble ou les mérites militaires ne sont plus les critères pris en compte pour avoir la responsabilité de l'archiduc. Seules la qualification professionnelle et l'intelligence seront retenues. Une cinquantaine de candidats défilent dans le salon de Sissi aux sièges revêtus de brocart de soie rouge, sous les lambris blanc et or. Élisabeth est métamorphosée. Au lieu de fuir, elle fait face. Et son époux en reste étonné. Mais il la soutient. Et dans la vie chaotique de cette femme et de cette mère courant d'air, les nouveaux précepteurs choisis apporteront à Rodolphe une vaste culture générale, un esprit critique et des idées avancées, c'est-à-dire une réplique de Sissi. Et, de manière à ce que l'empereur se rende compte qu'il ne s'agit pas d'une réaction passagère, elle confirme tout par écrit, peu après le septième anniversaire de son fils, le 24 août 1865 : « (...) Je désire avoir pleins pouvoirs en tout ce qui concerne les enfants, le choix de leur entourage, le lieu de leur résidence, la direction complète de leur éducation. En un mot, c'est à moi de décider de tout jusqu'à leur majorité. Je désire en outre que, pour ce qui est de mes affaires personnelles, telles que le choix de mon entourage, mon lieu de résidence, tous les changements dans la maison, je sois seule à décider. » Une révolution ! L'archiduchesse, secrètement stupéfaite, juge, depuis longtemps, que sa nièce est une anarchiste. Des preuves ? Il y en a mille : elle a fait installer, à Schönbrunn, dans sa salle de bains, un collier métallique percé de trous qui lui permet de se doucher sans mouiller ses interminables cheveux (une heure et demie de coiffure chaque matin !) et, dans un salon de la Hofburg, Sissi a voulu des anneaux fichés dans le chambranle et des agrès pour faire de la gymnastique, habillée d'une robe à traîne, pendue comme un étrange oiseau... en écoutant son lecteur de grec ancien, un homme, Constantin Christomanos ! Et elle a même une table de massage au ras du sol. Se laver tous les jours, se faire masser, une impératrice d'Autriche ! En attendant, l'archiduchesse a perdu la partie et le colonel de Latour de Thurnburg prend rapidement ses fonctions de nouveau gouverneur de Rodolphe. C'est un homme ouvert, intelligent, humain. Il faut noter que son élève, Rodolphe, dont les nerfs ont été mis à rude épreuve, est soulagé ; le sourire, timide, revient chez lui et il témoigne d'une reconnaissance éperdue envers celle qui l'a libéré d'un tortionnaire. À vingt-huit ans, Élisabeth est enfin maîtresse chez elle, au prix d'un effort surhumain. Elle règne dans sa maison. À l'autocratisme d'une grand-mère succède la réaction rigoureuse d'une mère et femme en colère.

Ce sont, peut-être, les journées les plus heureuses de l'enfance de l'archiduc qui vont maintenant s'écouler, à dater de l'automne 1865. Rodolphe, d'après les témoins, est transformé. Il était tyrannisé par le devoir, il découvre l'affection d'un adulte. Il admire cette mère si belle et soudain si proche. Y a-t-il, enfin, de l'amour dans l'existence du garçonnet ? Ce n'est pas sûr, car Élisabeth a du mal à montrer sa tendresse spontanée. On le lui a tellement reproché ! Mais certains gestes révèlent une intimité retenue, une confiance entre eux, par exemple lorsque l'impératrice, sur le point de sortir et ajustant son chapeau, donne ses gants à tenir à son fils. Ou encore lorsqu'elle lui demande de choisir pour elle un mouchoir brodé à son chiffre. Ou enfin lorsqu'elle commande, chez le réputé confiseur viennois Heindl, des truffes à la violette et à la framboise enrobées d'un fin chocolat noir et amer. Rodolphe a le droit de goûter la friandise. Au début, il grimace, puis il fait semblant d'apprécier l'arôme de la violette dont sa mère raffole.

L'attention soutenue de son fils, la joie d'être avec ses deux enfants rejaillissent sur la beauté de l'impératrice. Jamais, en effet, son éclat n'a été aussi rayonnant. Sa minceur, son élégance et son maintien d'amazone sont célébrés. Il n'est donc pas étonnant que l'empereur, sachant que le plus grand portraitiste des cours d'Europe est Franz-Xavier Winterhalter, lui commande des tableaux de Sissi. Entre 1864 et 1867, il y en aura trois dont existent diverses versions et copies. On connaît celui de l'impératrice aux étoiles, en fait des diamants exécutés par le joaillier de la Cour J.H. Köchert, piquetant sa chevelure. Dans les deux autres peintures, le pinceau de Winterhalter est moins officiel, plus moelleux, présentant Sissi de profil, ses longs cheveux atteignant presque le sol, et Sissi de face, en déshabillé, les cheveux défaits mais noués sur le devant, comme un grand châle, drapé et noué autour de l'admirable modelé des épaules[1]. À la vue de ces deux dernières scènes étonnamment intimes, théoriquement réservées aux seuls yeux de la proche famille, l'archiduchesse manque de s'étouffer d'indignation. Décidément, sa nièce ne sait pas se tenir ! Elle se montre *en cheveux* ! Mais quelle beauté et quel naturel malgré les diverses poses. C'est une femme presque romantique, que l'artiste a su débarrasser du traditionnel maintien cérémonieux. Rodolphe assiste aux séances de pose du troisième tableau, peint à Schönbrunn en 1864, ébloui, impressionné. Que sa mère jaillisse d'une robe en satin ou bien en tulle pailleté de l'Anglais Worth, l'inventeur à Paris de la haute couture dont l'impératrice était cliente sans lui rendre visite à la différence de l'impératrice Eugénie, qu'elle semble se retourner vers un interlocuteur pour lui dire : « De quoi s'agit-il ? », ou bien que, muette, elle plonge ses grands yeux dans ceux qui la contemplent, Rodolphe assiste au spectacle d'une des beautés de l'époque osant franchir la frontière

---

1. Une copie de ce tableau a récemment regagné le bureau de François-Joseph, dans les appartements impériaux de la Hofburg, à Vienne, selon la disposition d'origine du cabinet. François-Joseph travaille toujours sous le regard de sa femme, paradoxalement très présente dans ce palais par l'image à défaut de l'être physiquement.

entre représentation publique et apparition privée, avec un goût du défi, assurance et détermination. Et il entend sa mère répéter ses leçons de hongrois, langue difficile mais que grâce à son obstination et à une discipline intellectuelle sans faille elle parviendra à parler parfaitement, initiant également son fils. Encore un moyen d'échapper à la surveillance de l'archiduchesse Sophie ! Car non seulement Élisabeth avait subi l'affront d'être considérée comme une étrangère auprès de son fils, mais encore elle avait constaté que lorsqu'elle donnait des ordres, si on l'écoutait avec respect, personne ne tenait compte de ses instructions. Autant parler dans le vide de l'enfilade des salons où la future Marie-Antoinette avait joué enfant et aidé le prodigieux jeune Mozart à se relever d'une chute sur le parquet glissant.

Maintenant Sissi décide, ordonne, choisit, et on exécute ses instructions. L'esprit d'ouverture et de curiosité d'Élisabeth (parfois malsaine quand elle tient à visiter scrupuleusement les asiles...) va permettre à son fils d'être enfin lui-même.

Si son programme d'étude est vaste, l'emploi du temps est cohérent, harmonieux. L'histoire de l'Empire est appuyée sur l'étude des langues qu'on y parle. En dehors de l'allemand, la connaissance du hongrois, du tchèque, du polonais et de l'italien s'impose, sans omettre le français, langue européenne des usages diplomatiques. Enfin, un peu d'anglais fera plaisir à la reine Victoria, qui prête souvent son yacht *Osborne* à l'impératrice pour ses voyages vers Madère ou Corfou. Sans doute, comme ce fut le cas pour son cousin Louis II de Bavière, le rythme intellectuel est-il écrasant. Il se double d'une éducation militaire, concession obligatoire à François-Joseph, et de leçons d'équitation qui sont une fête quand sa mère, coiffée d'un haut-de-forme, fait preuve d'une assiette remarquable sur son cheval parfaitement dressé. L'entourage du prince est de haut niveau, ce que l'on doit à Sissi, revanche affirmée sur les esprits fermés d'avant sa prise de pouvoir. Deux professeurs se distinguent par leur compétence et leur influence sur Rodolphe, le docteur Brehm, spécialiste d'histoire naturelle qui initie l'enfant aux beautés de la flore et de la faune, d'une part, Carl Menger, d'autre part, fondateur de l'école autrichienne d'économie politique. Un troisième précepteur, le professeur Exner, intervient plus tard et son rôle sera encore plus important. De lui, l'archiduc apprend le droit, la science politique, et à lire aussi bien Montesquieu que Rousseau, auteurs sulfureux mais passionnants et qu'on ne peut ignorer. François-Joseph n'avait pas reçu une telle éducation, c'était le moins qu'on puisse dire ; Élisabeth non plus, mais elle avait su s'informer, comparer les avantages, les mérites et les apports d'une formation la plus complète possible. Rodolphe n'a guère de temps pour se divertir, jouer, se détendre, mais sa découverte du monde se passe désormais sans traumatisme ni hurlement, dans une paix qui repose tout le monde. On a conservé la trace d'une de ses récompenses, le spectacle donné à la Cour par un prestidigitateur qui fait disparaître des objets sur des tables illuminées par des chandeliers. Rodolphe, qui observe la vie avec une attentive gravité, consigne tout du numéro de l'illusionniste sur les feuilles d'un petit cahier, *Der Taschenspieler*. Le prince dessine beaucoup, spontanément, sur ce carnet qui ne le quitte jamais. Un véritable journal intime où il illustre les scènes qui le frappent, avec des commentaires d'une écriture inclinée et régulière. L'archiduc s'éveille à l'adolescence avec sensibilité, un intérêt sans conventions, se forge des opinions, apprend à les défendre et aussi à les combattre. Il ne lui a manqué que l'amour.

De ce point de vue, son enfance est un irréparable gâchis. À la photographie d'un petit garçon de six ans en uniforme, le shako de travers, écrasé par un lourd manteau, le baudrier sous l'épaulette droite et la main gauche sur le pommeau d'un petit sabre, attitude convenable pour François-Joseph, succède le portrait d'un enfant de dix ans, habillé de velours noir d'où émerge un large col banc. La raie à gauche est sage, les lèvres plus épaisses que celles de sa mère, le regard trop grave, presque inquiet. L'impératrice vient de lui expliquer, à l'été 1866, que l'Autriche et la Bavière sont entrées en guerre contre la Prusse. Une question taraude l'archiduc à la maturité surprenante : pourquoi la Prusse est-elle si agressive ?

CHAPITRE 2

UN PRINCE ÉCLAIRÉ

La crise couve depuis un an. L'empereur d'Autriche a compris, trop tard, les manœuvres de Bismarck pour encercler et affaiblir les Habsbourg. Le très jeune nouveau roi Louis II de Bavière, cousin de Sissi par la branche aînée des Wittelsbach, intelligent mais désabusé, est en effet sur le point de reconnaître le royaume d'Italie de Victor-Emmanuel qui a le soutien de Napoléon III. Depuis l'été 1865, l'épouse de François-Joseph en veut à tous ceux qui ont chassé sa sœur du trône de Naples et des Deux-Siciles, réaction normale. Mais elle est aussi consciente que les stratagèmes prussiens ne sont que des mensonges ; en réalité, c'était lors de la réunion de Bad Gastein, quand Rodolphe avait fait cette chute, que François-Joseph avait pensé calmer les appétits de Bismarck. L'inquiétude à propos de la santé de l'enfant et son brutal retour à Vienne pourraient avoir troublé la vision de l'empereur. Il avait donné son accord à l'émergence d'un sentiment italien dans le sud, bien loin de la Lombardie et de la Vénétie. Illusion... Au même moment, à l'automne 1865, le chancelier du roi de Prusse se rend à Biarritz où le couple impérial français se repose. Dans la douceur de l'arrière-saison au bord de l'Atlantique, Napoléon III, déjà affaibli par sa lithiase, ne songe plus à poursuivre l'élimination de l'Autriche d'Italie du Nord. Il estime avoir accompli l'essentiel en 1859, avec l'armistice de Villafranca et la paix de Zurich. Le reste se fera tout seul, l'Italie se construira d'elle-même, selon le mot du comte Cavour. Donc, la France sera neutre dans le conflit que Bismarck fera prochainement éclater sur les terres de François-Joseph. Au passage, le Prussien teste ainsi deux tempéraments en disposant deux pièges ; l'un éclatera très vite, en 1866, l'autre en 1870.

L'étau prussien oblige Vienne à regarder vers l'est pour compenser sa perte d'influence ; l'avenir autrichien est davantage dans la sphère danubienne que dans celle du Rhin. Or, à l'automne 1865, l'impératrice Élisabeth se trouve, affectivement et politiquement, en phase avec son mari. En dépit d'une ineffaçable douleur, la Hongrie et son peuple constituent une brillante solution de rechange à l'expansionnisme de Vienne contré par Berlin. Et pour Sissi, les ambitions hongroises nourrissent ses propres désirs de s'imposer. À dater de cette époque, Rodolphe et sa sœur sont élevés dans le culte d'un intérêt croissant de leur mère pour les événements et les personnalités hongrois. En effet, peu à peu, le pays magyar se glisse à Vienne jusque dans l'intimité de l'impératrice. Sa lectrice, Ida Ferenczy, joue un rôle essentiel. Chaque matin, pendant que les coiffeuses s'affairent méticuleusement autour des opulents cheveux de la souveraine assise à sa table de toilette (l'opération prend de une à deux heures et Sissi confie que c'est « sa vraie couronne »), la Hongroise passe en revue les événements politiques du côté de Buda et de Pesth, ce que dit la presse, ce qu'en pense l'opinion qui n'est pas forcément d'accord, et perfectionne attentivement la pratique de la langue hongroise par l'impératrice. Par l'intermédiaire, faussement innocent, d'une dame de la Cour, les idées de personnalités hongroises s'infiltrent à la Hofburg, à Schönbrunn et dans la proximité du pouvoir impérial. On remarque que ni Élisabeth ni, *a fortiori*, son fils ne connaissent ces hommes plus ou moins en lutte contre les Habsbourg ; en revanche, ils connaissent leurs programmes, leurs projets, et savent, par la lectrice de Sa Majesté, qu'ils ont des oreilles attentives à leur cause. Le politicien le plus important est le comte Andrássy. Gyulà Andrássy, âgé de quarante-trois ans, est né dans la Moravie de l'époque, aujourd'hui en Slovaquie. Avec d'autres libéraux, tels Scéchény et Kossuth, il a participé à la révolution hongroise de mars 1848. Un temps ambassadeur à Constantinople, une nomination à l'évidence pour l'éloigner, l'écrasement de l'insurrection, un an plus tard, par les Austro-Russes a fait de lui un condamné pour haute trahison. Réfugié à Paris où les femmes le surnommaient le « beau pendu » puis à Londres, il est amnistié personnellement par François-Joseph en 1857. Depuis, se méfiant des appétits d'expansion slave des Russes, il s'est éloigné du programme radical anti-Habsbourg. C'est son esprit de conciliation qui plaît à Sissi ; il ne veut pas rompre tout lien avec Vienne, au contraire. Un rebelle, certes, pas un révolté. Comme Sissi. Il est partisan d'un dualisme. Les Hongrois resteraient sous l'autorité de la dynastie des Habsbourg qui réglerait leurs affaires étrangères et militaires. Le reste de la vie publique serait exclusivement de la compétence hongroise. La répartition des administrations dans un ensemble « à deux têtes » plaît à Sissi comme elle séduira son fils. Une rupture totale avec l'Autriche serait impensable et la pire des solutions ; la mère puis le fils en seront bien conscients. Dans son programme, Élisabeth entend aussi parler d'un autre homme dont le nom et les idées sont à retenir, Férenc Déak.

La métamorphose de l'impératrice est spectaculaire, à la fois comme mère et comme agent d'influence politique. La direction des études par le gouverneur Latour est intelligente ; le prince, apaisé et en confiance, s'épanouit. Sa mère, très présente pendant cet automne, suit, chaque semaine, les progrès de Rodolphe, étudiant et annotant les rapports sur son fils. François-Joseph en est le premier étonné et heureux. Se pourrait-il que sa femme se soit enfin assagie, qu'elle soit une mère attentive et une épouse disponible ? L'influence hongroise explique ce retour à la joie de vivre et à une existence qu'on peut qualifier de normale. Et même lorsqu'elle se déplace entre Vienne et les environs, elle tient son fils au courant de son emploi du temps. L'empereur y occupe une large place. Ainsi, le 4 octobre, jour de la Saint-François, fête du souverain, un grand déjeuner est servi dans la longue galerie du château de Schönbrunn. Sur quarante-trois mètres de long et dix de haut, les miroirs de cristal jouent la comparaison avec la galerie des Glaces de Versailles. Sous l'allégorie centrale, peinte un siècle plus tôt, qui représente l'impératrice Marie-Thérèse et son époux évoquant les « pays héréditaires autrichiens », dont la Hongrie, dans l'auréole dorée dispensée par deux lustres aux soixante-douze chandelles, Sissi, enjouée comme son fils l'a rarement vue, raconte à Rodolphe : « À table, nous avons beaucoup ri. J'ai obligé toutes les dames à vider une coupe de champagne à la santé de papa ! » Et d'ajouter que telle ou telle dame de la Cour était « trop gaie » ou « avait de la peine à se tenir debout » !

Dans ce qui paraît être un bonheur familial retrouvé – l'archiduchesse Sophie est d'une discrétion forcée et remarquée –, une seule ombre attriste ces moments. Rodolphe reste nerveux. Il a peur dans le noir et s'il y a trop de bruit ; les séquelles des directives imbéciles de Gondrecourt sont perceptibles : l'archiduc est apeuré et on doit, sans cesse, le rassurer. Il n'y a pas de sanglier qui menace de le charger, aucune arme à feu ne sera actionnée à ses oreilles, aucun monstre n'est tapi au bout du couloir lambrissé... Hélas, les craintes de l'enfant ont laissé des traumatismes indélébiles.

Le rapprochement avec la Hongrie se poursuit. Après un voyage en juin, l'empereur remonte dans son train spécial en décembre 1865 ; longeant le cours paresseux du Danube, il atteint la gare de Pesth, sur la rive gauche qui compte déjà cent mille habitants alors que la colline de Buda n'en possède que quarante mille. Ces voyages sont, en eux-mêmes, des événements et leur accélération également. Non seulement le Habsbourg se déplace, mais encore il atteste le souci d'améliorer les relations de chaque côté de la Leitha, rivière qui concrétise une frontière. Férenc Déak a d'ailleurs publié, au printemps, une déclaration essentielle dans le journal *Pesti Naplo* (« La Gazette de Pesth ») du 11 avril : « La Hongrie ne veut en aucune manière mettre en péril la puissance de la Monarchie... Il n'y a pas de conflit entre la Hongrie et les pays héréditaires, ils peuvent exister sans s'absorber. » En d'autres termes, on veillera à un double respect, la sécurité de la Couronne d'Autriche et la souveraineté hongroise. Le 14 décembre, le monarque préside l'ouverture du nouveau Parlement des Magyars, qui n'est pas encore l'étonnant monument néogothique à l'anglaise que l'on connaît aujourd'hui. Sissi a amplement insisté pour que ce voyage et cette cérémonie aient lieu avant la fin de l'année ; d'importantes négociations ont été engagées au plus haut niveau et les divers blocages constitutionnels ont été levés, ce qui constitue une première victoire pour la mère de Rodolphe.

Pendant que la Diète hongroise est convoquée, l'impératrice reste à Vienne auprès de ses enfants, préférant agir dans l'ombre, même si elle est apparue à l'Opéra de Vienne vêtue du costume national hongrois, portant à merveille le gilet brodé qui moule son buste. Une vraie statue, grâce à un corset de cuir qu'elle fait humidifier et qu'elle revêt pour qu'en séchant il rétrécisse et l'amincisse encore ! C'est l'un des secrets d'une femme exposée à des millions de regards. Apparaître dans la loge impériale de Vienne en Hongroise est évidemment une provocation mais au moins l'invisible Sissi, ce météore de la *Mitteleuropa*, est dans sa loge officielle. Pour une fois ! Elle sait que son fils a besoin de sa présence. La manie des voyages d'Élisabeth, qui nécessite une organisation permanente, et surtout ses départs à l'improviste, ont fatigué son entourage et désorienté Rodolphe. Comment aimer une mère et femme courant d'air ?

Il est clair que le garçonnet de sept ans a besoin de stabilité et d'harmonie. Que ces semaines ensemble ont été douces !

Mais... la maîtrise de Sissi sur elle-même ne pouvait durer. À peine François-Joseph est-il en train de discuter d'une association austro-hongroise que sa femme, cédant au démon de la bougeotte, décide de se rendre en Bavière, à Munich, sous un prétexte médical, comme si la cour d'Autriche était dépourvue de praticiens et d'hôpitaux. Cette fois, il y a une différence avec ses précédentes sautes d'humeur : au préalable, elle envoie un télégramme à François-Joseph pour lui demander l'autorisation de quitter le territoire autrichien. L'excellent homme et le mari attentionné qu'il est répond oui, immédiatement... à condition qu'elle revienne vite, c'est-à-dire dans quinze jours au plus tard. Sissi, déjà partie, promet d'être de retour pour Noël, fête sainte et sacrée qui est aussi son anniversaire puisqu'elle est née dans la nuit de la Nativité 1837 et a reçu le surnom bucolique de « Rose de Noël ». Rodolphe aurait admis que « Maman rejoigne Papa ». Mais pourquoi retourne-t-elle encore en Bavière, chez les cousins, oncles et tantes Wittelsbach ? Rodolphe craignait un nouveau départ de sa mère, il en souffre. À Munich, elle est accueillie par son cousin Louis II qui a dû congédier Richard Wagner pour diverses indélicatesses morales et financières. Puis, elle consulte le célèbre docteur Fischer, dentiste réputé, car les dents sont chez l'impératrice la cause d'un complexe permanent. Elle n'aime pas les montrer, ce qui explique la rareté de ses sourires sur ses portraits et photographies. En fait, le véritable mal de Sissi est d'être loin de sa « petite patrie ». Sa Bavière lui manque. Elle en oublie de rentrer pour Noël, ce qui provoque la tristesse de son mari et des enfants, sans oublier le silence accusateur de l'archiduchesse Sophie, triomphante dès que sa belle-fille est incohérente, absente, en faute. Rodolphe a le regard perdu au milieu de ses jouets, au pied d'un immense sapin décoré dans un salon de la Hofburg.

Elle revient tout de même pour le Nouvel An, accompagnée de sa mère. La famille est enfin réunie, rassurée, apaisée. La fugue n'était qu'une alerte. Il est facile, aujourd'hui, de diagnostiquer l'état dépressif dont souffre Sissi. Pour le monde extérieur, le jugement est sévère. Ainsi, l'ambassadeur de Prusse auprès de la cour de Bavière envoie une note à Bismarck : « Le caprice n'est pas exceptionnel chez les princesses de la branche ducale en Bavière. » Si un certain Sigmund Freud, futur neurologue, psychiatre et fondateur de la psychanalyse pouvait l'examiner et l'écouter se confier sur son canapé, quel beau sujet d'investigation ! Mais, à cette date, il n'a que neuf ans. Le confesseur des tourments de Sissi demeure Ida Ferenczy, à qui elle avoue, désemparée, en regagnant Vienne le 30 décembre : « Je ne puis dire que je suis heureuse à l'idée de rentrer car je suis effrayée des ennuis qui m'attendent à mon retour dans le cercle de famille. » Des contradictions que Rodolphe ne peut comprendre et qui le plongent dans une triste rêverie. Sa maman est bien compliquée...

L'atmosphère hongroise dont s'entoure sa mère ne peut lui échapper. Le 8 janvier 1866, il la voit se préparer à accueillir à Vienne une délégation magyare, venue lui fêter son anniversaire avec quinze jours de retard. L'événement dépasse la simple sympathie. En effet, dans la salle de cérémonie remaniée après 1850 et inondée des feux d'une vingtaine de lustres, le cardinal primat de Hongrie, qui conduit la délégation, s'adresse à la souveraine en parlant de « l'indéfectible loyauté de la nation hongroise à Sa Reine ». François-Joseph et l'Autriche ne sont même pas nommés ! Le prélat poursuit en précisant que « comme tous les Hongrois, il souhaite avoir bientôt l'honneur de la recevoir dans leur capitale ». Bien entendu, elle répond en hongrois :

— Je n'ai pas de souhait plus cher que de revoir cette ville splendide.

La foudre tombant sur le vieux palais alambiqué de la Hofburg n'aurait pas eu autant d'effet. Des poitrines chamarrées de ces hommes à brandebourgs et uniformes, le mantelet élégamment rejeté sur l'épaule et les bottes noires polies comme des miroirs, une ovation monte :

— *Eljen Erzsébet* ! Vive Élisabeth !

C'est un immense triomphe personnel. La Hongrie est venue à Vienne acclamer celle qui, depuis longtemps, se bat pour faire reconnaître l'identité d'un peuple. Là où de laborieuses discussions constitutionnelles, le faux parlementarisme et des susceptibilités aussi tenaces que partagées échouent ou patinent, l'ange de la générosité vient de l'obtenir. Aucun ministre, aucun haut fonctionnaire n'y était parvenu. L'empereur lui-même, qui laisse sa femme savourer sa revanche, avoue que lorsqu'il se rend à Pesth, on ne lui parle que d'elle ! Ce que Rodolphe retient de cette journée est la vision de sa mère exceptionnellement belle et radieuse. Jupe brodée, tablier de dentelle, corselet de velours à manches de mousseline et bonnet surmonté d'une couronne de diamants, la reine éclipse l'impératrice. En revanche, ce que retient la Cour, avec un agacement pincé, c'est le décret impérial qui vient de nommer comme dames du palais et d'honneur huit Hongroises. Il n'y a plus une Autrichienne dans la suite de Sa Majesté. On imagine les commentaires acides circulant dans les palais des illustres familles autour de la Hofburg. Quel affront ! Peu importe. Sissi a signé un pacte d'amour avec la Hongrie et son influence politique personnelle est désormais réelle. Le comte Andrássy a lui-même séduit Élisabeth lors de cette première rencontre. Ils avaient beaucoup entendu parler l'un de l'autre ! Grand, fin, une classe folle, le regard ardent, la barbe de soie et la chevelure de jais, l'ancien condamné à mort et exilé pendant onze ans sait qu'il a en la souveraine une alliée déterminante. Sissi se renseigne, le comte est marié à une ravissante Hongroise de bon milieu. Mais il collectionne les cœurs...

Le 29 janvier, Rodolphe et Gisèle voient leurs parents partir pour Pesth. Les Viennois sont furieux. C'est trop ! Après la « petite patrie » bavaroise de l'impératrice, celle-ci montre trop d'enthousiasme pour sa « nouvelle patrie » hongroise et l'empereur est sous son charme. Il se laisse manipuler. En oublierait-il les intérêts autrichiens ? Rodolphe reçoit des lettres et des télégrammes. Comme d'habitude, sa grand-mère a boudé ce nouveau voyage et n'est pas fâchée de profiter de son petit-fils, bien que le dispositif mis en place par sa belle-fille soit aussi intransigeant que l'était le sien autrefois. Pendant un mois, Sissi et son mari vivent une double épreuve. D'une part, ils n'ont toujours pas été couronnés roi et reine de Hongrie et de grandes familles, telle celle des Battyàny, continuent de leur tourner le dos. Certaines réceptions sont froides, glaciales même. Seule Sissi, bien qu'épuisée, parvient à adoucir l'atmosphère tendue et méfiante. Si l'empereur paraît renfrogné et réservé, elle esquisse un sourire et parle de « désirs réalisables ». Les hôtes se détendent. Il est certain que sans sa femme, le Habsbourg ne pourrait surmonter les rancœurs. À la moitié du voyage, il écrit à sa mère : « L'Impératrice est d'une grande aide par sa courtoisie, son tact plein de mesure et sa connaissance de la langue hongroise. Et il est des remontrances que le peuple accepte plus volontiers dans sa langue et venant d'une jolie bouche. » L'archiduchesse reste sceptique et furieuse. Dans la Maison d'Autriche, la seule femme qui ait été un cerveau politique fut la grande Marie-Thérèse. Le reste n'existe pas. Les intrigues – réelles ou prétendues – de Marie-Antoinette l'ont conduite à l'échafaud.

Rodolphe reçoit, plus simplement, des courriers affectueux et des descriptions des deux rives du Danube, Buda et Pesth, sans oublier les fouilles romaines d'Aquincum, vestiges de l'ancienne province de Pannonie. De même, Rodolphe ne saura pas que ses parents ont fondu en larmes en revoyant le palais royal et la chambre où la petite Sophie était morte, il y a déjà huit ans. Les enfants apprennent que leur mère, qui déteste Vienne, ses cancans, ses ragots et ses traditions, raffole de cette ville hongroise promise au rang de capitale moderne.

Gisèle et Rodolphe sont heureux de savoir leurs parents ensemble. Tant pis s'ils sont loin, ils sont côte à côte et c'est l'essentiel. Des bals se succèdent. Mais ce que Sissi déteste à Vienne, elle le supporte à Buda et à Pesth. Courrier à Gisèle et à Rodolphe du 5 février : « Me voici obligée de fermer ma lettre car il est temps de commencer ma toilette pour ce bal bourgeois et la corvée sera pénible. » Et deux jours plus tard : « C'est si fatigant de rester debout et de parler longtemps ! » Avec des mots tendres : « J'aimerais que vous soyez avec moi. » Le 5 mars, le train impérial, dont les voitures portent un double monogramme FJ et E, roule vers Vienne. Élisabeth a quitté la Hongrie en larmes, ce qui a été très remarqué. Son mari semble lucide, déclarant à sa mère qu'il est parfaitement au courant des récriminations autrichiennes : « (...) À Vienne, on réclame ! Comme toujours ! Que Dieu nous préserve des bien-pensants de Vienne ! Les choses vont lentement mais nous arriverons. » Entre les exigences des uns et les espoirs des autres, le point d'équilibre n'est pas encore trouvé. Curieusement, François-Joseph est accueilli avec enthousiasme à Vienne. Il a su se faire respecter, elle a su se faire aimer. Nuance...

Fin avril, Sissi est à Schönbrunn avec ses enfants. Elle est inquiète des manigances prussiennes. « La guerre est à la porte », écrit-elle à sa mère. Rodolphe, dont les études sont satisfaisantes et la santé psychologique moins préoccupante, car sa mère est sous ses yeux, pose beaucoup de questions ou plutôt une seule, toujours la même : « Pourquoi Bismarck veut-il nous faire la guerre ? » La réponse est donnée par son cousin, Louis II. Le 27 mai, le romantique roi de Bavière doit quitter son refuge de l'île des Roses, sur le lac de Starnberg, pour s'adresser au Parlement de son pays, à Munich. Lui qui déteste les discours et tout ce qui est guerrier affirme ne pas vouloir « renoncer à l'espoir qu'une guerre civile serait évitée en Allemagne ». Méticuleusement, diaboliquement, Bismarck a envenimé les rapports entre tous les États germaniques. Ceux du Nord contre ceux du Sud et, d'une certaine manière, les protestants contre les catholiques. L'Allemagne s'engage dans sa guerre de Sécession.

À ces angoisses, qui impriment chez le garçonnet une méfiance définitive à l'encontre de la Prusse en dépit des liens de parenté (la mère de Louis II est une Hohenzollern), on peut ajouter le visage brutalement soucieux de Sissi qui intrigue l'enfant. Elle qui était revenue épanouie et bouleversée de bonheur de Hongrie apprend que les extrémistes de Buda et de Pesth, en particulier Kossuth, l'exilé radical, négocient avec Bismarck la création d'une légion de volontaires pour se battre avec les Prussiens. Des Hongrois en guerre contre l'Autriche ! Sissi est consternée. Ainsi, les promesses hongroises de modération et de patience s'évanouissent devant une volonté sournoise d'abattre les Habsbourg par traîtrise. Il en résulte une scène entre François-Joseph et sa femme. Tous les efforts de charme, de séduction et de compréhension des Magyars modérés sont anéantis. Les rapports de police sur les fréquentations dangereuses, c'est-à-dire hongroises, de l'impératrice, qui étaient arrivés sur le bureau de l'empereur et qu'il avait balayés d'une main exaspérée, seraient-ils fondés ? De tels revirements le confortent dans son idée de rester un monarque absolu et que des réformes ou des concessions trop rapides ne sont que des abandons.

Deux jours après la déclaration de guerre prussienne que Bismarck a arrachée à Guillaume Ier, le 16 juin, Sissi part pour Bad Ischl avec ses enfants, un voyage qui demande près de cinq jours. Lorsqu'elle atteint cette charmante demeure familiale où elle vit d'habitude heureuse, libre et sans protocole, elle ne peut cacher son inquiétude à Gisèle et à Rodolphe. Le tout jeune archiduc révèle une maturité exceptionnelle. Non seulement on ne lui cache rien de la situation, mais il pose des questions et veut être tenu au courant. D'une gravité d'adulte et avide d'explications, il interroge sans cesse sa mère et son précepteur. Élisabeth apprend, le 22 juin, que ses frères se battent dans les rangs bavarois aux côtés des Autrichiens. Après une lettre tendre à François-Joseph, elle lui annonce qu'elle va le rejoindre. « Je ne veux pas laisser l'empereur seul... », une attitude d'épouse aimante qui surprend agréablement son entourage. Auparavant, elle emmène Gisèle et Rodolphe à Mariazell, le plus célèbre pèlerinage d'Autriche, entre Ischl et Vienne. Tous trois prient pour que la Vierge de ce sanctuaire du XIIe siècle accorde sa protection à l'Autriche. Sissi y rencontre de nombreux habitants des régions balkaniques dont des Hongrois toujours nombreux sur les pentes douces de ce versant des Alpes orientales. Rentré à la Kaiservilla, le soir, Rodolphe récite ce long appel à la clémence céleste : « Dieu éternel et tout-puissant, Seigneur très haut, Seigneur des cieux et de la terre, je vous supplie très humblement de ne pas retirer votre aide à notre patrie, l'Autriche, en cette heure de danger. Bénissez les armées de vos défenseurs qui dans cette lutte pour la justice et l'honneur ne doivent pas être vaincus mais vaincre. Par votre grâce, cher Père qui êtes aux cieux, dans cette heure d'épreuves, faites que mon cher papa soit soutenu par votre amour et votre toute-puissance. Préservez-le des dangers et écartez de lui tout chagrin. Dispensez la joie et la consolation à son cœur par une heureuse conclusion de la guerre. Sainte Vierge priez pour nous, Seigneur Jésus exaucez notre vœu. Amen. » Le précepteur et les femmes de chambre sont impressionnés par l'application du prince dans ses dévotions. Deux jours plus tard, le 24 juin, les Italiens sont battus à Custozza, près de Vérone, à l'endroit même où, en 1848, le maréchal Radetzky avait écrasé les troupes sardes. Cette victoire des Autrichiens commandés par l'archiduc Albert est un signe. Sissi regagne Vienne le 29. Elle s'attend que l'on fête Custozza.

Hélas... Le jour même où elle rejoint l'empereur, Élisabeth apprend que les troupes du Hanovre, alliées de l'Autriche, viennent de capituler devant les Prussiens, à Langensalza, près d'Eisenach, en Saxe. La consternation s'abat sur l'état-major et la Cour. On parle même de trahisons et de défections, certains contingents auraient déserté et, la crosse en l'air, crié « Vive la Prusse ! Vive l'Italie ! ». Dans Vienne angoissée, Sissi se montre forte, équilibrée, efficace, d'après son mari, courant d'un hôpital à l'autre, tenant la main d'un homme que le chirurgien doit amputer et, présente au réveil du malheureux, agit telle une Madone attentive. Rodolphe apprend, de loin, combien sa mère, si fantasque et imprévisible pour des futilités, ne se dérobe pas dans l'adversité et veut affronter le malheur avec son mari. Devant les drames, elle ne capitule jamais. Il semble même que la catastrophe révèle ses capacités. De plus, elle se sent très proche de François-Joseph, accablé par la progression prussienne, sous le regard neutre de Napoléon III et du tsar.

Elle avait promis d'écrire à son fils chaque jour. Sans lui révéler la gravité de la situation, elle envoie ce commentaire à Ischl : « (...) Malgré les tristes jours que nous traversons et son travail, ton cher papa a bonne mine. Il est d'un calme admirable et a confiance en l'avenir, bien que les troupes prussiennes soient très fortes et que leurs fusils à aiguille soient très perfectionnés. » La Prusse, la Prusse toujours guerrière... Rodolphe se met à la haïr. Les lettres arrivent chaque jour, comme promis, dans la villa impériale au cœur d'un décor de rêve, loin des combats. La situation militaire se détériore, l'armement moderne mis au point par Berlin étant redoutable avec ces fameux fusils qui se chargent par la culasse au lieu de la bouche, d'où un réarmement plus rapide. Le 1er juillet, Sissi écrit à Latour. Au gouverneur du prince, elle dit toute la vérité, celle qu'elle n'ose pas encore avouer à son fils qui a perdu son sourire d'enfant : « (...) Ce sont là de bien mauvaises nouvelles mais il ne faut pas perdre courage. Faites part à Rodolphe de ce que vous jugerez utile. » Latour décide d'attendre, car une bataille décisive se prépare en Bohême où trois armées prussiennes viennent d'entrer... En effet, deux jours plus tard, le 3 juillet, à 7 heures du soir, une dépêche est posée sur le bureau de l'empereur par son aide de camp : « Bataille de Königgrätz, armée battue, en fuite vers forteresse, en danger d'y être enfermée. » À moins d'une centaine de kilomètres de Prague, près de l'Elbe, le désastre sera connu en France sous son nom tchèque, Sadowa, et si son retentissement est énorme en Europe, il est particulièrement vif dans l'entourage de Napoléon III. Ainsi, comme Bismarck l'avait annoncé, la puissance prussienne s'imposait hors des États allemands et ni la France ni la Russie ne semblaient capables de s'y opposer, pour diverses raisons. En sept semaines, la Prusse a éliminé l'Autriche de l'Allemagne du Nord. On peut craindre pour la Vénétie.

Le plus vexant pour François-Joseph est que les troupes ennemies ont été commandées par le roi Guillaume Ier lui-même et Moltke. François-Joseph interdit à Sissi d'adresser une dépêche au gouverneur de son fils. Une lettre, envoyée le lendemain, suffira. Lorsqu'il apprend la nouvelle, Rodolphe pâlit de rage contre les Hohenzollern, leurs casques à pointe, leur militarisme maniaque, leurs manœuvres-éclair. L'enfant est très perturbé. Essayant d'expliquer les causes de la défaite, sa mère s'empêtre dans ses mots. On voit que, pour elle, seul l'avenir compte, celui de Rodolphe en particulier. Il suffit de regarder une carte : la route de Vienne est ouverte, l'Empire est en péril. « Et maintenant, qu'adviendra-t-il ? » demande l'impératrice, pathétique, dans une lettre qu'elle rédige à l'aube du 4 juillet, à l'attention du dévoué Latour : « Personne ne sait. Que Dieu nous préserve d'une paix immédiate, nous n'avons plus rien à perdre, mieux vaut périr tout à fait honorablement. » L'idée d'une survie après cette défaite lui paraît intenable. Elle plaint ses enfants et leurs chaperons d'être loin d'eux, à Ischl. Et l'adversité s'acharne : dans la même journée, on apprend que les Bavarois viennent de capituler à Kissingen. Les deux familles d'Élisabeth sont humiliées par ce diable de Bismarck et ses stratèges remarquables. À Latour, Sissi ajoute qu'elle est consciente de la frustration qui les oblige à rester près de Salzbourg : « Je le comprends trop bien, mais Dieu vous le rendra, c'est un lourd sacrifice que vous faites de ne pas quitter ce pauvre enfant dont l'avenir est si inquiétant. Notre pauvre empereur est vraiment bien éprouvé. » En effet, Sissi craint pour les Viennois : depuis le plateau de Bohême et à travers sa belle forêt, les Prussiens pourraient fondre sur la capitale ; à Bad Ischl, bien à l'ouest, ses enfants sont en sécurité. Et la frontière bavaroise est proche. Il serait impensable que Bismarck envahisse le royaume de Louis II, car il en a besoin pour construire l'Unité allemande.

Les revers autrichiens ont un effet inattendu qui est la reconnaissance de l'archiduchesse Sophie envers Sissi. Il a fallu une guerre et l'effondrement des armées de son fils pour qu'elle admette que sa nièce a été exemplaire. Et à qui le dit-elle ? À Rodolphe, le 5 juillet, depuis ses appartements de Schönbrunn : « Je t'adresse quelques mots en hâte, mon cher enfant, pour te dire, en guise de consolation que, Dieu merci, ton pauvre cher papa est en bonne santé et que ta chère maman le soutient comme son bon ange, qu'elle est toujours auprès de lui et ne le quitte que pour aller d'un hôpital à l'autre et apporter partout aide et consolation. » Quelle cruelle ironie pour Élisabeth d'être comprise dans le malheur après avoir été critiquée dans le bonheur ou, du moins, son apparence.

En poussant l'examen de ce revirement affectif spectaculaire, qui fait plaisir à Rodolphe, on peut tout de même remarquer que l'archiduchesse craint aussi l'effondrement de tous ses espoirs politiques. Depuis les années 1840, devant les défaillances de Ferdinand Ier, oncle de François-Joseph et souverain qui avait fini par abdiquer, puis le renoncement au trône de François-Charles, le père de François-Joseph, elle avait édifié un rempart psychologique autour de son fils aîné, l'avait hissé sur le trône vacillant des Habsbourg. Elle a surmonté deux échecs dynastiques masculins. Et elle a peur pour Vienne, pétrifiée sous la chaleur et le désarroi, peur que tout son patient travail de restauration ne s'effondre dans quelques jours, peut-être une semaine. Faudra-t-il fuir ? Elle a connu cette humiliation le 19 mai 1848, en direction d'Innsbruck puis, après une émeute populaire le 6 octobre dans Vienne, avec un nouveau départ le lendemain pour Olmütz. Et elle a connu, dix ans plus tard, les défaites de Magenta et de Solferino, mais jamais une telle déconfiture.

Dans les caquetages des dames de la Cour qui veulent bien reconnaître à la mère de Rodolphe quelques soudaines qualités, certaines de ces femmes bien nées s'indignent que l'impératrice s'adresse dans leur langue aux blessés et agonisants hongrois qui ont été rapatriés de Sadowa. Mais enfin, que peut-elle bien leur dire ? À cette réaction étriquée, Sissi apporte une réponse évidente : la Hongrie va jouer un rôle d'appui inespéré dans la défaite autrichienne. Le Conseil des ministres du 9 juillet se réunit dans sa salle habituelle de la Hofburg, bleu et or. Comme d'habitude, les neuf titulaires de portefeuille se présentent devant l'empereur, en frac pour les civils, en uniforme pour les militaires. L'heure, sonnée par l'horloge de parquet dans un coffrage baroque de bois clair, est grave. Il est prudent d'envoyer le gouvernement et la famille impériale à Buda et à Pesth. Pour masquer cette prudente retraite, un prétexte officiel est avancé, la visite de Sissi aux blessés installés dans le palais royal, sur la colline de Buda, transformé en hôpital. Andrássy n'est pas dupe et fait savoir à ses amis de la tendance libérale et conciliatrice : « Ce serait une lâcheté de se détourner de la reine maintenant qu'elle est dans le malheur, tandis que, récemment encore, quand tout allait bien pour la dynastie, nous sollicitions son intérêt. » On remarquera que pour ses partisans, Sissi, bien que non couronnée en Hongrie, est déjà la reine. Elle n'est même que la reine. Et elle pressent que seul Andrássy peut sauver la monarchie...

Ses enfants lui manquent. Trois jours plus tard, après un échange de télégrammes, Gisèle et Rodolphe la rejoignent enfin, le 13 juillet. La panique a gagné Vienne ; sur les collines, si agréables pour y déguster le vin nouveau dans les guinguettes, le *Heurige*, ce sont des milliers d'habitants inquiets qui guettent l'armée prussienne. Car on ne peut le nier : l'avant-garde ennemie n'est plus qu'à cinquante-cinq kilomètres du Prater... Quand on la distinguera à la lorgnette, il sera trop tard.

François-Joseph n'écoute pas sa femme lui parler de la Hongrie comme d'une chance de survie. Certes, il ne manque pas de courage et s'apprête à défendre la capitale, mais le temps de la dignité guerrière de l'Autriche semble bien dépassé. Un train spécial est mis sous pression en direction de Pesth. Très spécial en effet, puisque le trésor de la Hofburg et les joyaux de la Couronne y sont chargés dans une dizaine de wagons sous bonne escorte. L'empereur reste à Vienne, affichant déjà une attitude de monarque digne dans les désastres, forçant l'admiration par sa pudeur mais perdant du temps alors qu'il pense en gagner. En effet, ce train qui part pour la Hongrie signifie bien que c'est là-bas que l'Autriche trouvera sa survie. Avant de monter, entourée de Gisèle et de Rodolphe, Sissi, pâle, le visage en deuil, prend soudain la main de son mari et l'embrasse avec une tendresse fougueuse. Pour les enfants, l'image est forte.

Le convoi démarre, lentement. À bord, outre l'héritier de l'Empire menacé, parures, colliers, bijoux, chefs-d'œuvre d'orfèvrerie s'entassent dans des caisses et des coffrets aux garnitures de velours cramoisi. La pièce la plus précieuse est sans doute une agrafe de chapeau garnie de brillants illuminés par la présence d'un célèbre diamant, le *Florentin*. Il pèse cent trente-trois carats un tiers et a appartenu à Charles le Téméraire, le puissant duc de Bourgogne dont la fille épousa Maximilien I$^{er}$ de Habsbourg. Rodolphe, vêtu de sombre, est grave. Ce train, c'est le cauchemar de la fuite, de l'exode, de la peur. Ah ! Ce maudit roi de Prusse, son chancelier, ses généraux... La haine s'incruste dans son cœur déchiré. Il a vu la gravité de son père sur le quai, le silence soucieux des aides de camp. Il ne cesse d'interroger sa mère. « Est-ce que les Français vont aider papa ? » Non. Napoléon III reste neutre. D'abord parce qu'il médite la sévère et préoccupante leçon prussienne, ensuite parce qu'il est satisfait de prédire à ses amis d'outre-Piémont qu'inévitablement, la Vénétie va cesser d'être autrichienne ; il aura ainsi tenu sa dernière promesse envers l'Unité italienne.

À Buda ou plus exactement sur la colline d'Ofen, puisque le palais royal n'est qu'un immense hôpital, il n'est pas question pour Sissi de s'installer. Quel contraste en arrivant ! Vienne est survoltée, Buda et Pesth paisibles. Trois cents kilomètres ont effacé la peur dans les rues. Andrássy et Déak sont à la gare, attentifs et dévoués. Ida Ferenczy est efficace, comme toujours ; pour sa souveraine, elle a loué une résidence sur les hauteurs de Buda, la villa Kochmeister. Un cadeau y attend Rodolphe, des soldats de plomb qui portent l'uniforme de la garde royale de Pesth. La situation politique est sans précédent : l'impératrice d'Autriche, sa suite mais surtout l'archiduc héritier sont venus se placer sous la protection des Hongrois. Il fallait l'aura et la perspicacité de Sissi pour obtenir un tel prodige. Sur leur vie, les officiers qui portent bonnet à plumet assurent la sécurité du futur empereur d'un pays menacé, envahi, mais qui pourrait puiser dans ce fabuleux site danubien la solution de son avenir. À l'époque de Marie-Thérèse, la Hongrie était appelée une « terre associée à la Couronne ». Aujourd'hui, 13 juillet 1866, la Hongrie est le bouclier de l'Autriche. L'archiduc, angoissé, interroge Sissi à son retour d'une tournée qui l'a visiblement éprouvée :

— Les pauvres soldats sont sûrement très contents de ta visite à l'hôpital. Y a-t-il beaucoup de blessés ? Sont-ils soignés par des religieuses ?

Le tempérament inquiet et craintif de Rodolphe l'incite à multiplier les questions à sa mère : Bad Ischl était en Autriche, Buda n'est pas en Autriche. Pourquoi se réfugier ailleurs qu'en Autriche ? Il ne peut savoir à quel point sa mère est inquiète, y compris pour lui. À peine installée, Élisabeth griffonne une lettre qu'elle fait porter, par le premier train, à un vieil ami de son père le duc Max, Georges Majlath, chancelier des Affaires hongroises à Vienne, ce que l'on pourrait comparer à la fonction d'un consul. Elle a toujours apprécié cet homme et a confiance en lui. Le ton de cette écriture penchée, hâtive, malmenée, est pathétique : « (...) Je vous en prie, remplacez-moi auprès de l'empereur. Chargez-vous, à ma place, de lui ouvrir les yeux sur le danger dans lequel il se précipite, tête baissée, en persistant à refuser toute concession à la Hongrie. Soyez notre sauveur, je vous en conjure, au nom de notre pauvre patrie et de mon fils (...). » Sissi n'est plus bavaroise, elle réagit comme une Habsbourg et en mère de l'héritier. « (...) Andrássy est si populaire que sa nomination apaiserait le pays, lui rendant confiance, et maintiendrait le royaume dans le calme, jusqu'au moment où les événements permettraient de régler la situation intérieure. (...) Je me suis adressée à vous sans arrière-pensée. Quand je donne ma confiance, ce n'est jamais à demi. Réussissez là où j'ai échoué et des millions d'âmes vous béniront, tandis que mon fils priera pour vous tous les jours comme son plus grand bienfaiteur. »

Élisabeth se trompe, elle n'a pas échoué. Au contraire, elle est sur le point d'aboutir, relayant les hésitations néfastes de son mari et songeant surtout à son fils. Dès le lendemain, elle reçoit Andrássy. L'impératrice est debout, le pas nerveux, scrutant le regard enjôleur du comte séducteur. Il répond à sa question : oui, il accepterait de l'empereur la charge de Premier ministre des Affaires hongroises. Derrière l'avenir de l'Autriche, il y a l'avenir de Rodolphe ; jamais sa mère n'a été aussi inquiète. S'étant jetée dans la mêlée politique, elle annonce à son mari que s'il ne l'écoute pas, s'il ne reçoit pas Andrássy d'urgence, alors elle s'abstiendra « pour toujours » d'avoir des idées, des suggestions, des demandes et des critiques. Et elle écrit cet ultimatum maternel, le deuxième concernant son fils. Elle s'était battue pour son éducation, elle s'échine pour sa destinée. « Alors, il ne me restera plus qu'à me consoler avec la conscience que, quoi qu'il arrive, je pourrai un jour dire honnêtement à Rodolphe : "J'ai fait tout ce qui était en mon pouvoir, je n'ai rien à me reprocher." » Le jeune archiduc est l'enjeu, presque l'otage de l'engagement de Sissi. Elle agit en son nom. Si le présent est perdu, l'avenir peut, d'après elle, être sauvé. La Hongrie est la dernière carte de l'Autriche, car les Prussiens sont à Nikolsbourg[1]. Dans cette lettre à son époux – la plus longue qu'elle ait écrite de sa vie –, il est remarquable que lorsqu'elle le supplie d'empêcher la dissolution de l'empire grâce à la Hongrie, c'est son fils qui est l'alibi de sa position. Elle a ces mots : « (...) Je te demande, pour la dernière fois, au nom de Rodolphe, ne rate pas cette dernière occasion... Si tu dis non, si à la dernière heure, tu n'écoutes même pas un conseil désintéressé, alors, réellement, tu pèches contre nous tous (...). »

François-Joseph, s'il admet que le statut de la Hongrie doit être révisé et aménagé, refuse les amendements présentés en hâte ; il se méfie aussi de l'exaltation de son épouse. Avec un calme qui étonne même Guillaume I$^{er}$, prêt à galoper sur Vienne. L'évolution des événements semble, un moment, lui donner raison. Le 20 juillet, en effet, la flotte autrichienne bat la marine italienne à Lissa[2]. L'honneur des Habsbourg est sauf, mais il est trop tard pour que cette victoire navale assure la défense de Vienne. Les canons prussiens se font déjà entendre par les fenêtres ouvertes du bureau de l'empereur. Il faut donc traiter avec le vainqueur final. Les préliminaires de paix sont engagés à Nikolsbourg, une ville qui ne portait pas chance à l'Autriche. Déjà, à deux reprises, les Habsbourg avaient dû s'incliner, la première fois en 1622 quand Ferdinand II s'était vu retirer la couronne de Hongrie et en 1805, quand Napoléon, après la victoire d'Austerlitz, y préparait la paix de Presbourg[3].

Penché sur une carte, François-Joseph peut, en cet instant, se

---

1. Aujourd'hui, en tchèque, Mikulov, situé en Moravie.
2. Aujourd'hui Vis, une île de l'Adriatique, au large de la côte dalmate, en Croatie.
3. Aujourd'hui Bratislava, capitale de la Slovaquie. Au XVI$^e$ et jusqu'au XVII$^e$ siècle, sous le nom hongrois de Pozsóny, la ville avait été la capitale de la Hongrie.

demander légitimement si la Hongrie n'est pas une malédiction pour l'Autriche, contrairement à ce que pense Sissi... Même si le roi de Prusse et son chancelier évitent de trop humilier l'Autriche en acceptant que Napoléon III intervienne comme médiateur, les conditions affaiblissent considérablement l'influence autrichienne. Les territoires administrés par les Habsbourg sont amputés des deux duchés nordiques du Schleswig et du Holstein (à l'origine de la guerre), mais aussi de la Vénétie. L'Allemagne du Nord est sous contrôle prussien et l'Italie étend son jeune royaume. Avec Napoléon, Nikolsbourg annonçait la disparition du Saint-Empire romain germanique. En ce 20 juillet 1866, Nikolsbourg détruit la Confédération germanique et un demi-siècle d'efforts déployés par Metternich au congrès de Vienne. Cependant, bloquée au nord, au sud et à l'ouest, l'Autriche ne peut plus tourner ses regards que vers l'est, en direction de la Hongrie. Elle est rejetée vers le bassin du Danube. Sissi a raison. De cette contrainte, il faut faire une chance.

Épuisée par la défaite et accablée par les réponses qu'elle doit fournir à un Rodolphe de plus en plus grave, étourdie par une névralgie dentaire, l'impératrice fait venir le docteur Fischer qui, outre ses soins, recommande du calme et un séjour à la montagne. Sissi est inondée de messages de François-Joseph, pleins de tendresse et de désir. Lettre du 28 juillet, alors que les préliminaires de paix ont débuté : « (...) Tu pourrais laisser les enfants là-bas, provisoirement... Ce serait pour moi une grande consolation. » Mais l'impératrice est un peu vexée de ne pas avoir été écoutée. Toutefois, son idée a fait son chemin et, le lendemain, Andrássy est reçu à Schönbrunn par François-Joseph. En un instant, Élisabeth est dans son train. Cinq heures plus tard, elle arrive à Schönbrunn, écrasé de soleil, au point que le fameux « jaune Marie-Thérèse » des murs est presque blanc. Le séduisant comte est toujours là, discutant avec l'empereur. Elle lui fait savoir qu'elle aussi va le recevoir. Le Hongrois note que « s'il y a un résultat, la Hongrie en sera plus redevable qu'elle ne le croit à sa *belle providence* ». Mais, en dépit de la séduction mutuelle qui lie Élisabeth à Gyulà Andrássy, François-Joseph refuse de se placer uniquement du point de vue hongrois « qui est le tien et de négliger les pays qui, dans un fidèle loyalisme, ont enduré d'indicibles souffrances », ce qui est le cas des Tchèques, par exemple. Il est vrai que, à ce moment, les négociations avec la Prusse sont prioritaires. Déçue, Sissi est déjà repartie. Cela lui vaut une scène de jalousie, charmante si la défaite n'était pas aussi lourde. L'empereur ayant appris que la chambre de sa femme, dans la villa qu'elle a louée à Buda, n'a qu'une porte vitrée, se montre peu satisfait de ce manque d'intimité : « (...) Elle permet certainement aux regards indiscrets de te voir quand tu fais tes ablutions et cela m'inquiète. Fais donc poser un grand rideau devant cette porte. » Amoureux, il l'est toujours, mais sa femme refuse de concevoir un nouvel enfant. Ce n'est guère le moment ! Maniaque du détail et prisonnier des convenances, tel est l'empereur. La bonne éducation avant tout, la réflexion avant l'action. Deux qualités, deux faiblesses... Le 2 août, Élisabeth doit expliquer à Rodolphe la situation. Il lui est pénible d'ajouter aux pertes territoriales l'indemnité de guerre de quarante millions de thalers (la fameuse monnaie de Marie-Thérèse) due par l'Autriche, sans oublier un autre dédommagement pour punir la Bavière d'avoir soutenu Vienne, chiffré à trente millions de gulden et la cession de trois cantons de Franconie, au nord. À divers égards, la situation de 1866 préfigure certains aspects de ce que subira la France quatre ans plus tard. Sissi prend contact avec Louis II, certaine qu'il est effondré comme elle de voir son pays natal sanctionné par l'implacable Prusse. Le roi de Bavière est si déprimé qu'il n'adresse plus la parole à sa propre mère, née Marie de Hohenzollern, et annonce qu'il ne l'appelle plus que « l'épouse de mon prédécesseur » ou « la colonelle du 3$^e$ d'artillerie » ! La malheureuse reine Marie, adorée des Bavarois et surnommée l'Ange à cause de son sourire bienveillant, est furieuse de cet enchevêtrement de drames.

Mais l'Empire existe toujours. Et Sissi refuse de venir à Schönbrunn, prétextant avec maladresse que « l'air est malsain à cette époque de l'année » ! Son mari, qui prépare la paix définitive – elle sera signée à Prague, sur intervention de Napoléon III parce que cette ville sera moins dégradante que Vienne –, est habitué à une longue solitude. Du moins il l'écrit, mais il en souffre.

Brûlant son énergie qu'elle a mal employée, Sissi s'épuise à cheval, visite les blessés dans le château de Gödöllö, à une trentaine de kilomètres à l'est de Pesth, transformé en hôpital. Quelle belle demeure ! Elle aimerait l'acheter. Ce n'est pas non plus le moment, l'empereur lui répond qu'il va falloir faire des économies, « vendre la moitié de l'écurie et vivre parcimonieusement ». Voyant dans les yeux de Rodolphe le reproche de ne pas être auprès de son père et écoutant Ida Ferenczy, elle se rend compte qu'elle est injuste. C'est entendu, elle va revenir. Survient Andrássy, très préoccupé. À l'insaisissable souveraine, il révèle que, selon ses informateurs, l'absence de Sissi à Vienne est fort mal jugée. On critique sévèrement son soutien farouche aux « aspirations égoïstes de la Hongrie » et cette rumeur ne peut que desservir leur cause. Le 6 août, elle cède. L'impératrice revient, pas très fière. Le 15, l'anniversaire de l'empereur (il a trente-six ans) n'est qu'une fête triste, dans une ville blessée, au lieu des réjouissances traditionnelles à la Kaiservilla. Dès le lendemain, avec les enfants, elle repart à destination d'Ofen. Rodolphe voit sa mère qui écrit immédiatement à son père. Comment est-il possible que ses parents, qui passent un temps invraisemblable à s'envoyer des lettres, des billets et des télégrammes ne puissent rester ensemble ? Le 22 août, François-Joseph, dans les ultimes tractations de la paix, avoue à sa femme fugitive et psychologiquement bloquée par ses efforts inutiles : « Tu me manques terriblement car tu es la seule avec laquelle je puis parler et tu m'apportes un peu de joie... même si tu es assez méchante. » Mais, en vérité, c'est à sa mère qu'il confie son analyse politique, disant clairement à l'archiduchesse Sophie l'infamie et la trahison responsables, selon lui, du désastre : « (...) Nous fûmes très honnêtes et très stupides. C'est un combat de vie et de mort qui est loin d'être terminé. (...) Il faut se défendre aussi longtemps que l'on peut, faire son devoir jusqu'à sa fin et, enfin, périr avec honneur. » Et ce commentaire, lourd de ressentiments : « Tout était préparé depuis longtemps entre Paris, Berlin et Florence[1]. » Le lendemain, la peu glorieuse paix de Prague est signée.

Si Élisabeth quitte Buda, c'est essentiellement parce que le choléra y est apparu. Le 2 septembre, elle regagne Vienne. L'atmosphère y est tendue. Sur le passage de la famille impériale,

---

1. Rappelons que Lajos Kossuth, qui conspirait avec Mazzini, Ledru-Rollin et des patriotes polonais, était réfugié à Florence, capitale du royaume d'Italie depuis 1865 et jusqu'à 1871. Il espère la chute des Habsbourg mais ses appels aux armes échouent.

des cris sont poussés, paradoxaux et incompréhensibles, qu'il faut expliquer à Rodolphe et à sa sœur : « Abdication ! Vive Maximilien ! » Que veut dire cette agitation ? La fatalité, comme toujours, s'en mêle. En effet, on vient d'apprendre que Charlotte, l'épouse de Maximilien, frère de François-Joseph, infortuné empereur du Mexique, a débarqué en France en appelant Napoléon III au secours. D'une manière incroyable, alors que l'Europe s'est empêtrée dans le bourbier mexicain, certains milieux libéraux viennois demandent que Maximilien, lui-même songeant à abdiquer son trône illusoire du Mexique, remplace son frère à la tête de l'Autriche ! « Abdication ! Vive Maximilien ! » Les cris autour de la voiture impériale découverte paralysent Rodolphe. Sissi tient les mains de ses enfants, pétrifiée. Le petit garçon est transparent de peur. Le soir même et dans la nuit, des placards hostiles sont collés contre les murs de la Hofburg. Une émeute pour cause de défaite ? Une révolution comme en 1848 ? Chez Rodolphe, qui ne parvient pas à dormir, ce retour à Vienne en fièvre après l'exil hongrois provoque un traumatisme comparable à celui éprouvé par le jeune Louis XIV dans le Paris insurgé de la Fronde. Il ne pardonnera jamais à Vienne et approuvera, plus tard, les répulsions de sa mère à l'égard de cette ville à l'esprit caustique. Comme le futur Roi-Soleil, l'archiduc sera marqué par la versatilité des peuples, l'hésitation du pouvoir, le contraste entre le soutien des campagnes et la perfidie des villes où circulent pamphlets et journaux qui exigent des réformes. Il est vraisemblable que dès ces journées d'angoisse, Rodolphe, très en avance sur son âge, a senti que son père, impressionnant de courage et de dignité, n'était pas le monarque qui convenait pour diriger un tel Empire. De même, par ses incessantes questions au colonel de Latour – qui, intelligemment, répond toujours –, une véritable discussion politique s'est engagée entre le précepteur et le jeune prince après ses leçons matinales avec ses professeurs. Latour rapporte à l'empereur et à l'impératrice que Rodolphe a un esprit très éveillé, curieux de tout, s'intéressant à des sujets divers. Et que derrière l'enfant agité, turbulent et qui adore jouer et rire, il y a un héritier soudain raisonnable qui veut déjà savoir la vérité. Personne n'aurait l'idée de lui mentir, car lorsqu'il pose une question, il fixe son interlocuteur avec attention ; Sissi en est troublée. Qui sait si, derrière cette effervescence viennoise, ne se cachent pas des agents de la Prusse pour achever la catastrophe de Sadowa ? Qui croire ? Qui est fidèle ? En tout cas, l'idée de faire appel à Maximilien est la plus saugrenue qui soit et, de plus, il a renoncé à tous ses droits et titres sur l'Autriche ! Rodolphe prend conscience que l'originalité de l'Empire est aussi sa fragilité : le caractère multiethnique impose un équilibre permanent. Et il apprend la méfiance. Ces Hongrois que sa mère soutient, peut-on les croire ? Le mot de la fin, si l'on peut dire, est lancé par son oncle Ferdinand qui avait abdiqué en faveur de François-Charles, le père de François-Joseph et qui s'est depuis fixé à Prague : « Pourquoi m'a-t-on forcé à abdiquer en 1848 ? S'il s'agissait de perdre des batailles et des provinces, même moi, j'aurais pu mieux faire ! » L'archiduchesse approuve, fustigeant les obsessions hongroises de Sissi.

L'impératrice échoue puisque l'empereur choisit Beust comme nouveau ministre des Affaires étrangères. Cet ancien Premier ministre du roi de Saxe – ce qui ne plaît guère ! – est, en réalité, un très habile diplomate qui a su en imposer à Bismarck, prohongrois avec douceur, pas antiautrichien avec aigreur. Avec une ironie cinglante, il se définit :

— Je suis une espèce de blanchisseuse qu'on a fait venir pour nettoyer à fond le linge sale de l'État autrichien.

Rodolphe reprend ses études. Il a perdu sa première jeunesse, ne voyant plus le monde comme avant, attristé que les efforts, contradictoires, de ses parents ne soient pas appréciés à leur valeur. Il a compris l'essentiel, l'Autriche dérange beaucoup d'intérêts en Europe. Elle gêne. L'impératrice constate que François-Joseph a tout de même progressé sur la voie d'une solution hongroise. Elle-même se replonge dans l'étude du hongrois, avec son énergie dévorante. Mieux elle parlera et comprendra cette langue, mieux elle défendra les ambitions de son peuple. C'est devenu une obsession. Et lorsque Ida Ferenczy lui parle d'un journaliste en prison qui ne devrait pas y être, elle intervient auprès de l'empereur. Le détenu est libéré... pour devenir le professeur de hongrois de Sissi ! Il se nomme Max Falk. Juif et ami intime d'Andrássy, intelligent et cultivé, il répond avec humour à la proposition de l'impératrice :

— Madame, je ne suis plus au temps où j'étais contraint de

donner des leçons mais, bien entendu, le souhait de Votre Majesté est pour moi un ordre et un grand honneur.

Max Falk, qui aura une forte influence sur son élève, l'écoute et lit ce qu'elle écrit. Il fait de même pour Rodolphe et formule ce jugement sans fard :

— Attention ! Le style est encore lourd... Très allemand ! Un comble !

À Noël, la Hofburg est une véritable ambassade hongroise. Une lectrice, un professeur, huit dames d'honneur, on ne parle que hongrois et Rodolphe fait autant de progrès que sa mère. L'archiduchesse Sophie, révulsée, s'obstine en allemand. Sissi le pressent, elle le sait : l'année qui vient consacrera le triomphe obligatoire de ses idées. Entre elle et son mari, on assiste à un concours de patience et d'entêtement. D'un gracieux coup de talon, Sissi repart, ayant deux excellents prétextes à opposer à la Cour, boudeuse. D'une part, sa sœur cadette Sophie est fiancée à Louis II de Bavière. On ne croyait guère au mariage du souverain original et épris de la musique de Wagner, mais elle se rend à Munich pour féliciter le jeune couple. Ensuite, une autre de ses sœurs, Mathilde, devenue comtesse Trani, accouche d'une fille à Zurich. Après Munich, son train descend vers Zurich. Accueillie avec beaucoup d'égards, elle réside dans l'annexe d'une confortable pension, fermée l'hiver mais qu'on ouvre spécialement pour elle, l'actuel hôtel Baur au Lac, prestigieux et discret palace. Les portraits de ses enfants la suivent partout, ils ont même été accrochés sur les murs. À Rodolphe, Sissi écrit qu'elle s'est assise à côté d'un cocher de fiacre dans la Bahnhofstrasse, l'artère la plus commerçante de Zurich, et que le malheureux homme était affolé d'une telle entorse au protocole, comme les policiers chargés de sa protection ! Le 31 janvier, elle renouvelle à son mari ses grandes espérances : « J'espère que tu ne tarderas pas à m'apprendre que la question hongroise est résolue et que nous irons bientôt là-bas. Si tu m'écris que nous y allons, j'aurai le cœur en paix puisque alors le but sera atteint. »

Le but est proche. L'empereur, fatigué des conséquences de Sadowa, accepte de revêtir son uniforme de maréchal hongrois et de recevoir une délégation conduite par l'inévitable Andrássy. Et, d'une voix terne, mais ce sont les mots qui comptent, il lit un discours où il est question d'un « arrangement ». Informée, Sissi revient en hâte le 8 février. Dix jours plus tard, devant le

Parlement hongrois, la lecture d'un texte de l'empereur consacre tous les efforts de sa femme : Gyulà Andrássy est nommé Premier ministre de Hongrie. Elle a gagné... et explose de joie en embrassant ses enfants. Une des plus originales formules politico-diplomatiques de l'Histoire est née avec ce « Compromis » : l'Autriche-Hongrie. À Rodolphe, Sissi explique les grands principes de cette innovation. La Hongrie devient un royaume indépendant de l'empire d'Autriche mais les deux monarchies sont liées par une union héréditaire dans la postérité des Habsbourg. Ainsi, un jour, Rodolphe sera aussi roi de Hongrie... Pour le droit international, il n'y a qu'un seul État et seules sont gérées en commun les affaires militaires, diplomatiques et financières. Et, pour elle, le plus important est que les Hongrois acceptent que François-Joseph et son épouse soient couronnés souverains apostoliques à Buda et à Pesth. Immédiatement, la popularité d'Erzsébet atteint des sommets sur les deux rives du Danube. Elle diminue d'autant à Vienne et l'entourage de l'archiduchesse paraît presque en deuil. La double monarchie fait d'autres plaignants, les Tchèques, qui réclament une union tripartite avec le royaume de Bohême, mais aussi des peuples qui se considèrent comme oubliés, les Croates, les Serbes, les Slovènes, des Polonais et des Roumains. Dans sa neuvième année, Rodolphe ne parvient pas à se réjouir de l'événement. Il est donc impossible de ne pas faire des mécontents dans ce gigantesque puzzle ? Ce que l'on donne aux uns, il faudrait l'accorder aux autres ? Mais sa mère est si heureuse... Et Sissi lui dit que là-bas, à Buda et à Pesth, il se produit un phénomène inouï : la dynastie autrichienne est devenue populaire ! Il aura fallu près de vingt ans et l'obstination charmeuse d'Élisabeth pour y parvenir. De plus, elle a conquis un domaine que sa belle-mère a toujours exécré et dont elle est exclue ; ce n'est pas, non plus, une mince revanche. Oui, la Hongrie va vivifier et même régénérer l'Autriche blessée et lui fournir les fondements d'une autorité retrouvée en Europe. En devenant Erzsébet, Élisabeth triomphe. Et son fils retient que c'est vers le Levant que l'Empire puise des forces nouvelles, vers les peuples danubiens qui parlent jusqu'à treize langues en plus de l'allemand. Sa fascination pour le Danube date de 1867. Déjà, le fleuve-roi d'Europe l'attire.

La cérémonie du couronnement doit être répétée avant l'été. Un voyage préparatoire est prévu le 12 mars. Sissi est radieuse et elle pense emmener les enfants, malgré l'avis défavorable du précepteur et des professeurs pour qui cette agitation nuit aux études de Rodolphe. Sissi répond que sa fille et son fils doivent apprendre à connaître ce pays puisqu'il est désormais aussi le leur. Malheureusement, trois jours avant le départ, une dépêche annonce qu'une de ses belles-sœurs, épouse de son frère favori Charles-Théodore, est décédée.

Effondrée affectivement, politiquement déçue, elle prend le deuil. La fatalité s'acharne pour gâcher chaque moment de bonheur. Élisabeth, qui est un peu médium, redoute les signes annonciateurs de mort. Elle en « voit » souvent. La légende de la « Dame blanche des Habsbourg » semble donc avérée. Rodolphe l'a déjà souvent interrogée sur la mort. Et comme le font les enfants, il a voulu une réponse. Il l'a eue, la même que lui donneront sa grand-mère glacée par la précocité de son petit-fils, son précepteur, son père. Une réponse simple : quand quelqu'un est mort, c'est qu'il a fini sa vie sur terre et qu'on ne le reverra plus avant le Jugement dernier. La tradition des Habsbourg, qui affectent un détachement face à l'inéluctable et la conviction qu'il existe une autre vie.

Le voyage qui excitait tant Sissi est donc annulé, elle reste avec les enfants mais enrage secrètement de ne pas être aux côtés de François-Joseph et de savourer son triomphe personnel. L'empereur revient avec une merveilleuse nouvelle, la nation hongroise veut offrir au couple – royal, il faut le préciser – le beau château de Gödöllö. Un geste de reconnaissance envers l'avocate inlassable d'une cause que l'on disait perdue et dangereuse à Vienne. Et aussi une invitation à séjourner souvent en Transleithanie, nom géographique et politique de la Hongrie du Compromis tandis que l'Autriche est la Cisleithanie. La modeste rivière Leitha (cent quatre-vingts kilomètres) était toute désignée pour marquer la frontière et unir les deux pays : née en Autriche, près du col du Semmering, elle se jette dans un affluent de la rive droite du Danube en Hongrie et perd son nom allemand pour celui, hongrois, de Lajta. En parlant de Cisleithanie et de Transleithanie, on effaçait tous les contentieux.

Après un printemps studieux pour Rodolphe, le couple impérial (royal en Transleithanie) se rend à Ofen, sur la colline de Buda, le 8 mai. Les enfants arriveront plus tard. La cérémonie est dans un mois, mais il y a tant à faire, de gens à voir, d'usages à apprendre. C'est un immense cri d'amour qui accueille Erszébet. Le baron Joseph Eötvös, auteur d'un essai sur *l'Influence des idées dominantes du XIXᵉ siècle sur l'État* et auquel Andrássy a confié le portefeuille des Cultes et de l'Instruction primaire, écrit ces mots qui provoquent l'amertume des Viennois : « ... Il ne nous restait plus qu'une chance, c'est qu'un membre de la Maison d'Autriche aimât notre nation du plus profond de son cœur. Maintenant que nous avons trouvé cela, je ne crains plus l'avenir. » De la part de l'ancien chef de l'opposition libérale, le compliment est de grande valeur.

Début juin, Gisèle et Rodolphe arrivent à Buda et Pesth. Ils sont très excités. L'atmosphère est joyeuse, avec des étendards et des drapeaux sur les ponts, des répétitions de parades, des immeubles décorés, des gares grouillantes de foules en costumes compliqués. Le 7 juin, Sissi fait venir son fils et lui explique en détail le sens de la cérémonie du lendemain. Évidemment, les recommandations pleuvent. L'archiduc portera son uniforme hongrois, plus seyant et plus gai que son triste manteau de colonel autrichien que son père lui avait imposé à cinq ans. Le plumet, les brandebourgs, le petit mantelet, voici la tenue du fils d'Erzsébet. Et elle-même est totalement convertie à la mode hongroise par un couturier... parisien ! En fait, il s'agit du talentueux M. Worth, sujet britannique installé à Paris, rue de la Paix. Tout est prêt, arrivé de France dans un wagon spécial avec des retoucheuses, des ajusteuses s'il le faut, mais on peut faire confiance à Sa Majesté qui n'a pas pris un gramme depuis l'envoi de ses mensurations. Sont étalés dans un salon du palais royal un corsage de velours bleu-noir semé de pierres précieuses, une somptueuse et immense robe de brocart et d'argent, un manteau de cour de velours blanc. Il y a encore le voile, symbolisant l'union avec la Hongrie, le large nœud de satin blanc prévu à l'épaule droite, les bijoux. Dans un coffret bien gardé, le diadème de diamants de l'impératrice Marie-Thérèse. En effet, vers 1740, alors que la monarchie autrichienne était menacée – déjà ! –, Marie-Thérèse avait fait face énergiquement, en s'appuyant sur la noblesse magyare et en contre-attaquant les Français de Louis XV en Bohême. Dans ses réformes, Marie-Thérèse avait été visionnaire, pressentant le dualisme qui serait célébré cent ans plus tard, l'Autriche-Hongrie. Elle avait respecté les privilèges et l'administration traditionnelle de la Hongrie. Que

Sissi-Erzsébet porte ce joyau est un honneur exceptionnel, car elle n'est pas souveraine en titre mais épouse du souverain.

Pour cette raison, la couronne ne sera pas posée sur sa tête mais sur son épaule gauche. Autre dérogation en hommage à la nouvelle reine, ce rituel aura lieu en même temps que celui réservé à François-Joseph, qui devient Férenc Josef. Et sa mère lui montre enfin le manteau de saint Étienne que le roi devra porter et une paire de bas blancs ; selon l'usage, c'est Sissi qui a manié l'aiguille pour l'ajuster à la taille de son mari et adapté la couronne aux dimensions de sa tête en y glissant une garniture de velours. Jamais l'impératrice ne s'est livrée à des travaux de couture avec une telle émotion[1]. Enfin, Rodolphe apprend que selon les anciens usages, le couronnement des souverains hongrois se déroulait toujours à Pozsóny (Presbourg en allemand, Bratislava en slovaque), très ancienne cité, l'équivalent de Reims pour les rois de France et de Königsberg pour les rois de Prusse. Mais Buda et Pesth devaient jouer un rôle essentiel dans la *Mitteleuropa* et, déjà, des travaux considérables y avaient été entrepris.

Le 7 juin au soir, dans une chaleur étouffante, tout est fin prêt pour d'immenses réjouissances médiévales que l'on peut considérer, avec le recul, comme la dernière grande fête de la vieille Mitteleuropa. Rodolphe ne tient plus en place.

Le lendemain, à 7 heures, sous un ciel pur, l'enfant, trop excité pour avoir bien dormi, est réveillé par son gouverneur en même temps que les cloches de toutes les églises se répondent d'une rive du Danube à l'autre. Le fleuve majeur de l'Europe centrale est interdit à la navigation autour des divers endroits prévus pour les cérémonies. Sissi, debout à 6 heures, est déjà épuisée mais triomphante. Toilette, petit déjeuner, habillement, le prince entend sans les écouter vraiment les ultimes recommandations du colonel de Latour. C'est une journée historique, il lui faut comprendre et l'importance du couronnement de ses parents et celle de cet *Ausgleich* (Compromis) austro-hongrois. Des uniformes, des ordres, des pas pressés, un va-et-vient de valets et de femmes de chambre, de dames d'honneur fébriles,

---

1. On peut voir, aujourd'hui, au château de Gödöllö, une tapisserie représentant la reine Erzsébet cousant ce tissu. Une façon de raccommoder les « accrocs »... de l'Histoire.

tout cet univers – cet engrenage pourrait-on dire –, Rodolphe ne le connaît que trop. Il aimerait jouer, rire, mais, sans cesse, il est rappelé à la bonne conduite d'un « Monseigneur... » doucement impératif... Mais ce matin, le monde qui l'entoure est comme neuf. Sa mère, d'abord, est d'une beauté neuve elle aussi. La robe parisienne de M. Worth est somptueuse, la pointe du corsage lacé et le gilet de velours noir à la manière hongroise allongent encore sa silhouette. Sa chevelure est tressée d'une triple rangée de nattes sombres et le diadème fin dentelé comme des cristaux de glace. C'est une autre femme que celle qui règne à Vienne, une autre souveraine. François-Joseph lui-même est métamorphosé. Son habituelle tunique blanche bardée des couleurs autrichiennes et son pantalon rouge sont remplacés par un uniforme entièrement rouge, veste à cinq brandebourgs serrée mais sans ceinture, pantalon presque collant, les bottes hautes, échancrées. Drapé dans un long manteau, ganté de blanc comme son épouse, il tient le sceptre et le globe ; mais surtout, sa tête va supporter la Sainte Couronne, celle de saint Étienne, l'une des plus anciennes d'Europe, en or, décorée d'émaux et de perles et dont la croix est curieusement en oblique. Lui aussi est méconnaissable. D'ailleurs, il n'est plus François-Joseph mais Férenc Jozef. Et son couronnement est, ne l'oublions pas, une belle revanche sur sa propre accession au trône des Habsbourg, dans les conditions honteuses de 1848. Rodolphe a appris par cœur la liste des souverains de Hongrie. Sans remonter à la première dynastie arpadienne, au IX$^e$ siècle, et sans oublier les monarques des Maisons étrangères, comme les Anjou et les Luxembourg au XIV$^e$ siècle, son père est le seizième Habsbourg sur le trône hongrois mais le premier aussi étroitement associé à l'Autriche. Si son épouse est l'artisan, inlassable, du compromis, son fils Rodolphe en est la motivation secrète. Sissi intervient pour remédier à une situation d'urgence mais en préparant l'avenir. Personne ne peut alors savoir si la monarchie doublée redonnera une vigueur imposante et surtout durable aux héritiers d'une prestigieuse mémoire européenne. C'est un pari, un pari sur la tête d'un enfant.

Rodolphe et Gisèle, très graves, suivent la cérémonie dans l'ancienne église Notre-Dame de l'Assomption, appelée église Saint-Mathias depuis sa reconstruction dans le style gothique médiéval au début du XIX$^e$ siècle. Les nouveaux souverains, qui feront effectuer d'importants travaux et ajouts sur l'édifice, retrouveront sur les murs plusieurs représentations, peintes ou sculptées, de leurs saints patrons, sainte Élisabeth de Hongrie et saint François d'Assise. L'organiste intrigue beaucoup les enfants, qui se tortillent pour essayer de l'apercevoir... Peine perdue, ils ne le verront que plus tard. C'est un homme à la belle chevelure blanche, au long nez qui joue sa propre partition, sa magnifique *Messe du Couronnement*, Franz (Férenc) Liszt lui-même. Arrivé de Rome pour l'événement, le musicien écrit à sa fille Cosima, maîtresse puis future seconde épouse de Richard Wagner : « Je n'ai jamais vu une telle pompe. L'empereur-roi paraissait écrasé sous ses vêtements tandis qu'elle, Erzsébet, droite à ses côtés, apparaissait comme une vision céleste dans un faste barbare. J'étais assez près d'elle pour voir que ses yeux brillaient de larmes. » Et l'archiduc note dans son cahier de nombreuses remarques détaillées, dont celle-ci : « (...) Ensuite, les gens se sont mis à battre le ban, puis Papa et Maman sont apparus. Maman s'est dirigée vers le siège qui ressemblait à un trône, Papa s'est dirigé vers l'autel et s'est agenouillé. On a lu beaucoup de textes en latin. Andrássy et le Primat ont couronné sa tête (...). »

Plus tard, Rodolphe et sa sœur suivent les dames d'honneur de leur mère. Elle va se changer, car la chaleur est accablante. Après quelques minutes, réapparaissant dans une robe de tulle léger, elle monte sur un bateau et traverse le Danube interdit de toute autre navigation, immobile, comme par déférence. Quelle émotion ! La dernière fois que l'empereur y avait suspendu le fonctionnement des embarcations, chalands et bacs, c'était lorsqu'elle descendait le cours du fleuve depuis la Bavière, vers Vienne, il y a treize ans. Et, justement, en arrivant au palais où le roi doit prêter serment devant les plus hauts dignitaires, une touche bavaroise l'émeut : ce sont des fleurs bleues et blanches, les couleurs nationales du pays des Wittelsbach. Comme dans les moments les plus solennels, le comique ne perd pas ses droits, Rodolphe ne peut contenir un fou rire quand deux évêques tombent de leurs chevaux à l'instant où les canons tirent les salves d'honneur qui effraient les montures. On relève les deux prélats fripés et salis, on les remet laborieusement en selle. De la fenêtre où il a tout vu, le petit garçon pouffe. Erzsébet, à son côté, lui lance, furieuse, un cinglant rappel à l'ordre, en hongrois. En

Bavière, elle aurait souri. L'enfant se redresse, se calme au moment précis où son père, sur son cheval blanc, achève le rituel du couronnement, brandissant son épée et accomplissant, aux quatre points cardinaux, un signe de croix avec son arme, jurant ainsi de défendre son royaume quelle que soit la frontière où on l'attaquerait.

Les souvenirs de cette journée du 8 juin 1867 sont innombrables. De l'instant où le comte Andrássy a posé la couronne royale sur le chef du souverain au moment où le roi, debout (sa femme est assise) a reçu le serment de fidélité du peuple par ses représentants, le choix est grand, après des années de relations tendues. Certains épisodes ont été, ultérieurement, immortalisés discrètement. Ainsi, le visiteur de l'église Saint-Mathias, aujourd'hui, aura intérêt à monter à la tribune, par un escalier à gauche du chœur. À ce niveau, une mosaïque d'inspiration byzantine, longtemps obscure et désormais mieux éclairée, représente le couple royal agenouillé, le mari et la femme face à face, bénis par le primat de Hongrie[1].

Cependant, la Mort s'est aussi invitée dans le contexte de ces festivités, poursuivant la dynastie de sa loi implacable, à trois reprises. Peu avant le couronnement, alors que toute la famille était déjà réunie au palais royal, Rodolphe a appris la mort d'une de ses cousines, fille de l'archiduc Albert, la princesse Mathilde qu'il voyait souvent. La princesse, âgée de vingt ans, aimait fumer mais elle était obligée de s'en cacher. Un soir, à Schönbrunn, alors qu'elle tirait sur sa cigarette en regardant la nuit à sa fenêtre, elle avait entendu le pas de son père. Craignant la colère d'Albert qui interdisait formellement à sa fille l'usage du tabac, « bon pour les filles de mauvaise vie », elle avait voulu dissimuler son mégot. Malheureusement, son déshabillé de gaze et de dentelle blanches avait pris feu. Complètement affolée, fuyant sa chambre, courant dans les couloirs du château, elle n'avait fait qu'aviver les flammes. Elle était morte en torche vivante avant que personne puisse intervenir. Rodolphe était très triste de cette fin horrible mais aussi parce qu'il avait vu sa mère

---

1. Lors de l'émission télévisée « Des racines et des ailes » proposée et présentée par Patrick de Carolis sur FR3, le 10 décembre 2003, et dont j'étais l'un des invités, j'ai pu montrer cette mosaïque, difficile à voir, dans la séquence consacrée aux relations de Sissi avec la Hongrie.

bouleversée ; alors qu'elle subissait les derniers essayages de sa robe, elle s'était effondrée en larmes, une vision qui avait frappé son fils, désemparé de ne pouvoir la consoler. Puis, lorsque Rodolphe était revenu à la Kaiservilla pour les vacances – Sissi avait grand besoin de repos –, une dépêche, transmise par Vienne mais qui émanait de l'ambassadeur d'Autriche-Hongrie à Washington, annonçait que Maximilien, le malheureux empereur du Mexique, venait d'être fusillé, le 19 juin, à Queretaro, par les révolutionnaires aux ordres de Juarez.

Cet oncle Maximilien, impressionnant avec ses immenses favoris moussus achevés en une barbe très fournie, Rodolphe en gardait un souvenir distant. Pour diverses raisons, y compris politiques, l'empereur avait tenu son cadet à l'écart de Vienne et des hautes responsabilités. Quand il était parti pour Mexico, Rodolphe n'avait que six ans. La plus atteinte par cette tragédie de l'ambition est, visiblement, l'archiduchesse Sophie. Déjà repliée sur elle-même à cause de l'égalité institutionnelle accordée à la Hongrie, la vieille aristocrate, soudain plus vieille et presque éteinte par la mort de son deuxième fils, qui avait toujours été son préféré, se fige dans un silence pesant, du moins devant François-Joseph, auquel, semble-t-il, elle n'adresse pas un mot de critique. Seul Rodolphe se tient près de sa grand-mère qui souffre. L'archiduchesse ne cesse de plonger son regard dans celui de son petit-fils. Oui, elle l'avait toujours dit, Rodolphe ressemblait à Maximilien au même âge... Dans l'été brumeux du Salzkammergut, entre deux orages d'une violence tropicale, la famille impériale porte le deuil. Ce noir, toujours ce noir qui ternit les éclairs de la vie... Fin juin, alors que Rodolphe s'amuse à imiter son père à la chasse – les murs des escaliers de la villa sont hérissés de centaines de trophées –, la dynastie est de nouveau frappée. Pourrait-on, enfin, recevoir une dépêche annonçant un bonheur ? Non... Encore un mort... Cette fois, il s'agit du mari d'une de ses tantes, la sœur aînée de Sissi, Hélène, qui a épousé le prince de Tour et Taxis, d'une des plus prestigieuses lignées bavaroises. François-Joseph et Sissi partent pour le château de Ratisbonne, imposant par ses anciens bâtiments abbatiaux dont un magnifique cloître gothique. Il y a de quoi méditer sur le destin qui s'acharne ; les Tour et Taxis possédaient, jusqu'à cette année 1867, le monopole du transport de la poste à travers les États allemands ! Et c'était Hélène qui, d'après sa mère et sa tante, aurait dû épouser François-Joseph. Rodolphe et sa sœur sont dispensés de ces funérailles au bord du Danube et du cortège des proches qui se rend ensuite à un autre château, Possenhofen, au bord du lac de Starnberg, la demeure où Sissi a passé son enfance débridée, son cher *Possi*, selon la manie familiale de donner des diminutifs.

Pour l'archiduc, cette tante Hélène était un peu lointaine et il connaissait mal ses cousins. De ce château, que sa mère chérissait, il n'avait que de mauvais souvenirs, ceux d'un bruyant désordre comme le père de Sissi savait les organiser, au milieu d'aboiements perpétuels de chiens de chasse. Et puis, sans être loin, la Bavière est à plusieurs jours de Vienne et Rodolphe commence à souffrir d'une manière différente des absences de sa mère. Il pose – et se pose – de plus en plus de questions. Et les réponses du genre « Maman est en voyage, elle est auprès de sa sœur Sophie ou Marie... » sont encore pires que l'absence de réponse. Comme il est normal, en grandissant Rodolphe a besoin de sa mère et, surtout, il est rongé par un sentiment de jalousie à l'encontre de tout motif de séparation. Lui doit rester, travailler selon des horaires immuables, se préparer pour succéder un jour à son père. Ces moments sont vécus avec colère par Rodolphe, mais si l'impératrice, encore chapeautée et gantée, réapparaît comme par enchantement d'un de ses périples incessants, l'enfant court l'embrasser et la contemple comme une apparition. Vue par son fils, elle est davantage irréelle que pour son entourage. Et si, par bonheur, l'impératrice, qui n'est pourtant pas une pianiste douée, s'installe au clavier pour jouer une sonate de Schubert ou une rhapsodie de Liszt et, parfois, chanter pour son fils, ses reproches fondent. Oubliés les cris, les bouderies, la mauvaise humeur. Chez Rodolphe, la frustration d'amour maternel est proportionnelle à l'extase qu'il éprouve pour sa génitrice, visible, présente et tendre. Avec une lucidité remarquable, quand elle le cajole ou le serre contre elle, il a cette étonnante remarque :

— Il me semble que je deviens meilleur.

Ou, du moins, plus calme, joyeux, équilibré. Comme Sissi, il supporte mal d'être privé d'un bonheur simple.

À cette époque, la vie quotidienne de Rodolphe est paradoxale, stricte et encadrée sur la forme, libérale et ouverte sur le fond. Deux conceptions, celle du père et celle de la mère qui, *a priori*, s'opposent mais peuvent également se compléter voire s'épauler. Le gouverneur Latour doit envoyer à l'empereur, chaque jour, le rapport des devoirs, leçons et activités de son élève. Dans l'esprit de François-Joseph, c'est sa façon d'être un bon père. Mais, ensuite, la procédure relève de la bureaucratie militaire presque caricaturale. Le rapport, dont le souverain devrait être le premier lecteur, est d'abord remis au grand chambellan de la Cour, le comte Foliot de Crenneville, qui le remet lui-même à Sa Majesté. Dès l'aube, plongé dans ses dossiers avec une gourmandise digne de Colbert se frottant les mains face à la tâche qui l'attend, le consciencieux père lit, annote en marge ou à la fin le document puis, le rangeant dans son semainier de bois sombre (il y en a un au côté de chaque bureau du souverain), passe aux affaires de l'Empire. Et le dossier est classé soigneusement, certes, mais pas plus qu'un autre. Que reprocher à François-Joseph ? Il exprime sa tendresse comme il l'estime convenable, avec une attention soutenue mais sans originalité ni spontanéité. Il faut rappeler que sa propre adolescence fut peu épanouie et ses études médiocres, desservies par la faiblesse de son père. Rodolphe doit donc être une revanche sur ce qu'il n'a pas été. De plus, son fils est intelligent, tous ceux qui l'approchent l'ont remarqué. En revanche, on doit créditer l'empereur et l'impératrice d'avoir choisi ensemble, sans interférence familiale, les professeurs de leur fils. De même que François-Joseph a accepté un compromis avec le libéralisme des Hongrois, il opte pour la plus grande compétence de ceux qui formeront définitivement son fils. L'archiduc aura, pendant toutes ses études, une cinquantaine de maîtres, parmi les plus remarquables cerveaux du moment. Le caractère cosmopolite de l'Empire lui impose de progresser également dans plusieurs langues en dehors de l'allemand, du français et de l'anglais, à savoir le hongrois, le tchèque, le croate et le serbe. Ainsi, c'est un bénédictin hongrois, Hyacinthe de Rónay, qui apprend cette langue et l'histoire du pays à Rodolphe. Courageusement, les parents ont choisi ce remarquable religieux qui, lors de la révolution de 1848-1849, avait été l'aumônier de l'armée des insurgés contre l'Autriche ! Le souci d'équilibre de traitement entre les diverses nationalités est incontestable et sans aucun parti pris. Le bénédictin confie à l'impératrice son désir de favoriser « la bienveillance naturelle de Rodolphe vers le même amour et le même respect à l'égard de toutes les nationalités ». La seule réelle difficulté des professeurs recrutés est l'antinomie entre le jeune âge du prince (ils enseignent d'habitude à des élèves plus mûrs) et son extrême précocité, soulignée par des interrogations, commentaires et réflexions d'un adulte. Jusqu'où aller sans heurter ni troubler un caractère à l'aube de sa révélation ?

Comme tout adolescent, Rodolphe est perturbé par sa sexualité. Le spectacle animalier est une saine et naturelle amorce du sujet. Selon Célia Bertin, c'est à la suite de la visite d'une pisciculture que l'archiduc pose ses premières questions d'ordre intime et obtient des explications qui le satisfont[1]. Sissi, elle, avait eu la ferme familiale comme « classe d'éveil », dirions-nous aujourd'hui, où tout était ordonné par la Nature. Entre deux leçons, l'héritier entend beaucoup parler de son cousin, le roi Louis II de Bavière, dont les interminables fiançailles avec Sophie, une jeune sœur de Sissi, font jaser. L'impératrice en est à la fois surprise et soulagée. Évidemment, Rodolphe ne peut comprendre pourquoi, à la cour d'Autriche, certains restent sceptiques sur la probabilité de cette union. Les sourires s'accompagnent de silences bizarres. François-Joseph pousse des soupirs que son fils ne sait interpréter. L'archiduc est bien loin de ces interrogations, les dessous de l'affaire ne sont pas de son âge. Il se souvient seulement que le roi, qu'il a vu à Bad Ischl, est très beau, très grand, avec un étrange regard. L'archiduc se repenche donc sur son apprentissage. Depuis l'âge de quatre ans, son instruction religieuse est confiée au père Mayer, premier chapelain de la Cour. Rodolphe n'est guère assidu à cette spiritualité. Alors que dans toutes les matières, invariablement, il demande à ses professeurs : « Dites-moi tout, je veux tout apprendre », il demeure passif à l'exposé de l'histoire sainte et des dogmes du catholicisme romain. Ajoutons que l'atmosphère militaire qui avait oppressé l'enfant du temps de Gondrecourt oblige son successeur Latour à des prodiges de subtilité et de persuasion pour rendre l'armée moins terrorisante autour de Rodolphe, une armée qu'il devra commander un jour.

Les origines variées des maîtres de Rodolphe attestent un souci d'objectivité à compétence égale. On rencontre un histo-

---

1. Célia Bertin, *Mayerling ou le destin fatal des Wittelsbach*, op. cit.

rien réputé, Arneth ; le bibliothécaire de la Cour, Zeissberg, pour la mise en pratique du programme ; un archiviste expert dans l'histoire d'un noble tchèque, Wallenstein, de famille protestante, converti au catholicisme pour soutenir l'empereur dès la révolte de Bohême au XVIIe siècle, un beau sujet de réflexion sur un État multiethnique ! Il y a encore un professeur de lycée, un grand géographe, un spécialiste des sciences naturelles. Rodolphe est passionné par cette matière et l'enseignement du docteur de Hochstetter aura une influence décisive sur sa passion pour la flore et la faune, et ce que nous appelons aujourd'hui l'environnement. Précisons que l'empereur, pourtant chasseur et amoureux de la nature, tente de décourager le penchant de son fils pour ces disciplines. Sans doute craint-il une trop grande emprise des préoccupations scientifiques et rationnelles sur Rodolphe, déjà jugé comme un esprit indépendant...

En grandissant, Rodolphe aborde d'autres domaines, comme l'histoire de l'art et une solide éducation politique et juridique. L'esprit des Lumières est dispensé à l'héritier d'Autriche-Hongrie, ce qui contredit formellement la rumeur de formation étriquée et sclérosée reçue par Rodolphe adolescent. Au contraire, Latour – et ici on constate que son choix a été judicieux – fait lire à son élève une anthologie de Montesquieu et de Rousseau. La remise en cause de certitudes qu'on disait établies, le rôle progressif des découvertes scientifiques, la finesse d'analyse contenue dans *L'Esprit des lois* et les *Lettres persanes* sont au programme de l'archiduc pour développer son « esprit critique », l'habituer à la discussion philosophique, à défendre une thèse puis son contraire. Un rapport, remis à François-Joseph, contient cette observation du colonel de Latour : « Le prince doit tirer un enseignement des prérogatives et des grands privilèges des souverains mais aussi de leurs erreurs. »

Mais tout de même, à dix ans, ce programme est bien sévère, bien qu'il soit suivi sans difficulté par l'élève ; Rodolphe a confiance en son gouverneur, et réciproquement. Cette complicité adoucit vaguement l'emploi du temps. Réveil matinal, allumage d'une immense lampe à pétrole pour chasser définitivement la peur de l'obscurité qu'on lui avait stupidement inculquée, leçons à heures fixes, promenades et repas de même, coucher de bonne heure : les distractions sont rares. Il semble à son entourage que ses craintes d'enfant se dissipent. Mais comment oublier les ombres vacillantes, entrevues et redoutées à six et sept ans, fantômes projetés sur des murs, résultant des torches et des flambeaux rituellement portés, par exemple, dans les deux mille six cents pièces de la Hofburg, reliées par des dizaines d'escaliers immenses ou tortueux ?

Lorsque Sissi revient de Zurich, fin août, dont elle s'est enfuie à cause d'une épidémie de choléra, Rodolphe trouve sa mère pâle. Il apprend qu'elle se plaint de nausées à son réveil. Serait-elle malade ? Il s'inquiète. Non, c'est, au contraire, une merveilleuse nouvelle puisque l'impératrice-reine attend un enfant. Un quatrième, à l'âge de trente ans. Elle n'en voulait plus, ce qui désespérait l'empereur. Mais la fête hongroise a fait tourner bien des cœurs. Deux mois après son couronnement, Sissi est enceinte. L'enfant a vraisemblablement été conçu en terre hongroise, en signe de réconciliation conjugale. Encore un compromis. Un petit frère ? Une autre sœur ? En tous cas – Sissi le répète, heureuse –, ce sera un enfant qu'elle élèvera elle-même, qu'on ne lui retirera pas. Rodolphe est très excité et un peu jaloux qu'on ne parle que de cet événement. Son bon côté est que sa mère a le meilleur des alibis pour rester à Vienne et ne pas accompagner François-Joseph aux épuisantes festivités de l'Exposition universelle qui fait courir l'Europe à Paris. Pendant quelques semaines, de la fin octobre au début novembre, en dehors des heures d'éducation, il profite de sa mère, Sissi existe pour lui et pour Gisèle. Elle aussi surveille devoirs et leçons, cependant avec plus de douceur que tous ces messieurs attentionnés et savants mais pour qui il ne peut avoir de secrets. Et Rodolphe voit sa mère apaisée, s'agitant moins, renonçant à ses exercices de haute école, passant des heures à lire et à écrire quotidiennement à François-Joseph mais aussi dans son *Journal poétique* que Rodolphe ne lira heureusement jamais : « J'aimerais donner un fils, un Roi à la Hongrie, un esprit clair, un homme fort. » Cette grossesse est le prolongement de sa revanche. Elle est tellement heureuse du retour de son époux de Paris qu'elle va l'attendre à la gare, seulement accompagnée d'une dame d'honneur.

Rodolphe entend sa grand-mère grommeler : « A-t-on jamais vu une impératrice aller chercher l'empereur au train comme le ferait la femme d'un négociant ? » Avec Sissi, les Viennois doivent s'attendre à tout. En effet, à peine revenu de la capitale française transformée, François-Joseph part avec sa femme pour le château de Gödöllö. Les travaux avancent, ils ont été très surveillés par le couple royal. À Budapest, on est heureux que les souverains aiment ce magnifique cadeau. On commence à voir le roi Férenc Jozef en uniforme hongrois. Le monarque se repose et il est complètement d'accord avec sa femme : l'endroit est un havre de paix. Il ajoute même, dans une lettre à sa mère, qu'il « peut s'y retirer quand les Viennois l'agacent trop » ! La reine Erzsébet ne cesse de marquer des points.

Avant la fin de l'année, des échos de drames parviennent à Rodolphe. Les uns concernent le rapatriement du corps de son oncle Maximilien après de sordides tractations avec les Mexicains. Les autres colportent la brutale rupture des fiançailles du roi Louis II avec Sophie, la sœur de Sissi. Élisabeth tente de consoler sa sœur, l'empereur est furieux du comportement de Louis, qui s'est enfui en voyage avec un nouvel écuyer, ceci expliquant cela...

Noël et la fin d'année sont joyeux à la Hofburg. Il ne manque personne et Rodolphe a le droit de poser sa main sur le ventre arrondi de sa maman, vaguement masqué le matin par sa chevelure de fée qui la recouvre comme un vêtement naturel. Quel mystère, ce bébé annoncé ! Très vite, l'empereur repart pour la Hongrie, après avoir nommé un nouveau Premier ministre en Autriche, le prince Karl Auersperg. La politique hongroise est devenue si importante que, contrairement à l'usage, François-Joseph précède Sissi à Buda et à Pesth !

L'impératrice prend son temps, son état l'impose ; elle ne le rejoint que le 5 février 1868, après avoir serré très fort ses deux enfants contre son corps déformé. L'image filiforme de Sissi est effacée pour quelques mois. Quelques mois... C'est la nouvelle rumeur qui circule dans Vienne mais cette fois, elle est fondée : Erzsébet veut accoucher en terre hongroise. À Vienne, on prend ce choix comme on reçoit une gifle. Rodolphe ne se console pas de cette absence, bien que l'aspect de sa mère l'intéresse en même temps qu'il le gêne. Il travaille dur, son programme s'alourdit mais ses capacités intellectuelles d'absorption et de compréhension sont rares et ses maîtres doivent, souvent, freiner le rythme de ses études.

Le petit prince ne peut savoir que le quatrième enfant de ses parents provoque déjà des polémiques... avant d'être né(e). Évidemment, pour les Hongrois, fiers et qui le font savoir, le bébé est un nouveau gage d'amour de leur pays donné par la reine. C'est elle qui l'a voulu, même si François-Joseph était impatient d'une telle preuve de bonne entente et d'harmonie complète. On répand que si c'est un garçon, Erzsébet le prénommerait Étienne, en hommage à un illustre souverain hongrois. Dans ce cas, Rodolphe, en tant qu'aîné, régnerait sur la seule Autriche tandis que son cadet aurait la Hongrie en héritage. Ce partage détruirait le compromis si laborieusement élaboré et, à terme, l'autonomie magyare deviendrait l'indépendance, un détachement qui affaiblirait définitivement les Habsbourg. Ce calcul vaut à Élisabeth les pires critiques, dont celle, assassine, rapportée par la comtesse de Fürstenberg : «... Si l'Impératrice avait un accident, il serait mérité... » Mais si c'est une fille ? Rien ne serait changé et c'est ce qu'on souhaite à Vienne. C'est donc l'avenir de Rodolphe, sa place, son pouvoir et son influence qui sont en jeu en ce début 1868. Sissi, on le comprend, voudrait un garçon pour que la leçon infligée à l'Autriche soit complète, mais ses dons de médium lui assurent que ce sera une fille. Rodolphe reçoit beaucoup de lettres de sa mère et, de Gödöllö où elle s'est installée jusqu'à sa délivrance, elle s'occupe attentivement de son fils par correspondance. Au terme d'un hiver rigoureux, le prince espère que sa mère aura accouché et sera revenue pour les cérémonies de la semaine sainte. Il a toujours été fasciné par le caractère spectaculaire des processions autour de la Hofburg et de l'église des Augustins, coincée dans une rue étroite et où s'étaient mariés ses parents. Il attend, mais sa mère a réduit considérablement ses déplacements, prenant mille précautions avant de quitter Gödöllö pour s'installer au palais royal qui domine le Danube.

La reine agit, comme si elle ne voulait risquer aucun accident et que les habitants de Buda et de Pesth puissent suivre l'événement en regardant, avec le même espoir, vers la colline qui domine les flots puissants du fleuve unificateur. Aussi, le jeudi saint, c'est l'empereur, en uniforme blanc de feld-maréchal, et ses enfants immédiatement derrière lui qui s'avancent en tête du cortège après les troupes. L'Empire défile sur un pavé jonché de fleurs jetées par des enfants, avec l'archevêque de Vienne qui élève l'ostensoir, des membres de la famille régnante, des dignitaires de la Couronne, des chevaliers de Malte, des princes hongrois et des aristocrates polonais, la foule pieuse et recueillie. Sissi avait expliqué à son fils le sens du rituel précédant, chez les chrétiens, le grand silence de la mort du Christ. Et quand elle était là, il trouvait qu'elle ressemblait à la Sainte Vierge et son aura comptait pour beaucoup dans l'application et la curiosité de l'enfant Sa mère absente, la procession devenait davantage une contrainte.

La main fébrile, François-Joseph lit la dépêche devant son aide de camp au garde-à-vous : la reine va accoucher dans les prochaines vingt-quatre heures. Le train spécial était sous pression et François-Joseph est présent, comme le voulait sa femme, quand naît... une fille. Adieu Étienne, voici Marie-Valérie, la nouvelle sœur de Rodolphe. Il reste le seul garçon, l'unique espoir masculin de la dynastie. Les coups de canon, seulement vingt et un, provoquent une déception partagée dans les deux villes si dissemblables que sont Buda et Pesth. À Vienne, on est soulagé. Une sourcilleuse comptabilité est tenue dans les salons lambrissés, tout ce qui affaiblit la Hongrie renforce l'Autriche... et inversement ! Une calomnie circule : le bel Andrássy serait le père de l'archiduchesse ! Elle s'effondrera toute seule quand la ressemblance entre l'empereur et sa dernière fille sera évidente ; entre-temps, elle aura fait du mal, bien sûr, ce qui explique que Sissi, déçue elle aussi, ne soit pas pressée de regagner le royaume des ragots. D'ailleurs, elle indique qu'elle ira continuer son repos à Bad Ischl, sans passer par Vienne. C'est à Rodolphe que son père écrit ce premier portrait de Marie-Valérie, une semaine après sa naissance : « Elle est bien jolie, elle a de grands yeux bleu foncé, un nez encore un peu trop gros, une toute petite bouche, des joues énormes et des cheveux foncés si épais qu'on pourrait les coiffer. Elle est très forte et gigote vigoureusement. » Ce n'est que près de deux mois plus tard que l'archiduc fera la connaissance de sa petite sœur lors des vacances à la Kaiservilla.

Le bonheur familial de Sissi, vivifiée par sa nouvelle maternité – la dernière, elle le sait et en souffre –, est terni par la classique dépression de l'accouchée mais aussi parce qu'elle doit établir un plan afin d'éviter que sa belle-mère n'intervienne. Sans précipitation, elle se remet et s'organise pour élever elle-même son enfant. Déjà, elle l'appelle « ma chérie » et Rodolphe, comme Gisèle, ressentent que la nouvelle venue est le sujet et l'objet d'attentions exclusives et excessives. Il est clair qu'Élisabeth, frustrée de n'avoir pu élever ses enfants elle-même, verse dans l'excès contraire. Quelle maladresse psychologique de lancer, devant ses dames d'honneur : « Je sais désormais ce qu'est le bonheur d'avoir un enfant ! » Puisqu'elle n'avait pas eu la permission d'aimer les précédents, elle impose sa loi, ses règlements et ses maniaqueries à son entourage. Même François-Joseph est, parfois, tenu à l'écart. Après le baptême, en Hongrie, bien entendu, sans l'archiduchesse, bien entendu, le séjour loin de Vienne est suivi d'autres déplacements avec Marie-Valérie en Bavière, juste après le trente-huitième anniversaire de l'empereur.

Rodolphe est ravi d'avoir une nouvelle sœur mais on dirait qu'elle est le centre du monde. Il se sent délaissé, de trop. Et déjà, l'empereur doit subir les revendications des Tchèques qui regrettent de ne pas avoir de roi. Prague, la fascinante Prague millénaire, vaut bien un couronnement ! À Vienne, la vexation mondaine tourne à la colère : la nouvelle archiduchesse n'a pas encore été présentée ni à la Hofburg ni à Schönbrunn, mais tous les frères et sœurs de l'impératrice la connaissent et la reçoivent dans les châteaux bavarois. Les Viennois enragent d'être pestiférés. Sissi leur fait payer des années d'humiliation. Cette vengeance n'est pas sans effet sur Rodolphe, à son tour désolé de ne pas profiter de sa mère. À son âge, l'archiduc n'est pas autorisé à lire les journaux, qui sont, d'ailleurs, d'un libéralisme plus affiché qu'on ne le prétend encore aujourd'hui. Cependant, avec raison, son précepteur juge qu'il est bon que l'héritier, sensible aux idées nouvelles diffusées par les livres, soit également ouvert à leur manifestation par la presse. Déjà, les cafés de Vienne sont réputés par le nombre de journaux, en plusieurs langues, qu'ils proposent, montés sur des baguettes de bois, à leurs lecteurs silencieux. Rodolphe apprend, choqué, que la presse de la capitale, volontiers critique, se fait l'écho du mécontentement général. Les journalistes viennois, caustiques, révèlent un calcul inattendu selon lequel la souveraine, qui les fuit, a déjà passé en une année deux cent vingt jours en Hongrie sur trois cent soixante-cinq et que le clan de Bavarois de Sissi est définitivement son préféré. Chez cette mère exaltée, la politique et le sang n'ont d'importance qu'en dehors de Vienne. La ville est, géographiquement et affectivement, prise en étau par les deux passions – les deux fugues – de l'impératrice errante. Ainsi, au jour près, on sait combien la mère de l'archiduc est loin de lui ; sa tristesse est donc publique. En même temps, il découvre la puissance de l'indiscrétion, voire ses ravages.

De même qu'elle se moque de ce qu'on pense d'elle, Élisabeth ignore la crise mystique que traverse son fils. Dans sa dixième année, l'archiduc est saisi de troubles sur l'importance de la religion dans sa vie et surtout la manière dont il la vit. Alors que Rodolphe travaille bien, ses prières l'ennuient ; l'aspect obligatoirement répétitif des textes provoque chez l'enfant une répulsion. Le colonel de Latour lui demande de les réciter moins vite et d'en comprendre le sens. Alors, Rodolphe marmonne ou bâille. Les perturbations s'aggravent avec la perspective de sa première confession, reçue par le père Mayer. Il est intéressant de souligner que le fils de Sissi agit comme sa mère : il ne feint pas de prier, il ne fait pas semblant de croire, une attitude rare chez un enfant dans ce milieu. Révolté et plus encore bouleversé par son propre comportement, il s'effondre devant le père Mayer et dit brusquement :

— Oh ! Mon Dieu ! J'ai mérité votre vengeance ! Je ne suis plus digne d'être appelé votre fils...

Une réaction excessive, presque inquiétante. Et s'accusant d'être un mauvais chrétien, il est inconsolable. Le gouverneur Latour, inquiet, se hâte d'informer François-Joseph, lequel recommande au père Mayer de rédiger pour son fils une prière quotidienne moins sévère. On peut expliquer l'angoisse de Rodolphe par le sentiment qu'il éprouve d'être trop souvent abandonné, seul au milieu d'adultes, pour ainsi dire sacrifié par sa mère. Il ignore, évidemment, que l'impératrice-reine, toujours épuisée de sa grossesse, de son accouchement et surtout des commérages colportés autour de son dernier enfant, n'est pas d'humeur à revenir à Vienne. Par moments, on peut se demander si elle est réellement heureuse de cette naissance. Il est clair que Marie-Valérie symbolise tant de spoliations d'amour maternel que la vie de cet enfant est devenue une obsession. Et, dans une certaine mesure, une amère revanche sur la fatalité : la naissance de Marie-Valérie en terre hongroise peut-elle réellement effacer la perte de Sophie, également en terre hongroise ?

L'impératrice a tant dû se battre pour exister qu'elle n'a plus de résistance, ni affective ni physique. Sa délivrance a été paradoxale. Elle sent, elle sait qu'à Vienne on lui prendra sa fille et cette peur tourne à la névrose.

Elle devra reprendre la lutte et ne se sent plus la force d'un affrontement de chaque instant. Cette façon d'éviter Vienne n'est qu'une précaution, pour ainsi dire une thérapie. Alors, Rodolphe et Gisèle sont délaissés, comme si, momentanément, ils n'avaient pas besoin de leur mère. Et pourtant, elle-même devrait être entourée de tous ses enfants pour retrouver son équilibre. Marie-Valérie a droit à toutes les attentions, y compris lors d'escapades répétées en Bavière, tandis que Gisèle et Rodolphe, surveillés par leur grand-mère, sont tristes que la Kaiservilla – où Sissi a construit ses refuges psychologiques avec son bureau installé face à sa montagne autrichienne favorite, son pavillon de marbre où elle écrit ses poèmes – ne la retienne pas. La cohabitation entre la belle-mère et la belle-fille, véritable guerre féminine, insupporte l'impératrice. Heureusement, la Hongrie symbolise la liberté.

C'est seulement à l'automne 1869 que la reine Erzsébet revient avec ses deux aînés à Gödöllö ; cette saison, comme le printemps, sera celle de ses séjours préférés. Férenc Jozsef est absent. Pour une fois, c'est lui qui voyage. En Égypte où le canal de Suez est somptueusement inauguré, le souverain austro-hongrois donne le bras à l'impératrice Eugénie qui représente Napoléon III lors des festivités marquant l'ouverture du canal reliant la Méditerranée à la mer Rouge, antique rêve des pharaons. Rodolphe entend parler de l'Égypte pour la première fois et ses grands yeux attestent que l'Orient le fascine, lui aussi. Sa mère, qui a fait construire un manège dans l'aile ouest du château, au bout des superbes écuries pour une soixantaine de chevaux, surveille les progrès de son fils en équitation. La presse souligne le maintien et l'assiette du prince qui, après les paisibles poneys, peut monter des étalons. Il s'entraîne sous l'œil expert de la reine ; elle lui apprend à vérifier son allure dans les longs miroirs rectangulaires disposés en oblique[1]. Cet emploi du

---

1. Le manège, en cours de restauration en 2003-2004, ne se visite pas. Une partie des ailes du château de Gödöllö n'a pas encore retrouvé son ancien éclat.

temps plaît à Rodolphe, qui s'épanouit. Un document, peu connu, montre le prince héritier à ce moment précis. L'enfant s'est fondu en un adolescent. Son visage, hier poupin, s'allonge comme sa silhouette. Le cheveu abondant, séparé par une raie à gauche, le nœud papillon, le paletot à col de velours, le haut-de-forme qu'il tient de la main gauche ainsi que la cravache que lui a donnée sa mère prouvent l'entrée dans un nouvel âge. Timide, il l'est, c'est évident, mais déjà assuré, beaucoup moins mal à l'aise que Sissi devant le photographe de la Cour. Gödöllö est désormais synonyme de vacances et d'harmonie, un climat qui paraît impossible à trouver sous le ciel viennois... À la fin de l'année 1869, alors que la capitale autrichienne a connu une première grande manifestation ouvrière, l'impératrice est, de nouveau, loin de son fils et de son mari. Ils ont fini par s'habituer, même si la tristesse enrobe ces fêtes familiales.

À quoi bon s'interroger sur ces incessantes pérégrinations d'Élisabeth traquée par un mal de vivre tenace ? Rodolphe a appris à aimer sa mère à distance et il est clair que les caprices, les sautes d'humeur et les réactions parfois bizarres de l'impératrice sont difficiles, voire pénibles, à supporter. Rodolphe aime avoir sa mère pour lui seul. Et on comprend, comme le note Célia Bertin, que « privé d'elle, il se prend même à regretter ces ennuyeuses séances où elle lit à haute voix des vers de Henri Heine, le poète qu'elle admire entre tous et qu'il se refuse à entendre ». En revanche, ils s'écrivent, souvent et longuement. Dès qu'une lettre de Sissi arrive, Rodolphe lui répond, sachant très bien que le colonel de Latour tient la souveraine parfaitement informée de sa vie quotidienne et du progrès de ses études.

S'il se sent seul, l'archiduc est observé et surveillé en permanence, malheureusement trop souvent privé de la compagnie d'amis de son âge. Cette solitude le fait mûrir. Et les questions qu'il se pose ou qu'il pose n'ont plus rien des curiosités d'un enfant. Rodolphe est perplexe devant la situation du pape, Pie IX, géographiquement menacé par les patriotes italiens qui voudraient faire de Rome la capitale du jeune royaume. Le pouvoir temporel du chef de l'Église catholique n'est plus soutenu que par Napoléon III, sous l'influence de l'impératrice Eugénie. En Autriche même, l'influence des libéraux a contraint le cabinet du prince Karl Auersperg à préparer et à faire voter, au printemps 1868, des lois confessionnelles, dites « lois de mai ».

Elles ont aboli le concordat qui favorisait le catholicisme romain et institué l'égalité des religions dans l'Empire. Ce bouleversement avait provoqué de vives réactions, dont celle de l'évêque de Linz, Mgr Rudigier, fustigeant les nouvelles dispositions dans une lettre pastorale. Le prélat, coupable de « trouble à l'ordre public », avait été condamné à quatorze jours de prison après avoir été jugé par un tribunal civil. François-Joseph avait, sur l'heure, accordé sa grâce à Mgr Rudigier, la détention d'un évêque risquant, elle aussi, de provoquer un trouble à l'ordre public. L'évêque continuait à déclarer que les lois assuraient « la propagande de l'incroyance », position qui ne faisait que confirmer celles de Pie IX contre ces « lois infâmes », selon son expression. Ainsi, tandis que Rodolphe est en pleine crise de conscience, l'idée d'une Autriche séparée du catholicisme, d'un État sans religion, agite la plus traditionnelle monarchie européenne. Quelle remise en cause !

À ces doutes s'ajoute la crise diplomatique dont l'Europe est le témoin, l'acteur et bientôt la victime, selon les opinions. Au début de l'été 1870, Sissi réside avec tous ses enfants à Bad Ischl. L'intimité du séjour est brisée par les tensions entre la Prusse et la France à propos de la candidature d'un prince de Hohenzollern au trône d'Espagne. Rodolphe ne cesse d'interroger Élisabeth sur l'affaire qui s'envenime chaque jour davantage. Sissi est fâchée d'avoir à répondre à son fils. Il n'y a donc pas moyen d'être tranquille en famille ? Non... Le télégraphe, que François-Joseph a fait installer à côté de son bureau, est manipulé par un aide de camp ; l'appareil ne cesse de crépiter et les rubans perforés débitent des nouvelles inquiétantes. Sissi est convaincue que Bismarck et Guillaume Ier vont tout faire pour que la guerre éclate contre les Français. L'empereur rassure son épouse mais, en réalité, ne convainc personne. Et François-Joseph finit par penser que la France pourrait être victorieuse si la guerre éclate. On sait bien, depuis la capitulation de Sedan, que les Français n'étaient pas prêts, à commencer par Napoléon III lui-même, malade et très lucide mais saisi par le vertige de la fatalité devant l'hystérie nationaliste française et le délire de la population parisienne qui exigeait de relever le défi. Mais, fin juin 1870, l'opinion prussienne craint la France et, s'agissant de Rodolphe, qui a compris que sa mère redoutait le même fléau que lui, la Prusse est toujours associée à l'idée d'une inévitable guerre. Le désastre de 1866 avait montré la supériorité prussienne et Rodolphe a le visage grave. Pourquoi une guerre ? Pourquoi est-ce encore la Prusse qui entraîne les autres pays dans un conflit ? Le jeune garçon ne sait pas (mais il le pressent) que l'Autriche et la France ont en commun d'être menacées par l'hégémonie fomentée par Bismarck. Mais il y a eu l'affaire mexicaine, le gel des relations entre Paris et Vienne il y a trois ans puis un retour, laborieux, à des rapports moins tendus. Lors de ces journées de la fin juin, Sissi et son fils ne sont pas dupes, une nouvelle guerre est imminente et la Prusse prendra la tête de son association avec les États germaniques au sud du Main, effective depuis 1866. Le 13 juillet, à la satisfaction de la France, la nouvelle de la renonciation du prince de Hohenzollern à la couronne d'Espagne supprime l'origine des susceptibilités.

Soulagée, Sissi ordonne qu'on fasse les bagages pour emmener tous ses enfants quelques jours dans la lumineuse Bavière. François-Joseph préfère le calme bourgeois de sa villa. On respire. Est-ce la paix ? Le souverain austro-hongrois a pris sa décision : si, malgré l'apaisement, le conflit devenait réel, Vienne et Budapest resteraient neutres. Favorable à la France, malgré de compréhensibles réserves sur les choix antérieurs et la personne de Napoléon III, François-Joseph n'interviendrait que si le territoire français était menacé. Or cette hypothèse paraît exclue par Vienne tant la victoire des troupes de Napoléon III semble probable. Lorsque, avec un sens remarquable de la provocation, Bismarck fait publier la *Dépêche d'Ems* tronquée et trafiquée, Sissi annule évidemment ses visites bavaroises et reste à Ischl dans l'immédiat tandis que François-Joseph regagne Vienne d'urgence ; il va présider un Conseil de la Couronne. Pour Rodolphe, élevé dans un intérêt intellectuel favorable à la France, même si Napoléon III joue le mauvais rôle de l'agresseur, le caractère irascible de la Prusse est insupportable. Et après la tristesse de 1866, l'archiduc ne peut que ressentir la même répulsion à l'encontre du roi Hohenzollern et de son chancelier. Les décisions arrêtées par l'empereur et son gouvernement le 18 juillet confirment la neutralité austro-hongroise. Rodolphe aimerait que son pays aidât la France. François-Joseph espère encore que Napoléon III sortira vainqueur du piège tendu par Bismarck.

Alors que la guerre est déclarée le 20 juillet, Sissi, tendue et nerveuse, fuit Bad Ischl, c'est-à-dire sa belle-mère. Affronter un climat de batailles, savoir ses frères et beaux-frères bavarois enrôlés aux côtés de la Prusse honnie, craindre des répercussions pour l'Autriche-Hongrie, soutenir son mari et rassurer les enfants sont des combats qu'elle peut livrer. Mais la lutte sur le « front » que constitue l'archiduchesse Sophie demande trop d'efforts ! Car Sophie, d'un âge maintenant avancé, persiste à dire que, dans la situation de cet été 1870, l'Autriche traîne un boulet qui se nomme la Hongrie. Et alors que Vienne ne domine plus les États de langue allemande, le dualisme ayant institué Budapest comme son égale précipitera sa chute. En une matinée, Sissi, toujours coupable aux yeux de sa tante, est partie avec suite et enfants vers un endroit où François-Joseph pourra facilement les rejoindre. Ces vacances improvisées se déroulent là où fonctionne un télégraphe, en un lieu dénommé Neuberg. Ce bourg est à environ cent cinquante kilomètres au sud, sur la ligne ferroviaire Vienne-Venise, après le tunnel du Semmering, très près de Mariazell dont le pèlerinage est le plus célèbre d'Autriche. Des montagnes, un site pittoresque, ses enfants et sa sécurité (c'est-à-dire loin de l'archiduchesse !), l'impératrice informe son entourage des nouvelles qu'elle reçoit. Les lettres, quotidiennes, parlent de l'espoir d'être réunis et de celui, fort répandu en Autriche, d'une défaite prussienne. Le rouleau blanc tourne avec un grésillement : ce sont les nouvelles de la progression des troupes françaises, que François-Joseph fait immédiatement parvenir à son épouse. Rodolphe espère de plus en plus la victoire de Napoléon III sur les casques à pointe de Berlin. Il ne quitte pas sa mère, veut tout savoir. En apprenant, le 2 août, la victoire française de Sarrebruck où le Prince impérial, qui a deux ans de plus que Rodolphe, reçoit le baptême du feu aux côtés de son gouverneur, le général Frossard, François-Joseph et son état-major se réjouissent. Hélas, le manque de lucidité des Français, qui sont seuls dans le conflit, et celui des Autrichiens, qui espèrent, est confondant : l'engagement dans cette ville cédée à la Prusse depuis 1815 est insignifiant ; la 1re armée prussienne a évacué la ville et les Français ne l'occupent même pas... Ce combat satisfait l'opinion parisienne mais, deux jours plus tard, Mac-Mahon, bousculé à Wissembourg « à l'heure de la soupe », perd une division, anéantie. L'effet moral est considérable : la vraie guerre commence par une défaite.

Rodolphe est triste. Toute la famille aussi à mesure que l'effondrement français s'accentue, malgré la bravoure des soldats et de leurs officiers. À Bad Ischl, où elle est restée, l'archiduchesse Sophie est sombre.

Ainsi, cette folie va permettre d'asseoir davantage la domination prussienne et donc de réduire encore le rayonnement autrichien. Deux jours après le 4 septembre et la chute de l'empire français, Rodolphe reçoit cette lettre de sa grand-mère : « Je suis heureuse que les Bavarois se soient distingués, je suis de leur race. Mais, en toute bonne foi, je ne puis que regretter qu'ils ne l'aient pas fait en 1866, au lieu de se laisser berner au point qu'ils luttent pour la perte de leur indépendance. » La remarque est juste et Rodolphe relira souvent ces mots terribles. L'archiduc souffre que son cousin Louis II ait dû participer à cette guerre contre la France qu'il chérit tellement. Et apprendre que les Bavarois se sont battus comme des Prussiens n'est pas réjouissant. Dès cette époque, Rodolphe se sent proche de l'étrange roi de Bavière qui avait plusieurs fois refusé de signer le décret de mobilisation de ses troupes. Louis II, dont la mère est née princesse de Hohenzollern, et Rodolphe sont écœurés du triomphe du général en chef Moltke et des calculs de Bismarck. Les canons Krupp ont vaincu les fusils Chassepot.

Lorsqu'il regagne Vienne et ses études, le fils de Sissi ne peut se détacher de la situation française. C'est son père, soucieux et consterné comme Sissi, qu'il interroge avec gravité : la fuite d'Eugénie, la captivité de Napoléon III, le siège de Paris, la capitale affamée, les négociations secrètes entre Jules Favre, ministre des Affaires étrangères du gouvernement de la Défense nationale, et Bismarck, la sinistre proclamation de Guillaume I$^{er}$, empereur allemand, à Versailles. « Versailles sous les drapeaux prussiens, jamais ! » a hurlé Louis II de Bavière avant de signer, contraint, une lettre préparée par le *Chancelier de Fer* pour que le roi de Prusse accepte la nouvelle couronne des États allemands unifiés. Une cérémonie décrite par Othon, le frère cadet de Louis II, crucifié d'être présent à la naissance de l'Unité allemande sur les décombres de la France. Rodolphe retiendra cette impression de malaise ressentie par l'émissaire du monarque de Bavière : « (...) Tout était si froid, si fier, si brillant, si pompeux, si grandiloquent et sans cœur et vide... » Puis, le traité de Francfort, la sécession parisienne et les horreurs de la Commune... Pendant l'hiver puis le printemps 1871, Rodolphe, du haut de ses douze ans, nourrit une véritable répulsion à l'encontre de l'Allemagne prussienne. Il n'est donc pas étonnant que lors de la venue à Vienne de Guillaume I$^{er}$, le vieux roi de Prusse promu empereur allemand, Rodolphe ne soit pas requis par son père pour l'accueillir. Ce 11 août 1871, à quatre jours de l'anniversaire de François-Joseph, le jeune archiduc est donc soulagé de ne pas quitter Bad Ischl. Le voyage de Guillaume I$^{er}$ a une signification particulière : c'est sa première visite officielle depuis la cérémonie de Versailles et elle est pour l'Autriche. Rodolphe n'en est qu'aux intuitions mais il s'interroge : la Bavière a été « avalée » (le terme est de Louis II) par Bismarck. L'Autriche va-t-elle connaître le même sort ?

Une complicité silencieuse se glisse entre Rodolphe et sa grand-mère. L'archiduchesse tremble pour lui. Sur quel Empire régnera-t-il ? Après les Hongrois, les Tchèques s'agitent, réclamant eux aussi une égalité de statut avec les Autrichiens. De plus, la Bohême a fait savoir à Vienne que l'annexion de l'Alsace-Lorraine était inadmissible. La catastrophe de Sedan n'en finit pas d'entraîner des répercussions diverses sur le destin des Habsbourg. Les minorités sont en émoi. Et puis, la mère de François-Joseph vit décidément très mal cette sorte d'État dans l'État qu'est le clan de sa belle-fille. Sophie le sait : l'impératrice travaille à faire nommer Andrássy ministre des Affaires étrangères. Et c'est ce qui arrive après le renvoi de Beust le 8 novembre 1871 et l'octroi de ce portefeuille sensible au séduisant comte, cinq jours plus tard. Jusque dans sa Maison, la mère de François-Joseph se sent défiée. Ainsi, il n'y a plus que deux Autrichiennes dans l'entourage de l'impératrice et encore échappent-elles aux influences de la vieille dame. Pis : depuis l'été 1871, Hélène de Tour et Taxis, lectrice de Sissi et aussi bavaroise que les Wittelsbach, est remplacée par Marie Festetics, une Hongroise, de haut lignage, certes, mais une Hongroise ! Chez Sissi, la présence autrichienne se réduit telle une peau de chagrin. En représailles, la mère de l'empereur n'adresse jamais la parole à la nouvelle venue et refuse de la recevoir à sa table pour son dîner rituel du vendredi.

L'hiver 1871-1872 est très dur pour Sophie qui se rend malade d'aigreur et de contrariétés avant de finir par tomber réellement souffrante, un soir du frais printemps viennois, en sortant d'un théâtre où il faisait trop chaud. On parle de « crise nerveuse », ce qui exaspère encore davantage l'intéressée. Plus exactement, l'archiduchesse au caractère d'acier souffre, en fait, du même mal que sa belle-fille et nièce, le mal de vivre. Chez Sissi, à trente-quatre ans, c'est grave et gênant. Chez Sophie, qui en a le double, il ne s'agit que d'une fin d'existence dans un monde qui a trop changé.

La grande dame était née l'année de la bataille d'Austerlitz et elle avait vu la chute de Napoléon, ce qui l'autorisait à redouter la fin des empires. Dans son lit, autour duquel on se presse, Sophie voit défiler son passé, celui d'une Autriche restaurée par Metternich et qui dictait sa loi à l'Europe traumatisée après la tempête Bonaparte. Pendant près de quinze jours, Sissi, revenue d'un séjour dans le Trentin – avec sa sœur Sophie, devenue la duchesse d'Alençon, elle prenait des bains d'eaux curatives près de Bolzano[1] –, est au chevet de sa principale adversaire. Sophie s'en va mais conserve tout son esprit. Dans la nuit du 26 mai, l'archiduchesse entre en agonie. L'ultime confrontation entre les deux femmes est silencieuse. Rodolphe, très impressionné, vient embrasser sa grand-mère. Sissi est statufiée. Elle reste douze heures pratiquement sans bouger, veillant sa belle-mère, ne mangeant rien, ne buvant rien, diaphane. La mort semble l'envahir elle aussi. Le 28 mai, à 3 heures de l'après-midi, la mère de deux empereurs a livré son dernier combat. Élisabeth, qui a pris sur ses nerfs, manque s'évanouir puis se reprend, consolant un François-Joseph accablé. Quel vide à la Cour ! Pour Rodolphe, la mort de cette femme qui incarnait encore le XVIIIe siècle est un choc effroyable. Sa grand-mère avait été plus présente que sa mère ; elle avait toujours été son alliée. Avec elle, c'était un monde qui disparaissait mais aussi la plus ancienne complice de l'archiduc trop sensible, aimée malgré son intransigeance. Du monde adulte qui l'oppresse, sa grand-mère était la plus proche. Le deuil qu'il va porter est le premier l'affectant à un tel degré. À treize ans, il éprouve un chagrin indélébile. Il vit un

---

1. La station thermale de Meran, sur l'Adige, est aujourd'hui en territoire italien. Les eaux de Merano sont réputées radioactives et le climat très doux.

adieu à l'enfance et se sent presque abandonné. Il n'entend plus parler de la « véritable impératrice » ou de « notre impératrice », selon les commentaires acides des duègnes perpétuellement offusquées. Il n'y a plus qu'une impératrice, Élisabeth, mais celle-ci est exténuée après dix-huit ans de luttes et de heurts. Elle ne triomphe pas, l'amère compétition n'a plus de raison d'être. Meurtri, Rodolphe comprend qu'il n'y a eu aucune réconciliation *in extremis* entre sa grand-mère et sa mère. Sophie était un témoin de la peur viennoise de la menace turque ; elle avait vécu derrière les vieilles fortifications et, lorsque son fils les avait fait abattre pour tracer le Ring, ce grand boulevard circulaire, l'archiduchesse y avait vu le symbole de la fin de l'Empire, le sien.

À la veille de ses quatorze ans, l'héritier aborde deux disciplines nouvelles, la formation militaire d'un futur officier et l'économie politique. C'est peu de dire que la stratégie, la tactique et l'art des armes ne le passionneront guère.

François-Joseph, qui vit en uniforme, est obsédé par ce qu'il considère comme le ciment de la monarchie, l'armée. Il choisit lui-même les hommes chargés de cet enseignement, deux lieutenants-colonels, un chef d'escadron, deux capitaines et un lieutenant. Est-ce véritablement utile quand l'adolescent est témoin du militarisme prussien et de l'affaiblissement autrichien ? En revanche, les leçons d'économie et de droit lui plaisent, et tout ce qui traite de la gestion du patrimoine public et privé fixe son attention. Déjà, l'intérêt de Rodolphe pour la nature, le monde forestier, l'agriculture et la chasse se manifeste ; il dessine des arbres, distingue les céréales, reconnaît les animaux encore sauvages d'Europe centrale, s'intéresse aux vignobles mûris par les chaleurs du Burgenland, à la frontière entre la Transleithanie et la Cisleithanie, et qui produisent des crus capiteux. Ces disciplines passionnent Rodolphe. Dans son élan, il avale les principes du droit autrichien inculqués par le docteur Exner, ceux du droit hongrois, dispensés par le docteur Neumann et le professeur Bartos. Avec moins d'intérêt, mais la concession est inévitable, Rodolphe est informé du droit canon par le docteur Zhismann ; le domaine est délicat puisque, depuis le 30 juillet 1870, le gouvernement autrichien a dénoncé le concordat et que l'opinion libérale entend faire voter de nouvelles lois confessionnelles, encore plus dégagées du catholicisme. Décidément, l'Autriche change.

Le séjour familial à Gödöllö est un soulagement après le long deuil de la Cour, un deuil d'un protocole si strict qu'on pourrait croire à la perte d'un véritable souverain. À la veille de l'été 1872, c'est au château royal, sur la colline de Buda, que l'héritier passe son premier examen hongrois, en hongrois, devant un jury exigeant. Ses membres, tous érudits et qui enseignent, savent que Rodolphe a travaillé avec fougue toutes les matières intéressant la Hongrie. Même Erzsébet en est éblouie. Mais en ce jour d'examen, lorsqu'il est interrogé sur l'histoire de la dynastie des Arpads, la passion de Rodolphe éclate. Michel Horvath et François Toldy sont stupéfaits de sa vivacité et de ses connaissances. Son confesseur propose deux exercices de style, inattendus, deux discours politiques qu'auraient pu prononcer deux hauts personnages, dans deux contextes différents. Rodolphe improvise. La première harangue est prétendument prononcée par le neveu du grand roi de Hongrie, Mathias Corvin, à la veille de sa montée sur le trône, au milieu du XV$^e$ siècle. La seconde intervention situe Rodolphe à la place de Charles de Lorraine, ce duc qui, après la victoire chrétienne de 1683 à Vienne arrêtant la progression des Turcs, avait assiégé l'ancien château de Buda trois ans plus tard, pour déloger ces mêmes Turcs qui tenaient la place depuis 1541. En ce temps-là, le palais était tombé en ruine, les églises avaient été remplacées par des mosquées et les clochers par des minarets. Les armées chrétiennes unies commencèrent le siège de Buda le 20 juin ; il prit fin le 2 septembre de cette même année 1686, par un assaut déterminant et la reddition de la garnison ottomane. Dans cette deuxième improvisation, Rodolphe est brillant, très informé de l'histoire hongroise et de l'occupation turque, bon orateur, fougueux, véhément, passionné. Il réussit même à persuader son auditoire qu'il croit dans le patriotisme issu des traditions catholique et militaire, alors que ces deux disciplines ne l'attirent pas. L'héritier passe son examen avec une aisance prématurée. Ces thèmes historiques l'intéressent et il les a beaucoup travaillés. François-Joseph et sa femme sont très fiers de leur fils. La direction d'études assurée par le colonel de Latour est intelligente et le résultat prometteur. Rodolphe est bien le fils d'Erzsébet, il porte la Hongrie dans son cœur. Toutefois, il ne faudrait pas en conclure que l'héritier du double trône n'a pas renoncé à ses opinions avancées, non encore assimilées mais qui sonnent comme des provocations. Six mois plus tard, en effet, dans une composition remise à son gouverneur et conservée aux Archives d'État, à Vienne, Rodolphe écrira des affirmations nettement progressistes, accusant l'Église catholique d'être la complice de l'absolutisme : « (...) Le mal causé par les prêtres vient de ce qu'ils ont si bien su, par la superstition et une piété outrancière, abaisser le peuple et le préparer à la servitude, qu'il leur a été aisé, comme aux nobles, de faire ce qu'ils voulaient des pauvres gens. » Voilà pour le passé. Et voici pour l'avenir : « La Science est un facteur principal du processus d'anoblissement de l'humanité. Pour les générations futures, les sciences prendront, par leur morale sublime et leur glorification des lois immuables de la nature et de l'ordre du monde, la place des différents cultes qui, sous l'effet de leur casuistique et d'odieuses rivalités partisanes, se sont effondrés et seront bientôt périmés. » On sait que l'adolescence exclut les nuances, mais, tout de même, l'héritier des Habsbourg-Lorraine, qui n'a pas quinze ans, est vigoureusement non conformiste. Même son confesseur, l'ancien aumônier des révolutionnaires hongrois, sera étonné de ces propos, violents, excessifs et caricaturaux. L'archiduc formule des accusations qu'il n'est pas en âge d'avoir vérifiées. Une fois de plus, on accusera sa mère d'avoir tenu devant lui des idées subversives pour qu'il les répète, ce qui n'est absolument pas prouvé. Rodolphe a déjà des idées sur le monde qu'il devra connaître. Et ses maîtres excitent son jugement. Ainsi, Joseph Zhismann, docteur en droit canon, assure que « la foi profonde inclut l'ignorance et l'inculture ». Le propos est, lui aussi, caricatural mais on peut le rapprocher d'un mot attribué à Metternich : « Les paysans du Tyrol sont pour l'Église et l'ignorance aveugle. »

Dans ses devoirs de fin d'année d'études, Rodolphe ose écrire qu'il « désapprouve le couronnement des empereurs par le pape » (ceux du Saint-Empire romain germanique !). L'éducation « religieuse » distillée dans l'esprit vif et critique de Rodolphe entraîne la colère de certains Autrichiens, scandalisés qu'on veuille rendre anticlérical l'héritier de la Couronne. En réalité, la démarche est plus subtile ; le docteur Zhismann cherche à inculquer à son élève la tolérance vis-à-vis de toutes les religions de l'Empire (il y en a cinq principales) et à se montrer ennemi des conversions forcées par la politique, quel que soit le culte.

Remarquons que chez le prince, son anticléricalisme s'inspire, entre autres exemples, du rôle et de la personnalité du roi des Français, Louis-Philippe. Monarque bourgeois, roi constitutionnel et premier citoyen de la Monarchie de Juillet, Rodolphe le considère comme un souverain mal compris des Français mais qui avait eu, entre autres mérites, celui de tenir à l'écart des décisions politiques l'Église et le clergé. De même, l'anticléricalisme est à la mode en Allemagne, Bismarck ayant professé, depuis 1871, son *Kulturkampf* (« Combat pour la civilisation ») pour réduire l'influence catholique, réelle dans les États du Sud et de l'Ouest. En parcourant les écrits du jeune homme, on retrouve son attirance pour la Révolution française à condition qu'elle respecte les droits de l'homme. Ainsi, il critique « la débauche de la Cour française, un roi qui se moque du peuple, qui prend tout l'argent n'honore pas l'humanité, Montesquieu et les Encyclopédistes ». Mais il passe sous silence les massacres au nom de belles idées. L'empereur Joseph II, frère de Marie-Antoinette, est un bon monarque selon Rodolphe, car « il a rompu avec l'ancien temps et sans lui, la révolte de 1848 en Autriche aurait été bien pire ». Dans son palmarès des souverains intelligents et éclairés, Rodolphe situe Joseph II au même rang que Frédéric le Grand, tous deux versés dans le progrès, soucieux de faire avancer leurs peuples en leur donnant le bonheur. Et on peut noter que « ce sont les monarques qui soutiennent les savants qui font avancer les peuples car le monarque doit être dévoué à son peuple et non le contraire ». Rodolphe n'a pu qu'être troublé et déçu que l'illustre Lavoisier ait été guillotiné au motif, insensé, que « la République n'a pas besoin de savants » !

Les vacances qui suivent, à Bad Ischl, sont particulières puisque ce sont les premières sans sa grand-mère. Sissi s'insère dans le rôle complet de première dame de la monarchie tout en déplorant que cette situation la mette en avant. Car Sissi a trente-cinq ans et même si son régime infernal lui donne dix ans de moins, le fait d'avoir des enfants adolescents autour d'elle la gêne... Gisèle, qui a seize ans à peine, lui avait réservé une surprise à son retour en Hongrie : elle lui annonça ses fiançailles avec Léopold de Bavière[1]. Sissi déclare que c'est « beaucoup

---

1. Ce prince est le second fils de Luitpold de Bavière, oncle du roi et futur prince-régent après l'arrestation et la déposition de Louis II, le 10 juin

trop tôt » (elle sait de quoi elle parle !) et fera attendre les fiancés un an.

L'impératrice soignera ses effets. Lors du mariage de Gisèle, célébré le 20 avril 1873, Sissi s'arrangera pour avoir l'air plus jeune que sa fille ! Et huit jours plus tard, à l'inauguration de l'Exposition universelle de Vienne, sa beauté laisse les témoins stupéfaits. Même le shah de Perse en est ébloui, lançant ce compliment, sonore et peu protocolaire, en français, dans la vaste galerie de Schönbrunn : « Mon Dieu, qu'elle est belle ! » Cependant, son fils, qui l'a vue se battre et tempêter pour qu'on lui obéisse lorsque Sophie imposait sa loi, constate que l'impératrice se contente de paraître en Autriche. Elle se refuse à jouer un rôle, comme si elle avait trop attendu cette première place pour en savourer l'influence. Trop tard... Sophie a disparu trop tard, sauf pour Rodolphe qui pense, comme Marie Festetics, que l'archiduchesse était « le lien le plus précieux entre le passé et le présent ».

Les deux années qui séparent Rodolphe de sa sœur aînée sont un univers. Gisèle est une femme, déjà une épouse et bientôt une mère : elle accouche d'une fille le 8 janvier 1874. L'événement est incroyable : Sissi est grand-mère, à trente-six ans. En revanche, Marie-Valérie n'a que six ans et on comprend que sa mère préfère être à ses côtés parce qu'elle se sent moins vieille avec elle et aussi, rappelons-le, parce qu'elle l'élève à sa façon. Le décalage d'âge des deux filles laisse Rodolphe isolé. Et, de toute manière, l'héritier doit se concentrer sur ses devoirs et leçons, sans oublier les activités sportives, plus prenantes qu'avant. L'équitation est quotidienne, mais Rodolphe suit aussi maintenant les chasses à courre au renard avec son père, ou plus souvent sa mère. Sissi, souple comme une liane en amazone noire au milieu d'habits rouges, s'amuse à compter les chutes des hommes alors qu'elle franchit les obstacles avec fierté. Sans montrer la frénésie de sa mère, que l'on voit dans son manège parfois de 11 heures du matin à 5 heures du soir, Rodolphe monte bien, son allure est svelte (contrairement à sa sœur Gisèle). Et il prend aussi des leçons de danse. On prévoit qu'il puisse ouvrir un bal avec sa mère, bien qu'Élisabeth abhorre ce

---

1886. Sa mère est aussi une archiduchesse d'Autriche. Les fiancés sont donc proches parents.

genre de réjouissances et préférerait disparaître sous les parquets bien cirés qui facilitent l'évolution des valseurs. À Gödöllö, la personnalité de l'archiduc commence à s'imposer. Les commérages assurent que dès 1873, lorsque la famille royale y séjourne, il y a trois coteries, celle du roi, celle de la reine et, désormais, celle de Rodolphe. On assure même qu'il y a « toujours quelque différend à régler ». Les ragots prouvent que l'archiduc *existe*. Comme le remarque Andrássy en souriant, personne ne se gêne pour raconter n'importe quoi sur la famille « On ne trouve pas tous les jours si bonne matière à calomnie ! » S'ils sont pénibles à subir en Autriche, les racontars n'entament pas la bonne humeur familiale en Hongrie, surtout après une chasse réussie, c'est-à-dire avec quelques chutes sans gravité !

L'archiduc aborde l'été avec un programme militaire. Lors d'une revue passée par l'empereur, son fils commande deux batteries d'artillerie d'une manière satisfaisante. Après la théorie, la pratique. Sous la direction d'un colonel, Rodolphe visite le champ de bataille de Sadowa (Königgrätz) aux tristes réminiscences puis, guidé par un capitaine de corvette, il s'initie à la marine de guerre. L'Empire – il ne faut pas l'oublier – dispose alors d'une très forte présence en mer Adriatique et les arsenaux de Trieste sont réputés. Ces forces navales sont également fluviales grâce au Danube. Le voyage de Rodolphe, complété de visites d'usines, d'aciéries, de distilleries et de manufactures, détermine son opinion. Le fleuve, véritable cordon ombilical de l'Autriche-Hongrie, doit jouer un rôle géopolitique ; il garantit l'avenir de la monarchie. Portant ses regards vers l'est, Rodolphe consigne ses observations dans un mémoire rédigé à la fin de l'été 1875 et intitulé « La position de Vienne et notre avenir ». À la surprise de son entourage, Rodolphe a les mêmes vues que son père, issues d'un amer constat. L'Empire ne peut plus rayonner en Allemagne ni en Italie. Seuls les Balkans offrent à l'Autriche la possibilité de se maintenir voire de se renforcer. En ce sens, l'union avec la Hongrie n'est qu'un premier pas. Mais cette nouvelle orientation, amorcée après Sadowa en 1866 et confirmée en 1870 et 1871 après Sedan et la victoire prussienne, se heurtera à deux autres empires, l'ottoman et le russe. Le premier connaît un déclin qui ne peut que favoriser l'éclosion de nationalismes et de révolutions ; le second, qui cherche, depuis Catherine II, une ouverture sur la mer Noire et les Détroits, peut être tenté de soutenir les Slaves et leurs frères orthodoxes. Rodolphe résume sa vision : « L'avenir appartient aux Slaves mais l'Autriche pourra se maintenir si elle comprend correctement sa mission et se place à la tête des Slaves du Sud pour devenir un grand empire danubien. » Détachée de l'orbite prussienne qui lui a été néfaste, l'Autriche trouverait son véritable destin du côté des Carpates. Mais, déjà, la « poudrière des Balkans » est prête à exploser. L'Empire, qui est chez lui en Croatie et sur la côte de Dalmatie, a des visées sur la Bosnie-Herzégovine. En conclusion, Rodolphe préconise l'inverse de la méthode prussienne, il faut agir par une conquête spirituelle. À dix-sept ans, l'héritier montre qu'il a parfaitement assimilé les leçons du passé et les erreurs des gouvernements de son père en vingt-cinq années de règne. François-Joseph est heureusement étonné des réflexions de son fils. Certes, elles manquent nécessairement de maturité, mais il a tout compris et mesure le poids de l'Histoire. De ce point de vue, Rodolphe peut être considéré comme un surdoué ; à l'âge de quatorze ans, il avait déjà trois ans d'avance sur le niveau moyen des élèves de collèges et lycées impériaux.

Si, dans son analyse philosophique, par exemple des causes de la Révolution française, l'archiduc, exalté, enflammé, juge sans nuance – et sans expérience –, son voyage danubien de l'été 1875 lui apporte la révélation de la réalité. Travaillant beaucoup, au moins douze heures par jour, suivant un rythme infernal d'études accélérées, l'archiduc est heureux de quitter la discussion pour l'observation. Il a soif d'apprendre et de vérifier. « Je vois bien que je ne saurai jamais tout ce que je veux savoir, écrit-il. Mais une chose est sûre : il ne faut pas relâcher son effort. Il faut s'appliquer sans cesse à acquérir davantage, non pas de titres, de distinctions, de richesses. Qu'on laisse cette occupation à des familles vénales qui font remonter leurs ancêtres à la naissance du Christ. Non, je veux savoir. » Au passage, sa plume s'aiguise en flèche pour mépriser les prétentions mondaines et les impostures généalogiques. Il ne change pas ! Rodolphe accumule les contradictions. Sa masse de connaissances est impressionnante, comme sa lucidité, mais certaines assertions puériles soulignent le manque de réflexion. L'archiduc apprend facilement, assimile avec intelligence mais trop rapidement. Il subit un véritable gavage intellectuel et ignore le repos. À l'arrivée de la famille à Gödöllö, le 30 octobre, alors que François-Joseph vient de nommer Koloman Tisza nouveau Premier ministre de Hongrie, l'héritier surprend sa mère par la précocité de ses propos. Il ne se contente pas d'écrire ses vues libérales, il les expose, parfois devant les siens, plus souvent devant le colonel de Latour, à la fois satisfait et troublé des idées de son élève, qui avoue : « Mon esprit est toujours occupé d'une chose ou d'une autre. Tout m'intéresse. Des pensées de toutes sortes me traversent la tête. À l'intérieur, c'est une grande agitation et cela bouillonne et travaille toute la journée dans mon cerveau. » Et ceci qui révèle une naïveté d'enfant dans un corps de jeune homme : « (...) Parfois, j'ai des pensées gaies et heureuses, parfois elles sont sombres et amères... »

Cette introspection le détache de sa mère, qui n'a cessé de voyager, séjournant en France où elle a fait une grave chute de cheval qui l'a laissée inconsciente plusieurs heures, puis en Bavière d'où elle arrive. Depuis deux ans, l'impératrice dispose d'une nouvelle voiture-lit-salon pour sillonner l'Europe. Rodolphe s'étonne que Sissi veuille passer inaperçue alors qu'elle exige un véritable convoi : outre ceux de sa suite et des fourgons à bagages, des wagons à bétail sont accrochés derrière la voiture vert sombre et anonyme, composant une véritable ferme roulante, avec des vaches, des chèvres et divers animaux, Sa Majesté ne buvant que du lait très frais[1] ! Plus jeune, Rodolphe, comme ses sœurs, aurait aimé voyager avec sa mère, surtout l'hiver. Hélas, trop souvent l'impératrice n'était que de passage, distante, dans toutes les acceptions du terme.

L'automne suivant, à Gödöllö, la famille de la reine est nombreuse, le château devenant une réplique des résidences bavaroises ; on y vit dans la même bonne humeur, entre deux chasses, même si l'épouse de François-Joseph insiste pour tapisser les pièces de violet, une couleur de deuil. Il faut toujours être prêt à quitter ce monde... L'un des frères d'Erzsébet, le duc Louis,

---

1. Exposée au Musée technique de Vienne, cette voiture n° 0011, à trois essieux, d'un poids de 18 tonnes et construite par les ateliers Ringhoffer à Prague, a fait l'objet d'une restauration complète, sans précédent, qui a duré un an, de 2001 à 2002. Lors des travaux de remise en état, très minutieux, on a trouvé, sous l'oreiller du lit, trois épingles à cheveux de Sissi, la souveraine à la chevelure abondante, si longue à brosser et à peigner en privé mais qu'elle osa faire peindre par Winterhalter.

séjourne avec son épouse, une ancienne actrice, la charmante Henriette Mendel titrée baronne Wallersee. Leur fille, Marie, âgée de dix-huit ans, est une protégée de l'impératrice. Considérée comme une « nièce morganatique », qui souffre de son infériorité sociale, elle n'était jamais venue à Gödöllö ; elle y arrive avec la réputation de chercher à se faire épouser. Rodolphe fait la connaissance de cette cousine qui a deux ans de plus que lui et dont le genre ne plaît pas à Marie Festetics. Dans son *Journal*, elle s'interroge, écrivant, à la date du 26 septembre 1876 : « Je trouve Marie Wallersee jolie. Je voudrais l'aimer, elle me plaît quelquefois mais... mais quoi ? Quelque chose me retient, je n'ose presque pas l'écrire, de peur d'être injuste. Je voudrais atténuer ma pensée. J'ai le sentiment qu'elle n'est pas sincère, pas franche, comme si elle avait un talent de comédienne », cette dernière impression étant soulignée par la lectrice de la reine. Marie Festetics, dont l'instinct est en alerte, juge que la jeune fille se conduit d'une manière ambiguë, presque aguicheuse et perverse, à l'égard de son cousin, novice dans ce domaine. Cette attitude ne choque pas la souveraine qui aime briser les barrières des conventions. En revanche, Rodolphe demeure réservé ; son caractère, franc et idéaliste, ne s'accommode pas de cette cousine intrigante. Très vite, il ne supporte pas son hypocrisie et la rencontre tourne au fiasco.

Pour ces mêmes raisons qui privilégient la franchise, depuis environ un an, il correspond avec le roi Louis II, cousin germain de Sissi. Lors d'un voyage avec sa mère à Munich, il a rencontré l'étrange monarque de Bavière, objet et sujet de toutes les rumeurs, enfermé dans une pesante solitude. La pénible rupture de ses fiançailles avec la duchesse Sophie, la déception devant le comportement intéressé de Richard Wagner et la révélation de son homosexualité indiscutable mais qu'il vit fort mal ont suscité la sympathie de Rodolphe. Et le roi apprécie l'archiduc qui s'intéresse aux fantastiques constructions qu'il a entreprises pour y vivre ses rêves, dans les admirables paysages de la haute Bavière. Rodolphe a découvert, passionné, la manière dont le roi reconstitue minutieusement – et à grands frais – l'univers des châteaux de chevalerie au XIII$^e$ siècle et sa réhabilitation, lourde mais inouïe, de l'absolutisme français des Bourbons au Grand Siècle. Treize ans séparent Louis II de Rodolphe, mais leur amitié est profonde. Au roi des rêves, qui préfère l'imaginaire aux bassesses du monde réel, le prince écrit, notamment, ceci : « Je sais apprécier pleinement, et j'en suis fier, le fait qu'un homme qui a su sagement se replier sur soi-même et sur son savoir, et peut donc dispenser avec une infinie rareté sa confiance et son affection, m'a cependant choisi pour ami. » Le fait que Louis II traite Rodolphe avec de grands égards est certainement dû à la ressemblance, sur divers points, de Sissi avec le roi, deux Wittelsbach : l'une et l'autre ont en commun la haine du protocole et des *a priori*. De son côté, François-Joseph apprécie modérément cette relation avec son fils, car les mœurs scandaleuses prêtées à Louis II risqueraient de contaminer Rodolphe. Il n'y a, cependant, aucune perversion chez l'adolescent, car il n'a aucun goût pour les hommes. On peut comprendre la méfiance de l'empereur quand on sait que l'un de ses frères, l'archiduc Louis-Victor, se plaît dans les hammams et autres bains turcs, nombreux à Vienne, uniquement fréquentés par des jeunes gens mais où il lui prend de se vêtir en femme... Un incident, plus grave que les autres, s'était terminé en rixe. Furieux, François-Joseph a exilé son frère, d'abord à Salzbourg puis dans un château lui appartenant à la frontière austro-bavaroise. Par prudence, l'empereur avait donné l'ordre que son frère ne paraisse plus en public, ne porte plus aucun uniforme et ne soit servi que par des... femmes. Il espérait ainsi éviter de nouveaux scandales. Rodolphe était désolé de ces mesures draconiennes mais il comprenait la décision de son père. Aucun doute n'est observé à propos de sa sexualité. Vivant dans un entourage purement masculin, sans tendresse réelle et sans vie de famille simple, l'adolescent manifeste très tôt son intérêt pour les femmes. Sur un petit cahier, il note ses rencontres et ses impressions. Par exemple, à quinze ans, il a « regardé une fille ». Suivent deux initiales : « D. M. m'a fait un sourire adorable, elle m'a fait un signe. Ma chérie, peut-être demain... Maintenant, je suis mélancolique, je me sens stupide. Qu'est-ce que je dois encore faire et encore savoir ? » Dans un autre aveu, il se décrit : « Je suis de nature facile à m'énerver, j'ai beaucoup de sentiments, je suis obligé d'étudier tout le temps et de réfléchir ; j'ai une certaine affinité pour le matérialisme et avec ma nature violente, j'ai surmonté chaque pulsion avec un amour immense pour les scènes naturelles où tout se décompose (ces quatre mots soulignés). J'étais capable de perdre toute piété. J'ai vu, à Vienne, une fille... Elle m'a enchanté, le désir m'a troublé et, malheureusement, il a fallu que je parte ! » Il rencontre des jeunes filles, des femmes « disponibles », ces « comtesses hygiéniques » – ainsi les désignait-on à la cour de Vienne ! –, comme son père l'avait fait, mais on ne peut établir ni quand ni avec qui l'adolescent devient un homme.

Il est très pris par ses études, lesquelles doivent être achevées avant sa dix-neuvième année, selon un usage de la Cour qui ne saurait être transgressé. Mais comme beaucoup d'adolescents en émoi, il a nourri une passion secrète et cérébrale pour une de ses tantes, la jeune et belle archiduchesse Marie-Thérèse, née princesse de Bragance. Elle est la troisième épouse de son oncle Charles-Louis. Il a vingt-deux ans de plus qu'elle, ce qui consterne Rodolphe ! Et savoir que le « vieil oncle » (d'après Rodolphe et sa sœur Gisèle) est malade de jalousie augmente les battements de cœur de l'archiduc pour sa tante sacrifiée ! Elle est forcément malheureuse avec lui[1]...

1877. Rodolphe a dix-neuf ans et doit être déclaré majeur. Son précepteur Latour, qui veille sur lui depuis douze ans, est satisfait ; sa mission est achevée. Le prince est un héritier ouvert sur le monde, ses réalités, ses convulsions et ses pièges. Il est de son temps et, s'il incarne une prestigieuse tradition, on sait déjà qu'il déteste la sclérose et l'immobilisme. Le 21 août, jour de son anniversaire, Rodolphe reçoit de son père le grand cordon de l'ordre de Saint-Étienne, une décoration que les Hongrois estiment fort méritée car il est très aimé chez eux et, selon un poète célèbre, Mór Jókai : « (...) Jamais prince héritier n'a aimé sa patrie d'un amour plus absolu. » Et les Autrichiens, qu'en pensent-ils ? Ils aiment aussi Rodolphe qu'ils ont vu grandir et, à l'inverse du sentiment critique que suscite sa mère, on espère beaucoup en lui. Il est partout populaire et tous les peuples de la double monarchie l'estiment à cause de la pureté de ses idées qui sont déjà commentées. Il est l'avenir, la relève. Et le versificateur hongrois, confiant, d'affirmer : « Jamais tête, jamais cœur appelés à régner n'ont été plus sages, n'ont été plus enthou-

---

1. Né en 1833 et mort en 1896, il était le deuxième frère de François-Joseph. Sa première épouse, Marguerite de Saxe, était morte en 1858 ; la deuxième, Maria Annunziata de Sicile, en 1871. La dernière, née en 1855, ne disparaîtra qu'en 1944.

siastes. (...) » La journée n'est assombrie que par cette remarque du prince, jeune homme reconnaissant envers l'adulte qui l'a guidé et presque élevé comme un parent, le dévoué Latour :

— Cela me fait de la peine de passer cette journée sans lui...

Sissi ne fait rien pour empêcher ou retarder cette séparation alors que, sans doute, elle eût été la seule à pouvoir intervenir. N'était-ce pas elle qui avait choisi cet officier ?

Au même moment, Rodolphe revoit Marie Wallersee et lui manifeste une franche antipathie. Élisabeth s'en mêle, car on lui a rapporté que sa nièce avait jeté son dévolu sur son fils. En hâte, Sissi, angoissée par cette stratégie, oblige Marie à se fiancer au comte Georges Larisch, très épris de la jeune fille. Ouf ! Et, en un temps record, les fiançailles sont célébrées, le 8 septembre. Marie ne semble guère enchantée et continue de poser un regard sensuel sur Rodolphe, agacé et gêné. Marie Festetics note : « Il y a quelque chose en elle qui me trouble, malgré sa beauté. Elle semble s'intéresser à ce qui touche l'art, mais j'en suis à me demander si ce n'est pas un artifice. » La méfiance de la Hongroise est toujours en alerte. Comme la souveraine le déclare – et tout le monde l'approuve à la Cour –, ce mariage est la solution idéale. Marie est trop jolie pour continuer, sans dommage, ses simagrées avec son cousin.

L'archiduc, soulagé et qui s'apprête à vivre une existence nouvelle, disparaît dès l'aube dans les forêts autour de Gödöllö pour chasser. Il délaisse le grand gibier traqué à courre pour les oiseaux, sans doute parce que, en dépit de son entraînement, il n'a pas la maîtrise indispensable qu'il faut à cheval. D'expérience, Élisabeth sait combien ce sport est dangereux et son fils lui promet d'être prudent. En plus de son fusil, il prend souvent son carnet à dessins, comme lorsqu'il était enfant. À l'affût des aigles, il lui arrive de renoncer à tirer pour immortaliser au crayon le bec crochu et les serres puissantes du prédateur.

Rodolphe a désormais son autonomie dynastique. Peiné de devoir quitter le colonel de Latour, l'héritier n'est plus sous tutelle. Il possède à présent sa Maison. À peine cette émancipation est-elle constatée juridiquement qu'un de ses innombrables professeurs, le baron Max de Walterskirchen, lui adresse, le 22 octobre, cette mise en garde : « Monseigneur, vous avez derrière vous une belle jeunesse, pleine de joies. Ne vous hâtez pas de vider d'un trait la coupe de la vie. Jouissez des plaisirs de l'existence avec mesure[1]... » Peut-il y avoir de vrais plaisirs chez un tel jeune homme alors que tant d'événements graves se déroulent, tous méritant une compétence et une attention soutenues ? En Autriche, les conséquences du krach boursier de 1873 restent dramatiques pour les artisans et les petits commerçants. Près de quatre-vingts pour cent des banques ont disparu dans une cascade de déconfitures, incapables de rembourser leurs clients. Une tornade de faillites. La bourgeoisie, qui avait été alléchée par des enrichissements rapides, est financièrement laminée ; même la haute aristocratie est atteinte. La honte a poussé certain grand personnage, de surcroît illustre général, à se tirer une balle dans la tête, comme un joueur après un banco perdu au casino. L'archiduc peut d'ailleurs mesurer les effets de cette crise économique – de dimension européenne, il faut le préciser – en sortant de la Hofburg : sur le Ring, les travaux, de dimension haussmannienne, ont pris entre cinq et dix ans de retard et de nombreux bâtiments de la nouvelle Vienne sont inachevés. Un certain libéralisme économique a engendré un laxisme financier qui scandalise François-Joseph. On doit créditer l'empereur de ne tolérer dans son entourage et son gouvernement aucun affairiste notoire ou compromis dans des combinaisons douteuses. Rodolphe est mis en garde contre les sirènes du capitalisme débridé. Du côté hongrois, une nouvelle épidémie de choléra cumulée à de mauvaises récoltes provoque une effroyable famine, touchant près de cinq cent mille sujets de la monarchie. Dans le domaine spirituel, un nouveau pape, Léon XIII, a été élu au début de l'année ; Rodolphe note, avec beaucoup d'étonnement et aussi d'attention, que le Saint-Père, qui se dit proche des ouvriers, professe un catholicisme social. C'est là, pour le futur souverain, un changement appréciable alors que son père ne cesse de défendre l'Église contre les velléités de contrôle par l'État. À Berlin, d'ailleurs, l'empereur Guillaume Ier a immédiatement recommandé à Bismarck d'assouplir sa lutte contre le catholicisme afin de rétablir des rela-

---

1. Lettre citée, en allemand, dans *Das Leben des Kronprinz Rudolf* (« La vie du Prince héritier Rodolphe ») du baron Oskar von Mitis. Publié à Leipzig en 1928, ce livre a été réédité à Munich en 1971 mais non traduit en français.

tions à peu près normales avec le Saint-Siège. En politique étrangère, l'archiduc suit de très près la « Question d'Orient » qui tient les chancelleries en effervescence. Depuis deux ans, l'Autriche-Hongrie redoute la création d'États slaves sur ses frontières orientales. L'insurrection contre les Ottomans en Bosnie-Herzégovine a gagné les pays bulgares. Puis, à l'été 1876, la Serbie et le Monténégro ont déclaré la guerre à la Sublime Porte. Depuis le mois d'avril 1877, le tsar est venu au secours des Serbes en difficulté. En application d'un traité militaire austro-russe secret, signé à la veille du printemps, la Russie est entrée en guerre contre l'Empire ottoman. On s'attend à ce que les janissaires de Constantinople s'effondrent mais, à la surprise générale, les troupes impériales russes d'Alexandre II semblent embourbées devant une forteresse bulgare, Plevna, sur l'axe Sofia-Varna. Depuis juin, les Ottomans d'Osman Pacha y soutiennent le siège. Vienne et Budapest sont restées neutres et, avec soulagement, on voit s'éloigner le spectre d'une alliance germano-russe. Mais dans les Balkans, on ne sait jamais ce qui peut arriver...

L'horizon est donc sombre et le plaisir s'annonce rare pour Rodolphe. Un homme va pourtant se charger de distraire et de dissiper le prince avec un inquiétant savoir-faire, le nouveau grand maître de la Maison de Son Altesse Impériale et Royale, le comte de Bombelles. Sa réputation est si exécrable que Bismarck s'écrie :

— C'est épouvantable de nommer une pareille personne pour empoisonner l'esprit du futur empereur !

Et, par télégraphe, il demande des explications à l'ambassadeur de Berlin accrédité à Vienne :

— Pourquoi a-t-on choisi Bombelles ?

Oui, pourquoi ?

CHAPITRE 3

UNE APPARENCE DE BONHEUR

Ses amis le surnomment « Charly ». Lors de son affectation au service de Rodolphe, Charles de Bombelles, libertin célèbre et bon vivant notoire, est sans doute le pire personnage que pouvait choisir François-Joseph pour diriger la Maison de son fils. Il y a matière à être étonné, amusé ou effaré, c'est selon, par ce destin peu ordinaire. Il est l'homme qui, avec le recul de l'Histoire, aura l'influence la plus pernicieuse sur l'héritier de l'Autriche-Hongrie. D'une lointaine ascendance piémontaise mais établie en France au XV$^e$ siècle, sa famille compte plusieurs officiers et diplomates, en particulier, au XVIII$^e$ siècle, un délicieux gentilhomme, le marquis de Bombelles, qui avait commencé sa carrière sous Louis XV, lors de la guerre de Sept Ans, et l'avait continuée comme ambassadeur de Louis XVI à Lisbonne puis à Venise, à la veille de 1789. Son épouse, Angélique de Mackau, était l'une des dames d'honneur de Madame Élisabeth, sœur du roi ; Marie-Antoinette l'avait surnommée « La Bombe ». Démissionnaire en 1791, le marquis avait rejoint les armées de l'émigration réfugiée à Coblence. Au temps où la Terreur décapitait la France, il s'était mis sous les ordres du prince de Condé. Le marquis avait quatre enfants de son épouse morte, à vingt-cinq ans, de phtisie. Inconsolable, le veuf était entré dans les ordres en 1804 et on lui avait consenti une cure misérable en Silésie, dans une Pologne écartelée pour la troisième fois de sa douloureuse histoire. Après l'effondrement napoléonien, Louis XVIII se souvient de ce discret ecclésiastique exilé et le rappelle à Paris pour lui confier l'âme, fougueuse et indomptable, de la duchesse de Berry. Un ministère délicat ! Puis, en 1817, l'aumônier royal est sacré évêque d'Amiens. Un prélat père de famille ! En effet, devenu évêque, il accepte de fréquenter le monde, s'y trouve à l'aise et se divertit de l'embarras des salons lorsqu'il prie le majordome de l'annoncer à la maîtresse de maison en ces termes : « Monseigneur l'évêque d'Amiens et ses fils » ! Comme l'écrit joliment Geneviève Chastenet : « Ce septuagénaire, délicieux relent du XVIII$^e$ siècle, était la coqueluche des rares soirées un peu libres de la Restauration où il tenait volontiers la partie de pianoforte pour les valses et contredanses [1]. » La meilleure des musiques pour continuer à rejeter la Révolution et ses crimes, ce qu'il fit jusqu'à sa mort, en 1822. Il n'est pas étonnant que ses quatre fils restent au service des Habsbourg. L'aîné, Louis-Philippe, est ambassadeur d'Autriche à Berlin, à Copenhague puis à Dresde. Son jeune frère est tué à bataille d'Ulm, à l'âge de vingt-deux ans. Le troisième, Charles, né à Paris en 1785, est nommé par Vienne grand maître des cérémonies à la cour de Naples puis, après le congrès de Vienne, ministre de la Maison de la duchesse de Parme, c'est-à-dire de l'ex-impératrice Marie-Louise, archiduchesse d'Autriche puis seconde épouse de Napoléon. En effet, remariée en 1821 à un chambellan des Habsbourg, le comte de Neipperg, à nouveau veuve en 1829, Marie-Louise contracte un troisième mariage, secret, en 1834, avec l'avant-dernier fils de « l'évêque », veuf. Est-ce un effet de l'état épiscopal de feu son père ? Charles-René passe pour un « religieux égaré dans le monde », transformant le salon le plus féminin en austère sacristie où le Diable ne pourrait se glisser. Après son arrivée qui n'annonçait pas la débauche, un mot circulait, évoquant les célèbres violettes parmesanes : « Parme dégageait une odeur cléricale plus forte que le parfum des fleurs. » Son entourage semblait trempé d'eau bénite [2].

Le dernier fils, Henri-François, né en 1789, fut d'abord officier. Fin diplomate comme on l'était dans cette lignée, ayant l'amitié et la confiance de Metternich ainsi que de l'archiduchesse Sophie, il a été, lui aussi, ambassadeur, à Lisbonne puis à Turin. En 1836, ses qualités de prudence et sa fidélité lui ont

---

1. Geneviève Chastenet, dans son excellent ouvrage *Marie-Louise, l'Impératrice oubliée*, Lattès, 1983.
2. Le comte Charles-René de Bombelles s'est éteint où il était né, à Versailles, en 1856, neuf ans après Marie-Louise.

valu d'être nommé gouverneur de François-Joseph, alors âgé de six ans ; auprès d'un tel mentor, le futur empereur ne pouvait qu'être élevé dans des principes conservateurs. Il fut également le gouverneur de Maximilien.

En revanche, son fils, le comte Charles-Albert qui nous occupe ici, n'est pas nimbé de la même fragrance. Né en 1832, contemporain de Maximilien, élevé avec François-Joseph et ses frères, il a toujours tenu un rang à part à la cour d'Autriche, dans une situation géographique éloignée de Vienne mais au confluent des mondanités protocolaires et des questions matérielles. Ainsi, en 1860, Bombelles a été grand intendant de la Maison de l'ex-empereur, roi de Bohême et de Hongrie Ferdinand I$^{er}$. Ce dernier, faible d'esprit, s'était enfui de Vienne en 1848, abdiquant en faveur de François-Joseph, son neveu. Puis, Bombelles a été désigné comme chambellan pour accompagner Maximilien et Charlotte au Mexique. Non sans mal, il avait organisé l'intendance de cette équipée, insensée dès le départ et dont la suite était difficile à constituer. Puis, dans cette funeste aventure, Maximilien, soudain désespéré de ne pas avoir de fils légitime, avait prié Bombelles de regagner Vienne à l'automne 1865 « pour demander à François-Joseph la possibilité d'adopter l'un de ses neveux, fils de l'archiduc Charles-Louis, afin que le jeune prince devienne l'héritier de la couronne du Mexique (...) [1] ». Le même Bombelles avait enfin accompagné, malgré elle, l'impératrice Charlotte lors de son pathétique voyage de retour en Europe, en 1866. L'épouse de Maximilien ne supportait pas cet homme qui fréquentait des gens aussi douteux que lui, savait trop de choses et partageait – elle en était sûre ! – des secrets inavouables avec son mari. À plusieurs reprises, elle avait montré son mécontentement en présence de ce personnage au visage sensuel mais veule, arborant d'immenses favoris, les mêmes que ceux de Maximilien. Elle le jugeait insignifiant, inutile et surtout néfaste. Mais Bombelles a toujours su se rendre indispensable. Mieux : inévitable.

Charlotte a de bonnes raisons d'exécrer l'homme qui est entré au service de son mari en qualité d'aide de camp dès 1859.

---

1. Dominique Paoli, *Maxime ou le secret Weygand* (Racines, 2003), qui apporte un nouvel éclairage, très argumenté, sur le mystère de la naissance du futur général Weygand et le caractère de l'empereur Maximilien.

Comme lui, il est un marin, capitaine de frégate en 1862, vice-amiral au moment où il est nommé auprès de Rodolphe. Coureur de femmes, perpétuellement endetté, il a épousé en 1860 une comtesse italienne, Antonia Meraviglia-Crivelli, qui refusa de le suivre au Mexique. Bombelles s'était vite consolé en ayant une liaison avec la femme d'un intendant du palais de Chapultepec ; il était également le colonel de la garde de ce palais, cumulant honneurs, fonctions et grades, ce qui exaspérait l'impératrice, très malheureuse et dont les dérangements mentaux ultérieurs, souvent exagérés voire non avérés, ont partiellement pour origine la situation intenable qu'elle supportait au Mexique. Pour Charlotte, l'omniprésence de Bombelles s'expliquait par les penchants homosexuels de Maximilien que l'infâme personnage encourageait. Peut-être avait-il été l'entremetteur de certaines relations scandaleuses. Il semble même que dans l'atmosphère étrange de la cour du Mexique, on ait pratiqué la confusion des sexes... Le même comte de Bombelles était nécessairement informé que Maximilien, nonobstant son homosexualité, avait, au printemps 1865, une liaison suivie avec l'épouse d'un jardinier, Concepçion Sedano ; il installa même le couple à Cuernavaca... Ainsi, le grand maître de la Maison de l'archiduc Rodolphe – qui a vingt-six ans de plus que lui – est un homme qui a toujours recherché le plaisir. Il se délecte, lui aussi, à dire qu'il est « petit-fils d'évêque » et neveu du troisième mari secret de l'impératrice Marie-Louise. De solides références, comme on le voit [1] ! Bombelles est certainement choisi par François-Joseph d'abord parce qu'il est son ancien camarade d'enfance et ensuite parce qu'il le connaît bien. Encore que l'on puisse s'interroger sur la fiabilité des informations qui lui ont été communiquées. Aux objections, l'empereur ne répond pas ; homme d'habitudes, il apprécie les visages familiers et a depuis longtemps son idée sur les courtisans, leurs avantages et leurs inconvénients, la nou-

---

1. Des descendants de l'« évêque d'Amiens » vivaient encore en Croatie à la veille de la Deuxième Guerre mondiale. Le contentieux entre l'impératrice Charlotte et Bombelles s'était aggravé lorsque la veuve de Maximilien avait été internée au château de Miramar, sa propriété près de Trieste, avant d'être conduite en Belgique, sur ordre de son frère le roi Léopold II. L'attitude de Bombelles avait été particulièrement méprisable à l'égard de Charlotte, coupée du monde dans le Gartenhaus, ce pavillon du parc de Miramar où elle était recluse, d'une manière aussi sévère qu'inexplicable...

veauté étant incluse dans ceux-ci. Le responsable de la Maison du prince a des défauts mais on les connaît ; il est un catholique, l'a prouvé dans l'odyssée mexicaine, et l'ambassadeur allemand, interrogé par Berlin, se hâte de répondre à Bismarck que le clergé soutient sa nomination. D'ailleurs, n'est-il pas chevalier de Malte ? Une approbation étrange, car Bombelles continue d'être un noceur impénitent, un viveur qui multiplie les conquêtes féminines. À ceux qui avertissent l'empereur que l'exemple de sa vie privée est déplorable, il ne répond pas davantage. Rodolphe doit aussi apprendre à juger son entourage. L'archiduc Albert, un oncle de Rodolphe en lutte ouverte contre les libéraux et les francs-maçons, rappelle à son neveu qu'il ne doit pas mener un style de vie dispendieux « comme l'ont fait les Bourbons en France aux XVII$^e$ et XVIII$^e$ siècles », que les Habsbourg-Lorraine ont toujours choisi une existence simple, dans l'honneur et au service des gens les plus démunis[1]. Il est plus vraisemblable que François-Joseph souhaite, sans le lui dire, offrir à Rodolphe, étouffé par une jeunesse studieuse, le moyen de prendre du bon temps, celui que lui-même n'a jamais su s'accorder... Rappelons que, en 1848, lorsqu'il était monté sur le trône, alors vacillant, François-Joseph avait publiquement soupiré : « Adieu ma jeunesse ! » À dix-huit ans, il n'en avait pas eu.

Finalement, en dépit des protestations et des indignations de couloirs, le choix de Bombelles peut paraître astucieux : il connaît bien la Cour, il a voyagé et il incarne une tradition – très écornée, certes, mais réelle – au service des Habsbourg, son frère étant aussi un chambellan à Budapest. Le comte de Bombelles jure son dévouement au prince. Pour le meilleur ? On peut en douter. Pour le pire ? On peut le redouter. Dans l'immédiat, Rodolphe reste contrarié du départ de Latour mais entend correspondre avec lui et Bombelles va devoir gagner de nouveaux galons, ceux de la confiance de son prince. Les voyages vont permettre aux deux hommes de s'apprécier. L'accord, obligatoire, de l'empereur est vite acquis, son fils peut partir en croi-

---

1. L'archiduc Albert est un fils de l'archiduc Charles qui, après une bataille indécise, avait battu Napoléon à Essling, près de Vienne, le 22 mai 1809. Lui-même avait défait les Italiens de Victor-Emmanuel II à Custozza, près de Vérone, le 24 juin 1866.

sière en Adriatique et en Méditerranée. Il visite, par devoir, les ports de la côte dalmate où les troupes de marine lui rendent les honneurs puis cingle vers la Sicile, s'arrêtant au pied de l'Etna à Catane puis à Raguse[1], dont il admire l'étonnante cathédrale baroque édifiée dans un temple grec. Au retour, en remontant vers Trieste, le prince s'arrête en Albanie. Le « pays des Aigles » est réputé pour sa beauté sauvage et hostile, ses lacs d'altitude et sa faune. Pour Rodolphe, déjà expert dans la connaissance des oiseaux, cette escale est passionnante. Il a emporté ses carnets, dessine, prend des notes, observe la région de Narenta, une véritable réserve naturelle. Bombelles apprécie peu ces travaux pratiques et le montre ; Rodolphe n'en tient évidemment pas compte. Puis, une brève traversée le conduit vers l'île dont lui a parlé sa mère, l'admirable Corfou ; ses cyprès noirs semblent monter la garde dans les vapeurs bleutées enrobant une eau incroyablement transparente. Après ces vacances – les premières qu'il savoure en adulte –, Rodolphe et sa suite regagnent Vienne. Le comte de Bombelles fait son rapport puis ordonne qu'on prépare de nouveaux bagages pour un voyage plus bref à travers la Confédération helvétique. Il n'y a pas que les mécanismes d'horlogerie ni les banques en Suisse, il y a aussi, on l'oublie souvent, le berceau de la dynastie des Habsbourg, dans le canton d'Argovie, au nord du pays, même s'ils sont d'une lointaine souche alsacienne. Le pèlerinage s'impose au vieux donjon de Habichtsburg, d'où est venu le patronyme, déformé, de Habsbourg. Un passé de neuf siècles attend Rodolphe, très curieux de visiter aussi les cantons dits primitifs, tel celui de Schwyz qui, au XIVe siècle, ébranla sérieusement l'hégémonie locale des Habsbourg. Lorsqu'il regagne Vienne, le prince apprend que les troupes russes ont enfin pu prendre la forteresse de Plevna, entre Sofia et Varna, après six mois de siège. Ainsi, en ce mois de décembre 1877, les dernières défenses de l'Empire ottoman en Europe ont sauté. Un armistice, imposé par la Russie, est imminent. Toutefois, le cabinet de Saint-Pétersbourg ne semble guère prêt à appliquer la convention austro-russe et l'empereur est soucieux. Peu importe, son fils doit poursuivre son expé-

---

1. Raguse en Sicile, à ne pas confondre avec l'ancienne Raguse croate, aujourd'hui Dubrovnik.

rience des voyages, une initiation obligée ; c'est celle de tous les futurs monarques.

Rodolphe choisit de découvrir l'Angleterre et fixe son départ à janvier 1878. Ce déplacement est l'un des rares effectués avec sa mère et il en est très heureux. Pour une fois, l'impératrice n'est pas encore repartie. Pour une fois, ils iront ensemble plus loin que Munich. Mais Sissi n'a pas le même programme que son fils et elle va le quitter pour des chasses à courre dans le Northamptonshire où elle a loué un manoir, puis elle ira jusqu'en Irlande. Alors que des négociations entre la Russie victorieuse et la Porte, humiliée, ont commencé d'une manière qui laisse poindre la naissance, redoutée par Vienne, d'un nouvel État slave, le train spécial de l'impératrice et de son fils est sous pression. Une dizaine de voitures et de fourgons vert sombre, anonymes, emportent la femme que François-Joseph aimera toujours et leur fils. Une fois de plus, l'empereur fait le sacrifice de son bonheur familial et se replonge, tourmenté, dans les dépêches de ses ambassadeurs qui suivent les tractations conduites sur le Bosphore.

De son regard clair, Rodolphe contemple sa mère, élégante, belle et autoritaire quand il s'agit de cheval. L'Angleterre est un paradis équestre mais elle exige que Rodolphe soit prudent. Sur ce point, il l'est. Il pourrait répondre à son amazone de mère que lorsqu'on a fait une chute aussi grave qu'elle il y a deux ans et demi en France, on ne donne pas de conseils ! Pendant le voyage et jusqu'à la traversée de la Manche, le prince voit peu sa mère. Elle ne se sent pas bien et, selon une lettre envoyée par Rodolphe à Louis II, « elle est restée dans sa voiture-lit-salon et elle y a pris ses repas ». Quel dommage ! Des moments d'intimité perdus...

« L'atelier du monde » : c'est ainsi qu'on peut définir le royaume de Victoria qui est sur le trône depuis 1837 et a été couronnée impératrice des Indes il y a un an, à l'initiative de son Premier ministre, l'habile Disraeli. Veuve officiellement inconsolable mais appréciant la compagnie d'un Écossais, John Brown, versée dans le spiritisme, modèle de dignité et d'austérité, Victoria est à la tête de la plus prestigieuse monarchie parlementaire en cultivant un ardent patriotisme et un conservatisme puritain. Vivant le plus souvent retirée dans ses châteaux de Windsor et de Balmoral en Écosse, Victoria tient à recevoir

Rodolphe à Osborne House, sa résidence favorite, dans l'île de Wight. L'entorse de la souveraine à sa légendaire retraite est très commentée. Le fils de Sissi a droit à de rares égards... Dans cette vaste villa italienne flanquée d'un immense campanile (haut de six étages !), la reine savoure les joies de la vie de famille, car c'est « un endroit intime, calme et retiré ». L'archiduc est introduit avec sa suite dans la demeure qui n'a pas changé depuis la mort du prince Albert, en 1861, à l'exception d'un fumoir extérieur, d'accès inconfortable, ajouté pour le personnel de la reine. Petite, corpulente, boulotte, les cheveux gris sévèrement tirés, Victoria juge Rodolphe charmant. Après la première audience et selon l'une de ses dames d'honneur, la princesse de Cambridge, s'entretenant avec l'ambassadeur d'Autriche-Hongrie, le comte Beust, ancien ministre des Affaires étrangères, « la reine est tombée amoureuse du prince héritier, mais rassurez-vous, elle ne l'épousera pas ! ». Transmise par télégramme le 23 février (à Budapest avant Vienne, d'ailleurs), la réflexion fait sourire Andrássy et François-Joseph alors que l'heure est grave. La situation des Turcs est désespérée et Victoria furieuse qu'une flotte britannique se soit retirée du Bosphore sans avoir montré sa force. « Ah, si seulement la reine était un homme », avait-elle écrit, échauffée d'indignation, à Disraeli, « elle se ferait un plaisir d'administrer à ces affreux Russes, à la parole de qui il est impossible de se fier, une bonne correction ! » Un vrai sermon au gouvernement. On est loin de l'image d'une veuve recluse parcourant les Highlands en voiture, au milieu d'un essaim de dames babillantes. La reine relate encore à Rodolphe la visite, le 14 janvier, d'un Américain, le professeur Alexandre Graham Bell ; il était venu lui faire une démonstration d'un appareil de son invention, le téléphone. Victoria n'a guère été convaincue. « Le son était très faible », selon Sa Majesté[1].

En dépit d'un programme presque impossible à respecter, l'archiduc parvient à nouer une relation chaleureuse avec Édouard, le prince de Galles, qui a vingt ans de plus que lui. Le futur Édouard VII lui fait visiter quelques curiosités d'Osborne dont le surprenant chalet suisse – authentique, démonté et importé, en 1853 – où les princes devaient apprendre la cuisine ;

---

1. Néanmoins, les premiers téléphones de Londres seront installés l'année suivante.

Rodolphe se fait aussi expliquer les collections de fossiles et d'histoire naturelle, abondants sur l'île crayeuse, présentées dans un autre chalet, le musée de la famille royale. Il quitte Osborne en ayant rencontré les deux caractères extrêmes de la Couronne britannique, l'esprit convenu de Victoria, le joyeux non-conformisme d'Édouard. L'archiduc porte un dernier regard sur l'admirable vue que le prince Albert osait comparer à celle de la baie de Naples... Puis, Rodolphe gagne Londres. Il espère en profiter avec sa mère, mais Élisabeth y reste peu. « Je l'ai vue encore moins car elle a été presque entièrement accaparée par tante Marie de Naples et Marie Larisch », écrit le prince, amer après leur voyage frustrant. Marie Larisch à Londres ! Qu'y fait la perfide jeune mariée ? Des ragots, bien sûr. L'un d'eux blesse Rodolphe. Marie, mielleuse, lui assure que Sissi a un amant parmi les écuyers qui l'accompagnent lors de ses chasses, un certain capitaine George Middleton, surnommé Bay. Petit, fort, roux, des moustaches énormes, il a la voix puissante et le rire gras, sans doute parce qu'il est sourd. Sissi – c'est exact – apprécie le cavalier. L'homme de cheval est intrépide et prend des risques en sautant de dangereux obstacles. Y a-t-il autre chose entre l'impératrice et ce Britannique ? Rodolphe ne peut le croire, mais le venin déversé par Marie a fait son œuvre : à sa mère, qui s'installe au manoir de Cottesbrooke Hall au centre de l'Angleterre, il montre son humeur et ne reste pas, pas même pour la nuit. Pis : interrogeant Sissi sur ce personnage qui a été invité à une réception offerte par le prince de Galles, il n'obtient qu'un silence glacé. De toutes manières, quoi qu'elle fasse, l'impératrice déchaîne les rumeurs dont certaines – certaines seulement – sont fondées. Délaissant la maison du temps de Shakespeare et des Tudor qu'a louée sa mère, l'archiduc gagne Birmingham le soir même. Fils blessé, il est à la fois scandalisé des propos de sa cousine, décidément malsaine, et du soupçon sur Sissi, ses incessants voyages, ses amitiés pas toujours convenables. Serait-ce possible ? Rien, sur ce sujet, n'a été prouvé. Rodolphe devra se méfier des insinuations de Marie Larisch.

Décidément, il ne l'aime pas !

La partie la plus importante, parce que la plus instructive, de son voyage commence. De filatures en mines de charbon, d'arsenaux en hauts fourneaux, des clubs chics aux coffres d'acier de la Banque d'Angleterre, le prince visite tout, voit tout, découvre tout de la puissance industrielle, financière et sociale d'un royaume devenu un empire colonial. L'Angleterre des machines et des fumées l'impressionne. Rodolphe se fait expliquer l'itinéraire du coton égyptien, cultivé dans le delta du Nil, importé, manufacturé et réexpédié jusqu'à la plus modeste mercerie. C'est le libéralisme qui a fait de ce pays la première puissance économique du monde. Tandis qu'une fièvre guerrière s'empare de l'opinion russophobe, Rodolphe est reçu par Disraeli dont la reine surveille la santé, car « il est loin d'être rétabli » ! Puis, après un entretien avec lord Salisbury, qui a repris les rênes du Foreign Office, le prince se passionne pour l'Angleterre des débats et de la démocratie. À la Chambre des communes, Rodolphe écoute l'intervention de Gladstone, très attendue. Ce chantre du libéralisme, qui fut un très efficace chancelier de l'Échiquier en réformant les finances et Premier ministre, vient de sortir de sa retraite politique. C'est une chance pour Rodolphe, car l'orateur, chef de l'opposition, est scandalisé par la politique britannique à l'égard des Turcs et inquiet de l'appétit russe. Le débat, vif mais courtois comme il se doit aux Communes, est passionnant. Malheureusement, l'archiduc ne possède pas assez la langue pour suivre les détails de la séance, d'une actualité brûlante. Rodolphe en sort un peu déçu mais il a appris que William Gladstone, qui privilégie le droit international aux intérêts privés, est opposé aux États multinationaux tels que l'Empire ottoman et... l'Autriche-Hongrie. Sillonnant les terres d'Albion, l'archiduc va du pays de Galles à l'Écosse, de Glasgow à Édimbourg, de Manchester à Liverpool. L'intérêt de Rodolphe pour la marine est visible lorsqu'il visite les chantiers navals qui ont permis à la Grande-Bretagne de s'assurer la maîtrise des mers. Un véritable voyage d'études dans un pays combinant le conservatisme modernisé et le libre-échange. Repassant par Londres, l'emploi du temps du prince comporte, semble-t-il, quelques moments de détente non officiels, grâce aux relations de charme du prince de Galles qui a ses habitudes dans les maisons accueillantes, à Londres comme à Paris. Le futur Édouard VII sait où s'encanailler et avec qui ! L'archiduc demande aussi à visiter les quartiers miséreux de Londres, ceux de l'East End comme Lambeth et Whitechapel où, dans dix ans, un mystérieux assassin de prostituées sèmera la terreur, Jack l'Éventreur. Après un séjour en Irlande, à Belfast et à Dublin, lors d'un dîner de gala achevant ce périple à l'ambassade austro-hongroise, plusieurs toasts sont portés à la santé de Leurs Majestés Impériales et Rodolphe est acclamé. Il a bien réussi son examen d'outre-Manche ; lord Beaconsfield, *alias* Disraeli, que Victoria a titré ainsi (et qui l'inonde de courriers de colère), déclare que le voyage de Son Altesse Impériale et Royale est un grand succès ; l'archiduc a conquis tous ses interlocuteurs. Il lui prédit un brillant avenir... Le bilan du voyage est riche. On ne peut y relever qu'un incident, lorsque, au hasard d'une réception, Rodolphe a croisé le capitaine Middleton, accusé, par Marie Larisch, de relations adultères avec sa mère. Blanc de colère, il lui a tourné le dos. Diplomatiquement, l'archiduc a vu l'embarras du cabinet de Londres : Disraeli était hostile à l'intervention britannique en mer de Marmara mais il craignait qu'après la défaite turque les Russes ne prennent le contrôle des Détroits.

C'est dans cette incertitude que le prince regagne Vienne fin février. Ses craintes étaient justifiées puisque, le 3 mars 1878, le traité de San Stefano provoque une vive réaction de toutes les puissances, à commencer par celles de François-Joseph et Andrássy[1]. En effet, la carte du Sud-Est européen est totalement bouleversée. La Turquie est démembrée et la Russie étend son influence sur tous les Balkans. Constantinople perd la Roumanie (créée à l'initiative de Napoléon III), la Serbie, le Monténégro, la Bosnie-Herzégovine. En outre, la Russie s'octroie la partie septentrionale de l'Arménie et la Bessarabie, arrachée à la Roumanie. La formation d'une Grande Bulgarie indépendante regroupe tous les États slaves, c'est-à-dire exactement ce qu'on redoutait à Vienne et à Budapest. Pour contrer l'impérialisme russe, la riposte est immédiate. François-Joseph exige la tenue d'un congrès européen afin d'examiner l'affaire. Bismarck, ennuyé de l'aggravation du contentieux austro-russe, répond favorablement ; ce congrès, il l'organisera, à Berlin, à partir du 13 juin. À Saint-Pétersbourg, les esprits se calment devant les risques d'une nouvelle guerre. Il est aisé à Rodolphe de confirmer à son père que Londres ne laisserait pas ces Russes étaler une présence démesurée dans les Balkans. Et, précisément, lord Salisbury pro-

---

1. San Stefano est devenu Yesilköy, un faubourg d'Istanbul.

pose que l'Autriche-Hongrie reçoive, sous forme de mandat, le droit d'administrer et d'occuper la Bosnie-Herzégovine, sans attenter à la souveraineté du sultan. Immédiatement acceptée, cette compensation rend caduque une partie du traité. À son ancien gouverneur, Latour, le prince écrit : « L'addition de deux provinces à la monarchie fait très plaisir à l'empereur. Je crois qu'il pense que la Bosnie et l'Herzégovine compenseront la perte de la Lombardie et de la Vénétie. » Par une manœuvre diplomatique, la poudrière n'a pas explosé, mais, dans les chancelleries, on a eu le souffle court. Rodolphe enregistre ce constat : les Austro-Hongrois et les Britanniques ont fait reculer l'ours russe mais grâce à la médiation, déterminante, de Bismarck auprès d'Alexandre II.

L'enjeu est si important que François-Joseph prévoit que son fils se rendra à Berlin, à la tête de la délégation qu'il va constituer. En attendant, Rodolphe, qui a beaucoup réfléchi à l'exemple politique anglais, se propose de rassembler ses impressions en les comparant aux usages autrichiens. C'est ici que se révèle, pour la première fois, l'influence de Carl Menger, un professeur à l'université de Vienne qui a fondé l'école autrichienne d'économie nationale et enseigné au prince ses mécanismes modernes en insistant sur les aspects sociaux dont le poids s'accroît avec la deuxième révolution industrielle. Sous sa direction, Rodolphe a pris comme cible la noblesse autrichienne, accusant ses membres d'être « (...) réellement paresseux car ils n'ont même pas l'idée de faire des études alors que la bourgeoisie fait des études ». Le ton est donné, cinglant, méprisant, révolutionnaire et sans appel. À le croire, cette aristocratie réfugiée dans ses palais lambrissés et ses châteaux du temps de Marie-Thérèse serait frivole, oisive, inutile, indigne d'exercer de hautes responsabilités... Mais si le prince a fixé ses idées en principe, c'est son récent voyage qui lui donne l'idée de se livrer à une comparaison peu flatteuse pour la haute société autrichienne. En revanche, le modèle anglais est digne d'éloges puisque les personnages les plus titrés sont d'actifs politiciens et des acteurs économiques inventifs, ouverts, essentiels et respectés. C'est vraisemblablement pendant son voyage que Rodolphe a écrit le début de ce qui allait devenir un véritable réquisitoire. Carl Menger faisait partie de la suite du prince. Que Carl Menger lui en ait donné l'idée est possible ; qu'il l'ait assisté dans sa rédaction est plausible. En tout cas, le texte est bien l'œuvre du futur empereur et roi. Achevé à Vienne, le pamphlet, qui comporte quarante-huit pages, est publié à Munich au printemps 1878, sans signature. Mais Bombelles est dans le secret. Titre : *La Noblesse autrichienne et sa mission constitutionnelle*[1]. La publication de ce texte, qui suscite des commentaires admiratifs ou réprobateurs, marque le début d'un travail clandestin de l'archiduc ; il sera suivi de diverses collaborations journalistiques qualifiées de provocatrices. Mais en sous-titrant sa plaquette : « Appel à la jeunesse aristocratique par un Autrichien », l'auteur se dévoile. Lisons Rodolphe à propos des défaites militaires de 1859 et de 1866 : « Elles sont dues à la faiblesse de la formation des officiers. Ils sont pris dans leurs habitudes sociales, leurs courses de chevaux, leurs visites, leurs voyages, leurs séjours dans les villes d'eaux ou les montagnes, là on l'on attend avec ennui la fin de l'été, les bals, les fêtes, les conversations plates, les promenades au Prater, le patin à glace. Certes, il y a quelques exceptions mais c'est en général le programme des aristocrates ; ils n'ont pas idée de ce qui se passe dans la bourgeoisie qui est la classe montante. » Suit un paragraphe contre la religion : « Les aristocrates reçoivent une éducation cléricale, dispensée par les Jésuites ; les jeunes apprennent surtout à mal comprendre la culture et les idées de notre époque, presque à les haïr. Ils sont étrangers à leur monde, tournés avec amour vers le passé. Cette partie de la noblesse empêche le développement des institutions. » En résumé, selon l'auteur, la noblesse qui s'était battue contre Napoléon n'aurait su, depuis, ni s'adapter au monde industriel ni mériter la place qu'elle tient encore largement, notamment dans les milieux diplomatiques. Illustrant sa pensée de l'exemple vérifié en Angleterre où l'élite a su se réformer, Rodolphe ajoute : « Toute notre vie politique souffre de l'absence d'un parti conservateur compétent qui concilie le sens de l'importance de la tradition et des acquis de l'Histoire avec l'ouverture aux exigences du présent et du progrès. »

Pour le prince, l'idéal serait, en substance, un parti conservateur *made in England,* en somme, où l'instruction générale et les aspects culturels seraient prioritaires, car une société figée est une société condamnée à disparaître. On ne sait exactement ce

---

1. Titre original : *Der österreichische Adel und sein konstitutioneller Beruf.*

que pense François-Joseph de cette brochure ni même s'il en a connaissance. On pourrait y relever de nombreuses exagérations et caricatures, contredites dans les faits. Notons que l'archiduc épargne de ses sarcasmes la Hongrie, qui veut en finir avec un féodalisme d'un autre temps ; de même, en Bohême et en Moravie, qui vont devenir les régions les plus développées de l'empire, des résultats remarquables ont été obtenus. Mais ces propos, mordants et sans nuances, révèlent l'idée fixe du futur souverain : il faut en finir avec l'aristocratie ignorante, véritable caste aux prétentions surannées. Le général baron Frédérick Beck, chef d'état-major de François-Joseph, n'est pas étonné de cette violence. Il reconnaît bien le prince héritier à l'aube de ses vingt ans. À son épouse, il confie que l'archiduc est « plein d'allant et de jeunesse et montrant son cœur à nu. Il n'a pas encore digéré les idées libérales dont son ancien tuteur l'a nourri ». Rodolphe a l'âge des engagements extrêmes.

À cette même époque, le prince éprouve le besoin de reprendre ses conversations écrites avec Louis II de Bavière. Le roi a beaucoup changé physiquement – il pèse près de cent kilos – et se réfugie définitivement dans ses rêves de pierre, d'or et de marbre ; son troisième château, Herrenchiemsee, réplique inouïe de Versailles, est à l'état de laborieux chantier au milieu du plus grand lac de cette belle région, le Chiemsee, la « mer Bavaroise », entre Munich et Salzbourg. Dans un farouche combat spirituel, le monarque lutte contre ses mœurs (un combat perdu), se condamne dans son journal intime, étudie la vie des rois canonisés comme Saint Louis et passe d'une religiosité maniaque à un doute affreux : Dieu existe-t-il ? Il essaie de trouver des réponses dans des livres qu'il envoie à Rodolphe, lequel est toujours aussi tourmenté. Après la lecture de l'ouvrage *L'Ancienne et la Nouvelle Foi*, qui l'a vivement impressionné, le prince écrit au roi une longue missive en le priant de pardonner cette abondance de mots :

« Votre Majesté, mon cousin très aimé,

« La gracieuse lettre de Votre Majesté m'a rendu très heureux. Je t'en remercie du fond du cœur. Ta gentillesse à mon égard est grande. Merci de te préoccuper des livres qui ont influencé mes opinions sur la religion.

« Il est vrai que j'hésite à exprimer mon sentiment en ce qui concerne ma croyance en Dieu, car je suis anxieux à l'idée de blesser les convictions d'autrui. Pourtant, sachant la profondeur de ta toujours bienveillante amitié, je te répondrai franchement : je sais que toi non plus tu ne te nourris pas de chimères incompatibles avec le développement d'un esprit élevé. La foi est bonne, je pense, pour l'éducation du peuple. Elle contribue à établir dans la masse les fondements de la rectitude morale. Mais je la redoute quand les classes et les partis l'utilisent à leurs fins ou lorsqu'elle donne aux simples une croyance aveugle et superstitieuse. Le dogme chrétien, dans les formes étroites prescrites par l'Église, est tout à fait inacceptable pour celui qui a été amené par son éducation à un état mental lui permettant de s'élever au-dessus de la vie quotidienne, d'exercer sa logique et de connaître le doute. Un tel être se fabriquera une religion. Il établira son code moral en conformité avec la direction de sa vie spirituelle, sans être opprimé par les limites du ciel et de l'enfer, mais seulement par celles qu'il s'imposera d'après son éthique personnelle... » Et Rodolphe espère avoir le plaisir d'écrire au roi un autre jour « plus à fond sur ce sujet ». De ces observations, on peut déduire que l'archiduc et le monarque bâtisseur de châteaux fabuleux ont en commun d'avoir perdu la foi qui est un des fondements de leurs dynasties, après avoir lutté, douté, pesé les arguments. S'interroger comme il l'avait fait, n'était-ce pas déjà, chez Rodolphe, une remise en question aboutissant au refus de croire ? Chez Louis II, la perturbation mentale, l'idéal qui s'éloigne, l'homosexualité honteuse et la déchéance physique qui déforme sa silhouette si élégante autrefois rendent cette lutte pathétique.

Chez Rodolphe, qui n'a pas encore vingt ans, le combat a été intense, parfois puéril, mais l'analyse est froide et la réponse clarifiée. Le prince héritier est agnostique. Il ne peut ignorer la religion catholique mais il s'en méfie comme d'une force rétrograde, opinion alors très en vogue, sous l'influence des progrès de la science et des postulats socialistes. Carl Menger a laminé les fondements catholiques inculqués au prince et on peut noter que la philippique de son élève contre l'aristocratie sclérosée se reporte sur la religion, un autre simulacre qui entretient l'obscurantisme. Chez le prince héritier de la double monarchie catholique, la foi serait la gardienne de l'immobilisme. Il faut donc poursuivre les progrès parallèles de la révolution intellectuelle et matérielle que le pape Pie IX avait condamnée. Selon Rodolphe, enfin, la réalité s'impose en analysant l'histoire : « Pour l'homme cultivé qui atteint ce niveau de développement moral où il se libère de la vie quotidienne et commence à chercher et à régler sa pensée (...), je tiens la foi chrétienne dans les limites imposées par notre Église pour tout à fait impossible », écrit-il encore. L'espoir de monter au ciel ? La peur de l'enfer ? Ce sont des lois morales qui remplaceront la religion, les « chaînes grâce auxquelles, chez l'homme, le moral commande au physique ».

Juin 1878. C'est encore en songeant au roi Louis II et après un nouveau courrier à son intention que Rodolphe roule vers Berlin dans son train spécial, leur hostilité commune à l'égard de la Prusse étant une autre bonne raison de partager les mêmes idées. Pour la première fois, Rodolphe représente son père. Et il ne s'agit pas d'une cérémonie honorifique avec dépôt d'une gerbe de fleurs et discours convenu dont chaque virgule a été soupesée par une chancellerie timide. Ce sommet diplomatique est le triomphe de l'Autriche-Hongrie. En effet, le congrès qui s'ouvre à Berlin le 13 juin doit rétablir l'équilibre européen en rognant les avantages que la Russie s'était accordés au traité de San Stefano. Bismarck préside la conférence à laquelle la France est conviée, ce qui plaît à Rodolphe, prince à l'esprit républicain. Puissance invitante, le chancelier reçoit l'archiduc avec des attentions solennelles, multipliant fêtes et réceptions en son honneur ; Disraeli, venu malgré l'inquiétude de Victoria à cause de ses crises d'asthme, est témoin des grandes manœuvres du maître de cérémonie. Le Premier ministre britannique et le chancelier allemand ne s'étaient pas vus depuis seize ans. La méthode de Bismarck est astucieuse : à sa souveraine, Disraeli raconte que son procédé est « d'introduire toutes les questions en public puis de les régler en privé ». En coulisses, l'Anglais et l'Allemand s'affrontent, soutenus par leurs opinions publiques prêtes à en découdre sur la question de l'Empire ottoman. L'ambiance est si tendue entre l'émissaire russe, le comte Chouvalov, et Bismarck, et ils sont tellement rivés à leurs positions que Disraeli demande que l'on mette son train sous pression ; il lui paraît inutile de rester davantage à Berlin puisque personne ne veut céder quoi que ce soit. Bismarck ne croit pas à ce départ précipité et prématuré. Mais, prudent, il se présente, sans être annoncé, chez les Anglais. C'est exact, ils font leurs bagages et dans deux heures, ils rouleront vers l'ouest. Immédiatement, le chancelier capitule discrètement, relance la négociation après ces mots d'une glaçante lucidité : « Le vieux Juif est l'homme important ! »

Rodolphe est longuement reçu en audience par l'empereur Guillaume Ier, quatre-vingt-un ans, qui essuiera, cette même année, deux tentatives d'attentat en vingt jours, la seconde le blessant grièvement. Le vieux souverain, porté à la dignité impériale par les princes allemands à Versailles, prépare avec Bismarck un traité le liant à François-Joseph afin de compléter l'unification allemande. L'idée intéresse évidemment Rodolphe puisqu'elle va mécontenter les Russes et rendre caduque l'alliance des Trois Empereurs concoctée cinq ans plus tôt. Andrássy, qui est présent, se fait l'allié de Bismarck en soutenant une politique proallemande qui arrêtera les ambitions slaves. En quatre semaines de tractations, les mondanités sont également au programme. Lors d'un bal offert par Guillaume Ier, la princesse Catherine Radziwill (avant 1829, Guillaume, alors prince héritier, avait été amoureux d'une Radziwill) aimerait danser avec l'archiduc. « Il n'est pas tout à fait beau, écrit-elle de Rodolphe, mais très attirant, avec un visage sérieux, paraissant plus âgé et des cheveux roux très laids. Mais ses yeux avaient une expression de rêve pleine de secret et d'ardeur. Il attire la sympathie de ses interlocuteurs. Il est très poli, assez froid avec un soupçon de mépris. Il n'a pas dansé et s'est excusé, en raison d'un deuil dans sa famille. » Il s'agit de la mort de son grand-père paternel, l'archiduc François-Charles, le 8 mars précédent. Trois mois de deuil de cour à la mémoire du père de François-Joseph ? Ce délai est tout de même pesant, le disparu n'ayant jamais régné et ayant renoncé au trône en 1848[1]...

Rodolphe visite Berlin – qui compte déjà près d'un million deux cent mille habitants –, se rend à la galerie nationale ouverte il y a deux ans et accepte une invitation à chasser dans les environs de Potsdam, l'exquise cité de résidence princière des Hohenzollern qui a déjà près de neuf siècles. Il traverse l'orangerie que le roi Frédéric-Guillaume IV avait fait élever à partir de

---

1. Le mari de l'archiduchesse Sophie, veuf depuis six ans, avait soixante-seize ans. Il était le second frère de l'impératrice Marie-Louise et donc un beau-frère de Napoléon.

1850, passe sous la porte des Chasseurs, l'une des ouvertures de l'enceinte en direction du nord, et prend son poste dans la battue qui est organisée pour lui. Comme le lui avait demandé Sissi, il ne chasse plus à courre. Mais quel plaisir d'être à l'affût en solitaire, dans ces bois tellement giboyeux ! Frédéric-Guillaume, vers 1730, y avait déjà fait construire un charmant petit pavillon de chasse à la manière des demeures hollandaises, appelé Stern, l'« Étoile ». Soudain, un beau cerf bondit des fourrés. Un dix-cors, jeune mais déjà adulte, dont les bois viennent de connaître leur refait annuel. Rodolphe l'abat d'une seule balle. Ce n'est que devant la dépouille de l'animal qu'il constate que le cerf a la robe si claire qu'il est blanc... Un cerf blanc ! Lorsque Sissi l'apprendra, ses dons de médium l'alerteront. En effet, une tenace légende de chasseurs, surtout répandue dans la *Mitteleuropa*, assure que celui qui tue un gibier à robe blanche est condamné à une mort violente... Il est vraisemblable que l'archiduc, très expert, n'ignore pas cette croyance, mais il ne manifeste aucun trouble, seulement l'admiration – et peut-être le regret – d'avoir abattu un cerf si beau et si rare.

Le congrès de Berlin s'achève le 13 juillet. Comme Vienne et Budapest l'avaient souhaité, l'indépendance de la Serbie, du Monténégro et de la Roumanie est confirmée. En revanche, la Grande Bulgarie, créée par le traité de San Stefano, est réduite et divisée en deux provinces. L'Autriche-Hongrie reçoit le mandat qu'elle exigeait pour administrer la Bosnie-Herzégovine au nom de la Turquie ainsi qu'une zone entre la Serbie et le Monténégro, Novi Bazar. L'honneur du sultan est sauf puisqu'il reprend le contrôle de la Macédoine, en promettant d'y apporter quelques réformes. Les troupes austro-hongroises vont entrer en Bosnie-Herzégovine à partir du 20 juillet ; accueillies par un climat très hostile, elles ne seront pas installées avant trois mois. Bien que se tenant à l'écart de cette occupation musclée – il faudra y envoyer onze divisions –, Élisabeth est inquiète, le dit à son fils et avertit son mari : « Surtout n'envoie pas trop d'amis des Russes en Bosnie, tels que Croates, Tchèques, etc. » Visionnaire, elle se méfie du loyalisme de circonstance des Slaves.

Très vite, elle aménagera une partie de Schönbrunn pour y soigner les blessés de Bosnie. Rodolphe, très impliqué dans la réorganisation des Balkans pour y éviter un nouveau conflit qui serait calamiteux, prend note de la colère du tsar, du talent diplomatique d'Andrássy, des réticences des parlementaires dont l'avis n'a pas été requis et des félicitations personnelles et appuyées de la reine Victoria à Disraeli : elle lui envoie même des fleurs à son retour trois jours plus tard ! Rodolphe est envoyé en Bosnie-Herzégovine, sous les ordres du général Joseph von Philippovitch, qui l'aime presque comme un fils. L'archiduc soutient pleinement cette occupation, s'opposant, pour une fois, aux libéraux. Comme le général, il estime que les troupes devraient progresser jusqu'à Novi Bazar et qu'il faudrait être prêts à un conflit avec la Russie pour régler définitivement la question balkanique. À Latour, il écrit : « On applique des demi-mesures au lieu d'aller jusqu'au bout et de prendre une partie de la Turquie au lieu d'y laisser l'administration turque. Il faudrait ériger une frontière militaire et gérer directement ces territoires puisqu'ils sont occupés par des militaires autrichiens. On a peur des cris de protestations, surtout de ceux de la Hongrie. » Le prince étudie avec attention les plans de bataille, l'alimentation électrique, le fonctionnement des voies ferrées et aussi des questions d'aide sociale en faveur des troupes. Cette campagne militaire est la seule à laquelle Rodolphe participera. Et si elle est finalement victorieuse, c'est parce qu'elle résulte de l'application d'un traité...

François-Joseph est doublement satisfait. D'abord, le triomphe de son émissaire Andrássy marque la fin d'une série de revers infligés à sa politique, même si du côté de Sarajevo, les nouveaux occupants doivent mater des insurrections. Ensuite, son fils s'est très bien comporté. En dépit de son « expression rêveuse », il a fait une excellente impression, notamment au regard perçant de Bismarck. Vienne et Budapest sont revenues dans la sphère d'influence germanique. Par décret impérial, le prince héritier est nommé colonel commandant du 36ᵉ régiment de ligne, en garnison à Prague où son grand-oncle Ferdinand s'était réfugié en 1848. Son adolescence est accomplie ; il entre dans une vie active, avec une affectation importante qu'il a lui-même choisie. Désormais, il va participer au pouvoir par le biais de l'armée. Avant de rejoindre son poste, il prépare une croisière scientifique sur son cher Danube, un programme qui n'enthousiasme pas Bombelles. En fait, les instigateurs de cette expédition sont deux spécialistes. L'un est le docteur Alfred Brehm, un Allemand, illustre zoologiste, poursuivant la publication d'une *Vie illustrée des animaux*, ouvrage monumental en plusieurs volumes et qui fera encore autorité au cours du siècle suivant, notamment en Allemagne. Le docteur Brehm, qui a enseigné à Rodolphe les sciences naturelles, est devenu un ami du prince. Il lui a même dédié, il y a un an, les deux tomes de son ouvrage consacrés aux oiseaux. Cet homme passionnant est franc-maçon, adepte de la théorie de Darwin sur l'évolution des espèces qui, en 1859, avait bouleversé les conceptions les plus traditionnelles sur l'origine de l'Homme. Ce savant, que l'on dit matérialiste, est également protestant. François-Joseph est évidemment informé des idées du docteur Brehm mais il ne met aucun obstacle à ce voyage. Il est même amusé de ce personnage qui n'a rien d'un courtisan, s'habille n'importe comment et ne s'embarrasse pas de politesse. Les savants ont droit à des indulgences. Notons ici le trait commun à Sissi et à son fils : ils aiment bousculer les conventions et s'entourer de gens qui détonnent. Rodolphe, en véritable disciple, ne se lasse pas d'entendre le naturaliste raconter le voyage de Charles Darwin en Amérique latine, jusqu'à l'archipel mystérieux des Galapagos. Cinquante-neuf mois d'aventures, quel rêve ! L'autre intervenant est un certain M. Hodek, préparateur chargé des trophées qui accomplit ces opérations pour Rodolphe, interventions délicates sur des animaux morts que Rodolphe suit avec gravité. Le thème de cette campagne, choisi par Brehm, est l'observation des oiseaux carnassiers, notamment les aigles, plus nombreux qu'en Allemagne. C'est donc un approfondissement de son bref séjour en Albanie en même temps qu'une véritable passion, née autour de sa douzième année. L'une de ses premières fiertés avait été d'accorder son patronage à la Société impériale d'ornithologie.

Tout est prêt. L'archiduc a invité son beau-frère, Léopold de Bavière, l'époux de Gisèle. Font partie du voyage deux inséparables compagnons de Rodolphe, Black, son chien d'arrêt, et Castor, un setter couleur feu, sans oublier un hibou apprivoisé. La région qui l'intéresse est la Hongrie méridionale. Le bateau met donc le cap sur Budapest et le voyage s'annonce bien puisque le matin du départ « un milan noir au vol paresseux au-dessus du pont suspendu servit de présage favorable aux yeux des ornithologues ». Bombelles lui-même en convient, tous les marins sont superstitieux. À bord du petit vapeur, des aubes laiteuses aux crépuscules cramoisis, le prince est très heureux. Il chasse un peu, épargne beaucoup d'animaux, se concentre sur les oiseaux vivant près du fleuve, ici un faucon, là des cigognes, ici encore des hérons cendrés, là des cormorans remontés de la mer Noire et même un coucou, qu'il laisse en vie. Rodolphe n'est pas aussi acharné que son père ou son cousin François-Ferdinand, excellent fusil lui aussi, tous deux collectionneurs de trophées par milliers. Le disciple du docteur Brehm est attentif à décrire des hardes de gibier qui s'enfuient à leur approche. Élève appliqué, le prince remplit ses cahiers de notes, de croquis et d'observations. Il est sensible à la beauté des paysages, relativement plats dans cette partie du pays si l'on excepte la boucle de Visegrad et d'Estergom ; mais les variations chromatiques, les brumes et les jeux d'ombres l'émeuvent. Il est heureux dans cette forme d'existence où il s'épanouit sans le rappel, permanent, du devoir. Enchanté de ses découvertes, il se promet de publier le récit de son voyage, encouragé par Brehm. Et si l'archiduc devenait l'un de ses collaborateurs ? Mais le temps presse. Son commandement à Prague l'attend.

Il y arrive le 1er août 1878. Prague, à dire vrai, ne l'attend guère... Le souvenir de la répression autrichienne du soulèvement de juin 1848 demeure saignant ; les troupes du général Windischgrätz avaient coupé l'élan du mouvement bourgeois. Vienne avait repris la main et le jeune empereur François-Joseph, succédant à l'incapable Ferdinand Ier, avait totalement réorganisé l'État. Mais, en 1860, le souverain avait dû renoncer à l'absolutisme et promettre de reconnaître les droits historiques du royaume de Bohême. Prague avait vibré d'espoir jusqu'à son occupation par les Prussiens en 1866. En 1871, l'empereur avait rejeté la protestation de la Diète réclamant une égalité de traitement avec Vienne et Budapest ; les Tchèques étaient vexés que la double monarchie ne soit pas étendue à une triple monarchie. Ainsi, dans l'Empire, deux nationalismes dominaient, l'un germanique, l'autre hongrois, alors que les Slaves étaient les plus nombreux. Toutefois, si la vie politique est morose à l'arrivée de Rodolphe, le développement économique et industriel de la région, l'accroissement de la population – elle a doublé en trente ans – vont de pair avec une nouvelle éclosion artistique ; le néo-baroque, le néo-Renaissance inspirent les architectes comme Josef Zitek. Ce dernier, né en 1832, est l'auteur du plus beau monument du XIXᵉ siècle en Bohême, alors en cours d'achèvement, le Théâtre national, commencé en 1865. Formé à Vienne, ce qu'il ne reniait pas, Zitek a reçu une mission qui dépasse la simple ouverture d'une nouvelle salle de spectacle à Prague. Toutes les couches sociales, y compris les plus modestes, ont participé à la souscription publique qui devait financer ce projet. Qu'un théâtre ait une vocation nationale révélait l'espoir d'un renouveau[1].

Et le mouvement progressiste est tangible comme dans toutes les métropoles d'Europe : quatre mois avant l'arrivée de Rodolphe, en avril, le parti social-démocrate ouvrier tchèque a été fondé dans une auberge dite « Au Châtaignier ». La ville est admirable. La coexistence des styles, le charme des ruelles bordées d'arcades, les souvenirs d'un Mozart triomphant alors que Vienne l'avait méprisé, la symbolique du fameux pont Charles jeté sur la capricieuse Vtlava[2] dont les statues en plein air composent une impressionnante garde d'honneur, les toits ambrés qui valent à la cité son surnom de « Ville d'or », la centaine, officielle, de clochers et de tours (il y en a bien davantage) font de Prague, géographiquement et intellectuellement, le cœur de l'Europe. Et, avec Vienne et Budapest, l'un des sommets du triangle impérial. Les Tchèques attendent Rodolphe avec des sentiments plus que mitigés. Est-il favorable à leur identité ? À leur égalité par rapport aux Hongrois ? Est-il bien conscient qu'il entre dans une cité que son ancêtre Rodolphe II, au XVIᵉ siècle, avait élevée au rang de capitale d'Empire avant que Vienne ne soit la préférée des Habsbourg ? Depuis 1871, les Tchèques se sentent rejetés en parents pauvres et leur si belle ville, fascinante d'ombres et de lumières, n'a pas droit à un statut de première grandeur. En signe de protestation, les députés de l'opposition font la grève parlementaire. Forte de cent soixante-dix mille habitants, dont quatre cinquièmes de Tchèques, la vieille capitale du royaume de Bohême a été absorbée par les

---

1. Il y aura, à l'époque, un Théâtre national bohémien, un Théâtre allemand puis, après 1886, un nouveau Théâtre allemand.
2. En allemand la Moldau (qui est aussi le titre d'un célèbre poème symphonique du fameux compositeur Bedrich Smetana [1824-1884], chef d'orchestre du Théâtre bohémien).

provinces « cisleithanes » de l'Empire. La seule réalité tangible lors de sa prise de commandement est que Rodolphe est coupé de son univers familial. La Hofburg et son carcan sont à près de trois cents kilomètres : il est seul. Pour la première fois, il échappe réellement à son père mais aussi à sa mère. Et il est placé sous tous les regards, peu favorables, d'une population aigrie et d'humeur maussade envers l'héritier. Ils ne peuvent savoir – et François-Joseph est dans le même cas – que Rodolphe vient de rédiger son testament, daté d'avril, pour célébrer secrètement sa vingtième année. Malgré les rumeurs lui prêtant un esprit libéral, ils ne peuvent deviner à quel degré de révolte intérieure est parvenu le prince de Habsbourg. En effet, dans ce qui constitue ses premières... dernières volontés, il a écrit cette remarque insolite : « La réaction est partout mais particulièrement en Autriche. Elle est le premier pas vers sa ruine. Ceux qui la prônent sont ses ennemis les plus dangereux. »

Pour les Pragois, Rodolphe bénéficie d'un atout, car s'il parle évidemment tchèque – sans accent allemand –, le fait qu'il veuille se perfectionner dans la langue est regardé comme une marque de considération. Déjà, on savait qu'à Vienne l'héritier s'était familiarisé avec le monde slave ; mais en demandant, dès son arrivée, un professeur réputé pour faire le moins de fautes possible, il suscite l'intérêt. Et, habilement, il choisit un universitaire, le professeur Hattala, dont le patriotisme est aussi connu que les talents linguistiques. C'est ainsi que dès ses premiers instants dans l'enceinte du château de Hradčany, qui domine la ville et que Chateaubriand a décrit d'une plume définitive, l'archiduc adoucit les méfiances et les suspicions. De même, son premier contact avec la vie militaire est satisfaisant ; Rodolphe retrouve avec plaisir l'unité dans laquelle il a servi en Bosnie-Herzégovine. Ses supérieurs ne tariront pas d'éloges sur lui. Mais... pourrait-il en être autrement du futur empereur ? En faisant la part de la flagornerie, on note que le colonel von Hotze, qui commande le 36e régiment de Bohême, vante la droiture de l'officier sous ses ordres : « ... Je puis en témoigner, il ne se compromettra jamais, il est trop bien élevé, trop compréhensif, trop avisé, trop supérieur, trop moral pour cela. » Et le général von Philippovich, commandant le corps d'armée dont dépend le régiment et qui avait eu Rodolphe sous ses ordres entre Sarajevo et Mostar, souligne son « caractère élevé, noble et énergique ». Des notations semblables seront transmises au chef d'état-major des armées pour être, bien entendu, remises à François-Joseph, qui attend beaucoup de son fils. Contrairement à ce qu'il redoutait, l'empereur apprend que son héritier considère l'armée comme sa « patrie personnelle » et qu'il lui appartient « corps et âme ». Il aime porter l'uniforme et considère le métier des armes comme une école de loyalisme politique. Ajoutons que le régiment où il sert est, comme toute l'infanterie, davantage composé de bourgeois que d'aristocrates, comme c'est le cas dans la cavalerie. Ce corps social est le préféré de l'archiduc, suivant toujours les préceptes de Carl Menger qui prédit l'ascension d'une bourgeoisie cultivée, ouverte aux sciences. Surveillé, épié, examiné, Rodolphe l'est, autant par Vienne que par Prague mais avec des intentions différentes. Dans le premier cas, il n'est question que d'état d'esprit militaire et de discipline ; dans le second, tout le monde s'interroge sur l'avenir politique de la Bohême.

Rodolphe donne l'exemple ou, plus exactement, il suit celui de son père dans ses horaires de travail et son application Dès 7 heures le matin, il est à son bureau. Inspections, manœuvres, rapports, il s'acquitte de sa mission avec sérieux. Ne s'accordant qu'une demi-heure pour déjeuner, il ne se libère pas avant 6 heures du soir. D'abord facile, simple et naturel dans ses relations, il ne se protège pas de son uniforme ni de son statut. À son grand regret, il ne peut pas être tout à fait un officier comme les autres, mais il s'efforce de faire oublier son identité. Ses promenades en descendant des hauteurs de Hradschin par la *ruelle d'or* où rôde encore le souvenir des alchimistes œuvrant dans des maisons de poupées, ses éblouissements devant les palais dans le vieux quartier de Mala Strana dont le cimetière aux tombes sculptées est un véritable musée en plein air, ses découvertes du lacis médiéval aux abords de Notre-Dame de Týn, tout enchante Rodolphe. Même la visite de l'ancien hôtel de ville gothique, flanqué de sa célèbre horloge, et le souvenir de la fameuse « Défenestration de Prague » contre le parti des Habsbourg au XVIIe siècle n'entament pas le sentiment de sympathie des notables locaux pour l'archiduc. Ses déplacements le mettent en contact avec une bourgeoisie cultivée. Son esprit libre, son indépendance intellectuelle font sensation dans ces milieux jusque-là très réservés. Il veille à visiter le Musée bohémien dont la cinquième salle est consacrée aux oiseaux d'Afrique et demande à ce qu'on lui présente les docteurs de l'université de Prague. Fondée en 1348, elle est la plus ancienne de langue allemande. François-Joseph, par une sollicitude remarquée, a créé une université bohémienne (elle compte deux mille étudiants) et une université allemande (qui en a mille six cents). En Rodolphe, Prague retrouve Sissi. Élisabeth la fugitive est bien considérée dans la mesure où elle a choisi de faire construire sa voiture-lit-salon et son train spécial aux ateliers ferroviaires tchèques du faubourg sud-ouest de Smichov, réputés pour leur savoir-faire technique depuis 1852. L'impératrice voyage grâce à la maîtrise développée en Bohême. Le fils, comme la mère, refuse les mondanités convenues et les rencontres inutiles. Mieux – ou pis ! –, ils disent pourquoi ! L'archiduc fait donc savoir qu'il n'a pas de temps à perdre, qu'il est très pris, ce qui est vrai, et décline les invitations de l'aristocratie. Certaines grandes familles, quelques noms de la plus haute noblesse, vont vite montrer leur mauvaise humeur à ce Habsbourg qui n'a pas le souci de les voir. En revanche, il est toujours disposé à faire des rencontres de charme.

Bombelles, bien entendu, pourvoit aux distractions charnelles de ce célibataire très sensible à la féminité. François-Joseph est étonné, pour ainsi dire jaloux, des conquêtes faciles de son fils. L'empereur est aussi surpris de l'intérêt que les femmes lui portent. C'est à partir de cette année 1878 qu'il s'intéresse à elles réellement. Il est séducteur, séduisant et disponible. Avouant à un intime que Rodolphe lui a montré un étui à cigarettes offert par une inconnue – l'initiale gravée de la donatrice ne nous permet pas une identification certaine –, François-Joseph ajoute :

— Elle le suit pas à pas, à pied ou à cheval.

Rodolphe plaît aux femmes. Pour les séduire, il n'a aucun effort à faire. De taille moyenne mais bien proportionnée, le cheveu rare et la moustache fournie selon la mode, il a des manières élégantes, raffinées, qui contrastent avec sa liberté de ton. Dans ce même testament au contenu étrange, rédigé alors qu'il allait s'installer à Prague, Rodolphe avait écrit qu'il envoyait «... un dernier baiser à toutes les belles femmes de Vienne ». Allait-il se consoler avec les belles femmes de Prague ? La ville n'en manque pas, mais il lui est difficile d'avoir des aventures sans indiscrétions. Or c'est à ce moment que se situerait l'un des épisodes les plus mystérieux de sa vie, une affaire amoureuse très romanesque, qui a fait l'objet d'une longue et retentissante procédure ; elle ne s'est achevée, officiellement, qu'en... 1966[1].

Dès cette époque, les amours, réelles ou supposées, de

---

1. Selon quelques amateurs de sensationnel, tout avait commencé en 1875, dans le plus hermétique secret. Dans la province du Vorarlberg, à l'ouest du Tyrol, Rodolphe, dix-sept ans, fait la connaissance d'une jeune fille qui suit ses études dans un pensionnat huppé. Elle a le même âge que lui et est de même rang puisqu'il s'agit de l'archiduchesse Maria-Antonia de Toscane, fille du dernier grand-duc de Toscane, Ferdinand IV, chassé par la révolution en 1859 et réfugié à Vienne. Les deux jeunes gens se plaisent mais ils sont trop jeunes pour qu'un mariage soit envisagé. Deux années passent. Maria-Antonia a dix-neuf ans lorsqu'elle apprend qu'elle est atteinte de tuberculose, l'un des fléaux de l'époque. Si un mariage est désormais exclu par François-Joseph, l'amour partagé n'en aurait été que vivifié. Et en arrivant à Prague, Rodolphe aurait retrouvé l'élue, enfermée dans une partie du château abritant une communauté de religieuses et de femmes d'origine aristocratique, retirées du monde pour diverses raisons. Elle en serait même la mère abbesse ! Rodolphe – toujours selon certains explorateurs dynastiques – décide alors d'épouser secrètement Maria-Antonia, à Vienne (!), grâce à la complicité du chapelain de la Cour. Enfin, l'histoire tourne au feuilleton, car Maria-Antonia tombe vite enceinte ; une naissance qui risque d'abréger sa vie, déjà précaire, de même qu'on peut craindre que l'enfant ne puisse vivre au-delà de quelques jours. Par un stratagème rocambolesque, une substitution de nouveau-né est organisée. Le bébé, qui serait né le 7 mars 1883, reçoit comme identité le nom de Robert Pachmann. En réalité, il serait le fils naturel de Rodolphe. Puis, à la troisième génération, Théodore Pachmann, né entre les deux guerres, intente un procès à un archiduc qui refuse de le reconnaître comme un Habsbourg. Pour des raisons de procédure, il gagne, obtenant le droit de modifier son état civil et de s'appeler Théodore de Habsbourg, en novembre 1966. Toutefois, les mariages de ses ascendants n'ayant pas été reconnus par le chef de la Maison impériale et royale, il ne pouvait être considéré comme membre de ladite famille. Il est intéressant de comparer ce « roman » (jusqu'à ce que ses assertions soient éventuellement avérées), avec la célèbre affaire Naundorff, à propos de Louis XVII, ainsi qu'avec la non moins célèbre affaire Anastasia, à propos de la dernière des filles du tsar Nicolas II. Les trois histoires ont en commun l'absence de réaction des familles intéressées, ce qui, par défaut, permit à la machine judiciaire de donner une consistance à de monumentales affabulations et escroqueries. Mais ce qu'on peut appeler l'affaire Pachmann est encore plus difficile à admettre en raison de la surveillance dont Rodolphe est l'objet, de son comportement à Prague, des nombreuses invraisemblances et erreurs factuelles et de son mariage, bien réel comme l'on sait, à moins de prouver qu'il était bigame... Ajoutons que l'affaire Pachmann a été, comme par hasard, mise en lumière après la tragédie de Mayerling, afin de contribuer au discrédit de l'archiduc. Enfin, Sissi elle-même fut accusée, par

Rodolphe sont enrobées d'énigmes et de drames. Deux de ses proches, un médecin neurologue et un peintre, assurent que la fille d'un rabbin est tombée amoureuse du prince. Elle l'avait aperçu alors qu'il visitait le quartier juif aux ruelles insalubres qui devaient être rasées pour assainissement et la synagogue du XIIIe siècle, la plus ancienne d'Europe. Rodolphe n'aurait pas encouragé la flamme de la jeune fille et Bombelles lui-même n'y serait pour rien. Pour une fois ! Mais la malheureuse se ronge d'amour. Expédiée en province par sa famille consternée, fiancée d'urgence, elle revient secrètement à Prague. Chaque soir, elle monte la colline du château et se blottit sous les fenêtres de Rodolphe. Mais l'hiver est très froid, la jeune fille prend mal et meurt de congestion. Ce n'est que plusieurs semaines après que Rodolphe apprend cette triste romance. On lui rapporte que la défunte était très belle, romantique, idéaliste. Bouleversé, on le vit prendre souvent le chemin du cimetière juif jouxtant l'ancienne nécropole fermée. Il déposait des fleurs sur la tombe de l'inconnue, ou il glissait un petit papier entre les fissures des pierres moussues, selon la tradition juive. La communauté, d'environ vingt mille personnes, fut très émue de ce geste.

L'officier obtient facilement une permission. Il gagne Budapest pour retrouver Élisabeth à Gödöllö où elle est arrivée le 14 septembre. Il est heureux de tenir compagnie à sa mère qui restera en Hongrie presque jusqu'à la fin de l'année. La conversation entre eux est animée. Son fils lui redit combien il est favorable aux Slaves (dont Sissi se méfie) et souhaite qu'ils puissent conserver leurs religions. Il aimerait que l'empereur soutienne le mouvement autrichien « libéral allemand », car, dit-il, les gens qui en font partie sont les plus intelligents. Il annonce son intention d'écrire une brochure sur l'influence des luttes ethniques en Bohême car elles lui semblent désastreuses. En quelques semaines, Rodolphe a brisé l'indifférence glaciale qui l'avait accueilli. Ses déclarations, habiles, favorables à une plus grande participation de la Bohême et de la Moravie aux affaires impériales, sont bien accueillies ; le prince héritier, bien docu-

---

sa perfide nièce Marie Larisch, d'être venue en France pour accoucher d'une fille naturelle. Ainsi que je l'ai démontré, il s'agit d'une fable grossière à cause, entre autres méprises, d'une accablante erreur de date (dix ans !). Voir mon livre *Sissi ou la Fatalité*, Perrin, nouvelle édition, 2004.

menté, paraît sincère. Mieux, il semble heureux, passionné par son commandement et ses rapports très francs avec les Tchèques. Puis, il regagne son régiment après un crochet par Vienne, pour voir son père. Rodolphe peut lui donner des nouvelles d'une femme de la famille qui vit, oubliée et recluse, dans ses appartements du château, situés avant la première cour. C'est un fantôme. Grande, mince, une charmante vieille dame à qui Rodolphe devait sa première visite. Impératrice oubliée, Maria-Anna est la veuve de l'empereur Ferdinand Ier qui avait abdiqué en 1848 et s'était réfugié à Prague. Depuis trente années, son épouse vit comme si le temps s'était arrêté. Née princesse de Savoie, elle n'a jamais voulu apprendre l'allemand et ne s'exprime qu'en italien. Rodolphe a beaucoup entendu parler d'elle par sa grand-mère Sophie, les deux femmes ayant sauvé la monarchie en mettant, d'urgence, François-Joseph sur le trône pour triompher de l'émeute[1].

La forêt de Bohême, l'une des plus belles d'Europe et qui couvre un vaste plateau, est très giboyeuse[2]. Dans les sublimes teintes d'automne, Rodolphe participe à une chasse. Survient un accident, sur lequel on a peu de détails ; l'archiduc s'est blessé à la main gauche en essayant une nouvelle carabine. Rodolphe blessé ! Avertie le 11 décembre, sa mère manque de s'évanouir. Elle est furieuse contre l'entourage du prince, une bande d'incapables ! Marie Festetics explose de colère : « Aussi, ils ne lui ont pas appris d'autres jeux que ce tir absurde. Toutes les bêtes qu'il rencontre sont vouées à la mort. Ces hommes-là sont pris d'une espèce de rage du meurtre pour le meurtre ! Enfant, déjà – et combien il était joli – il tirait les bouvreuils de sa chambre et l'archiduchesse Valérie, qui a un bon petit cœur, pleurait à chaudes larmes. » Heureusement, l'arme étant de petit calibre, la blessure est superficielle, une éraflure. Sissi reste choquée, elle a vraiment eu peur. Rodolphe, il est vrai, a vécu très tôt en compagnie des armes à feu, anormalement peut-on dire, puisque

---

1. Elle vivra encore dix ans, jusqu'en 1888.
2. Au château de Konopicsé, dans les environs de Prague, qui fut la résidence du cousin de Rodolphe, l'archiduc François-Ferdinand, on peut voir les impressionnantes collections de trophées rassemblées par ce neveu de François-Joseph. Grand chasseur, il devait périr assassiné à Sarajevo, le 28 juin 1914, aux côtés de son épouse morganatique, une aristocrate tchèque, la comtesse Chotek.

son premier précepteur vidait un barillet à proximité de sa tête pour l'aguerrir ! Ayant dompté son traumatisme, les questions techniques et balistiques intéressent Rodolphe, qui a visité des manufactures d'armes des environs de Prague.

1879. Une année importante. D'abord, dans sa correspondance suivie avec Latour, l'archiduc annonce que la fidélité conjugale ne fait pas partie de son idéal. Le 13 janvier, il avoue : « Je ne suis pas fait pour être un bon mari et je n'ai pas l'intention d'en être un tant que je pourrai faire autrement. » On en déduit que l'archiduc est volage ou qu'il n'a pas encore rencontré la femme qui fixerait ses désirs [1]. Ensuite, le 24 avril, l'empereur et l'impératrice célèbrent leurs noces d'argent. Vienne est en liesse autour du couple et de la famille au grand complet. Un mélange de vénération, d'estime et d'affection populaire. Les cérémonies durent plusieurs jours. Élisabeth est si belle que la foule se croirait revenue un quart de siècle en arrière. Est-il possible ? Elle a toujours l'air d'une jeune mariée, au point qu'elle éclipse les vraies mariées lorsqu'elle assiste à ce genre de fête ! On finit par redouter sa présence ! Lorsqu'elle apparaît, la jeunesse vieillit. Un mot circule, en français, allusion à sa rage de vivre à cheval et à s'entraîner des heures à la haute école : « Après vingt-cinq ans de ménage, nous avons vingt-cinq ans de manège ! » Sissi est d'une telle bonne humeur qu'elle rit alors qu'il pleut à verse. Sur le Ring, la foule manifeste son attachement aux souverains puis commence l'immense défilé, sans précédent, dû au peintre Hans Makart, mandaté par la municipalité de Vienne. L'artiste, très à la mode et qui n'a pas quarante ans, a opté pour une œuvre d'art totale : l'artère de prestige qui entoure le cœur viennois a été décorée en faisant appel à toutes les disciplines, qu'il s'agisse de bâtiments officiels, de bureaux, d'immeubles d'habitation ou de jardins. Dans cet esprit, l'immense parade du 28 avril, reportée de vingt-quatre heures à cause de l'orage et qui va durer trois heures, agira comme une machine à remonter le passé de la dynastie mais en rendant hommage à toutes les activités humaines. C'est ainsi qu'une locomo-

---

1. Cette lettre détruit la thèse, déjà fragile, d'un amour absolu, partagé et heureux de Rodolphe qui aurait épousé secrètement la fille du grand-duc de Toscane (voir plus haut, note p. 131).

tive à vapeur est hissée sur un char, sa chaudière allumée, sous les regards fiers de son mécanicien et de son chauffeur... en costumes du XVI^e siècle ! Rodolphe ne bouscule jamais l'étiquette et il respecte ce qui a été préparé. À côté de son père, statue immuable mais monarque attendri par cette gigantesque opérette Renaissance, Rodolphe est également debout. L'impératrice et ses filles sont assises, sous des ombrelles, entre le père et le fils. La famille éclate de rire quand passe devant eux un bretzel géant, symbolisant la boulangerie. Une cohorte de commis soutient cette pièce qui a la hauteur d'un immeuble de deux étages ! Des spectateurs, à leurs fenêtres, en profitent pour en saisir un morceau. Heureux de cette liesse, Rodolphe est impressionné de la ferveur des quatorze mille personnes qui défilent devant deux cent trente mille spectateurs. Makart lui-même, fameux pour une teinte rouge dans ses somptueux tableaux académiques, qui a reçu le nom de « rouge Makart », apparaît en personnage de Rubens. Il est en noir sur un cheval blanc. Vienne trépigne pour le roi de l'illusion historique, l'un des artistes favoris de l'empereur qui travaille dans un atelier vaste comme un hangar, derrière l'église Saint-Charles-Borromée. Makart tient sa revanche. N'avait-on pas dit, six ans plus tôt, lorsqu'il avait montré son *Triomphe d'Ariane*, que l'œuvre n'était qu'un « gigantesque abat-jour de bordel » ?

Rodolphe a une raison particulière d'être fier de ces festivités incroyables. En effet, un long char a pour thème les métiers de la librairie et de l'imprimerie. Un atelier de composition est reconstitué, avec ses caisses de caractères au plomb. Une presse fonctionne, des éditions rares sont montrées, reliées et sur beau papier. L'un des ouvrages présentés n'est autre que son récit de voyage, *Quinze jours sur le Danube*. On peut lire le titre sur un vaste tableau agencé par le maître imprimeur Manz, déguisé en Gutenberg. L'archiduc peut être fier car avec son défunt oncle Maximilien, il est le seul auteur de la famille... Puis, à Budapest, les fêtes tournent au délire. La digne princesse de Fürstenberg se dit même choquée des « acclamations sauvages » qui saluent chaque apparition du couple royal, en particulier Erzsébet. Une grand-mère ? Alors, elle est « la plus jolie grand-mère du monde ! », écrit la presse, qui ne craint pas les superlatifs. L'intéressée affirme être gênée, bien entendu ; en réalité, elle est ravie et son fils est fasciné par cette jeune femme qui est aussi sa mère.

Diplomatiquement, l'Autriche-Hongrie a conquis une place de choix sur l'échiquier européen et les relations avec l'Allemagne sont au beau fixe ; les chancelleries préparent l'importante alliance qui devrait être conclue à l'automne. Mais si le dualisme a effectivement consolidé la monarchie et lui a permis de reprendre son rang, les désaccords avec la Russie ont grossi, à propos des Balkans. Ajoutons qu'à Berlin, Vienne et Budapest on se méfie toujours de la France qui se relève, une prévention qui choque Rodolphe. Enfin, la situation économique s'améliore ; six ans après le début de la dépression, la crise s'éloigne, car la confiance dans la stabilité impériale est revenue. Les entreprises, les usines et les ateliers connaissent une nouvelle période faste. Ces années seront l'apogée d'un règne sans équivalent, commencé il y a trente et un ans. De Radetzky à Strauss, quel élan !

De nouveau, Rodolphe part. Cette fois, la permission est longue après ses neuf mois à Prague. Rejoindra-t-il son poste ? Il ne peut le dire car l'esprit voyageur de sa mère l'habite, mais il ne s'agit pas d'une fuite. Rodolphe part pour une nouvelle expédition ornithologique, cette fois dans la péninsule Ibérique, avec l'indispensable docteur Brehm. Or, alors que son existence paraît se dérouler sans menace particulière contre lui, le prince éprouve le besoin d'écrire un nouveau testament. Le deuxième en un an... Ce document est étrange, car il mélange encore des considérations personnelles que l'on attend dans de telles dispositions et des réflexions politiques à la fois visionnaires et puériles, graves et dérisoires. Cette rédaction est datée d'une semaine avant les festivités viennoises, le 15 avril : « Je pars dans quelques jours pour un long voyage. Les aventures et les entreprises dangereuses m'attirent, il est possible que j'y laisse ma vie. » Certes, l'Espagne et le Portugal sont loin mais on ne comprend pas pourquoi la paisible observation d'oiseaux sur le Guadalquivir ou le Tage menacerait l'archiduc héritier d'Autriche-Hongrie... Mystère ! Névrose ? Obsession de la mort ? Allusion à un péril secret ? On s'y perd... Un paragraphe traite de ses devoirs, un autre de ses biens qu'il distribue. Enfin suit un adieu à la vie comme si son existence avait été longue, meurtrie et peu honorable : « Je pardonne à mes ennemis, à tous ceux qui, ces derniers temps en particulier, m'ont irrité. J'ai suivi une voie qui s'écartait de celle de la plupart des membres de ma famille mais mes actions s'inspirèrent toujours des mobiles les plus purs. Notre époque appelle des conduites nouvelles. » Une fois encore, il fustige la réaction autrichienne, rebelle à tout changement : « Ceux qui en sont les défenseurs sont mes plus dangereux ennemis. Je les ai toujours combattus. » Quels intérêts s'opposent à ce jeune homme, sinon qu'il est l'héritier ? Comment a-t-il combattu ces rétrogrades ? Puis un dernier volet, à la fois patriotique et familial : « Vive l'Autriche et son grand empereur ! Vive l'armée autrichienne ! Victoire à ses couleurs ! Souvenirs au 36e régiment, mon véritable foyer. » Encore un dernier baiser d'adieu « à toutes les belles femmes que j'ai tant aimées » (les Hongroises et les Tchèques n'ont pas droit à cette marque de tendresse !). « Je baise les mains de mes parents avec la plus absolue dévotion et je les supplie de me faire la grâce de me pardonner les chagrins que je leur ai causés. Je serre mes sœurs dans mes bras. Je les remercie de tout leur amour pour moi. Mes dernières pensées à tous mes amis. À l'ensemble de ma chère Autriche. Rodolphe, colonel. »

Il n'y a aucune référence à la Hongrie ni à la double monarchie ; l'unique allusion à Prague est par le biais de son unité militaire, présentée comme une famille. De même, les adversaires extérieurs ne sont pas identifiés. Le testateur n'évoque que des ennemis à l'intérieur, les plus pervers, comme il se doit. Ayant ainsi réglé ses affaires, Son Altesse Impériale et Royale gagne Trieste pour embarquer à destination de Cadix. Ses bagages contiennent les instructions et messages de son père à l'intention des têtes couronnées avec lesquelles il devra s'entretenir. Ce voyage du printemps 1879 est le premier de Rodolphe comportant une véritable partie officielle. Et, à la différence de sa mère qui s'évertue à passer inaperçue (du moins, c'est ce qu'elle prétend !), l'archiduc apprécie les marques d'honneur, d'attention et tout le protocole attaché à la visite du prince héritier d'Autriche-Hongrie. Il ne s'y dérobe jamais et ne montre aucune impatience. Il y prend même goût...

Élégant yacht construit par les chantiers navals britanniques pour la famille d'Autriche, le *Miramar* cingle vers le sud de l'Adriatique. Son nom rappelle celui de l'étonnant château qu'avait fait construire l'oncle Maximilien, sur un promontoire au fond du golfe de Trieste. En une quinzaine de jours, le trois-mâts à aubes et deux cheminées atteint la côte andalouse, franchit le détroit de Gibraltar et arrive en vue de la baie de Cadix ; sa rapidité avait séduit l'impératrice qui, avec le *Griffon*, parcourt des milles nautiques en répétant « Je suis une mouette »...

Sa mère se cache toujours, Rodolphe se montre. Il retrouve un homme d'un an son aîné, qu'il a bien connu à Vienne alors qu'il y vivait exilé. Ancien compagnon de l'archiduc, il est devenu le roi d'Espagne Alphonse XII cinq ans plus tôt, à l'issue d'une des interminables guerres civiles ayant ensanglanté le pays depuis des décennies. Rodolphe est en famille puisque le jeune souverain vient d'épouser, en secondes noces, Marie-Christine de Habsbourg-Lorraine, fille de l'archiduc François-Charles, grand-père maternel de l'archiduc. La République ayant échoué, ses partisans multiplient les attentats contre le monarque, mais Alphonse XII en réchappe, ce qui lui vaut une popularité accrue. Rodolphe observe avec intérêt la manière dont cet homme, qui n'avait aucune expérience du pouvoir mais alliait le tact à la discrétion, s'est parfaitement installé à la tête de l'État en respectant la règle du jeu entre les divers partis. Il a restauré la paix en même temps que la monarchie. Parfois, on le surnomme « le Sage ». Très heureux d'accueillir l'archiduc, le roi lui demande de passer sa garde en revue, donne des bals et des réceptions pour lui. Les alliances entre les Habsbourg d'Autriche et ceux d'Espagne sont rappelées avec éclat. On efface ainsi le souvenir gêné d'une visite clandestine de Sissi, qui, voulant assister, incognito, à une corrida, se cachait derrière son éventail. Mais elle avait été reconnue... Après les obligations, la récompense scientifique, véritable but du voyage, est une prospection fouillée du bas Guadalquivir. Entre Séville et Cadix, l'archiduc explore les fameuses *Marismas*, ces marais de l'ouest où, après cinq cents kilomètres, le fleuve qui avait favorisé les invasions arabes serpente et paresse. La clé de l'irrigation andalouse, le paradis des oiseaux qui se reposent avant leur envol vers l'Afrique. Entre une chasse et la stricte observation des espèces inconnues sur le Guadalquivir, Rodolphe est comblé ; des heures durant, malgré des températures accablantes, il redevient l'amateur éclairé, de plus en plus compétent. De ce séjour, il rédigera un compte rendu dans une nouvelle brochure, *Esquisse d'un voyage ornithologique en Espagne*. La partie portugaise de son périple est plus classique. Le pays est agité par une instabilité extrême, des luttes de partis et des coups d'État, tandis qu'une nouvelle expansion outre-mer se poursuit avec la colonisation systématique des possessions africaines comme l'Angola et le Mozambique. Le roi Louis I$^{er}$, qui a prêté serment en 1861, tente de maintenir la dynastie des Bragance dans une ère de paix, malgré des difficultés financières grandissantes. Monarque constitutionnel et ayant aboli l'esclavage en 1868, il a vingt ans de plus que Rodolphe et arbitre l'alternance gouvernementale entre le parti de la « Régénération » (conservateur) et celui du « Progrès » (libéral). Pour Rodolphe, dont il partage la passion de la mer, il organise une revue de ses forces navales. L'archiduc est reçu par la reine, née Maria-Pia de Savoie, en sa résidence d'Ajuda, près de Lisbonne, dont la décoration est un invraisemblable bric-à-brac d'antiquaire, déniché ou commandé à Paris. Les lustres pèsent une tonne, il est dangereux de rester en dessous ! Quant au palais de La Pena, dû à un architecte allemand, il représente un exemple de style éclectique plutôt lourd. Commencé quelque trente années avant les châteaux de Louis II de Bavière, il inspire à Rodolphe un courrier très documenté à son parent bavarois... Puis, le fils de Sissi redescend vers le sud et fait escale à Tanger. Son port est très ouvert au commerce européen et, depuis le milieu du siècle, la vieille ville à flanc de coteau, dominée par la casbah, est devenue la capitale diplomatique du Maroc. Rodolphe y est reçu par l'ambassadeur d'Autriche-Hongrie qui réside à Tanger et traite avec le représentant du sultan Moulay Hassan. Dans cette ville longtemps disputée entre les maîtres de l'Espagne et du Maroc, la visite d'un Habsbourg est, en soi, un événement : Rodolphe est le premier de la dynastie à y venir depuis 1541, c'est-à-dire au moment où la puissance dynastique de Charles Quint se divisait en une branche espagnole et une branche autrichienne. Rodolphe note que Tanger et sa situation géographique, comme le Maroc, continuent d'être un sujet d'affrontements entre les puissances européennes. Les batailles navales y ont émaillé le siècle et la France, par exemple, y manifeste son intérêt. Comme Guillaume I$^{er}$. Un terrain, réduit, d'affrontements qui pourraient grandir. Les nationalismes arabes sont aussi en éveil que ceux des Balkans. Les Balkans sont partout, confesse un diplomate pessimiste.

À l'été, l'héritier de François-Joseph séjourne quelque temps à Bad Ischl, rédigeant ses impressions de voyage tout en notant quelques réflexions politiques avant de regagner Prague. Sa conduite sans faute, son habileté et la séduction qui émane de sa personne lui valent d'être nommé commandant du 36ᵉ régiment d'infanterie de Bohême, unité qui lui est chère. Cette promotion permet de constater la complexité du personnage et la tempête d'idées qui l'assaille en permanence. D'une part, à son fidèle Latour il écrit : « Mon plus grand désir est réalisé. Je suis submergé de joie et heureux », preuve de son bonheur à Prague. En même temps, comme s'il était conscient que les bouleversements européens allaient entraîner la chute des empires, le 3 juillet il confie à un journaliste tchèque – qui, évidemment, ne le révélera que plus tard – que la France républicaine lui conviendrait comme terre d'exil s'il était chassé des terres impériales. Une curieuse réflexion et une passion pour la République qui a eu tant de mal à s'installer et n'a été votée qu'à une voix de majorité... Cette idée d'un exil lui est, peut-être, soufflée par sa mère. Elle avait déjà pris des dispositions, laissant une importante fortune en Suisse dont les fruits seraient versés aux victimes des guerres de l'Autriche-Hongrie. L'impératrice-reine doutait de la pérennité de la double monarchie, qu'elle avait pourtant appelée de tous ses vœux. En une phrase, elle disait son désespoir des barrières sociales : « Pourquoi le peuple devrait-il nous aimer ? Notre sourire ne peut atténuer cette distance... » Et cependant, dans le salon rouge de la Kaiservilla, où les rares invités attendent leur audience, un paravent vient d'être déployé. Sur cinq panneaux, le jubilé du couple impérial est peint d'une manière délicate et naïve, à la façon des images d'Épinal. L'ambassadeur de la Confédération helvétique à Vienne a envoyé une note à Berne après le délire d'affection dont François-Joseph et Élisabeth ont été entourés : « C'est la preuve irréfutable que les peuples d'Autriche nourrissent à l'égard de leurs monarques une sympathie vivante et chaleureuse. » Mais la solidité des souverains se reporte-t-elle sur les institutions ?

Le 18 août 1879, Rodolphe rejoint le régiment dont il a reçu le commandement. Cet été est celui de l'ultime mise au point de deux décisions essentielles. Elles sont liées. François-Joseph souhaite qu'Andrássy démissionne de son poste de ministre des Affaires étrangères. Certes, il a considérablement accru l'autorité de l'Empire, mais, en même temps, il a creusé le fossé avec la Russie. Or l'Autriche entend développer sa présence dans les

Balkans et, en raison des chrétiens orthodoxes qui peuvent appeler le tsar à l'aide, il est inutile d'exciter les antagonismes... Bismarck rencontre Andrássy les 27 et 28 août et dresse avec le Hongrois l'état de la situation. D'un côté, la Russie est sensible à une alliance avec la France, laquelle cherche à sortir de l'isolement diplomatique où elle a été confinée par Bismarck après 1871. De l'autre, pour contrer cette alliance, seule une entente austro-allemande sera efficace. Cette union entre Berlin, Vienne et Budapest est d'autant plus nécessaire qu'Alexandre II a augmenté ses troupes de quatre cent mille hommes, *a priori* pour en finir avec les Turcs, mais qui sait si un conflit n'éclaterait pas avec l'Allemagne, trop grande, trop unie, trop puissante ?

Bismarck fait part de ses inquiétudes à Louis II de Bavière dans une lettre écrite le 10 septembre à Bad Gastein, où il est censé se reposer et faire une cure. En fait, ce bourreau de travail n'arrête jamais. Le roi lui répond, tout en conversant aussi avec Rodolphe, depuis son château de Berg, au bord du lac de Starnberg, le 16 : « (...) En tout cas, je soutiens de tout mon cœur une alliance de l'Allemagne avec l'Autriche-Hongrie. » Le 7 octobre, le traité est signé à Vienne. Le lendemain, Andrássy démissionne, ce que François-Joseph accepte. Sissi est navrée que celui qui a incarné les espoirs hongrois soit victime d'une semi-disgrâce. Navrée mais lassée de toutes ces complications. Et Rodolphe dit à sa mère :

— L'Autriche n'a jamais eu autant de prestige que lorsque Andrássy dirigeait sa politique extérieure.

Sissi répond :

— Cela ne l'empêche pas de rester des nôtres.

L'empereur conclut son entretien avec le Hongrois par ce compliment :

— Pendant des années, une des périodes les plus fertiles en événements mémorables, vous avez porté avec courage, force et succès le poids d'une lourde responsabilité. Je ne considère en aucun cas votre retrait comme la fin de votre activité d'homme d'État.

En cet automne 1879 à Gödöllö, on chasse beaucoup, mais la chasse au prince héritier est également ouverte. Rodolphe, qui accumule les succès féminins et ne se couche jamais avant 2 ou 3 heures du matin, est littéralement poursuivi par une femme à moitié grecque, dont le mari est souvent absent et la famille n'est pas à Vienne depuis longtemps. Elle n'est pas non plus reçue à la Cour. Son nom : la baronne Hélène Vetsera... L'aristocratie viennoise regarde avec un mélange d'amusement et de curiosité la manière dont cette personne entreprenante, qui a deux filles, essaie de les « bien » marier. Comment se trouve-t-elle dans les parages de Gödöllö ? Mystère. À Vienne, son intrusion n'aurait pas été possible. Elle a un culot d'enfer, une absence totale d'éducation et un talent presque oriental pour se placer là où on la remarquera. Et on la remarque ! Selon son habitude, Marie Festetics observe ce manège, écrivant, à la date du 5 novembre : « Comme la tentation guette les jeunes gens ! Voici, entre autres, cette Madame Vetsera... sans danger, en apparence, car Dieu sait qu'elle n'est pas séduisante, mais elle est accorte et se sert volontiers de tout le monde pour être reçue à la Cour et mettre sa famille en avant. Ses filles grandissent, lentement, il est vrai, mais elle pose ses jalons à temps ! » Dans un premier temps, Rodolphe ne prête guère attention aux manœuvres de l'audacieuse baronne. Il est heureux, sa joie de vivre est réelle ; à sa sœur Marie-Valérie, il lance : « Si seulement je pouvais atteindre cent ans ! C'est terrible de penser qu'il faudra mourir un jour... »

Très aimé, « il est charmant », reconnaît Marie Festetics, « mais il ne connaît aucune mesure ». Pour être sûre d'atteindre sa cible, Hélène Vetsera attaque le cercle des dames d'honneur de l'impératrice. Elles connaissent fort bien l'arriviste baronne, née Baltazzi ; ses deux frères, célèbres cavaliers, ont côtoyé Sissi en Angleterre, il y a trois ans. Propriétaires de chevaux de courses, l'un d'eux a gagné le fameux Derby. Par fonction, l'entourage de Sissi démasque les courtisanes. Rodolphe juge que ce n'est pas très aimable et annonce, par jeu, un matin, à la comtesse Festetics :

— La baronne Vetsera viendra vous voir demain soir, si vous le permettez...

Un éclat de rire précède le refus immédiat :

— Certes non, Monseigneur ! Je ne le permets pas ! Qu'elle donne rendez-vous à Votre Altesse ailleurs que dans mon salon ! Je ne tiens pas à sa compagnie. Je l'ai tenue à distance jusque-là et j'entends continuer.

À son tour, l'archiduc rit et n'insiste pas. Entre une course de lévriers et un tir aux pigeons, la famille prépare la fête de la

*Une apparence de bonheur*

reine, la Sainte-Erzsébet tombant le 19 novembre. Depuis une dizaine d'années, c'est devenu une tradition. La reine a droit à une sérénade et à un défilé nocturne de la population avec des flambeaux. Parfois, et notamment si elle est absente, les villageois allument des centaines de bougies aux fenêtres de leurs maisons.

Huit jours passent, la baronne ne désarme pas, s'attirant des regards furieux d'Erzsébet, descendant de cheval après six heures d'entraînement, le haut-de-forme encore vissé de biais sur son chignon. Ces jours-ci, elle n'a fait que travailler ses cabrioles et changements de main. On suppose qu'elle finit par dire à l'empereur que cette femme obséquieuse et mielleuse exagère, car au dîner de famille du 3 décembre, le lendemain du trente et unième anniversaire de sa montée sur le trône, il laisse tomber cette remarque :

— Les agissements de cette femme autour de Rodolphe sont incroyables. Elle le suit pas à pas. Aujourd'hui, elle lui a même fait un cadeau.

Puis, se tournant vers Marie Festetics :

— Il me semble qu'elle vous inspire de l'aversion, n'est-ce pas, comtesse ?

— Oui, Sire.

C'est ainsi que le nom de Vetsera entre dans la vie de l'archiduc héritier d'Autriche-Hongrie, celui d'une baronne levantine qui lui offre un présent. Autour de Rodolphe, certains se demandent pourquoi, mais d'autres ont compris le sens de cette vulgarité.

Sissi est déjà reprise par sa frénésie cavalière et prépare son nouveau voyage en Irlande, car les chasses dans les environs de Dublin y sont incomparables. À son ami Latour, Rodolphe dit ses regrets que sa mère se détache autant des affaires de la monarchie : « Il fut un temps où l'impératrice s'occupait beaucoup de politique – si c'est avec bonheur, je ne résoudrai pas la question – et où, sous l'effet de convictions opposées aux siennes, elle entretenait souvent l'empereur de sujets graves. Ces temps sont révolus. La souveraine ne s'occupe plus que de sport. Encore une porte fermée aux libres opinions et aux idées libérales ! » Rodolphe en veut à sa mère, il lui reproche son manque d'intérêt mais devrait comprendre que le départ d'Andrássy du gouvernement a été le signe qu'une page, héroïque, épuisante et laborieuse, a été tournée. Son fils se replonge dans l'histoire du château de Gödöllo, construit à partir de 1735, qu'il voudrait raconter avec l'écrivain hongrois Mór Jókai, auteur de romans historiques. Un beau sujet d'étude, depuis la visite de l'impératrice Marie-Thérèse jusqu'aux séjours actuels de la Cour qui ont créé des emplois dans le commerce, l'artisanat, l'élevage et l'agriculture. La petite ville est devenue à la mode ; on compte maintenant trois cents, peut-être quatre cents familles qui y séjournent à la belle saison, en même temps que les souverains. Et pour faciliter les voyages, la ligne ferroviaire du nord de la Hongrie a maintenant un embranchement reliant Gödöllo au réseau, avec une ravissante petite gare « royale » et une salle d'attente éclairée par un immense lustre à douze ampoules, d'où un gain de temps appréciable pour les liaisons avec Budapest.

La saison de la chasse se poursuit. Rodolphe gagne une coupe en argent, gravée à son monogramme surmonté d'une couronne. Dans le service de table de porcelaine blanche et rouge de Herend, au chiffre de l'empereur, on sert le plat favori de l'archiduc lorsqu'il séjourne au château (chaque membre de la famille a ses recettes préférées), un « faisan à la prince royal Rodolphe » (en français). Un plat somptueux mais très compliqué à préparer, car les têtes des oiseaux sont présentées : quatre faisans sont désossés pour huit convives, des truffes sont glissées sous la peau avant de les rôtir sans oublier – la recette est formelle – une garniture de pain beurré !

À bientôt vingt-deux ans, Rodolphe est le prince héritier le plus observé et le plus recherché d'Europe. Il a du goût pour les femmes, ce qui convient parfaitement à François-Joseph même s'il n'est pas toujours enchanté de telle ou telle liaison. À partir de 1880, les aventures de son fils ne sont pas de simples passades privées ; l'empereur songe, bien entendu, à l'avenir de la dynastie et, n'ayant qu'un seul fils, il fait prendre des renseignements sur ses fréquentations. Quelle chance a Rodolphe, il a du temps ! François-Joseph, dans ce domaine comme dans les autres, avait été très organisé car le temps réservé à sa vie intime lui était mesuré à l'aune du devoir. Un rapport étant parvenu sur son bureau, envoyé par le nouveau Premier ministre, le comte Taaffe, ami d'enfance de François-Joseph et qui a toute sa confiance, le souverain juge que son fils a une liaison un peu trop tapageuse avec une certaine princesse qui n'est pas autrichienne, est très belle, peu discrète et la « fille morganatique d'un potentat européen », selon la police. La baronne Vetsera serait-elle perdante ? Il est très rare que l'empereur fasse une allusion à la conduite privée de son fils en présence de tiers. Mais, un soir, devant quelques témoins, il informe Sissi, laquelle partage ce point de vue, ayant aperçu l'intéressée. Spectaculaire, elle l'est, en effet, ce qui suffit à déclencher les canons de la jalousie.

Mais si la conduite de l'archiduc est notée, consignée et archivée – ne serait-ce que pour des raisons de sécurité –, lui-même n'est pas en reste. Lui aussi écrit tout ce qui lui arrive, comment et avec qui ! Il est son propre informateur. Sa comptabilité amoureuse et sexuelle est précise, le nom des jeunes personnes « supposées innocentes » (!) étant marqué en rouge, souligne Célia Bertin. Les femmes sont classées non par talents ou charmes divers, mais par classes sociales, cinq par ordre protocolaire décroissant, ce qui ne veut absolument pas dire, selon Rodolphe, que leur ardeur amoureuse ou les sentiments qu'elles inspirent aillent, eux aussi, en décroissant. Le jugement des sens n'est pas connu. Le prince héritier se moque des catégories sociales mais il fait un peu le ménage dans sa vie, comme on range un bureau. Les conquêtes de l'archiduc ont un point commun, elles reçoivent toutes un étui à cigarettes en argent. Seule varie l'inscription gravée, il y en a cinq modèles, selon la situation mondaine de la dame, un classement auquel Bombelles, expert en galanterie, a prêté son concours. Au premier rang, on trouve celles qui appartiennent aux familles princières de la Cour ; elles reçoivent le bel étui avec un fac-similé de la signature de Rodolphe. Ensuite, les dames de haute naissance mais qui ne sont pas liées aux princes ; elles ont droit au titre et au grade de Rodolphe, d'habitude en allemand. Puis, les dames des vieilles familles aristocratiques mais non reçues à la Cour, pour des motifs parfois anciens ou obscurs ; l'étui porte alors un R surmonté d'une couronne. Ensuite, les dames de la noblesse moins ancienne se contentent d'une simple couronne archiducale gravée sur l'argent. Enfin, les dames de petite noblesse ou d'origine ordinaire se consolent des seules armes de l'archiduc, comme sur les livrées de ses domestiques, ses fusils, ses livres, ses voitures. Or, à la consternation et à la colère des dames d'honneur de Sissi, il semble que la baronne Vetsera, qui appartient à ce dernier genre de créature, soit devenue la maîtresse de Rodolphe à la fin de 1879. Ne lui avait-elle pas fait un cadeau racoleur, une boîte en argent, ce qui était du plus mauvais goût ? Elle l'avait littéralement assiégé. Ainsi, en moins de trois mois, elle est parvenue à franchir le mur des conventions. À quelques intimes, elle avait juré qu'elle partagerait le lit du prince héritier, mais l'aventure ne pouvait guère aller plus loin. Pour Rodolphe, c'est sans doute par curiosité qu'il est devenu son amant éphémère ; on dit tant de choses sur l'accueillante baronne. Elle a seulement prouvé – mais c'est un formidable exploit mondain – que Rodolphe s'intéresse à une femme sans tenir compte de sa condition. Mme Vetsera, dont les amants ne sont jamais inconnus et les dîners du jeudi, dans son hôtel baroque du n° 19 Salierzanergasse, plutôt libres, semble appartenir au demi-monde dépravé de *La Dame aux camélias* et de sa version lyrique *La Traviata*, une partition qu'aime beaucoup l'empereur. Elle vient d'emménager dans cet hôtel. Les pièces sont vastes et on peut y donner des bals dans une luxueuse galerie des glaces. La vie mondaine y est flamboyante et on y rencontre, peu à peu, de grands noms. Derrière ces apparences, il y a une stratégie sociale, à peine voilée, celle d'approcher le quartier où réside la noblesse patinée et non celle des fortunes récentes. D'ailleurs, on fait remarquer que la baronne (le titre aussi est récent) demeure loin de la Hofburg, près du palais Schwarzenberg, bien au-delà du Ring et qu'elle n'est que locataire... L'affaire, sans doute, agace François-Joseph, car son fils n'est pas uniquement un exceptionnel trophée de chasse amoureuse. Il estime qu'il est temps de songer à marier son héritier et a déjà son idée sur sa future belle-fille. Avec sa méticulosité habituelle et le concours de ses ambassadeurs, il a passé en revue les jeunes filles possibles. Ayant éliminé les candidates du côté de la Bavière, en raison des risques de consanguinité, et de la Saxe, son choix s'est arrêté sur la princesse Stéphanie de Belgique, fille du roi des Belges Léopold II et dont la mère, Marie-Henriette, est née archiduchesse d'Autriche ; elle est une petite-cousine de François-Joseph. Le roi Léopold a fait savoir qu'il était favorable à cette union. Étonnant personnage au caractère fort, célèbre pour ses aventures galantes et son esprit d'entreprise ayant permis à la Belgique de cesser d'être un petit pays, le monarque à la barbe impressionnante a vite répondu à la question de l'empereur qu'il avait lui-même déjà interrogé. En revanche, Sissi, toujours réticente aux unions prématurées, souligne l'âge des jeunes gens. Stéphanie n'a que quinze ans ! C'est une folie ! Il faut attendre, voyons. Et l'impératrice revit son propre cauchemar, celui d'un mariage en hâte, uniquement par sacrifice à la raison d'État. Oui, un sacrifice. Faut-il toujours recommencer les mêmes erreurs ?

À la fin janvier 1880, Élisabeth s'embarque pour les îles Britanniques, avouant à sa mère, dans un humour grinçant : « Le plus grand avantage de l'Irlande est de n'avoir pas de princes » ! L'empereur la prie de passer par Bruxelles à son retour, car l'affaire pourrait vite évoluer favorablement entre les deux familles.

Il le souhaite. Il y a trop de femmes disponibles autour de Rodolphe.

Au même moment, puisque les discussions avec la monarchie belge sont encore secrètes, Rodolphe maintient le voyage qu'il avait prévu à Dresde, la belle capitale du royaume de Saxe surnommée « la Florence de l'Elbe ». Le roi de Saxe, peut-être l'un des hommes les plus proches de François-Joseph et dont il a presque le même âge, est sans enfant mais sa nièce, Mathilde, avait été envisagée comme une éventuelle fiancée de Rodolphe. Celui-ci profite de son voyage pour la rencontrer, car il ne la connaît pas. Il est vite fixé. La jeune fille, Mathilde, dont la mère est bavaroise, n'est guère jolie, beaucoup trop grosse et pas assez propre ! Mieux vaut contempler les richesses de ce centre de la civilisation européenne qu'est Dresde. La « Voûte verte » et ses trésors, les collections de peintures des écoles italienne et du Nord, chefs-d'œuvre rassemblés par les Grands Électeurs dans une dépendance de leur palais, le Zwinger, la porcelaine de Meissen et quelques châteaux sur l'Elbe valent largement le voyage. Heureusement, Rodolphe est très aimablement reçu par le roi Albert, sur le trône depuis 1873. L'archiduc, qui prépare un rapport sur un épisode de la guerre franco-prussienne de 1870, est intéressé par les souvenirs d'Albert qui avait commandé le 12e corps d'armée saxon, s'était battu sous Metz et devant Paris, à Champigny. Parmi les autres fiancées proposées à Rodolphe, on peut citer, sans s'y attarder, l'infante Eulalie d'Espagne qu'il avait rencontrée à Madrid. Mais ici encore, le verdict est sans appel : elle est très laide, le voisinage de Sissi ridiculiserait la malheureuse ! De plus, elle parle tout le temps, en faisant trop de bruit, même selon les critères espagnols !

La chasse à la future épouse de Rodolphe devient publique, sans doute parce que François-Joseph s'inquiète des nombreuses liaisons de son fils, qui, selon lui, pourraient être un signe d'instabilité. C'est, en réalité, le contraire qui se produit : Rodolphe a des mœurs souples, il en a l'âge, il aime les femmes et à aucun moment il n'a songé à épouser une personne qui ne serait pas digne de son rang. L'empereur, impatient dans ce genre d'affaires, s'est-il permis une confidence ? Un grand journal, le *Neues Wiener Tagblatt*, publie, pour la curiosité excitée de ses lecteurs, une liste de noms. Contrairement à ce qu'on pourrait croire, Rodolphe – sa mère y tient – est totalement libre de son choix sous réserve de trois conditions : sa future femme doit être princesse, d'une maison régnante et catholique. Cela, c'est la raison d'État qui l'exige. Qu'elle ne soit ni laide, ni stupide, ni de santé fragile, c'est déjà plus proche de la raison humaine et des battements du cœur, lesquels, on le sait, ignorent la raison. Outre celles que nous avons énumérées, il y a dans ce catalogue de fiançailles deux princesses d'Orléans françaises, une autre Bourbon d'Espagne, une Bourbon-Sicile, deux de Toscane, deux Portugaises. Mais la première est la fille du roi des Belges, Stéphanie. Rapidement, après des allées et venues ultra-secrètes de l'émissaire de l'empereur, un diplomate d'origine tchèque, et des entretiens avec Rodolphe en février, il est convenu que l'archiduc se rendra en mars à Bruxelles auprès des souverains belges. Il rencontrera leur fille mais si, par malchance, elle ne lui plaisait pas, l'archiduc ne donnerait pas suite et il ne faudrait pas voir dans cette brève rencontre un *casus belli* entre les Saxe-Cobourg et les Habsbourg. L'excellent comte Chotek avait déployé tous ses talents d'ancien chambellan et d'ambassadeur de Sa Majesté auprès de la cour de Belgique[1].

Toutes ces négociations, y compris sur le point, délicat, que

---

1. Par un extraordinaire hasard, devenu la fatalité, l'une de ses filles, la comtesse Sophie Chotek, alors âgée de douze ans, épousera celui qui succédera à Rodolphe, l'archiduc François-Ferdinand. Elle portait le titre de comtesse de Hohenberg et sera assassinée à son côté, à Sarajevo, le 28 juin 1914. L'autre fille du comte Chotek, Sidonie, sera dame d'honneur de Stéphanie devenue princesse héritière d'Autriche-Hongrie.

la jeune fille n'est pas encore nubile, ne font aucune mention, bien entendu, de son avis. On ne lui permet pas de ne pas être séduite par Rodolphe. Voyons ! Soudain aussi pressé que son père, Rodolphe télégraphie à l'émissaire le 28 février qu'il arrivera à Bruxelles au soir du 5 mars. De tous les intervenants, il est le seul à ne pas connaître Stéphanie. C'est toujours à son ami Latour qu'il confie la vérité de son cœur : « Je vous prierai de ne rien dire à personne au sujet de la mission de Chotek et de tout ce qui s'y rapporte. Je veux garder la chose secrète jusqu'à ce que j'aie pu me rendre compte par moi-même à Bruxelles. »

Est-ce parce qu'il craint d'être déçu que l'archiduc a prié sa maîtresse du moment de l'accompagner dans son train spécial ? Il s'agit d'une très jolie femme, comédienne de son état, Mme Fischer. Pour quelques intimes, tel Bombelles, la présence de cette femme dans la suite du prince est un secret de Polichinelle ; l'appétit sexuel et sentimental de l'héritier est déjà légendaire. Un mot circulera même, en allemand, à propos du patronyme de la dame : Fischer signifiant pêcheur, on murmurera qu'elle est une « *schöne Fischerin* », une « belle pêcheresse »... Rodolphe est-il cynique ? Frivole ? A-t-il peur de s'engager ? De se tromper ? Sans doute y a-t-il un peu de tout cela dans son comportement provocateur. Et une certitude : il ne supporte pas la solitude, en particulier la nuit... Il faudra pourtant que Mme Fischer disparaisse avec la complicité du protocole pendant son séjour à Bruxelles.

Le vendredi 5 mars, le train de l'archiduc atteint la frontière belge. La suite princière change de convoi, car, honneur exceptionnel, Léopold II a envoyé à celui qui pourrait devenir son gendre le train de la Cour, dont la locomotive est pavoisée de drapeaux belges et autrichiens. Quel changement par rapport à la précédente visite de l'archiduc, incognito, il y a deux ans ! Il est 5 heures du soir lorsque le train s'immobilise. Le roi est sur le quai, en compagnie de son frère, le comte de Flandre. Léopold II est un homme qui impressionne, d'abord physiquement. Un mètre quatre-vingts, un énorme nez et sa fameuse barbe en rectangle qui est, de beaucoup, la plus envahissante de celles portées par tous les souverains de cette époque pileuse... Comme dans *La Belle Hélène*, ce chef-d'œuvre de MM. Offenbach, Meilhac et Halévy, voici donc « le roi barbu qui s'avance, bu qui s'avance... ». Et à peine Rodolphe foule-t-il le tapis rouge, saluant militairement le souverain en uniforme noir de lieutenant général de l'armée, que Léopold étreint et embrasse à plusieurs reprises le fils de François-Joseph. Comment ne pas penser au drame qui l'a atteint il y a onze ans, la mort de son seul fils, également prénommé Léopold ? Depuis la tragédie, le roi et la reine, Marie-Henriette, ont reporté leur affection et leurs espoirs sur leur neveu, le prince Baudouin. Léopold II, qui souffre de sciatique en permanence en dépit de nombreuses cures thermales, refuse le soutien d'une canne lorsqu'il n'est pas seul. Mais il boite légèrement et, selon un code très précis, il s'appuie sur le bras d'un officier d'ordonnance, toujours très près de lui à sa gauche. Ainsi rassuré, ce géant qui a peur de tomber donne le change : il fait semblant de poursuivre la conversation avec son voisin, en réalité son garde-fou. Léopold II, qui a le sens de la grandeur, charme et trouble les républicains, envoie l'explorateur Stanley reconnaître le bassin du Congo et se lève, lui aussi, au plus tard à 5 heures du matin pour travailler sept jours sur sept.

Le cortège roule vers le palais de Laeken, la résidence des souverains belges. Que de souvenirs et de liens entre la Belgique et l'Autriche ! Mais aussi combien de mauvais exemples ? En 1853, alors duc de Brabant, Léopold a épousé une Habsbourg, l'archiduchesse Marie-Henriette ; elle avait dix-sept ans et un an de moins que son mari. Sur le plan privé, leur union n'est pas exactement un succès. Et faut-il rappeler que la sœur du roi n'est autre que la pauvre impératrice du Mexique, Charlotte, enfermée sous bonne garde et réputée démente ? François-Joseph et Léopold II n'ont que faire des bégaiements de l'Histoire. À 7 heures, un souper intime est servi. Pour Rodolphe et Stéphanie, voici venue l'heure de leur première rencontre. Lui porte un uniforme blanc de colonel de l'armée autrichienne, sa poitrine arbore le cordon de la Toison d'or et de la grand-croix de l'ordre de Saint-Étienne, Autriche-Hongrie oblige. Si depuis au moins deux mois Rodolphe a été informé des intentions de son père et de son intérêt pour Stéphanie, la jeune princesse n'a pas eu le temps de s'habituer à l'idée même de son mariage proche. Un peu comme Sissi, sa future belle-mère, on ne lui a laissé que... vingt-quatre heures ! Et encore, en convoquant sa fille le jeudi 4 mars et en lui faisant l'honneur d'un véritable discours, rare chez cet homme qui n'aime pas gaspiller son verbe, Léopold II a-t-il pratiquement exigé le consentement de Stéphanie, oubliant que, selon les arrangements convenus, Rodolphe pouvait la récuser sans provoquer le moindre affront dynastique. Pour bien mesurer la suite des événements, comprenons la fierté du roi à rêver que sa deuxième fille sera impératrice d'Autriche et reine de Hongrie. Sa volonté inflexible – les politiciens en savent quelque chose ! – interdit à Stéphanie de refuser. D'ailleurs, à quinze ans, comment pourrait-elle savoir ce qui est souhaitable pour elle ? Elle n'est encore qu'une gamine, pas très développée d'ailleurs ; il faut décider à sa place. Sa mère ne peut la secourir ; elle aussi, insiste-t-elle, a été mariée très jeune, oubliant qu'elle avait deux ans de plus, ce qui est considérable. Oui, impératrice et reine, n'est-ce pas mieux que le sort réservé à Louise, la sœur aînée de Stéphanie ? On l'a mariée à Philippe de Cobourg, laid et dont la réputation est exécrable. Elle est trompée sans discrétion, malheureuse, et a été, finalement, assignée à Vienne où elle vit ; Rodolphe l'a évidemment rencontrée aux bals de la Cour.

L'archiduc s'incline, salue toute la famille royale qui lui rend son attention. Il s'approche de Stéphanie qui lui est présentée par le roi « (...) avec quelques mots aimables, de façon simple et naturelle comme c'était sa manière quand il s'agissait de situations délicates. Le prince se présenta d'une façon très avenante. Il me baisa la main et m'entretint, en allemand, de ma sœur, Louise, qu'il estimait beaucoup. Ensuite, il me dit quelques paroles flatteuses mais banales et, à peine quelques minutes après, me posa la grave question qui devait décider de notre avenir. Aussitôt, il m'offrit le bras, nous nous approchâmes de mes parents pour les prier de bénir nos fiançailles. Très heureux, ils embrassèrent leur futur beau-fils et nous autorisèrent à nous tutoyer désormais. Mon fiancé m'offrit une bague avec un gros saphir et des brillants superbes. Une conversation joyeuse régna pendant tout le dîner. Le prince héritier m'entretint de ses parties de chasse, de ses projets d'avenir, de ses parents, de sa patrie et de ses occupations préférées. Je m'intéressais vivement à tout ce qu'il disait. (...) L'expression de ses yeux d'un brun clair était intelligente, mais son regard était fuyant et dur, il ne supportait pas qu'on le regardât dans les yeux. Sa bouche, grande, surmontée d'une légère moustache, avait un trait d'étrangeté qui donnait fort à penser[1] ». Et Rodolphe, quel est son avis ? Que pense-t-il de cette très jeune fille à qui, la veille seulement, on a fourni une garde-robe moins terne que d'habitude et enfin confié ses cheveux à un coiffeur inspiré pour qu'elle ait l'air d'une jeune femme ? Nous le savons par une lettre qu'il écrit le lendemain, le dimanche 7 mars à la sortie de la messe de 11 h 30, après qu'il avait visité, la veille, Bruxelles en pleine transformation à la suite des travaux du bourgmestre Jules Anspach, contemporain et émule du préfet Haussmann. Un dîner de gala et une soirée à l'opéra devaient suivre. C'est à Latour, bien sûr, qu'il dévoile son jugement : « J'ai ce que je désirais. Stéphanie est bien de sa personne, intelligente, tout à fait distinguée et sera pour l'empereur une fille digne de foi et un sujet loyal... Le roi est très intelligent et fin. Nous sommes dans les meilleurs termes et avons de longues conversations ensemble. » Et l'amour ? Il viendra plus tard... s'il doit venir, ce qui n'est pas indispensable quand la raison d'État devient marieuse. On note qu'il ne fait pas allusion à sa mère, peut-être parce qu'il sait qu'elle est opposée à cette union, du moins dans l'immédiat. Effectivement, ce dimanche 7 mars 1880, jour de l'annonce officielle des fiançailles, le télégraphe fonctionne de Bruxelles à Vienne, de Vienne à Bruxelles. Il fonctionnera aussi de Vienne à Londres, où vient d'arriver Sissi. L'impératrice n'est pas d'excellente humeur. Trois jours plus tôt, François-Joseph lui a intimé l'ordre – c'en est un – de quitter l'Irlande où elle chassait depuis un

---

1. Ce récit est extrait de l'ouvrage publié, en 1937, par l'archiduchesse Stéphanie sous le titre, révélateur de son ambition et de son dépit *Je devais être Impératrice*. Mais ces souvenirs sont à considérer avec précaution, car ils ont été rédigés près d'un demi-siècle plus tard. Ils sont, parfois, en contradiction avec des témoignages précis, consignés jour après jour. Si les impressions ou les jugements que l'ouvrage contient ont la valeur incontestable du vécu, des erreurs de dates, quelques confusions ou raccourcis entament la vérité objective qu'est l'enchaînement chronologique des événements. Afin d'avoir une vision comparative et parfaitement claire, on lira, avec le plus grand profit, l'excellente biographie *Stéphanie, Princesse héritière dans l'ombre de Mayerling* de Mme Irmgard Schiel, publiée d'abord en allemand en 1978, puis en français en 1989 (Éditions Duculot), rééditée en 1999 (Éditions Racine), dans la traduction de Dominique Mols. La préface est de Georges-Henri Dumont, éminent historien belge, membre de l'Académie royale de langue et de littérature françaises de Belgique et auteur d'un *Léopold II* remarquable (Fayard, 1990).

mois, sa présence prolongée ayant déplu à l'opinion anglaise. Renoncer à d'aussi splendides chasses à courre est un sacrifice, mais, obéissante lorsque l'empereur est gêné, elle vient d'arriver dans la capitale britannique et a promis de rendre visite à Victoria, alors à Windsor, ainsi qu'à Disraeli, pour dissiper tout malentendu. Elle l'a trouvé « prodigieusement laid mais intéressant et fascinant ». Le Premier ministre rêve de couronner sa politique impérialiste par une entente anglo-germano-autrichienne. Seule concession à son retour précipité, Sissi refuse de résider à l'ambassade d'Autriche-Hongrie, préférant s'installer à l'hôtel Claridge, sous l'un de ses pseudonymes habituels.

Le 10 mars, une dépêche arrive. C'est la comtesse Festetics qui l'ouvre, en tremblant. Elle lit : « Le prince héritier s'est fiancé avec la princesse Stéphanie de Belgique. »

— Dieu soit loué ! Ce n'est pas un malheur, s'exclame Marie Festetics.

Élisabeth, informée, pâlit.

— Dieu veuille que cela n'en soit pas un, répond la mère de Rodolphe, d'une voix étouffée.

Elle songe à cette enfant qu'elle a déjà qualifiée de « ni chair ni poisson »... Une folie ! Ils ne se connaissent pas. Deux jours, deux jours à peine, sous les regards les plus indiscrets... Et son fils qui multiplie les maîtresses, est-il mûr pour se contenter d'une seule femme... qui n'est pas encore femme ? Le télégramme confirme le souhait exprimé par l'empereur avant le départ de sa femme, elle doit s'arrêter à Bruxelles sur le chemin de son retour. Car il faut bien qu'elle revienne, tout de même. La journée comprend aussi la visite des magnifiques serres de Laeken. De l'époque hollandaise, il restait autrefois une modeste orangerie. Léopold II avait décidé, deux ans plus tôt, la construction d'un gigantesque jardin d'hiver, un labyrinthe de galeries de fer et de verre dans l'esprit des pavillons des Halles de Victor Baltard, à Paris. Achevées, les serres de Laeken, chef-d'œuvre d'architecture transparente, allaient s'étendre sur quatorze mille mètres carrés et dépasser celles de Schönbrunn. Le roi, qui s'attarde de longs moments au milieu de ses jardins et forêts entièrement importés, trouve en Rodolphe presque un disciple, écoutant les explications du chef jardinier et s'extasiant devant les espèces inconnues venues du Congo, immense territoire dont le souverain entend faire sa propriété personnelle.

À Laeken, le déjeuner qui suit dans ce château néoclassique de l'architecte Montoyer (alors en dehors de Bruxelles) est presque intime, mais Rodolphe et Stéphanie ne sont jamais seuls, ce ne serait pas convenable. Le soir, le comte et la comtesse de Flandre reçoivent à dîner puis il faut être exact chez la reine : à 22 heures, un « thé intime » est servi dans ses appartements. Un long dimanche de fiançailles... On se souviendra que Stéphanie portait une robe bleu ciel, qu'elle a rougi quand Rodolphe lui a donné le bras et que le bouquet de muguet qui ornait son corsage est maintenant à la boutonnière de son fiancé. Les télégrammes ont été envoyés, l'Europe est informée de l'heureuse nouvelle. Gisèle et la jeune Marie-Valérie, douze ans, sont très excitées, passant des rires aux larmes d'émotion. Seule l'aînée peut exprimer un sentiment adulte, heureuse que Stéphanie « soit catholique et à moitié autrichienne ». Elle ajoute, dans sa lettre conservée aux archives de Vienne : « (...) Rodolphe est encore très jeune, bien entendu, mais lors de sa dernière visite, je l'ai trouvé beaucoup plus viril, plus calme et posé que tout récemment encore (...). » Pour distraire la compagnie, le chambellan avait prévu les services d'un prestidigitateur. Il attendait en habit, son chapeau plein de lapins. Mais on décida de s'en passer. La journée avait été déjà bien remplie d'illusions.

Pendant que François-Joseph, heureux, a réuni tout ce qui compte à Vienne pour faire part de sa « joie paternelle », l'archiduc exprime sa gratitude à la famille royale « dans le français le plus pur et le plus correct », selon le comte Chotek, épuisé mais soulagé de s'être acquitté de sa mission. Quel cauchemar si Rodolphe n'avait pas trouvé Stéphanie à son goût ! Mais le drame a été immédiatement évité. Il y a même, selon la lettre qu'il écrit le lendemain à Latour, une progression dans la description de sa fiancée : « (...) J'ai trouvé en Stéphanie un véritable ange, un être bon et fidèle qui m'aime, une compagne très intelligente et pleine de tact qui m'assistera dans les entreprises difficiles avec une sympathie généreuse. » Pour la première fois depuis quatre jours, il est question d'amour...

Le soir, un gala solennel permet à la Cour et aux Bruxellois de voir Stéphanie. Le nouveau Théâtre royal de la Monnaie est noir d'une foule curieuse. La princesse fait ses débuts dans le monde comme fiancée, dans une robe de satin blanc, des roses dans les cheveux et sur son corsage, ce qui fait beaucoup paraît-il, selon le regard désapprobateur du roi à sa fille. Le bel édifice de Joseph Poelaert est un superbe écrin pour la première sortie officielle des fiancés. Dans la salle, les loges, au foyer, l'apparition du jeune couple déchaîne les révérences, les applaudissements et les commentaires obligatoirement élogieux : « Elle est grande, élancée, élégante, blonde comme les blés : son teint est rose et frais. » Au programme, une œuvre d'Auber, compositeur français particulièrement célèbre et apprécié en Belgique[1]. En se rendant à l'opéra, le roi fait un effort. Il n'aime pas la musique, jugeant que « c'est un bruit qui coûte cher » ! En revanche, il apprécie les danseuses... qui peuvent aussi coûter cher ! D'ailleurs, comme son père, Rodolphe n'est pas non plus mélomane, à l'inverse de tous les Habsbourg, qui ont, notamment, soutenu Mozart. Pendant cette soirée, les journaux de Bruxelles et de Vienne impriment des éditions spéciales ; on y lira un concert de louanges, les mots se chargeant de décrire, subjectivement, la fiancée, puisque l'illustration photographique d'actualité n'est pas encore répandue. Ces mots, Rodolphe les emploie aussi à destination du roi de Bavière bien que le souvenir de ses propres fiançailles avortées demeure un traumatisme et un scandale. À Louis II, l'archiduc assure qu'il est « très heureux et très content » et que sa fiancée « deviendra bientôt le joyau de mon cher pays ». Un concours d'enthousiasmes. Les deux jeunes gens sont pris dans un tourbillon qui exclut toute lucidité. Les euphémismes et les litotes seront appréciés plus tard, par exemple quand Stéphanie écrira, un demi-siècle après ces jours de fête, à propos de Rodolphe : « (...) Il ne m'était pas antipathique. »

Les seules réticences à ce mariage viennent donc d'Élisabeth. Comme il le faut, elle arrive à Bruxelles au matin du 11 mars. Avec Sa Majesté, tout devient compliqué à force de rechercher la simplicité. Sissi a refusé tout accueil officiel ; sans le dire, elle sera présente par devoir. En pleine nuit, alors que le train

---

1. Le 25 août 1830, à Bruxelles, l'ancien Théâtre de la Monnaie affichait l'opéra de Daniel-François-Esprit Auber, *La Muette de Portici*. Le livret relate l'histoire, réelle, du soulèvement des Napolitains contre les occupants espagnols, en 1647. Le duo « Amour sacré de la Patrie/Rends-nous l'audace et la fierté » avait été applaudi frénétiquement par le public. Il donna le signal de l'insurrection contre la Hollande. La date est devenue celle de la fête nationale du nouveau royaume de Belgique.

impérial est immobilisé, on entend des coups de canon puis une fanfare qui joue les hymnes nationaux. *La Brabançonne* n'est pas achevée que le chambellan de l'impératrice, le baron Nopcsa, réveillé en sursaut comme tout le monde, plonge dans son habit et se retrouve sur le quai devant une foule qui applaudit ! Il est 4 heures du matin ! Mais ce n'est pas Bruxelles ? Non, le train vient de franchir la frontière belge et il est immobilisé dans la toute nouvelle gare de Tournai, un mélange de brique et de pierre de taille. Pendant que les femmes de chambre « en cheveux » apparaissent aux fenêtres, le chambellan doit s'entretenir avec le gouverneur de la province et le bourgmestre. Les Belges voulaient saluer la mère du fiancé ! Tout simplement... Le baron remercie, se dit confus de ce malentendu ; évidemment, Sissi dort ou, du moins, ne paraît pas, sans doute furieuse de cette arrivée discrète comme celle d'un cirque ! Toute la suite se recouche, ayant compris que le véritable motif de ce réveil en fanfare était l'espoir d'apercevoir l'une des plus belles femmes de son temps. La même mésaventure était arrivée, à une heure plus normale, au président (monarchiste !) de la République française, le maréchal de Mac-Mahon, en 1875, en gare de Vernon. Mais les rideaux de la voiture impériale étaient restés tirés... Quatre heures plus tard, le train s'immobilise à nouveau. Cette fois, pas d'erreur, il fait jour ; c'est bien Bruxelles et sa gare du Nord pavoisée. Sous la verrière, la foule, les sonneries des cuivres qui résonnent, la famille royale au grand complet, le cabinet Frère-Orban (le Premier ministre dirige aussi les Affaires étrangères) et l'état-major avec le ministre de la Guerre, le général Renard. Sur le quai, détaché de l'assemblée royale par une courtoisie du souverain, Rodolphe, en uniforme, est au côté de Stéphanie, vêtue d'une robe de satin marron bordée de velours. Elle est coiffée d'un chapeau blanc mal assorti à sa toilette, ce qui lui vaut un nouveau regard furieux de son père. C'est une Sissi doublement contrariée, par ces fiançailles trop rapides et son arrivée trop voyante, qui descend du train. Mais qu'elle est belle ! Son éclat est son vrai passeport ; il n'y a qu'elle pour être aussi fraîche après une nuit écourtée dans un train. En élégant costume de voyage bleu sombre bordé de zibeline, elle éclipse toutes les femmes présentes, à commencer par sa future belle-fille. Chez l'impératrice, l'émotion est visible ; on l'a même rarement vue aussi troublée en public. Elle captive tous les regards ;

celui de son fils est ébloui. D'un mouvement presque brutal, Rodolphe embrasse sa mère, comme s'il cherchait un refuge, une protection, peut-être une compréhension. Élisabeth en est si perturbée qu'elle tend sa main à baiser... à Stéphanie dans le salon d'honneur de la gare ! Le regard d'Élisabeth sur sa belle-fille est un jugement, rapide comme l'éclair. Certes, Stéphanie est jeune (bien trop jeune !), fraîche, mais peu développée, très grande mais enfantine, grassouillette et surtout fort mal habillée. Rodolphe regarde sa mère et sa future femme. Évidemment, la comparaison défavorise la princesse, complexée et pétrifiée. Avoir l'impératrice d'Autriche et la reine de Hongrie pour belle-mère est, pour une belle-fille, le pire défi. Comment empêcher la curiosité et les ragots de dire que l'une écrase l'autre de sa beauté, rien qu'en apparaissant ? Même si Élisabeth aime plaire, elle déteste qu'on la dévisage. Or on ne voit qu'elle, bien que Stéphanie soit d'une bonne taille. D'ailleurs, le roi Léopold, qui s'y connaît en jolies femmes et a tout compris, monte furieux dans sa voiture et convoque les dames d'honneur de sa fille pour leur dire qu'elles ont maladroitement déguisé la princesse. Quelle faute ! Regardez-donc le tour de taille de l'impératrice, ses cheveux, sa silhouette, son teint, la tournure de son vêtement...

Sissi, sincèrement timide et gênée, va limiter la corvée. On la voit soucieuse, grave. Aucune joie n'a pu être décelée dans ses félicitations et ses vœux de bonheur. Bien que n'appréciant pas tellement la famille royale, Élisabeth s'entretient un court moment avec la reine. De propos de futures belles-mères en banalités, elle apprend, consternée, que Stéphanie n'est même pas pubère. À cette révélation, elle reste silencieuse. Mais elle est de plus en plus inquiète, réservant son sentiment à Marie Festetics et surtout à l'empereur. Elle ne veut pas contrarier son fils, ni gâcher ces réjouissances qu'elle juge forcées et fausses.

L'instinct, toujours l'instinct... Et, par devoir autant que par curiosité, elle accompagne Marie-Henriette au château de Bouchout, à proximité de Laeken, où vit, enfermée, sa malheureuse belle-sœur, l'impératrice Charlotte. Une visite éprouvante, même si Élisabeth a souvent parcouru des hôpitaux psychiatriques. Charlotte est-elle folle ? Encourage-t-on son déséquilibre ? Quelle que soit la vérité, elle vit un calvaire et les ordres du roi sont très stricts à son sujet. Ensuite, Léopold II veut absolument accompagner Sissi jusqu'à la frontière. Elle refuse. Il insiste, vexé. Elle refuse toujours. Finalement, son train repart, sans le roi des Belges. Sissi a tout fait vite : elle n'est restée que deux heures à Bruxelles, ce dont Léopold se plaint immédiatement dans une lettre à François-Joseph. Il modère sa déception par une certitude : confiant à l'empereur la destinée de sa « chère enfant », il est sûr que sa « bonne Stéphanie » sera bien accueillie dans sa nouvelle famille. Elle est si sensible qu'on ne pourra que l'aimer... Ayant regagné Vienne, c'est à François-Joseph que Sissi réserve son sentiment, qui ne fait que confirmer son opposition à un mariage précipité. Cette union est une folie, il faut absolument la retarder. Et puis Rodolphe est-il vraiment amoureux ou subit-il la décision de son père qui a négocié un mariage politique ? Ont-ils seulement pu se parler, dépasser l'ordinaire d'une conversation étriquée et surveillée ? Pourquoi Rodolphe s'est-il enflammé pour ce tendron ? Il y aurait bien une explication : son fils ayant connu de nombreuses jeunes femmes plutôt faciles, l'absence de maturité de Stéphanie l'a ému... L'impératrice, agitée et inquiète, répète ce qui apparaîtra, une fois de plus, comme un pressentiment fondé :

— Pourvu que tout cela finisse bien !

— Tu te fais toujours du mauvais sang, proteste l'empereur, confiant.

La discussion s'envenime. Élisabeth n'obtient qu'une chose, que la date du mariage ne soit pas immédiatement fixée.

Il reste à faire connaître la future princesse héritière aux Viennois. Le temps des portraits en miniatures est révolu, la photographie est répandue. On prie donc les frères Géruzet, photographes officiels de la cour de Belgique, de fixer sur plaque le jeune couple. À Vienne, on s'impatiente ; François-Joseph lui-même exige des clichés. Pour une somme rondelette – on parle de deux mille francs belges, mais il y eut plusieurs tirages –, Rodolphe et Stéphanie sont photographiés dans un salon du palais de Laeken. La séance dure près deux heures ; entre fous rires et tension, soixante poses différentes sont choisies. De Vienne, les commandes affluent, près de vingt mille exemplaires. Et on attend. C'est le grand mystère mais aussi la terrible réalité. Les journaux publient les images tant espérées avec des commentaires diplomatiques, qui arrondissent les susceptibilités, comme celui de la *Neue Freie Presse* : « (...) La caractéristique principale de la princesse est le naturel et la franchise la plus agréable. » À la Cour, où les femmes sont expertes à juger leurs semblables, c'est une autre tonalité. « Affreuse », « Petite fille » ou, pis, « Une vraie jument belge » ! Le cercle de l'impératrice est dur ! Au moins, Stéphanie semble robuste ; mais elle manque de finesse...

Rodolphe a vite compris que sa mère était des plus réservées à l'égard de sa fiancée. Il devine aussi que c'est elle qui obtient que le mariage n'ait pas lieu avant au moins six mois, un report qui déplaît au roi Léopold, humilié de cette lenteur après l'enthousiasme des premiers jours. Mais un solide prétexte est avancé, Rodolphe doit regagner Prague où de nouvelles fonctions l'attendent. Avant de partir, l'archiduc accompagne la reine et Stéphanie au château de Bouchout, car il est exclu que Charlotte, « Tante Charlotte », ne connaisse pas son neveu. Un moment éprouvant car l'ex-impératrice du Mexique, qui, parfois, se croit toujours dans ce pays, est très pâle et n'est pas de sentiments très favorables à l'Autriche... La promenade dans le parc, surveillée comme dans une prison par des dames d'honneur et un médecin soucieux qui guette la moindre réaction de sa patiente, laisse une impression de malaise. Charlotte est-elle cliniquement folle ? Comme sa mère, Rodolphe s'interroge et ne dit pratiquement rien. Il est perplexe.

Le 24 mars, soit après dix-neuf jours d'un voyage qui bouleverse sa vie, le prince héritier repart pour Vienne puis Prague. Le roi et le comte de Flandre l'accompagnent. Avant de se quitter, Léopold II serre chaleureusement la main de son futur gendre en disant, en français : « À bientôt. »

C'est un Rodolphe extérieurement transformé qui s'éloigne de Bruxelles. On le disait blasé, sceptique sur la vie, doutant du bonheur. Il vient de vivre sur un nuage. Mais est-il réellement heureux ? Son retour à Prague semble le prouver. En avril, la ville le reçoit fastueusement. Tous les milieux sont sur son passage, « de la plus haute noblesse aux travailleurs les plus pauvres », observe-t-il, très satisfait et même surpris de cet heureux brassage social, son rêve. Fait rarissime, les drapeaux qui flottent sont, à égalité, les couleurs de l'Autriche et de la Bohême. Au comte de Latour, il écrit, le 5 avril, que Prague lui a prouvé « une affection et un attachement comme aucune autre ville auparavant ». Ces manifestations de joie et de fierté aiguisent son désir politique d'être « en toute circonstance un ami fidèle et un défenseur de ce brave et beau pays ». Nul doute qu'il soit comblé qu'on l'aime à Prague. Il est parvenu à renverser l'opinion en sa faveur, ce qui rejaillit sur la monarchie. Alors que s'achève la construction du Théâtre national, dans le style de la Renaissance italienne, une soirée est donnée en l'honneur de Rodolphe au Théâtre tchèque. Et, attention sans précédent, « l'hymne impérial est chanté par tout le public ». La ville est fière que l'héritier du trône, promis à un destin personnel et politique grandiose, ait tenu à revenir à Prague immédiatement après ses fiançailles. La cité a bien le sentiment d'être à un tournant de son histoire, aspirant à jouer un nouveau rôle grâce à Rodolphe et à redevenir, selon l'inscription latine sur les murs de la mairie de la vieille ville, « *Praga caput regni* » (« Prague capitale du royaume »). Et ici, aucun commentaire désobligeant ne circule sur Stéphanie ; s'il y en a, ils sont discrets. Ce bonheur d'un printemps à Prague pousse même Rodolphe à préciser à son correspondant que « l'aristocratie viennoise ne supporte pas la comparaison avec celle-ci ». L'éloge sera, il faut le dire, contredit par son jugement sévère sur la fraction de la noblesse hostile au libéralisme ; celle-ci vit dans de magnifiques châteaux, gère d'importants domaines et bénéficie de confortables revenus qui se retrouvent souvent investis en Autriche. Et elle est foncièrement catholique. Sous la houlette du cardinal-archevêque de Prague, Mgr Schwarzenberg, d'une illustre lignée autrichienne et très proche de la cour de Vienne, l'aristocratie tchèque conservatrice, qui a grande allure, est un défi au prince héritier. Rodolphe accuse le prélat d'être un mondain prétentieux et rétrograde, celui-ci ose faire remarquer à S.A.I. et R. qu'il a manqué la messe dimanche dernier, préférant aller chasser avec quelques compagnons... Une hostilité, d'abord feutrée puis franchement déclarée, régente leurs relations.

Rodolphe semble oublier qu'il est fiancé. Il continue de mener la vie débridée d'un célibataire. Quelques femmes faciles, de l'espèce demi-mondaine, satisfont ses pulsions. L'enterrement de sa vie de garçon va prendre des mois ! Son bonheur véritable, il le trouve alors dans sa vie militaire, au sein de son cher 36e régiment d'infanterie qu'il commande depuis un peu moins d'un an. Il achève l'opuscule qu'il préparait sur la chute du village lorrain de Spicheren, près de Forbach, le 6 août 1870. Cette défaite française avait ouvert la route de la Lorraine aux Prussiens de Steinmetz, à la tête de la I^re armée ennemie. Rodolphe rend hommage au général français battu, Charles Frossard, ancien aide de camp de Napoléon III. Et devant tous les officiers de son unité, à partir de son rapport de quatre-vingt-huit pages, il fait un exposé sur cet épisode, très apprécié de l'assemblée et auquel assiste Alfred Brehm. Le fils de François-Joseph précise qu'il admire l'armée prussienne et que son règlement devrait être un modèle pour les unités austro-hongroises.

À Bruxelles, les cadeaux permettent de prendre patience. Dès le 27 mars, une lettre manuscrite de François-Joseph avait été remise à Stéphanie, accompagnée d'un splendide collier de saphirs et de diamants. Sissi ne fait pas d'effort particulier ; elle envoie les insignes de l'ordre de la Croix étoilée, décoration fondée au XVII^e siècle... à la suite d'un miracle lors d'une catastrophe (!) dont, par tradition, la souveraine régnante est la grande maîtresse. À cet étrange cadeau, l'impératrice ajoute... un livre de prières ! Calcul ou inconscience ? Stéphanie doit sans doute chercher le secours du Ciel pour, enfin, devenir une femme. La reine a promis à l'impératrice qu'elle la tiendrait informée des progrès de la nature. Et Rodolphe, qu'envoie-t-il à sa future femme ? Elle lui a dit qu'elle aimait les chiens, il lui expédie un adorable caniche, dressé à aller chercher les journaux. Il l'a acheté dans un restaurant près d'une abbaye, aux environs de Vienne, où Rodolphe aime chasser. L'endroit est ravissant. Il s'appelle Mayerling...

À Vienne, le mariage se prépare tout de même, car il pourrait être célébré au début de l'année suivante. Officiellement, Rodolphe a d'importantes fonctions à Prague. En secret, Stéphanie doit grandir... Mais l'empereur décide que le mariage se déroulera bien entendu à Vienne. L'écho de cette agitation exaspère la nièce de Sissi, Marie Larisch. Dépitée de ne pas être l'élue de Rodolphe, elle se répand en commentaires acides sur la princesse belge. Un acharnement que seule la jalousie peut expliquer, même si, sur le fond, elle n'a pas tort. Et le temps n'atténua pas cette rage, comme en témoigne ce portrait dans ses Mémoires : « Elle n'est pas du tout jolie ; ses bras sont gros et rouges, ses cheveux jaunes et mal coiffés ; elle est grande et grosse, n'a pas de cils. La seule chose qu'on devait lui reconnaître était son teint parfait. » La conclusion est d'une délicieuse perfidie : « Toutes les femmes qui la rencontraient étaient très heureuses : elles n'avaient rien à craindre, Stéphanie ne saurait retenir Rodolphe ! » Pour Marie Larisch, ce mariage ne changerait rien, Rodolphe aurait toujours des maîtresses dont, elle l'espérait évidemment, elle-même...

Minutieux et soucieux de donner à sa belle-fille toutes les prérogatives d'une future impératrice et reine, François-Joseph lui constitue une Maison, sous la direction d'une femme de haut lignage, la comtesse Zita Nostitz-Rieneck, née comtesse Thun und Hohenstein. Élégante, mince, de la race, elle est nommée grande maîtresse de la Maison de la princesse héritière et envoyée à Bruxelles pour se présenter à Stéphanie. Du médecin aux cochers, l'empereur veille à choisir le personnel qui convient.

Le contrat de mariage doit beaucoup au roi Léopold. Il souhaite que l'on s'inspire de celui signé entre sa sœur Charlotte et le frère de François-Joseph, Maximilien, en 1857. Près de vingt-quatre ans plus tard, cette référence est du plus mauvais goût et ne peut que porter malheur. L'époux a été fusillé, l'épouse est démente... Au-delà du symbole, regrettable, retenons les chiffres, le côté balzacien de toute union. Charlotte ayant reçu cent mille florins, Stéphanie recevra la même somme de son père ; la stabilité monétaire empêche la dévaluation de ce montant. François-Joseph, toujours généreux quand il s'agit du bonheur de ses proches, offre en complément la même somme et ajoute un cadeau personnel de dix mille ducats, soit environ quarante-huit mille florins. Il s'agit encore d'une référence mais, cette fois, elle est charmante : le 25 avril 1854, au lendemain de son mariage avec Sissi, il avait déposé cette somme aux pieds de sa jeune femme, dont la dot était quasiment inexistante. Mais ce n'est pas tout. L'empereur prévoit une autre somme annuelle de cent mille florins autrichiens, versée par mensualités « pendant la durée du mariage ». Inévitablement, il faut prévoir le pire. Le roi des Belges ne peut être sans réplique : il ajoute donc la contre-valeur de cinquante mille francs pour ce que nous appellerions l'argent de poche. D'après Élisabeth, une nouvelle garde-robe complète s'impose. D'urgence ! La reine des Belges s'emploie d'ailleurs à constituer pour sa fille un trousseau « aussi beau, aussi important et aussi riche que possible ». Aucun doute n'est permis, le roi est intervenu. Puis, de nombreuses clauses sont prévues en cas de décès de l'un des époux. On retiendra deux paragraphes qui auront leur importance. Le premier dispose que si Stéphanie devenait veuve elle aurait le droit de demeurer à la cour de Vienne ou « de choisir à son gré sa résidence dans tel autre palais ou château de la monarchie austro-hongroise que Sa Majesté Impériale, Royale et Apostolique mettra à sa disposition ». Le deuxième prévoit, toujours en cas de décès de Rodolphe avant son « auguste épouse en laissant des enfants mineurs », que « la Sérénissime veuve se soumettra, quant à la tutelle et à l'administration de la fortune des enfants mineurs, aux lois, statuts et coutumes de la Maison impériale ». Juridiquement et d'un point de vue dynastique, selon le document, l'épouse du prince héritier n'est plus sujette du roi des Belges. Il est probable que Stéphanie n'est pas consciente, à l'époque, de son changement de statut. Si le contrat de mariage est exclusivement rédigé en français, la liste du trousseau, qui comportera des dizaines de pages, sera décrite en français et en allemand. Il est vrai qu'on pourrait s'y perdre entre les bracelets, les ombrelles, les admirables dentelles de Belgique, les éventails (deux pages !) et les culottes, appelées pantalons à l'époque ; les notaires en compteront soixante-douze, de deux catégories, s'il vous plaît, une indiscrétion qui avait déjà scandalisé Sissi en son temps. Tout sera donc traduit, compté, recompté, classé, répertorié. Et exposé pendant des semaines dans des vitrines, afin que la foule sache tout, ou presque.

Puisque cette année 1880 est celle de leurs fiançailles, Rodolphe s'arrange pour faire plusieurs visites à Stéphanie. Alors que Sissi écrit, le 19 mai, à Latour pour lui faire part de ses angoisses à la perspective de ce mariage parce qu'elle trouve son fils « moins aimable qu'à l'ordinaire », l'archiduc est en route pour Bruxelles où il arrive le 20, veille de l'anniversaire de sa fiancée. Il ne vient pas seul. La société des Choristes viennois, dont les déplacements sont rares et toujours très appréciés, accompagne le prince héritier. Ils interprètent une sérénade, dédiée à la princesse, dans le cadre exotique des serres royales. Un récital vraiment exceptionnel. Tout le monde est ravi de ce cadeau d'anniversaire original. Rodolphe est ému en remerciant les chanteurs aux voix d'or. Même Léopold II semble avoir soudain l'oreille musicale, un autre événement. Puis, l'interprétation du *Beau Danube bleu* obtient un triomphe[1].

Quelques progrès vestimentaires sont heureusement notés chez la princesse, qualifiée de « mignonne » par la presse autrichienne dans une robe blanche sans rubans. Rodolphe, qui porte bien son uniforme de colonel, est jugé « élégant et séduisant ». Ils semblent mieux assortis l'un à l'autre. À l'idée du couple qu'ils commencent à former, une dame d'honneur de la cour de Belgique répond, catégorique : « S'ils s'aiment ? Mais il suffit de les regarder ! »

Rodolphe repart, heureux de ces moments harmonieux mais au moins aussi heureux de retrouver Prague. Attentif aux récriminations des Slaves – dont, traditionnellement, les Habsbourg se méfient –, il travaille à une plaquette sur *L'influence des luttes nationales en Bohême*. Il devient l'écrivain de la famille, car entre sa correspondance quotidienne, ses rapports militaires, ses réflexions politiques et ses études scientifiques, ses écrits constituent plusieurs volumes. Dédicaçant ce texte au comte de Latour, il lui demande si, à son avis, il peut le montrer à son père. Finalement, il y renonce car il y est trop pessimiste sur l'avenir du pays déchiré par des luttes ethniques que recouvre le système monarchique.

Cette même année, l'été marque le cinquantième anniversaire de la Belgique. Le 16 juin, en présence des souverains et du comte et de la comtesse de Flandre, Bruxelles est en fête. La première des cérémonies jubilaires est l'inauguration de l'Exposition nationale sur un ancien champ de manœuvres, au bout de la rue de la Loi. Parmi les bâtiments prévus, on admire une galerie à colonnade interrompue, au milieu de son hémicycle, par un arc de triomphe. Très absorbé à Prague, Rodolphe ne peut revenir qu'en juillet, alors que se prépare une rétrospective artistique sur un demi-siècle de création dans le palais des Beaux-Arts. Le fiancé de Stéphanie est davantage qu'un spectateur privilégié. La popularité royale, la monarchie parlementaire, la liberté de la presse vantée comme un modèle jusqu'aux États-

---

1. Cette valse pour chœur, de Johann Strauss fils, chantée pour la première fois en 1867, n'avait eu aucun succès. Exportée à Paris pour l'Exposition universelle de cette même année et transposée en version orchestrale, elle obtint le succès mondial définitif que l'on connaît.

Unis d'Amérique, en bref le libéralisme caractérisant le royaume le font rêver. À quelques intimes, il a confié des réflexions d'un étonnant modernisme : « Il n'existe aucun domaine qui offre plus d'ouvertures et de possibilités pour le véritable idéaliste que celui des droits de l'homme. » Ou encore cette affirmation : « Ce n'est qu'au cours des tempêtes de ces cent dernières années que l'homme est réellement devenu un homme. » Une fois encore, l'allusion à la Révolution française est claire.

Après l'anniversaire de François-Joseph et l'habituelle réunion de famille de la mi-août à Bad Ischl où Élisabeth apprend à Marie-Valérie à bien se tenir à cheval, le prince regagne Prague. Son aptitude au commandement et son souci d'améliorer la vie quotidienne de ses soldats lui valent sa nomination au grade de major général, l'équivalent d'un chef d'état-major de généralissime en temps de guerre. Sous ses ordres, la 18ᵉ brigade d'infanterie de Prague ne lui apporte que des satisfactions. Il réfléchit à des réformes en étudiant le *Manuel du fantassin*. De même que Louis II de Bavière se préoccupait – d'une étrange façon – de la condition physique des sentinelles en leur faisant porter un cognac ou du thé (!), Rodolphe modifie quelques règlements qui lui paraissent surannés. Ainsi, le fantassin doit faire entre cent dix-huit et cent vingt pas à la minute en terrain plat ; à l'aide d'un minuscule métronome dont l'aiguille plate est animée d'un mouvement d'horlogerie et placée sur la grosse caisse rythmant la marche, il obtient un pas plus régulier. De même, la cartouchière et le baudrier des gardes du château lui paraissent trop salissants parce qu'ils sont blancs ; il les fait recouvrir d'un vernis noir, plus approprié. À ces détails, on peut ajouter son désir d'augmenter la solde des officiers. Mais le ministère des Finances s'y oppose, la dépense dépasserait le budget alloué. Toutes ces mesures et initiatives accroissent sa popularité ; on en parle jusque dans les tavernes de la vieille ville.

Prague éprouve une réelle fierté de savoir que le couple princier y vivra après son mariage. D'importants travaux sont entrepris dans le château aux trois cours intérieures. Le monumental palais royal s'étend sur la colline tel un oiseau de proie dominant le quartier de Mala Strana. Depuis le couronnement de Marie-Thérèse, rares sont les Habsbourg ayant vécu à l'ombre de ses tours gothiques ; à côté d'immenses volumes, telles la salle Vladislav ou la Salle espagnole destinées à la vie officielle, des réduits obscurs, des couloirs et des chambres sans confort imposent de remanier les appartements destinés à Rodolphe et à sa femme. Il n'est pas facile d'aménager les témoignages des rois de Bohême et de moments essentiels de l'histoire européenne pour un couple qui a besoin d'intimité. Le château n'est pas habitué à la vie de jeunes mariés. Ayant choisi le deuxième étage mais qui communiquera avec le troisième, le prince fait refaire les parquets qui s'effondrent et les ouvertures, portes et fenêtres, qui fonctionnent mal et laissent entrer l'hiver dans les escaliers à vis. De pénibles courants d'air doivent être éliminés.

Si Prague, ville royale, sera la résidence du futur monarque, Vienne sera le théâtre de leurs noces, car, selon une vieille chanson reprise en chœur dans les auberges où l'on boit le vin nouveau, le célèbre *Heurige* : « Il n'y a qu'une seule ville impériale, il n'y a qu'une seule Vienne. » Mais, comme Paris l'avait été quelque vingt-cinq ans plus tôt, la capitale est un chantier permanent. On ne craint plus l'envahisseur turc, on craint de recevoir des gravats sur la tête ou de tomber dans les tranchées ouvertes autour de la Hofburg où, d'ailleurs, des vestiges antiques sont mis au jour. Que de bouleversements ! Metternich soupirait, répétant : « Je passe ma vie à soutenir des édifices rongés par le temps », mais depuis cette réflexion purement politique, la ville s'est mise à l'heure haussmannienne pour éviter l'asphyxie et les épidémies. Vienne est le miroir d'autres métropoles en attendant de les fasciner par une formidable concentration d'influences et de génies. Les Viennois, souvent caustiques, s'amusent avec l'humour musical de Johann Strauss fils. À l'auteur de *La Chauve-Souris* et de la *Valse de l'Empereur*, dédiée à François-Joseph pour son jubilé, ils demandent une œuvre qui reflète la métamorphose dont ils sont les témoins, les bénéficiaires ou les victimes. C'est l'amusante *Polka Démolition*, un irrésistible galop. Et la danse à la mode. Un architecte de quarante ans est chargé de mettre en scène la ville pour le mariage. Il s'appelle Otto Wagner. S'il n'est pas devenu célèbre pour ses illuminations et ses décorations du Ring à l'occasion de ce mariage (il a aussi construit, sur ce boulevard, plusieurs immeubles nourris de réminiscences baroques), il préside le comité chargé d'animer ce qui est immobile, la pierre de taille, le marbre, le granit, le fer forgé, la fonte. Enfin, à Budapest, on se prépare aussi en souhaitant que le fils soit aussi présent que sa mère. D'une certaine façon, ce mariage institue, le temps de la fête, la triple monarchie espérée par les Tchèques, bloquée par Vienne, refusée par les Hongrois mais qui est un rêve institutionnel de Rodolphe.

Même si le choix des cadeaux offerts par les villes demande du temps, même si les aménagements se heurtent à diverses questions techniques, les fiançailles durent. Ce n'est qu'au début de novembre que les deux cours annoncent la date du mariage : le 15 février 1881. Cela ne fait pas l'unanimité, car les grands froids et les brumes givrantes, sans parler de la neige, risquent de compliquer la cérémonie. Élisabeth, qui n'est toujours pas rassurée, s'informe délicatement auprès de la reine. La chrysalide est-elle devenue papillon ? Stéphanie est-elle enfin nubile ? Question intime, de mère à mère. La réponse est négative, dame nature prend son temps mais les médecins sont confiants. Ces assurances n'apaisent pas l'impératrice qui voit son fils continuer ses liaisons faciles avec des femmes épanouies et se préparer, officiellement, à connaître une jeune fille non formée à quinze ans. N'est-ce pas courir à la catastrophe ? En attendant, Marie-Henriette, chapitrée par le roi, sollicite Vienne sur des questions vestimentaires. On reste pantois de certaines interrogations ; elles expliquent pourquoi la malheureuse Stéphanie a été, jusqu'à présent, si mal conseillée dans ses atours. Il est vrai qu'il n'est pas facile d'habiller un corps d'un mètre soixante-quinze (bientôt seize, soit quatre centimètres de plus que Sissi...) mais qui est encore dépourvu des signes complets de féminité. Il est évident que l'impératrice a donné des complexes aux femmes de la cour de Belgique et que le souverain ne veut plus être humilié par des couleurs mal assorties ou des formes peu gracieuses. Les dames d'honneur de Sissi répondent donc à des questions confondantes de candeur. Oui, la princesse peut arriver à Vienne dans une robe rouge rubis avec un chapeau de même teinte. Non, le chapeau ne doit pas être de couleur claire. Le voile de la mariée est-il en usage à la cour d'Autriche ? Mille fois oui ! Quelles sont les couleurs que n'aime pas l'empereur ? « Sa Majesté n'aime pas le jaune verdâtre, ni, de manière générale, aucune couleur criarde. » Il en sera tenu compte. Ces interrogations ne sont pas formulées directement à l'impératrice, dont l'aisance vestimentaire terrifie et fait rêver les modistes de province. Sissi pourrait porter n'importe quoi, elle serait toujours éblouissante et chic, d'après le jugement d'une baronne de Rothschild qui la connaît bien. Entre celle qui avait été surnommée, à sa naissance, « Rose de Noël » (Sissi était née la nuit de Noël) et sa future belle-fille, affectueusement qualifiée de « Rose de Brabant », la compétition est injuste. À Bruxelles, on redouble d'efforts pour effacer certaine mauvaise impression. Rodolphe lui-même envoie, chaque jour, par train, des bouquets ou des fleurs isolées à Stéphanie, assorties aux échantillons de ses nouvelles toilettes. François-Joseph n'avait-il pas envoyé à la jeune duchesse en Bavière dix mille roses des serres de Schönbrunn ? En revanche, malgré des traitements médicaux adéquats, Stéphanie n'est toujours pas mariable. L'impératrice est de plus en plus pessimiste, bien qu'évoquant la question avec un maximum de discrétion.

Il faut donc s'y résigner puisque la nature est capricieuse, on repousse encore la date du mariage de trois mois. Ce sera le 10 mai, dans le lumineux printemps viennois « quoique je n'eusse pas encore atteint l'âge de ma complète formation (...) », observe l'intéressée dans ses Mémoires.

Cette attente ne pèse pas sur Rodolphe, très absorbé par ses diverses tâches. Il prépare son dernier voyage de célibataire qui est également le plus important diplomatiquement puisqu'il s'agit de l'Égypte et de la Palestine, territoires mythiques de l'Empire ottoman. Toutefois, comme dans ses périples précédents, l'archiduc prévoit aussi un but scientifique allié à son profond plaisir, l'ornithologie et la chasse. Le docteur Brehm devrait donc faire partie de l'expédition. Mais il en est exclu. Pour quelle raison ? Il est probable que l'influence du professeur sur le prince est de moins en moins appréciée ; il ne cesse de lui rappeler l'idéal maçonnique de fraternité et son insistance, sans nuire à son autorité universitaire, ne peut que gêner l'héritier de deux monarchies catholiques, la Hongrie ayant été christianisée très tôt. On ne peut dire qui est intervenu pour mettre un terme à cette fréquentation continuelle, ni même si l'empereur a fait savoir sa désapprobation. Mais le fait est là, à son vif regret, Rodolphe s'éloigne d'un de ses maîtres à penser. Et peut-être estime-t-il qu'il en sait assez sur les mœurs des oiseaux pour tirer profit de son voyage.

Outre sa suite habituelle, Rodolphe a invité Ferdinand IV, l'ancien grand-duc de Toscane, un bon fusil dont la fille Maria-Antonia aurait eu une liaison – jamais avérée – avec l'archiduc. La suite comprend aussi un peintre, Franz Xaver von Pausinger. Né en Haute-Autriche, âgé de quarante et un ans, il a étudié à Vienne, à Karlsruhe et à Zurich. Chez ses maîtres Schimmer et Koller, dessinateurs animaliers réputés, il a appris la finesse du trait et le sens de l'observation du grand gibier à la chasse. Il peint l'empereur chassant dans les montagnes autour de Bad Ischl. Rodolphe, qui apprécie beaucoup son talent, lui demande d'illustrer leur voyage car il songe déjà à en publier le récit[1]. Mais il y a aussi l'un des fidèles compagnons du prince, d'un genre différent puisqu'il partage les secrets de sa turbulente vie privée, le comte Joseph Hoyos, dit « Josl », que les événements mettront au premier plan de la destinée de l'archiduc.

Le *Miramar* lève l'ancre de Trieste le 9 février 1881. Ses premières escales seront les îles Ioniennes, dont Corfou, Ithaque et Zante, au statut politique tourmenté qui illustre les convulsions sans espoir de l'Empire ottoman. Français sous Napoléon, anglais par protectorat, l'archipel est devenu grec. La faune est curieuse, le prince chasse des lièvres aux longues oreilles d'une espèce peu connue. Puis, cap sur l'Égypte, à la meilleure saison. On est très heureux d'y accueillir le fils de François-Joseph, car l'empereur s'était déplacé, en 1869, pour l'inauguration du canal de Suez. Et le maître de ces travaux dignes d'un pharaon du XIX$^e$ siècle, Ferdinand de Lesseps, retenu à Paris par les premiers soucis que génère l'onéreux canal de Panama, fait recevoir Rodolphe à Port-Saïd, là où il avait reçu son père. Lesseps, illustre vieillard mais jeune père d'une tribu de douze enfants, organise des fêtes et une chasse pour l'archiduc.

Aux fascinants mystères de l'ancienne Égypte, le delta du Nil ajoute la richesse de sa faune. Les oiseaux des marais et ceux du désert qui ronge la zone fluviale sont totalement inconnus de Rodolphe, enthousiasmé. Son tableau de chasse est accompagné

---

1. Franz von Pausinger fut également, vers la fin de sa vie, un portraitiste dans le style de Winterhalter. Portant la barbe des artistes fin de siècle, c'est ainsi qu'il fit un grand pastel de ma grand-mère paternelle, à Paris, en 1903. Il est mort le 7 avril 1915, à l'âge de soixante-seize ans. Il est enterré à Salzbourg. Ses œuvres sont souvent proposées aux enchères.

de nombreux dessins et de notices très précises. Un programme de visites de ruines et de sites grandioses le conduit du plateau de Gizeh et des trois principales pyramides jusqu'au grand temple du dieu Horus, à Edfou, en Haute-Égypte. Pausinger abandonne un moment les oiseaux vivants pour ceux sculptés trente siècles plus tôt dans la pierre de la salle des colonnes de Karnak. Il en fait une peinture digne des meilleurs orientalistes, croquant aussi les bonds d'une gazelle et d'une hyène à l'échine courbée. Son talent est comparable à celui du Britannique David Roberts nous restituant le site caché de Petra. Il nous montre une Égypte pour ainsi dire intacte ; ses peintures et dessins ont aussi une valeur documentaire puisque le grand temple de Karnak est encore en partie ensablé : une modeste caravane de mulets, d'ânes et de voyageurs à turbans y recherche l'ombre. Un rêve oriental qui, bien entendu, ne peut que fasciner Rodolphe. L'étau désertique ajoute une magie supplémentaire aux trésors archéologiques.

En arrivant à Assouan, la communauté chrétienne des coptes est fière d'accueillir le fils de Sa Majesté Apostolique, prince élevé dans la religion romaine. Redescendant le Nil jusqu'à Alexandrie qu'il a déjà visitée, Rodolphe est informé, le 13 mars, de l'attentat nihiliste qui a coûté la vie au tsar Alexandre II, à Saint-Pétersbourg, douze jours plus tôt. Le prince est troublé. Ainsi, les anarchistes ont assassiné un monarque libéral qui avait entrepris en Russie d'audacieuses réformes dont l'abolition du servage... Comment est-ce possible ? Les coupables se sont justifiés en prétendant qu'ils n'avaient pas besoin d'un tsar. De quoi méditer sur les contradictions humaines, les générosités mal comprises. Il est trop tard pour gagner la lointaine capitale russe et Rodolphe entame la seconde partie de son voyage, en Palestine. Le sultan lui réserve une garde d'honneur. À Jérusalem, sous domination ottomane depuis 1516, les Lieux saints émeuvent profondément l'archiduc au caractère sensible. Après sa visite du Saint-Sépulcre, il écrit ses impressions, inattendues quand on connaît son rejet de la foi : « (...) On voit une pierre blanche entre les parois richement décorées et nous vénérons cette pierre nue, celle-là même qui porta le Fils de Dieu ! Le parfum des roses, l'encens, la somptuosité grecque, l'éclat des lampes rouges, le murmure des prières latines, tout vous étourdit. Le pèlerin, en une pensée de foi ardente, presse ses lèvres sur le rocher nu qui matérialise pour lui visiblement ses sentiments les plus sacrés, sa consolation, sa force, son espoir. »

Mais il n'y a pas que la spiritualité qui le perturbe. L'Orient, ses couleurs, ses odeurs, ses êtres assaillent Rodolphe. À Bethléem, son commentaire n'a rien de sacré : « Je n'avais encore jamais vu autant de belles femmes dans la même ville. »

De la mer Morte au cours naissant du Jourdain, qu'il compare à une rivière de montagne près de Salzbourg, il met ses pas dans ceux des pèlerins, des marchands et des conquérants. Souvent, la nuit, il dort sous la tente de Bédouins. Début avril, après avoir contemplé le mont Carmel et la forteresse de Saint-Jean-d'Acre disputée entre les croisés et Saladin, il retrouve le *Miramar* et quitte Haïfa, le port principal de Palestine. Il n'est que temps de rentrer ; le 22 avril, après deux mois et demi d'exotisme inoubliable, l'archiduc héritier d'Autriche-Hongrie arrive à Vienne. Ce voyage lui laissera des empreintes indélébiles, celles des enthousiasmes que ne bride aucune responsabilité suprême.

Sissi elle-même, qui était en France où sa beauté avait fait bafouiller le président de la République Jules Grévy, regagne l'Autriche. La date du 10 mai est confirmée pour le mariage de son fils. Stéphanie peut être sa femme... enfin, c'est ce qu'ont dit les médecins. Elle n'a que seize ans, l'âge de Sissi au moment de ses noces avec François-Joseph, un vrai coup de foudre. Le 5 mai, après trois jours de voyage et une longue halte en Bavière, le train spécial belge est annoncé comme devant arriver à Salzbourg peu après 4 heures. Rodolphe vient à sa rencontre ; il quitte Vienne à 7 heures du matin, ayant exigé du chef de train de rouler à toute vapeur. Effectivement, le convoi bat un record, reliant Vienne à la ville natale de Mozart en six heures trente. Il pleut, comme souvent à Salzbourg ; Rodolphe se change dans les appartements de la Residenz, les badauds ne l'ont pas reconnu à cause de sa voiture couverte. À 3 h 30, le ciel devient gracieux, la pluie s'arrête et une franche éclaircie illumine la gare pavoisée. La foule est déjà dense. 16 h 8, une sonnerie indique que le train a franchi la frontière. Rodolphe est excité, nerveux mais en même temps distrait, absent, presque étranger à la conversation polie du gouverneur de la province, du bourgmestre et bien sûr du prince-archevêque. Sur son uniforme de général, les insignes de la Toison d'or et de l'ordre de Léopold. Volée de cloches, salves de canons, fanfare jouant *La Brabançonne*, l'accueil de la princesse est somptueux. C'est elle qui descend la première. Elle se précipite vers Rodolphe, qui la prend chaleureusement dans ses bras. On lui présente les autorités, elle leur parle avec une parfaite amabilité. Apparaît Léopold II sous son meilleur jour. Enfin, ce mariage va avoir lieu ! Derrière, voici la reine, épuisée. Elle n'a cessé de se tourmenter et de chambouler la garde-robe de sa fille ! Quel cauchemar ce trousseau !

Au deuxième étage de la Residenz, dans l'aile nord-ouest édifiée au XVIII$^e$ siècle, un appartement est prêt pour la fiancée. Débouchant sur la galerie d'une collection d'œuvres remarquables, dont des Rubens, Stéphanie s'initie aux bases de l'art de vivre impérial autrichien, les stucs rococo, les tissus rouges et les murs blancs, les gros poêles de faïence, les immenses tapisseries. Dans la salle où Mozart avait révélé son génie, un dîner de gala, mais pour intimes, si l'on peut dire, est servi à 18 heures. Les fiancés sont côte à côte. L'extrême jeunesse de Stéphanie est flagrante. Son embarras s'est estompé ; pendant plusieurs mois, elle a certainement appris le maintien, les attitudes à adopter et surtout à résister des heures à la fatigue ! Rodolphe, très aimable, a une grande habitude d'être en représentation. De ce point de vue, il est à l'aise. Sont-ils amoureux l'un de l'autre ? Ce n'est pas flagrant. Mais cette journée a le charme des moments où les traditions expriment leur vigueur pour conjurer l'avenir. Dehors, venant de l'église voisine des Franciscains et de tous les clochers salzbourgeois, les carillons égrènent des sons clairs. Il fait encore jour lorsque, le dîner achevé, la province vient rendre hommage à ses hôtes illustres. On est content, dans cette ville seulement rattachée à l'Autriche en 1816, de recevoir la future impératrice avant Vienne ! Voici une délégation paysanne dans ses plus beaux costumes. L'usage veut que des couples mariés dans l'année remettent aux futurs époux les instruments du bonheur domestique que sont le rouet pour filer la laine, une couronne de beurre, des œufs, du pain et des pommes. Les offrandes sont surmontées de deux figurines ; elles représentent sainte Stéphanie et saint Rodolphe. Un mariage de saints ? Élisabeth ose poser ce genre de question iconoclaste... Enfin, des jeunes femmes, venues de tous les horizons de la province, récitent, avec de solides accents, des poèmes de bienvenue. La fiancée est ravie d'une réception aussi authentique.

Elle découvre une cité au confluent des influences germanique et italienne, une osmose réussie et un échantillon des apports civilisateurs qui ont forgé l'Empire.

Il fait nuit lorsque des milliers de lampes à huile dessinent une monumentale couronne sur la tour de l'horloge. Les trente-cinq cloches battent à toute volée. C'est un hommage puisqu'elles ont été fondues à Anvers à la fin du XVIIe siècle et installées ici au début du siècle suivant. La fontaine de la place, avec Triton et Atlas et leurs chevaux, est éclairée. Dans les ruelles, la foule s'avance vers le palais en tenant des milliers de torches. Par une savante construction, qu'il a fallu vérifier des heures les nuits précédentes, les flambeaux représentent les initiales des deux prénoms. Là-haut, l'ancienne forteresse des princes-archevêques du temps où ils défendaient leur indépendance est également éclairée. Les anciens canons d'alarme tirent des salves au-dessus de la vieille ville, de ses dômes et de ses clochers, répondant aux crépitements des feux d'artifice. La fête est magnifique, le spectacle envoûtant. Dans les ruelles bordées d'enseignes ouvragées, l'archiduc avance, lentement, radieux, donnant le bras à Stéphanie. Le couple est applaudi, célébré, adopté. Derrière, les souverains belges suivent cette délicieuse promenade au contact de la population. Ce n'est qu'après 22 heures que le cortège regagne la Residenz pour se reposer. Rodolphe ne peut rester sous le même toit que sa fiancée. Il l'a accueillie en Autriche, il doit la recevoir à Vienne. À 23 heures, son train spécial quitte Salzbourg pour une arrivée prévue aux environs de 6 heures du matin. Une nuit courte avant les plus longues journées de sa vie.

Vienne, gare de l'Ouest, 3 h 30 de l'après-midi. François-Joseph attend sa belle-fille. Il a revêtu, exceptionnellement, son uniforme de maréchal, tunique blanche, pantalon rouge à ganse dorée. L'hymne impérial vient d'être joué. À son côté, sur le quai fleuri, Rodolphe, pâle, semble soucieux et assombri, peut-être parce que sa mère lui a clairement dit que ce mariage ne lui plaisait pas : « La Belgique a déjà porté malheur aux Habsbourg... » D'une ponctualité maniaque, l'empereur apprécie l'arrêt du train à 4 heures précises. L'instant est solennel, François-Joseph – il faut le rappeler – n'a jamais rencontré Stéphanie. Sissi, prétextant la fatigue des cérémonies à venir, est restée à Schönbrunn. Elle connaît sa belle-fille et son entourage ne s'est pas privé de commentaires peu aimables, du genre : « Pauvre

Rodolphe ! Sa femme a l'air d'un dragon », ou encore : « La princesse s'habille comme un arbre de Noël » ! Puisque les dés étaient jetés, l'impératrice a tenté d'être d'un optimisme résigné, espérant que sa belle-fille est effectivement réglée, que sa jeunesse extrême est le prélude de son épanouissement, qu'elle est robuste et pourra vite donner un héritier à l'empire, et qu'un minimum de tendresse se glissera dans l'implacable raison d'État. Il n'y a rien d'autre à dire, c'est le bonheur de son fils qui est en jeu. Elle sait que la princesse Louise, la sœur de Stéphanie, a été immédiatement sous le charme de l'archiduc. Mais elle n'avouera la force de cette séduction que bien plus tard, dans ses Mémoires publiés entre les deux guerres mondiales : « (...) Il était plus que beau, il était fascinant. De taille moyenne et bien proportionné, il était, bien que paraissant fragile, d'une constitution robuste. Sa pureté de race était évidente, il faisait irrésistiblement penser à un pur-sang ; il en avait toutes les caractéristiques, (...) il en avait l'esprit léger et les caprices. Sur son teint mat, se reflétait sa sentimentalité. Ses yeux dont l'iris brun, brillant, se mettait à scintiller dans les moments d'excitation, semblaient alors changer de forme. Il était très sensible et d'humeur changeante. En un instant, il pouvait passer de l'amabilité à la colère, puis était capable de redevenir aussitôt après le plus délicieux des hommes. Le rire de Rodolphe impressionnait peut-être plus encore ; c'était le rire d'un homme énigmatique, pareil à celui de l'impératrice. La façon mystérieuse qu'il avait de parler captivait ses interlocuteurs. Chacun d'eux se sentait flatté d'avoir saisi une part de sa personnalité. » Mais, dans la vérité de son cœur, en dehors des propos approbateurs sur sa fiancée et d'une cour à la fois lointaine et convenue, que pense-t-il réellement de sa future femme ? C'est ce qu'Élisabeth ne parvient pas à savoir. Et une question la hante parce qu'elle continue d'en subir les inconvénients : leur couple pourra-t-il résister au carcan du protocole et aux rituels sacro-saints de l'étiquette ? Une lutte de chaque instant qui détruirait le plus heureux des mariages...

Toutefois, Élisabeth saura le soir même que, contrairement aux gloussements des commères, sa belle-fille a fait une bonne impression à son arrivée. Baise-mains, embrassades, saluts, révérences, présentations aux personnalités, Stéphanie a fait de sérieux progrès. François-Joseph, qui ne peut mesurer les efforts de sa bru, est visiblement enchanté. La presse aussi, qui avait été abreuvée de documents peu flatteurs. La *Neue Freie Presse* sera élogieuse dans son édition du lendemain : « La princesse Stéphanie est grande et svelte, son port est élastique et sa taille élégante. Ses traits sont empreints du charme de la tendre jeunesse et sa chevelure blonde, tressée en nattes épaisses, encadre de torsades dorées un visage plein de grâces (...). Sereine, la princesse a accueilli sans timidité les hommages de ceux qui lui furent présentés, de même que les acclamations de la foule. La tête quelque peu penchée de côté, elle répondait aux salutations par de légères inclinaisons. Les dames qui étaient présentes ne purent faire taire leur surprise : durant tout le cérémonial, elles ne parlèrent toutes que de l'aimable apparence du prince héritier. »

Selon un usage fort ancien, dont personne ou presque ne peut fournir la justification, il est exclu que la future épouse paraisse publiquement dans Vienne sauf au moment même de son mariage. Encore quatre jours. Le cortège, ovationné, prend donc immédiatement la direction de Schönbrunn. Le bruit des sabots est sans cesse couvert par les clameurs de la foule massée depuis l'aube sur la longue Mariahilferstrasse qui relie le centre aux abords du château. On remarque de nombreux petits drapeaux belges qui s'agitent : le peuple n'est pas superstitieux, il vit un roman d'amour. C'est dans la grande galerie, celle-là même où, en 1815, le congrès de Vienne réunissait les souverains et les diplomates, que l'impératrice accueille sa belle-fille, entourée de Gisèle et de Marie-Valérie. L'équité commande de rappeler que l'une comme l'autre n'ont pas l'éclat de leur mère. Les ragots, spécialité de la Cour au même titre que de sublimes pâtisseries, n'épargnent personne ; ils affirment que Gisèle a le nez trop long tandis que sa cadette, selon un haut diplomate autrichien peu courtisan, le comte Hübner, ambassadeur à Paris, « n'est guère jolie, est maigre et ne possède aucun charme ». Mais elles aiment leur frère et Marie-Valérie se demande encore comment Rodolphe, qu'elle surnomme, inexplicablement, « Nazi », a pu si vite décider de se marier. Vient l'épreuve la plus redoutable, la présentation à la Cour, les hommes par l'empereur, les femmes par l'impératrice. Sous les deux lustres à soixante-douze bougies et à la lueur des candélabres en bois sculpté plaqué d'or, Stéphanie est scrutée, jaugée, dévisagée par une centaine de personnes de haut rang et de fonctions précises qui sont autant de juges. L'étiquette bourguignonne, empesée par le code espagnol, est glaciale. Un seul témoin, parmi ceux qui ont parlé de cette interminable formalité, a eu de l'indulgence, une princesse Fugger, d'une illustre dynastie de banquiers et mécènes ayant financé les Habsbourg et des papes, originaire d'Augsbourg : « La famille impériale ne lui a pas manifesté beaucoup de chaleur. »

Et sans doute, passées les obligatoires politesses, Élisabeth ne cherche pas à réchauffer l'ambiance où des noms, souvent longs, sont énoncés en même temps qu'une révérence ou un claquement de talons. Sissi a vécu ce cauchemar au même endroit, rabrouée d'avoir voulu embrasser des cousins un peu rustiques, traitée de paysanne sans manières, mais elle avait pour elle un atout indiscutable, elle était jolie. Des quartiers de noblesse défilent devant Stéphanie, les joues en feu, et Rodolphe, impassible, distant. La Belgique paraît bien récente devant tant de références à l'histoire européenne. Et, avec une insupportable prétention, certaines personnes ne cachent pas leur *a priori*. La quasi-unanimité contre la malheureuse jeune fille est exagérée. Cela ressemble à un complot mondain pour tester la résistance de l'intéressée. C'est une sorte de chasse aux défauts, aux travers, aux faux pas et – ce qui est injuste – aux ingratitudes de la nature. Sont-elles toujours séduisantes et charmantes, ces archiduchesses parcheminées qui prennent de grands airs pour déplorer la fin de la distinction autrichienne depuis la retraite de Metternich ? La jeunesse de Stéphanie n'est pas ressentie comme une circonstance atténuante. Une excuse ? Non ! Une faute ! L'entourage de Sissi est virulent. La comtesse Larisch, écorchée de ne pas être à la place de Stéphanie, sauf, dit-on, occasionnellement dans le lit de Rodolphe, insiste sur « sa silhouette réellement déplorable », son manque « de cils et de sourcils », ajoutant aimablement que « des soins constants et le savoir-faire d'une bonne corsetière ont beaucoup amélioré les choses ». Mais c'était bien plus tard. Trop tard. Rancœurs, jalousies, stupidités, conventions et désœuvrement engendrent des critiques en tous genres contre la princesse dont ces mêmes procureurs oublient qu'elle est fille de S.M. le roi des Belges. Pour comprendre ces réactions, il faut avoir en mémoire l'accumulation d'imperfections et d'insuffisances trouvées chez la princesse traquée. Il y a les commentaires sur sa taille, assez rare à l'époque : « Elle dépasse l'impératrice ! », mais elle n'est pas à sa hauteur. Ou ceci, délicat : « Si un cuirassier devait mettre ses souliers, il n'aurait sûrement pas de cor aux pieds » ! Ensuite, sa laideur étant établie, on attaque ses facultés intellectuelles. C'est vite fait : elle est, bien sûr, banale, sans intérêt, pas très astucieuse, peu cultivée, maladroite dans son propos, terne dans sa conversation. Rien que cela ! Un vrai jeu de massacre. En revanche, les jolies femmes – et les autres – pour qui Rodolphe a eu des faiblesses ou serait susceptible d'en avoir sont toutes d'accord pour reconnaître à sa femme une qualité : elle ne les gênera pas ! Quel soulagement chez ces amoureuses d'hier et surtout de demain. Marie Larisch est formelle : avec une telle épouse, il n'y a « aucun risque de voir l'archiduc se transformer en époux fidèle et rangé ». À ce mépris compréhensible chez la fille, morganatique et complexée, du frère de l'impératrice, il faut ajouter la suite des commentaires distillés par le premier cercle babillant autour de Sissi. La comtesse Festetics s'en fait, en somme, le porte-parole ; après avoir souligné, comme d'autres, que « seul son teint est beau », elle conclut : « L'intelligence, je crois, lui fait totalement défaut. »

La dame d'honneur s'égare. Stéphanie qui serre des mains, qui tend la droite pour y recevoir un effleurement de lèvres masculines, Stéphanie qui sourit, répond cent fois la même amabilité, Stéphanie, donc, n'est pas aussi godiche ni dupe que ses détracteurs le répandent. Elle est assez fine pour comprendre qu'on la traite avec pitié mais aussi avec une ironie méchante. Elle est même lucide. Cette comédie des apparences qui se joue à la cour de Vienne est aussi une comédie des erreurs. Elle écrira : « Leur comportement fier, leurs remarques dédaigneuses, leur sourire cynique et leur conversation superficielle les rendaient très désagréables. » Il s'agit d'un jugement ultérieur, car il n'était pas question, en ce 6 mai 1881, de relever un affront, de faire un esclandre ou de montrer que la supposée naïveté peut être le bon sens dissimulé par une parfaite éducation. Et on doit admettre que cette cérémonie, qui dure jusqu'à 5 heures de l'après-midi, n'est que le prélude d'un incroyable dédain. Elle devra jouer en finesse : « Je ne suis parvenue qu'à grand-peine à déguiser mon instinctive antipathie à leur égard. » Stéphanie n'est pas acceptée ; sa belle-mère ne l'avait pas été non plus. Il faudrait du temps et des nerfs d'acier à la femme de Rodolphe pour mériter sa place, une situation qui – et c'est sans doute le mobile secret de tant d'aigreurs – fait plus de jaloux que de compatissants, car on lui signifie qu'elle ne la mérite pas. À son annulaire gauche, en effet, la princesse portera un anneau exceptionnel, adapté par le joaillier de la Cour, celui que portait Marie-Thérèse. L'anneau de la grande impératrice ! Celle qui avait régné comme un homme et que les Tchèques acclamaient en criant « Vive notre roi Marie-Thérèse ! », mais qui était pourtant bien une femme : elle avait donné seize enfants à son époux, François de Lorraine. Oui, Marie-Thérèse, dont Napoléon, arrivant dans ce même Schönbrunn en 1805, avait salué la mémoire, chapeau bas, en se recueillant devant son impressionnant mausolée dans la crypte des Capucins. L'idée de recevoir ce bijou avait transporté d'allégresse Stéphanie quand Rodolphe le lui avait annoncé, sept mois plus tôt. Elle lui avait répondu, en français : « (...) Comme tu le dis, ce précieux joyau ne peut que nous porter bonheur. » Et c'est encore à Marie-Thérèse que songe l'assistance enfin répandue dans le parc du château. En face, la gloriette qui barre la colline verte a été élevée sur son ordre, en 1775, en mémoire des victimes de la guerre de Sept Ans par l'architecte von Hohenberg. Au balcon du premier étage, sous l'horloge qui a si souvent sonné les heures de l'Autriche, Rodolphe et sa fiancée apparaissent pour la première fois saluant ensemble. Le début d'une habitude. En bas, la foule les avait réclamés. Ils devaient paraître, les deux familles demeurant en retrait, à l'ombre des persiennes vertes.

Samedi 7 mai. Le parc et le château sont déjà dorés par un soleil glorieux. Schönbrunn comporte plus de pièces qu'il n'y paraît, mille cent quarante. Mais il y a tant de gens à y loger ! La famille royale belge est installée dans l'aile sud. De nombreux badauds arpentent déjà les jardins, de la « ruine romaine » (qui date de 1776 !) à la maison du cadran solaire. Une immense curiosité s'est emparée des Viennois ; ils veulent absolument tenter d'apercevoir la famille royale belge, dont la présence est exceptionnelle. Dans ce somptueux décor, qui combine le goût baroque et l'hommage à l'antique, certains affirment – c'est possible mais on ne sait si l'événement est avéré – que Stéphanie, pour profiter de l'air pur du petit matin, se serait promenée en léger déshabillé dans les serres tropicales où, bien entendu, elle était seule ! L'hystérie provoquée par les mariages du Gotha n'est pas d'hier ! Après une journée de visites familiales, un dîner intime – c'est-à-dire de moins de cinquante couverts... – est servi dans la petite galerie, parfois utilisée comme salle de jeux ou de musique et qui offre une belle vue sur les parterres fleuris et la gloriette. Une intimité toute relative puisque deux hôtes essentiels sont présents, le prince de Galles et le prince de Prusse. Le futur roi d'Angleterre Édouard VII est, on l'a vu, un ami de Rodolphe et même un complice de certaines relations féminines fort complaisantes. Rodolphe l'apprécie, mais le fils aîné de Victoria s'est carrément fait inviter, insistant pour être présent à ce mariage. Les chancelleries avaient obtempéré mais supplié le prince de rester discret sur sa présence afin de ne pas créer de regrettables jalousies... Son Altesse Royale accomplit un excellent travail comme envoyé spécial de la Couronne. Il est un interlocuteur privilégié de la politique extérieure britannique et on sait qu'à Vienne comme à Budapest, on apprécie la position de Londres sur l'affaire turque face aux appétits russes. Et puis, à titre privé, il a tellement souffert que sa mère, puritaine, se soit retirée de toute vie mondaine, qu'il adore la fête, le faste, les voyages, les plaisirs et les rencontres de toute sorte. Il guette les bonnes occasions mais sait, quand il le faut, leur donner une coloration politique. En clair, c'eût été une grave faute – et une vexation inutile – de ne pas l'inviter. En revanche, l'autre haute personnalité étrangère présente a été expressément requise par François-Joseph mais également pour des raisons de bonne politique et de communauté d'options. Rodolphe n'avait pas de raison de s'y opposer même s'il restait dubitatif. Le futur Guillaume II représente son grand-père, blessé par un nouvel attentat et âgé de quatre-vingt-quatre ans ; il incarne aussi, par l'alliance avec l'Autriche, l'achèvement sinon de l'unification allemande, du moins celui des intérêts germaniques, une politique que Guillaume I$^{er}$ reproche à Bismarck. Mais on est en famille puisque la mère de Guillaume est une sœur d'Édouard. L'oncle anglais et le neveu prussien sont heureux de se retrouver au royaume de la valse ; cela change des ennuyeuses et inévitables rencontres dans les villes d'eaux. Et des funérailles d'un parent, forcément une tête couronnée...

Le soir, un grand bal est prévu à la Hofburg, ce qui nécessite un déménagement complet de la famille royale belge. Pour

Stéphanie, voici un nouvel examen de passage, car elle n'a jamais assisté à un bal de cour et Vienne est la salle de bal de l'Europe. Paradoxalement, à cause du monde (quatre mille invités), on y danse relativement peu. Ce qui s'y passe, même s'il ne s'y passe rien, est connu partout. La Cour s'y donne en spectacle devant un jeu de miroirs, selon une étiquette que l'on dirait réglée par un métronome, à partir de 9 h 30 du soir. Derrière les couples impériaux et royaux, Rodolphe guide Stéphanie ; elle a posé sa main hautement gantée sur son bras et suit la traversée solennelle du palais, une véritable ville dans la ville. Silence. On n'entend que quelques cliquetis d'armes ou de décorations en brochettes et des froissements de tissus lors des révérences, des plongeons sur les parquets luisants. Comme un flux et un reflux, les rangées d'invités s'ouvrent et se referment au passage du cortège ouvert par le maître des cérémonies et le grand maître de la Maison impériale. Le protocole de la danse est une curiosité. Sur un signe de l'empereur lorsqu'il a conduit sa cavalière la reine des Belges jusqu'à l'estrade réservée aux dames, le premier danseur fait lui-même un signe en direction du balcon. Là, c'est le directeur des bals de la Cour qui libère l'orchestre de son attente, avec une valse, obligatoirement. Au pupitre, Édouard Strauss, l'un des deux frères de Johann fils, règne sur les bals de la Cour. Il attaque une mélodie qui, montre en main, ne doit pas durer plus de dix minutes ; le « bel Edi », comme on le surnomme, opulente chevelure noire et moustache en rateau, fait le bonheur des promeneurs du Volksgarten, ce Jardin du peuple situé au bout du palais[1]. Chaque jour, avec son violon, depuis un podium, il y dirige son orchestre d'une vingtaine d'exécutants, tous revêtus d'un habit rouge et d'un pantalon blanc ; il est révélateur du brassage social entraîné par la valse, la première danse qui divertisse tous les milieux et tous les âges ; sa formation est en concurrence avec l'orchestre militaire qui joue au Prater. Ce soir, chaque pause dure cinq minutes, pour reprendre son souffle. Les polkas et autres galops ne dépassent pas les sept minutes, les quadrilles huit. Si, naturellement, Rodolphe est

---

1. Plus tard, en 1907, une immense statue de l'impératrice y dominera un bassin. Inaugurée par François-Joseph, elle s'y trouve toujours, semblant observer avec résignation ce palais qu'elle détestait. À la belle saison, des orchestres jouent ces mêmes valses viennoises pour les promeneurs.

blasé par cette mécanique ne souffrant aucun incident, Stéphanie est fascinée par ce spectacle bien rodé. La grande salle est devenue une boîte à musique où tournoient des marionnettes. En fait, ce bal ne déroge pas à la tradition. Il n'y a rien de plus et rien de moins que d'habitude en dehors des invités du souverain et du symbole qu'est le premier et le dernier bal des fiancés. Les dix mille chandelles dispensent une lueur féerique, celle qui rend toutes les femmes belles et les hommes audacieux. Ce soir, l'impératrice ne danse pas, selon son habitude. Sa dernière valse, avec l'empereur, remonte à huit années, lors de l'Exposition universelle. Quel cauchemar ! Dix mille paires d'yeux, au moins, l'avaient observée pendant ses tourbillons. Stéphanie n'a pas encore sa place dans ce manège. Sissi reçoit dans un salon à part, conviant ses invités à un champagne ou à un thé. On lui présente les débutantes, plus maladroites que sa future belle-fille. Ainsi, il y a toujours pire. Rodolphe explique à la princesse qu'elle aussi aura sa table et qu'il est sûr qu'on se bousculera pour y être admis. À 0 h 15, François-Joseph décrète qu'il est temps de partir ; la Cour va se coucher ; les festivités sont encore nombreuses et le mariage n'est que dans deux jours. Rodolphe a fait valser sa future femme, sans doute pour la première fois avec une telle tension. Ils savent très bien la question secrète que se pose la Cour : forment-ils un vrai couple ? La jeune fille conservera une impression mitigée de cette soirée qui fait tant d'envieux. C'est « une splendeur » mais on ne s'y amuse guère ; grandiose, impressionnant, magnifique, le bal impérial l'est, mais quelle froideur, quelle absence de naturel même si l'empereur prend soin de passer d'un salon à l'autre, de saluer tous les invités, en général sans le secours de son aide de camp pour lui glisser les noms et titres à l'oreille. Hôte parfait, François-Joseph est très attentif au traitement des gens qu'il reçoit. Dans son bureau, lors d'une audience, il reste debout, les mains croisées dans le dos, écoutant la requête de son visiteur dont il connaît déjà le motif. Stéphanie a donc découvert le rythme des grandes soirées, aussi régulier que celui d'une valse à trois temps. « Le protocole, beaucoup plus sévère qu'à Bruxelles, me semblait quelque peu gênant par sa raideur. » Sa belle-mère ne l'aurait pas contredite.

Le 8 mai, le cérémonial est surtout politique. L'Autriche-Hongrie rend hommage à son futur monarque par un cortège de délégations venues parfois de très loin avec des cadeaux de bonheur. Cet interminable défilé, y compris celui des parlementaires, se déroule à Schönbrunn dans la grande galerie, un lieu tout indiqué puisque sur son plafond, au centre, une allégorie de Gregorio Guglielmi représente l'impératrice Marie-Thérèse et son époux entourés « des pays héréditaires autrichiens » avec des références héraldiques ; la fresque est un symbole depuis cent vingt ans. Rodolphe est heureux de montrer à Stéphanie un coffret serti de pierres précieuses offert par la ville de Prague. L'après-midi, la pluie gâche la promenade prévue par la Ville de Vienne jusqu'au Prater. Soixante-deux attelages partent vers le Danube, ses cafés, ses guinguettes et ses bals. L'orage transforme la chaussée en bourbier ; un invraisemblable embouteillage paralyse le cortège ; Rodolphe et Stéphanie sont dans la deuxième voiture. François-Joseph, qui est dans la première, s'énerve, exigeant qu'on libère le passage, rien n'y fait. Il faut renoncer et rentrer à Schönbrunn. Mais la foule agglutinée au Prater était déçue. Le roi de la valse lui-même, Johann Strauss fils, portant des favoris à la François-Joseph, sauve la situation en interprètant sa nouvelle composition avec chant, spécialement écrite pour les fiancés. La famille de musiciens avait l'habitude des retards et autres impondérables. En Russie, où le tsar l'avait invité à jouer, Strauss père s'était produit dans la salle d'attente de la gare d'honneur du palais de Pavlovsk, pour faire patienter les convives attendant leur train spécial.

La journée se termine par une grande fête populaire dans le parc. La foule a envahi le jardin zoologique, les serres tropicales, l'ancien jardin tyrolien, admiré l'obélisque, le bassin de Neptune et le pigeonnier. Soudain, des paillettes de feu éclairent le ciel pur du printemps. Un superbe feu d'artifice jette des ombres fugaces sur la pierre. Rodolphe et Stéphanie voient leurs deux initiales, gigantesques, qui flamboient quelques instants dans le vide. Un cadeau exquis de l'empereur. Le bouquet finit en romance.

9 mai. Aujourd'hui, la princesse va faire son entrée dans Vienne. Il pleut mais on veut croire que c'est bon signe. Stéphanie et sa mère ont le droit de prendre place dans le somptueux carrosse de couronnement de l'empereur Charles VI, le père de Marie-Thérèse. Un monument. Construit à Madrid en 1711, il est doré et orné de peintures baroques. Tiré par huit chevaux

blancs dont les harnais sont brodés de fils d'or, il exige des cochers très experts[1]. Rodolphe salue sa fiancée qui va enfin découvrir la capitale. Ce carrosse, il devrait l'emprunter le jour de son couronnement. François-Joseph fait plaisir à sa belle-fille mais comme elle n'est que princesse, la couronne dominant la voiture a été changée. Très provisoirement... L'événement à retenir est le dîner de gala servi à la Hofburg dans cent couverts en or et soixante-quatre en argent. À la table d'honneur, impériale et royale, François-Joseph, qui, en temps normal, aime les repas vite pris, fait une exception notoire. Il y a six plats (un martyre pour Sissi !) et six vins (un régal apprécié du roi Léopold), et enfin, l'empereur porte un toast à son fils et à sa belle-fille. Rodolphe semble passif, sombre, étranger à ces fastes inouïs puisqu'il faut remonter au printemps 1854, au mariage de ses parents, pour en retrouver de comparables. Stéphanie, qui est en représentation depuis trois jours, n'en peut plus. On lui avait parlé d'un calvaire mondain. On avait raison. Le supplice ne fait que commencer.

10 mai 1881. Enfin, le jour du mariage. Pendant que Stéphanie est aux mains des femmes de chambre et des couturières, Rodolphe est dans ses appartements. Il est d'humeur mélancolique. Un valet lui apporte le splendide bouquet de la mariée. Passe la comtesse Festetics, fin prête. Elle ramasse sa traîne et s'apprête à rejoindre la Cour quand elle entend « la chère et sympathique voix du prince héritier » :

— Comtesse Marie, ne vous enfuyez pas ! Attendez un instant...

La dame d'honneur s'arrête ; elle est saisie de voir Rodolphe aussi nerveux (cela se comprend) mais surtout maussade. Il est sur le pas de sa porte, comme incapable de se décider à sortir. Il reprend :

---

1. Ce somptueux carrosse fut utilisé pour la dernière fois lors du couronnement de l'empereur Charles Ier comme roi de Hongrie, Charles IV, à Budapest, le 30 décembre 1916, tandis que son épouse, l'impératrice Zita, devenait la dernière reine de Hongrie. La voiture dut être démontée et transportée par chaland sur le Danube, de Vienne à Budapest. Un événement irréel en pleine Première Guerre mondiale mais qui prouvait l'attachement des Hongrois en guerre à la monarchie (voir *Avant-propos*). Aujourd'hui, le carrosse est exposé au musée des Voitures de Schönbrunn qu'il faut aussi visiter, sur la droite avant le château, après les grilles d'entrée.

— Je suis heureux que nous nous soyons rencontrés une fois encore, comme par le passé !

La comtesse tente d'abréger l'entrevue qui la met mal à l'aise :

— Le bouquet vous attend, Monseigneur...

— Oui... Il était trop lourd à porter. C'est très bien comme cela.

En parlant, Rodolphe a un geste de fatalité ou de résignation, comme s'il voulait exprimer que le sort en est jeté. Marie Festetics est gênée, il s'en aperçoit et pose une question étrange :

— Êtes-vous pressée ?

— Oui, Monseigneur. Plutôt...

Avec sérieux, il répond :

— Moi pas. J'ai tout le temps !

— Oh !

Marie Festetics n'a pu s'empêcher de pousser un cri. Elle est choquée et incrédule. Le prince lui tend la main et lui réserve ces paroles incongrues :

— Pour l'amour de Dieu, dites-moi quelque chose de gentil...

La tension est telle que la dame d'honneur fond en larmes. Elle parvient à répondre :

— Dieu vous bénisse et vous rende heureux, chère, très chère Altesse !

— Merci !

Et Rodolphe étreint la main de la comtesse puis disparaît.

Elle n'oubliera jamais cette scène pénible et bizarre. « Ainsi se déroula le prélude à son mariage », écrira-t-elle. Que ressent Rodolphe ? La crainte de s'être trompé ? Sur Stéphanie ? Sur lui-même ? Son manque d'enthousiasme est à l'opposé de l'excitation supposée en un tel jour. Il cherche à retarder la cérémonie, il ne se sent pas impliqué. Est-ce bien lui qui se marie ? A-t-il seulement envie de se marier ou se sent-il prisonnier d'un engagement forcé ? S'est-il dupé lui-même, et a-t-il soudain conscience qu'il est trop tard ? Autant de réticences et de bizarreries qui vont prendre un triste relief et sont observées par un témoin aussi attentif que bouleversé. On ne peut en douter : ce nouveau départ dans la vie de Rodolphe ressemble à une fin. À vingt-trois ans, il est enfermé dans sa solitude ; elle le vieillit. Pathétique, il a sollicité l'une de ses rares alliées ayant un jugement sain. Oui, il est seul et se comporte comme s'il allait le rester. L'angoisse est une prison dont on s'évade laborieusement. Cette impression, tangible, est ressentie par tous les invités à la cérémonie, dans l'étroite église des Augustins, la paroisse de la Cour, entre l'Albertina et la Josefsplatz. On s'écrase pour y entrer. En 1736, alors que la décoration intérieure était encore de style baroque, Marie-Thérèse de Habsbourg y avait épousé François de Lorraine. En 1770, leur fille Marie-Antoinette s'y était unie, par procuration, au futur Louis XVI. En 1810, Marie-Louise avait suivi la même procédure pour le remariage de Napoléon ; en 1854, Élisabeth et François-Joseph se juraient fidélité et assistance sous les voûtes qui avaient recouvré leur arcs gothiques, comme à l'origine [1].

À 11 heures précises, parents, beaux-parents et mariés sont accueillis sur le seuil. Rodolphe fait des efforts mais il n'est pas joyeux. Il a une excellente raison d'être sombre : l'empereur a demandé au cardinal Schwarzenberg, l'archevêque de Prague avec qui Rodolphe est en conflit, de concélébrer le mariage, entouré d'une trentaine de prélats. L'empereur est obligatoirement informé du contentieux entre son fils et le cardinal ; s'il espère l'apaiser, il se trompe. S'il cherche à dompter son caractère frondeur par une provocation, il ne peut qu'aggraver le fossé des principes entre son fils et lui. Pour Rodolphe, la blessure est profonde ; c'est un affront. Comment peut-il accepter, sans ressentiment, d'être béni par quelqu'un qu'il méprise et rejette publiquement depuis des mois à Prague ? La faute est lourde. Mais ce matin, François-Joseph, en uniforme de maré-

---

[1]. Près d'une chapelle, sur le côté droit, un escalier descend jusqu'à une crypte où sont conservés plus de cinquante cœurs des Habsbourg, dont celui de l'Aiglon, le fils de Napoléon I$^{er}$ et de Marie-Louise. C'est le seul reste du duc de Reichstadt encore à Vienne. En effet, contrairement à une affirmation du philosophe Bernard-Henri Lévy (dans un abondant article du journal *Le Monde*), il est impossible de se recueillir devant son cercueil dans la Crypte des Capucins... puisqu'il se trouve à Paris, aux Invalides ! Le 15 décembre 1940, Hitler, pour tenter d'amadouer les Parisiens, fit « rapatrier » les restes de l'ancien Roi de Rome (excepté son cœur, ce qu'ignorait Hitler) par train spécial vers la France vaincue. Un nouveau « Retour des Cendres », exactement un siècle après le premier et par un froid aussi vigoureux qu'en 1840 ; ces conditions inspirèrent à quelques très rares Parisiens présents cette remarque : « Nous avons besoin de charbon et on nous envoie des cendres ! » Selon l'ancienne tradition impériale, les restes des Habsbourg étaient répartis en trois lieux sacrés de Vienne : la Crypte des Capucins (le corps), celle des Augustins (le cœur) et celle de la cathédrale Saint-Étienne (les viscères). Un usage, remontant au XVII$^e$ siècle, pour souligner le caractère éphémère et vain de la vie terrestre...

chal bardé de la grand-croix de l'ordre de Marie-Thérèse et de la Toison d'or, est particulièrement solennel. Aux yeux du monde, l'avenir dynastique de la Maison d'Autriche, si compromis il y a quelques années, doit être brillant mais surtout sérieux, solide. Le roi des Belges, en général portant la grand-croix de l'ordre de Léopold, fixe sa fille. Sa traîne de quatre mètres, portée par des pages à l'extérieur de l'église puis par les grandes maîtresses de la Cour faisant office de demoiselles d'honneur, lui plaît. Léopold II ne fera plus de commentaires à Stéphanie sur son accoutrement, elle n'est plus sous sa coupe. Son ultime conseil a été austère. Il lui a recommandé : « N'oublie jamais tes devoirs envers Dieu, ton époux et ta patrie. » Que ta vie soit « vertueuse » et apprends à devenir « la Mère de ton peuple ». En revanche, Marie-Henriette considère que sa fille, inexpérimentée, doit être conseillée en permanence. À l'idée qu'elle quitte aussi vite la cour de Bruxelles pour celle, plus impressionnante, de Vienne, elle est contrariée. Et elle ne cesse de reprendre Stéphanie sur sa tenue : on ne pleure pas en public, on se tient. À plusieurs reprises, la reine a fermement pris le bras de la princesse, lui rappelant, en trois mots vifs, son devoir d'apparence.

Tendue de damas pourpre jusque sur les prie-Dieu, ornée de tapisseries des Flandres spécialement accrochées, l'église est éclairée par des centaines de cierges. En robe gorge-de-pigeon, coiffée d'un diadème, l'impératrice est éblouissante, imposante et visiblement émue et grave. La reine, habillée d'une élégante soie bleue, est somptueusement parée. Stéphanie est arrivée entre les deux femmes.

Les orgues font vibrer les vitraux. Puis, après un dernier accord puissant, le silence recouvre l'assistance. Le temps est à l'orage, il fait lourd, des éventails brassent l'air épais. Le cardinal Schwarzenberg se retourne face aux fidèles et prononce ces mots avec une solennité de circonstance :

— Le mariage n'est pas, comme l'avancent ceux qui sont uniquement préoccupés des choses de ce monde, un contrat conférant des droits réciproques à chacun des époux mais un sacrement qui lie deux âmes pour l'éternité.

Ils échangent leurs consentements en disant le « oui » traditionnel en même temps. Mais alors que celui de Stéphanie, tendue, est presque un cri, celui de Rodolphe est grave, triste, « à peine audible » d'après sa mère, mortifiée.

À la seconde près, toutes les cloches de Vienne sonnent et les canons font trembler les vieux murs. De la foule s'élèvent des clameurs. Les fanfares jouent les hymnes nationaux. Stéphanie est désormais princesse héritière d'Autriche-Hongrie. Avide d'honneurs – cela est exact –, elle en est fière. Et Rodolphe, résigné, semble être le témoin et non l'acteur de son destin. Lorsqu'il apparaît donnant le bras à son épouse qui a sept ans de moins que lui, on ne ressent pas une passion entre eux, ni complicité ni désir brûlant d'être enfin seuls. La froideur de l'impératrice – c'est sa manière de condamner ce mariage – devient immédiatement de la distance. Autant sa propre belle-mère avait été envahissante, autant elle va se montrer détachée, extérieure à la cérémonie comme à la nouvelle existence de son fils. Elle se l'était juré, elle tiendra sa promesse, jamais elle ne pèsera sur sa vie de couple. François-Joseph est satisfait que tout se soit parfaitement déroulé. A-t-il conscience de la lassitude de Rodolphe ? Il n'est pas démonstratif, debout dans l'illusion du bonheur comme il le sera dans la réalité du malheur. Les souverains belges, eux, sont sans aucun doute comblés. « Dans leurs yeux, brillaient le bonheur et la joie ; ils me souriaient », se souvient Stéphanie. L'une des invitées, qui aurait bien donné sa place pour une couronne, Marie Larisch, fait partie des centaines de gens qui vont féliciter les mariés, lors du défilé, interminable. Voici le couple devant cette femme malheureuse qui promène son dépit jusque sous le nez de sa bienveillante protectrice et tante, l'impératrice.

Si la comtesse Larisch n'a cessé de guetter Stéphanie pour en dresser des portraits ravageurs, l'inverse n'est pas vrai. L'archiduchesse, tel est désormais son véritable titre, n'a pas aperçu la perfide. Rodolphe la regarde avec une tristesse moqueuse et dit à sa femme :

— Voici ma cousine Marie.

C'est sans doute un peu court pour elle, qui complète le portrait à sa façon : « La princesse héritière m'embrassa en disant qu'elle était heureuse de faire ma connaissance. Puis, ils s'éloignèrent. Pensant à mon propre mariage sans amour, je me sentais prise d'une profonde commisération pour ce pauvre Rodolphe. » Marie Larisch en est sûre, il s'est fourvoyé et comme il est intelligent, il le sait déjà. Et il en souffre. Elle n'a pas présenté ses félicitations mais des condoléances. Aux délégués, le prince répète des propos qu'il pense vraisemblablement mais d'une manière mécanique. Aux envoyés de Budapest en grand uniforme qui offrent leurs vœux, il assure :

— Mon épouse sera aussi hongroise, bonne et fidèle, comme moi-même.

Le déjeuner de gala n'en finit plus dans les salons bruyants. Selon le protocole, austro-hongrois désormais, Stéphanie se retire pour se changer, accompagnée de son cercle de dames qui ne la quittera plus et dont l'omniprésence faisait dire à la reine des Français, Marie-Amélie, l'épouse de Louis-Philippe : « Les dames d'honneur, ce fléau ! » Au milieu de ces étrangères qui la jugent plus qu'elles ne l'aident, Stéphanie se sent soudain seule, loin des siens et de son pays. C'est fini ! À seize ans ! Déjà ! Une cour chasse l'autre. Elle fait durer les opérations, change de vêtement de voyage – uniquement pour gagner du temps – puis fond en larmes (quoi de plus normal ?) dans les bras de ses parents et de ses oncle et tante. Larmes de Clémentine, sa petite sœur, larmes de sa dévouée femme de chambre, dite « Toni », larmes de la suite, larmes d'au revoir à sa Belgique familière et tant aimée... Épuisée, abattue, pour ainsi dire perdue dans un monde étranger et plutôt hostile, elle serre son petit chien contre elle. Il fait partie du voyage de noces.

Les bagages ont été chargés, les chevaux sont prêts, l'escorte piaffe. Paraît Rodolphe, changé lui aussi, dans tous les sens du terme. Le voici nerveux, impatient, soucieux de s'éloigner au plus vite. Il informe la compagnie qu'il est temps de partir. Et il arrache Stéphanie à ses regrets, à son ancien univers. Un mari amoureux ?

Il est 5 h 45 quand une voiture fermée quitte la Hofburg. Des badauds attendaient depuis des heures. Des drapeaux des deux pays sont encore agités mais aussi des mouchoirs. Le palais s'éloigne puis s'efface dans la brume ; le temps a fraîchi, le ciel est devenu triste. Frissonnante, exténuée, Stéphanie s'abandonne sur les coussins de la voiture. « Seule avec un homme que je connaissais à peine, je me sentis glacée d'effroi quand vint le crépuscule. » Les lanternes éclairent mal le couple. Les jeunes mariés sont face à leur bonheur. Et à eux-mêmes.

Le choix de la destination du voyage de noces demandait un minimum d'intelligence et un maximum de bon sens. On manqua des deux. Les refuges secrets abondent pourtant dans l'immense territoire, qu'il s'agisse d'un chalet de montagne – par exemple en Transylvanie –, d'un palais sur l'Adriatique dont la Riviera concurrence la Côte d'Azur, d'un château caché au fond de la Bohême ou en Hongrie, pourquoi pas vers les rivages du lac Balaton. Ces exemples ne tiennent pas compte des destinations étrangères, de plus en plus accessibles grâce à l'extension des réseaux ferroviaires. Par on ne sait quel manque d'imagination, paresse ou défi, c'est le château de Laxenburg qui va abriter la première intimité des mariés. Laxenburg ! Rodolphe y est né, on le sait. Mais François-Joseph et Sissi y ont passé leur nuit de noces qui, d'après l'impératrice, fut un cauchemar sans que l'on puisse expliciter les raisons précises de son souvenir. Est-il vraiment de bon goût de choisir le même château où elle n'est revenue que pour accoucher ? Mais surtout, l'endroit est trop près de Vienne, de Schönbrunn, des ragots et des indiscrétions. Pour une vie neuve, il eût fallu un abri non souillé et hors d'atteinte des importuns.

On n'entend que les sabots des chevaux sur la route inconnue et le fouet qui claque. Rodolphe et Stéphanie ne se parlent pas. « En vain, j'attendais un mot tendre ou aimable qui m'eût délivrée de cette mélancolie. Ma fatigue, mêlée à des sensations de peur et de solitude, se changèrent bientôt en un désespoir lourd et profond. Des larmes mal retenues me brûlaient les yeux. » Une jeune fille, une trop jeune fille... À en croire Stéphanie – on ne dispose pas de la version de son mari –, pas encore heureux ensemble, ils sont déjà malheureux chacun de leur côté. Le trajet, aussi long que chaque phase de la journée, dure deux heures. Deux heures de silence hostile et embarrassé, cachant mal l'angoisse de se diriger vers une association de solitudes. À 7 h 45, la voiture s'immobilise enfin dans la cour de Laxenburg. Le ciel est noir mais quelques badauds attendaient encore. Ils envoient des acclamations timides, comme des encouragements. Ainsi, personne n'ignore, dans les environs, où va se dérouler la lune de miel : les journaux ont d'ailleurs précisé que, à l'intention du couple, quatorze pièces ont été rénovées, dont celle où est né le prince héritier. Rodolphe aide sa femme à descendre de la voiture puis, d'un pas rapide, la dirige vers l'entrée qui fait face à la chapelle et qu'on nomme le « Jardin bleu ». L'impression de Stéphanie est mitigée. D'une part, les mariés sont attendus. Outre des tapisseries et des meubles mis en place il y a quelques jours, un personnel important est arrivé il y a une semaine pour que tout soit en ordre. Depuis hier, cuisiniers, maîtres d'hôtel, femmes de chambre, lingères, gouvernante, cochers, laquais, valets sont prêts. Et huit équipages complets attendent dans les écuries. Mais d'autre part, il n'y a aucune attention délicate, ni aucune chaleur dans l'accueil, sans parler de graves lacunes domestiques. Dès l'entrée, un souffle d'air froid et une odeur de moisi comme venant d'une cave ont envahi les pièces ; le chauffage est insuffisant pour un pluvieux soir de printemps et les pièces sombres. « Pas une plante, pas une fleur pour fêter notre arrivée, donner un peu de cœur et de gaieté à ces lieux misérablement éclairés. Rien ne semblait avoir été préparé. Il n'y avait ni tapis ni coiffeuse. Près de ma chambre, une cuvette sur un trépied de fer. Rien n'avait été fait pour moderniser Laxenburg depuis que l'impératrice Élisabeth y avait accouché en 1856 ! Les lits, les matelas, les rideaux dataient de cette époque, selon toute apparence. Il n'y avait absolument aucun luxe, pas même de confort. » Combien Stéphanie eût aimé un simple bouquet de muguet, sa fleur favorite, pour lui souhaiter la bienvenue. Qu'il n'y ait ni salle de bains ni même une table de toilette révèle l'absence d'intérêt de Sissi pour sa belle-fille, car la réputation de l'impératrice est faite depuis longtemps : par hygiène, elle exige des baignoires dans les appartements et des douches pour se laver les cheveux facilement. Sissi s'est déjà éloignée de ce mariage ; pour elle, il n'a aucune valeur car il n'est pas le reflet d'une histoire d'amour. Prématuré, insensé, voué à l'échec, elle l'eût défendu si Rodolphe et Stéphanie s'étaient passionnément épris l'un de l'autre. Stéphanie – il faut l'indiquer – est certainement déçue et vexée de ne pas être traitée comme elle s'attendait à l'être. Fille de roi devenue princesse héritière d'une des plus prestigieuses monarchies d'Europe, elle aurait espéré une considération proportionnée à sa nouvelle condition. Elle a abandonné un rang et une position sociale enviables mais personne ne semble s'en soucier. Et la chaleur affective lui manque autant que celle, défaillante, de l'aile du château.

« Séparée de ceux que j'aimais, j'étais abandonnée, fiévreuse de fatigue et d'énervement dans un cadre hostile. Je ne pus m'empêcher de constater que nul n'avait ressenti d'intérêt pour moi, la femme-enfant. On ne m'accordait même pas une résidence digne de la future impératrice d'Autriche. » Et dans ce décor qu'elle juge macabre, la jeune fille est accueillie par une gouvernante âgée, revêche, vulgaire et « qui parlait un allemand absolument incompréhensible. Elle me parut être une sorcière ».

Toutes ces mauvaises impressions, que l'on peut mettre sur le compte de l'absence de maturité, du romantisme convenu d'un tel événement et de la susceptibilité d'un caractère jaloux de ses prérogatives, se dissiperaient si Rodolphe était tendre, doux et attentionné. Selon Stéphanie, il est brutal, nerveux, impatient. En clair – toujours selon elle –, l'initiation amoureuse et sexuelle de la princesse tourne au fiasco, avec ses doses de maladresse, de répulsion, de gêne et d'incompréhension. Des tabous sont-ils balayés sans ménagements par cet homme habitué aux femmes expérimentées ? Des interdits sont-ils franchis par un mari impétueux, à la fois séduit et embarrassé par la conquête d'une vertu ? Les mots, les gestes, les regards qu'il faut – et qu'il ne faut pas –, comment percer le secret d'une intimité naissante entre la pudeur horrifiée et l'excitation sensuelle ? On ne le saura jamais, mais, en revanche, le traumatisme éprouvé par Stéphanie lui inspire encore du dégoût un demi-siècle plus tard : « Quelle nuit ! Quels tourments ! Quelle horreur ! Je n'avais pourtant pas la moindre idée de ce qui m'attendait. Je ne savais rien, on m'avait conduite à l'autel comme une enfant confiante. Et voilà que mes illusions, mes rêves de jeune fille étaient anéantis. Je crus mourir de déception. » À quelques nuances près, on croirait entendre sa belle-mère Sissi évoquant sa nuit de noces, elle aussi catastrophique, au même endroit ! Une incroyable répétition. Comme elle est loin la mise en scène de ce bonheur obligatoire lorsque, il y a encore quatre jours, les kiosques à musique de Vienne résonnaient de la *Gavotte de Stéphanie* et Johann Strauss fils lui-même dirigeait une nouvelle valse, composée pour le couple, intitulée *Bouquet de myrtes* ! Au matin du 11 mai, le cœur de la princesse est brisé par une marche funèbre, les débuts chaotiques de sa vie de femme.

Désemparée, elle pense trouver un réconfort auprès de la seule personne dont elle se sente proche, une femme, évidemment, la grande maîtresse de sa Maison, la comtesse Nostitz avec laquelle les rapports sont chaleureux ; l'aristocrate est compatissante, prête à la consoler. « Je me confiai à cette excellente femme qui me prit dans ses bras comme une mère. » Elle reprend courage parce que, assure-t-elle, si sa nature est impulsive elle est également joyeuse. Vers midi, Rodolphe vient la voir. Embarrassé. Comme Stéphanie. Sont-ils vraiment mari et femme ? L'archiduc trouve un moyen pour établir un dialogue, banal, mais l'important est de rompre l'incompréhension mutuelle qui les paralyse. Il montre, sur une table, des piles de lettres et des télégrammes. Il faut remercier, surtout en français et en anglais ; c'est long, fastidieux. Il demande à Stéphanie si elle peut l'aider à traduire ce courrier. Il a confiance en elle, elle en est heureuse. Elle commence à écrire, à parler, à s'animer. Maladroitement, ils essaient de combler le vide entre eux.

La comparaison entre Élisabeth et sa belle-fille s'arrête aux désillusions d'une première nuit. Si la jeune impératrice fuyait une vie en représentation, la jeune archiduchesse, au contraire, va rechercher les occasions de paraître en public et de savourer les avantages de sa nouvelle position. Sissi a toujours fui ce genre d'obligations, Stéphanie va les rechercher ; ces deux attitudes, opposées, sont, en fait, un moyen d'exister et de se venger des commentaires mesquins. Elle comprend immédiatement que ce n'est pas en s'effaçant qu'elle pourrait retourner l'opinion. Certes, la proximité des résidences familiales et l'impossibilité de vivre discrètement ont des inconvénients, surtout les premiers jours. Mais les mariés ne recherchent pas l'isolement ; il ne leur réussit pas et Stéphanie vit très mal le contraste entre le tourbillon dans la foule des jours derniers et la solitude brutale, pas encore comblée par l'amour. Des regards inquisiteurs la scrutent, elle et le couple qu'elle forme avec Rodolphe. Elle résiste à la gêne éprouvée, celle-là même qui avait définitivement fait de Sissi une rebelle à ce milieu sournois. Continuant leur séjour à Laxenburg, Rodolphe et sa femme ne fuient pas les dîners qui rassemblent toujours une tribu. Promenades et visites s'enchaînent avec douceur, Stéphanie adorant la petite voiture tirée par un poney qu'il lui a offerte. Presque un cadeau pour petite fille...

L'équilibre de la monarchie dualiste commande au couple de se rendre au plus vite à Budapest. La ville est impatiente de connaître la femme du fils d'Erzsébet. Stéphanie bénéficie d'un préjugé favorable puisque sa mère, Marie-Henriette, est d'ascendance hongroise par son propre père, l'archiduc Joseph-Antoine, oncle de François-Joseph, qui avait été comte palatin de Hongrie. Pendant plus d'un demi-siècle, il a défendu le sentiment national hongrois contre la pression autrichienne et a favorisé le développement du pays dans divers domaines. Il a même pris la tête des troupes hongroises contre Napoléon. On peut donc supposer que le fils d'Erzsébet ayant épousé une jeune fille dont la mère avait la Hongrie pour patrie, ce voyage ne peut qu'être un succès et un moyen d'installer Stéphanie dans son rôle. Un rôle risqué : la concurrence avec sa belle-mère est encore plus difficile en Hongrie qu'ailleurs. Et Stéphanie, si elle s'exprime en hongrois, n'a pas, assure-t-on, une réelle aisance ; mais elle a travaillé et appris des paragraphes entiers de compliments et d'amabilités à Bruxelles, ce qui atteste sa volonté d'être en phase avec son mari.

Huit jours après leur mariage, ils sont en route pour Budapest, par train spécial. À Presbourg, le 18 mai, l'ancienne capitale de la Hongrie leur réserve un accueil proche du triomphe. La double vénération d'Erzsébet et de Joseph-Antoine fait merveille ; les habitants reportent sur les jeunes gens l'affection et l'estime qu'ils ont pour leurs parents. Et ils sont fiers que le premier voyage du couple princier soit réservé à la Hongrie. C'est enivrant ; Rodolphe est plutôt étonné de ce succès dont une part revient à sa jeune femme. Elle-même en oublie son amertume. Elle se dit heureuse. Elle le croit sincèrement. Au milieu d'un peuple qui l'acclame, elle existe, elle tient son rang, elle trouve sa raison d'être. À Budapest, dont les embellissements sont notoires dans la partie moderne de Pesth avec de nouveaux immeubles rappelant ceux de Bruxelles, les plus grands noms magyars sont présents pour féliciter le couple, installé au palais royal. Une immense salle néobaroque, éclairée par six lustres comme des buissons de perles, a été rénovée et agrandie pour la vie de cour. Mais c'est le lendemain, 19 mai, que la princesse se révèle totalement en phase avec Rodolphe. Dans l'ancien Parlement, il lui présente les élus du peuple. À l'évidence, il est content que sa toute jeune femme puisse rappeler qu'ayant un grand-père et une mère hongrois, leur pays natal était aussi le sien. Elle récite son discours sans difficulté. Surprise : Stéphanie s'exprime mieux en hongrois que Rodolphe ! Encore une calomnie qui s'effondre ; interrompue par l'enthousiasme, la princesse reprend. Des salves d'applaudissements saluent son intervention, brève mais qui produit un grand effet. Jusqu'à cet instant, on peut dire que Rodolphe ne considérait pas réellement sa femme ; maintenant, il la regarde, étonné. Il lui dit :

— Je suis flatté et satisfait.

Presque une déclaration d'amour... Il l'estime et c'est déjà précieux. Et tandis qu'un mépris général accablait la jeune fille à Vienne, Budapest la porte aux nues. Le même phénomène d'enthousiasme engendré par Sissi-Erzsébet au bénéfice de François-Joseph se répète. Après le couple souverain, le couple héritier recueille la même ferveur. Sa belle-mère y savourait une revanche définitive ; Stéphanie connaît une victoire inimaginable. « La vache flamande », « le chameau laid » étonne par sa maîtrise d'elle-même et sa volonté de plaire. L'ambassadeur du roi Léopold envoie cette dépêche à Bruxelles : « Jamais on n'a vu à Pesth un succès plus complet que celui de Madame l'archiduchesse Stéphanie. Ses manières prévenantes, sa grâce simple et naturelle, son sourire plein de bonté lui ont conquis toutes les sympathies. » L'impératrice était amoureuse de la Hongrie ; lorsqu'elle était devenue reine, le peuple était tombé amoureux d'elle. Aujourd'hui, c'est un couple qui est acclamé, Rodolphe a choisi la bonne épouse. On l'avait jugée un peu vite, cette grande Belge ; on la prétendait niaise, facile à ridiculiser. Or à Budapest, où l'air est moins chargé d'insinuations prétentieuses qu'à Vienne, elle se révèle habile et ne commet aucune faute de goût. Sissi avait la beauté, Stéphanie a l'éducation. Après une jeunesse triste et austère, elle s'épanouit sur les bords du Danube. Lors de la soirée de gala, devant deux mille invités, précédée du chambellan en uniforme à brandebourgs brandissant le bâton de commandement des festivités, elle paraît dans le costume national avec voile, gilet brodé et tablier ; à son cou, les bijoux offerts par la Ville pour son mariage.

Ce bain de foule dure huit jours. Rodolphe et Stéphanie inaugurent un hôpital, la princesse donne le départ d'une course de chevaux, Rodolphe préside plusieurs réunions politiques en hongrois, centrées sur le fonctionnement de la Hongrie dans l'Empire. Stéphanie découvre Gödöllö ; à son intention, l'épouse d'un écrivain, Férenc Mora, fine cuisinière et auteur d'un livre de recettes, dédie une de ses spécialités à l'archiduchesse, un « rôti de porc à la Stéphanie ». Un autre jour, elle y donne un thé pour les dames de la haute société, jolie galerie de chignons bien relevés ; on y sert l'un de ses desserts favoris, une tarte à la crème, délicieuse mais d'une légèreté relative puisqu'on y superpose une crème au chocolat, une aux noisettes et une aux framboises... Comme toute la famille, elle aura son service de porcelaine blanche et rouge avec son monogramme jusque sur les couvercles des terrines.

Le 23 mai au matin, le couple remonte dans son train en direction de Vienne. La Hongrie est son premier brevet de gloire obtenu à deux. Le rythme tendu des manifestations et réceptions a épuisé la princesse qui s'effondre, victime d'un léger malaise. Depuis deux jours, épuisée, elle a pris sur elle pour tenir. N'était-ce pas un examen de passage délicat où elle ne pouvait échouer ? À la stupéfaction irritée de la Cour, la presse souligne que les fatigues de ce voyage ne se lisent pas sur son visage, ce qui est à la fois galant et vrai. Son indisposition est discrète. Mais le lendemain, sur avis médical, il est ordonné à Stéphanie de se reposer quelques jours à Schönbrunn. Il ne faut prendre aucun risque. Rodolphe est ennuyé, car tous deux devaient partir pour Prague le 25 mai. L'enchaînement de ce voyage immédiatement après la Hongrie n'est pas heureux, mais c'est en Bohême qu'ils vont s'installer. Un fâcheux contretemps pour Rodolphe, tout est prêt à Prague, y compris son régiment. Il ne peut être question de s'y rendre seul. Les Tchèques, eux aussi, veulent voir la princesse héritière. On comprend leur impatience, on devine leur déception d'apprendre que l'arrivée du couple est différée d'une dizaine de jours. Dix jours ! Prague pourra-t-elle pardonner ce que certains prennent pour un affront ? Les princes ne sont-ils pas pressés d'honorer la Bohême de leur présence ? À la Cour, les sourires entendus reviennent sur les visages pincés. L'euphorie de Budapest n'était qu'une illusion passagère. Est-on sûr que Stéphanie soit l'épouse qui convienne à Rodolphe ? Voyez comme elle est fragile...

Prague doit abriter leur bonheur. Mais c'est une épreuve plus dure que les coteries sournoises de Vienne et moins exaltante que les acclamations dithyrambiques de Budapest qui attend le couple. Rodolphe revient dans la ville où il s'est épanoui. Mais il n'est plus libre...

CHAPITRE 4

DES ARRANGEMENTS TROMPEURS

La convalescence de Stéphanie va durer quinze jours. Deux semaines à respirer l'air pur du printemps dans le parc de Schönbrunn. La rumeur d'une grossesse, qui avait vite circulé, était totalement infondée, comme bien d'autres. Il est vrai que la princesse est lasse ; elle a fait un effort immense pour être appréciée et acceptée des milieux hongrois. On la voit se livrer à des travaux d'aiguille, dans le parc du château où un petit pavillon a été aménagé pour elle. Marie-Valérie et sa belle-sœur font plus ample connaissance. Elle aime Schönbrunn où sa mère a vécu ses années d'enfance. Si François-Joseph s'enquiert de la santé de sa belle-fille, c'est sans être expansif ; il est déjà accablé des sautes d'humeur de sa femme et considère qu'on ne doit pas ennuyer les autres avec ses petits tourments. De plus, il est plongé dans les négociations consolidant les conventions austro-russe d'une part, germano-russe d'autre part, que la crise balkanique avait fragilisées. L'alliance, dite des Trois Empereurs, est sur le point d'être renouvelée. Sissi vient également mais comme une étoile filante, sans s'attarder en babillages ; on la sent circonspecte à l'égard de ce mariage. Certaine que son fils est tombé dans un piège et qu'il en est prisonnier, elle est presque dédaigneuse mais ne dit plus rien. De sa bouche perpétuellement serrée (elle a le complexe, injustifié, de mauvaises dents), pas une critique, pas une médisance ne sort. Étonnée du succès de Stéphanie, elle a assuré Rodolphe qu'il lui faisait plaisir. Décidément, la Hongrie porte bonheur aux épouses des Habsbourg. Stéphanie sait qu'elle ne peut réellement compter sur l'appui de sa belle-mère, qui n'est pas une alliée. Peut-être une rivale, certainement pas une ennemie.

La princesse lit beaucoup, approfondissant ses connaissances sur l'Autriche-Hongrie. Rodolphe, enfin, après avoir parlé avec son père de la situation des Tchèques, travaille au projet éditorial de son *Voyage en Orient* et se montre impatient de partir. En fin d'après-midi, les promeneurs croisent Stéphanie et sa dame d'honneur sous leurs ombrelles mais souvent ne la reconnaissent pas. Après un dîner léger, toujours servi tôt, elle se retire à 9 heures. Ses sorties ont été supprimées.

Ayant recouvré ses forces, elle est prête mais accepte, sur avis médical, qu'on supprime les festivités prévues à Prague. Il lui en coûte, car il lui faut absolument occuper la place assignée par le destin. Elle aime les honneurs, les usages protocolaires la mettant en valeur et tout ce qui la prépare, doucement, à être un jour la souveraine d'un empire de cinquante-cinq millions de sujets.

Le 8 juin au matin, elle et Rodolphe partent pour Prague où ils arrivent dans l'après-midi. La déception est grande chez les Tchèques qui attendaient sous un ciel menaçant. En effet, la foule est interdite dans la gare et la police tient les badauds à distance. Après deux semaines de frustrations, les Pragois sont vexés, surtout en comparaison de la frénésie populaire décrite par les journaux de Budapest. Puisque la princesse n'est plus malade, pourquoi ces précautions humiliantes ? On a laissé, peut-être exprès, des lambeaux de la décoration initialement prévue... Le cortège file directement au château. *A contrario* de cette arrivée d'une étiquette restreinte, Rodolphe, qui a été inquiet de la fatigue de sa femme, se montre prévenant, attentif, presque doux. Il découvre l'autre face du caractère de Stéphanie. D'un côté, il ne peut ignorer qu'elle tient aux signes extérieurs de sa nouvelle condition et sur ce sujet, elle est même susceptible, n'admettant pas d'être traitée sans égards. De l'autre, elle est affable, ne demande qu'à aider son mari à se préparer, lui aussi, à une tâche écrasante. Ils ont en commun d'avoir vécu des enfances solitaires, tristes, au nom de la rigueur et du devoir. Ils ont peu ri, leurs amusements étaient rares. Deux chagrins ne font pas forcément un bonheur mais leur foyer peut être une éclatante revanche ; ils ne supporteront les épreuves qu'à deux, par leur union. L'entourage de l'archiduc observe son évolution ; il est plus mesuré dans ses attitudes, admet des nuances et semble prêt à construire une famille. Mais elle, par moments, n'est encore qu'une enfant... Quelle différence !

Les travaux de leur installation terminés, Rodolphe avait rempli leurs appartements de meubles neufs, modernes, encore plus confortables que ceux du style Biedermeier, l'équivalent autrichien du bien-être louis-philippard ; délicate attention, il en a fait cadeau à Stéphanie. Des meubles à elle ! Pour elle ! Le cauchemar de l'anonymat de Laxenburg s'éloigne enfin. Stéphanie est chez elle à Prague au lieu de supporter l'empreinte de générations dans des fauteuils et des lits croulants de souvenirs ; elle n'a plus à subir l'ombre, contraignante, du passé comme si elle devait reprendre une conversation du temps de Metternich, voire de Marie-Thérèse. Il y a tout de même un fantôme dans le château, toujours le même et toujours sympathique, l'impératrice Maria-Anna, qui a maintenant soixante-dix-huit ans et avec laquelle Rodolphe s'entend bien. La veuve de Ferdinand I$^{er}$ est heureuse d'avoir de jeunes voisins. Elle leur parle – en français – de sa Sardaigne natale. Épouse dévouée ayant soigné, avec abnégation, son mari épileptique jusqu'à la fin, elle séduit Stéphanie qui se sent protégée par la bonté de la douairière.

S'il est certain qu'un jeune couple ne peut s'épanouir que chez lui, Rodolphe et Stéphanie en donnent une nouvelle preuve. Arrangeant les pièces comme elle l'entend, savourant la splendide vue sur le coude que fait la Moldau en bas de la colline, s'attardant sur la vision magique des tours et des clochers à la tombée du soir dont Chateaubriand, rendant visite à Charles X en exil, a laissé une description magistrale, l'archiduchesse s'apaise. Son mari s'humanise chaque jour davantage. Il ne regarde plus Stéphanie comme une curiosité infantile mais comme une femme, la sienne. L'évolution heureuse de leurs rapports, après un début pitoyable, doit beaucoup au fait qu'ils ne sont plus surveillés. Ils peuvent être eux-mêmes. L'oppression viennoise est loin ! Ils n'en sont que plus à l'aise. Parfois, un caprice intime de l'archiduchesse vient bloquer l'engrenage huilé de leur nouvelle vie. On se demande comment elle ose se plaindre à Rodolphe d'une atteinte, supposée, à sa dignité. De quoi s'agit-il ? La garde du château ponctue les entrées et sorties de Leurs Altesses Impériales et Royales de roulements de tambour. La tradition. Pas question de discrétion ! C'est un salut militaire. Et voilà que Stéphanie croit entendre, sous ses fenêtres, que la batterie est moins longue... pour elle que pour la digne Maria-Anna ! Comme son mari, agacé, lui répond que la vieille dame a été impératrice et qu'elle, Stéphanie, ne l'est pas encore, l'archiduchesse révèle son manque de maturité et, disons-le, une stupidité impulsive. L'incident, grotesque, aurait dû en rester là. Mais Stéphanie prend sa plume et envoie à François-Joseph une lettre pleine de reproches pour crime de « lèse future impératrice » ! Cette démarche, insensée, finit dans la corbeille à papiers de l'empereur. Mais, selon son habitude, le souverain l'a d'abord annotée sévèrement. D'ailleurs, Stéphanie écrit assez souvent à son beau-père pour des futilités. Et le monarque en conclut que sa belle-fille est « un obélisque de manque de tact ». Mais ces défauts ne sont pas étalés publiquement, Stéphanie ayant vite saisi l'utilité de l'apparence. Devant des tiers, il faut se tenir.

Très absorbé par le commandement de son unité, Rodolphe cultive sa réputation, cherchant à faire « du bon travail » ; certain d'y parvenir, comme il l'écrit à son confident Latour, il ajoute, satisfait, « Je suis très aimé en Bohême », ce qui est vrai. Sa femme, par son comportement aimable, sa disponibilité et sa volonté de seconder harmonieusement Rodolphe, recueille des ovations à chacune de ses sorties. Son arrivée déchaîne les bravos, les révérences et une gamme de politesses pesantes. Sans doute est-on curieux de voir de près cette jeune fille de roi propulsée vers une ascension impériale. Si elle honore une réunion de dames, visite un orphelinat, patronne un concert à Saint-Nicolas ou s'intéresse à la reconstruction de la fameuse Tour Poudrière dans le style néogothique, un attroupement se forme comme un essaim et ne lâche plus Stéphanie. Verrait-on pareille hystérie à Vienne ? La police finit par demander aux journaux de publier un avis afin que les Pragois évitent « de harceler la princesse dans ses moindres faits et gestes ». En quelques jours, les mauvaises impressions de leur arrivée sont oubliées ; cette réussite est, d'abord, celle du couple qui se construit. Il semble même, d'après son entourage, que l'entente intellectuelle se double d'une entente physique, qui paraissait improbable aux commères du Gotha. Avec sérieux – nous dirions avec métier –, le couple répond aux attentes des Tchèques. Audiences, inaugurations, réceptions, dîners officiels et même des chasses sont animés ou organisés en l'honneur des princes. En un mois,

Stéphanie a soutenu une cadence de représentation dont le seul énoncé aurait épuisé sa belle-mère. Le travail de Rodolphe est intense. Tôt le matin (tiendrait-il de son père ?), il exerce son commandement et prépare de grandes manœuvres qui conduiront son régiment jusqu'en Hongrie. Ensuite, il écrit. Beaucoup. La rédaction de son *Voyage en Orient* ronge son temps, mais quel bonheur de revivre cette expédition fascinante, de peaufiner ses notes scientifiques et des fiches techniques accompagnant les cent trente-six planches naturalistes, ethnographiques et archéologiques de Pausinger, l'illustrateur de l'aventure ! Marie Festetics, à qui l'éloignement géographique ne permet pas de suivre l'évolution de près, note, dans son journal : « Le Prince est intelligent mais il est jeune et n'a pas reçu de principes. Et maintenant ? J'ai peur. » La dame d'honneur de l'impératrice est restée sous le choc de sa rencontre avec Rodolphe, au détour d'un couloir, le matin de son mariage.

À Prague, l'atmosphère politique s'est détendue. Depuis plus d'un an, si l'allemand demeure la langue administrative, l'usage de la langue tchèque est reconnu dans la vie politique et judiciaire, ce qui conduira à la création d'une université de langue tchèque, prouvant la vigueur du sentiment nationaliste au même titre que la construction du Théâtre national, deux événements que le mouvement Jeunes Tchèques saura exploiter plus tard. Comme d'habitude dans l'empire multiethnique, le gouvernement (en l'occurrence dirigé par le comte Taaffe, que Rodolphe n'apprécie pas) ne doit ni privilégier ni abandonner l'une de ses composantes. François-Joseph y veille : « Quelles que soient ses attaches personnelles, il se veut – on l'a maintes fois souligné – le père de tous ses peuples. À cet égard, il tient pour légitime que les Tchèques, l'une des nationalités les plus évoluées de l'Empire, bénéficient d'un statut à la mesure de ce développement[1]. » On peut considérer la soirée du 11 juin 1881 comme l'aboutissement du renouveau national avec l'inauguration du théâtre élevé le long de la rivière, en présence de Leurs Altesses Impériales et Royales. La salle, somptueuse, rouge et or, et dont chaque loge dispose d'un grand miroir doré rectangulaire pour vérifier la tenue d'un habit ou le drapé d'une robe, les tuyaux

---

1. Jean-Paul Bled, *François-Joseph*, la plus imposante biographie publiée en français (Fayard, 1983).

d'orgue curieusement disposés au-dessus de la troisième galerie, n'ont d'égal que la splendeur du foyer ; les dorures sont riches. C'est un sommet de la mode néo-Renaissance avec des peintures d'élèves de l'Académie des beaux-arts, Mikolàs Aleš et František Zenišek. Bien que qualifié de « temple de la résurrection nationale », le théâtre n'a, esthétiquement, rien de tchèque. Il honore les opulences italiennes raffinées du XVIe siècle mais avec des lourdeurs fin de siècle, comme à l'Opéra de Budapest d'ailleurs. Le rideau de scène est dû à un disciple des peintres français Jean-Léon Gérôme et Paul Baudry.

Dans cette salle de mille huit cents places qui succède à un bâtiment provisoire, tout Prague est debout pour accueillir les princes héritiers. Ils font, ce soir, leurs débuts officiels en Bohême. Comme la souscription ayant permis l'édification de la salle était un élan tchèque, le programme ne pouvait qu'être nationaliste, en écho à la fresque au plafond du foyer, intitulée *La Patrie*. On joue *Libuse*, opéra de Bedrich Smetana, le père de la musique tchèque moderne. S'il n'y a pas d'escalier monumental, il y a une loge royale... dans l'attente d'un roi de Bohême. Le couple y est acclamé... Mais on rappelle que la première pierre, posée le 1er mai 1868, comportait cette devise : « La Nation pour la Nation. » Par honnêteté, ajoutons que l'architecte, Zitek, formé par deux Autrichiens qui ont construit l'Opéra de Vienne, est sous l'influence de Semper, le maître de l'Opéra de Dresde.

Ayant appris la signature, le 18 juin, de l'alliance des Trois Empereurs, l'archiduc regrette que l'isolement de la France, forgé par Bismarck depuis dix ans, soit confirmé. Les empires ne veulent pas du relèvement français. Stéphanie le voit soucieux alors qu'elle prend des leçons de dessin et songe même à apprendre le chant. Pour elle, les réceptions de hautes personnalités font partie de ses espoirs et un télégramme de François-Joseph depuis Bad Ischl, le 1er juillet, la transporte de joie : « Le Prince Milan et sa femme désirent vous rendre visite à Prague et arriver là-bas le 9 juillet. Ils voudraient savoir s'ils doivent descendre au château ou à l'hôtel. Télégraphie-moi de suite s'ils peuvent demeurer au château, ce qui serait souhaitable et si vous approuvez. » Le visiteur n'est autre que le jeune prince Milan Obrénovitch de Serbie. Si son pays a obtenu, par le congrès de Berlin en 1878, son indépendance des Turcs, la

Bosnie-Herzégovine lui a échappé en passant sous le mandat austro-hongrois. Mais depuis, Milan s'appuie sur Vienne et ce soutien devrait lui permettre, dit-on, de prendre prochainement le titre de roi. Comme on s'en doute, il résidera au château. Quelle excitation pour l'archiduchesse ! C'est la première fois qu'elle reçoit une tête couronnée et elle sait que son beau-père sera informé de tout. Alors, la semaine n'est qu'une succession de préparatifs privés, son domaine théorique, et publics, celui de Rodolphe et du gouverneur civil. Des appartements sont mis en état pour le couple, plus une suite de trois personnes pour le prince et deux pour la princesse. Rodolphe, calme et amusé, fait un cours à sa femme sur l'art et la manière de recevoir un personnage essentiel de la question balkanique et qui est de la génération de Rodolphe. Certes, il a besoin de l'Autriche, mais l'Autriche ne peut se passer de son appui, car la Russie n'a pas renoncé à exercer son influence en Serbie, notamment par le biais de la religion orthodoxe. Un traité, secret, vient d'être conclu le 28 juin entre l'Autriche et la Serbie ; ce voyage n'est donc pas uniquement une visite de bon voisinage. Le 9 juillet, le prince Milan et sa suite arrivent à Prague, venant de Belgrade, Budapest et Vienne. Rodolphe a chapitré Stéphanie. Pour cette première réception officielle du couple, il a composé les menus avec elle et choisi les vins, des crus capiteux mais aussi du champagne français. Rodolphe est rodé, Stéphanie une débutante affolée mais soucieuse de faire bonne impression. Jeune maîtresse de maison (à la dimension d'un château), elle devra donc oublier officiellement que le prince Milan est assez autoritaire, dépense l'argent inconsidérément et qu'il n'avait pas su endiguer la corruption lorsque, mineur, il était assisté d'un Conseil de régence. On ne pouvait le lui reprocher, il n'avait que quatorze ans.

Un grand malheur frappe soudain la ville. Après onze représentations, le nouveau théâtre brûle entièrement. La salle, la scène et le plafond partent en fumée. On soupçonne Zitek, l'architecte ; il se serait vengé de l'accusation d'avoir dessiné et conçu un opéra trop exigu. Volontaire ou non, l'incendie déclenche un nouvel élan pour la reconstruction d'une salle un peu réduite (cinq cents places en moins) : la nouvelle souscription sera couverte en quarante-sept jours ! Il est évident que ce drame allait stimuler encore davantage la résurgence de l'identité tchèque. Selon une autre hypothèse, la puissante communauté germanophone aurait mal supporté l'éclat d'une salle idéologiquement détachée de la Bohême allemande. L'enquête n'a jamais tranché, mais Zitek, accablé de questions, devra démissionner.

Ces obligations politico-mondaines, qui ont exigé mises au point et coordinations diverses, scellent davantage l'intimité entre Rodolphe et sa jeune femme. Désormais, ils disposent d'une vie officielle complète, pour ainsi dire autonome, chez eux comme en public et dans une ville passionnante. Prague est un joyau que bien des personnages veulent découvrir. Des vacances conviendraient à Stéphanie, fourbue après ce nouvel examen de passage qui a fortifié sa position. Rodolphe en informe son père. François-Joseph, exaspéré par l'absence de résistance de sa belle-fille, répond vertement à son fils :

— Envoie-la à la campagne !

Une excellente idée. Mais elle ne partira pas seule et c'est en cette circonstance que la solidité du jeune couple triomphe de l'épreuve puisque Rodolphe refuse de laisser sa femme seule. Après discussion, le choix s'arrête sur les environs immédiats de Salzbourg. Au sud, en retrait de la Salzach, près du château de Hellbrunn, ancienne résidence des princes-évêques au XVIIe siècle, le chambellan retient la villa Svoboda. Puisqu'elle n'est pas à louer, elle est achetée. Rodolphe et Stéphanie y arrivent à la mi-juillet, alors que Sissi est en Bavière, chez son frère Louis-Guillaume. Le couple doit se contenter de sept pièces, il en reste vingt-deux pour la suite. Dans les écuries, Rodolphe a du mal à installer ses douze chevaux, aussi bien de trait que de selle, sans oublier l'inséparable poney de Stéphanie. L'endroit est paisible et le panorama majestueux sur les montagnes. Un refuge idéal pour écrire, c'est ce que recherchait Rodolphe ; il a rempli des coffres de papiers, notes et documents afin de continuer son *Voyage en Orient*. Même en vacances, le couple princier ne peut totalement échapper à la curiosité journalistique. Le résultat, d'une banalité convenue, est cependant instructif ; une harmonie, qui ne semble pas seulement de façade, règne dans la villa Svoboda. On peut lire, dans la *Neue Freie Presse* du 26 juillet : « Le prince héritier a l'air en grande forme. Il écrit énormément. (...) La princesse héritière a bien meilleure mine qu'il y a peu. Elle se plaît beaucoup à Hellbrunn. Chaque jour, elle fait des promenades avec son équipage de poney. »

Le journal, important titre viennois de la bourgeoisie libérale, fait partie de ceux qui suivent de près les activités de Rodolphe. On sait tout, des parties de chasse en haute montagne, des après-midi de Stéphanie avec ses dames d'honneur occupées à peindre ou à dessiner les paysages du Salzkammergut. On apprend aussi qu'ils vont souvent dîner chez l'archiduc Louis-Victor, le frère cadet de l'empereur et la honte de la famille. À cause de ses mœurs homosexuelles agressives et de ses ragots venimeux sur tout le monde, il est assigné au château de Klessheim, à l'ouest de Salzbourg, près de la frontière bavaroise. Rodolphe tient tout de même à ce que Stéphanie connaisse celui que tout le monde surnomme « Luzi Wuzi », car personne ne vient plus le voir. C'est une épreuve. Il est chétif, laid et porte la méchanceté sur son visage petit et misérable. Il n'y est pour rien, souligne Rodolphe. « Méfie-toi, lui dit l'empereur, il a le don de se mêler de ce qui ne le regarde pas... » C'est vrai et comme il est seul, il s'ennuie, ce qui favorise son imagination médisante. Après avoir sali toute la famille, il lancera ses flèches sur Stéphanie. Mais, dans cet été serein, il est prêt à rendre service, cela l'occupe. Lors de ce séjour, ayant été invité à la villa Svoboda, en fouinant du côté du personnel – pour alimenter sa réserve de ragots ! –, il apprend que la princesse cherche une nouvelle femme de chambre. Sans vergogne, triant le courrier de réponses aux annonces posé sur une table comme s'il était chez lui, il recommande une certaine Sophie von Planker, longtemps au service de sa mère, l'archiduchesse Sophie. Une excellente référence en matière... de racontars ! Stéphanie l'engage presque immédiatement et la conservera, enchantée, huit ans à son service. Reconnaissante, la femme de chambre dira quelles merveilleuses années elle aura passées auprès du couple. Mais on ne peut être sûr qu'elle n'ait pas continué à renseigner « Luzi Wuzi » sur ce qui se passait chez ses maîtres...

Bad Ischl n'étant pas loin, voici François-Joseph qui arrive à la villa, le 3 août. Le souverain a fait un crochet, obligatoire à cause du relief, avant de se rendre à Bad Gastein, ce rendez-vous habituel des têtes couronnées dans le massif des Tauern, au sud. Stéphanie appréhende ses retrouvailles avec l'empereur, mais tout se passe bien ; il l'embrasse et lui donne même le bras en sortant de table. Plus surprenante est son acceptation de se rendre à une réception chez « Luzi Wuzi », son scandaleux frère, à qui Sissi a définitivement fermé sa porte. Elle est toujours en Bavière, inquiète des nouvelles rumeurs sur son cousin Louis II. Dans une ambiance détendue et alors que le soleil s'attarde sur les cimes, la suite impériale se rend ensuite, sur la suggestion de Rodolphe, à l'atelier du peintre Pausinger qui travaille à ses œuvres pour illustrer le récit de Rodolphe. Sa résidence salzbourgeoise avait incité Rodolphe à s'installer dans la région ; les deux hommes se voient souvent, l'entreprise, minutieuse, avance lentement. Rodolphe montre le résultat à son père, satisfait. L'alliance des Trois Empereurs, qui garantit assistance à l'un des signataires en cas d'attaque par une quatrième puissance, l'a mis d'excellente humeur. Et sa belle-fille est en progrès. D'ailleurs, Élisabeth exagère en traitant sa belle-fille de « vilain chameau » !

Devenue une halte obligée de l'aristocratie curiste, la villa reçoit ensuite, à son retour de Bad Gastein, l'empereur d'allemagne. Guillaume Ier, qui vient de continuer ses entretiens avec François-Joseph, ne connaît pas Stéphanie. Rodolphe l'accueille avec égards, un orchestre tzigane pendant le dîner et une réception dans les jardins de son oncle pas fréquentable mais qui s'amuse de toutes ces visites imprévues. Si Rodolphe n'était pas venu dans les environs, quel morne été ! L'archiduc observe attentivement son hôte, toujours mondain et enjôleur malgré ses quatre-vingt-quatre ans : « Il était d'une civilité extrême, badinait avec un charme et une élégance des plus raffinés, en particulier avec les dames, envers qui il faisait montre d'une galanterie exquise, tout à fait dans le style des aristocrates de la fin du siècle passé et du début de celui-ci. Il parlait un français impeccable et avait, en outre, le don de s'intéresser à tout : la moindre chasse, le moindre dîner, les fêtes, à la Cour, tout le divertissait. Il aimait le contact avec les gens, adorait s'entretenir avec les uns et avec les autres... » Le roi de Prusse promu l'empereur de tous les Allemands est, par son état d'esprit, le plus jeune de tous les invités de la villa. Si seulement Bismarck et la Prusse étaient à son image... Rodolphe lui demande de revenir l'été suivant. C'est alors, alors seulement, que Guillaume Ier, caressant les pointes de sa barbe, parle de son grand âge qui interdit des projets aussi lointains. Une coquetterie de plus !

Pendant cet été, l'archiduc ne se contente pas de travailler au manuscrit de son récit oriental. En secret, il rédige un texte beaucoup plus sulfureux, un mémoire sur la situation politique intérieure autrichienne. Si cette réflexion indique sa volonté d'entrer davantage dans la vie de l'État, du gouvernement et du pouvoir en général, elle contient également les premières critiques directes contre son père. Mise en forme à l'automne, l'étude de l'archiduc est prête le 23 novembre. Il l'adresse à Latour, qui lui en fait compliment. Mais son propos est tellement sévère que Rodolphe se demande s'il a raison ou s'il est excessif. Ses idées généreuses et ses jugements caustiques sont connus mais de là à concentrer ses attaques contre l'empereur, n'est-ce pas trop ? Et n'est-ce pas imprudent ? Dans son remerciement, suivi d'un long plaidoyer, du 2 décembre 1881, écrits de Prague sous la neige, le prince héritier s'interroge sur lui-même ; il est lucide et livre à Latour un mode d'emploi de son mémoire : « Personne n'a jamais parlé de politique avec moi. Personne ne m'a même jamais reconnu le droit d'avoir une opinion personnelle. Comment ne serais-je pas considéré comme un insolent et un frondeur ? On se méfie de moi, je le remarque depuis quelques mois déjà et plus encore ces derniers temps. Taaffe ne m'aime pas et le conseiller Braun ne peut pas me souffrir. » Premier ministre autrichien depuis 1878 mais entré réellement en fonctions le 15 février 1879, le comte Édouard Taaffe avait d'abord dirigé le cabinet de Sa Majesté. Aristocrate bon teint, traditionnellement au service du souverain dont il a toute la confiance, il a été, en qualité de ministre de l'Intérieur, chargé de négocier avec l'opposition tchèque. Il était parvenu à adoucir ses revendications et les irréductibles avaient mis fin à leur grève parlementaire en 1879. En pratique, il est exact que le libéralisme que recherchait la Bohême avait échoué ; l'empereur finissait par obtenir une assise gouvernementale renforcée ; habilement, Taaffe avait fait jouer les rivalités internes, ce qui avait fortement déplu à Rodolphe. Braun, le chef de cabinet de Taaffe, n'était pas davantage ouvert à l'assouplissement. Dressant un bilan de cette étroitesse d'idées, il continue son réquisitoire : « J'ai la réputation d'être libéral et les gens avec lesquels j'ai un contact vraiment intime sont peu appréciés, voire carrément mal vus. Il y a trois ou quatre ans, l'empereur était libéral, jusqu'à un certain point du moins, et il vivait en accord avec le

XIXᵉ siècle. À présent, le voilà revenu tel qu'on était à l'époque de ma pauvre grand-mère : clérical, dur et méfiant. Les choses peuvent encore aller très loin. »

Selon son fils, l'empereur pense que l'Autriche vit, de nouveau, une heureuse époque, mais, dans les journaux, il ne lit que ce qui est souligné par ses conseillers. Se défendant de vouloir adopter un rôle de perturbateur, l'archiduc rappelle que ses opinions, son attachement à l'empereur, son obéissance comptent plus que sa vanité. « Si je voulais jouer un mauvais rôle, devenir un traître, ce serait très facile puisqu'on me rapporte tout. » Et il dépeint l'isolement du pouvoir : « Notre empereur n'a pas d'amis, son caractère et sa façon d'être ne le permettent pas ; il est seul sur son piédestal et il ne parle à ses serviteurs que de leur fonction. Il ne s'occupe pas de ce que pensent les gens ni quelle est leur véritable opinion. Les dirigeants sont les seules personnes avec qui il s'entretient et ils lui racontent ce qu'ils veulent. »

C'est clair : pour Rodolphe, la pire erreur de son père est de ne pas comprendre l'opposition ni d'admettre les critiques. Il n'est pas impossible que les attentats manqués contre Guillaume Iᵉʳ et l'assassinat d'Alexandre II lui aient dramatiquement montré les inconvénients du libéralisme et la nécessité de tenir la double monarchie d'une main de fer. En résumé, l'archiduc se considère bien vu en Hongrie et en Bohême mais suspect en Autriche. Veut-il se mettre en avant ? Non : « Rien dans mon essai ne sent la révolte. Rien non plus n'indique que je désire les feux de la rampe. Le ton est celui d'une voix remplie de détresse qui essaie de donner des conseils anonymes afin de modifier le cours des événements et d'en recueillir plus tard les fruits. Personne ne devrait connaître l'inspirateur des bienfaits de cette évolution. Je ne souhaite que la paix et pour moi-même, un petit domaine d'activité militaire qui me laisserait le temps de me livrer à d'autres études et à d'autres travaux que je me permets de poursuivre, par ailleurs, dans une large mesure. » Vient la grande interrogation : « Vous qui connaissez mon maître, pensez-vous que mon exposé sera désapprouvé, jugé insolent et rejeté ? L'empereur prendra-t-il ce petit travail au sérieux ou bien le parcourra-t-il le soir avant d'aller se coucher ou bien l'abandonnera-t-il, le considérant comme la réaction d'un incorrigible rêveur ? C'est sous ce jour qu'il a pris ma manière de vivre, de penser, ma nature entière. Le montrera-t-il à quelqu'un de ses favoris ? Taaffe, Braun, l'archiduc Albert, le général Beck allumeront alors contre moi les foudres de la vengeance divine. » Suit un jugement sans précédent sur sa mère : « Devrais-je le soumettre d'abord à l'impératrice ? C'est une femme oisive mais très intelligente. »

Rodolphe oublie le rôle déterminant – et imprévu – qu'elle a joué dans l'élaboration puis l'adoption du compromis austro-hongrois ; des années d'efforts l'ont politiquement épuisée. « Je vous en prie, ayez la bonté de répondre à toutes mes questions. J'attendrai pour agir en conséquence ou bien j'en discuterai avec vous, à Vienne... »

Un immense désarroi, la peur double de provoquer d'une part, et d'être déçu d'autre part, caractérisent cette crise de confiance. Ayant finalement remis son mémoire à son père, Rodolphe attend. Hélas, il n'en entendra jamais parler officiellement mais se sentira encore davantage considéré avec méfiance.

L'entourage du monarque en est convaincu : Rodolphe est un révolutionnaire, un rebelle qui tient de sa mère et cherche à saper les fondements de l'Empire, déjà bien attaqué par des adversaires sans pitié. L'empereur a d'ailleurs été très pris ces derniers temps. Il a reçu le roi Umberto Ier d'Italie, aux impressionnantes moustaches, et la reine Marguerite. Ce voyage officiel a mis Élisabeth hors d'elle : il lui a fallu se changer jusqu'à cinq fois par jour ! Puis, dans la soirée du 8 décembre, alors qu'il dîne seul, car Sissi s'est retirée chez elle, se contentant d'une tasse de lait de chèvre, François-Joseph a été informé d'une catastrophe, l'incendie du Ringtheater. L'Opéra est en flammes ! Le feu a pris sur la scène, pendant la deuxième représentation de l'œuvre, posthume et envoûtante, d'Offenbach, *Les Contes d'Hoffmann*. La première tragédie collective du monde du spectacle fait quatre cents morts. Parmi les victimes, on signale à l'empereur le fils de la baronne Vetsera. La Cour prend le deuil, toutes les réjouissances sont annulées.

La confession de Rodolphe à Latour contient aussi un volet plus intime qu'il est important de connaître. Depuis quelques semaines, les fatigues de Stéphanie ont une heureuse raison : elle est enceinte. À Bruxelles comme à Vienne, on s'en réjouit... un peu trop tôt. La grossesse n'arrivera pas à son terme. La déception rapproche encore le mari de sa femme. Ils s'appellent par un charmant surnom : lui est *Coco* (on l'appelait ainsi quand il était enfant, sans raison apparente), elle choisit *Coceuse*. Ce n'est pas très gracieux mais c'est tendre et d'une complicité mozartienne, forgée par des petits riens qui n'appartiennent qu'à eux. Masculin-Féminin : un couple, car Stéphanie a comblé le décalage dont on l'accusait *a priori*. Pour la première fois, Rodolphe avoue, toujours à Latour : « Je suis amoureux d'elle. Jamais je n'ai été aussi heureux où, dans le calme d'une vie familiale heureuse, j'ai pu préparer le *Voyage en Orient*. » Stéphanie est donc devenue une vraie femme mais aussi une épouse et une collaboratrice : « (...) Elle est intelligente, très attentive, très sensible. Elle est pleine d'ambition ; une vraie petite-fille de Louis-Philippe et une vraie Cobourg ! Je n'ai pas besoin de vous en dire davantage. Je suis très amoureux d'elle et elle est la seule qui puisse me pousser à faire beaucoup de choses ! » De l'amour, enfin ! L'appréciation intellectuelle du mari démolit toutes les assertions et perfidies contre sa femme. En six mois, sa métamorphose est spectaculaire. Il est dommage que l'impératrice, entre une chasse et une série d'obligations qui l'assomment, ne corrige pas son jugement péremptoire : « Stéphanie est un boulet moral » ! L'intéressée n'en a que plus de mérite à émerger face à une camarilla de grincheux.

Or on peut s'interroger sur le degré de communion idéologique entre ces deux êtres. Certes, elle suit de près la préparation de son livre officiel. Sans doute, elle tient des propos plus attrayants que lorsqu'elle avait été jetée en pâture aux mesquineries viennoises. Et, physiquement, la « froide blonde » (qui n'est plus un chameau !) a de l'allure, des manières. Grande, distinguée, elle a enfin appris à s'habiller, ce qui fut sans doute le plus dur. Mais politiquement, la fille du roi des Belges n'a rien de révolutionnaire ; elle tient trop à son rang et aux perspectives qu'il permet. Les idées libérales ? Elle s'en méfie. L'aristocratie ? Ce serait « une grave erreur de s'aliéner cette classe influente ». Le « plaisir de vivre des oisifs » vilipendé par Rodolphe ? Elle lui fait remarquer, avec humour, qu'il s'y adonne beaucoup, notamment avec la chasse qui le retient trop souvent loin d'elle, jusqu'en Transylvanie[1]. En réalité, bien des paradoxes de son

---

1. Région montagneuse alors en Hongrie puis, après 1918, attribuée à la Roumanie. Ce fut une décision des traités de paix qui déporta trois millions

mari la contrarient et l'inquiètent. Au moment de consigner ses souvenirs, elle rappellera certaines déclarations tonitruantes de Rodolphe dans les excès de la jeunesse : « La royauté se dresse, telle une ruine puissante, qui a tenu aujourd'hui et qui tiendra encore demain mais qui finira par s'écrouler. Elle a résisté pendant des siècles et tant que le peuple se laissait faire aveuglément, tout était pour le mieux. Mais maintenant, sa mission est terminée, tous les hommes sont libres et la prochaine tempête renversera cette ruine pour de bon. » Prophétie ? Espoir ? Utopie ? Sa femme ne peut partager cette opinion. Ce n'est certainement pas elle qui incite Rodolphe à espérer un bouleversement de grande ampleur, voire une chute du régime comme on l'a dit, ce qui est excessif. Il ne recherche qu'une ouverture aux idées libérales, qui, seules, protégeront les institutions.

Derrière la volonté qu'a son mari d'adapter une monarchie, qu'il juge archaïque, à l'ère des trains, du télégraphe, du téléphone et de la montée des nationalismes, il y a un autre homme. Ce personnage va jouer un rôle essentiel dans l'avenir de l'archiduc et l'intensification de ses idées. Jusqu'à la mort.
Leur première rencontre date du 28 octobre 1881. Le nouveau venu dans l'entourage du prince s'appelle Moritz Szeps. Aux yeux de Rodolphe s'estimant écarté des décisions politiques qu'il subit au lieu de les inspirer, cet homme est une chance : il va lui permettre de s'exprimer et de faire connaître ses idées. On sera obligé d'en tenir compte. L'entourage, très contrasté, de l'archiduc est le vivier idéal pour nouer des contacts avec des gens qui ne sont pas du milieu habituel d'un prince héritier. Carl Menger, le professeur d'économie de Rodolphe, a longuement collaboré au *Neues Wiener Tagblatt*, quotidien dont le premier numéro était paru le jour anniversaire de la Révolution française, le 14 juillet 1867. En sous-titre, on pouvait lire « Organe démocratique ». Tout un symbole. L'Autriche-Hongrie n'existait que depuis un mois. Ce journal a vite connu un tirage important, d'environ quarante mille exemplaires, dépassant celui de son concurrent au libéralisme paisible, la *Neue Freie Presse*, paraissant depuis le 1$^{er}$ septembre 1864 sur trois colonnes et qui est

---

d'habitants... La minorité hongroise est aujourd'hui importante dans le nord-ouest de la Roumanie.

devenu un titre de référence dans le monde de langue allemande et à l'étranger Le *Tagblatt* est libéral de gauche, anticlérical, contre les privilèges ruraux et fonciers des grands propriétaires, très favorable à toutes les sciences mais, d'une manière surprenante, tolérant à l'égard des religions. Une note de l'ambassade d'Allemagne à Vienne le définit comme un « journal bourgeois, vulgaire, juif allemand d'opposition ». L'archiduc Albert, furieux de l'existence de ce nouveau quotidien qui se glisse jusque dans certains salons distingués, déclare : « Ce *Tagblatt* me paraît un journal dangereux, plus préoccupant que la *Neue Freie Presse* (car il se nomme un organe démocratique), en sous-main, il favorise des idées républicaines, se rachète en publiant, de temps en temps, des articles loyaux à la dynastie, afin de tromper une foule de braves gens et il est très répandu dans les basses couches de la société. » Une enquête financière établit que son directeur-rédacteur en chef, Moritz Szeps, gagne beaucoup d'argent, entre quarante mille et soixante mille gulden par an, soit entre vingt et trente fois plus que son prestigieux collaborateur, le professeur Menger.

Qui est donc Moritz Szeps ? Un parfait exemple des brassages ethniques, religieux et géographiques de l'Empire qui ont entraîné plusieurs revendications territoriales et des modifications de frontières en même temps que la force de la monarchie. Il est né dans une famille juive de Galicie. Région du nord des Carpates, incorporée à la Pologne jusqu'au XVIIIe siècle, sa capitale fut la belle Cracovie, bien avant Varsovie. Rattachée à l'Autriche après 1815, la Galicie devint une petite république neutre, sous la protection des grandes puissances. En novembre 1846, sous prétexte de troubles, elle a été annexée par l'Autriche et fait partie, depuis le compromis de 1867, de la Cisleithanie, c'est-à-dire de la partie autrichienne de la double monarchie. Les Habsbourg lui laissent une relative autonomie mais la défense de Cracovie vient d'être renforcée par des ouvrages avancés. Né en 1834, Moritz Szeps a vingt-quatre ans de plus que Rodolphe.

Grâce à la situation de sa famille dans l'importante communauté juive de Cracovie, sa ville natale (environ dix-huit mille personnes sur soixante-cinq mille habitants) et comme beaucoup de sujets aisés de l'Empire, il prend le train pour Vienne, qui n'est qu'à quatre cent vingt kilomètres, et s'y installe pour y faire des études de médecine. Mais vite, il bifurque vers le journalisme. Il est doué et se révèle bientôt un excellent professionnel gratifié du talent de recevoir des confidences de gens divers et de l'art de doser ses informations en flattant ses informateurs sans jamais les laisser libres. En 1858, l'année de la naissance de Rodolphe, il est rédacteur en chef du *Wiener Morgenpost*, l'un des trois cents titres de langue allemande paraissant quotidiennement. Puis, l'astucieux Szeps a pris la succession de Menger qui dirigeait le *Tagblatt*, tout en conservant la signature, très lue, de l'économiste libéral.

Rodolphe est toujours en relation avec son ancien professeur. Voyant l'archiduc désespéré de ne pouvoir se faire entendre du premier cercle autour de l'empereur et décidé à lutter contre le conformisme et les idées reçues, Menger propose à Rodolphe de rencontrer Szeps, authentique libéral-démocrate. Immédiatement, il dit oui. C'est ainsi que le premier personnage, considéré comme sulfureux, de sa vie à Prague lui est présenté. La rencontre avec le directeur du journal viennois le plus radical, très compromettante pour le prince, est ultrasecrète. On ne l'apprendra qu'entre les deux guerres mondiales ; c'est avec Szeps que le fils de François-Joseph va prendre l'habitude de rendez-vous mystérieux, essentiellement politiques. Ces entrevues vont lui valoir une réputation de conspirateur, qui plus est contre le gouvernement nommé par son père. En réalité, comme lors de cette soirée du 28 octobre 1881, il ne s'agit que de trouver un moyen de faire connaître un programme et d'exposer des idées au grand jour. Puisque ses écrits ne parviennent pas en haut lieu ou n'y sont pas examinés avec l'attention qu'ils méritent, Rodolphe va utiliser un autre circuit, d'une manière anonyme. Le moyen sera la presse et le destinataire l'opinion. En procédant ainsi, il est certain d'avoir des réponses à ses propositions. La conversation porte d'abord sur un sujet neutre, le *Voyage en Orient* du prince, l'état de sa rédaction et les questions techniques liées à son édition sur lesquelles Szeps peut apporter son aide. Un appât. Puis, à propos du *Tagblatt*, le prince pose des questions sur les journalistes. Qui sont-ils ? Comment travaillent-ils ? Quelle est leur puissance ? Enfin, le véritable but de cette rencontre est abordé entre les trois hommes. Avec sa barbe et sa silhouette qui rappelle celle du prince de Galles, Szeps, qui n'aime pas Taaffe non plus, raconte et sa vie et ses idées, devant Menger, plus mince, la barbe moins fournie, des lunettes professorales, une ressemblance frappante avec l'écrivain et dramaturge russe Tchekhov. Szeps parle de la France et de Paris où il se rend régulièrement. La France ! Le rêve républicain secret de Rodolphe... Stéphanie le sait, bien sûr. Confirmant les désirs politiques secrets de son mari, elle dira : « Il était, il faut bien le reconnaître, un républicain, un libéral, presque un révolutionnaire... Lui, le prince héritier d'Autriche-Hongrie ! » Szeps évoque d'abord quelques aspects de la vie parisienne, les progrès de l'électricité, les courses d'athlètes qu'il a vues à l'Hippodrome, les travaux de reconstruction de l'Hôtel de Ville. Puis, des informations plus sérieuses et réconfortantes pour les radicaux : la France, qui n'avait pas de fête nationale, s'est bien installée, depuis un an, dans la célébration du 14 Juillet et *La Marseillaise* s'est imposée comme hymne national. Les légitimistes ? Les orléanistes ? Les bonapartistes ? Ils ne sont plus gênants. Les communards ont été amnistiés et, en application du décret contre les congrégations religieuses, les expulsions continuent. Que des « bonnes » nouvelles... Le ministère de Jules Ferry est en difficulté depuis les élections de l'été. La réserve vosgienne de Ferry, qui détient aussi les portefeuilles de l'Instruction publique et des Beaux-Arts, se heurte à la faconde méridionale et à la haute stature de Léon Gambetta. Szeps pronostique la chute imminente du cabinet, le troisième depuis que Jules Grévy habite l'Élysée, mais se félicite du vote de l'importante loi sur la liberté de la presse, le 29 juillet dernier. Oui, à Paris, la liberté frise l'insolence. À Montmartre, sur le boulevard de Rochechouart, le cabaret du « Chat noir » donne le ton. Figurez-vous, Monseigneur, que son directeur, Rodolphe Salis, ancien peintre et colosse roux, prend plaisir à insulter ses clients ! L'autre soir, alors que votre ami le prince de Galles était dans la salle en bonne compagnie, il a osé l'apostropher sur la reine Victoria : « Et cette maman ? Toujours bien portante ? » Il y a eu des rires gênés...

Ainsi commencent les liaisons dangereuses mais vivifiantes de l'archiduc héritier de la double monarchie avec l'un des esprits les mieux introduits dans les milieux contestataires intelligents. Et cela grâce à un professeur choisi par François-Joseph et Sissi ! Rodolphe va plus loin. Il se confie. Il avoue son libéralisme étouffé par les structures et les méfiances. Il déplore que l'empereur ne parle pas politique avec lui, le tienne à l'écart des affaires publiques, et se dit certain que son père est l'un des hommes les moins bien informés du pays, un comble ! Et pourtant, tout le monde lit le *Tagblatt* dans la famille impériale. Mais qui sait lire entre les lignes ?

Pour comprendre l'importance de cette rencontre qui dépassera largement la séduction intellectuelle exercée sur le prince par un très influent journaliste viennois et réciproquement, rappelons que la relation de Moritz Szeps avec la France ne se limite pas à l'idéologie. Elle est aussi étayée par des liens de famille, ceci expliquant cela. Moritz Szeps a deux filles. L'une est fiancée à un Français, la seconde est courtisée par un autre Français. Ce sont deux frères. Leurs noms ? Ils s'appellent Paul, le futur gendre de Szeps, et Georges Clemenceau, l'amoureux... Et ce petit cercle a un programme secret, le rapprochement de l'Autriche-Hongrie avec la France pour faire pièce à l'alliance avec l'Allemagne. Pour Rodolphe, l'impérialisme bismarckien est suspect de vouloir étouffer Vienne et Budapest ou, pis, de les entraîner dans un conflit avec les Balkans ; il y a, hélas, le choix. Dans la famille Clemenceau, le rêve politique est de venger Sedan et l'occupation de l'Alsace-Lorraine. La passerelle idéologique est assurée par des convictions partagées : le régime républicain, l'athéisme, l'anticléricalisme, les sympathies maçonniques. Le moyen est le même : la presse. Si l'on résume cette réunion clandestine – encore une fois connue seulement quelque soixante ans plus tard –, un prince, futur empereur et roi, politiquement frustré et amer, cherche le moyen d'influencer l'avenir de son pays en ayant recours aux services de gens qui détestent le régime qu'il représente officiellement. Rodolphe, prince des paradoxes...

Pourquoi ce rendez-vous est-il fixé à cette date ? Parce que Stéphanie a été appelée à Vienne par l'impératrice, sans savoir pour quelle raison. Rodolphe en profite pour l'accompagner, il a à faire. Après huit heures de chemin de fer, Stéphanie se rend à la mystérieuse audience, inquiète et perplexe, pensant déjà à revoir sa sœur Louise qui vit à Vienne.

Dans ses appartements de la Hofburg, Sissi reçoit sa belle-fille. Étranges pièces ornées de photos de chevaux et de chiens avec un boudoir où deux anneaux sont fixés au chambranle d'une double porte pour sa gymnastique quotidienne qui révulsait les dames de la Cour, lesquelles ont dû s'y accoutumer. Stéphanie fait une révérence à sa belle-mère qu'elle n'a pas vue depuis l'été. Les fauteuils et les chaises sont rares parce que Sissi tient à ce qu'on sache qu'elle n'est que de passage dans ce palais des chuchotements. D'ailleurs, elle n'a pas de chambre : chaque soir, on sort un lit des pièces cachées derrière les boiseries où l'on charge les lourds poêles de faïence, et on l'y range chaque matin. L'habitation est aussi changeante que son occupante et parfois aménagée sur la petite cour Amélie, dans des bâtiments du XVIIe siècle. Si François-Joseph reçoit debout, c'est par courtoisie ; sa femme, en revanche, c'est pour ne pas perdre de temps. Ce n'est pas une invitation à prendre le thé ni à parler de cette grossesse manquée qu'a adressée Sissi, c'est quasiment un ordre. Élisabeth marche de long en large puis s'arrête mais, contrairement à son habitude, parle d'une voix très douce. Il faut tendre l'oreille pour comprendre Sa Majesté qui remue à peine les lèvres. « Ses mauvaises dents ! » répète, enchantée, cette vipère de Marie Larisch. Mais aujourd'hui, Sissi se fait bien comprendre. Avec une gentillesse inhabituelle, elle dit à sa belle-fille pourquoi elle l'a priée de venir :

— Dorénavant, vous me remplacerez aux réceptions officielles...

Un compliment et la transmission d'une corvée. Enfin honnête en reconnaissant les capacités de sa belle-fille, mariée depuis à peine six mois, l'impératrice se débarrasse de ses devoirs les plus pesants. Certes, si l'empereur insiste pour sa présence en telle circonstance, elle pourrait aviser, à condition de ne pas être en partance pour Corfou ou l'Angleterre... En même temps, Sissi fait preuve d'humour :

— Vous avez déjà conquis tous les cœurs...

On l'a bien informée. Stéphanie peut donc reprendre le flambeau, remplir ces tâches, parfois multiquotidiennes et futiles mais qui incombent à la souveraine... La souveraine ! L'archiduchesse a gravi une haute marche sur l'escalier des honneurs ! Mais peut-on succéder réellement à Sissi... toujours bien vivante ? Elle est déjà prête, comme l'atteste cette réflexion ultérieure : « Je n'ai jamais cherché à me soustraire à ces devoirs », sous-entendu « moi » ! Conditionnée pour cette fonction, elle l'attendait, mais cette décision arrive bien vite. Admettons que c'est le vrai cadeau de Sissi à la femme de son fils et qu'il n'est pas empoisonné puisqu'elle raffole de la vie en représentation. Les silences conjugaux y font bien peu de bruit. Peu après, l'impératrice, en veine de mansuétude, reconnaîtra auprès d'une de ses suivantes qu'elle trouve sa belle-fille embellie et très à son aise. Dans l'immédiat, ayant sa résidence à Prague, Stéphanie n'est pas totalement disponible mais personne n'ignore que Rodolphe recevra une affectation à Vienne.

Pendant cette audience très privée, le prince a son rendez-vous secret. Il a été relativement facile à organiser, car il a conservé son appartement de célibataire. Même si des travaux l'ont transformé et agrandi, depuis son mariage, allant de l'aile la plus ancienne à l'aile dite Léopold avec une vue sur le Ring puis sur la cour où est installée la chaufferie, Rodolphe a gardé ce refuge. Le mobilier a la lourdeur et le charme exotique de l'époque. Ainsi, le Salon turc, analogue à ceux que toutes les grandes familles sont fières d'aménager pour y satisfaire quelque rêverie orientale, a-t-il été décoré par l'inévitable Hans Makart. Les intérieurs viennois huppés sont jalonnés de ses turqueries. Rodolphe reçoit dans un petit cabinet de travail, autrefois son étude quand il faisait ses devoirs sous la direction de Latour. Et c'est là, à la lueur des lampes à pétrole fumantes, que se noue une véritable amitié. Elle s'appuie sur des intérêts mutuels. Par son visiteur, l'archiduc sera informé de tout ce qu'on lui cache ou qu'il ne parvient pas à savoir parce que ses idées exigent de filtrer ses connaissances. À l'inverse, par son statut et ses fonctions, Rodolphe pourra transmettre au journaliste des renseignements que seul un haut dignitaire de la Cour est en mesure de connaître. Quel que soit le chemin suivi, c'est Moritz Szeps qui joue le rôle d'une gare de triage, décidant d'utiliser ou non telle confidence, intégralement ou partiellement, en première page ou en discret écho interne. Ainsi, selon le schéma adopté en cette soirée de l'automne 1881, non seulement Rodolphe peut s'appuyer sur un puissant relais forgeant l'opinion publique, mais encore il peut en apprendre des révélations avant son entourage et sans qu'il s'en doute. À condition d'être très prudents... Il faut insister sur un point important : l'archiduc ne devient pas un agent œuvrant contre son père mais une lumière dans l'obscurantisme des idées gouvernementales. Et cet appartement de la Hofburg, avec son entrée à part, est appelé à recevoir beaucoup de gens inattendus sous les toits verdâtres du palais impérial...

Si l'entrevue Rodolphe-Szeps reste secrète, ses conséquences ne le sont pas. Un accord est conclu. Rodolphe, à partir des indications qu'il détient, enverra au journal de Szeps des articles manuscrits (par précaution) et anonymes (par prudence). Ils seront recopiés par l'une des filles de Szeps, Berta, avant d'être lus et analysés par Szeps, en qualité de directeur du *Tagblatt*. Marché conclu, l'archiduc devient un collaborateur fantôme de ce journal d'opposition. Rodolphe est-il sûr que personne n'est au courant de cet accord ? On peut en douter, pour deux raisons. En premier lieu, selon le témoignage de Szeps, très rapidement, Stéphanie rencontre le journaliste. Délaissant son ouvrage ou ses dessins, elle participe à la conversation, du moins celle du premier degré, et donne souvent son avis. Dès que l'affaire devient plus chaude, Rodolphe se retire dans son cabinet de travail avec son visiteur et la princesse retourne à ses sages occupations. Peu importe, elle sait. Ensuite, même si Rodolphe, sur les conseils de Menger et de Szeps lui-même, ruse avec son entourage, fait passer ses visiteurs par une porte oubliée et non gardée du château de Prague ou de la Hofburg, la nuit, bien entendu, ses visiteurs sont les premiers à se méfier.

Rapidement, l'archiduc se montrera imprudent : certaines de ses lettres écrites à Szeps, en dehors de ses articles, sont visiblement interceptées, leurs enveloppes décollées à l'eau chaude puis recollées, copiées et ensuite remises à l'empereur par les agents du Premier ministre, Taaffe. Ces courriers accablent évidemment Rodolphe dès leurs premiers mots, la courtoisie ayant fait place à la familiarité. Rodolphe passe du « Distingué Monsieur Szeps » à « Cher Monsieur Szeps » pour finir avec un « Cher Szeps », simple, direct et familier.

À Prague, l'emploi du temps du prince est bien rempli. Très tôt le matin, au plus tard à 8 heures, il rejoint la caserne où stationne la 18e brigade d'infanterie. S'il n'est pas en manœuvre, il regagne le château vers trois heures, partage le déjeuner avec Stéphanie, fait une sortie à cheval, reçoit quelques officiers en cas d'urgence et se précipite, dès qu'il le peut, sur ses travaux scientifiques et la nuit sur ses écrits politiques que quelqu'un de sûr viendra chercher. Officiellement, le couple vit un bonheur bourgeois, Rodolphe n'aimant pas être séparé longtemps de sa *Coceuse* – il serait même un peu jaloux –, celle-ci ne s'interroge pas trop sur quelques absences de son *Coco*. La complicité intellectuelle, au même titre que la responsabilité politique, les réunit dans des leçons de hongrois (Rodolphe doit absolument faire des progrès) et de croate, langue qu'ils doivent à peu près connaître en prévision de voyages officiels et de tournées d'inspection. Il y a les soirées sans obligations, rares, et celles avec des dîners, parfois très amusants. Par devoir, Rodolphe se rend au spectacle, tantôt au nouveau Théâtre allemand, près de la gare François-Joseph, tantôt dans une salle bohémienne en attendant la reconstruction de l'Opéra, prévue pour durer deux ans, sous la direction d'un nouvel architecte, Josef Schultz. Le plus ravissant écrin du répertoire lyrique reste le Théâtre Tyl ou Théâtre des États de Bohême ou encore Théâtre Nostitz, du nom de son commanditaire. Dans ce bijou baroque, au soir du 27 octobre 1787, Mozart avait fait cadeau à la Bohême de son *Don Giovanni*, créé en italien dans une salle allemande. L'archiduc, on l'a dit, n'est guère porté sur la grande musique, lui préférant les vibrations des violons tsiganes dans les tavernes. S'il sort seul, il lui arrive de s'en aller au bout d'un acte ; c'est ce que fait son cher Louis II de Bavière. S'il est avec Stéphanie, dont la mère était musicienne et qui étudie les compositeurs romantiques, il fait un effort pour lui être agréable. L'hiver 1881-1882, la princesse ne manque aucune des grandes soirées de Prague, en particulier celles où se produit la célèbre cantatrice Charlotte Wolter. Elle avait été peinte par Hans Makart qui avait également fait le portrait de Stéphanie pendant ses fiançailles. La princesse l'apprécie notamment dans *Marie Stuart*, l'œuvre de Donizetti. « C'est un charme que de l'entendre », écrit-elle à sa sœur Louise, le 15 janvier 1882. Lorsqu'ils reçoivent, le prince et la princesse traitent magnifiquement leurs hôtes. Leur table est bonne, chargée de fruits de mer et de crustacés l'hiver, arrivés par train rapide, arrosée de grands crus, Rodolphe appréciant sans mesure le champagne en cuvée dite de « cristal », comme le roi de Bavière... Si Stéphanie a fait des efforts pour la composition des menus, elle préfère s'en remettre à son époux, un homme simple habitué aux fastes ; les menus, arrêtés par Rodolphe, examinés par sa femme, sont remis à son intendant qui les transmet aux cuisines.

Le couple s'entend bien, en public du moins, ce qui est à la fois convenable et trompeur. Il est, à cette époque, bien assorti physiquement. Plus tard, Stéphanie, dont la nature n'est décidément pas pressée, va encore grandir et dépasser son mari. Après un bal, le 23 février 1882, la princesse raconte ses secrets amoureux à sa sœur : « (...) Je te dirai que j'ai remarqué que Rodolphe n'aimait pas me voir danser avec d'autres messieurs parce qu'il est jaloux de sa petite femme. [Un euphémisme !] Comme j'ai vu cela et que je prévoyais qu'il pourrait me dire quelque chose, je lui ai immédiatement déclaré que je ne voulais plus danser, pour ne pas l'attrister. Il en a été enchanté et m'a comblée de gentillesses. » Que de prévenances ! N'a-t-elle pas mûri pour écrire encore : « Je trouve que lorsqu'on remarque qu'une chose déplaît au mari, on doit immédiatement l'abandonner » ?

Un demi-siècle plus tard et après le pire des drames, le ton n'est pas le même : « Le prince héritier [elle ne dit plus « mon mari »] était d'un caractère emporté et jaloux. Il se mettait en colère au moindre signe d'admiration ou d'intérêt à mon égard. Rentrée au château, je devais me retirer dans ma chambre et je ne pouvais m'entretenir qu'avec la dame de service. »

Le 20 novembre 1881, François-Joseph nomme un nouveau ministre des Affaires étrangères, le comte Gustav Kálnoky, un homme avec qui Rodolphe a le sentiment qu'il pourra s'entendre. Mais, en attendant, supportant mal sa mise à l'écart des décisions importantes, il commence sa collaboration clandestine avec le quotidien de Szeps. Une situation tout de même incongrue puisque le prince héritier fait partie des informateurs-informés du plus farouche journal d'opposition au gouvernement du comte Taaffe qui devient son adversaire personnel. Le Premier ministre, clérical acharné, est sa cible, qu'il décrit ainsi le 24 novembre 1882, soit un an après son premier rendez-vous avec Szeps : « De toute façon, il n'est que l'instrument de l'union des partis dont les rangs ne comptent aucun grand homme mais de nombreux intrigants rusés, des joueurs habiles à utiliser l'apport quotidien. La situation est pleine de danger. Le fanatisme, l'erreur, la bêtise, la ruse infinie, le manque de principes, les sentiments antipatriotiques, l'adresse jésuite et un appétit de puissance sans frein se sont rassemblés sous le même étendard pour mener la lutte contre les classes moyennes dignes de respect. » Et cette conclusion en forme de menace : « Des forces ont été mises en marche que personne n'aura le pouvoir d'extirper. » Pour l'archiduc comme pour les opposants, Édouard Taaffe jongle entre les tendances extrêmes des nationalistes allemands et les mouvements réformistes, tel le courant Jeunes Tchèques. Ses écarts lui valent le surnom de « l'acrobate ». Ce texte est un exemple des critiques dressées par le fils de François-Joseph dans le domaine de la politique intérieure. Mais il n'oublie surtout pas les relations européennes. Un élément nouveau est intervenu le 20 mai 1882 avec la signature, à Vienne, de la Triple-Alliance ou Triplice entre l'Allemagne, l'Autriche et l'Italie. Cette convention, défensive, complète l'alliance des Trois Empereurs. Elle déplaît à Rodolphe parce qu'elle est la clé de voûte de la politique de Bismarck. La France s'en trouve encore davantage isolée, d'autant plus que pour calmer les réticences de Londres, il a été spécifié qu'en aucun cas ce traité ne pourrait être dirigé contre les îles Britanniques. Pauvre France, pense l'archiduc, qui, par ailleurs, s'interroge sur l'opposition d'intérêts entre l'Autriche-Hongrie et l'Italie. Le contentieux et les guerres ne sont pas si loin... Cet aspect de la nouvelle alliance est-il solide ?

Homme de réseaux, ayant des correspondants bien placés, notamment en France, Szeps tient Rodolphe au courant de ce qui se passe dans ce pays où il se rend régulièrement. La République a toujours autant de mal à conserver ses gouvernements ; ils tombent en cascade. La plus vive désillusion a été l'échec du cabinet de Léon Gambetta, pourtant annoncé comme « un grand ministère ». Le tribun, devenu président du Conseil et aussi ministre des Affaires étrangères le 14 novembre 1881, avait démissionné le 26 janvier suivant, remplacé par un nouveau cabinet Freycinet. Une valse hésitation ! Szeps annonce à Rodolphe que Gambetta, le patriote qui avait organisé la Défense nationale en 1870, bien que retiré dans sa résidence de Ville d'Avray, songe, d'abord, à épouser sa maîtresse, Léonie Léon, puis à reprendre la lutte politique. L'archiduc a de l'estime pour Gambetta, car un nationaliste est toujours estimable. Pendant dix-huit pages, Szeps relate une conversation avec Gambetta sur les rapports entre le socialisme et l'argent, un vaste sujet... Puis, Szeps lui parle de Georges Clemenceau, qu'il rencontre souvent. La quarantaine vigoureuse, le Vendéen au front dégarni est une célébrité parlementaire. Député radical depuis 1876, son éloquence agressive et ses formules percutantes font de lui le « tombeur de ministères » et Jules Ferry a pu s'en apercevoir. Une déclaration de l'enfant terrible de la République intéresse Rodolphe : « En vérité, il semble qu'il y ait quelque part une main fatale qui prépare une explosion terrible en Europe. Qui osera prendre la responsabilité de ce qui se prépare ? L'Europe est couverte de soldats, tout le monde attend, toutes les puissances se réservent leur liberté d'action pour l'avenir. Préservez la liberté de la France ! » Mais Rodolphe est également intéressé par le récit de Szeps sur la carrière de Clemenceau journaliste. En 1880, avec l'aide de Camille Pelletan, il a fondé un journal d'extrême gauche, *La Justice*. Dès son premier numéro, ce titre avait dénoncé « l'éternelle bourgeoisie de 1830 », ce qui ne pouvait que séduire Rodolphe. C'était, d'ailleurs, à ce moment que Szeps avait rencontré le député français. Ils se retrouvaient parfois dans un café littéraire place Gaillon, ouvert par l'Alsacien Charles Drouant, devenu un restaurant où des peintres et des journalistes avaient leurs habitudes le vendredi soir, une « modeste maison, certes très honorable, où l'on mangeait fort bien ». Rapidement, grâce à la finesse, à l'intelligence et à la pugnacité du Vendéen, *La Justice* était devenue un journal important dans la vie politique française, mais qui perdait beaucoup d'argent. L'opinion coûte toujours cher. C'est alors qu'apparaît un personnage comme l'époque en fournit divers exemples, un certain Cornelius Herz. Qui est-ce ? Toute la question est là... Herz, un tel nom suppose des ascendances rhénanes mais il se dit... médecin à Chicago ! Et ancien combattant de l'armée de la Loire en 1871. Habile, bellâtre, maniant des fonds importants dont on ignore la provenance, il est très lié au baron de Reinach, lui-même fortement impliqué dans le financement du canal de Panama. Herz et Reinach ont levé des sommes colossales pour les travaux, aventureux cette fois, de Ferdinand de Lesseps. L'époque engendre des scandales dans le ghetto des affaires douteuses.

Cornelius Herz sait que Clemenceau rencontre d'énormes difficultés d'argent avec son journal, très lu mais pas assez acheté. Il propose ses services, sans rien demander, ce qui est subtil. Et le député pourfendeur de l'affairisme, d'habitude si hautain et si méfiant comme le montre un célèbre tableau d'Édouard Manet à cette époque, accepte le financement de ce M. Herz dont la fortune est aussi mystérieuse que celle du *comte de Monte-Cristo*. Étrange association, que dénoncera brillamment Jacques

Chastenet en parlant d'un « personnage ombreux, brasseur d'affaires internationales, médecin douteux, inventeur contesté, maître chanteur incontestable ». Dans *La France juive*, Édouard Drumont écrira qu'il s'agit d'un « mélange de Faust et de Vautrin ». Sans aucun cas de conscience, Clemenceau, ébloui par cet aventurier à l'aise partout, déclare qu'il est « un précurseur ». Un mécène, en tout cas, puisque, à partir du 31 mars 1881, les collaborateurs de *La Justice* ont été régulièrement payés et les dettes soldées. Toutefois, l'origine incertaine de la trésorerie du journal ne cessera d'intriguer. On parlera aussi d'une hétaïre, ancienne amie d'un duc, qui avait commandité, avec l'argent de ce dernier, le journal. Et des questions ont été posées, directes, pour savoir comment « M. Clemenceau, qui n'a aucune fortune personnelle et qui ne possède que ses 9 000 francs de député, pourrait-il faire vivre un journal comme *La Justice* qui ne tire qu'à 3 000 exemplaires et qui mange plus de 100 000 francs par an ? ».

Le Vendéen, l'esprit plus libre que jamais, a repris son combat. Et que disait-il à la tribune de la Chambre des députés, à l'endroit même où, peint par Manet, les bras croisés, il attendait d'interpeller le gouvernement ? Il démolissait les conquêtes coloniales de Jules Ferry, car il s'élevait contre cette diversion, « effroyable usure en hommes, en argent, en efforts, qui nous opposait à l'Angleterre alors que notre seul, notre éternel ennemi était l'Allemagne ». Moritz Szeps peut le confirmer à Rodolphe, Clemenceau hait l'Allemagne et il aime l'Autriche – on lui a même recommandé d'aller faire des cures en Bohême, à Carslbad ! – et il estime que l'alliance de Vienne avec Berlin est le résultat de la maladresse de Paris. Douces paroles... Le député français ajoute : « Dans le futur, Bismarck devra rendre l'Alsace et la Lorraine. Nous ne pouvons pas accepter l'annexion des provinces allemandes qui sont encore autrichiennes. » (Il s'agit de la Bohême, de la Moravie et de la Galicie.) Il assure Szeps que la France est prête à déclarer une nouvelle guerre plutôt que d'accepter cela. Et notons cette phrase essentielle, qui lève toute ambiguïté sur les sentiments de Clemenceau à cette époque précise : « Il importe que la monarchie des Habsbourg se maintienne. » Pour Clemenceau, l'Autriche-Hongrie est le rempart et la garantie de freiner l'impérialisme allemand, qui serait porté par le vecteur linguistique commun.

Entremetteur-né mais sincère dans ses choix, Szeps va organiser un rapprochement culturel. Il invite le plus célèbre acteur français, Constant Coquelin, dit Coquelin Aîné, dont la voix claironnante fait les beaux soirs de la première scène nationale, par exemple avec son interprétation de don César de Bazan dans *Ruy Blas*, à se rendre à Vienne pour une matinée dont l'autre vedette sera Sommenthal, illustre acteur, lui aussi, du Burgtheater, l'équivalent autrichien de la Comédie-Française. Lors d'une réception à l'ambassade d'Allemagne à Vienne, Rodolphe, audacieux, s'offre même le luxe de dire à l'attaché militaire de Berlin, le colonel Wedel, qu'il redoute beaucoup une nouvelle guerre et craint une alliance franco-russe... On imagine la dépêche qui suivit cette confidence. Szeps estime lui-même que « la Russie ne va pas bien à cause de sa politique conservatrice et de ses alliances perdues. C'est ce qui a obligé les cours de Berlin et de Vienne à s'unir ». Dans une vision géopolitique pertinente, le journaliste pense que la stratégic allemande sera d'attaquer la France en envahissant d'abord la Belgique et le Luxembourg[1]. Pris d'une fringale d'informations françaises, l'archiduc aimerait en savoir plus. Le 19 novembre 1882, donc cinq jours avant de tracer un portrait dévastateur de Taaffe, il répond :

« Cher Szeps, Toutes les informations que vous pourriez me donner sur les derniers événements en France me feraient très plaisir. Il semble qu'une situation singulière s'y soit développée. Nous devons une très grande reconnaissance à la France ; elle est la source de toutes les institutions et de toutes les idées libérales du continent. Elle doit être considérée comme le guide et l'exemple. En comparaison, l'Allemagne n'est rien de plus qu'un ramassis de soldats prussiens et un État militaire soufflé. En quoi 1870 a-t-il servi à l'Allemagne ? Un empereur est venu s'ajouter aux petits rois et aux petits princes et le pays est obligé d'entretenir une lourde armée. Seuls, la soldatesque, la police et les zélés fonctionnaires qui le servent sont les soutiens de l'Empire.

---

1. En 1882, une telle assertion – prémonitoire – démontre combien le climat d'hostilité et de méfiance entre l'Allemagne et la France reste vif. Les risques de conflit sont permanents. Les convulsions tchèques, polonaises, hongroises, balkaniques et autres, impliquant les minorités nationales et leurs revendications, ne cessent de garnir « la poudrière ». Il suffit d'une étincelle... Déjà !

Le sentiment national n'a que des bases purement matérielles. Celles-ci risquent de mettre en péril tous les avantages spirituels et culturels qu'ont fait naître les idées d'égalité entre les nations, d'internationalisme et d'humanité. »

Moritz Szeps est peut-être le premier Viennois informé de l'accident survenu à Léon Gambetta, le 27 novembre, à son domicile. En nettoyant un revolver – les politiciens sont armés pour pouvoir se battre en duel –, il s'est blessé à la main droite ; l'hémorragie a été grave. On pense d'abord qu'il est remis mais, bientôt, son état empire. Atteint d'une affection intestinale qui se transforme en septicémie, l'organisme usé, il meurt le 31 décembre. L'émotion est grande à Paris et Szeps rend hommage au disparu dans son journal puis gagne Paris pour assister à ses obsèques. Le cercueil, transporté de Ville d'Avray au Palais-Bourbon, est veillé par des Alsaciens et des Lorrains réfugiés en France. Le 6 janvier 1883, un imposant cortège funèbre, suivi par une foule immense, traverse la place de la Concorde où les statues des villes de province sont drapées de noir et de tricolore et se dirige vers le cimetière du Père-Lachaise. Une rumeur circule : le tribun, à qui la République doit tant, a peut-être été assassiné... Rodolphe, le prince Rodolphe, l'archiduc héritier d'une double monarchie, est ému lui aussi.

De son petit bureau, il écrit à Szeps, à son retour des funérailles : « Gambetta était un grand esprit, le seul qui ait lutté pour les idées libérales. Il avait une nature de Titan. Il était un homme que j'ai admiré, ses principes étaient bons. On le mesure à la joie de ses adversaires après sa mort. » L'archiduc Albert, très au fait des activités journalistiques de son neveu et révulsé par ses idées choquantes, lui envoie l'article d'un journal conservateur traitant fort mal la mémoire de Gambetta. Et Albert, dans sa lettre d'accompagnement, qualifie le Français disparu de « franc-maçon, juif et républicain ». L'opinion de Rodolphe ne changera pas, bien au contraire. Berta Szeps, devenue plus tard Berta Zuckerkandl, confirmera dans ses Mémoires, *J'ai vécu cinquante ans de l'histoire du monde*, en 1939, que Rodolphe était « emballé et ébloui par la France car douze ans seulement après Sedan, elle était une république importante et pouvait faire de grandes choses en Europe ».

La police impériale, chargée d'assurer la sécurité de l'archiduc et de son épouse, est évidemment informée du manège, assez grossier, destiné à la tromper. Mais Rodolphe ne s'en apercevra pas tout de suite. Il met un tel enthousiasme dans sa mission secrète qu'il écrit carrément ce qu'il pense. Rapidement, la police intervient. La censure ? Non. La pénurie. La riposte est une grave gêne dans la distribution du journal. Le 27 janvier 1883, un éditorial plus virulent que d'habitude entraîne le retrait du titre des bureaux de tabac et des principaux cafés de Vienne, véritables salons de lecture où l'on peut rester des heures à lire la presse européenne. Ses lecteurs ne trouvent pas leur journal, seuls les abonnés ont été servis. Et cela pendant plusieurs jours.

Face à l'absence du titre et donc au risque d'une rapide mort commerciale, le pire mal qui puisse frapper la presse, Szeps parvient, à prix d'or, à organiser un réseau de points de vente parallèle. La riposte a de l'allure, mais combien de temps Szeps peut-il tenir ? Clemenceau avait connu ces problèmes. Tandis que le journaliste cherche de nouveaux soutiens financiers – la bataille sera impitoyable, il le sait –, les ruses s'affinent pour tromper la police sur les activités parallèles de Rodolphe. Le stratagème tient de l'opéra-bouffe et d'un médiocre roman policier. Chaque matin, un valet du prince, méconnaissable, se présente au domicile de Moritz Szeps. Il porte sur lui les textes de Rodolphe, son travail de la nuit car il dort peu. Se faisant passer pour le masseur (!) de la fille cadette de M. Szeps, il remet discrètement ces écrits à la jeune fille, Berta, qui a le privilège d'émouvoir Clemenceau, lequel ne passe pas pour un romantique ! Le premier procédé a été abandonné, Berta ne copie plus les pages elle-même. Maintenant, c'est Szeps qui recopie directement ces textes pour faire croire, en cas de saisie, qu'ils sont de lui et non d'un tiers... facilement identifiable, l'écriture du prince étant connue. Ensuite, le faux masseur s'en retourne... à la Hofburg avec les originaux, que Rodolphe dissimule ou parfois détruit. C'est simple mais illusoire.

Pratiquement démasqué en quelques semaines, le franc-tireur du *Tagblatt* avertit Szeps, par un circuit détourné : « On est très attentif et très méfiant à mon endroit. Je vois un peu plus chaque jour comme je suis entouré d'un réseau serré d'espionnage, de dénonciations, de malveillance. Soyez très prudent si on vous questionne sur vos relations avec moi. Je vous ai déjà dit que j'ai de bonnes raisons de croire que nos relations sont connues en haut lieu depuis que j'ai rassemblé toute une série d'indices tangibles (...). Je ne connais que trop bien la tactique de mes adversaires, d'abord, on sonde, on procède par insinuations, on tend des pièges, en posant des questions, puis, quand le terrain est bien préparé, on passe à l'attaque. » Rodolphe a-t-il raison de se croire étroitement surveillé ? Oui et non. Certes, les brûlots antigouvernementaux (qu'il écrit ou inspire, Szeps décide) ne peuvent qu'être mal pris par le cabinet du comte Taaffe ; il est donc normal que l'archiduc, aux fréquentations dérangeantes et aux prises de positions gênantes, soit espionné avec attention. Personne ne peut s'étonner qu'un journal aussi critique, prenant ses sources auprès de l'héritier de l'empereur, connaisse des difficultés, subisse des tracasseries et se fasse autant d'ennemis qu'il a de partisans. Consulté, Clemenceau confirme l'acharnement des autorités contre un titre violent. Évidemment, un archiduc futur souverain qui est fier d'être rédacteur, voilà une circonstance rare et aggravante. On nage en pleine ambiguïté. Rodolphe est accusé de vouloir déstabiliser l'Empire (pour reprendre une expression actuelle), ce qui n'est pas du tout dans ses intentions, ne serait-ce que par respect pour son père. En revanche, il tente de réveiller la monarchie, car ce vieux pays est, selon lui, assoupi, à la manière de son clergé et de son aristocratie. Pour que tout survive, tout doit évoluer, s'adapter. Le véritable ennemi de l'archiduc est l'immobilisme, mais son athéisme, maintenant évident même s'il donne encore le change, le désigne comme un démolisseur des institutions. À ce premier malentendu s'ajoute un deuxième paradoxe. Parfois, il juge que le *Tagblatt* est trop timoré, parfois, en revanche, il lui demande de se modérer et, surtout, de ne pas laisser filtrer qu'il est l'auteur de certaines chroniques. Obligatoirement informé, qu'en pense l'empereur ? D'après Jean-Paul Bled, « (...) il ne met pas son fils en demeure de rompre cette amitié, mais il y voit sans doute une raison supplémentaire de ne pas l'associer aux responsabilités du pouvoir ». C'est là une réaction de défense du vieux monarque qui ne veut pas, néanmoins, sanctionner son fils. Se souvenant qu'il n'a pas eu de véritable adolescence, l'empereur dira souvent, après lecture de nouveaux rapports de police sur son turbulent fils : « Laissez... Je ne veux pas qu'on lui vole sa jeunesse. » Il faut reconnaître que cette attitude, paternaliste, est une grave erreur de François-Joseph. Devant le besoin d'action et les idées bouillonnantes de l'archiduc, il devrait se rapprocher de lui, l'inciter à lui faire confiance et lui livrer des informations sans risquer des fuites. Cette occasion manquée – une faute aux conséquences immenses – contraint Rodolphe l'aigri à se replier encore davantage sur lui-même et à s'entourer de gens qui favorisent son isolement parce qu'ils en profitent. Il se méfie de tout le monde, tout le monde se méfie de lui, y compris Szeps. Un cercle vicieux. Mais ce n'est pas tout ! En effet, Bismarck, dont les agents sont partout, surveille lui aussi Rodolphe ! Et le Chancelier est même, selon toute probabilité, mieux renseigné que ne l'est la police autrichienne. L'opinion nettement antiallemande de l'archiduc est donc bien connue et enregistrée à Berlin. Et les contacts du prince avec les milieux républicains français sont répertoriés sur des fiches bien remplies. On en arrive même, à la Wilhelmstrasse, le ministère allemand des Affaires étrangères, à penser que le journal de Szeps est, en partie, financé par de l'argent français... Ce labyrinthe de rapports, de suppositions, de certitudes, de preuves et de soupçons où personne ne peut totalement tromper personne fait une victime innocente, Stéphanie. Au début de l'année 1883, la princesse constate que tout son courrier est surveillé. Même ses lettres à ses parents passent entre des mains policières. Scandalisée, elle pense que c'est... son mari qui l'espionne ! Son mari serait bien jaloux au point de détourner sa correspondance ! Le vaudeville ne dure pas, les soupçons conjugaux de la princesse n'étaient pas fondés, Rodolphe n'y était pour rien. Il finit par devoir lui expliquer que certains de ses amis ne plaisent pas au gouvernement. Le couple doit donc redoubler de prudence pour des raisons qui n'ont rien à voir avec la vie intime. Stéphanie est furieuse, avouant : « Je ne pouvais faire que ce qui m'était prescrit et ce que le prince héritier m'ordonnait de faire. » Fort heureusement, une merveilleuse nouvelle va faire diversion.

En avril, la Cour annonce officiellement que la princesse Stéphanie attend un heureux événement. Cette fois, il n'y a pas eu de précipitation, le chambellan a attendu la confirmation médicale ; la grossesse remonte à janvier et Rodolphe fait le voyage exprès de Prague à Vienne pour informer l'empereur que sa belle-fille est enceinte. François-Joseph se dit « terriblement heureux ». Il y a ceux que cette annonce réjouit, voyant dans cet enfant non seulement l'éventualité d'un héritier, mais aussi la preuve de l'union du couple. Il y a ceux que la preuve de cette harmonie n'abuse pas, telle l'inévitable Marie Larisch, mortifiée. Enfin, il y a ceux qui modifient leur attitude uniquement en raison de cette circonstance, c'est-à-dire les courtisans. La courtoisie glacée qu'ils réservaient à l'archiduchesse se mue, comme par enchantement, en empressement. Stéphanie porte l'avenir des Habsbourg-Lorraine. Cet état lui vaut une immense considération et, ce qui est moins agréable, un traitement de malade. Elle doit se reposer, éviter toute fatigue, se limiter à des promenades où elle ne sera pas obligée de suivre la cadence si rapide de sa belle-mère, toujours pressée... Rodolphe lui-même se montre d'une soudaine prévenance, comme dans la lettre qu'il envoie après avoir vu son père : « L'empereur t'envoie ses plus chaudes félicitations et congratulations. Il est ravi. J'ai écrit à Maman, à Baden-Baden. Prends bien soin de toi et de notre Vaslav[1]. Pense aussi à moi. Je t'embrasse de tout mon cœur. R. »

Rodolphe est-il encore réellement amoureux après deux ans de mariage ou bien cet enfant est-il le tribut obligatoire à la dynastie ? L'enfant du devoir est-il aussi l'enfant de l'amour ? Il est difficile de répondre, car son humeur est changeante, selon les tensions politiques, mais la perspective d'être père l'enchante. Renonçant à la chasse et aux voyages inutiles, il prend soin de sa femme, parle avec elle de littérature – Stéphanie lit beaucoup plus que lui – et forme des projets. Le plus immédiat est de regagner Vienne, car, soudain, l'atmosphère de Prague lui est pesante. Sans doute, les relations de Rodolphe, parfois sans intérêt pour elle ou qui lui donnaient l'impression de se déclasser, lui sont-elles devenues fastidieuses. Elle estime qu'elle a assez vu ces gens dont certains sont presque inquiétants.

L'archiduchesse est si heureuse que lorsqu'on lui a annoncé qu'elle devra accoucher à Laxenburg, elle n'a pas éprouvé de tristesse. La tradition l'exige. Mais n'est-il pas émouvant que son enfant naisse à l'endroit où le père, son mari, a vu le jour ? Les bagages sont vite expédiés et Rodolphe accompagne sa femme

---

1. Espérant un garçon, le couple lui a déjà donné un prénom... multinational. Par jeu, Rodolphe et Stéphanie parleront tantôt de Waclaw en tchèque, de Wenzel en allemand et de toutes les autres appellations possibles, hongroise, croate, serbe, etc.

pour son installation. Il continuera à faire des allées et venues pendant quelque temps. Est-ce bien le même château où elle a vécu de si pénibles moments il y a deux ans ? La demeure est moins hostile, des aménagements ont été faits et, surtout, elle est maîtresse de cette maison. Sissi a tenu parole, elle ne se mêle pas de l'arrivée de l'enfant ; d'ailleurs, elle n'est pas à Vienne, car, souffrant d'une sciatique, elle s'est rendue à Amsterdam pour consulter un rhumatologue réputé. Passant par Bruxelles, elle a salué Leurs Majestés le roi et la reine qui sont dans un complet bonheur et tout le monde s'est félicité. La princesse s'organise très bien, sélectionnant un personnel de bonne tenue, s'occupant du trousseau et allant jusqu'à convoquer des nourrices alors que la naissance est prévue pour le début septembre. Heureuse et fière, Stéphanie l'est, comme elle est confiante dans la perspective d'une tendresse partagée avec son mari. Et comme il arrive souvent, sa grossesse réussit à la princesse ; l'ambassadrice de Belgique, qui se hâte de faire sa visite, rapporte que l'archiduchesse est « superbe, très grandie et très embellie ». Elle est également soulagée que ses rapports avec la Cour se soient détendus, comme par miracle. « Tout le monde me témoignait de l'amitié et, même sous la froideur du cérémonial, je remarquais une bonté qui, surtout chez l'empereur, me fit beaucoup de bien. »

Pendant ce temps, Rodolphe vit une curieuse aventure, un puzzle de politique, de renseignements et d'affaires de mœurs... Depuis quelque temps, la vie nocturne viennoise bruit des frasques d'un haut personnage étranger, le jeune prince Guillaume d'Allemagne, le futur empereur Guillaume II qui a un an de moins que Rodolphe. Bien que, par sa mère, il soit un petit-fils de la reine Victoria, ses soirées n'ont rien d'austère. Son père, le futur Frédéric III, le considère comme impulsif et manquant totalement de maturité. Ayant épousé la princesse Augusta-Victoria de Schleswig-Holstein, excellente femme mais sans finesse, dévouée, digne, ennemie de la coquetterie et pieuse protestante, le type même de la mère de famille nombreuse du monde germanique, il déplore chez elle l'absence d'allure et d'esprit qu'il envie au côté britannique de sa famille. Sans indulgence, il avoue à l'un de ses familiers : « On voit bien qu'elle n'a pas été élevée à Windsor mais à Primkenau ! », une modeste propriété en Silésie. Et pourtant, il est très attaché à sa femme et le dit... Mais, tout en jouant à l'époux fidèle (il est marié depuis deux ans) et au père modèle (il a déjà deux fils), Guillaume a des aventures presque à chacun de ses voyages, ce qui ne l'empêche pas de dénoncer les incartades extra-conjugales du prince de Galles, son oncle, du jeune roi de Serbie, Milan Obrénovitch, et de Rodolphe, dont il se dit l'ami. Et ses divertissements lui coûtent cher. C'est ainsi, comme le rapporte Brigitte Hamann, qu'on a retrouvé un reçu pour un prêt signé de sa main, une reconnaissance de dette du prince héritier d'Allemagne en faveur du prince héritier d'Autriche-Hongrie... « De temps en temps, Rodolphe avance de l'argent à Guillaume dans des buts de bienfaisance. » Curieuse charité ! Étranges bonnes œuvres ! En réalité, ainsi que Rodolphe l'écrit à Stéphanie, « Guillaume s'amuse très bien. Il a fallu que je lui prête 3 000 gulden pour un temps indéfini ». L'affaire prend une dimension moins légère puisque Rodolphe va en profiter pour obtenir des informations politiques. Le Hohenzollern a tort d'avoir besoin du Habsbourg. En effet, la figure centrale du demi-monde à Vienne est une entremetteuse, une certaine Frau Wolf. Elle règne sur un bataillon de charme composé de femmes très connues pour leur beauté, d'une éducation parfaite, parlant bien plusieurs langues, toutes appréciées d'une clientèle huppée. L'aristocratie de la prostitution de luxe. Frau Wolf, qui interviendra à plusieurs reprises dans la vie de Rodolphe, est aussi un précieux agent de renseignements. La galanterie tarifée est souvent liée à l'espionnage. Il est vraisemblable que la serviable Mme Wolf a pu renseigner Rodolphe, qui lui fournissait une belle clientèle, par l'intermédiaire de ses pensionnaires. Toutefois, les recherches de preuves n'avaient rien donné jusqu'à ce que Brigitte Hamann, qui fouille inlassablement les archives viennoises, ne mette la main sur un document capital... qui aurait dû être détruit [1].

Cette lettre, datée du 29 avril 1883, était destinée à l'attaché

---

1. Brigitte Hamann a publié divers ouvrages, souvent sévères mais d'une documentation massive, sur la famille impériale, en particulier *Élisabeth d'Autriche* (Fayard, 1985), traduction française, par Jean-Baptiste Grasset avec la collaboration de Bernard Marion, de son livre *Élisabeth, Kaiserin wider Willen* (Amalthea, 1982). Elle est aussi l'auteur de *Rudolf, Kronprinz und Rebell* (Amalthea, 1978), biographie inédite en français, à laquelle le paragraphe ci-dessus tient à rendre hommage.

militaire autrichien à Berlin, le baron von Steiningen. Tout en précisant que cette missive doit être brûlée après lecture, Rodolphe prend des précautions avant de donner les informations recueillies par Mme Wolf et s'embrouille pour ne pas avouer qu'il est très lié avec l'entremetteuse... Ainsi, dans une ambiance de débauche, le futur Guillaume II aurait parlé sans aucun respect de François-Joseph et de lui-même. Il juge Rodolphe vaniteux, aimant les arts, la peinture et l'écriture, affirme qu'il est prosémite et populiste parce que c'est la mode, qu'il n'a pas de caractère ni de grandes aptitudes... Relevons une erreur du futur empereur allemand à propos des arts. Rodolphe n'y est guère sensible ; lorsqu'il avait appris, bien avant son mariage, que son père prévoyait de faire construire, à la place des anciennes fortifications, de grands musées aux abords du Ringstrasse, il avait protesté, sans effet bien sûr, en disant : « Que l'on arrête ces constructions inutiles ! »

Toujours d'après cette missive, il n'y a qu'en Russie que les choses aillent bien tandis qu'en Autriche, l'État est déliquescent ; les provinces allemandes tomberont comme un fruit mûr dans l'escarcelle de l'Allemagne, avec cette précision que ce seront des duchés encore plus dépendants que la Bavière par rapport à la Prusse. La Prusse n'aura pas à bouger, cela se fera tout seul. Rodolphe ajoute que Guillaume « adore aller à la chasse avec nous car nous sommes des gens aimables mais décadents », qu'en politique, il n'a pas de sympathies et que son travail sera d'agrandir l'Allemagne « à nos frais »... Puis, l'archiduc relève que le Prussien loue son grand-père (qui vit toujours), se trouve des grandes qualités, parle d'une façon cynique de ses propres parents, mal de sa femme et termine sa conversation intéressante « avec les deux putains » ! Enfin, le fils de François-Joseph précise qu'il détient « depuis cinq ans une lettre écrite par Guillaume, de sa main à Frau Wolf de Vienne et qui est aussi dépourvue de tact et d'attentions. Je l'ai reçue de la même façon, par Wolf et son harem ».

Comment, après une telle confession, Rodolphe pourrait-il avoir la moindre illusion sur Guillaume ? Cette vérité, crue, va augmenter sa méfiance instinctive à l'égard de Bismarck. Son jugement sur le futur souverain allemand ne peut donc être positif et l'archiduc se tiendra informé de ses relations adultères nouées en Autriche-Hongrie où il vient souvent, sous le prétexte officiel de parties de chasse en Styrie, dans la région dite de la montagne de Fer où François-Joseph possède un chalet. Parmi ses « trophées », il y aura une certaine Ella Sommssich, qu'il fera même venir secrètement de Vienne à Berlin bien que l'archiduc, entre autres, en soit informé. Désormais, Rodolphe dispose d'un moyen de pression voire de chantage sur l'héritier des Hohenzollern. Mais c'est une arme à double tranchant, Rodolphe ne fréquentant pas les pensionnaires de Frau Wolf pour le seul plaisir de leur conversation. Cette sorte d'assurance mutuelle contre le scandale est explosive. Ce renard de Bismarck peut fort bien s'en servir [1]...

Pendant ces demi-mondanités, le *Neues Wiener Tagblatt* du 17 mai 1883 publie un article pour venir en aide à la Bosnie-Herzégovine. Il est probable que cet article est de la main de Rodolphe. On y reconnaît son hostilité à la puissance de la religion, mais son jugement est visionnaire : « Si l'Autriche apparaît, vis-à-vis des peuples des Balkans, comme faisant une politique catholique totale, cela ne réussira pas et les peuples des Balkans se rapprocheront des Russes. Nous avons un intérêt autrichien en Orient, notre devoir n'est pas de représenter l'Église catholique mais une politique autrichienne. Le danger est que la politique soit l'outil de la religion. » Ses relations avec l'archevêque de Prague ne s'améliorent pas, Rodolphe dénonçant la sclérose du haut clergé. L'archiduc admet que l'Église austro-hongroise soit l'alliée de la Couronne mais pas comme un préalable ni comme un moyen de conquête ainsi que le gouvernement le tente du côté de Sarajevo. En résumé, l'évangélisation est une erreur si elle sert de base à de nouvelles occupations territoriales. Et pour le prince, peu importe que l'on soit catholique, juif, protestant, orthodoxe, musulman ; il est devenu un incroyant. C'est donc avec une grande réserve qu'il a vu Stéphanie remplacer l'impératrice – pour la première fois – lors des cérémonies de la semaine sainte à Vienne, aux côtés de François-Joseph, du mercredi au dimanche de Pâques.

La « paysanne flamande » a été convaincante, elle s'est glissée dans le rôle de la souveraine avec volupté et gourmandise,

---

1. Voir l'excellent livre *Guillaume II d'Allemagne*, par Christian Baechler, Fayard, 2003.

recueillant autant de compliments pour sa prestation que pour sa grossesse.

Deux jours après le cinquante-troisième anniversaire de l'empereur, Rodolphe préside, ès qualités, une manifestation technique importante, la troisième Exposition internationale d'électricité, qui se tient à Vienne. Une semaine auparavant, la capitale a été secouée par des émeutes. Des ouvriers mécontents, acquis au socialisme révolutionnaire, ont été brutalement dispersés et la police a saisi le journal du prolétariat. Le prince héritier s'exprime en présence d'un personnage très voyant, le fondateur du parti chrétien-social, Karl Lueger. Député siégeant à gauche mais préparant une droite pangermaniste qu'exècre Rodolphe, orateur fascinant, manipulateur de foules, démagogue, il inventera la politique de style moderne avec des slogans. Futur remarquable maire de Vienne, disputant la popularité à l'empereur, le docteur Lueger, le « beau Karl » qui porte œillet blanc à la boutonnière, est satisfait d'entendre Rodolphe dire : « Le but de cette œuvre est d'employer, à l'aide du travail scientifique, une force naturelle puissante dont la valeur n'est pas éphémère et au développement ultérieur de laquelle nous croyons absolument. » Un texte de l'archiduc, sans doute élaboré avec Szeps, et l'une de ses premières interventions officielles dans la ville.

Laxenburg, 2 septembre 1883, 7 heures du matin. Après vingt-six heures d'effort, la princesse accouche d'un bel enfant. Le canon tonne dans les neuf casernes de Vienne mais aussi, par ordre télégraphique, dans celles de Budapest et de Prague. La vie publique s'arrête, on retient son souffle. Et on compte. Vingt et un coups... seulement : c'est une fille. Le silence qui suit est celui d'une déception résignée et d'un espoir, car Stéphanie est jeune. En embrassant sa femme, Rodolphe ne parvient pas à cacher son dépit. « Il avait tant désiré avoir un héritier du trône », note la jeune mère, en sanglots. Elle pleure tellement que lorsque Sissi et Marie-Valérie arrivent dans l'après-midi (Gisèle est elle-même enceinte), Rodolphe, soudain enjoué, la console : « Cela ne fait rien ! Après tout, une fille c'est beaucoup plus mignon. » Sissi rassure Stéphanie ; elle aussi a eu deux filles. « Même maman ne trouvait pas cela épouvantable. Le bébé est blond, bien fait. Maman dit qu'elle n'est pas laide », se souvient Marie-Valérie. Pourtant, à Bruxelles, le roi Léopold est fort amer. Il va jusqu'à annuler sa participation à un *Te Deum* ! François-Joseph, toujours impassible et monolithique, est très généreux. À sa belle-fille, il offre une parure d'émeraudes d'une valeur de quarante mille florins payée, pour moitié, de sa cassette personnelle. Il distribue gratifications et cadeaux, signe un décret d'amnistie générale et crée un orphelinat qui reçoit le prénom de l'archiduchesse, de même qu'il y a déjà un hôtel Stéphanie, un quai Stéphanie, une caserne Rodolphe, une gare et un pont Élisabeth, entre autres. La nouvelle archiduchesse reçoit les prénoms, sans originalité, d'Élisabeth-Marie-Henriette-Stéphanie-Gisèle. Pour simplifier, on l'appellera Erzsébet, comme sa grand-mère. Mais pour l'Histoire, elle sera connue sous le diminutif hongrois, choisi par Rodolphe, de Erzsi. Voici donc l'archiduc père de famille. Il est ravi. À Moritz Szeps, qui a immédiatement envoyé ses vœux de bonheur à la petite fille, il répond, deux jours après la naissance : « La mère et l'enfant se portent bien. À voir Stéphanie, on croirait que rien ne s'est passé, elle est florissante comme toujours. Quant à la petite, c'est une fameuse costaude. Elle pèse sept livres, elle est bien constituée, elle est très robuste, avec beaucoup de cheveux sur la tête. » Cinq jours passent et c'est encore à Szeps qu'il dit : « Ici, grâce à Dieu [une invocation rare], tout va pour le mieux. La mère et la fille sont aussi gaies et fraîches l'une que l'autre. »

Le 22 septembre, Rodolphe, officier général, est nommé commandant de la 25ᵉ division d'infanterie, en garnison à Vienne. C'est le cadeau de l'empereur à son fils. On pense qu'une existence totalement différente va commencer pour le couple. Après l'éloignement confortable qu'apportait Prague, il faut affronter Vienne. Mais le prince y revient avec ses anciennes habitudes. Son appartement de célibataire est toujours prêt. Sa femme, en proie à la dépression des accouchées, soupire : « J'espérais voir naître enfin autour du berceau de notre enfant, ces liens d'affection dont jusqu'alors notre union était dépourvue... » Rodolphe est agité de contradictions, difficile à connaître et à suivre mais d'une personnalité forte qui attend de se révéler. Sa vision politique européenne est saine, comme l'est celle de sa mère, mais ni elle ni lui ne sont les gardiens du pouvoir. Dans ses propos, déclarations et pensées, divulgués ou non, ses amis comme ses ennemis – il en a déjà beaucoup des deux côtés – voient un labyrinthe. Ils s'y perdent souvent. Ils l'ont surnommé « l'insondable »

CHAPITRE 5

LE MESSAGER DE L'EMPEREUR

Pour Stéphanie, la Hofburg était une terre promise. Depuis deux ans, elle attendait, avec une impatience dissimulée, de pouvoir y résider. L'automne 1883 est celui de l'installation officielle du couple dans le vieux palais. Enfin ! Mais la jeune femme déchante rapidement. Certes, elle est déjà familière de l'architecture majestueuse et sévère, mais l'intérieur n'est guère plaisant. Dans maints corridors, dans les innombrables escaliers sans parler des pièces, trop grandes, meublées avec lourdeur et tristesse, le parfum du passé est âcre. De nauséabondes fragrances s'échappent des cuisines et le transport des seaux hygiéniques – il y en a encore ! – replace les utilisateurs au siècle de Marie-Thérèse, quand la pudeur n'existait pas. Et comme dans toute demeure de tradition, on se brûle devant les cheminées, les poêles, qui engloutissent des forêts, font un bruit de forge, mais dès qu'on s'en éloigne, la résidence impériale devient le palais des courants d'air. Rodolphe s'en accommode fort bien. Ici, il a ses habitudes, un avantage sur sa femme, désorientée, désemparée mais tellement fière d'habiter si près de l'empereur, une manière de parler quand des dizaines de pièces, des étages, des chambellans et des aides de camp vous séparent de Sa Majesté qui, de toute façon, ne reçoit qu'après une demande d'audience sauf catastrophe. L'appartement du couple a plusieurs salons ; la chambre conjugale sera complétée de chambres pour leurs enfants et le personnel. Que la princesse soit obligée de faire poser des paravents, comme au XVIII$^e$ siècle, pour ne pas prendre froid, n'est pas le plus pénible ; son chasseur de mari et ses beaux-parents ne sont pas frileux, François-Joseph comme Élisabeth rappelant qu'un chauffage excessif est nuisible à la santé.

En revanche, pour ses ablutions, l'archiduchesse se bat contre la tradition anglaise du *tub*, ce bassin mobile où l'on s'asperge de brocs d'eau supposée être chaude. Elle bataille pour obtenir, comme sa belle-mère, ce signe d'un esprit aussi impudique que révolutionnaire, une baignoire. Seule Sissi, au prix d'une bataille homérique, avait obtenu une véritable salle de bains, avec une baignoire fixe alimentée en eau courante chaude et froide, des commodités voisines modernes et même un insolite tapis de massage posé sur le sol. Au bout de quelques semaines, l'épouse du prince héritier rejoint la réputation contestataire de Sissi en obtenant, elle aussi, sa baignoire. La Cour s'émeut puis passe à d'autres médisances. Le reste n'est qu'une série de petits sacrifices consentis pour l'honneur d'habiter le palais. Prague avait été un exil doré et profitable ; maintenant, elle est au cœur de l'empire et face à des réalités qu'elle n'imaginait pas, sous tous les regards d'une vie officielle permanente.

Ces tracas domestiques seraient négligeables s'ils ne mettaient en évidence la crise que traverse le couple. En vérité, Stéphanie s'est difficilement remise de sa délivrance. Elle est partie se reposer dans l'île anglo-normande de Jersey ; à son retour, son mari n'a pas manifesté une tendresse intime particulière. Mais plus grave est le fait que Rodolphe ait deux appartements à la Hofburg, l'un où il vit officiellement, l'autre où il se réfugie souvent, comme pour s'échapper. Le second n'est séparé du premier que par la cuisine et deux chambres où traînent en permanence des fumets pas toujours appétissants. Chez Rodolphe, on trouve sept pièces principales du temps où il était célibataire, dont une salle à manger de douze mètres sur neuf appelée, sans respect excessif, la « salle des ancêtres » car des portraits garnissent ses murs. Un « salon turc » sacrifie à la mode orientale et Rodolphe s'en est entretenu avec son oncle, Louis II de Bavière, qui a fait remonter un pavillon préfabriqué de style mauresque dans le parc de son château de Linderhof. La « turquerie » incite à la rêverie. C'est intime mais sombre. Une abondante bibliothèque, les collections d'histoire naturelle et des trophées de chasse accrochés ou posés signent un appartement très masculin. Plus inquiétant est l'objet bien en évidence sur un vaste bureau de bois noir, une tête de mort... On jase beaucoup sur cette curiosité macabre. Le syndrome d'Hamlet ? Rodolphe ne s'exprime pas sur le sujet. Souvent, il prend ses repas dans sa garçonnière, avec ou sans visiteur, avec ou sans maîtresse. Sa femme lui fait des scènes bien compréhensibles. Son mari se sert, sans gêne, d'un second domicile à quelques mètres de son foyer ! Tout en embellissant, la princesse est rongée de jalousie ; de bonnes âmes lui racontent que son époux a des aventures rapides, purement physiques, avec des femmes de la bonne société mais aussi avec des prostituées et l'on peut croire que Frau Wolf a un répertoire bien fourni. Mais malgré ses efforts, sa femme ne parvient pas à savoir exactement ce qui se passe dans cet ermitage ni dans l'esprit de Rodolphe, très absorbé, dit-il. Que fait-il en dehors d'assurer son commandement militaire ? Il s'occupe. Encouragé par le succès de son *Voyage en Orient,* de plus en plus attiré par l'écriture et manifestant une curiosité intellectuelle boulimique, il prépare une encyclopédie sur *La Monarchie austro-hongroise par le mot et par l'image,* dont la parution est prévue en fascicules tous les quinze jours ; un travail considérable qu'il supervise et organise, avec une équipe de journalistes et d'écrivains. La publication est prévue en quinze tomes qui seront vendus par souscription. Il continue aussi sa collaboration avec Szeps pour son journal qui fait l'objet d'une surveillance accentuée par la police. L'aspect public, si l'on peut dire, de sa contribution ne doit pas faire oublier la correspondance, publiée bien plus tard, qu'il entretient avec Szeps, comme il l'avait fait avec Brehm. Mais il arrive qu'une partie des idées de Rodolphe apparaisse, ici ou là, rarement anodines. Ainsi, le journaliste lui envoie un livre, publié à Berlin, sur la question des minorités. Après lecture, l'archiduc lui écrit : « (...) Chez les peuples vraiment évolués, le principe des nationalités et des tribus constitue un retour en arrière par rapport aux grands problèmes. Le principe des nationalités est destiné aux moins évolués et aux imbéciles. C'est la victoire de la sympathie de la chair et de l'instinct sur la culture et le spirituel. C'est un recul. Les adversaires du progrès sont pour le principe des nationalités et l'exploitent. » Szeps jouant sans doute un double jeu, le journal berlinois *Völkischer Beobachter* (« L'Observateur populaire ») publie un commentaire hargneux du point de vue princier. Mais il y a encore plus violent quand Rodolphe assure un de ses proches qu'il préférerait mettre ses enfants dans une école libérale dirigée par un juif plutôt que dans une école dirigée par un catholique. Il se désole que l'instruction primaire soit sous la coupe du clergé autrichien. Le prince veut bien respecter l'Église à condition que le clergé soit respectable. Un proche observe : « Le prince héritier n'a pas été élevé dans l'esprit du christianisme. » De la même veine, une diatribe contre le cardinal Schwarzenberg – encore une – accuse le prélat d'être arrogant et ridicule. Le ton est si violent que Szeps édulcore le texte, sous peine de nouveaux ennuis.

Les relations entre l'empereur et son fils sont devenues complexes. D'un geste sec, François-Joseph balaie tous les rapports critiques sur les fréquentations de l'archiduc, dans tous les domaines. Le monarque reste fasciné par la jeunesse désordonnée de son héritier, tellement différente de la sienne. Voit-il des gens dangereux ? Entretient-il des accointances avec des ennemis de la monarchie ? Cause-t-il quelque scandale intolérable ? Tout est rapporté, déformé, amplifié bien que le fond soit vrai. Notons que la belle-sœur de Rodolphe, la princesse Louise, se livre à une démarche comparable à l'égard de Stéphanie ; elle ne cesse de lui relater les frasques de son mari, ajoutant ici ou là tel détail scabreux. Et si elle ne sait pas grand-chose, elle l'enjolive, par désœuvrement, jalousie et dépit.

Jamais le souverain ne permet une sanction, une admonestation, encore moins une menace contre l'archiduc. Il est clair qu'il veille à éviter un affrontement pénible. Homme net et franc, l'empereur est désarmé et mal à l'aise à l'idée d'un face-à-face avec son fils. Devant son intelligence souvent inattendue et l'avancée de ses vues, il éprouve un complexe intellectuel, craignant une discussion qui lui échapperait. Rodolphe est d'un autre niveau que son père mais c'est ce dernier qui règne, bénéficiant d'une immense popularité.

En revanche, sur la demande expresse du Premier ministre, Rodolphe est écarté des principales décisions et des arcanes de l'information politique confidentielle. Sauf exception, il est instruit des affaires lorsqu'elles sont réglées. Comme à tous les princes héritiers, le gouvernement lui accorde un rôle de représentation à l'étranger ; il devient un ambassadeur itinérant du souverain mais aussi de l'Autriche-Hongrie lors de missions ponctuelles mêlant la diplomatie, l'économie et la stratégie. S'il est déçu d'être réduit à ce rôle, Rodolphe va lui donner une grande importance. Il en tirera des enseignements précieux aussi bien pour l'Empire que pour lui, l'une de ses qualités étant de s'informer lui-même chaque fois qu'il le peut d'une situation ou d'une difficulté en recueillant ses données sur place. Autre avantage de ses missions, il voyage avec Stéphanie. L'éclat protocolaire est évident mais, à titre privé, ces déplacements aux programmes minutés réduisent l'intimité ; l'épreuve d'un couple en crise, contraint d'afficher en public une bonne entente (et de sourire !), peut être salutaire pour reconstruire la complicité, ce ciment de la vie à deux. Avec raison, Stéphanie observe que « le monde ne devait rien savoir des déboires que nous éprouvions. On me voyait toujours aux côtés du prince héritier. Nos sorties communes au cours des multiples visites dans toute la monarchie ne me laissaient heureusement pas le temps de la réflexion ». Grippée entre eux lorsqu'ils sont seuls, la mécanique conjugale tourne mieux en voyage qu'à Vienne. L'hypocrisie, qu'on nomme l'éducation, tempère momentanément les dissensions. Le remède convient à la princesse qui est ainsi assurée de voir son mari et d'être avec lui pendant plusieurs jours. Bien sûr, son goût des mondanités et des délicieuses obligations officielles qui requièrent sa participation et même son avis ne cesse de s'affirmer. Hors de Vienne, la futilité de certains après-midi entre femmes du même monde qui consterne Rodolphe sera combattue par des découvertes et la pratique des langues de la monarchie. Au moins, en voyage, on s'enrichit l'esprit ; le couple princier quitte Vienne au début de novembre, à destination de Berlin. Rodolphe est, nous l'avons dit, sans illusion sur les idées du prince Guillaume. Mais les rencontres avec le vieil empereur Guillaume Ier et son Chancelier sont toujours passionnantes. Ce voyage, Rodolphe l'a soigneusement préparé car son père y attache une grande importance. En effet, depuis le 30 octobre, une nouvelle alliance s'impose dans le paysage danubien : l'Autriche-Hongrie et la Roumanie ont signé un traité secret et il était hors de question que Rodolphe ne fût pas au courant. Mais on oublie parfois que cette convention est assortie d'une seconde entente entre l'Allemagne et la Roumanie également secrète, afin de restreindre les appétits russes. Or le roi Carol Ier de Roumanie est l'artisan de ces pactes contre la politique du tsar Alexandre III, qui vise à dominer l'Europe orientale sur la route de l'Asie centrale ; Carol est né prince Charles de Hohenzollern-

Sigmaringen. Cousin de l'empereur d'Allemagne, il appartient à la branche catholique tandis que la branche prussienne est protestante[1].

Le souverain de ce pays récent s'était d'abord allié à la Russie dans la guerre contre l'Empire ottoman en 1877-1878. Depuis, le renforcement des liens avec l'Autriche-Hongrie s'appuie, notamment, sur la création du premier train direct reliant l'Europe occidentale à l'Europe centrale ; le premier départ de l'Express d'Orient, le futur légendaire *Orient-Express,* avait eu lieu, de Paris, un mois plus tôt, le 7 octobre 1883. Un axe technique, diplomatique, économique et culturel était créé, reliant la France à Vienne, Budapest et Bucarest. L'Allemagne conçoit du ressentiment de cette réalisation sans précédent, car elle écorne l'isolement français sur le continent. Pis : Berlin se sent à l'écart de ce flux.

Jusqu'à présent, Rodolphe, lucide sur le rôle qu'on lui demande de jouer, s'était défini comme « un observateur silencieux qui assiste de près aux fluctuations de la vie politique, sans jamais y prendre une part active ». Mais ce voyage, qui n'enthousiasme pas l'archiduc, est différent puisque c'est le couple héritier qui l'accomplit en visite officielle. En arrivant à Berlin, Rodolphe trouve Bismarck changé. Le Chancelier suit, laborieusement, un régime draconien (il avait pesé jusqu'à cent vingt-deux kilos !), sous la direction d'un médecin bavarois. Mais il apprécie beaucoup Rodolphe depuis leur premier véritable entretien, un an plus tôt. Au grand étonnement de ses collaborateurs, Bismarck, qu'il n'est pas facile de séduire, avait été impressionné par la personnalité de l'archiduc. Celui-ci, fasciné par le regard de feu et l'intelligence cynique de Bismarck, avait eu du mal à admettre l'impérialisme allemand. Il s'inquiétait toujours, comme l'atteste cette remarque acide : « L'idée du Reich et de l'unité, créée et entretenue par un ensemble de soldats, de policiers et de fonctionnaires bien dressés, plane, à la pointe des baïonnettes, sur les ailes d'un patriotisme inculqué par la contrainte. » À Szeps, Rodolphe confie son opinion sur le

---

1. Le roi Carol Ier est le frère cadet du prince Léopold de Hohenzollern-Sigmaringen, prétendant au trône d'Espagne en 1870. Cette candidature, bien que retirée à la suite des protestations françaises, avait été la cause de la guerre franco-prussienne.

*Chancelier de Fer* : « Je l'ai considéré longtemps comme honnête. Maintenant, j'éprouve une grande méfiance. Il flatte les idées conservatrices parce que l'Autriche devrait livrer une guerre contre la Russie et être davantage proallemande. »

En revanche, Rodolphe vénère le vieil empereur Guillaume I$^{er}$, demeuré avant tout un « Prussien jusqu'au bout des ongles », un homme qui était « très croyant et craignait Dieu autant qu'il lui faisait confiance. Il avait le don d'être toujours profondément convaincu d'agir selon les vues de Dieu, même lorsqu'il commettait des injustices : il était en toutes circonstances l'instrument de Dieu ! Il avait un sens aigu du devoir, aimait le travail, la ponctualité et la précision. C'était une nature parfaitement disciplinée, tant sur le plan du corps que sur celui de l'esprit ». N'est-ce pas l'image de François-Joseph ? D'ailleurs, à la différence de son petit-fils, compagnon de débauche de Rodolphe, il respecte les Habsbourg. Le voyage confirme à Stéphanie ce que lui a dit son mari, en excellents termes avec le prince héritier Frédéric-Guillaume. Le fils de Guillaume I$^{er}$ et père du futur Guillaume II, Fritz pour la famille, a épousé une princesse anglaise, Victoria, fille de la reine Victoria. Fritz est comme Rodolphe, un libéral qui s'oppose souvent à Bismarck. Élevé par l'archéologue Ernst Curtius, passionné d'histoire, il a de longues discussions avec l'archiduc. Sa femme, belle et intelligente, partage totalement ses vues. Les deux couples sont heureux des moments passés ensemble. Victoria écrira d'ailleurs à sa mère : « Rodolphe sait parfaitement que ses vues concordent bien plus avec les nôtres qu'avec celles de l'empereur ou de Willy. » Willy, c'est bien sûr le prince héritier qui fréquente les maisons closes de Vienne. Enfin, on peut établir un parallèle de situation entre Rodolphe et Frédéric-Guillaume, car, malgré la différence d'âge (vingt-sept ans les séparent), ils sont tous deux fils d'un vieux monarque aux idées bien arrêtées et piaffent d'exercer le pouvoir suprême. Le Prussien, qui s'était brillamment conduit au feu en 1870, en avait retiré un grade de feld-maréchal qui ne lui suffisait pas. Ses activités de représentation, de mécénat et d'œuvres de charité dispensées avec son épouse sont de maigres consolations. Traités avec de grands égards, Rodolphe et Stéphanie regagnent Vienne satisfaits. À sa sœur Louise, l'archiduchesse ne se prive pas d'écrire, le 14 novembre : « Nous sommes heureusement revenus de Berlin. Tu ne te fais pas d'idées des amabilités qu'on nous a faites. Nous avons été reçus comme des souverains. » En terre étrangère, c'était la première fois que le couple éprouvait un pareil plaisir, certainement amplifié par la fille du roi des Belges dont la conviction était sans inquiétude : elle serait impératrice et reine... Berlin venait de lui confirmer son destin.

Or un incident étrange se produit peu après ce voyage réussi, incident dont Stéphanie n'est pas informée car il est confidentiel. Rodolphe participe à une chasse en Hongrie avec son cousin François-Ferdinand, son cadet de cinq ans. Fils de l'archiduc François-Charles qui avait renoncé, en 1848, à la couronne au profit de François-Joseph, il est donc un neveu de l'empereur. François-Ferdinand n'est pas en bons termes avec le souverain parce qu'il partage avec Rodolphe des idées audacieuses et des vues originales sur les minorités, à la fois chance et fléau de l'Empire. François-Ferdinand passe pour entêté, plutôt morose, susceptible et irascible. Devant son grand ami le peintre Pausinger en train de travailler à une esquisse, Rodolphe pointe le doigt en direction de François-Ferdinand qui s'avance vers eux :

— L'homme que vous voyez sera empereur d'Autriche. Pas moi...

Extraordinaire pressentiment que la mort confirmera une première fois et désavouera une seconde fois, pour le plus grand malheur du monde. On peut imaginer le désarroi de l'artiste entendant cette effrayante prophétie dont il est l'unique témoin et qu'il ne révélera qu'au soir de sa vie.

1$^{er}$ janvier 1884. C'est au château royal de Buda que Rodolphe et sa femme présentent leurs vœux à la Cisleithanie. Avec émotion, les Hongrois se souviennent que la reine, Erzsébet, avait tenu la petite Erzsi sur les fonts baptismaux. On veut voir comme un heureux présage le choix de ce prénom qui est celui de sa célèbre grand-mère. Rodolphe profite du séjour pour présider une réunion de rédaction de son projet. *La Monarchie austro-hongroise par le mot et par l'image* justifiera pleinement son titre. Tous ses aspects seront présentés, de la géologie aux arts, des industries aux beautés naturelles. Son élaboration est équilibrée puisqu'il y a deux équipes, une autrichienne et une hongroise ; l'édition paraîtra en deux langues. Pour que ce travail soit un instrument de référence, l'archiduc a choisi deux chefs d'équipe aux talents reconnus, Joseph von Weilen qui préside la société des journalistes de Vienne et Mór Jókai, écrivain et poète célèbre à Budapest. L'ouvrage en préparation suscite une immense curiosité et il y a déjà des milliers de souscripteurs. Il est le premier cas d'une initiative et d'une réalisation totalement contrôlées par Rodolphe qui ait reçu le patronage de l'empereur et roi. Puis, de retour à Vienne, Rodolphe écrit à Szeps, le 4 janvier, à propos du Premier ministre de Hongrie, qu'il apprécie beaucoup à la différence de Taaffe, le comte Kolomán Tisza : « Politiquement, c'est triste. Tisza était avant-hier chez moi, longuement. La Hongrie libérale a lutté contre les forces réactionnaires et dans cette partie de l'empire, le principe libéral est perdu. Tisza est préparé au pire ; il est froid, calme mais il a un sourire méchant quand il parle de la grande aristocratie d'ici. Il sent qu'à côté de sa politique officielle, parlementaire, l'Autriche a une politique clandestine, inapprochable, la même que celle qu'on appelait en 1848 la camarilla. L'Église a encore beaucoup de forces et on va le sentir longtemps[1]. » Cette inquiétude naît d'une crise opposant la Croatie (où des manifestations antisémites se sont développées) à la Hongrie (où l'opposition conservatrice, que Rodolphe qualifie de féodale, se concentre contre Tisza). Voyant celui-ci en danger, l'archiduc demande à Szeps de le défendre. Alors que le Premier ministre hongrois attaqué, en fonction depuis 1875, est reçu en audience par l'empereur qui a autant confiance en lui qu'en Taaffe, le *Neues Wiener Tagblatt* publie l'un des articles les plus engagés de son collaborateur anonyme, impérial et royal. Le titre est accrocheur : *La Sentinelle sur la Leitha.* Tout en considérant que le comte Tisza a tort de se réjouir de la chute du libéralisme en Autriche, le prince lui écrit un hymne, adressé autant à sa personne qu'à sa politique : « (...) En Hongrie, les libéraux, qui ont à leur tête un ministre de progrès et au sommet de la culture moderne, sont battus. Qui les a vaincus ? Les conservateurs, la noblesse cléricale et il faut être sans illusion, ils sont liés aux couches les plus défavorisées du peuple. L'antisémitisme est habilement utilisé pour conduire le peuple à voter contre les libéraux, le progrès et la culture. La Hongrie a beaucoup régressé. En Allemagne, on se sent plein de force ; en Autriche, on a éliminé tous les

---

[1]. Cette lettre fait partie des documents, incontestables, découverts après la mort de Rodolphe.

hommes de ce niveau. Un homme dérange en Hongrie, c'est le seul homme d'État libre en Autriche-Hongrie (...). » C'est Kolomán Tisza. La question, posée en filigrane, est simple dans sa complexité : comment régner et gouverner à la fois à Vienne et à Budapest au nom de principes diamétralement opposés ?

Mais déjà le prince héritier s'est plongé dans un autre voyage, bien plus important et beaucoup plus sensible que la visite berlinoise. Cette fois, l'archiduc et l'archiduchesse vont assurer la promotion de l'Autriche-Hongrie dans la région la plus instable d'Europe, les Balkans. Il s'agit d'une mission gouvernementale, approuvée par François-Joseph, qui comporte de nombreux risques. Rodolphe va devoir, entre autres pièges, expliquer la position austro-hongroise à l'Empire ottoman affaibli mais où règne toujours la subtilité ; il ne faudra pas réveiller involontairement l'ours russe qui, ayant été rejeté de la sphère balkanique à cause de ses maladresses, rêve toujours de Constantinople ; Rodolphe devra aussi ménager les susceptiblités des royaumes nés ou naissants des récents conflits, congrès et conventions, tout en leur servant de guide dans la reconnaissance de leurs nationalismes ; chacun de ces pays peut être un allié ou un adversaire au prix de chantages et de renversements d'alliances. Les vieilles nations promues en nouveaux États ne sont pas seules ; elles ont leurs protecteurs, consentis ou subis, que sont les Puissances. Enfin – et ce n'est pas une moindre difficulté ! –, l'archiduc devra, momentanément, faire taire ses propres convictions sur tel ou tel sujet, car il va représenter son père, son gouvernement, son pays tel qu'il est, et non tel qu'il devrait être selon les idées qu'il défend dans ses écrits. Ce périple est si délicat qu'il exige plus de deux mois de préparation, sous l'autorité du ministre des Affaires étrangères, le comte Gustav Kálnoky. Le successeur d'Andrássy a été nommé à ce poste en novembre 1881 après avoir été ambassadeur à Saint-Pétersbourg. Prudent et connaissant bien ses dossiers, assuré de la totale confiance de François-Joseph, il considère Rodolphe comme un envoyé très compétent qui apportera le sang neuf de la jeunesse dans cette partie de l'Europe en ébullition. Pendant que le prince révise avec Stéphanie ses acquis linguistiques, les textes de ses interventions et discours sont mis au point, pesés à la virgule près ; aucune place ne sera laissée à l'improvisation ni au hasard, des fantaisies que l'empereur déteste. Dans ces pays explosifs, chaque prise de parole peut jouer le rôle d'une mèche allumée par mégarde. Et cependant, cette tournée d'explications s'impose autant sur le fond que sur la forme ; le cabinet impérial juge que Rodolphe et son épouse constituent une carte de visite renouvelée combinant une vision adaptée, avec succès, aux circonstances depuis le congrès de Berlin et forgée par l'expérience des vieux peuples danubiens. Enfin, cette mission initie le prince héritier aux affaires diplomatiques en cours ; François-Joseph tient à ce que son fils soit parfaitement au fait des rapports de l'Autriche-Hongrie avec l'extérieur. De la part du souverain, c'est un signe de grande confiance et un préambule au futur rôle de son successeur.

Début avril, pendant que l'impératrice repart vers l'Allemagne soigner sa sciatique, Rodolphe est prêt. Comme sa mère, il est heureux de quitter l'atmosphère confinée de la politique viennoise qui contraste avec la vie brillante de la capitale, l'un des rendez-vous de l'Europe. Avant de partir, il s'offre un plaisir personnel en président le congrès ornithologique de Vienne et y prononce un discours de son cru. De même que l'archiduc avait séduit le public lors de son intervention à l'Exposition sur l'électricité, il parle en connaisseur du monde des oiseaux. Et après son allocution, son charme continue d'opérer ; selon le ministre des Finances, présent à la cérémonie, le prince « était si franc, ouvert, aimable et clair qu'on pouvait réaliser que l'on conversait avec un prince mais sans aucune contrainte. Il était très patient, écoutant les gens, posant lui-même des questions aux scientifiques, démontrant sa vraie connaissance des sujets abordés ».

Le 15 avril, le couple monte à bord de son train spécial. Stéphanie est radieuse de participer à un périple aussi important. Un fourgon contient ses malles chargées de l'élégance dernier cri, tenant compte de la chaleur dans ce climat continental. Direction : la Bulgarie. Le premier piège... Rappelons que cet État, reconstitué et reconnu en 1878 sous le nom de « Grande Bulgarie », a l'originalité d'être morcelé en trois parties. Au nord, entre le Danube et les Balkans, la région est une principauté vassale de la Sublime Porte. Au sud, la Roumélie orientale est une province turque gouvernée par un chrétien nommé par le sultan. Enfin, la Macédoine reste principalement une province turque. En 1879, l'Assemblée nationale de la fraction nord (la seule disposant d'un semblant d'indépendance) avait nommé Alexandre de Battenberg premier prince de Bulgarie. Né à Vérone un an avant Rodolphe, fils d'un général autrichien, soutenu par le tsar qui est son oncle et apparenté par sa mère à la famille royale anglaise, Alexandre est une synthèse des intérêts des grandes puissances. Elles le surveillent. Rodolphe sait que Guillaume de Prusse lui a conseillé de se libérer de l'influence russe ; il a d'ailleurs renvoyé, sept mois plus tôt, les généraux russes de son cabinet et tous les conseillers proposés par Saint-Pétersbourg. Enfin, il a refusé au gouvernement russe la concession d'une ligne de chemin de fer, car elle ne servirait que les intérêts stratégiques et financiers de l'Empire russe. La situation est donc tendue et l'archiduc a pour instruction d'éviter de prendre parti dans ce qu'il faut bien appeler une crise. À la grande déception de Stéphanie, son mari décline toutes les invitations aux fêtes et réceptions qui étaient annoncées. Il accepte seulement qu'Alexandre monte à bord de sa voiture-salon et fasse en sa compagnie le trajet les conduisant de Roustchouk[1], une agglomération de baraques alignées mais un important port fluvial bulgare sur la rive droite du Danube, jusqu'à Varna, port roumain sur la mer Noire d'où leur embarquement est prévu à destination de Constantinople. Rodolphe et sa femme, ainsi que leur suite, sont gênés de ne pouvoir faire davantage et Alexandre Ier est très amer de n'être pas mieux soutenu. L'archiduc a manœuvré avec souplesse, évitant un affrontement.

Son premier succès diplomatique... qui ne l'empêche pas de noter son pessimisme sur l'avenir de la Bulgarie s'émancipant des Russes : « (...) Je crois que cette fausse situation fournira le premier prétexte aux graves conflits qui risquent de se déclencher entre les Bulgares et leurs prétendus bienfaiteurs. »

Après quinze heures d'une traversée paisible, l'arrivée sur le Bosphore est un enchantement. La brume des Détroits se

---

1. Aujourd'hui Ruse. La bourgade fait face au port roumain de Giurgu où, six mois plus tôt, les voyageurs du premier *Train Express d'Orient* avaient dû quitter leur palace du rail qui n'allait pas plus loin et emprunter un tortillard inconfortable vers la mer Noire.

déchire. L'Orient s'étale sur le fond de la Corne d'Or avec ses palais de marbre, le quartier de Stamboul aux maisons de bois, les murailles byzantines écroulées depuis plus de quatre siècles, Sainte-Sophie, la Mosquée bleue, les chiens errants, l'hystérie des derviches tourneurs et hurleurs, les puissants portefaix déménageant des armoires, le grouillement invraisemblable du port dans de fortes odeurs de poissons grillés et d'épices, les étals de boucheries noircis de mouches, les cafés jalonnant la boue gluante de Galata qui dégagent des effluves dignes d'un chapitre d'Émile Zola dans *Le Ventre de Paris*.

Le couple princier est l'hôte d'Abdül-Hamid II, tristement surnommé « le Sultan rouge » à cause de ses massacres et de sa méfiance maladive ; il espionne tout le monde. Se croyant menacé, il persécute pour ainsi dire préventivement. Depuis le début de son règne, il y a huit ans, Abdül-Hamid II a perdu de nombreuses provinces, dont en 1881 la Tunisie, occupée par la France, et en 1882 l'Égypte, investie par l'Angleterre. Depuis, le 34$^e$ sultan ottoman s'est rapproché de l'Allemagne et Berlin a pris en main la réorganisation de l'armée. L'un des problèmes affrontés par le sultan intéresse particulièrement Rodolphe puisqu'il s'agit du sort des minorités dans l'Empire. Mais comment tolérer le climat répressif de la Porte contre les Grecs, les Arméniens ou les Bulgares de Macédoine, notamment ? Et comment ne pas s'inquiéter de ce rêve annoncé par le sultan d'être le protecteur de tous les musulmans de la planète ?

Diplomate et sanguinaire, habile et implacable, ce tyran de quarante-deux ans est capable d'un raffinement que seul l'Empire ottoman peut déployer, bien que ses caisses soient à nouveau vides. Escorté de barques dorées, le *Miramar* est fastueusement accueilli sur le Bosphore. Les uniformes blancs sont salués par les tenues colorées des janissaires, ces soldats d'élite de l'infanterie ottomane. Mais à y regarder de plus près, au-delà de l'exotisme, ces hommes sont dans un état pouilleux, incroyablement sales. Les lambeaux d'une grandeur féerique. Quel est donc cet « État dont la machine ne fonctionne absolument plus » ? se demande l'archiduc. Le sultan a envoyé sa garde personnelle. Si le peuple turc n'a pas une profonde sympathie pour l'Autriche-Hongrie à cause de la Bosnie-Herzégovine,

Abdül-Hamid veut manifester son profond respect à l'égard de François-Joseph et de son envoyé le plus précieux.

La première rencontre Occident-Orient de ce voyage est digne des Mille et Une Nuits. Stéphanie en a le souffle coupé. Elle songe au voyage que son père, alors duc de Brabant, avait fait ici un demi-siècle auparavant. Du port au palais, un somptueux carrosse conduit le couple dans un crépitement de sabots. L'attelage (six coursiers arabes) est parfumé : les chevaux ont été aspergés d'essence de rose ! Le sultan en possède au total douze cents à titre personnel ! Le dossier préparé pour Rodolphe est accablant ; il n'est question que de corruption, gabegie, gaspillage, faillite permanente, assassinats et fanatisme, tous ces maux qui ont valu à l'Empire ottoman sa réputation d'être « l'homme malade de l'Europe », selon le tsar Nicolas Ier. Ayant renié ses promesses de réformes et de tolérance religieuse, Abdül-Hamid II aggrave la décomposition de son empire. Il n'est plus que l'ombre de celui qui avait fait trembler toute l'Europe, dont les Habsbourg. Et l'immense territoire, ébranlé par les poussées nationalistes, ne survit que grâce à la mansuétude intéressée des grandes puissances.

Voici Rodolphe et Stéphanie face au terrible Abdülhamid II, un personnage maigrichon, de taille moyenne, portant d'inévitables moustaches et le fez rouge. La princesse fait grand effet sur lui, allumant son regard cruel et mélancolique. Les jeunes femmes blondes sont rares dans les palais ottomans. Visitant la chambre du Trésor du palais de Topkapi, l'archiduchesse, stupéfaite, pousse un cri devant la brillance des pierres précieuses. Le sultan ne réagit pas mais le lendemain, ces diamants sont offerts à Stéphanie. Ils ont été montés en diadème dans la nuit. L'épouse de Rodolphe peut-elle accepter un tel cadeau à la signification ambiguë, voire indécente ? Ce serait pire si elle le refusait. L'Orient a ses usages, ses susceptibilités ; éblouir et combler des hôtes est aussi vieux que le troc dans les échoppes du bazar. Fascinée par cet univers inconcevable et qui dépasse les récits des voyageurs les plus exaltés, la princesse est l'objet de tous les regards. Rodolphe observe ce manège, concentré sur les dossiers politiques. Il sait que le sultan pratique le jeu de la séduction froide et silencieuse avant un geste fastueux. Il faut éviter de choquer, mais aussi de se laisser étourdir. Pendant cinq jours, l'archiduchesse, très en beauté, reçoit tant de présents qu'elle n'ose plus rien regarder. Le tyran met à ses pieds deux pur-sang arabes, le cadeau le plus significatif[1], des tapis de soie, un service à café en filigrane d'argent, des confiseries terriblement sucrées mais qu'il est vivement conseillé de déguster sur des coussins, dans la lumière dorée de cette ville unique au monde. À Rodolphe sont offertes des armes ciselées, les fameux sabres à lame courbe, d'une immense valeur, et des tabatières en or serties de rubis et de jade alors que, selon ses constatations, il n'y a pas moyen d'acheter un paquet de tabac de qualité dans Constantinople, un comble quand on en connaît l'importance dans cette civilisation !

Un grand dîner est offert au palais d'Ydliz où chaque vendredi une parade, appelée Selamlik, annonce la prière du sultan. Le palais, plus petit que ceux de Ciragan et de Dolmabahçe, surplombe la rive occidentale du Bosphore. Il comprend deux jardins, un bassin, des serres, deux chancelleries, une salle d'armes, un théâtre, des cuisines et une mosquée. Presque une ville. Galant, attentif, Abdül-Hamid II donne le bras à une Stéphanie éblouissante dans sa robe de damas bleu clair à longue traîne. Ses épaules sont découvertes, ce qui est une rareté sur le Bosphore. Un diadème aide au maintien de sa chevelure. Fièrement, le sultan lui annonce que dans son harem, il dispose de douze cents femmes, autant que de chevaux ! Elle ne résiste pas à l'envie de visiter ce domaine interdit dont sa belle-mère avait tenté d'obtenir quelques clichés de beautés, pour le plus grand danger de l'intégrité physique du photographe ! Évidemment, Rodolphe ne peut entrer dans le harem. Stéphanie lui décrira la favorite entourée de ses six esclaves « plus laides les unes que les autres » et, illuminant un grand escalier au moyen de torches, « de jeunes et beaux eunuques ». Ils ont leurs appartements, à ne pas confondre avec ceux du chef des eunuques noirs. Pour la plus grande surprise de l'archiduchesse, un orchestre joue les hymnes nationaux belge et autrichien, un concert insolite dans un tel lieu ! Le thé est servi. Les femmes ne sont ni belles, ni grandes, ni sveltes mais elles sont magnifiquement parées de soie et de voiles. La favorite montre quelque humeur pour les regards appuyés du sultan sur Stéphanie. Mieux vaut partir. De tels

---

1. En 1873, le shah de Perse, reçu à Vienne et séduit par la beauté de Sissi, lui avait offert six chevaux de ses équipages.

moments, vécus à l'âge de dix-neuf ans, laisseront à la jeune femme une impression de splendeur, de charme, mais aussi de malaise. Son mari est carrément consterné par Abdül-Hamid II, le décrivant comme « un malade mental pur et simple » atteint de folie assassine, « un homme complètement diminué physiquement, inculte et insignifiant sur le plan intellectuel ». L'un des objectifs du voyage est d'obtenir une concession ferroviaire – c'est très à la mode – en application d'une convention signée un an plus tôt à Vienne entre l'Autriche-Hongrie, la Serbie, la Bulgarie et la Turquie. Mais du côté turc, rien n'avance. Une concurrence féroce s'établit entre la Compagnie des chemins de fer orientaux, lancée par un personnage aventureux que Rodolphe fréquentera assidûment, le baron Hirsch, qui exploite déjà six lignes en Anatolie, et la Compagnie internationale des wagons-lits, aux capitaux franco-belges, qui contrôle la ligne Constantinople-Salonique. La liaison depuis Vienne est au point mort. Après des heures de palabres devant le sultan entouré de son grand vizir et de ses conseillers silencieux, la date de mise en service fixée au 15 octobre 1886 paraît utopique. Dans son rapport, l'archiduc avoue l'échec de la négociation d'une manière laconique : « Il n'est pas possible d'apprécier, d'après l'état d'esprit qui règne à Constantinople, si quelque chose sera fait effectivement en ce qui concerne le chemin de fer. » Effectivement, le prolongement de la voie utilisée par l'*Orient-Express* ne sera en service qu'en 1889. En revanche, les pourparlers de nature maritime sont mieux engagés. Il s'agit d'augmenter, depuis Trieste, le trafic des compagnies de navigation autrichienne (Lloyd) et hongroise (Adria), ce qui permettrait un développement des installations hôtelières et d'une industrie nouvelle, le tourisme.

Le *Miramar* met cap au nord. Le voyage se poursuit vers la Roumanie. L'accueil du roi Carol Ier est très chaleureux. Porté sur le trône par les grandes puissances et titré prince en 1866, il règne effectivement depuis le 22 mai 1881. Après des débuts difficiles, jugé trop favorable à son Allemagne natale, il a signé un traité secret avec l'Autriche-Hongrie, dont il réclamait l'appui. Le roi Carol est d'une amabilité légendaire. Rodolphe en découvre les bienfaits, écrivant : « En sa compagnie, dans sa maison, on se sent très vite à l'aise. » S'il est une maison dont le monarque est fier, c'est son château de Peles, à Sinaïa, dans les premiers contreforts des Carpates au nord de Bucarest. Un site romanesque. La construction, dont la première étape est achevée depuis six mois, sera un formidable mélange de styles, presque un dictionnaire esthétique. On y trouve la seconde Renaissance allemande avec ses profils pointus et verticaux, la Renaissance italienne avec ses terrasses, ses cortèges de statues et de fontaines, le baroque, le rococo et même l'art hispano-mauresque revu par un Français ! Lourd, chargé, présentant un fabuleux travail de boiseries en noyer, mais extraordinaire décor, le château de Peles doit aussi à divers artistes viennois, en particulier le tout jeune Gustav Klimt, qui y fera ses débuts en décorant le plafond de la salle de théâtre de soixante places et, surtout, en copiant les portraits des Hohenzollern du château de Sigmaringen. Il faut bien commencer...

Trois ans après sa désignation comme prince roumain, Carol avait épousé une princesse allemande, Élisabeth de Wied. Sans enfant, la reine se fait connaître comme poétesse. Son nom de plume est Carmen Sylva. Elle traduit aussi des poèmes roumains en allemand. Artiste, vêtue d'une manière peu conventionnelle, pas très grande, elle écrit dans son cabinet tendu de velours rouge. Toute l'Europe a appris que le premier *Orient-Express* ayant fait halte à Sinaïa, elle avait reçu les passagers en son château inauguré huit jours plus tôt.

Pour célébrer ces pèlerins d'un nouveau genre, elle leur avait lu un poème de sa composition. Tout le monde avait écouté debout, pendant près de quarante minutes, ce qui avait été considéré comme le moment le plus éprouvant de ce voyage historique ! Elle a une réputation – justifiée – d'excentrique fortunée comme la fin du siècle en produira de savoureux exemples. Son originalité amuse moyennement François-Joseph qui la trouve bizarre, cela expliquant l'amitié qui la lie à Sissi. Âme généreuse, la souveraine reçoit Stéphanie d'une exquise façon, lui donnant ce conseil : « Toujours aider, toujours secourir, c'est la raison d'être des riches et c'est leur seul droit à l'existence. » Rodolphe est sous le charme de cette reine très aimée de ses sujets. Il la trouve « (...) spirituelle, agréable, extraordinairement aimable, qui jouit dans son pays d'une dévotion sans mélange qu'elle a parfaitement méritée. C'est une reine capable, très adroite, qui rend de grands services à son époux ». Un couple exemplaire, dans sa vie privée comme dans son comportement public[1]. La Roumanie est alors, selon Rodolphe, le plus évolué des pays balkaniques. La jeune monarchie, enclave latine dans un monde majoritairement slave, avait réussi à agrandir son territoire d'une partie de la Dobroudja et de la Bessarabie, l'actuelle Ukraine, décisions ratifiées au congrès de Berlin. Bucarest, ancienne capitale de la Valachie, a fait venir des architectes et des urbanistes français ; dans cette Europe en miniature, on perçoit un cosmopolitisme qui ira en se développant. Bien que pourvue d'une armée qui a fait ses preuves contre les Turcs, la Roumanie oublie difficilement la question de la Transylvanie dont l'annexion par la Hongrie, lors du compromis de 1867, a été ressentie comme une injustice. L'opinion publique s'indigne d'être partiellement soumise à une empreinte magyare. À cette – importante – réserve près, le voyage princier se déroule sans heurt. Il se poursuit en direction de l'ouest, vers la Serbie, le voisin méridional de la Hongrie qui a aussi un grand besoin de l'appui autrichien. Grâce à Vienne, le prince Milan, que Stéphanie avait reçu à Prague, est devenu roi en 1882. Malgré la pluie qui tombe sur Belgrade, Rodolphe se félicite de la manière dont on le reçoit, n'ayant pu rêver d'un « accueil plus brillant ni plus amical ». La foule est chaleureuse, mais la situation tellement tendue qu'on pourrait citer la Serbie de cette époque comme synthèse de tous les risques d'explosion politique.

À l'inverse du monarque de Roumanie, Milan Obrénovitch est mal à l'aise ; son cas relève du pathétique. Il ne parvient pas à se débarrasser de deux traumatismes, son accession au pouvoir à l'âge de quatorze ans et le contexte, l'assassinat de son oncle auquel il a succédé. Pour Milan, l'Autriche est non seulement le pays protecteur qu'il recherche, mais un refuge, où il se glisserait volontiers pour qu'on l'oublie. Le roi, note Rodolphe, reste « un étranger dans son pays, malheureux dans sa position de souverain et n'aspirant qu'à une seule chose : à pouvoir passer, chaque année, de longues vacances insouciantes en Autriche ». Milan n'assume pas son rôle et déjà, en face de l'opinion favorable à Vienne, une tendance opposée se constitue, celle d'une alliance avec la Russie.

---

1. La reine Élisabeth de Roumanie aura une fille mais qui mourra en bas âge. Toute sa vie, elle portera son deuil, en blanc, selon l'ancien usage de la cour de France.

Enfin, le couple regagne Vienne. Stéphanie est éblouie de ce qu'elle a vu, du plus proche au plus étranger, du plus naturel au plus faux. Dans son important rapport qu'il rédige au mois de mai, l'archiduc dresse un bilan très objectif des rapports de son pays avec ses voisins, plus ou moins sourcilleux et plus ou moins vulnérables, d'une part ; d'autre part, il analyse le jeu des grandes puissances dans la décomposition ottomane. Il conclut : « J'ai toujours tenu pour une loi naturelle la mission qu'a reçue l'Autriche en Europe orientale et maintenant, après ce voyage, ma foi dans le grand avenir que nous avons dans cette région est devenue plus ferme encore. » Ce rôle « civilisateur essentiel » est nettement mieux perçu sur place qu'à Vienne. Rodolphe voit confirmée sa thèse du sauvetage par l'expansion danubienne pour que les Austro-Hongrois deviennent « les seigneurs de tout l'Orient européen ». Notons, au passage, l'originalité de cette dernière formule : finalement, le prince voyageur préfère l'Orient européen à l'Europe orientale. Il faut aussi préciser que Vienne interprète un jeu subtil aux effets variables en ayant signé des traités secrets avec la Serbie et la Roumanie, mais sans que l'un sache ce qui lie l'autre. Un parfum de grand jeu diplomatique à la manière de Metternich... Mais l'inquiétude finale de son analyse, le prince la réserve essentiellement à la Russie « contre laquelle, quoi qu'il arrive, il faudra bien se battre un jour ». À Moritz Szeps, il explique son évolution : « J'étais, il y a quelque temps, pour l'idée slave mais je ne trouve plus cette idée bonne et je suis persuadé que les Slaves menacent la civilisation. Ils ont la haine d'une guerre perdue. »

Après la lecture de son rapport, le ministre des Affaires étrangères complimente l'archiduc pour son habileté de comportement et la justesse de ses vues. Le comte Kálnoky en est bien conscient : la Russie a toujours voulu se substituer à la grandeur ottomane fanée. En Bulgarie, en Roumanie et en Serbie, pour ne pas parler de Constantinople, il n'y a qu'un seul et même adversaire, lointain mais préoccupé de revanche, le tsar.

Durant la fin du printemps et l'été 1884, le prince accompagne son père dans diverses manœuvres et inspections. L'une de ces tournées les conduit par train, *via* Trieste, jusqu'à Pula, le principal port de guerre austro-hongrois. Presque à la pointe de l'Istrie, Pula est très actif depuis 1850, lorsque l'empereur y avait décidé la construction d'un arsenal. Son frère Maximilien, marin frustré, s'y était beaucoup intéressé. Rodolphe est également guidé dans les remarquables ruines romaines de Pula, en particulier son grand amphithéâtre, le sixième au monde par la taille mais sans doute le premier pour son état de conservation. L'archiduc aime beaucoup cette Riviera de l'Adriatique qui attire les nomades du Gotha depuis Berlin et Saint-Pétersbourg. Puis, Rodolphe quitte son père et, remontant vers le nord, s'arrête à Bruck an der Mur, dans les Alpes de Styrie. Sa division bivouaque près de la vieille forteresse de Landskron ; avec ses officiers et ses hommes, il passe un très agréable moment, dans ce cadre plaisant. L'opération militaire est suivie d'une chasse le jour de la fête de Stéphanie, à qui il envoie un télégramme tendre. Racontant cet épisode à Szeps, il lui parle, une fois encore, de l'archiduc Albert, sa bête noire, le jugeant toujours aussi borné, méchant, désagréable au point que Rodolphe serait dégoûté de l'armée à cause de lui. Et maintenant, le feld-maréchal est âgé et nerveux, ce qui n'arrange rien. Rentré à Vienne, Rodolphe va voir, à Laxenburg, son père qui, bien entendu, refuse sa démission. En fait, le prince héritier a deux ennemis parmi les militaires de haut grade, Albert et le chef d'état-major, le général Beck. Tous deux détestent l'archiduc et lui font sentir qu'ils ont l'oreille de l'empereur. Rodolphe en est jaloux, comme il le dira dans une lettre à son cousin François-Ferdinand : « (...) À propos d'Albert, tu ne peux que lui être désagréable. Il prend plaisir à intriguer, il est mauvais. S'il découvre une faute, c'est pour lui une joie. Il adore se venger. Je connais parfaitement le personnage et ne peux que souhaiter que tu n'aies pas avec lui la moitié de mes querelles et de mes ennuis. »

Rodolphe éprouve donc le besoin de repartir au plus vite ; il multiplie les missions diplomatiques et les voyages semi-privés avec Stéphanie. Il semble que, en dépit de la fatigue et des immanquables connotations diplomatiques, son couple supporte mieux cette vie de représentation que l'épreuve quotidienne de l'intimité. Ce qui, pour Rodolphe, pourrait être principalement une fuite est pour Stéphanie le tribut de son rang. N'est-elle pas là aussi pour cela ? La jeune femme a vite fait de détester la Cour, mais les contraintes ont mûri son caractère. Elle parvient à s'imposer, jouant son rôle un peu mieux chaque jour alors qu'au même âge, Sissi commençait sa longue errance.

Toutefois, il se produit un événement viennois imprévu qui fait plaisir à l'archiduc et devrait le réconcilier avec la capitale où il se sent toujours à l'étroit. Son étude *Quinze Jours sur le Danube*, délicieusement illustrée par les cent trente-six planches de Pausinger, est non seulement un succès, mais encore une référence topographique et biologique. L'Université récompense le sérieux du travail accompli en décernant au prince ethnographe le titre de docteur *honoris causa*.

Sa vocation intellectuelle – qui étonne toujours et désempare François-Joseph – est également reconnue par le début de la parution de *La Monarchie austro-hongroise par le mot et par l'image*. Rodolphe, en qualité de directeur de la rédaction, est particulièrement fier du résultat qu'il montre à Szeps. Cette encyclopédie est, selon l'archiduc, « populaire et patriotique ». Les commandes affluent. Rien que pour l'édition en allemand, le secrétariat enregistre quinze mille souscriptions, un chiffre énorme pour l'époque, et le bénéfice annoncé est de quinze mille florins, une somme également considérable. Le lancement de l'édition en hongrois à Budapest est triomphal, le public cultivé apprenant sur l'Autriche de nombreuses informations ignorées. Miroir renvoyant chaque partie de l'Empire à une autre, l'ouvrage est une réalisation éditoriale sans précédent ; en dehors des conventions politiques, elle installe le dualisme pour les générations à venir. Et d'après Werner Richter, jugeant la collection quelque vingt-cinq ans plus tard : « C'était beaucoup plus : une sorte d'inventaire de tout le potentiel matériel et moral de la monarchie austro-hongroise et, de notoriété publique, un aide-mémoire pour le futur souverain de cet empire[1]. »

Les semaines suivantes, Rodolphe et Stéphanie retournent en Roumanie et séjournent à nouveau à Peles, où la deuxième tranche de travaux continue. Le roi Carol lui fait part de son intention

---

1. Né en 1888 en Silésie, Werner Richter, d'abord fonctionnaire des Affaires étrangères allemandes sous la république de Weimar puis journaliste, est l'auteur de nombreuses biographies remarquables, dont un *Bismarck* (Fischer, Francfort, 1962, publié en français chez Plon, en 1962, dans une traduction de Marguerite Senil).

d'exposer une collection d'armes blanches et à feu européennes et orientales ainsi que des armures allemandes. Il en rassemblera quatre mille. Dans ce dédale de boiseries et de marqueteries à la manière des siècles passés, le monarque insiste sur la touche moderne du château, certaines cheminées étant purement décoratives car le chauffage central vient d'être installé. À leur retour, les princes s'arrêtent à nouveau à Belgrade, remontent le Danube jusqu'à Budapest, préparant la visite des souverains roumains prévue en octobre. De plus en plus, l'archiduc représente son père lors de manifestations officielles qui ne sont pas de première importance. La confiance est réelle entre le père et le fils, bien que l'empereur ne se débarrasse pas volontiers de ses manies tâtillonnes ; ainsi, il veut toujours connaître les détails du programme d'un voyage privé de Rodolphe en célibataire, détails qu'il n'est pas toujours facile de cacher... Comme des millions de maris et de femmes, le couple princier prend l'habitude d'un double comportement, le privé, essentiellement réservé à Vienne et le public, vérifiable pendant les voyages. À la Hofburg, avec les multiples activités de Rodolphe, sans parler de ses liaisons qui le retiennent au point que, parfois, il ne rentre qu'à l'aube, Stéphanie se sent humiliée. Tout le monde sait. De doutes en interrogations, elle fait des scènes, va jusqu'à crier puis pose toutes les questions qu'il ne faut pas poser. L'altercation finit par des larmes. Si la princesse est malheureuse, c'est aussi parce que l'espoir d'une nouvelle grossesse n'est pas annoncé à la Cour. Stéphanie en souffre, à tous les points de vue. La double monarchie n'a toujours pas d'héritier et l'archiduchesse subit déjà la plus injuste des accusations : cela ne peut qu'être de sa faute ! L'absence ou la rareté des rapports sexuels peut se dissimuler, l'absence d'enfant multiplie les regards réprobateurs ; Stéphanie sent que les femmes – oui, surtout les dames de la Cour ! – surveillent son tour de taille. Depuis cette année, elle vit cette angoisse intime aux conséquences publiques. En envoyant ses vœux à sa sœur Louise, elle lui avait parlé, avec une gravité révélatrice, en début d'année, du « bonheur de redevenir mère »...

En examinant le comportement de Stéphanie, on connaît la façon dont le couple fonctionne sur le plan domestique. Extérieurement, la princesse a mûri. Son maintien dans le monde est irréprochable, elle a vite pris goût aux réceptions, cérémonies et autres manifestations de la Couronne. Elle y évolue sans maladresse. Ponctuelle, aimable, attentive et évitant les gaffes et les fautes qui guettent une telle fonction, elle suscite des éloges unanimes lorsqu'elle est l'héroïne principale du spectacle de la Cour. Et à cela, les caquetages des commères ne peuvent rien. Sans détenir l'arme de la vraie beauté et du charme aérien de Sissi, l'archiduchesse tient son rôle avec efficacité. Mais entre ces apparitions et la vie la plus intime, il y a un degré intermédiaire, en somme le mode d'emploi ménager du couple, l'art de vivre bourgeois mais dans la sphère impériale. Rodolphe continue de faire l'éducation de sa très jeune femme comme maîtresse de maison, ce qui n'exclut ni la tendresse ni les joies familiales. Il semblerait qu'elle soit un peu étourdie et sans imagination. Mais, en revanche, ne serait-il pas, lui, un peu maniaque ? Une double réaction qui étonne quand on sait que le couple n'est pas précisément dépourvu de personnel à son service. Autre vérité : Stéphanie est ravie de résoudre avec son mari ces questions d'intendance, car s'étant plaint, une fois, de la table princière qu'elle trouvait médiocre, elle avait dû, depuis, prendre soin d'en parler d'abord à son mari. De même, Rodolphe s'amuse plutôt d'être l'initiateur, entre autres, de sa femme aux us et coutumes des Habsbourg. Une lettre de Rodolphe, datée du 28 décembre 1884 de Styrie où il chasse – elle n'aime pas l'accompagner –, est à lire. Il s'agit de la préparation d'un réveillon de la Saint-Sylvestre à un horaire très avancé mais en usage à l'époque :

« Mon cher Ange,
« Grand merci pour ton télégramme. Je suis heureux de penser que toi et la petite allez bien. Surtout, prends soin de ta santé. Je pense sans cesse à toi et j'attends avec grande impatience l'après-midi du 31 !
« Chasse très médiocre cet après-midi. Je n'ai abattu que six bêtes et je n'en ai manqué aucune. Il fait moins froid qu'hier. Je crois que le dégel est proche. L'empereur veut que nous donnions un dîner pour Léopold[1] et l'oncle Nando[2], le 31 à 5 h 30. Tu peux inviter Philippe et Louise aussi si tu veux[3].

---

1. Il s'agit de son beau-frère, Léopold de Bavière, mari de Gisèle.
2. L'archiduc détrôné Ferdinand IV de Toscane, l'un des invités fréquents des chasses de l'empereur.
3. Son beau-frère, Philippe de Saxe-Cobourg, et sa belle-sœur, Louise.

« Je t'en prie, fais un très bon menu : potage, huîtres, langoustes, etc. Pour les vins, le nouveau blanc de Bourgogne mousseux ou, s'il n'a pas encore été livré, du bourgogne ordinaire. Et quoi qu'il arrive, tu dois avoir bordeaux, xérès, champagne, cognac et café turc. Nous ne serons que six, même si Philippe et Louise viennent car l'empereur ne sera pas là. Dis à Buk que je veux un bain chaud à mon arrivée. Le coiffeur devra m'attendre. Je mettrai mon uniforme d'artillerie. J'espère que tu n'as pas oublié d'envoyer les condoléances dont je t'ai parlé. Fais dire à Spindler que j'aimerais trouver sur ma table les livres de C. E. Franzos que j'ai commandés. Mon amour le plus chaleureux pour toi et la petite.

Ton Coco à toi. »

Malgré ses infidélités ou à cause d'elles, Rodolphe, qui fuit souvent sa femme, est toujours heureux de la retrouver. Avec sa façon d'éviter, autant que faire se peut, les conflits et de placer la vie de famille par-dessus tout, il ressemble à sa mère, compliquée par souci de simplification. Il n'a qu'un regret, c'est de voir que l'impératrice reste distante de sa belle-fille. Sissi a dit ce qu'elle en pensait, elle l'a chargée de la représenter – très rarement en Hongrie, il faut le préciser – et considère qu'elle a fait son devoir. Rodolphe souffre certainement de cette attitude. Et Stéphanie désespère de tomber de nouveau enceinte. Si elle se soumet doucement à son mari pour des détails de leur vie quotidienne, elle est révoltée par ce qu'elle apprend de sa conduite. Trop orgueilleuse pour se résigner, pas assez adroite pour reconquérir ce mari séduisant, elle le menace de scandale, sauf lorsque, surmontant les affres de l'adultère, elle est, aux yeux du monde, la princesse héritière.

1885. Heureusement pour le couple, le mois de janvier est consacré à la préparation d'un nouveau voyage diplomatique. Plus long que le précédent, il va le conduire jusqu'au Proche-Orient après des visites dans d'autres parties des Balkans. Début février, il quitte la péninsule d'Istrie à Pula, suit l'admirable côte de Dalmatie qui se double en un millier d'îles sauvages pour atteindre, aux fantastiques bouches de Kotor, le Monténégro. Pendant des siècles, cette petite principauté d'accès difficile a subi la double autorité des Ottomans dans les montagnes et des

Vénitiens sur la côte. Puis, après l'effondrement de Venise, les Monténégrins s'étaient alliés aux Russes contre Constantinople. Le prince Nicolas I$^{er}$, né en 1841, n'a cessé de se battre contre les Turcs en union avec Saint-Pétersbourg. Son soutien à l'Autriche-Hongrie lui a valu, au congrès de Berlin, une extension territoriale fragile mais appréciable pour le plus exigu des États balkaniques. À la fois despote et soucieux de moderniser son pays, l'un des plus arriérés d'Europe largement à cause de ses frontières naturelles, Nicolas I$^{er}$ de Monténégro s'est aussi rapproché de son voisin d'en face, l'Italie. La fille du prince, Hélène, a épousé, en 1880, l'héritier de la couronne d'Italie, le futur roi Victor-Emmanuel III.

Lorsqu'il accueille Rodolphe et Stéphanie, le prince est à la fois enchanté, car il doit beaucoup à François-Joseph, et embarrassé par son affinité d'orthodoxe avec la Russie qui lui verse de précieux subsides depuis 1716, sur décision de Pierre le Grand. Il se fait volontiers appeler Nikita, à la mode russe. La mission de Rodolphe, soigneusement préparée par le ministre Kálnoky, est d'essayer de soustraire le Monténégro à l'influence russe, sensible dès 1711. L'enjeu peut paraître dérisoire. Au contraire, le prodigieux défilé des bouches de Kotor est une des clés de l'Adriatique ; Napoléon et Alexandre I$^{er}$ s'y étaient affrontés, par vaisseaux interposés[1]. Ce séjour est carrément comique car on peut se demander si ce pays existe... En effet, Rodolphe et Stéphanie, reçus dans la capitale de Cettigné, sont conduits par une escorte de cavaliers impressionnants jusqu'au palais princier qui n'est qu'une... villa, appelée « Billarda » à cause du gigantesque et unique billard du pays, installé après un voyage insensé à travers les montagnes.

---

1. Le prince de Monténégro fut souvent tourné en ridicule, ses prétentions étant hors de proportions avec la modestie de son État. En 1905, il dota son pays d'une Constitution. C'est à cette époque que fut créée, à Vienne, la célèbre opérette du compositeur austro-hongrois Franz Léhar, *La Veuve joyeuse*. Adaptée en français par MM. de Flers et Caillavet d'une comédie intitulée *L'Attaché d'ambassade*, d'Henri Meilhac, et de deux auteurs allemands, la version française date de 1909. Cette merveilleuse partition, comportant la valse dite de « L'heure exquise », accompagne les aventures d'un diplomate à la recherche d'argent pour son pays, situation parfaitement réelle... Le héros est prénommé Danilo, ce qui est conforme à la réalité dynastique puisque Nicolas I$^{er}$ est le neveu de Danilo, dernier prince-évêque de Monténégro auquel il a succédé en 1860.

En entrant dans cette maison, on ne voit que le billard ; son propriétaire en est très fier. L'État monténégrin est dirigé depuis un « gouvernement » qui tient sur... un étage, chaque porte ouvrant sur un « ministère ». En quittant une pièce, on passe, en deux pas, de l'Intérieur aux Affaires étrangères, ce qui est très significatif. Si Stéphanie est impressionnée par l'aspect farouche des cavaliers monténégrins, Rodolphe est soucieux, pressentant que ce pays d'opérette et son souverain pourraient réserver quelques surprises tant il est fragile [1]. Puis, le couple princier se dirige vers la Grèce avec appréhension. La mission de l'archiduc est encore plus difficile à remplir. D'abord, la population, volontiers susceptible en matière de nationalisme, soupçonne Vienne de vouloir annexer la Macédoine du Nord, restée ottomane. Une confidence de Rodolphe, à Prague en 1880, avait révélé qu'il pensait à la constitution d'un État slave jusqu'à Thessalonique et Constantinople ; après réflexion, il avait vite renoncé à cette idée, car le panslavisme serait un danger pour l'État. Mais l'indiscrétion avait été connue du gouvernement russe ; il ne s'était pas privé de la répandre là où il fallait avant l'arrivée de Rodolphe. Toujours soumises au sultan mais revendiquées par la Grèce, la province macédonienne et sa capitale, Salonique, débouché méditerranéen des Balkans, traitent donc Rodolphe et sa femme d'une manière glaciale [2]. L'autre

---

1. Il avait raison. En 1910, Nicolas Ier prend le titre de roi. À Vienne, à Budapest, à Berlin, cela fait rire. Le 8 octobre 1912, par une audacieuse opération bien oubliée aujourd'hui, il déclare la guerre à la Turquie et occupe la région de Shkodar (en italien Scutari), important centre religieux à la frontière albanaise, près d'un lac, au débouché d'un défilé montagneux. À Vienne, à Budapest, à Berlin, on ne rit plus. L'Autriche-Hongrie, furieuse, envoie, depuis Trieste, des bâtiments pour faire cesser cette incongruité. Mais le siège par le Monténégro dure six mois. Le roi Nicolas pénètre en vainqueur dans la ville qu'il devra évacuer sous la crainte d'une guerre contre François-Joseph ! En s'en retirant, le roi conserve un avantage considérable : il a agrandi son territoire de cinquante pour cent ! Quelques mois plus tard, en 1914, le Monténégro, longtemps lié à la Grande Serbie, s'engage aux côtés de la Serbie contre l'Autriche-Hongrie mais doit capituler en 1916. Le roi se réfugiera en Italie. La guerre balkanique qu'il avait déclenchée fut, chronologiquement, la première menace tangible contre la paix mondiale avant l'attentat de Sarajevo, le 28 juin 1914.
2. Thessalonique est le nom grec (de Thessalonike, sœur d'Alexandre le Grand), Salonique est le nom que lui avaient donné les Turcs, en la prenant d'assaut en 1430.

obstacle à un accueil populaire chaleureux est la situation de la monarchie grecque. Le roi Georges I<sup>er</sup>, sur le trône depuis 1863, a succédé à un oncle de Sissi et de Louis II de Bavière, Othon de Wittelsbach. Jeune et beau, il avait été déposé après dix-huit ans de règne, le premier de la Grèce indépendante depuis 1829. En souvenir, il avait emporté... la couronne royale, sans doute par distraction...

Son successeur, le monarque recevant Rodolphe, est un Danois, second fils du roi Christian IX de Danemark. Initialement, le prince Georges n'avait guère envie de quitter le Danemark pour la Grèce. Devant son refus, son grand-père, le vieux roi Frédéric VII, s'était mis dans une colère homérique. Puisque la Grèce sollicitait son petit-fils, il devait accepter et son père l'y encourager. Ce dernier, professant le contraire, fut mis en demeure par son digne géniteur en ces termes : « Si vous n'autorisez pas votre fils à accepter ce trône, moi, je vous fais fusiller ! » Il accepta le départ de son fils. Il y avait quelque chose d'irrésistible au royaume de Danemark ! L'intéressé n'eut droit qu'à une heure de réflexion. Sur la vive recommandation du cabinet britannique, il a été élu par l'Assemblée nationale avec le titre de roi des Hellènes, selon le souhait du Parlement. Ses débuts avaient été difficiles, car ce jeune roi de dix-huit ans, peu loquace et insensible aux trésors archéologiques de son nouveau pays, se sentait bien seul à Athènes, dans le palais de Tatoï. Puis, il avait épousé la grande-duchesse Olga de Russie qui n'avait alors que quinze ans et demi, ce que Stéphanie avait appris avec sympathie. Ajoutons que la princesse russe était arrivée en Grèce avec ses poupées... ce que Stéphanie n'avait tout de même pas songé à faire ! Demeuré luthérien, le roi Georges fut alors mieux accepté par les orthodoxes, d'autant mieux qu'Olga était d'une piété et d'une charité proverbiales. Encore l'influence russe...

Le temps a passé lorsque, à Athènes, le frère du tsar Alexandre III, le grand-duc Paul, fiancé à une fille du roi, vient accueillir personnellement le couple princier austro-hongrois à la gare. Habilement, Rodolphe va oser flatter le sentiment proautrichien d'une partie des habitants qui souhaiterait voir Salonique autrichienne. Le compte rendu, évidemment très critique, de son voyage par les journaux de Saint-Pétersbourg prouve que l'audace du prince est un triomphe pour Vienne. On se doute que le tsar ne l'oubliera pas. En revanche, les souverains grecs sont de parfaits hôtes, courtois et d'esprit ironique mais un peu rigide. Pour leurs visiteurs, ils organisent une excursion jusqu'à un chantier pharaonique, la construction du canal de Corinthe.

Commencés depuis deux ans et reprenant un projet des Romains, les travaux de percement d'une voie navigable à travers l'isthme sont prévus pour dix années ; les navires de faible tonnage pourront se rendre de la mer Adriatique et Ionienne à la mer Égée sans être obligés de contourner le Péloponnèse. Toujours féru de navigation, Rodolphe discute longuement des avantages de cette future réalisation avec le roi Georges qui s'habille en amiral – seulement la petite tenue – car il l'est et rêvait, autrefois, de servir uniquement dans la marine danoise. Depuis, son rôle en Europe est loin d'être négligeable ; appuyé par de puissantes parentés, cet homme fin et racé, portant une fine moustache cirée et père de sept enfants, sait leur parler de la cause des Hellènes. La position européenne de la Grèce lui doit beaucoup. Il s'est admirablement glissé dans son rôle.

Le programme qui conduit ensuite Rodolphe et Stéphanie vers Beyrouth, Damas puis Rhodes se déroule sans incident notable. Mais en remontant vers Pula, une escale est prévue à Corfou. Soudain, sans ménagements, Rodolphe préfère – comme il l'avait déjà fait – explorer l'Albanie, chasser des oiseaux et du gros gibier. Stéphanie, toujours révulsée par ces loisirs ou ennuyée par leur aspect scientifique, tient tête à son mari, pour la première fois dans un voyage. Il est vrai que Corfou ne comporte pas d'engagement officiel. Il la laisse. Tant pis, elle visitera Corfou sans Rodolphe, avec une suite très réduite. À travers la plus septentrionale des îles Ioniennes, véritable résumé de tous les affrontements balkaniques séculaires, Corfou enchante Stéphanie. Sa promenade dans ce paysage encore très italien avec ses allées de cyprès, les vignes et les arbres fruitiers, est accompagnée de la gentillesse des Corfiotes, fiers de cette visiteuse, belle-fille de l'impératrice qui s'intéresse beaucoup à l'île. Avant son départ, Stéphanie reçoit en cadeau de jeunes arbres qui abondent sur l'ancienne Kerkyrà. Ce laurier, cet olivier, cet oranger et ce chêne, elle va les replanter, quelque quarante-huit heures plus tard, dans une autre île, bien plus petite, mais qui a joué et jouera bientôt un rôle important dans le destin des Habsbourg, La Croma (ou Lokrum), un paradis préservé en face de l'admirable cité de Dubrovnik. En y laissant ses présents,

Stéphanie tombe amoureuse de l'île et de cette Riviera adriatique aux eaux de cristal.

Abordant l'Autriche-Hongrie à Pula, le couple retrouve Vienne, mais pour peu de temps. Son rapport terminé – et qui conclut à l'inévitable contentieux avec la Russie –, l'archiduc s'installe à Budapest au mois de mars pour diriger la préparation d'une Exposition internationale dont il assure le patronage. Il a conçu un pavillon de l'Orient et y accueille, en avril, des exposants. Qu'une telle manifestation se tienne à Budapest est une fierté ; que le prince héritier – prince royal en Hongrie – s'y implique autant est un espoir. Les interlocuteurs de Rodolphe savent qu'ils peuvent parler librement avec lui sans risquer de le froisser. C'est le cas du comte Étienne Károlyi chez qui il chasse souvent ; il le considère comme un ami. Et progressivement, Rodolphe, au-delà de sa fonction, joue un peu le rôle qui avait été celui de sa mère. On la voit moins à Gödöllö et, somme toute, son fils incarne l'avenir. Et l'on sait maintenant que l'équilibre balkanique est au cœur de ses préoccupations. Un équilibre tellement instable... À la fin du mois, le roi Férenc József inaugure l'Exposition devant la famille au grand complet. Pour la première fois, c'est Rodolphe qui accueille son père et prononce le discours, en hongrois. Cette année sera très importante pour Budapest, car après neuf ans de travaux sous la direction de l'architecte Miklos Ybl, l'autre capitale de la double monarchie a enfin son opéra. L'entreprise est due à la générosité de François-Joseph et on peut encore voir l'escalier qui était réservé à la famille impériale. Enfin, Budapest peut oser rivaliser avec Vienne dans le domaine lyrique, musical et chorégraphique. La machinerie est l'une des plus perfectionnées de l'époque.

Après une envolée de marches en marbre blanc, dans le beau style parisien glorifié par Charles Garnier, deux mille cent soixante et un spectateurs peuvent s'asseoir, au soir du 27 septembre, tandis que Férenc Erkel, le père de l'opéra hongrois, également directeur de la salle, est au pupitre. L'Exposition est aussi un officieux sommet diplomatique. Ainsi, l'arrivée du prince Guillaume de Prusse, le futur Guillaume II, est acclamée par l'importante fraction germanophone et germanophile de Hongrie. Que fête-t-on exactement ? La Triple-Alliance... Sur fond d'applaudissements survient son oncle, le prince de Galles. Le futur Édouard VII ne rit pas dans sa célèbre barbe ; visible-

Rodolphe vers l'âge de cinq ans. Un petit garçon très éveillé, curieux de tout mais qui souffre de l'absence de sa mère l'impératrice Elisabeth (Sissi), éternelle voyageuse. Il l'admire et il l'adore. Quand elle revient, il est radieux. Ils ont la même sensibilité et partagent une passion pour la nature, les animaux et la flore sauvage.
© AKG-images

Un dessin de Rodolphe expliquant le tour de magie d'un illusionniste qu'il a suivi avec une grande attention. Sur son cahier, le jeune prince note quantité d'observations, illustre spontanément ce qui le frappe, tient ses comptes avec beaucoup de soin. Ses précepteurs notent qu'il est très en avance pour son âge.
© Documentation Tallandier

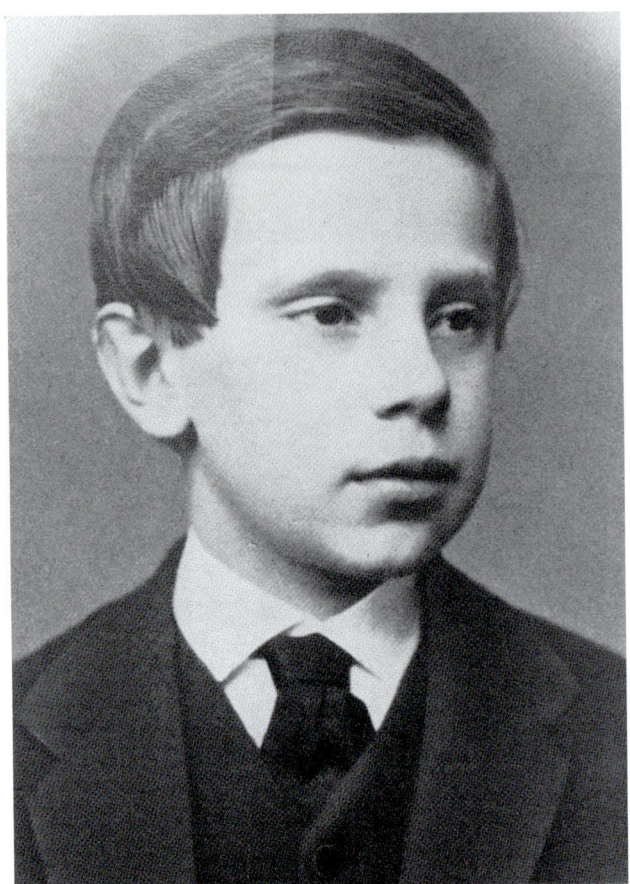

Rodolphe vers l'âge de dix ans. Ses traits sont beaux, sa bouche sensuelle mais le jeune archiduc a dans le regard une inquiétude grave. La guerre austro-prussienne puis le conflit franco-prussien le traumatisent. Il ne cesse de poser ces questions : *« Pourquoi ces guerres font-elles du mal à l'Autriche? Pourquoi l'empereur son père n'a-t-il pas pris parti pour Napoléon III ? »* Son amour de la France meurtrie et humiliée ne fera que croître.

Le château de Laxenburg, près de Vienne. Rodolphe y est né le 21 août 1858 dans une atmosphère de joie : la dynastie avait enfin un héritier. Il y passera sa triste lune de miel et y travaillera souvent. Ravagé par l'occupation soviétique des années 1950, le château a été restauré.

Rodolphe est un élève très doué, apprenant plusieurs langues et manifestant un grand intérêt pour les sciences naturelles. Sa passion pour la chasse, traditionnelle chez les Habsbourg, le conduit à travers les zones giboyeuses de l'Empire. Il organise des expéditions scientifiques sur le Danube, conserve de nombreux trophées et des animaux naturalisés. Il est également expert en armes à feu.
© (d.) AKG-images

*À gauche :* Le général comte de Gondrecourt, premier gouverneur du prince héritier. Un homme réputé brutal et borné. Pour aguerrir Rodolphe, il tire des coups de pistolet près de lui et juge intelligent de crier *« Attention ! Monseigneur ! Un sanglier vous charge ! »* La stupidité de cette éducation insensée provoque la colère de Sissi. Elle met l'empereur en demeure de congédier le responsable sinon c'est elle qui s'en ira. Cette menace n'est pas un caprice, la mère du prince est affolée de voir son fils traumatisé. Devant cet ultimatum conjugal, François-Joseph cède.

*À droite :* Le colonel Latour de Thurnberg remplace le précédent officier. Homme ouvert, avisé, très humain, il est choisi par l'impératrice. L'influence de Latour est excellente ; il corrige, autant que possible, les dégâts causés par son prédécesseur. Latour devient un intime de Rodolphe. Ils correspondront longtemps sur tous les sujets. L'archiduc n'a plus peur et, apaisé, poursuit des études brillantes, notamment grâce à l'enseignement du professeur Brehm, autorité dans les sciences naturelles, dont les leçons seront célèbres dans tout le monde germanique.

Elisabeth-Erzsébet, impératrice et reine, peinte par Georg Raab. Sissi a quarante-deux ans. Ce tableau montre l'éclat de la souveraine au moment où sa belle-mère et tante, la sévère archiduchesse Sophie, étant décédée, elle devient véritablement la première dame de la Double Monarchie. Le Shah de Perse, en visite officielle à Vienne, est tellement ébloui de sa beauté qu'il tourne autour de Sa Majesté et s'écrie, en français : « Mon Dieu ! Qu'elle est belle ! »

Rodolphe et sa future épouse, la princesse Stéphanie de Saxe-Cobourg, fille cadette du roi des Belges Léopold II. Ils se fiancent à Bruxelles en mars 1880. La princesse, qui n'a pas quinze ans, n'est pas encore nubile. Sissi s'élève contre cette union trop précoce et fait retarder le mariage qui ne lui inspire pas confiance. Les noces sont célébrées à Vienne le 10 mai 1881. La nouvelle archiduchesse héritière subit des commentaires désobligeants de la cour d'Autriche. Grande et blonde, elle est gratifiée du surnom de « paysanne flamande ». Dans l'intimité, ils s'appellent « Coco » et « Coceuse ». Célibataire, Rodolphe avait accompli de nombreuses missions diplomatiques dans l'Empire, en Europe et au Proche-Orient. Rodolphe et sa femme feront aussi de nombreux voyages officiels ensemble, d'une grande importance politique.
© AKG-images

*Page précédente :* La famille impériale et royale en 1872. Depuis 1867, François-Joseph *(assis à droite)* et Sissi *(assise à gauche)* sont également roi et reine de Hongrie, en application du *« compromis austro-hongrois »*, largement dû aux efforts d'Elisabeth et qui fonctionnera jusqu'en 1918. Au premier plan, caressant le chien, Marie-Valérie, dernier enfant du couple, née à Budapest selon la volonté de sa mère. *A gauche, au second plan,* Rodolphe, âgé de quatorze ans. *Au milieu, debout,* Gisèle, la sœur aînée de Rodolphe, et son fiancé, le prince Léopold de Bavière. © Documentation Tallandier

Georges Clemenceau. Le redoutable politicien français rêve d'une revanche sur l'Allemagne en constituant une alliance avec l'Autriche. Les désastres de Sadowa et de Sedan unissent les espoirs du républicain et de l'archiduc francophile. Dans la nuit du 22 au 23 décembre 1886, Rodolphe reçoit secrètement Clemenceau dans la garçonnière du prince à la Hofburg. Une grande estime naît entre les deux hommes.
© AKG-images

Moritz Szeps, directeur du journal libéral *Wiener Tagblatt* dans lequel Rodolphe écrit, anonymement, des articles critiquant la politique du gouvernement de son père. Szeps, qui deviendra le beau-frère de Clemenceau, est le plus proche conseiller politique de Rodolphe. Homme de réseaux et de grande influence, Szeps subit les foudres de la censure et entretient des relations suivies avec les milieux français hostiles à l'Allemagne.

Le professeur Carl Menger. Enseignant l'économie politique à l'Université de Vienne, il a une forte influence sur l'archiduc. Rodolphe est ainsi initié aux mécanismes financiers, industriels et agricoles. Menger est également collaborateur du journal de Szeps où il développe sa thèse sur *« les fondements de l'activité économique »*. Il accompagne Rodolphe lors d'un important voyage en Angleterre. Le Cabinet de François-Joseph soupçonne les amis de l'archiduc d'être liés à la franc-maçonnerie.

Guillaume II, empereur d'Allemagne à partir de mai 1888. Pour Rodolphe, son accession au trône est un chagrin et un désastre. Il s'entendait parfaitement avec son père, Frédéric III, libéral lui aussi mais qui fut emporté par un cancer du larynx au bout de quatre-vingt-dix-neuf jours de règne. L'arrogance militariste du nouveau *Kaiser* inquiète Rodolphe qui craint une hégémonie allemande sur les partisans germanophiles d'Autriche et de Hongrie. Assorties de scandales privés, les relations entre Guillaume II et Rodolphe se dégradent définitivement après la visite, mouvementée et provocatrice, de l'Empereur d'Allemagne au début d'octobre 1888. François-Joseph tente d'apaiser le contentieux entre le Hohenzollern et l'héritier des Habsbourg. En vain... © AKG-images

Bismarck. Le « Chancelier de fer », qui fut l'artisan de l'Unité allemande, reçoit Rodolphe à plusieurs reprises, en particulier à Berlin en 1882, puis en février 1883. Bismarck est d'abord séduit par les qualités de son visiteur. Mais il ne tarde pas à le faire surveiller et à être informé des projets libéraux de Rodolphe. Ce dernier, pressentant l'impérialisme prussien, prépare une nouvelle alliance entre l'Autriche, la France et la Russie. Autant François-Joseph se montre un allié loyal de Guillaume II, autant la volte-face de son fils préoccupe le Cabinet de Berlin qui craint, à terme, un isolement de l'Allemagne quand Rodolphe montera sur le trône.
© AKG-images

Marie de Wallersee, plus tard comtesse Larisch. Nièce morganatique et protégée de Sissi, cette jolie cousine est présente à chaque étape importante de la vie de Rodolphe. Souffrant d'un complexe social, elle entretient avec l'archiduc des sentiments ambigus et fut sans doute très amoureuse de lui au point d'avoir espéré l'épouser. Mal vue de la Cour, elle parvient à rester la complice de Rodophe dans certaines de ses aventures extra-conjugales. C'est elle qui présentera Mary Vetsera au prince qui passe pour désenchanté. © Tallandier

Le fidèle Bratfisch, cocher de Rodolphe et « roi des cochers viennois ». C'est lui qui conduit des femmes chez l'archiduc, pratiquant le changement de fiacre avec maestria pour semer les policiers. Champion des équipées nocturnes, il est aussi un chanteur doué, réclamé dans les tavernes, et imite à s'y méprendre le chant des oiseaux. C'est encore lui, selon la version officielle, qui sera le dernier domestique à voir vivants Rodolphe et Mary à Mayerling...
© Tallandier

Le comte Joseph Hoyos (1839-1899). Familier de Rodolphe, il est le dernier invité à la chasse de Mayerling ayant vu, officiellement, l'archiduc vivant. Son récit des événements survenus à l'aube du 30 janvier 1889, le matin où fut découvert le drame, a été rassemblé sous le titre de *Memorandum* et remis à l'Empereur. Selon lui, contrairement aux rumeurs « l'union de l'archiduc et de son épouse fut heureuse pendant les premières années de leur mariage ».
C'est le comte Hoyos qui, après la découverte du drame, partit pour Vienne afin d'avertir François-Joseph. Mais en l'absence de télégraphe installé à Mayerling, il fut obligé de faire arrêter exceptionnellement l'express de nuit Trieste-Vienne en gare de Baden après avoir expliqué au chef de gare la raison de ce cas de force majeure. Pour se couvrir, l'employé avertit la direction de la compagnie de chemins de fer à Vienne. Lorsque Hoyos atteint la Hofburg, les ambassades, les milieux d'affaires et le tout-Vienne sont déjà informés. La Cour ne pourra jamais combler ce retard « médiatique »... Les hypothèses les plus folles commencent à circuler le matin même alors que ni l'Empercur ni l'Impératrice ne savent que leur fils est mort.

Mary Vetsera. Agée de dix-sept ans, la jeune fille d'ascendance orientale rencontre officiellement Rodolphe au Prater, à l'automne 1888, grâce à Marie Larisch, entremetteuse dévouée et même empressée. Sa vie est immédiatement transformée par un coup de foudre : elle est amoureuse du prince héritier. Elle le dit et elle l'écrit. En revanche, aucun document ne nous est parvenu sur les sentiments de l'archiduc à son égard. Leur premier rendez-vous à la Hofburg, toujours sous la conduite expérimentée de Marie Larisch, se déroule le 3 novembre 1888. Selon son propre aveu écrit, Mlle Vetsera devient la maîtresse de l'archiduc le 13 janvier 1889. Marie Larisch est affolée des proportions que prend cette liaison et tente de raisonner la jeune fille. Mais Mary se dit prête à tout. Dans cette affaire complexe, sa sincérité ne peut être mise en doute.
© Tallandier

L'une des dernières photographies de l'archiduc héritier d'Autriche-Hongrie avant la tragédie de Mayerling. Parmi les rumeurs ayant circulé au début de 1889, le prince aurait demandé l'annulation de son mariage au Vatican. Cette hypothèse, comme celle d'une violente scène avec son père lui intimant de cesser sa liaison, n'a, jusqu'à ce jour, aucun fondement historique avéré. Ces légendes ont la vie dure ! En revanche, Rodolphe souffrait d'une maladie vénérienne ainsi que le prouvent les ordonnances de son traitement conservées dans l'ancienne pharmacie de la Cour.

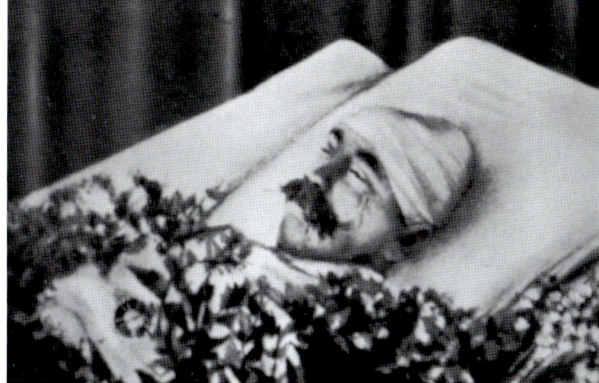

Le drame de Mayerling devient immédiatement une extraordinaire énigme. La Cour et le gouvernement, dépassés, publient des communiqués contradictoires et embarrassés. Ils sont même en opposition totale avec les premiers échos qui paraissent dans la presse, parfois sur la même page ! Les éditions spéciales énoncent les premières versions : empoisonnement, crise cardiaque, accident de chasse, crise d'apoplexie, etc. A aucun moment, il n'est question de la présence de Mary Vetsera. Ces deux photographies sont un exemple des maladroits maquillages qui ont circulé après que le corps de Rodolphe eut été ramené à la Hofburg, dans la nuit du 30 au 31 janvier 1889. *En haut*, le bonnet constitué par le pansement montre un ovale crânien normal. *En bas*, le dessus du crâne est visiblement enfoncé. L'un des deux documents est donc un faux, peut-être même les deux ! D'où des supputations sur la cause de la mort, prétendument une balle dans la tempe gauche… alors que Rodolphe était droitier. Autre élément suscitant des doutes : les fleurs remontent anormalement haut sur la poitrine du défunt. Ses sœurs constateront que, contrairement à l'usage, ses mains, dissimulées, sont gantées et, surtout, que les gants sont remplis d'une matière molle, comme du coton.
Leur frère n'aurait plus de doigts !

Mayerling à l'époque du drame. A environ trente-cinq kilomètres au sud-ouest de Vienne, au cœur d'une paisible vallée dans la forêt, les bâtiments d'origine étaient une annexe de l'abbaye de Heiligenkreuz, voisine. Le territoire étant très giboyeux, Rodolphe décide d'en faire un pavillon de chasse facile à atteindre de Vienne. Après d'importants travaux, la pendaison de crémaillère a lieu lors d'une soirée, le 20 octobre 1887. Outre ses compagnons de chasse, l'archiduc y invite sa femme et sa belle-sœur. L'ambiance est chaleureuse. On boit, on chante. Après la tragédie, François-Joseph a rapidement fait raser les bâtiments et élever un couvent de Carmélites. L'autel de la chapelle actuelle correspond à l'emplacement exact du lit où fut, officiellement, trouvé le corps de Rodolphe. Seul un petit pavillon où l'on prenait le thé, le long d'un mur, a échappé à la destruction du maudit rendez-vous de chasse.

La tombe de Mary Vetsera au cimetière de Heiligenkreutz. Profanée et exhumée à plusieurs reprises, la dépouille de la jeune fille ne présente pas sur le crâne les traces d'une balle dans la tempe comme cela fut prétendu. Au contraire, elle aurait reçu un coup violent sur le dessus du crâne, provoqué par un instrument agraire. Longtemps anonyme, la tombe fut aménagée par la mère de Mary et porte une inscription biblique tirée du Livre de Job rappelant la brièveté de la vie humaine : « L'homme pousse comme une fleur et, comme elle, est brisé. » Sa fille allait avoir dix-huit ans.

La Crypte des Capucins, à Vienne. *A droite,* le cercueil de Rodolphe, qu'il semble exclu d'ouvrir ; *à gauche,* celui de Sissi, assassinée à Genève le 10 septembre 1898. *Au centre,* le tombeau de François-Joseph, mort le 21 novembre 1916 après 68 ans de règne, l'un des plus longs de l'histoire.

Le 13 novembre 1982, après 63 ans d'exil, l'ex-impératrice et reine Zita est autorisée à revenir en Autriche. Un événement considérable, popularisé par des millions de cartes postales comme celle-ci : Zita lors de son mariage en 1911 (elle était née en 1892) et lors de son retour, âgée de quatre-vingt-dix ans.
L'avant-veille de son entrée triomphale dans Vienne, le 10 novembre 1982, Zita (que beaucoup de gens croyaient disparue !) reçoit Jean des Cars au château de Waldstein, en Styrie, près de la frontière yougoslave. En exclusivité et en avant-première, l'ancienne souveraine lui confie que « tout ce qu'on a raconté sur Mayerling est faux. Ce n'est pas un suicide. C'est un assassinat politique ». Même si les historiens croisent de nouveau le fer à propos de ces affirmations qui relancent l'énigme, on ne peut ignorer certaines découvertes conformes à ces propos, troublantes et même dérangeantes. Le dossier reste ouvert...

Sauf mention spéciale, les documents appartiennent à l'auteur. © Collection Jean des Cars, D.R.

ment, ce traité qui se méfie de l'Angleterre et lie trois puissances continentales l'indispose.

L'héritier allemand s'en aperçoit et écrit dans ses Mémoires : « La Triple-Alliance ne lui plaît pas et l'Europe connaîtra des temps troublés quand il tiendra le gouvernail[1] »... Cette convention vient d'être renouvelée, pour le plus profond déplaisir de Rodolphe, en parfaite communauté de vues avec le fils de Victoria. Un an plus tôt, la confirmation de l'entente avait fourni aux trois empereurs l'occasion d'une preuve chamarrée de confiance. Dans la ville de Skierniewice, polonaise mais occupée par l'Autriche, on avait assisté à un étonnant numéro de transformations vestimentaires, jugé ridicule par l'archiduc : François-Joseph avait revêtu un uniforme de général russe pour accueillir le tsar mais il avait dû vite se changer pour endosser un uniforme prussien lorsque Guillaume Ier descendrait de son train. L'immuable courtoisie de l'empereur d'Autriche est-elle garante de la paix entre ces puissants ? Rodolphe en doute...

Fin avril, Rodolphe accompagne Stéphanie à Bruxelles où se déroulent les festivités du cinquantième anniversaire du souverain. Léopold II est joyeux, aimable, rajeuni. En effet, un mois plus tôt, les Chambres ont reconnu sa propriété personnelle de l'État indépendant du Congo, ce qui est un triomphe pour le roi. À l'arrivée de son train, Stéphanie court se jeter dans les bras de son père. Au diable l'étiquette ! Tout le séjour est harmonieux. L'ambassadeur particulier de François-Joseph, expert en états d'âme entre les deux cours, en témoigne. Invité avec son épouse à la table royale, devenue simplement « familiale », son rapport souligne « la joyeuse bonne humeur de Leurs Majestés ainsi que de Leurs Altesses Impériales ».

En septembre 1885, François-Joseph prie son fils de l'accompagner à une nouvelle rencontre diplomatique, beaucoup plus importante à tous points de vue que la précédente. Rodolphe rechigne mais ne peut refuser. Son idée est faite : si on attend encore, la situation dans les Balkans va se détériorer.

---

1. Mais cette remarque ne sera connue que lors de la publication de son livre, *Souvenirs de ma vie* (Édition française, Paris, 1926). Guillaume II semble rejeter la responsabilité du premier conflit mondial sur le Royaume-Uni, entre autres.

Bismarck et le ministre hongrois Kálnoky estiment, au contraire, qu'il faut encore attendre. Attendre quoi ? Rodolphe juge cette solution hypocrite, inutile et dangereuse. La rencontre est difficile à organiser, car, d'une part, Guillaume I$^{er}$ d'Allemagne, âgé de quatre-vingt-huit ans, ne peut plus se déplacer ni même participer aux entretiens et, d'autre part, le tsar Alexandre III, qui craint les attentats nihilistes comme celui qui a massacré son père, estime que Vienne est un repaire d'anarchistes ; il craint pour sa vie. Après bien des conciliabules et l'entremise de Bismarck, la petite ville de Kremsier, en Moravie septentrionale, à sept kilomètres d'Olmütz, est choisie [1]. L'ancienne résidence d'été du prince-archevêque d'Olmütz est aménagée pour accueillir les monarques et leurs excellences. Stéphanie ne fait pas partie des invités, l'empereur lui avait confié une mission particulière et elle se repose. Il lui avait demandé de se rendre à Miramar, l'ancien château de Maximilien et de Charlotte près de Trieste. Travaillés par les Vénitiens, les habitants de la côte orientale lançaient des slogans hostiles à l'Autriche, en italien. Stéphanie avait débarqué au milieu d'une vive hostilité. Malgré sa suite, l'archiduchesse donnait l'impression d'être seule. Elle s'était montrée et, à force de sourires et de simplicité, elle avait su gagner le cœur des Triestins. On la créditait aussi d'un courage physique insoupçonné. Que cette jeune femme se promène dans cette ville mécontente où les cris « Abasso Austria ! », « À bas l'Autriche ! » étaient proférés uniquement en italien sur son passage prouvait qu'elle avait du cran

---

1. Le choix d'Olmütz était symbolique pour l'Autriche. D'abord parce que François-Joseph, fuyant l'insurrection viennoise, était devenu empereur dans ces murs en 1848. Ensuite, les 28 et 29 novembre 1850, le roi de Prusse Frédéric-Guillaume IV avait dû y renoncer à ses projets d'une « union restreinte » de l'Allemagne du Nord sous sa direction. Le prince Schwarzenberg, ministre autrichien, avait menacé de guerre le ministre prussien, Manteuffel. Et ainsi, le très jeune empereur François-Joseph avait réussi à maintenir l'ancienne Confédération germanique, cette œuvre de Metternich qui, dès 1815, empêchait la formation de l'Unité allemande contre l'Autriche. L'humiliation subie par la Prusse à Olmütz avait marqué profondément les milieux militaires et patriotiques prussiens. Elle fut à l'origine d'une politique hostile à l'Autriche, conduite par Bismarck et qui avait triomphé à Sadowa. Le retrait prussien est connu sous le nom de « reculade d'Olmütz ». Aujourd'hui, la ville fait partie de la République tchèque et porte le nom d'Olomouc.

et de la dignité. Qu'elle fasse des emplettes simplement, avec une escorte symbolique et largement féminine, avait été très habile. Aux insultes, elle avait opposé la fraîcheur d'un sourire. Et l'envie de goûter les spécialités locales. À la fin de son séjour, elle pouvait écrire à Louise, sa sœur : « Depuis bien longtemps, je n'ai plus vu un tel enthousiasme. » Informé de ce spectaculaire renversement d'opinion, François-Joseph était venu lui-même attendre sa belle-fille à la gare du Sud pour la remercier et la féliciter. Stéphanie était radieuse. Elle avait enfin gagné l'estime de son beau-père.

Le 24 août, arrivé avec son chien à Olmütz, ville de vingt mille habitants au sud-est de Prague et l'une des principales places fortes d'Autriche, Rodolphe lui écrit : « Je suis logé avec l'oncle Charles[1] dans une maison nouvellement reconstruite, extrêmement humide et qui n'avait pas encore été habitée. C'est glacial et si inconfortable que nous avons eu peur d'attraper un refroidissement. Je garde Lord avec moi, même la nuit. Il grogne et aboie quand quelqu'un marche dans le corridor.

« Tôt ce matin, nous avons passé en revue des troupes qui nous firent une excellente impression. Puis, je suis allé, avec Papa, à la rencontre des Russes. Nous revînmes ici avec eux à midi. » Suit un bref portrait, peu flatteur, d'Alexandre III. La quarantaine ombrageuse, d'une taille peu commune, véritable colosse de foire, l'autocrate est si énorme qu'une plaisanterie circule à Saint-Pétersbourg, lorsqu'il apparaît à cheval : « On se demande lequel des deux est la bête ! »

L'archiduc n'exagère pas en racontant à sa femme : « Le tsar est devenu affreusement gros, le grand-duc Wladimir et sa femme ont l'air vieux, décrépits ainsi que la tsarine. Leurs suites et surtout leurs domestiques sont épouvantables. Ils portent de nouveaux uniformes d'une coupe tout à fait asiatique. Du temps de l'ancien tsar, les Russes étaient au moins élégants et quelques-uns des courtisans avaient l'air extrêmement distingués. Maintenant, c'est un troupeau affreusement vulgaire. » À ces commentaires esthétiques, ajoutons que Rodolphe n'a aucune raison d'apprécier Alexandre III.

Traumatisé par l'assassinat et l'agonie de son père dont il a été témoin – cette hantise est compréhensible –, ultraconservateur,

---

1. L'archiduc Charles-Louis, frère de François-Joseph.

il a bloqué toutes les réformes d'Alexandre II et pratique un autoritarisme absolu. Adepte d'une russification à outrance de toutes les populations de l'empire, il empêche divers nationalismes de s'exprimer, notamment en Pologne et en Ukraine, et ne se soucie pas des pogroms antisémites organisés depuis trois ans, ce dernier aspect révulsant le prince héritier. La seule attitude qui pourrait trouver grâce à ses yeux est la francophilie du tsar. Mais à quel prix, sinon celui de détruire l'alliance qui exclut la France des affaires européennes ?

Comme Napoléon et Alexandre Ier l'avaient fait à Tilsit, comme le congrès de Vienne y avait eu recours, des divertissements sont prévus entre les séances de travail. Un train spécial est arrivé de Vienne avec des décors et des costumes de la pièce de Shakespeare *Le Songe d'une nuit d'été*, ainsi que la troupe du *Burgtheater* de Vienne. La représentation a lieu en plein air. Sissi y arrive, superbe, dans une robe de satin à col montant et de couleur pêche. Or dans cette œuvre poétique qui mélange parfaitement le surnaturel aux facéties, il y a une surprise. Le rôle d'Hermia est tenu par une comédienne éblouissante, Katharina Schratt, jolie, blonde, la trentaine pulpeuse. Selon la tradition, elle avait été présentée à l'empereur lorsqu'elle était devenue pensionnaire de la troupe nationale. Et on avait vite remarqué que François-Joseph était dans sa loge officielle lorsque Mme Schratt jouait, en particulier dans *La Mégère apprivoisée*. Aux entractes, l'empereur, si ponctuel, en oubliait l'heure en bavardant avec la comédienne, alors que le régisseur et les spectateurs s'impatientaient poliment... Cet après-midi de l'été 1885, Katharina Schratt a un deuxième admirateur, le tsar qui l'avait déjà applaudie à Saint-Pétersbourg. Alexandre III s'enflamme. Il demande à François-Joseph si la comédienne pourrait participer au souper prévu à 8 heures, sur la terrasse du jardin et qui doit être suivi d'un feu d'artifice éclairant les statues et les fontaines baroques. L'empereur est embarrassé. Inviter un membre de la troupe est une entorse au protocole mais comment la refuser ? L'impératrice s'avance, ravie de cet imprévu, elle qui adore les mélanges sociaux, un goût qu'elle a transmis à son fils. Sissi a déjà entendu parler de Katharina Schratt mais ne l'a jamais rencontrée. Comme il fait chaud, Alexandre III et Bismarck, remplaçant Guillaume Ier, font remplir régulièrement leurs verres ; ils racontent des histoires lourdes à force d'être légères, l'atmosphère est moins plaisante. Comme dans une opérette, le lendemain matin, François-Joseph vient se plaindre à sa femme que le tsar a fait porter, à la première heure, cent roses et une broche d'émeraudes à Mme Schratt avant de l'inviter à une promenade très remarquée. La conférence s'amuse... et s'égare. Sissi en conclut, légitimement, que son mari s'intéresse à la comédienne, confirmant la rumeur de ses dames d'honneur. Et cela n'est pas pour l'ennuyer. Puisqu'elle va repartir, début octobre, pour la Grèce, peut-être que l'empereur serait moins malheureux et moins seul en compagnie d'une femme qui a tant de qualités en dehors de son talent ? N'est-elle pas d'humeur égale ? N'est-elle pas douce ? Elle a vingt-huit ans et François-Joseph cinquante-cinq... Et elle vit séparée de son mari. Des conditions idéales pour entretenir une relation suivie et, pourquoi pas, une liaison puisque l'impératrice n'a plus le goût d'être encore la femme de l'empereur. Une aventure commence dont la nature, aujourd'hui encore, n'est pas établie avec certitude, sinon que Katharina Schratt réussira à être véritablement amie avec le couple impérial. Sissi ira même jusqu'à commander son portrait à un peintre en vogue ; l'empereur viendra dans l'atelier de l'artiste lors d'un rendez-vous arrangé par Sissi. Elle choisit et pour ainsi dire installe sa remplaçante. Et c'est l'empereur d'Autriche et roi de Hongrie qui, désormais, se substituera au tsar pour faire un présent au ravissant modèle. Une autre émeraude...

Rodolphe est très mécontent de cette rencontre de Kremsier. D'abord, le souper après le théâtre avait été pénible, presque vulgaire. On y avait entendu des propos d'ivrognes. La mauvaise humeur de son père à l'égard du tsar n'était pas uniquement causée par ses manières rustres. Politiquement, l'archiduc constate que ces deux jours d'entretiens n'ont rien donné ; ils ont seulement évité une crise immédiate entre la Russie et l'Autriche-Hongrie dans les Balkans. Et il est convenu de réviser les textes adoptés au congrès de Berlin sept ans plus tôt. C'est peu mais ce n'est pas rien. Comme d'habitude, le chancelier allemand, entremetteur intéressé, sera un « aubergiste » très accueillant, tirant les ficelles qu'il a contribué à nouer. Rodolphe ne croit absolument pas à l'apaisement de la tension entre Vienne et Saint-Pétersbourg. Ses voyages, ses contacts et ses impressions ont forgé sa conviction : un conflit va obligatoirement éclater.

Et c'est maintenant qu'il faudrait agir. Plus que jamais, il est partisan d'une intervention armée.

Moins d'un mois après les entretiens de Kremsier, l'antagonisme austro-russe est à vif. Comme l'avait prédit Rodolphe depuis un an, la Bulgarie est un baril d'explosifs dans la poudrière. Depuis qu'il l'avait rencontré, la position ambiguë d'Alexandre de Battenberg lui paraissait périlleuse, voire intenable. Le 20 septembre 1885, le prince de Bulgarie allume la mèche. Alors que le cabinet de Saint-Pétersbourg, excédé des relations qu'Alexandre entretient avec les libéraux et les patriotes terroristes, envisage de le déposer, le prince profite d'un soulèvement antiturc en Roumélie orientale pour annexer une partie de cette ancienne province byzantine qui, au XIVe siècle, comprenait la Thrace et la Macédoine. La Russie en avait été éliminée en 1878. Depuis le congrès de Berlin, cette principauté autonome mais vassale de la Porte est administrée par un gouverneur général chrétien, Aleko Pacha, nommé par le sultan avec l'accord des grandes puissances. Comptant environ huit cent mille habitants, la population est majoritairement bulgare donc chrétienne. Ce sont des paysans qui se révoltent contre la gendarmerie et les milices en investissant la capitale, Philippopoli[1]. Le pacha est expulsé. Une révolution courte mais efficacement appuyée par Alexandre de Battenberg ; à la tête de ses troupes, il est devenu le héraut du nationalisme bulgare. Selon Rodolphe, François-Joseph devrait profiter de cette scission pour étouffer les idées russes de revanche et montrer sa force à Sofia. Mais l'empereur et son ministre des Affaires étrangères, le comte Kálnoky, se contentent de plates paroles. Ils craignent l'explosion. Pour le prince héritier Rodolphe, la déflagration aura lieu, il ne peut en être autrement, car aucune des nations indépendantes ou en cours d'émancipation ne souhaite la paix avec son voisin. Seul le prétexte reste inconnu. Alors, autant prévenir le moment où les Balkans s'embraseront et empêcher l'incendie généralisé. À Latour, il confie ses regrets : « Une action serait favorable en ce moment. Mais le gouvernement est plus indécis, plus tâtillon que jamais... » Le prince croit à la victoire bulgare, hypothèse soutenue par Londres mais qui

---

1. Anciennement Philippopolis car elle avait été embellie par Philippe de Macédoine. Aujourd'hui Plovdiv, deuxième ville de Bulgarie.

dérange les plans à courte vue de son père et du gouvernement. Ce que redoute Rodolphe n'est pas autre chose que la plaie gangrenant la région, à savoir l'enchaînement des réactions par le jeu des alliances. Et c'est exactement ce qui se produit. Le 14 novembre, le roi Milan de Serbie, sous prétexte de compensations territoriales, lance son armée contre la Bulgarie. François-Joseph, dont il est l'allié, a tout fait pour l'en empêcher, l'avertissant qu'il risquait d'être entraîné dans le chaos. Belgrade reste sourd, Sofia aussi. Au nord-ouest de cette dernière ville, l'armée bulgare remporte une brillante victoire sur les Serbes à Slivnica. Or, en dépit de la catastrophique inconscience serbe, un traité – un de ces maudits traités secrets que Rodolphe déplore – unit l'Autriche-Hongrie et la Serbie. Alexandre de Battenberg, pourtant doublement victorieux, est sommé de cesser sa progression. Le roi Milan ne peut être davantage humilié ni ses troupes anéanties. Piètre alliance ! Rodolphe est furieux. Son père défend le provocateur vaincu, accable la victime victorieuse et sa mère fuit à bord du *Miramar*, en mer Égée, pour un mois, remontant vers le site de Troie mis au jour par l'Allemand Schliemann. « L'impératrice fait une croisière en Orient, le moment est des plus mal choisis », écrit-il, laconique, à Latour. Le roi Milan, protégé par Vienne, est sauvé par François-Joseph au moment où Belgrade allait être attaquée par Alexandre, prince conquérant des Bulgares. Le résultat est préoccupant : en effet, le conflit russo-anglais se double maintenant d'un conflit austro-russe. Et Bismarck, dans une note de la mi-novembre remise à son souverain, estime que « tout l'État bulgare n'a d'autre avenir que la lutte contre la Russie (...) ». Le fils de François-Joseph, dont l'état-major brocarde les vues politiques pourtant perçantes, est catastrophé de la situation. On s'est moqué de lui en soutenant le perdant mais c'est une faute et Andrássy partage son avis. D'abord, la Russie ne va certainement pas laisser sur le trône de Bulgarie le prince qui l'a trahie ; l'affaire amuse Bismarck, sans illusion sur la nature humaine et qui a fait sienne cette vieille maxime en usage dans l'Espagne de Philippe II : « Qui sait beaucoup, trahit beaucoup. » Et il a noté que les nations auxquelles on accorde l'indépendance ne sont jamais reconnaissantes mais, au contraire, toujours exigeantes. Des représailles sont à craindre de Saint-Pétersbourg et la crise ne disparaît donc pas avec l'arrêt de la progression bulgare.

Alexandre de Battenberg, à peine âgé de vingt-huit ans, est très beau, adoré des femmes et d'une aisance insolente. Impulsif, courageux et même brave, il a une haute opinion de sa personne et a même cru pouvoir épouser, il y a un an, une petite-fille de Guillaume Ier. Il a décidé de quitter le rôle de « gouverneur russe héréditaire » (Bismarck *dixit*) auquel on voulait l'astreindre. En revanche, Alexandre III, qui se trouve être son cousin germain, âgé de quarante-cinq ans, est massif – on l'a dit –, toujours mal à l'aise parce que, second fils d'Alexandre II, il n'était pas destiné à régner ; il est morne et pesant, en particulier avec les femmes. L'un séduit, l'autre inquiète. Le premier a la fougue, le deuxième des susceptibilités. Ils ont le même prénom mais sont on ne peut plus dissemblables.

À cause du remplacement d'un pacha turc, le système réglé par Bismarck a montré sa fragilité. Malgré l'antipathie personnelle du tsar contre le turbulent Battenberg, la Russie, passive et maladroite, se considère toujours comme le glaive de la Bulgarie. De même, l'Autriche entend jouer le rôle d'un bouclier protégeant la Serbie. Le point culminant de l'affaire se situe à l'aube du 28 novembre à Nish, quartier général bulgare, ville ottomane pendant cinq siècles jusqu'à 1878 et important nœud ferroviaire. D'un convoi poussif descend l'ambassadeur d'Autriche à Belgrade, le comte Khevenhuller. Émissaire spécial de François-Joseph, mandaté d'urgence par Vienne, il avertit que si les Bulgares envahissent toute la Serbie et prennent Belgrade, ils se trouveront face à l'armée autrichienne. On le constate, chacun des États en effervescence n'est, en réalité, qu'un prête-nom servant les visées des grandes puissances. Les nationalismes sont des pions avancés pour tester un adversaire-allié, c'est selon. À Berlin, on résume ce jeu dangereux en une phrase lumineuse et diabolique : « Il nous faut arranger toute cette situation de manière à ce que l'Angleterre et la Russie se retrouvent nez à nez. » L'Allemagne en tirerait profit et l'Autriche-Hongrie devrait en tenir compte. Si Bismarck s'efforce de maintenir la paix – et surtout d'en apparaître le sauveur –, ce n'est pas par pacifisme mais parce que c'est l'intérêt de l'Allemagne. S'il est intervenu pour imposer le retour au calme, rappelons son plus grand mépris pour ceux qu'il appelle « les voleurs de moutons du Bas-Danube ». Une vérité s'impose : le destin des États balkaniques ne dépend pas réellement des succès militaires de l'un ou de l'autre mais de décisions prises par les grandes puissances, dans l'esprit du congrès de Berlin. Désormais, ses participants retiennent leur souffle. L'agonie ottomane a fait naître des vocations d'héritiers qui se croient tous légitimes. Même Rodolphe y avait succombé ; un jour, promenant le doigt sur une carte de l'Europe devant Stéphanie, il l'avait arrêté sur Constantinople. Et il lui avait dit : « C'est là que tu seras impératrice. »

L'Europe vient de s'éviter, de justesse, une guerre austro-russe. Les prodiges d'équilibre de Bismarck pour éviter des fâcheries avec Vienne et Saint-Pétersbourg sont des chefs-d'œuvre du genre. S'adressant aux Autrichiens depuis la tribune du Reichstag, le Parlement de Berlin, le chancelier lance : « Non, Messieurs, faites ce que vous voulez. Je vous déclare de la manière la plus nette que vous ne parviendrez jamais à altérer nos rapports solides et confiants avec la Russie. » Une sérieuse divergence de vues avec Rodolphe qui, lui, entend lutter contre la Russie « symbole du despotisme et de l'obscurantisme ». L'indulgence de Vienne à l'égard de la Russie est, pour Rodolphe, une grave faiblesse. Sans jamais s'en prendre directement à son père, il lamine la politique du ministre des Affaires étrangères qui lui avait fait confiance. Il est vrai que depuis son premier voyage et sa mission initiatrice, le prince héritier a beaucoup observé, appris et retenu. Sur le terrain, miné, du centre-est de l'Europe, il a ses informations et ses jugements. Et comme sa mère, un don prémonitoire. Dès avant la rencontre de Kremsier et la crise bulgare, il en avait fait part à Latour dans une lettre écrite de Laxenburg le 13 juillet ; il y dénonçait le contresens qui paralyse l'Empire depuis les bureaux du ministère des Affaires étrangères, situés sur la Ballplatz : « (...) Les affaires sont traitées avec une souveraine stupidité. La Russie profite de la politique à courte vue de Kálnoky et du prétendu rapprochement avec l'Autriche pour constituer sans vergogne des comités, faire pénétrer de l'argent, des armes, en Bulgarie, en Roumélie, en Macédoine, en Serbie et même en Bosnie. »

Le 23 décembre 1885, le prince et la princesse arrivent en début d'après-midi à Gödöllö. Sissi, qui y a passé le mois de septembre, souffre atrocement de sa sciatique. Elle ne peut plus marcher et doit, provisoirement, renoncer à ses promenades athlétiques dans les jardins. Le cheval ? Supprimé pour le moment à travers les collines et même dans le joli manège qu'elle a fait construire. Ce renoncement qui lui est imposé l'abat. Elle se sent prisonnière. Elle annonce à François-Joseph, venu en principe se détendre, qu'elle pourrait mettre fin à ses jours. L'empereur, excédé, n'en croit évidemment pas un mot. Il l'avertit :

— Alors, tu iras en enfer...

La réponse est un aveu :

— L'enfer ? On l'a déjà sur terre...

Déprimée par son immobilisme forcé, l'impératrice-reine soupire en constatant que sa fille Marie-Valérie a dix-huit ans et qu'elle est déjà courtisée.

— Dans le fond, je n'aime que toi, lui avoue Sissi, effondrée à l'idée de perdre le seul enfant avec qui elle ait vraiment voyagé et mené une vie presque normale, comme de faire des courses dans Vienne.

Pour divertir sa mère, Rodolphe lui remet un exemplaire du premier tome de son encyclopédie sur *La Monarchie austro-hongroise par le mot et par l'image*. Il est sorti des presses le 1er décembre. Les bureaux des rédactions viennoise et hongroise croulent sous les souscriptions. Le prince a lui-même rédigé l'introduction pour l'édition allemande et pour celle destinée aux lecteurs hongrois. Il a également écrit des passages de la séquence « Paysages de Vienne » et plusieurs paragraphes du tome consacré à la Basse-Autriche sont de sa plume. La famille se retrouve. Marie-Valérie note dans son journal, à propos de l'arbre de Noël gigantesque installé par les domestiques, que « cette tour surdécorée de bijoux et chancelante ne sied pas à notre Gödöllö calme et familial ».

S'il est satisfait de son travail éditorial, l'archiduc reste néanmoins déçu. Il a dirigé une collection de volumes consacrée au passé et au présent. Mais l'avenir ? Personne ne l'écoute vraiment, surtout pas son père. Alors, il s'adresse à celui qui a tout intérêt à le laisser s'épancher, Moritz Szeps. Le journaliste a besoin de lui car il vient d'être condamné, en qualité de directeur du *Tagblatt*, à un mois de prison pour diffamation envers un meneur antisémite. Pour l'archiduc, la fréquentation d'un tel agitateur devient sulfureuse et choquante. À l'aube givrée du 1er janvier 1886, Rodolphe lui confie son dépit : « Faire des discours qui ne sont pas tout à fait mauvais, écrire d'assez bons livres ou des articles et posséder une culture moderne, ce sont des choses qui ne préparent nullement à obtenir un grand résultat dans le développement de l'histoire mondiale. » L'archiduc joue les faux modestes. Ses capacités intellectuelles et rédactionnelles sont d'un haut niveau. Et c'est bien ce qui perturbe l'ordre établi. Toutes ses idées ne sont pas réalisables, mais la plupart sont fondées sur une expérience de deux ans, vécue sur le terrain, car il a parcouru des milliers de kilomètres et mesuré les antagonismes, parfois ridicules, de roitelets sans envergure à côté de souverains remarquables. Il a noué des contacts avec tous les acteurs du puzzle infernal. Et, bien entendu, les médiocres ou les mégalomanes sont les plus dangereux, car ils sont prêts à tout pour exister. Encouragé par Szeps, il tente, une fois encore, de retenir l'attention de l'empereur en lui remettant une série de « croquis politiques ». Il s'agit de portraits des hommes en place, de leurs réseaux d'influence « tels que peut en réunir un observateur placé à proximité des commandes de la vie politique sans pouvoir y accéder ». Une manière de rappeler au monarque qu'il lui avait fait confiance en l'envoyant en mission à plusieurs reprises. Est-il donc si difficile d'être écouté et entendu de l'empereur quand on ne revient pas d'un voyage mais qu'on se trouve simplement à quelques pièces l'un de l'autre ? Rodolphe n'a pas besoin d'un périple pour estimer urgent de parler à son père. Il sent qu'on veut lui imposer l'inactivité pour mieux le contrôler. « Je suis condamné à être un fainéant », dit-il à quelques intimes. Dans le fond, son mal est le même que celui de sa mère, c'est le désœuvrement. Mais chez lui, on ne relève pas une agitation désordonnée ni une impossibilité de tenir en place. Comme chez Sissi, son jugement est rapide et en général juste. Mais il s'accompagne toujours d'une puissante réflexion sur le passé et de pronostics sur l'évolution de la monarchie, car il pense à son rôle futur et à ses écrasantes responsabilités.

Ce mémoire, qui arrive sur le bureau de François-Joseph comme des étrennes marquant la confiance et le désir d'être entendu, expose toute la politique de l'Autriche-Hongrie en Europe centrale et surtout orientale. Là se cache le danger, là se situe l'espoir. Rodolphe le sait, son père vient de le vérifier avec angoisse, il n'y a pas de Balkans tranquilles...

CHAPITRE 6

INQUIÉTUDES ET RUMEURS

28 janvier 1886. Au bal de la Cour, Sissi, malgré sa fatigue, accomplit son devoir souverain. Elle est présente et très attentive à ce qui se passe dans ce spectacle immuable. Il y a, en effet, une nouveauté. Marie-Valérie danse le deuxième quadrille avec l'archiduc François-Salvator, de la branche toscane des Habsbourg et dont la mère est une Bourbon. Comme les valses succéderont aux galops avec le même cavalier, Élisabeth, avec son humour chaleureux, avertit sa fille favorite :

— Et si tu t'entêtes à épouser un ramoneur, je ne te ferai aucune difficulté. Cependant, j'ai l'impression que François-Salvator deviendra un jour ton mari.

Une perspective qui ne réjouit pas l'empereur, car, sur ce genre de sujet, il a toujours ses plans. L'impératrice, elle, prévenue des dégâts que causent des stratégies de mariages qui ne tiennent pas compte de l'avis ni du tempérament des jeunes gens, est en alerte. Est-ce parce qu'elle s'inquiète du comportement de son fils ? C'est très possible. Elle sait qu'il multiplie les contacts politiques et intellectuels douteux ou provocants ; ce qu'il vit, elle l'a déjà vécu avec la défense de la Hongrie. Elle souffre de voir son fils impatient, malheureux, même si sa belle-fille a, publiquement, fait de louables efforts. Mais elle n'est toujours pas enceinte... Envers sa mère, Rodolphe a un immense respect, mêlé, parfois, de regrets devant sa fuite. Elle le déçoit. Il essaie de se rapprocher d'elle et Sissi est attentive à la crise de confiance en lui-même que vit son fils. Elle sait qu'il s'étourdit d'idées de plus en plus libérales, qu'on le voit dans les tavernes où l'on chante dans des odeurs d'ail, de graisse cuite, de vin et de tabac. Il aime cette atmosphère populaire et cela l'amuse de penser aux rapports que des policiers en chapeau melon feront au comte Taaffe, le Premier ministre qui croit ainsi tout savoir. Sissi n'ignore pas non plus que sa belle-fille est souvent seule le soir pendant que Rodolphe, qui vit beaucoup la nuit, s'attarde dans des maisons discrètes où des femmes, prêtes sur demande, tentent de délasser le prince à l'humeur sombre. « Fait curieux, quand Rodolphe s'annonce à dîner, Élisabeth s'habille mieux que pour un étranger », relève le comte Corti[1]. La mère et le fils, de tempéraments semblables, partagent leurs séductions et leurs déceptions.

Alors qu'elle s'apprête à repartir en croisière et se dirige vers Trieste et le château de Miramar, une dépêche, datée du 6 février 1886, apprend à Sissi que son fils est malade. Sans pouvoir savoir exactement de quelle affection il souffre, on lui dit seulement qu'elle est localisée sur l'abdomen et que c'est grave. Elle rebrousse chemin et se précipite au chevet de Rodolphe. À dater de ce moment, nous disposons des Mémoires de Stéphanie pour juger de la situation de la manière la plus intime, même s'il faut les lire avec les réserves déjà formulées[2]. « Au début de l'année 1886, le prince tomba gravement malade. Les médecins, profondément consternés par la nature de son mal, lui ordonnèrent le repos et l'isolement les plus complets. Ils recommandèrent à cet effet un séjour prolongé dans le Midi. » L'expression « le Midi » confirme que pour les Habsbourg, les Wittelsbach, les Hohenzollern et autres dynasties d'Europe centrale, la mer Adriatique, son climat et ses rives séduisantes sont également fréquentés l'hiver et bien entendu plus proches que le sud de la France, préféré par les Britanniques. La région, déjà résidentielle à l'époque romaine, avait été dotée d'une valeur thérapeutique dès 1786 lorsque Joseph d'Autriche, le frère de Marie-Antoinette, transforma le monastère de Senj, sur la côte

---

1. L'ouvrage, magistral et définitif en langue allemande, d'Égon César comte Corti a été publié à Vienne et à Salzbourg en 1934. Sa traduction française, due à Marguerite Diehl, a été éditée chez Payot, en 1936, et rééditée en 1982.

2. Rappel : ces Mémoires furent publiés en Belgique, en 1937, dans une version que l'on sait être aujourd'hui expurgée, l'épouse et veuve de Rodolphe n'étant décédée qu'en 1945. Je me réfère à la version intégrale de ce texte, inédite jusqu'à 1999, bien entendu beaucoup plus instructive que son condensé, moins incisif.

d'Istrie, en sanatorium pour officiers. En 1844, quatre scientifiques, dont un Croate membre de l'Académie de médecine de Marseille, ayant étudié les bienfaits des conditions atmosphériques et des sources thermales, avaient construit un premier établissement de cure à Abbazia[1].

Par souci de discrétion, Rodolphe et son épouse éviteront la foule. Ils ont leur refuge. « Nous nous rendîmes donc sans tarder à Pula puis, de là, nous prîmes le bateau vers la perle de l'Adriatique, la merveilleuse île de La Croma qui fait face à Raguse[2] ». Une île déjà très liée aux Habsbourg, après avoir été abordée par Richard Cœur de Lion puis, sept siècles plus tard, investie brutalement par des généraux de Napoléon, Marmont et Lauriston. Ceux-ci avaient chassé, sans délicatesse, les bénédictins qui n'ennuyaient personne dans cette oasis de sérénité. Pendant que Maximilien et Charlotte, oncle et tante de Rodolphe et de Stéphanie, faisaient construire leur résidence de Miramar, ils avaient acheté l'île à la Couronne autrichienne, avec les deniers de Charlotte. La belle-sœur de Sissi y avait été heureuse et son mari, un temps désœuvré, y avait rédigé des textes critiques contre François-Joseph, son frère, à propos de l'organisation de la marine de guerre, qu'il estimait inefficace ; ces analyses, Rodolphe les avait lues avec attention. Depuis, Sissi et Louis II de Bavière étaient venus à La Croma. Lors de son mariage, Rodolphe avait reçu l'île en cadeau de son père. Lorsqu'ils y arrivent, le 15 mars, le prince et sa femme vont d'abord se recueillir auprès d'une croix élevée en bord de mer, au milieu du maquis, en hommage aux marins disparus lors de l'explosion

---

1. Aujourd'hui Opatija, en Istrie, au fond du golfe de Kvarner, à une demi-heure de Fiume (aujourd'hui Rijeka), alors le seul port maritime de Hongrie, depuis 1870. Sorte de Nice autrichienne, Opatija, élégante station balnéaire, accueillait, à l'époque qui nous intéresse, le Gotha mais aussi des foules de curistes et de touristes, dont plusieurs artistes. Célèbre pour ses jardins de lauriers, ses promenades, son casino, la ville comprend alors douze établissements de cure. Les premiers palaces de la côte croate viennent d'ouvrir, le *Kvarner* en 1884 et l'*Impérial* en 1885, tous deux équipés d'ascenseurs. Deux ans plus tard, un hôtel portera le nom de *Princesse héritière Stéphanie* en hommage à ses fréquents séjours sur la côte.
2. Aujourd'hui Lokrum, en face de Dubrovnik. Un site exceptionnel, restauré après les dégâts de la guerre des années 1990, et une réserve naturelle préservée. La Méditerranée d'hier... qui attire les touristes d'aujourd'hui.

de la chaudière d'un navire autrichien, le *Triton*, en 1859. Puis, ils entrent dans la petite chapelle où, sur un prie-Dieu à droite de l'autel, Maximilien avait médité avant son départ pour le Mexique.

Le couple s'installe dans les anciens bâtiments conventuels réaménagés depuis l'expulsion des moines par les Français en 1806. La résidence est vétuste mais l'atmosphère méditerranéenne, avec ses buissons de roses, de camélias et de glycines, est paradisiaque. Ils sont presque seuls, accompagnés d'une domesticité réduite. Stéphanie veut soigner son mari mais, rapidement, elle n'est guère vaillante. À sa sœur Louise, elle écrit : « Je suis forcée de garder le lit à cause d'un refroidissement aussi ennuyeux que douloureux que j'ai attrapé pendant la traversée. J'ai échappé bel (*sic*) à une péritonite. » Ici débute, pour elle, le mystère médical sur ce qui l'atteint et dont souffre son mari. On se doute que l'explication d'une « péritonite » sans intervention chirurgicale n'est pas plausible. Perplexe puis, avec le recul du temps, informée, elle évoque la réalité dans ses Mémoires : « Je ne pus profiter que peu de jours de ce séjour enchanteur car bientôt, je tombai très gravement malade moi aussi. Pendant des semaines, je restai alitée et je souffris atrocement en ne me doutant toujours de rien. Des professeurs de Vienne et de Trieste déclarèrent que j'avais une péritonite. [Encore !] Par ordre supérieur, la maladie fut gardée secrète et les médecins durent jurer le silence. On nous prodigua les soins les plus attentifs. Ma sœur Louise accourut à mon chevet. Moi, j'ignorais totalement d'où me venait mon mal. Ce n'est que par la suite que je découvris que le prince héritier était responsable de mes souffrances. Lui aussi, il avait été frappé de ce mal abominable qui n'épargne personne, que l'on soit de condition modeste ou né sur le plus illustre des trônes, cette insouciante contagion qui ouvre toutes les portes et propage son héritage haïssable. Louise était ma seule confidente. À part elle, personne ne soupçonnait l'entière vérité, pas même mes parents. »

L'énigmatique maladie de Rodolphe a reçu plusieurs noms (cystite, maux de ventre), tous fantaisistes pour cacher la réalité peu édifiante. En fait, d'après les conclusions que l'on peut tirer aujourd'hui des ordonnances prescrites à l'archiduc et qui sont conservées à l'ancienne Pharmacie de la Cour, à Vienne, il est clair qu'il s'agissait d'une maladie vénérienne. Mais laquelle ?

Vraisemblablement d'une gonorrhée que le mari avait transmise à sa femme...

Le microbe spécifique de la blennorragie a été découvert et identifié six ans plus tôt. Certes, ce n'est pas aussi grave que la syphilis, mais c'est un mal qui ne passe pas sans traitement, surtout à l'époque, et a de pénibles conséquences. Toutefois, en ce printemps 1886, les connaissances médicales sur le sujet restant partielles, Rodolphe redoute d'avoir effectivement contracté la syphilis. Or les médecins ne le rassurent pas, sans doute parce qu'ils ne sont pas sûrs de leur diagnostic ou ont peur de le formuler. Et dépressif comme il l'est, l'archiduc s'imagine sans doute être frappé du mal le plus implacable avec les horribles et irréversibles dégradations, tant mentales que physiques, qu'il entraîne, sans aucun espoir de guérison. Ainsi, derrière l'élégance de l'écriture et des pudeurs exprimées par Stéphanie dans sa lettre se cache une atroce constatation. Dès ce moment, il y a deux aspects à ce drame : l'importance du mal et l'ignorance de ses effets. Longtemps, Stéphanie ne sait pas ou ne se doute pas que son mari lui a transmis une maladie vénérienne. Puis, alors que sa sœur ne quitte pas son chevet, la cause du mal étant connue, Stéphanie ignore qu'il a, entre autres conséquences, la stérilité. C'est le drame dans le drame : aucune personne qualifiée n'ose encore révéler à la jeune femme qu'elle ne pourra avoir d'autre enfant ni que ses espoirs déçus depuis la naissance de sa fille ont une raison précise et bien connue. Pendant un temps, quelques ignorants ou charlatans mondains essaieront de lui faire croire qu'elle est atteinte de tuberculose, fléau aussi répandu que la syphilis mais nettement plus « convenable »... La consternation de la princesse se transformera en répulsion et en dégoût. Alors qu'elle avait multiplié les rapprochements charnels avec son époux en espérant une nouvelle grossesse, la révélation de la vérité lui inspire de l'horreur. Les frasques de Rodolphe risquent de dégrader leur couple, dans tous les sens du terme. Et il y a pire : l'archiduchesse ne peut dire cette effroyable vérité et se voit accusée d'être la responsable de l'absence d'un héritier mâle pour la dynastie. Une épouvantable tragédie intime devient le premier volet d'un secret d'État. Cependant, il est impossible de préciser si Rodolphe a su qu'il était atteint ou s'il l'ignorait lors de ses derniers rapports sexuels avec sa femme ; la date exacte de sa propre contamination n'est pas déterminée. On peut seulement noter qu'il a changé, physiquement et psychologiquement, muré dans un inquiétant silence, se plaignant – officiellement – de migraines et de douleurs dans les articulations.

Le séjour, que l'on espère être une convalescence, est troublé par une requête du roi Léopold II, formulée à Vienne avant leur départ. Datée du 14 février, elle est contenue dans un courrier écrit en français et destiné à son gendre. Elle ne pouvait tomber plus mal : « Cher Rodolphe, ci-joint une lettre que je te prie de faire parvenir à l'empereur. Voici ce dont il s'agit. » Le ton est sévère. Comme le souligne Imgard Schiele : « Nous ne sommes pas en présence d'une lettre familière, intime, paternelle : non, ceci est une missive d'affaires, froide et objective et très urgente de surcroît. » En effet, S.M. le roi des Belges est au bord de la faillite à cause du Congo ! Reconnu propriétaire personnel de ce territoire couvrant quatre-vingts fois (!) la superficie de la Belgique, le souverain a besoin d'énormes capitaux pour investir dans cette aventure coloniale sans équivalent et qui restera inégalée. Trois fortunes ont déjà été englouties dans ce rêve d'Afrique noire, la sienne, celle de son épouse et celle de sa sœur, la malheureuse Charlotte. Cela n'a pas suffi, et maintenant le roi restreint son service à table ! Marie-Henriette, la reine, est catastrophée. Un jour, elle soupire :

— Léopold, tu finiras par nous ruiner avec ton Congo !

Expliquant à son gendre qu'il est indispensable d'apporter de l'argent frais à l'administration du Congo, il le supplie de l'aider à couvrir l'emprunt qui va être émis par le nouvel « État indépendant » menacé de banqueroute. Cet emprunt est sur le point d'être proposé aux Bourses de Belgique, de Hollande, de Suisse et même d'Amérique du Nord. Léopold II souhaite que Rodolphe use de son influence pour que les titres soient également cotés à Vienne et à Budapest. Il s'agit, à l'en croire, d'un « placement très sûr » et dont le « remboursement intégral à des conditions avantageuses sera absolument garanti par un fonds créé spécialement dans ce but et composé de valeurs de premier ordre ». Après ce préambule technique, le roi en vient au sentiment : « (...) Tes généreuses aspirations, la constante protection que tu accordes d'une manière si marquée à tout ce qui peut stimuler l'industrie et le commerce me font espérer que tu voudras bien appuyer ma demande de toutes tes forces auprès de l'empereur et le prier de donner à son ministre des Finances les ordres nécessaires (...). »

La panique ! Rodolphe, qui manie souvent un humour sarcastique, déclare à sa femme :

— C'est une tombola de bonnes œuvres au profit de mon beau-père ! Cela ne marchera jamais.

Mais en beau-fils attentionné et bien qu'il soit malade, il présente l'affaire à son père sous un jour favorable. François-Joseph, d'une prudence financière proverbiale, ne refuse pas. C'est pire : il ne s'y intéresse pas ! La question est réglée par manque d'intérêt... Son ministre, instruit du dossier dans le même sens, refuse. C'est net. Mais rien ne décourage Léopold II. Moins de trois semaines après son appel au secours, il récidive auprès de son gendre, le 2 mars : « Les ministres, souvent, commencent par refuser et puis éclairés par le souverain finissent par accorder ce qu'il demande[1]. » Mais Léopold II se trompe : justement, François-Joseph ne demande rien à ce sujet, surtout pas ! Le roi têtu poursuivra ses sollicitations pendant encore trois ans bien que l'affaire de l'emprunt fût, entre-temps, réglée. Il insistera même dans des circonstances dramatiques qui excluraient toute discussion d'argent chez des gens bien élevés. Ah ! quel malheur d'avoir un beau-père !

Au bout de six semaines, la maladie semblant régresser, Rodolphe se déclare rétabli. Il ne s'agit, hélas, que d'une rémission trompeuse. Les douleurs, du moins, sont atténuées grâce à des injections de morphine. Le patient fait des excursions dans l'île. Il suit un sentier à travers les pins qui conduit jusqu'au point culminant de La Croma, à quatre-vingt-onze mètres de hauteur. La vue sur les murailles de l'ancienne Raguse est splendide. Le site, idéal pour une pièce d'artillerie, avait été doté par les hommes de Marmont d'un fort, en forme d'étoile. Les habitants, qui trouvaient le général français prétentieux, avaient surnommé l'endroit Fort Royal, par dérision. L'archiduc, accompagné de Stéphanie, reprend ses travaux d'ornithologie. Il examine aussi toutes sortes de plantes dont certaines avaient été importées du Mexique sur ordre de son oncle Maximilien avant sa fin tragique. Parfois, l'archiduc Charles-Louis, un autre oncle, est à ses côtés, envoyé par son frère l'empereur pour en savoir

---

1. Imgard Schiele, *op. cit.*

plus – croit-il – sur l'état de son fils. Puis, un matin, le couple repart en direction de Pula. Ils font une halte à Spalato[1]. Sur une presqu'île, la moitié de la cité est bâtie à l'intérieur de l'ancien palais de l'empereur romain Dioclétien qui couvrait près de quarante hectares. Dans la cathédrale, jadis le temple de Jupiter et qui aurait dû devenir le mausolée de Dioclétien, d'importants travaux sont achevés. Ils sont inaugurés par Rodolphe et Stéphanie au nom de François-Joseph et une plaque est dévoilée au-dessus de l'entrée pour commémorer leur visite. Il faut faire bonne figure mais l'archiduchesse est épuisée. Elle a quitté La Croma, qui promettait tant, avec le regret d'un bonheur définitivement gâché par un cauchemar permanent. La Croma, l'île des retrouvailles perdues... Mais personne n'a raconté au couple une légende attachée à l'île. Il s'agit d'une prédiction émise par le dernier bénédictin que les soldats français avaient éjecté. Emportant les objets du culte, le moine avait formulé une menace à l'intention de tous les futurs habitants de l'île laïcisée. Tous, selon ce présage, étaient condamnés à périr de mort violente...

Très las, l'archiduc reprend ses activités. Marie-Valérie, sa sœur, est préoccupée. À son retour de Baden-Baden où elle avait accompagné sa mère pour sa traditionnelle cure de printemps, elle note, dans son journal, qu'il est devenu « froid et railleur ». Les avis sont partagés, les uns le trouvent en meilleure forme, les autres murmurent qu'il n'est pas complètement guéri, sans que l'on sache de quoi d'ailleurs. Il semble remis et sa mère ne s'inquiète plus réellement. Personne ne semble soupçonner le drame secret qui s'est abattu sur le couple.

C'est dans ce climat trouble que de graves nouvelles arrivent de Bavière.

Louis II, le roi solitaire, le cousin romantique, l'oncle fantasque et désespéré, réfugié dans ses constructions inouïes aussi inaccessibles que ses fantasmes, vient d'être arrêté, le 10 juin, sur ordre de son oncle, le prince Luitpold qui a pris le titre de régent. Luitpold est le beau-père très barbu de Gisèle. Il a chargé une commission médicale d'examiner le comportement du souverain qui conduirait son pays à la faillite, ferait fouetter ses laquais pour manque de respect et, jugeant que ses ministres

---

1. Aujourd'hui Split, l'une des villes les plus animées de la côte dalmate.

étaient laids, leur ordonnait de se cacher derrière un paravent ! Pauvre Louis II ! Trahi par Wagner, manipulé par Bismarck qui avait besoin de la Bavière, raillé par les adversaires de son homosexualité et maintenant dénoncé par des politiciens qui avaient pourtant voté tous ses crédits, il s'est enfermé dans sa forteresse néomédiévale de Neuschwanstein, sur un piton, à mille mètres d'altitude, dans un décor fabuleux. Mais que peut un souverain de l'imaginaire contre les bassesses du réel ? En pleine nuit, le monarque a été conduit à son château de Berg, au bord du lac de Starnberg, sur la rive face à Possenhofen, là où Sissi a vécu une enfance heureuse parce que libre. Élisabeth aime son cousin en dépit de ses défauts ; elle a eu du mal a lui pardonner la rupture de ses fiançailles avec sa sœur Sophie mais, réflexion faite, cette dérobade avait évité le pire, un mariage blanc sous les ricanements. Par hasard – mais est-ce vraiment une coïncidence ? –, Sissi, qui traverse la Bavière au même moment, est informée de la captivité du roi. La mélancolie de l'impératrice fait place à la colère. Son chambellan, le baron Nopcsa, informe l'empereur. Par précaution, François-Joseph fait masser un régiment alpin à la frontière. Que veut dire ce complot ? Rodolphe est stupéfait et inquiet. Comment ? Le roi serait fou ? On prétend qu'il veut vendre son pays pour s'exiler en Orient ! Rodolphe a connu, l'année dernière, un cas voisin. Le roi Milan de Serbie était venu le voir à Vienne avec un projet qu'il nourrissait depuis 1884, abdiquer en échange de contreparties matérielles et céder la Serbie à l'Autriche-Hongrie. Rodolphe avait eu du mal à le convaincre de renoncer à cette folie que l'empereur, entre autres, n'aurait certainement pas admise.

La fin, aussi rapide que tragique, du roi des Ombres et des Rêves, retrouvé mort dans le lac au soir du dimanche 13 juin, plonge la famille dans un immense désarroi. Sissi était sur la rive en face et n'a pu faire évader le détenu. Avant que Louis soit arrêté, informé de ce qui se tramait, car il a des espions jusque sous les lits, Bismarck avait supplié le roi d'en appeler au Parlement qui l'aurait sauvé, le Chancelier en faisait son affaire. Personne n'admet la version officielle de sa mort, crise de démence ou, au contraire, suicide calmement préparé. La famille n'a aucun doute, il s'est noyé en se jetant dans le lac pour s'échapper. Mais à Vienne, une autre version circule, mettant en cause le docteur von Gudden, aliéniste réputé. Le médecin, qui avait présidé la commission ayant conclu, rapidement et sans examen, à la paranoïa du monarque, aurait obéi à des ordres secrets, car Louis II, loin d'être fou, serait devenu gênant[1]... Un climat de guerre civile empoisonne Munich. Bien que l'impératrice – la seule femme que Louis II ait aimée réellement mais d'une manière purement cérébrale – soit effondrée dans un petit hôtel où elle a ses habitudes et qui porte son nom à Feldafing, en face de Berg, elle ne peut soutenir la vision de la dépouille du pauvre roi. C'est trop éprouvant. Elle est accablée. Elle ordonne seulement à sa dame d'honneur de déposer sur la poitrine du défunt et dans ses mains une branche de jasmin avant de refermer le cercueil. Ce geste a lieu au matin du lundi de Pentecôte, le 14 juin. François-Joseph et Élisabeth chargent Rodolphe de les représenter aux obsèques, à Munich. Depuis qu'il a appris la mort du roi avec lequel il avait eu tant d'échanges, l'archiduc, qui a pris le deuil, ne parle presque pas. Le silence. Un mur de silence. Soudain, la barbe qu'il porte est devenue grise. Cette mort bizarre et romantique le hante ; son chagrin est immense. Rodolphe perd un soutien, étrange et distant, certes, mais celui d'un homme qu'il avait toujours admiré, pour ainsi dire adulé.

Il décide de se rendre seul aux funérailles du roi. Après la frontière, il s'arrête d'abord à Feldafing, à l'hôtel *Élisabeth*. Sa mère et sa sœur Marie-Valérie y sont toujours. Gisèle les rejoint, apportant les dernières rumeurs du pays sur la tragédie. Sissi est pétrifiée, en grand deuil, cette couleur qui ne la quittera presque plus... Par la comtesse Festetics, Rodolphe apprend que la veille de la disparition de Louis II, l'impératrice n'avait cessé de marcher de long en large dans sa chambre, au premier étage, jetant régulièrement un œil en direction du lac. Un lac qui les avait réunis, Louis II et elle ; souvent, ils se retrouvaient sur l'île des Roses où ils se laissaient des messages, signés « L'Aigle » et « La Mouette ». Par recoupement, on sait que, en face, dans sa chambre de Berg dont les fenêtres avaient été murées de barreaux – le château était transformé en prison –, son cousin captif ne cessait de fixer le lac, lui aussi. Rodolphe parle doucement à sa mère. Sissi ne cesse de répéter :

---

1. Voir, du même auteur, *Louis II de Bavière, le Roi foudroyé*, Perrin, réédition 2003.

— Il n'était pas fou !

Elle connaissait fort bien le docteur von Gudden et se dit stupéfaite qu'on ait déclaré le monarque dément sans l'avoir examiné. Passant de la prostration à l'agitation, Élisabeth est très atteinte. Le prince et ses sœurs s'entretiennent à voix basse et Marie-Valérie se souviendra de l'exceptionnelle douceur de leur frère, si dur et si cassant ces derniers temps. Les enfants de Sissi s'inquiètent de l'état de leur mère qui tient dans sa main un minuscule cygne en cristal de roche, cadeau de Louis II, qu'elle porte toujours sur elle avec quelques fétiches et autres gri-gri. Rodolphe interroge ses sœurs : le déséquilibre de leur mère pourrait-il atteindre la démesure du roi ? Serait-ce une tare familiale ? Mais la mère du roi est une Hohenzollern... Pour toute réponse, Marie-Valérie fond en larmes.

Puis, poursuivant sa route sur la même rive du lac, il gagne Possenhofen, pour saluer sa grand-mère maternelle, la duchesse Ludovica. Partagée entre l'émotion et la rancune parce que le roi défunt avait humilié sa fille Sophie, Ludovica se reprend et déclare qu'il vaut mieux penser qu'il était fou. De cette manière, elle lui en voudra moins. Elle en parle sèchement, presque avec mépris, et Rodolphe en est scandalisé. Ludovica n'a rien compris ! D'ailleurs, la veille, une discussion avec Sissi a tourné à la scène. Il quitte au plus vite Possenhofen, le Possi de sa mère jeune princesse sauvage qui faisait rêver son cousin lorsqu'il était le prince héritier de Bavière. Huit ans les séparaient, une perpétuelle rêverie romanesque les rapprochait. Tous deux ont fui le monde, l'impératrice dans ses voyages modernes, le roi dans ses châteaux honorant des temps révolus.

16 juin 1886. Arrivé à Munich où le prince régent et le gouvernement se font traiter d'assassins, dans une capitale pétrifiée où la presse est reprise en main, l'archiduc, accompagné de l'ambassadeur d'Autriche-Hongrie et de sa suite, se recueille sur la dépouille mortelle dans la chapelle de la Residenz, l'équivalent munichois de la Hofburg, en plus fastueux. Une vision poignante pour Rodolphe. L'immense corps de Louis II (un mètre quatre-vingt-douze, cent dix kilos...) est revêtu d'un costume de velours bleu-noir et de soie blanche ; c'était son uniforme de grand maître de l'ordre des chevaliers de Saint-Michel. Des hommes, jeunes et beaux, qu'il adoubait selon un idéal

emprunté au XIIIe siècle. Comment ne pas être bouleversé par le visage du roi ? Gonflé, bouffi, déformé, il a été enduit de cire blanche. Sa légendaire beauté d'une tête sculptée dans le marbre et d'un corps élancé était devenue, juste avant sa mort, une masse flasque, presque monstrueuse. Longtemps, dans ce somptueux palais que le monarque avait déserté, lui préférant la pureté des cimes, l'archiduc médite sur ce roi qui serre, pour l'éternité, ce bouquet de jasmin envoyé par sa chère Sissi, ce politique étrange mais lucide qui avait réussi à maintenir l'identité bavaroise et l'existence de son royaume dans l'Unité allemande. Un tour de force que Bismarck avait lui-même contribué à soutenir [1].

Le lendemain, le prince héritier d'Autriche-Hongrie a revêtu son uniforme bleu ciel, l'une des deux couleurs de la Bavière, du régiment de cavalerie lourde bavaroise dont il est colonel. L'immense cortège s'ébranle, allant de la Residenz à l'église Saint-Michel, de l'autre côté de la Marienplatz. La distance n'est pas grande mais des détours ont été prévus, par les marchés et la cathédrale, pour traverser la vieille ville et permettre aux deux cent soixante-quinze mille habitants de rendre leurs devoirs au souverain qu'ils ne comprenaient pas toujours mais qu'ils aimaient. Rodolphe marche en silence sur le même rang que son ami, Frédéric-Guillaume de Prusse, représentant l'empereur et cette Allemagne qui, selon le mot de Louis II, avait « avalé » la Bavière mais sans étouffer sa personnalité. L'église Saint-Michel abrite une petite crypte où sont inhumés les Wittelsbach. On y descend par la droite du transept. Le gros cercueil plombé est recouvert de roses blanches. L'ancienne église des Jésuites, qui date du XVIe siècle mais a été remaniée, n'a qu'une seule nef s'élançant en une voûte audacieuse de plus de vingt-cinq mètres. À la fin de la cérémonie, Rodolphe s'arrête un moment devant le monument funéraire d'Eugène de Beauharnais, beau-fils et fils adoptif de Napoléon Ier, qui avait épousé

---

1. Aujourd'hui encore, la Bavière est fière de son identité et la revendique jalousement. Même dans la République fédérale, ce Land accueille le voyageur par des panneaux « État libre de Bavière ». Et on s'y sent Bavarois avant d'être Allemand. Les couleurs du drapeau sont restées les mêmes qu'au temps de la monarchie, blanc et bleu. La même tradition est observée dans l'Autriche républicaine, avec les couleurs nationales rouge et blanc.

une princesse bavaroise. Gendre de Maximilien-Joseph, le duc de Bavière élevé au rang de roi, Eugène, mort en 1824, est représenté en héros grec, accompagné par la muse de l'Histoire ainsi que les génies de la Mort et de l'Immortalité. Comment ne pas méditer sur la devise du prince Eugène, inscrite en haut du tombeau, dans un français inhabituel en ce sanctuaire germanique : *Honneur et Fidélité* ? Puis, le cortège se rend à l'église des Théatins. Derrière sa façade du XVIII$^e$ siècle se trouve un autre caveau de la famille Wittelsbach, beaucoup plus discret, celui où sont conservés les cœurs des princes électeurs, ducs et monarques de ces Médicis des Alpes. Un usage qui rappelle, en plus restreint, celui des Habsbourg. Le cœur de Louis II, qui, à son avènement en 1864, avait battu dans l'enthousiasme d'être sur un trône pour faire triompher l'Art, est placé dans un vase d'argent doré, scellé et déposé dans la chapelle votive. C'est fini. Rodolphe se retrouve parlant du roi disparu avec Frédéric-Guillaume dont il évoque aussi le beau-frère, Albert-Édouard de Galles, qui n'a pu être présent. Le fils de François-Joseph décrit leurs situations inchangées à tous trois de princes héritiers que le destin maintient au bord de la plus haute marche du pouvoir. L'archiduc, enfermé dans sa douleur, dit au Prussien, d'une voix résignée :

— Je sais que je ne régnerai pas...

C'est la deuxième fois qu'il se laisse aller à cette prédiction pessimiste et confidentielle. Malgré les protestations et les dénégations du Prussien, l'entretien s'achève dans une nostalgie morbide. Rodolphe, on le vérifie encore, a le sang troublé de sa mère. Celle-ci se décide à venir enfin quatre jours après les funérailles, le 21 juin, se recueillir dans la crypte. La veille, elle a fait chanter un requiem dans la modeste église de Feldafing. Très grave, très blanche, elle dépose une couronne. En remontant l'escalier, elle avoue :

— La tristesse m'est plus précieuse que la vie.

Elle semble apaisée. Elle remarque à peine la colère de la foule qui défile sans arrêt, orpheline et accusatrice. Sur un cahier, elle écrit :

> « *Adieu mon lac !*
> *Aujourd'hui, je jette ma patrie*
> *Au fond de tes eaux*

*Et je repars sans repos à travers le monde
En quête de nouveaux horizons »*

La Bavière, sa Bavière, leur Bavière lui fait soudain horreur. Comme son fils, elle observe que le roi a eu le privilège de vivre ses illusions pendant vingt-deux années et il en a péri. N'est-ce pas la fatalité de disparaître à cause de sa vie ? Sissi regagne Bad Ischl, dans une voiture à quatre chevaux où elle converse avec le fidèle Latour. Le 11 juillet, Marie-Valérie, navrée de la banalité des propos de l'ancien gouverneur de son frère pendant le trajet, écrit dans son journal : « Sa bêtise me console. Si Rodolphe est ce qu'il est et non ce qu'il devrait être, elle seule en est la cause. »

Une accusation. Élisabeth est une Wittelsbach, c'est elle qui a transmis à son frère sa neurasthénie. Lui-même, arrivant à la Kaiservilla, déclare :

— Ischl est un horrible trou !

La famille, qui aime ce lieu exquis et paisible, est mortifiée. Il pleut sur Ischl.

Lors de sa cure à Bad Gastein au début de l'été, Bismarck le pressentait : la crise bulgare couvait toujours, une opinion partagée par Rodolphe. Le tsar ne pouvait tolérer que son neveu Alexandre de Battenberg se soit affranchi de la tutelle russe à laquelle il devait son trône. Le 21 août, par un coup d'État théâtral à Sofia, un groupe d'officiers bulgares favorables aux vues de Saint-Pétersbourg s'empare du souverain félon. L'affaire a été commanditée par l'attaché militaire russe et exécutée par un détachement de cavalerie. Livré aux Russes et prisonnier, Alexandre est-il perdu ? Non, car il y a des flottements parmi le reste de l'armée et le gros des troupes refuse de rejoindre les conspirateurs. Les jours passant, l'opinion publique bulgare – qui avait soutenu le prince dans sa conquête de la Roumélie – lui manifeste son attachement. Les protestations de Vienne et de Londres contre l'ingérence du tsar Alexandre III sont d'abord sans effet puis, la pression montant et un risque de guerre n'étant plus exclu, les Russes relâchent – ou laissent s'évader – leur otage captif derrière la frontière, mais il est lui-même dans une situation précaire. Stamboulov, le président du Parlement de Sofia, meneur paysan et patriote radical, prend la tête d'un contre-mouvement et obtient le retour de l'évincé ; l'allégresse populaire l'accueille dans la capitale. Le tsar signifie à nouveau son hostilité définitive, il ne veut plus d'Alexandre de Battenberg, un traître. Le 7 septembre, ce dernier est obligé d'abdiquer et se met au service de l'armée autrichienne, ce qui lui vaut un mépris supplémentaire du tsar et la haine de Bismarck. Ici encore, Rodolphe souhaitait une solution armée contre le diktat russe mais François-Joseph hésite. Toutefois, ce rebondissement finit par provoquer un sentiment antirusse en Bulgarie. Et en novembre, sous la pression de sa partie hongroise, l'Autriche-Hongrie avertit la Russie qu'elle n'acceptera jamais l'établissement d'un protectorat russe sur la Bulgarie. Au Parlement de Budapest, Kálnoky déclare que si la Russie se livrait à une quelconque activité en Bulgarie, « l'Autriche serait forcée de prendre une position décisive, quelles que soient les circonstances ». Rodolphe y voit un progrès de ses idées sur la question. Stamboulov s'installe comme régent et exerce immédiatement le pouvoir d'une manière dictatoriale. Ainsi, l'esprit du traité conclu au congrès de Berlin en 1878, confirmé à deux reprises, est balayé.

L'ancienne solidarité entre les deux empires ouverts à l'est n'existe plus, ils sont rivaux. Dans l'immédiat, Rodolphe doit reconnaître que malgré cette réaction tardive, son pays a tiré profit de ce contentieux, car tout ce qui freine l'influence russe dans les Balkans renforce la position de l'Autriche-Hongrie. La question est de savoir jusqu'à quand... Bismarck, bien entendu, maintient son plan qui est de diviser les Balkans en conservant la Triple-Alliance dominée par l'Allemagne. Un jour, peut-être, il lui faudrait choisir entre les Habsbourg et les Romanov. Ces perspectives confortent l'archiduc dans son désir de se rapprocher de l'Angleterre et de la France pour s'opposer plus efficacement aux prétentions russes, certainement pas affaiblies et seulement en sommeil. Dans son esprit, il s'agirait de reconstituer l'alliance de la guerre de Crimée. N'avait-elle pas donné d'excellents résultats ? Cependant, comparée à l'engagement d'autrefois quand Paris et Londres se battaient contre les Russes du côté de Malakoff et de Sébastopol, la situation a changé. Depuis le mois de mai, Szeps a informé Rodolphe des rumeurs d'un rapprochement entre la France et la Russie. La République le souhaite, en a grand besoin ; en revanche, Alexandre III est encore réticent, n'ayant que « mépris et dégoût » pour la France, qui, non contente d'avoir guillotiné Louis XVI, vient de voter une loi bannissant tous les prétendants au trône des Maisons ayant régné sur le pays. Une position qu'il faut étudier de plus près car on ne peut plus ignorer l'importance de la Russie. Rodolphe aimerait tant pouvoir agir...

Moritz Szeps peut l'aider. Il y a un homme qui, depuis des années, veut donner une nouvelle place à l'Autriche-Hongrie, car sa haine de l'Allemagne est viscérale. Un homme qui n'occupe aucune fonction gouvernementale mais qui compte parmi les personnalités politiques les plus influentes de son pays. Il domine tous les débats parlementaires. On le craint ou on l'admire mais on est obligé de lui reconnaître un grand talent. Cet homme va souvent faire une cure à Carlsbad, en Bohême, ce qui l'ennuie toujours parce qu'il est obligé de traverser l'Allemagne, mais lui, à l'inverse de Bismarck, écoute son médecin. D'ailleurs, il a été médecin. Depuis plus de cinq ans, il vient souvent à Vienne et descend alors chez Moritz Szeps avec lequel il est en affaires. Et le hasard aidant, justement, ce visiteur est attendu parce que Mlle Sophie Szeps épouse bientôt le frère de ce député, prénommé Paul. La date du mariage est fixée au 22 décembre. Dans Vienne tout entière aux préparatifs de Noël, le froid et la neige étant complices, Rodolphe pourra recevoir ce visiteur sans trop de risques. Il reçoit tellement de gens ! Il a très envie de rencontrer ce personnage dont Szeps lui parle depuis des années.

Rendez-vous est pris. À la demande de l'archiduc, l'hôte se présentera à la Hofburg la veille du banquet du mariage de son frère. Il arrivera à minuit, l'heure habituelle de Rodolphe pour ses rencontres clandestines. Le mystérieux voyageur s'appelle Georges Clemenceau.

CHAPITRE 7

UN RENDEZ-VOUS SECRET

C'est l'heure. La demande d'audience adressée à l'archiduc par Moritz Szeps pour Georges Clemenceau, conservée aux archives d'État à Vienne, lève toute ambiguïté : elle a bien eu lieu dans la nuit du 22 au 23 décembre 1886 et il s'agit d'une rencontre essentielle. Chez Rodolphe, minuit ne correspond pas seulement au goût du mystère ; c'est aussi la certitude qu'il sera tranquille et pourra tenir une longue conversation sans être dérangé. La Hofburg s'est endormie depuis longtemps. Seul son valet de chambre, serviteur de toute confiance, est dans le secret. C'est lui, le fidèle Nehammer, qui est toujours de service pour les missions délicates. Il attend le Français et l'Autrichien à une porte discrète de l'immense palais, du côté des anciens bâtiments de l'archiduc Albert, non loin de ses fabuleuses collections aujourd'hui rassemblées dans le musée de l'Albertina. Ils suivent le domestique dans une interminable enfilade de couloirs et de pièces désaffectées, sans doute promises à des travaux. Enfin, après une dizaine de minutes de marche, Moritz Szeps et Georges Clemenceau sont introduits chez le futur empereur et roi.

Auparavant, Szeps a résumé la situation française à Rodolphe. Elle est très agitée. Au début du mois, le 3, le cabinet Freycinet, le troisième, s'est effondré comme tant d'autres. Après huit jours de tractations, le nouveau gouvernement est dirigé par un radical modéré sans envergure, ancien procureur général d'Amiens, M. Goblet. Le président du Conseil détient aussi le portefeuille de l'Intérieur et des Cultes. Clemenceau a failli être nommé à sa place, car bon nombre de ses adversaires, lassés de son art de faire tomber les ministères, auraient voulu le voir « au pied du mur », selon leur expression. Il y a un homme très aimé en France, c'est le ministre de la Guerre et des Colonies, le général Boulanger, un rescapé du précédent gouvernement. Cet officier, que Bismarck considère, avec raison, comme l'homme le plus important de France ces temps-ci, est de plus en plus populaire. La revue du 14 Juillet a été une immense fête à sa gloire. Inventé par Clemenceau, il est son protégé. Presque chaque matin, le député radical se rend rue Saint-Dominique, au ministère de la Guerre. Les nominations, avancements et disgrâces portent sa marque. Et chaque matin ou presque, les bureaux du ministère sont furieux de la curiosité insolente de Clemenceau pour accéder aux dossiers.

Pour l'instant, Boulanger, surnommé « le général Revanche », symbolise le patriotisme qui souffre de l'occupation de l'Alsace-Lorraine, un affront que Clemenceau le Vendéen subit personnellement comme une profonde blessure. Les idées de Boulanger servent Clemenceau. Le général est séduisant ; les femmes raffolent de ses yeux bleus et de son élégante barbe blonde ; il se dit ardent républicain, plaît à tous les courants et prend des mesures applaudies ; ainsi, il a décidé que les séminaristes feraient leur service militaire et il a eu l'idée, géniale, de faire peindre les guérites en tricolore ! Le député Clemenceau s'est même permis de venir le voir au ministère avec son mécène le plus intime, Cornelius Herz. Il l'avait présenté au général en ces termes : « Il a des côtés fripouillards, mais de l'entregent et, à l'occasion, il pourra vous refiler un tuyau de choix. » Herz et Szeps ont en commun le talent d'être renseignés avant ceux qui devraient l'être. Toutefois, ces relations douteuses ont obligé Clemenceau à publier, dans son journal *La Justice*, le 3 novembre, une mise au point en réponse à des accusations de liens étroits entre Boulanger et Herz. Le député a dû préciser que Cornelius Herz n'était pas commanditaire du journal mais qu'il en avait été actionnaire pendant deux ans ; depuis le 15 mars 1885, Clemenceau avait racheté à Herz ses actions et il assurait n'avoir jamais recommandé quelqu'un à aucun ministre. On avait du mal à l'admettre.

Mais ce que Rodolphe devait retenir avant son entrevue était que Clemenceau, en renversant Jules Ferry et en forgeant la gloire du général Boulanger, avait réveillé l'hostilité franco-allemande. Le général-ministre avait eu beau affirmer : « Nous voulons la paix, personne ne peut douter de notre sincérité », Bismarck n'en croyait rien. À Berlin, le Chancelier avait même déclaré à l'empereur : « Ce n'est pas moi qui ai inventé Boulanger mais il tombe à pic ! » Or le réveil redouté du bellicisme gaulois survient alors que la Triple-Alliance est lézardée par le contentieux entre l'Autriche et la Russie. Celui-ci ne peut que favoriser l'esprit de revanche attribué au ministre de la Guerre. Bismarck craint une initiative armée des Français. Six jours avant l'audience accordée par Rodolphe à Clemenceau, le chancelier allemand a adressé une note à son ambassadeur à Vienne : « L'armée française est actuellement plus forte que la nôtre. Nous envisageons la guerre française comme assez proche. » Et Bismarck, préventivement, par mesure d'intimidation, mobilise les réservistes et veut accroître ses effectifs de soixante-dix mille hommes. Comme le Reichstag n'approuve pas cette dernière mesure, le Chancelier lui a fait peur en grossissant le trait : « Si Napoéon III a entrepris la campagne de 1870, c'est parce qu'il pensait que cela fortifierait son gouvernement à l'intérieur. Pourquoi le général Boulanger, s'il venait au pouvoir, ne serait-il pas tenté de faire la même chose ? »

C'est donc un rendez-vous où l'on discutera des visées françaises et allemandes et du rôle que peut jouer l'Autriche-Hongrie dans cette affaire, étant sous-entendu que seul un nouveau monarque, jeune et ouvert comme Rodolphe, est à même d'en saisir les nuances. Mais pour mesurer l'importance de ce qui va se dire, rappelons l'incongruité apparente de cette entrevue, parfaitement provocatrice de la part du fils de l'empereur. Pour les Habsbourg, recevoir Clemenceau c'est fréquenter le Diable ! Et le recevoir au palais impérial est tout simplement inconcevable. À l'évidence, le « tombeur de ministères » est aussi l'ennemi des monarchies et celle qui règne à Vienne ne lui inspire aucune sympathie, c'est le moins qu'on puisse écrire. En effet, après l'exécution de Maximilien, Georges Clemenceau avait envoyé une lettre implacable à une amie de New York, le 6 septembre 1867. L'homme est direct, féroce, le style acéré. Clemenceau se trouvait alors dans une situation matérielle précaire ; il était parti aux États-Unis d'Amérique, fracassés par la guerre de Sécession, pour voir vivre la démocratie américaine. À l'été, son père venait de lui couper les vivres. Georges, qui avait vingt-six ans, s'était mis en tête de s'enrôler dans les troupes révolutionnaires mexicaines qui combattaient Maximilien et le corps expéditionnaire français envoyé par Napoléon III. En apprenant que Maximilien venait d'être fusillé, le Français avait montré, dans cette lettre, un mépris total et terrifiant envers ces « empereurs, rois, archiducs et princes ».

Clemenceau, déchaîné, précisait : « Ils sont grands, sublimes, généreux et superbes, leurs princesses sont ce qu'il vous plaira mais je les hais d'une haine sans merci, comme on haïssait autrefois en 93, alors qu'on appelait cet imbécile de Louis XVI l'exécrable tyran. Entre nous et ces gens-là, il y a une guerre à mort... Je n'ai point de pitié pour ces gens-là (...). Vous voyez que je suis féroce. Ce qu'il y a de pire, c'est que je suis intraitable. »

L'antinomie entre le prince et le républicain n'est qu'extérieure. Tous deux sont libres penseurs, entourés de francs-maçons et surtout obsédés par une même revanche à prendre sur l'Allemagne qui étouffe l'Autriche et a humilié la France. Mais on doit imaginer le danger et donc les précautions prises par Rodolphe en acceptant un tel rendez-vous chez lui. Il reçoit un homme qui s'est réjoui de l'exécution de son oncle Maximilien... Et l'intermédiaire, Moritz Szeps, opposant au régime impérial et royal, adversaire de l'alliance austro-allemande, est le directeur d'un journal socialiste. Des visiteurs encombrants s'ils venaient à être découverts tous ensemble ce soir... Selon le témoignage de Szeps, Rodolphe souhaite la bienvenue au député français en lui disant qu'il a toujours voulu le rencontrer car il connaît sa véritable amitié pour l'Autriche.

— Monseigneur, répond Clemenceau, comme homme politique français, j'ai toujours souhaité une Autriche indépendante. La liberté de l'Autriche est une nécessité absolue pour la France comme contrepoids à Bismarck[1].

---

1. Recueilli par la fille cadette de Szeps, Berta Szeps-Zuckerkandl et publié dans *Souvenirs d'un monde disparu* (Stockholm, 1939). Berta Szeps avait épousé le savant Emil Zuckerkandl en 1885. L'aînée, Sophie, « Soff » pour ses proches, avait rencontré Paul Clemenceau à Paris, en 1885. Le séjour avait été « un tourbillon de fêtes et de plaisirs ». Georges Clemenceau avait offert à la famille Szeps un dîner dans l'un des endroits les plus fameux de la capitale, le « Café Anglais », 13, boulevard des Italiens, célébré par Balzac et Zola. Gambetta, grand buveur visitant sa cave, en avait vidé quarante bouteilles de château-margaux en 1879. Le dîner Clemenceau-Szeps avait été servi dans le salon particulier dit « le Grand Seize », lequel est passé à la postérité grâce à MM. Meilhac, Halévy et Offenbach – ce dernier étant

Le visiteur précise qu'en dépit de son amitié pour l'Autriche, il ne fera jamais passer ses sentiments avant l'intérêt de son pays. Rodolphe répond qu'il préférerait la guerre à l'abandon des provinces allemandes d'Autriche, c'est-à-dire la Bohême, la Moravie et la Galicie. Il poursuit :

— C'est une grande sagesse de réunir Allemands, Slaves, Hongrois, Polonais sous une seule Couronne. L'État des Habsbourg a réalisé depuis longtemps le rêve de Victor Hugo, les États-Unis d'Europe. C'est un bloc de différentes ethnies et religions sous un commandement unique.

Rodolphe insiste sur le rôle de son pays, replaçant sa situation à l'échelle européenne, telle qu'il la rêve :

— L'idée fondamentale de l'Autriche est essentielle pour la civilisation mondiale. Elle doit évoluer dans le sens du libéralisme, de l'harmonie, de l'équilibre. C'est pour cela que l'Autriche doit être d'accord avec les démocraties occidentales car c'est là que règnent encore le libéralisme véritable, la liberté individuelle, le mépris de la haine des races.

Clemenceau cherche à deviner ce qui se manigance dans le jeu allemand :

— Bismarck dit que c'est de la faiblesse. Il ne surmontera jamais le fait d'être un *Junker* prussien [1]. En outre, sa politique vis-à-vis de l'Autriche n'est pas tout à fait transparente. Pourquoi, s'il veut une Autriche forte, nous offrirait-il Metz et la Lorraine en échange des provinces allemandes ? Et pourquoi pousser l'Autriche à suivre cette folle politique de l'Est ?

Depuis des mois, l'ancien maire de Montmartre Clemenceau suit le frémissement d'une alliance franco-russe. Elle lui conviendrait dans la mesure où elle rendrait Bismarck furieux et gênerait ses calculs. En même temps, ce rapprochement de Paris et Saint-Pétersbourg contraindrait l'Autriche-Hongrie à rester dans l'orbite allemande.

Rodolphe réagit. S'il y a un domaine où son pays a de l'avenir, ce sont bien les Balkans, avec tous les risques que cette fragile mosaïque implique. La chance de Vienne a été de se tourner vers Budapest (même s'il arrive à Rodolphe de déplorer certains

---

un résident voisin, 8, boulevard des Capucines – dans *La Vie Parisienne*. Le Café Anglais a disparu en 1913.

1. Terme ancien désignant un hobereau en Allemagne du Nord.

excès nationalistes hongrois). Il lui faut continuer à rayonner autour du Danube, jusqu'à son embouchure. L'archiduc n'admet donc pas que l'on critique l'orientation de la politique étrangère austro-hongroise vers la mer Noire et les Détroits, là où, précisément, Russes et Allemands cherchent à supplanter les Habsbourg. À côté des prétentions navales du tsar pour faire de la mer Noire un lac russe donnant accès à la Méditerranée, Berlin a déjà dans ses cartons un projet de chemin de fer Constantinople-Bagdad-Bassora, qui serait financé par la Deutsche Bank et la Banque ottomane.

Brutalement, l'entretien devient une audience. L'atmosphère s'alourdit. D'après Moritz Szeps, Rodolphe bondit, mécontent de voir combien Clemenceau méconnaît cette réalité et juge le dossier traité d'une manière « folle » :

— Notre politique balkanique ! Notre mission est souvent mal comprise par la France et par l'Angleterre et c'est notre plus belle mission que de porter notre culture vers l'Est. En France et en Angleterre, on n'a pas conscience de l'œuvre que nous avons accomplie au cours des huit dernières années, depuis notre occupation de la Bosnie. C'est ce que j'appelle de la « pénétration pacifique[1] ». Mon plus beau rêve serait d'accomplir ce travail. Mais la Russie menace les peuples des Balkans avec la barbarie et l'obscurantisme[2], et les Russes voudraient bien les voir nous attaquer au moment adéquat.

Clemenceau réagit à son tour :

— Une bonne entente franco-anglaise pourrait porter ses fruits...

L'adversaire de Jules Ferry espère beaucoup de la nouvelle génération des monarques appelés à régner ; le plus tôt serait le mieux. Il sait les liens entre le futur souverain britannique et Rodolphe, liens qui passent par des aventures extra-conjugales dont Clemenceau est, bien entendu, informé. La solidarité des adultères couronnés. Mais alors que Clemenceau est redouté

---

1. En français dans le texte.
2. L'obscurantisme est, selon l'archiduc comme pour le député de gauche, la religion, en l'occurrence orthodoxe. Par les liens entre le culte byzantin et le culte russe, une forte communauté spirituelle existe. Le tsar parle de ses « frères ». Rodolphe a appris, par Szeps, que le 30 octobre, il y a donc trois semaines, le personnel des écoles publiques françaises a été laïcisé. Une nouvelle qui va dans le sens de ses principes.

pour ses mots féroces contre ses adversaires, y compris dans les avatars de leur vie privée, rien ne filtre de ses moustaches contre les « créatures » que fréquentent Édouard, prince de Galles, et Rodolphe. L'essentiel est que les deux princes aient une vision fraternelle de la politique, qu'ils aiment le peuple et l'armée, détestent les prêtres et les aristocrates sans omettre de mépriser les combinaisons parlementaires, toujours calamiteuses.

L'archiduc s'apaise. Un courant de sympathie passe entre le Français et l'Autrichien. Il est confiant :

— Le prince de Galles m'aime bien. Nous voyageons souvent ensemble et il aime bien venir à Vienne. De toute manière, quand nous serons tous les deux sur le trône, nous nous entendrons très bien tous les trois.

Le troisième complice sera la France. Le plan convient à Clemenceau ; à la mort de Victoria et de François-Joseph, le libéralisme espéré triomphera définitivement à Londres, à Vienne, à Budapest et à Prague. La République française estimera fréquentables ces deux monarchies impériales. Géographiquement entre les deux, elle les aidera – en même temps qu'elle en bénéficiera – à détruire enfin le blocus international verrouillé par Bismarck depuis le traité de Francfort, en 1871. Un nouvel ordre européen sera nécessairement substitué au précédent. Et Rodolphe veillera à ce que Berlin et Saint-Pétersbourg n'empiètent pas sur l'univers austro-hongrois, un domaine qu'il considère comme réservé.

Avant de se retirer, le député avertit l'archiduc, en sa qualité de gendre du roi des Belges, que Bismarck envisagerait d'envoyer des troupes allemandes en Belgique pour « rétablir l'ordre ». Le chancelier prétexte le péril des idées socialistes – qu'il abhorre – se développant dans le royaume[1]. Intoxication ? On peut seulement constater qu'outre-Quiévrain, la crise économique a aggravé le chômage, réduit les salaires, et que des émeutes ont été durement réprimées par des charges de cavalerie, sous les ordres du général Van der Smissen, ancien commandant de la Légion belge au Mexique.

L'entretien est terminé. Jusqu'ici, l'archiduc avait été informé de ce qui se passait en France par Szeps et quelques-uns de ses

---

1. Philippe Erlanger, *Clemenceau*, ouvrage remarquablement écrit (Grasset/Paris-Match, 1968).

correspondants de presse. Pour la première fois, une personnalité française, considérable et au cœur du débat politique, lui fait part de ses options qui rejoignent les siennes, pour l'essentiel. Ce rendez-vous, déjà surprenant par sa seule existence, engendre un autre mystère : ni Vienne ni Berlin n'en ont été informés ! Or le premier voyage à Vienne de Clemenceau remonte à 1883. On imagine les inquiétudes et les protestations secrètes qui auraient assailli François-Joseph et Bismarck, notamment, si l'audace de Rodolphe avait été divulguée. Il n'est pas sûr qu'il y ait eu d'autres rencontres entre le député et l'héritier de la double monarchie. Si c'est le cas, toute trace en a disparu, Clemenceau ayant brûlé sa correspondance privée avant sa mort. Mais l'essentiel est dit en cette avant-veille de Noël, ce qui les réunit et ce qui les oppose : le ressentiment de Rodolphe contre l'Allemagne en sort avivé. Il est en alerte pour l'avenir. Et confiant. Il ne lui manque que l'action.

Cette soirée passionnante pourrait laisser croire que le prince a été à la limite d'une contestation de son père, sur la forme comme sur le fond. Il n'en est rien. Il n'a pas conspiré, il a préparé l'avenir en respectant le souverain. Certaines orientations, impossibles du vivant de François-Joseph, seront retenues dès sa disparition. Il n'y a, de ce point de vue, rien de choquant, sauf à considérer la personnalité diabolique de Clemenceau. Dans cette nuit de l'hiver 1886, Rodolphe est resté fidèle à son père. Quelques heures plus tôt, un incident l'avait déjà prouvé. En effet, dans l'après-midi, Rodolphe avait réagi à un nouveau soubresaut de la crise bulgare qui lui déplaisait. Le feuilleton du roi perdu continue, car depuis l'échec d'Alexandre de Battenberg, disparu sous le pseudonyme de comte de Hartenau, la régence était assurée par le Premier ministre Stefan Stamboulov, brutal mais compétent, souvent présenté comme le « Bismarck bulgare ». À la demande de l'Assemblée nationale siégeant à Sofia, l'Europe cherche donc toujours un monarque pour le trône vacant. Or Rodolphe a appris que l'archiduc Jean-Salvator, un Habsbourg-Toscane et sans doute son meilleur ami, a manifesté une initiative malheureuse à ce sujet. Depuis des années, l'empereur a honte de lui. Il faut dire que le non-conformisme du personnage a souvent dépassé les bornes. Après avoir dénoncé, dans un violent pamphlet, les aberrations de l'artillerie autrichienne, il a provoqué son monde par une liaison tapageuse avec une roturière. Refusant de rompre, il a été affecté en Bosnie-Herzégovine, au commandement d'un régiment. L'état-major espérait qu'il s'assagirait loin de Vienne et dans l'exercice de sa mission dont il a souvent parlé avec Rodolphe : les deux cousins partagent plusieurs idées. Cette fois, une démarche beaucoup plus grave risque de remettre le feu à la Bulgarie. Jean-Salvator s'est proposé comme roi des Bulgares ! Sans en informer François-Joseph alors qu'il est officier autrichien ! Une candidature spontanée mais insensée et dont assurément personne ne veut, surtout pas l'empereur... En dépit de ses liens avec Jean-Salvator, Rodolphe est scandalisé de cette grossière manœuvre, une intrigue en solitaire sans aucune caution du régime ou du gouvernement. L'indélicatesse est consommée quand on sait qu'au même moment, un candidat, officiel celui-là, a été secrètement pressenti en la personne d'un prince belge, Ferdinand de Saxe-Cobourg, jeune frère du mari de la sœur de Stéphanie, Louise, proche de Rodolphe. Ce dernier adresse sur-le-champ une lettre au comte Kálnoky, le ministre des Affaires étrangères. Il le prie de sermonner sans ménagements Jean-Salvator non seulement parce que son initiative doit être étouffée, mais aussi, voire surtout, parce que l'incontrôlable archiduc a « négocié avec des politiciens étrangers ». Enfin, le rendez-vous organisé par Moritz Szeps est également essentiel pour ce dernier. En effet, depuis le mois d'octobre, Szeps a été démis de son poste de directeur du *Neues Wiener Tagblatt*. Le journal a connu divers ennuis aux lourdes conséquences financières. Le réseau de vente parallèle que Szeps avait dû monter en catastrophe à la suite d'une saisie par la police avait coûté très cher. Trop cher. Et le contenu du quotidien avait été jugé trop intransigeant et systématiquement critique par plusieurs de ses administrateurs. Szeps avait exagéré sa puissance et son autorité. Éliminé de sa machine de guerre, il a immédiatement fondé un autre journal, souvent confondu avec le premier, le *Wiener Tagblatt*. Mais Szeps semble avoir perdu la main ; son nouveau quotidien peine à s'imposer et atteint péniblement les quatorze mille exemplaires. Très vite, il a besoin de capitaux frais. Évidemment, il sollicite l'appui de Rodolphe qui connaît tant de gens, en particulier le richissime baron Hirsch. Les relations du prince héritier valent des lignes de crédit. L'archiduc a donc organisé une rencontre entre Hirsch et Szeps, ce dernier ayant rejoint le financier en Hongrie. En lui confirmant son intervention, Rodolphe a dit à Szeps : « Hirsch est un homme en or. » C'est la vérité dans tous les sens du terme, car sa générosité va de pair avec sa fortune. Le prince héritier essaie, de son côté, d'intéresser Hirsch à divers projets ferroviaires au départ de Vienne vers l'Orient et au développement de la flotte commerciale autrichienne sur la mer Noire.

Le rendez-vous secret de la Hofburg était donc celui de trois comparses, chacun d'eux étant, à des titres divers, passionné par les projets des deux autres. En présentant Clemenceau à Rodolphe, Szeps avait payé sa dette intellectuelle et ajouté un chef-d'œuvre à son rôle de conseiller politique occulte de Son Altesse Impériale et Royale.

Le lendemain, Georges Clemenceau assiste au mariage de son frère Paul avec Mlle Sophie Szeps, « une petite femme avec des cheveux couleur queue de vache, des yeux lumineux d'intelligence et un énorme nez en bec d'aigle ». La cérémonie, uniquement civile bien sûr, se déroule à l'hôtel de ville de Vienne. C'est le député français qui donne le bras à sa future belle-sœur dans l'imposant édifice de style gothique achevé en 1883 et dont le prix était de quinze millions de florins. « Après le retour, un défilé imposant d'amis, de personnalités politiques et artistiques se réunit autour d'un buffet confortable. Georges Clemenceau, de très bonne humeur, tenait cercle. Il était entouré de jolies femmes avec lesquelles il flirtait », raconte Berta.

À son retour à Paris, le député radical trouve une opinion surchauffée contre l'Allemagne ; il a la confirmation que le général Boulanger prépare un décret de mobilisation de soixante-douze mille réservistes. Mais le président de la République, Jules Grévy, et le président du Conseil, René Goblet, que son épouse appelle « Renette » (et Clemenceau « la grenouille » !) obligent Boulanger à retirer son projet. Bismarck profite de l'effervescence française et, après avoir prononcé la dissolution du Reichstag, obtient, par les élections, un Parlement plus souple. L'ombre d'une guerre plane sur l'Europe. Entre l'Allemagne et la France ? Entre l'Autriche et la Russie ? On ne peut encore le dire mais la première hypothèse paraît la plus redoutée.

Le surlendemain de son rendez-vous secret, Rodolphe se joint à toute sa famille pour célébrer Noël à la Hofburg. Marie-

Valérie note, dans son journal du 24 décembre, que son frère est de plus en plus froid et sarcastique. La politique n'est en rien la cause de son humeur. Il vient d'avoir une discussion orageuse avec sa mère. Il l'a sommée de lui dire si la rumeur de fiançailles de sa jeune sœur avec François-Salvator est fondée. La réponse est oui. Il donne son avis, réprobateur, sur un ton tranchant. Marie-Valérie ajoute que ce Noël n'est guère joyeux. « On a installé l'arbre... Rodolphe et Stéphanie ont amené leur petite Erzsi. Souvent, j'y pense : ailleurs, Noël apporte la tendresse aux familles réunies. Combien un tel cercle de famille peut apporter la joie ! Cela paraît un rêve. Dans le passé, chez nous aussi, c'était comme cela. Mais maintenant, nous avons Stéphanie parmi nous, parmi les joies de Noël... »

Stéphanie ne trouve pas de raisons d'être aimable. L'inconduite de Rodolphe a multiplié chez elle les scènes pénibles, jusque dans le cercle familial. Humiliée et terrorisée par le mal qui la ronge, elle refuse à son mari la moindre relation sexuelle. On la comprend. Intraitable, elle ne pardonne pas. Rodolphe, en revanche, aimerait reconquérir sa femme. Elle le rejette et refuse de l'aider. Il souffre moralement et physiquement, en proie à des quintes de toux et à des migraines qui le gênent pour lire et écrire. Il a mauvaise conscience. Sa mélancolie est calquée sur celle de sa mère. Encore un Noël sans espoir d'héritier...

CHAPITRE 8

LE PRINCE DES PARADOXES

1887. L'humeur de Rodolphe connaît d'inquiétantes variations. Son entourage ne sait plus comment l'aborder. Parfois, sans raison apparente, il demeure longuement silencieux face à ses interlocuteurs. À d'autres moments, très excité, il adopte l'attitude inverse, parlant sans arrêt avec cynisme et arrogance. Il est souvent morbide. Rencontrant Zuckerkandl, le mari de Berta Szeps, qui travaille dans un institut médical où l'on étudie l'anatomie sur des cadavres, il lui demande si ses travaux ne sont pas déprimants. Non, lui répond le savant, ajoutant que la mort n'est pas un malheur mais l'accomplissement de la vie.

— Oui, dit Rodolphe. Il faut voir la mort sans peur.

Et, estimant que les têtes de mort ont une certaine beauté, il prie Zuckerkandl de lui en donner une. Il l'ajoutera à celle qu'il avait déjà sur son bureau, à l'effroi de ses visiteurs.

Les relations avec Stéphanie sont réduites au strict minimum ; ils vivent leur mésentente en souffrant, mais chez l'archiduchesse, informée que sa stérilité est définitive, l'injustice de la situation est insupportable. Bien qu'elle ne soit pour rien dans cette malédiction, certaines commères ne se privent plus de mépriser son incapacité à donner un successeur mâle à son époux. Stéphanie est révoltée, mais, sur cette question, elle se tait. Elle ne parlera que plus tard, avouant que le comportement et les amis de son mari ne lui plaisent pas. « Il a le sang le plus distingué d'Europe et se mêle au peuple sans gêne. Tous ces libéraux me font plutôt peur. » Elle ne peut oublier une soirée où elle a suivi Rodolphe dans une de ses sorties viennoises. Il l'avait obligée à se vêtir comme une paysanne. Elle avait refusé, préférant « le dernier chic d'une jeune femme de la bourgeoisie ». L'itinéraire du prince les conduit d'un des innombrables cafés chantants à une taverne « et autres endroits interlopes de la ville et des environs. Partout, l'air était étouffant, une odeur d'ail, de mauvaise graisse, de vin et de tabac, me suffoquait. On resta assis jusqu'à l'aube à des tables nues et sales ; près de nous, des cochers de fiacre jouaient aux cartes, sifflaient et chantaient toujours les mêmes romances à succès, sentimentales et banales, qu'un médiocre orchestre accompagnait. On dansait, des filles sautaient sur les tables et les chaises, sans cesser de chanter les mêmes rengaines vulgaires. Je me serais volontiers amusée mais je trouvais le séjour dans ces cabarets enfumés par trop répugnant, indigne et plus encore ennuyeux. Je ne comprenais pas ce que le prince héritier pouvait y trouver ». Stéphanie n'avait plus jamais accompagné son mari dans ce qu'elle considérait comme des bas-fonds. De plus, dans ces estaminets crasseux, contrairement à ce qu'avait assuré Rodolphe, on les avait reconnus.

Épouse trahie sans discrétion et ne pouvant dominer sa jalousie, elle ne manque pas une occasion d'étaler sa rancœur en famille. Cette bile ne l'embellit pas. Maintenant, Stéphanie évite d'être seule avec son époux. Elle ne lui parle qu'en présence de tiers ou de familiers. Il arrive souvent que Rodolphe rende hommage à sa femme dans ses activités charitables ou simplement son rôle protocolaire. On devine que Stéphanie, incapable de procréer à nouveau, risque de se le voir reprocher et que son statut en sorte amoindri. Pardonner est au-dessus de ses forces et pas un instant elle ne s'interroge sur sa part de responsabilité dans ce naufrage conjugal. L'image convenue d'un couple en bonne entente a fait place à celle de deux êtres malheureux et qui s'écorchent. Entre eux, l'affrontement est permanent, même si Rodolphe persiste, sans y être encouragé, à vouloir refaire l'amour avec sa femme. Dans quelle mesure est-elle informée du détail des traitements qu'il suit ? Elle ne vient jamais dans son appartement de célibataire. Mais les troubles des voies urinaires, l'inflammation de l'urètre et autres symptômes peu glorieux déjà mentionnés doivent être soignés, même si ces interventions auraient dû avoir lieu dès les premiers signes de l'infection. Le mal est définitivement identifié en février, mais sans doute trop tard. La douleur est telle qu'il faut discrètement recourir à l'opium, à la cocaïne, au sulfate de zinc et à une crème spécifique, le baume de copuha, puissant antalgique. Bien sûr, aucun nom n'est donné, aucun mot n'est prononcé. Ceux qui savent ne disent rien ; sur ces drames, fort répandus, l'époque est hypocrite.

Jusqu'à présent, les liaisons de Rodolphe étaient brèves, seulement causées, semble-t-il, par la recherche du plaisir. Quelques témoignages assureront que si des quantités de femmes voulaient coucher avec lui, il restait un amant médiocre, miné par la honte de son comportement. D'autres affirmeront qu'amant expérimenté et doté d'un charme irrésistible, il lui fallait plusieurs femmes pour trouver, provisoirement, la paix des sens. On constate que son état ne l'empêche pas de mener une vie dissolue ; il réagit avec une sorte de rage destructrice, brûlant ses forces lors d'étreintes passagères. Il réunit l'unanimité sur son intelligence et son goût pour la vulgarité de ses fréquentations. Il estime normal de vivre ainsi. Mais voici que Stéphanie va subir un affront d'une tout autre dimension. Depuis la fin 1886 – selon un rapport de police –, une certaine Mitzi Kaspar est apparue aux yeux de Rodolphe. Et très vite dans son lit. La serviable Mme Wolf, dont les talents d'entremetteuse sont connus jusqu'à la Cour, et l'indispensable Bombelles ont, bien entendu, organisé la première rencontre. Grande, les cheveux noirs, sensuelle, célibataire, Mlle Kaspar est une jolie fille pas très distinguée digne d'un roman de Zola. Elle ne demande – et elle le demande ! – qu'à être entretenue. On commence à la voir auprès de Rodolphe lorsqu'il est à son commandement de garnison, puis ailleurs. À la fin février, un incident a révélé l'existence de cette maîtresse attitrée. Mitzi Kaspar venait d'acheter une maison dans un élégant quartier de Vienne, appelé « Auf den Wieden ». Ce quatrième arrondissement de la capitale est situé au sud, à l'extérieur du boulevard circulaire. On s'y rend par le pont Élisabeth qui croise... la rue Gisèle ! Cette demeure n'est pas loin de la grande caserne d'infanterie où le prince a son quartier général. L'affaire, très simple, est relatée par un journal à scandales de Berlin, mais de nombreux Viennois en ont été témoins. Devant cette maison, la voiture de Rodolphe stationne longuement. Le cocher, Bratfisch, fidèle qui sait tout mais ne parle pas, chante dans les cafés pour l'archiduc ; ici, il attend son maître, comme d'habitude. C'est un fiacre anonyme. Soudain arrive une calèche aux armes de la Cour. La voiture de

Stéphanie ! L'archiduchesse, pâle et furieuse, en descend et exige que Bratfisch s'en aille ; elle veut ramener elle-même son mari à la Hofburg. Une discussion s'ensuit, qui provoque un attroupement de badauds. À Vienne comme à Paris, le passant qui n'est pas pressé est vite curieux. Et Rodolphe finit par sortir de la résidence et se trouver face à sa femme... Selon une autre version de l'incident, Stéphanie exige que Bratfisch la raccompagne à la Hofburg dans le fiacre anonyme utilisé par son mari et laisse son propre équipage aux armes de l'archiduc devant la maison pour que l'affaire devienne un scandale et que l'on compatisse à son infortune. La suite est facile à imaginer. Mais il y a plus préoccupant que ce vaudeville digne d'une « Ronde » amoureuse comme l'écrivain Arthur Schnitzler, témoin littéraire de référence de la Vienne fin de siècle, la décrira. Avec quel argent Mitzi Kaspar a-t-elle pu acquérir cette résidence nettement hors des moyens d'une prostituée même de luxe ? La vérité accable Stéphanie. Elle finit par apprendre que c'est Rodolphe qui a acheté la maison. Mais ne percevant que quarante-cinq mille florins par an et la demeure étant vendue au prix de soixante mille, il a dû demander l'aide d'un prêteur fortuné. Cet homme n'est autre que le baron Hirsch. On l'avait rencontré comme financier d'un important projet ferroviaire balkanique défendu par Rodolphe lors de son voyage à Constantinople puis comme bailleur de fonds de Szeps. Depuis, il passe pour l'homme qui finance les escapades extra-matrimoniales de l'archiduc, une situation gênante et bizarre quand on pense que Rodolphe avance lui-même des sommes – moins élevées, certes – au futur Guillaume II pour ses propres conquêtes tarifées ! Un sujet d'amusement pour François-Joseph !

Qui est donc le si puissant baron Maurice Hirsch, si proche de Rodolphe et auquel l'archiduc est redevable de services très personnels ? Selon le journal *Deutsche Volksblatt*, cet homme est « le plus dangereux juif international. Il habite Paris, il a ses journaux à Vienne, il vole la Turquie et la Loterie turque ; les lots turcs sont ensuite placés en Allemagne où il a aussi un domicile ». Une rumeur affirme qu'à Londres, une loge maçonnique porte son nom. En bref, le type même d'un homme d'affaires influent, présent partout et dont l'argent ignore les frontières dans un climat où s'affrontent les réseaux de puissances financières, notamment les banques juives, et un antisémitisme implacable tel que celui professé par le journaliste catholique français Édouard Drumont, dans *La France Juive*, un essai qui vient de paraître avec retentissement. Moritz von Hirsch und Gereuth, né en 1831, avait un père banquier des Wittelsbach et de la cour de Bavière. Travaillant à Bruxelles en qualité d'associé de Bischoffheim et Goldschmidt, il avait épousé Clara Bischoffheim en 1855. Le mariage avait été fastueux, à la hauteur de la dot de la mariée : vingt millions de francs[1]. Il s'était lancé dans des affaires juteuses, avait obtenu un titre de baron à la fin du Second Empire, francisé son nom et choisi de se fixer à Paris. Depuis, sa fortune personnelle a dépassé celle de son épouse. En France, l'atmosphère sera bientôt alourdie par diverses rumeurs financières dont la gigantesque affaire de Panama. Pourtant, au printemps 1888, un article du *Figaro* vantera encore l'émission de bons en faveur des travaux. Les excavations du canal sont devenues un nouveau tonneau des Danaïdes. Des sommes gigantesques ont été englouties, des intermédiaires ont versé des dessous de table à des parlementaires. Les financiers Jacques de Reinach et... Cornelius Herz seront impliqués dans ce monument de l'affairisme. Le nom du baron Hirsch sera également cité.

La présence régulière de Mitzi Kaspar auprès de Rodolphe n'est pas seulement celle d'une maîtresse entretenue par le prince héritier. Qu'elle soit vue à ses côtés, à la mi-février, dans la petite cité d'Enns, à moins de deux cents kilomètres de Vienne et près de Linz, est déjà une provocation. Mais il y a la partie invisible de cette liaison. L'entremetteuse Mme Wolf ne lâche pas son gibier. Mitzi lui raconte le détail de ses aventures sexuelles avec l'archiduc, révélant une relative impuissance de son amant qu'il aurait essayé de corriger avec du champagne... Puis, comme toujours dans l'univers de la prostitution, la police suit avec intérêt ce manège. Il est clair que Mme Wolf ne peut refuser quelques informations au policier Florian Meissner qui surveille – et « tolère » – ses activités. Il apprend ainsi que Rodolphe aurait tenu des propos orduriers contre le Premier ministre Taaffe et répéterait que son cousin François-Ferdinand régnera à sa place. Le même policier, digne disciple de Fouché, engage la concierge de Mitzi Kaspar comme femme de ménage chez lui. Le renseignement passe toujours par l'escalier[2].

---

1. Soit la contre-valeur de quatre-vingt-douze millions d'euros.
2. Toutefois, ces rapports écrits sont peu nombreux parce que les plus sensibles, confiés à la préfecture de Police de Vienne deux ans plus tard, ont

Désabusé et semblant peu attaché à l'avenir, Rodolphe décide de refaire son testament. Le 2 mars, ses nouvelles dernières volontés sont à l'opposé des précédentes. Vraisemblablement privé du bonheur de concevoir un fils et sa fille étant une joie profonde pour lui, il l'institue sa légataire universelle.

Le couple impérial s'inquiète de l'agitation désordonnée de son fils. Rodolphe est très actif, voit beaucoup de gens, mais, finalement, que fait-il sinon piaffer d'impatience en calculant que son père règne depuis bientôt trente-neuf ans ? Et dans sa vie personnelle, les joies sont rares. Un bref écho de la presse allemande rapporte que les parents de l'époux et de l'épouse ont tenté, en février, de raisonner Stéphanie et de lui recommander plus de compréhension. Après tout, Rodolphe est malade mais Stéphanie aussi et par sa faute. Il n'y aura aucun compromis à attendre d'elle. Fille de roi, elle entend bien devenir impératrice et reine.

Pour occuper le prince, l'associer encore davantage aux réalités politiques et l'éloigner quelque temps de sa maîtresse, l'empereur lui confie de nouvelles missions. Elles sont sans difficultés à ce qu'il paraît à première vue, mais, en réalité, il s'agit de mandats qui demandent autant de finesse que d'expérience. En effet, les tensions européennes ne se sont pas apaisées. À la mi-mars, Rodolphe s'apprête à partir pour Berlin représenter son père au quatre-vingt-dixième anniversaire de Guillaume I$^{er}$.

L'archiduc s'y rend dans un esprit de pure courtoisie à l'égard du vieil empereur et ce voyage lui semble inutile. Il sait que Bismarck se méfie de ses projets politiques et méprise son programme libéral. Les protestations de sympathie envers Rodolphe, réitérées par le prince Reuss, ambassadeur d'Allemagne à Vienne, n'abusent pas le fils de François-Joseph. Reuss assure son gouvernement que certaines idées de Rodolphe sont dues à sa jeunesse fougueuse mais que sur le fond, il prône les mêmes principes que son père. Le diplomate envoie à Bismarck une note très favorable à la venue de l'archiduc à Berlin pour la fête familiale et l'hommage des peuples de langue allemande au souverain qui incarne leur unité : « Le jeune homme est en ce moment très calme, plus sérieux. Il serait très important pour

---

mystérieusement disparu... Il est donc vraisemblable que François-Joseph n'était pas informé de tous ces détails en 1887.

l'avenir si le prince Rodolphe pouvait vous voir et resserrer les liens avec l'Allemagne. » De son côté, Kálnoky insiste auprès de François-Joseph : la présence du prince héritier à Berlin ferait une très bonne impression et prouverait la réalité de l'amitié austro-allemande. Rodolphe s'incline. Il est souffrant et sait que les services allemands sont mieux informés sur ses activités secrètes que la police de Vienne et de Budapest. L'examen des archives prouve d'ailleurs que si les agents de Bismarck sont aussi bien renseignés c'est parce que les idées progressistes de Rodolphe déplaisent à certains membres de sa propre famille, en particulier au frère de Sissi, le duc Louis *en* Bavière, père de Marie Larisch[1]. Il semble même que cet oncle de Rodolphe le trahisse en échange d'une décoration... Un rapport allemand, cité par Brigitte Hamann, soupçonne des militaires autrichiens de haut grade, dont l'archiduc Albert que Rodolphe exècre, de ne pas partager la confiance que François-Joseph place dans l'Allemagne et donc de provoquer des incidents et des complications par mauvaise volonté.

Le prince héritier d'Autriche-Hongrie arrive donc à Berlin avec une réputation contrastée. Plus intelligent et plus ouvert que son père, remarquablement conscient des dangers balkaniques, ses fréquentations plus que douteuses ne permettent pas à François-Joseph de lui faire totalement confiance, surtout dans les affaires internes. Pour cette raison, Rodolphe n'assiste pas au Conseil des ministres qui se tient en général à la Hofburg, dans un salon tendu de soie bleue. Dans cette pièce ornée des portraits impériaux, il y a huit fauteuils mais aucun n'est prévu pour le futur monarque. Que craignent François-Joseph et son Premier ministre Taaffe ? Des indiscrétions, des fuites dont les journalistes libéraux pourraient profiter. L'histoire le prouve, cette volonté de mise à l'écart est une grave faute. Elle renforce l'archiduc dans ses contacts secrets pour connaître l'état des dossiers dont on lui interdit l'accès. Sa vie clandestine naît d'une combinaison souvent observée, celle d'un idéal contrarié et d'un désœuvrement. Il eût été avisé de l'associer complètement à la direction des affaires ; la réserve se serait imposée à lui

---

1. La famille royale de Bavière se compose de deux branches : l'aînée est celle des ducs de Bavière ; la cadette est celle des ducs en Bavière. Sissi appartenait à cette dernière.

naturellement. En revanche, les missions de représentation et de rencontres diplomatiques sont considérées comme sans danger, ce qui est encore une erreur. La confiance ne se fragmente pas. En arrivant seul à Berlin, Rodolphe trouve une capitale en expansion. La population dépasse le million d'habitants, la déjà célèbre artère du Kurfürstendamm a été aménagée il y a sept ans, un train de réseau circulaire des banlieues, le S-Bahn, fonctionne depuis 1882, année aussi où a été fondé l'Orchestre philharmonique dont les mélomanes vantent la qualité. Ce qui réjouit le fils de Sissi est de retrouver le prince héritier Frédéric-Guillaume et sa ravissante épouse anglaise. Les deux héritiers d'empereurs subissent la même épreuve ; on les considère toujours comme dangereusement libéraux et sous l'influence de « mauvaises idées ». Rodolphe se sent donc proche de Frédéric-Guillaume dont quelques aristocrates prussiens aimeraient se débarrasser. À l'état-major, cette opinion circule à son propos : « C'est un homme très faible, sans idées fermes et très peu clair dans ses buts ; il est malheureusement prisonnier d'idées libérales extrêmes et ne comprend pas qu'aujourd'hui un souverain avec de tels principes creuse lui-même rapidement sa propre tombe. » Depuis quatre ans, Rodolphe est convaincu que Guillaume I$^{er}$ préfère son petit-fils, le futur Guillaume II, à son fils. Il l'avait écrit dans une lettre à Szeps : « Cela tient sans doute au fait que le Kronprinz est un libéral à toute épreuve, alors que le prince Guillaume, malgré sa jeunesse, est un Junker bon teint et réactionnaire. Il parle toujours du Parlement comme d'une porcherie et des membres de l'opposition comme de chiens qui méritent d'être cravachés. »

On peut rapprocher ce jugement sévère sur le futur *Kaiser* d'un propos négatif de Frédéric-Guillaume à Bismarck six mois plus tôt : « Étant donné le manque de maturité et l'inexpérience de mon fils aîné, associés à sa tendance à l'arrogance et à la surestimation de soi-même, j'estime particulièrement dangereux de le mettre dès aujourd'hui en relation avec des affaires extérieures. »

Au moins, Rodolphe suit la politique étrangère de son Empire et y est même souvent associé. Son ami Frédéric-Guillaume est donc suspecté de sympathies pour la démocratie. Le cabinet de Bismarck s'en méfie, estimant que les empires austro-hongrois, russe et ottoman sont minés par des troubles intérieurs, ce qui est exact. Face à ces périls, l'Empire allemand serait donc le seul rempart solide, car ses revendications internes sont négligeables et absorbées dans le grand rêve de l'union depuis 1871. Un élément supplémentaire joue en défaveur de Frédéric-Guillaume, sa jolie femme. Elle est encore plus libérale que lui et, ce qui est pire, elle n'est pas devenue allemande, encore moins prussienne, elle est restée britannique ! Tôt ou tard, dit-on, ses origines seront en contradiction avec les intérêts du Reich.

Lorsqu'il retrouve Frédéric-Guillaume, Rodolphe a la tristesse de constater que le Prussien ne parvient pas à se guérir d'un enrouement persistant. Depuis l'automne, il souffre d'un mal de gorge préoccupant qui le fait souffrir et rend son élocution pénible. Or les deux princes ont tellement à se dire ! Des spécialistes émettent des diagnostics contraires. L'un d'eux, après un examen plus poussé que ceux de ses confrères, découvre une tumeur sur une corde vocale. Il la cautérise, espérant la faire disparaître. Hélas, au bout de quelques jours, elle réapparaît et avec elle la douleur. Rodolphe, comme toute la Cour, de Charlottenbourg à Potsdam, est inquiet. Lui-même n'est guère vaillant lorsque, entre les festivités en l'honneur de Guillaume Ier, il a un entretien en tête à tête avec Bismarck le 17 mars. Le chancelier ne ménage pas sa santé ; insomniaque, il mange la nuit, en cachette (croit-il !), alors qu'il est astreint à un régime sévère et son visage est congestionné. Le plus souvent dans sa résidence campagnarde, il a tenu à recevoir son visiteur à Potsdam. Cette fois, l'archiduc n'est pas l'émissaire officiel du gouvernement de Vienne mais le représentant personnel de l'empereur chargé de féliciter Guillaume Ier. *A priori*, la conversation entre le Chancelier et le prince héritier devrait donc être de caractère privé, sans grandes orientations politiques, bien que, dans le train qui le conduisait vers Berlin, Rodolphe ait pris connaissance de deux mémoires, l'un du feld-maréchal l'archiduc Albert, l'autre du ministre des Affaires étrangères Kálnoky.

Le fils de François-Joseph a laissé un compte rendu de son audience, rédigé à Potsdam, deux jours plus tard, le 19 mars. « Le Chancelier m'a reçu très amicalement. Je l'ai trouvé bien, "goodlooking[1]" mais assez maigre. Quand il parlait beaucoup, il était essoufflé. » Très vite, l'entretien quitte le domaine

---

1. En anglais dans le texte. Archives de l'État, Berlin.

mondain et personnel. Politiquement, Bismarck est en position de force puisqu'une semaine plus tôt, le Reichstag renouvelé a ratifié pour sept ans la nouvelle loi militaire. Deux thèmes dominent la conversation entre Bismarck et Rodolphe, les tensions avec une France qui se réarme et l'union austro-allemande. L'idée d'une guerre « préventive » contre la France est entretenue habilement ; les articles vengeurs publiés par la presse française quelques mois plus tôt dans l'euphorie du boulangisme ont servi de prétexte. Ils pourraient devenir des motifs. Déjà, les électeurs allemands avaient suivi le Chancelier ; les élus viennent d'en faire autant. Mais Bismarck a d'autres cartes dans son jeu, ses espions. Parmi eux, il faut citer un Hongrois, Ladislaus von Szögyenyi, chef de section au ministère austro-hongrois des Affaires étrangères depuis 1883.

Rodolphe a toute confiance en lui ! N'est-il pas un proche collaborateur du ministre Kálnoky ? En échange des renseignements du haut fonctionnaire de l'Empire, l'archiduc lui livre des informations venues de France grâce à Szeps et Hirsch, notamment. Le Hongrois classe la manne dans les dossiers de son ministère mais il en fournit un double à l'ambassadeur allemand, Reuss ! Au moyen de messages chiffrés, tout remonte directement à Bismarck et c'est ainsi que le Chancelier a été instruit, avec quelques semaines de retard, du rendez-vous confidentiel de l'archiduc avec Clemenceau... Rodolphe est démasqué mais il ne le sait pas. Bismarck s'appuie sur son fils Herbert à qui il transmet ses ordres. Herbert est un ennemi de l'Autriche, il lui préfère la Russie et va jusqu'à déclarer, avec le cynisme de son père : « (...) Les Autrichiens sont surtout très bornés. Évidemment, François-Joseph obéit à la routine de son devoir mais il est particulièrement peu intelligent et il est un valet des Jésuites. » Voici donc le comité d'accueil psychologique secret réservé à Rodolphe. S'il ne se doute pas d'être espionné à ce point, le prince héritier est conscient que l'alliance avec l'Allemagne est un piège. L'Empereur est dans l'erreur. Il reste fidèle à ce qui a été conclu avec Berlin, écrivant à son grand ami Albert de Saxe : « (...) Malheureusement, l'opinion publique a été ébranlée et on ne parle plus que de la méfiance vis-à-vis de Bismarck. Il faut que je l'assure que je ne partage pas cette méfiance. Je n'ai jamais douté de l'amitié de l'Allemagne à notre égard. La confiance nécessaire des deux parties n'a jamais été remise en question de notre côté. Je considère que notre relation avec l'Allemagne, dans toutes les questions politiques et militaires, est l'étoile qui doit guider notre politique. ».

Rodolphe note, dans son mémorandum sur sa visite, que Bismarck est furieux des ragots et des rumeurs guerrières colportés par les journaux. Il jure qu'il tient à la paix, « s'énerve quand il parle d'une partie des militaires qui veulent la guerre, que cela n'est pas concevable en Prusse, trouve très regrettable que les hauts gradés, tels le feld-maréchal comte Moltke et le général d'intendance comte Waldersee, n'observent pas dans leurs discours le calme et les précautions nécessaires ». Bismarck s'enflamme : « Ils veulent me forcer à une guerre et moi je veux la paix. Ce serait une frivolité que de provoquer une guerre. Nous ne sommes pas en train de préparer une guerre parce que cela convient à quelques-uns. »

Qui croire ?

Très perturbé par sa conversation avec le Chancelier et après avoir délivré d'importants messages de son père à l'état-major berlinois, Rodolphe subit le contre-coup de ce malaise. Stéphanie part pour un nouveau séjour sur la côte dalmate au début de mars tandis que son mari reprend le chemin de Budapest pour de nécessaires entretiens politiques, avec une halte à Presbourg. Il travaille énormément et gère plusieurs dossiers au nom de l'empereur et avec le ministre des Affaires étrangères. Rodolphe, d'ailleurs, fait tout avec excès. Si ses aventures l'entraînent fort tard dans quelque bouge, il arrive aussi qu'il travaille jusqu'à une heure et demie du matin ou s'enferme dans son cabinet après une soirée au théâtre ou un dîner de gala pour étudier un dossier et préparer ses diverses missions. Même si l'on sait que les habitudes régionales prévoient, à l'époque, des mondanités plus tôt qu'aujourd'hui (par exemple, on dîne à 7 heures du soir, voire à 5 heures avant le spectacle !), l'archiduc subit et s'impose un rythme proche du surmenage. Il faut, une fois pour toutes, rappeler que l'héritier travaille énormément, y compris avec son père pendant de longues heures, et suit des affaires d'une extrême complexité. Il ne se contente pas d'être, comme on a voulu le faire croire, un « dépravé » ou un « débauché » ; son style est évidemment à l'opposé de celui de l'empereur, maniaque de l'ordre, de l'heure, du détail. Si l'on compare le père et le fils – c'est inévitable –, il faut tenir compte de leurs caractères. Ces tâches impliquent des voyages incessants pour Rodolphe, mais qui ne sont jamais une fuite, comme le sont ceux de sa mère. On ne s'étonne donc pas qu'écrivant à Stéphanie, il avoue : « Je crains un peu la fatigue de tous ces déplacements en chemin de fer. » Pour ses missions, il parcourt des centaines et des centaines de kilomètres.

Notons encore qu'à ce moment, entre la fin de l'hiver et le début du printemps 1887, alors que Stéphanie est à la recherche d'une vie tranquille du côté d'Abbazia, elle éprouve exactement le même besoin d'éloignement de la Cour que sa belle-mère mais sans refuser les mondanités dynastiques qui l'honorent. Elle est princesse héritière et ne l'oublie pas. L'inauguration d'un pont et le baptême d'un bâtiment de guerre portant son prénom légitiment son titre et sa position, mais combien cela peut être lassant ! Ainsi, à la mi-mars, l'archiduchesse écrit : « (...) La grande magicienne, la mer, trompait quelque peu ma nostalgie et mon rêve de bonheur familial ; elle revivifiait et reconstituait mes nerfs ébranlés. » Stéphanie réagit comme Sissi, la mer la protège, la libère et lui redonne du souffle. Rodolphe considère qu'elle est souffrante, qu'elle ne doit pas faire trop d'excursions et que lorsqu'il va la retrouver dans quelques jours, il aimerait la voir rétablie et reposée, car « (...) l'empereur se préoccupe beaucoup de savoir si tu te soignes réellement. Il m'a interrogé plusieurs fois à ce sujet et comme tu le sais, il est au courant de tout ». Le 21 mars, Rodolphe écrit à Stéphanie qu'il ne se sent pas bien. Et pour la première fois dans un courrier à sa femme, il avoue qu'il est obligé d'avoir recours à la drogue, non sans appréhension ni lucidité : « (...) Je ne puis me débarrasser de ma mauvaise toux, parfois elle disparaît pendant plusieurs heures, parfois elle revient brusquement, ce qui est surtout désagréable aux dîners et aux réceptions. Je la combats en prenant de la morphine, ce qui est évidemment nuisible à mon état général. J'essaierai de m'en déshabituer à Abbazia et j'espère, s'il y fait chaud, recouvrer la santé en très peu de jours. Je t'embrasse de tout cœur. Je suis ton Coco qui t'aime. » Il s'est plaint, après une soirée à Potsdam, de « crampes extrêmement gênantes, surtout pendant les dîners et toutes les autres cérémonies officielles ». Et il a quitté Berlin soucieux de la santé de Frédéric-Guillaume dont personne n'ose réellement parler. Rodolphe passe quelques jours à Vienne puis il part diriger un entraînement militaire au camp de Bruck où vient le rejoindre, discrètement, Ferdinand de Saxe-Cobourg, candidat pressenti au trône de Bulgarie. Après les fanfaronnades d'Alexandre de Battenberg, il importe de dissiper tout malentendu pour l'avenir de ce pays en attente de stabilité monarchique. L'affaire ne doit pas être ébruitée ; il écrit donc, le 7 avril, à Stéphanie et lui relate cette entrevue en la suppliant de n'en parler à personne. Une confidence d'État qui, il l'espère, pourrait peut-être l'attendrir... Le 20 avril et pendant dix jours, un incident douteux manque d'être l'étincelle d'un nouveau conflit franco-allemand. C'est l'affaire Schnaebelé, du nom d'un commissaire français d'un bourg de Moselle frontalier des départements occupés par l'Allemagne. Le policier aurait pénétré en territoire allemand. Il est arrêté par son collègue ennemi. À Paris, on s'émeut, on s'enflamme et la même hystérie nationaliste que celle observée en juillet 1870 recommence. Il est question d'ultimatum, d'envoi de troupes. À croire que Sedan n'avait servi à rien ! Jules Grévy, réveillé en pleine nuit, réfléchit, la tête sous un long bonnet de coton. Il se rendort et au matin, il flaire un guet-apens dont l'empereur Guillaume Ier est incapable, car « c'est un honnête homme, sa loyauté est connue ». Le président de la République demande une enquête préalable – à la grande déception de Boulanger –, et l'affaire se dégonfle. Bismarck, acceptant de reconsidérer l'incident, fait relâcher Schnaebelé. En réalité, l'accrochage avait été un peu arrangé et on y retrouvait le machiavélisme de l'auteur d'une certaine *Dépêche d'Ems*. Le Chancelier est satisfait, il a vérifié que les Français sont de l'étoupe, ils s'enflamment pour un rien ; le chef du gouvernement en profite pour faire voter de nouveaux crédits militaires, ce qu'il devait escompter depuis le début de ce montage. Par Szeps, Rodolphe apprend qu'une nouvelle chanson court sur les boulevards parisiens à la gloire de Boulanger... le soldat qui a fait reculer Bismarck ! C'est martial, cocardier et totalement inconscient puisque la France est seule, sans allié :

> « *D'un éclair de ton sabre éveille l'aube blanche*
> *À nos jeunes drapeaux, viens montrer le chemin*
> *Pour marcher vers le Rhin, pour marcher vers le Rhin !*
> *Parais, nous t'attendons, ô général Revanche !* »

Commentaire de Clemenceau, avec sa manie des surnoms et qui commence à trouver que son protégé est embarrassant :

— Boulboul exagère !

C'est un autre genre de nouvelle qui arrive de Berlin. Le 17 mai, un aréopage médical diagnostique une tumeur hélas cancéreuse sur les cordes vocales de Frédéric-Guillaume ; la presse européenne s'en fait l'écho presque chaque jour. Il faudrait opérer mais les risques sont élevés et le prince perdrait sa voix. En effet, si la première laryngectomie a été pratiquée en 1873 par un chirurgien allemand réputé, le docteur Bielroth, les interventions ont prouvé qu'un quart des patients ne survivait pas. Puisque les Allemands refusent cette solution, la princesse Victoria fait appeler un Britannique, en l'occurrence l'Écossais Mackenzie. Il établit un autre diagnostic. Une fâcheuse rivalité oppose ces messieurs de la Faculté. Oui, vous voyez, la princesse n'a pas confiance dans les spécialistes allemands. Finalement, Frédéric-Guillaume choisit d'aller se reposer sous un ciel plus ensoleillé que celui du Brandebourg. La rumeur est vite nourrie. Entre l'âge avancé de l'empereur et la maladie de son fils, l'arrivée prématurée sur le trône de Guillaume II est envisagée avec inquiétude, car il est d'un caractère entier et plutôt mégalomane. Dans l'immédiat, la question est de savoir qui va représenter Guillaume I$^{er}$ aux cérémonies du jubilé de la reine Victoria à Londres, Frédéric-Guillaume ou son fils ? Rodolphe se réjouit d'apprendre que le gendre de la reine est en état de faire le voyage bien que la gravité de son mal soit maintenant avérée. Le 7 juin, le futur Guillaume II avertit un de ses proches « avec sérieux mais sans aucune chaleur » que son père est atteint d'un cancer. Finalement, Guillaume I$^{er}$ prie et son fils et son petit-fils de représenter l'Allemagne aux festivités d'outre-Manche qui ont, en réalité, commencé en mars mais dont le sommet est fixé au 20 juin. Tout le royaume est en liesse. Victoria vit un triomphe longuement préparé et comportant plusieurs épisodes.

Arrivé à Londres deux jours avant, Rodolphe dirige une véritable délégation familiale puisque même sa mère l'impératrice est présente. Tous deux se rappellent leur premier voyage ensemble. Londres attend un demi-million de personnes pour célébrer les cinquante années de règne de Victoria. De bonne heure, la souveraine quitte Windsor pour Buckingham Palace. Depuis la gare de Paddington et sur la belle artère du Mall, la foule l'acclame. L'Europe couronnée l'attend dans son palais. Les monarques de pays indépendants comme la Belgique et le Portugal, ou intégrés dans un ensemble comme ceux de Bavière ou de Saxe, sont présents[1]. Rodolphe a revêtu un uniforme blanc, comme Frédéric-Guillaume, pâle et souffrant de sa gorge. La reine Victoria est bouleversée que son gendre soit dans cet état et même si elle ne montre pas son inquiétude – la reine ne doit pas laisser deviner ses sentiments en public –, on sait, par son journal intime et divers recoupements, que cette menace est la seule ombre sur ces festivités grandioses. Dès le 18 mai, donc un mois plus tôt, elle a appris par sa fille que les spécialistes restaient partagés sur l'opportunité de l'ablation de la tumeur, « remède fort inquiétant ». Sollicité par le médecin personnel de la reine, le docteur Morell Mackenzie a passé un mois auprès du prince héritier de Prusse. Dans la joie du jubilé, sous un soleil glorieux bien qu'il fasse encore frais, entre le piétinement des chevaux, le défilé des troupes de l'Empire britannique et les déjeuners du Gotha dans les jardins de Buckingham, Victoria et Rodolphe masquent leur désarroi. La reine ne peut oublier les doutes puis la certitude qui avaient entouré la maladie de son cher Albert. Rodolphe sait déjà que son meilleur ami allemand est condamné. Sa barbe neigeuse et son teint blafard ont fait de lui son propre fantôme. Il n'assiste pas aux cérémonies, il les hante. Ses apparitions – le mot convient – seront les dernières sur la scène européenne, car il est prévu que sitôt achevée la célébration du jubilé, le prince héritier quittera Berlin discrètement pour « se soigner » ailleurs, quelque part au sud. Ce n'est pas une cure, c'est une lente agonie. « Fritz » est condamné à l'inactivité en attendant la mort. Dans ce drame, et comme cela se produit souvent, se glisse un intermède galant plutôt déplacé. Bismarck a perfidement fait savoir à la reine que sa fille Vicky, donc la princesse héritière d'Allemagne, n'est visiblement pas effondrée par l'état de son mari puisqu'elle continue d'être

---

1. L'Empire allemand, né en 1871, comprend vingt-cinq États qui chacun disposent d'une large autonomie interne avec leur souverain, une Constitution, des institutions parlementaires qui leur sont propres. Au Bundesrat (Conseil fédéral) de Berlin, leurs représentants sont les véritables dépositaires de l'autorité impériale, selon un contrat constitutionnel (Voir *Guillaume II*, par Christian Baechler, *op. cit.*).

accompagnée en permanence de son chambellan, le prétendument austère comte von Seckendorff. Vicky a besoin de la présence continuelle de cet homme. Sa mère n'avait-elle pas eu besoin de celle du défunt John Brown ? Et les mêmes rumeurs n'avaient-elles pas couru sur une liaison scandaleuse de Victoria, dignité incarnée et parangon de veuve aussi vertueuse qu'inconsolable, soudain critiquée parce qu'elle mélangeait les classes sociales ? On allait en voir d'autres sous le ciel d'Albion !

Alors que le futur Guillaume II est très vexé de l'accueil froid que lui réserve sa grand-mère, Rodolphe se réjouit des attentions de Victoria. De nouveau, comme lors de son premier voyage, elle est sous son charme. Bousculant le protocole qui avait été un casse-tête pour diplomates débutants, elle lui donne le bras et lui demande de la conduire à sa place. Et le roi des Belges ? Et le roi de Portugal ? Et Sissi ? Avec malice, Victoria s'amuse de ce bon tour aux convenances. Rodolphe a une vie agitée ? Le prince de Galles aussi ! Victoria montre son attachement à l'archiduc en lui octroyant l'ordre très noble de la Jarretière et en lui remettant personnellement la décoration fondée par Édouard III en 1346[1]. Honneur exceptionnel, Victoria attache elle-même le célèbre ruban et embrasse Rodolphe, ce qui le fait rire. Stéphanie (on ignore pourquoi elle n'accompagne pas son mari) conclut que « son talent de persuasion lui valut là-bas des succès éclatants ». L'archiduc voit plusieurs fois ses beaux-parents. « Hier, au dîner, écrit-il entre deux festivités, j'étais assis près de ta Maman, aujourd'hui à côté d'elle. (...) Elle était d'excellente humeur, très contente de me voir et de pouvoir parler hongrois... »

Le lendemain, par une matinée radieuse, à 11 h 30, la reine quitte Buckingham au son des fanfares. Son carrosse découvert

---

[1]. Selon la tradition, la comtesse de Salisbury, maîtresse d'Édouard III, avait laissé tomber l'une de ses jarretières, de couleur bleue, lors d'un bal à la Cour. Le roi la ramassa immédiatement et la rendit à sa propriétaire. Devant les plaisanteries des courtisans, le souverain déclara : « Honni soit qui mal y pense », formule qui devint la devise de l'ordre. Il promit de faire de ce ruban bleu un insigne si prestigieux que ses titulaires seraient très fiers de l'arborer. L'Ordre, dont le grand maître est le souverain, comprend vingt-quatre membres, dont le prince de Galles, choisis dans la plus haute noblesse du royaume. Il est parfois conféré à certaines personnalités étrangères, comme ce fut le cas de l'archiduc Rodolphe.

est précédé de douze officiers de l'armée des Indes en grande tenue. Le défilé est d'abord familial. Victoria est entourée de ses trois fils, de ses cinq gendres dont Frédéric-Guillaume, très remarqué dans un nouvel uniforme blanc qui accentue sa pâleur puis, dans d'autres carrosses, ont pris place ses trois autres filles, ses belles-filles et ses petites-filles. Après le *Te Deum* célébré à Westminster, Victoria revient présider un déjeuner à 4 heures de l'après-midi dans la salle à manger de gala de Buckingham. À soixante-huit ans, elle résiste. Il fait chaud. La reine reçoit ensuite les cadeaux de ses invités. C'est interminable. Victoria faiblit, elle est au bord du malaise. On raccompagne, épuisée, la grand-mère de l'Europe en fauteuil roulant jusqu'à ses appartements. Rodolphe est également harassé, car il a, en plus, un emploi du temps personnel imprévu que lui impose le prince de Galles. Édouard retient l'archiduc jusqu'à 4 heures du matin pour de très convenables mais fastidieuses parties de whist. Malgré ce rythme, le prince héritier d'Autriche-Hongrie est détendu, heureux, épanoui. Son aspect même est modifié, coupant court aux rumeurs alarmistes sur sa santé psychique et physique. Et Frédéric-Guillaume, surmontant sa douleur, fait dire au ministre Kálnoky combien Rodolphe produit « une impression favorable » lors de ces journées marquant la déférence du Royaume-Uni autour de celle qui l'incarne majestueusement.

Sissi, dont la présence est très appréciée, compte une nouvelle secrétaire depuis le début de l'année, sa nièce, Marie Larisch. Celle-ci a fait des emplettes conséquentes pour être élégante, commandant des robes chez Worth, ce couturier français d'origine anglaise qui avait acquis une réputation mondiale. Or, alors qu'il eût été normal que Sissi offrît à sa nièce défavorisée des vêtements de circonstance, on dit que certaines de ses robes auraient été secrètement acquittées par l'entreprenante baronne Vetsera, présente à Londres comme par hasard. Ragots et jalousies de femmes qui accusent la baronne de payer pour se croire membre de la meilleure société... Personne, dans l'entourage de Rodolphe et lui non plus, ne remarque les demoiselles Vetsera dont, en revanche, parlent des dames de la suite d'Élisabeth. La plus jeune, selon elles, n'a pas très bon genre. À quinze ans, elle est trop sensuelle. Ses cheveux sombres et ses yeux bleus vont tourner la tête des hommes. Et puis, ses jambes sont trop courtes. Enfin, elle n'a aucune classe. Elle se prénomme Mary...

Lorsque Rodolphe regagne Vienne, on y commente beaucoup la candidature de Ferdinand de Saxe-Cobourg au trône de Bulgarie. L'archiduc s'interroge : comment Ferdinand, jeune homme timide et délicat, d'une coquetterie quasi féminine et qui passe son temps à se contempler alors qu'il est laid, pourrait-il régner sur les Bulgares que l'on dit farouches et primitifs ? Il n'est guère enthousiasmant. Sa mère l'est pour lui. Née princesse Clémentine d'Orléans, elle est la deuxième fille de Louis-Philippe, le roi des Français détrôné par la révolution de 1848.

Véritable Machiavel en jupons, Clémentine a un esprit politique acéré. On lui accorde le sobriquet de « Clémentine de Médicis ». Sourde comme une théière, cette femme encore jolie mais assez âgée se promène en Europe en ajustant à son oreille un énorme cornet acoustique. Un véritable sceptre ! Mais c'est elle qu'on va écouter en même temps qu'elle saura utiliser l'immense fortune de sa belle-famille. Le 7 juillet 1887, l'Assemblée nationale bulgare proclame son fils Ferdinand de Saxe-Cobourg prince sous le nom de Ferdinand I$^{er}$. Les puissances européennes ne sont pas enchantées de ce choix et refusent, dans un premier temps, de le reconnaître. Or, selon les clauses du traité de Berlin, le consentement des États signataires est obligatoire. Le nouveau souverain n'est guère pris au sérieux. Outre ses fantaisies vestimentaires, son énorme nez, qualifié de « trompe d'éléphant », excite le crayon des caricaturistes à un tel degré que Ferdinand songe à se faire opérer. La princesse de Metternich l'en dissuade, car, selon cette experte en perfidies acides, ce serait inutile. Aimablement, elle l'assure que son nez demeurerait toujours « aussi discret qu'une... cathédrale » !

Moins futile, l'opinion de Bismarck n'est pas favorable à ce Saxe-Cobourg d'une très riche branche hongroise de la famille. De surcroît, comme il est catholique, le tsar fait savoir sa désapprobation. Seul le sultan, à Constantinople, donne son agrément immédiat au jeune monarque. Dans les Balkans, cela compte encore, mais face au traité de Berlin, l'argument est faible. Finalement, Alexandre III envoie une note de protestation plutôt molle puis le tsar se hâte de partir pour le Danemark où il va suivre une cure. Rodolphe, qui avait pourtant soutenu le

Cobourg contre le Battenberg, tente de disqualifier Ferdinand. Il écrit, le 9 août, une lettre à Kálnoky dénonçant les travers du prince de Bulgarie. Or ce personnage, souvent traité d'Oscar Wilde des Balkans, va surprendre son monde et l'Europe. Moins populaire que Battenberg ne l'avait été, il sera plus habile, « rusé comme un renard, prudent comme un serpent et attiré par l'or comme une alouette par un miroir[1] ». Longtemps, certains membres de sa famille lui en voudront de remplir son palais de Sofia de fabuleux trésors, de respirer le parfum des roses de ses jardins pendant des heures et de faire une cour désespérément platonique aux femmes[2]. De passage à Paris, croisant le duc d'Aumale, il s'étonne que son oncle ne réponde pas à son salut. Aumale réplique :

— Je suis comme les Puissances... Je ne te reconnais pas !...

Bad Ischl, août 1887. Toute la famille est rassemblée dans la Kaiservilla pour l'anniversaire de l'empereur le 15 et celui de Rodolphe, le 21. François-Joseph, cinquante-sept ans, se montre plutôt confiant dans la relative paix européenne. Il le serait beaucoup moins s'il savait ce qui a été manigancé par Bismarck et Alexandre III deux mois plus tôt. Un accord, connu depuis sous le nom de « traité de contre-assurance », a été signé le 18 juin, jour anniversaire de Waterloo, la dernière bataille conduite en commun par les trois monarchies prussienne, russe et autrichienne. La nouvelle convention allait les séparer définitivement. Le tsar, toujours brouillé avec François-Joseph depuis le congrès de Berlin et tout de même agacé par le soutien autrichien au prince de Bulgarie, n'avait pas voulu renouveler la

---

1. Cité par Arnaud Chaffanjon, *Histoire des familles royales*, Ramsay, 1980.
2. Bien que Bismarck ait tout essayé pour empêcher la moindre alliance dynastique avec Ferdinand de Bulgarie, le roi épousera, en 1893, la princesse Marie-Louise de Bourbon-Parme. Elle était deux fois sa cousine, étant fille d'une nièce de la reine des Français Marie-Amélie et arrière-petite-fille du duc de Berry, fils de Charles X. La mariée incarnait donc, par ses ascendances, la réconciliation des Bourbons légitimistes et des Orléans. Ils eurent quatre enfants. L'aîné, un premier fils, eut pour parrain le dernier tsar de Russie. Cette protection de Nicolas II et ce baptême orthodoxe neutralisèrent évidemment les critiques des Russes. Ferdinand Ier s'octroya le titre de tsar des Bulgares le 5 octobre 1908 et fut reconnu, cette fois, par les grandes puissances, en avril 1909. Veuf, il s'était remarié avec la princesse Éléonore Reuss, nièce de l'ambassadeur allemand à Vienne.

Triple-Alliance qui arrivait à expiration. Alexandre III s'intéressait de plus en plus à la France. Certes, il avait dit publiquement que ce pays de révolutionnaires était gouverné par des « canailles » et qu'il faudrait « les chasser au plus vite ». Sa colère s'était accompagnée d'un formidable coup de poing de géant sur son bureau ! Cependant, les travaux de la tour de Gustave Eiffel, commencés en janvier, l'avaient convaincu du redressement français et de la possibilité d'une aide financière et technique dans la construction du *Transsibérien*, chantier pharaonique. Et le tsar était bien conscient des faiblesses de la Russie, à la mesure de sa superficie. S'entendre avec la France ? C'était « inconcevable ». Mais un jour prochain, ce pourrait être utile, voire nécessaire. À Berlin, c'était l'avis du chancelier, méfiant. Pour éviter ou bloquer une entente franco-russe, Bismarck avait donc songé à un accord germano-russe. Le protocole hautement secret dispose ceci : « Dans le cas où S. M. l'empereur de Russie se verrait dans la nécessité d'assumer lui-même la tâche de défendre l'entrée de la mer Noire pour sauvegarder les intérêts de la Russie, l'Allemagne s'engage à accorder sa neutralité bienveillante ainsi que son appui moral et diplomatique aux mesures que Sa Majesté jugerait nécessaires pour garder la clé de son Empire. » Un appui de Berlin à une emprise de Saint-Pétersbourg sur les Dardanelles contrarierait gravement l'Autriche et l'esprit du pacte conclu avec Vienne.

Bismarck s'était donc engagé à laisser la Russie contrôler les Détroits si le tsar le souhaitait.

C'était d'autant plus grave que les diplomates autrichiens répétaient, depuis Metternich, que le contrôle des Détroits ne devait être concédé qu'à un État de seconde importance, ce qui n'est pas précisément le cas de la Russie... Rappelons cette remarque du tsar : « Quel dommage que nous ne soyons pas seuls avec l'Allemagne !... Hélas, l'Autriche est entre nous ! » L'Autriche-Hongrie avec ses immenses territoires et sa mosaïque de peuples... La menace balkanique, toujours.

Le 21 août, tenu soigneusement à l'écart de cette réalité souterraine, François-Joseph lève son verre à la santé et au bonheur de Rodolphe, attention remarquée qui prouve que l'empereur n'ignore pas sa vie privée agitée. Élisabeth lui glisse à l'oreille qu'il devrait aussi fêter l'anniversaire de François-Salvator, de la branche toscane des Habsbourg, cousin au troisième degré et amoureux de Marie-Valérie. Confus, l'empereur hésite, regarde les jeunes gens d'un air renfrogné puis relève son verre et double son toast :

— Eh bien ! Aussi à la santé de l'autre !

Les vingt-cinq convives, tous membres de la dynastie, sont assis autour d'une immense table ronde dans le hall d'entrée de la villa, peu faite pour accueillir beaucoup de monde. Sissi, n'oubliant pas qu'ils n'ont que vingt et un et dix-neuf ans, obsédée par les mariages trop jeunes, jette un regard à son fils et à Stéphanie et dit, à destination de sa fille favorite et de son fiancé, placés côte à côte depuis quelque temps :

— Tu sais, Valérie est extrêmement scrupuleuse. Je suis persuadée qu'elle t'aime vraiment mais vous êtes tous deux encore parfaitement libres et si jeunes ! Il faut encore vous voir beaucoup. On ne se connaît jamais assez. Ne va pas croire, comme beaucoup de gens, que je veux te faire épouser Valérie pour la garder près de moi. Une fois mariée, qu'elle parte pour la Chine ou qu'elle reste en Autriche, ce sera la même chose : de toute façon, elle sera perdue pour moi...

Mais l'impératrice a confiance :

— Si ce garçon n'est pas loyal, je ne me fierai plus à personne !

Elle s'empresse de confirmer qu'elle n'empiétera jamais sur sa vie de femme mariée. Comme au théâtre, survient un jeune homme, marié depuis peu. On le présente à Sissi qui l'interroge :

— Votre belle-mère est-elle bien désagréable ?

L'inconnu est désarçonné par cette étrange question. Il répond :

— Oh non ! Pas du tout, Madame !

— Eh bien ! Attendez ! Au début, les belles-mères ont coutume d'être charmantes, mais ensuite, vous verrez !

Les nouvelles que Rodolphe reçoit de Frédéric-Guillaume de Prusse annoncent son prochain séjour en Autriche, au Tyrol, au mois de septembre. C'est une idée de sa femme. La princesse Victoria s'est de nouveau opposée aux médecins allemands et a suivi les conseils des spécialistes britanniques préconisant un repos absolu au bon air. La thérapie est un peu sommaire. Rodolphe n'est pas sûr que Vicky soit consciente de la gravité du mal. En plus, de Berlin, on apprend que l'empereur Guillaume I$^{er}$ s'affaiblit. Une double disparition du souverain et de son héritier semble imminente. Alors que sa mère, repartie avant d'être arrivée, vogue vers Corfou où elle songe à faire construire une villa, tandis que son père, littéralement abandonné par sa femme, voit régulièrement la comédienne Katharina Schratt à qui il écrit depuis le 23 mai 1886, Rodolphe part en voyage avec Stéphanie pour une tournée d'inspection en Galicie, après un passage par Prague. Dans la suite du prince héritier se trouve un aristocrate polonais, de l'illustre lignée des Potocki originaire du sud du pays mais présente dans toute l'Europe centrale. Son grand-père, de la branche aînée, également prénommé Arthur, avait été aide de camp de Napoléon I$^{er}$. Son oncle, Alfred Potocki, de la branche cadette à laquelle il appartient, avait été, en 1870-1871, le Premier ministre de François-Joseph. Stéphanie est à la fois délaissée par son mari et inaccessible à ses assauts. On peut donc comprendre que sa solitude sentimentale et charnelle lui pèse. À vingt-trois ans, le célibat forcé d'une femme mariée n'est guère normal. Il semble que Stéphanie, disponible et sans doute mue par un désir de revanche, tombe amoureuse du comte Potocki lors de ce voyage sous influence polonaise. Aucune certitude n'a pu être obtenue sur la réalité de cet amour ni sur ses modalités. La princesse n'en fait, bien entendu, aucune mention dans ses souvenirs, car elle se veut irréprochable pour la postérité. « Le peu que nous en sachions nous vient de la correspondance de Stéphanie avec sa sœur Louise, la seule personne de son entourage à qui elle ait osé ouvrir son cœur[1]. » Arthur Potocki, cheveux de jais et large moustache en pointe, est chambellan de la Cour. Âgé de trente-sept ans, il est veuf et père de deux fillettes. Dans ses lettres, Stéphanie utilise le pseudonyme shakespearien d'« Ophélie » et désigne son ami de cœur sous celui de « Hamlet »[2]. À Louise, la princesse héritière malheureuse confiera, plus tard : « Io l'amo tanto [Je l'aime tant]. Toi seule le sais. Je ne pourrais avoir de gardienne plus sûre du secret de mon cœur qui manque parfois d'éclater quand je pense à lui. » On peut seulement observer que le comte Potocki fait battre le cœur de Stéphanie pendant près de

---

1. Jean-Paul Bled, *Rodolphe et Mayerling*, Fayard, 1989.
2. Louis II de Bavière, un temps fiancé à sa cousine Sophie, sœur cadette de Sissi, avait préféré le registre wagnérien : il signait « Tristan » et l'appelait « Isolde ».

trois ans, jusqu'à son décès d'un cancer de la langue en 1890, affection voisine de celle du prince Frédéric-Guillaume de Prusse.

Il semble impossible que Rodolphe et sa femme se réconcilient amoureusement ; leur désunion est maintenant aussi spectaculaire que l'avait été leur union. On comprend que Stéphanie ne supporte pas la liaison avec Mitzi Kaspar, que l'archiduchesse surnommera « la grande cocotte de Vienne ». C'est un adultère de trop, car il est voyant et il dure. Les doutes, les craintes, les hontes et les scènes sont concentrés sur la sensuelle Mitzi. Pourtant, Rodolphe et sa femme ont une souffrance en commun, l'absence d'héritier. Un lien morbide. Le sentiment d'échec personnel greffé sur des frustrations politiques rend l'archiduc bien amer. De son côté, Stéphanie, accusée d'une incapacité d'enfanter à nouveau, est angoissée par la perspective de perdre son rang à la Cour si elle n'assure pas l'avenir dynastique. Raidis dans leurs susceptibilités, blessés dans leurs fiertés, les deux époux vivent une tension permanente que la partie officielle de leur existence rend de moins en moins supportable. Mais il faut aussi tenir compte des efforts, pathétiques, de Rodolphe pour tenter de reconquérir sa femme et essayer d'avoir un nouvel enfant, au mépris de la stérilité et des graves risques gynécologiques. Ainsi, en avril de cette même année 1887, après les cérémonies d'anniversaire de Guillaume I$^{er}$, Stéphanie passe quelques jours à Abbazia, la nouvelle station de l'Adriatique, sur le golfe de Quarnero, dans un site magnifique et abrité, apprécié pour ses grands bois de lauriers. L'épouse de Rodolphe séjourne dans l'hôtel qui porte fièrement le nom de son illustre cliente, *Princesse héritière Stéphanie*. Rodolphe lui adresse un courrier on ne peut plus intime et dans un but évident : « Je voudrais te demander de m'indiquer par télégramme, dès réception de cette lettre, à quelle date tu attends tes prochaines règles. » On trouvera d'autres exemples de courriers directs et tendres où Rodolphe dit à sa femme qu'il aimerait coucher avec elle, qu'il serait heureux de l'enlacer à nouveau. Des propos d'un couple en péril mais qui ne serait peut-être pas autant au bord de la dislocation qu'on le pensait... Cependant, ainsi que l'observe Jean-Paul Bled, lorsque l'archiduchesse préparera la rédaction de ses Mémoires, elle donnera l'ordre de mettre ce genre de lettres à l'écart comme si elles étaient gênantes car « (...) cette impétuosité plutôt sympathique ne cadrait pas avec l'image très négative que Stéphanie voulait donner de Rodolphe dans les dernières années de leur union. La publication de ce passage aurait pu suggérer que leur rupture n'avait pas été aussi totale qu'elle souhaitait le faire croire ». En effet, si Rodolphe espère toujours être pardonné – ou du moins compris dans sa recherche du seul plaisir physique dont il est frustré –, Stéphanie n'a pas cette souplesse. « Dans ces conditions, la vie commune étant devenue impossible, je m'y opposais de tout mon être. (...) Ma foi en Dieu, mon enfant, l'amour et l'estime de millions d'âmes de notre peuple devaient m'apporter la consolation et remplacer mon bonheur conjugal détruit. Mon devoir me dictait de me raidir dans l'adversité, de patienter et de me taire. » Au-delà de sa dignité spectaculairement bafouée, elle est humiliée dans son rêve impérial, souillé par Rodolphe. Pour cette raison, en somme sociale, Stéphanie ne pardonnera jamais...

CHAPITRE 9

LE SOUPER DE MAYERLING

L'année 1888 est annonciatrice de grands bouleversements. Rodolphe pressent que son rêve d'une Europe libérale est gravement compromis à cause de la maladie du prince héritier d'Allemagne, son ami Frédéric-Guillaume ; le cancer du larynx dont il est atteint est officiellement révélé et considéré comme incurable, ce qui désespère aussi son père, le vieux Guillaume I$^{er}$, lui-même au terme de sa vie. Szeps s'informe. Il assure Rodolphe que le règne de Frédéric-Guillaume serait très bref et son influence balayée. Tout porte à croire qu'avec le futur Guillaume II, une ère militaire serait inaugurée par une excitation de l'antagonisme entre les Allemands et les Français, entretenue par Boulanger et ses nombreux partisans, mais aussi par la menace russe d'une attaque des régions danubiennes sans crainte d'une réaction de Berlin. Selon l'archiduc héritier, une immense épée de Damoclès est suspendue au-dessus de l'Autriche-Hongrie, qu'il craint de voir disparaître.

Cette hypothèse conforte Rodolphe dans la nécessité de renverser les alliances traditionnelles, en particulier de conclure un accord austro-français, ce qui mettrait l'Empire allemand dans une situation difficile. On voit qu'en ce début d'année, les semailles de Clemenceau et Szeps dans l'esprit de Rodolphe sont vite devenues une moisson. Il faut ajouter que si Rodolphe est surveillé par les agents de Bismarck, l'inverse est également vrai. Les libéraux allemands de Berlin font passer à l'archiduc des informations précieuses sur la préparation du pacte de réassurance germano-russe et le courant d'idées hostile à Vienne. Avec le recul de l'Histoire, il est avéré que Rodolphe, loin de se contenter des notes affadies des diplomates austro-hongrois, est bien mieux au courant de ce qui se trame que son père. Là se situe une des clés du drame final.

Alors que, à cause de l'idée d'une « guerre préventive », les relations se tendent entre Bismarck et le Kronprinz Frédéric-Guillaume, l'empereur d'Allemagne meurt le 9 mars 1888. Guillaume I$^{er}$, qui avait quatre-vingt-onze ans, laisse le souvenir d'un homme honnête, consciencieux et réservé. Rodolphe propose à Szeps un article nécrologique si ironique et si désagréable que le directeur du *Wiener Tagblatt* refuse de le publier sans d'importantes corrections. En filigrane, son collaborateur impérial et l'Europe s'interrogent : que va devenir l'héritage de l'extraordinaire couple politique que Guillaume I$^{er}$ avait formé avec Bismarck depuis 1862 ?

L'archiduc reprend le chemin de Berlin pour représenter son père aux funérailles. De nouveau, il a un long entretien avec le Chancelier. *A priori*, Frédéric-Guillaume, dans son hostilité à Bismarck, devrait orienter la politique du Deuxième Reich vers l'entente des États de l'ouest et du centre européens en faveur du libéralisme dont Rodolphe attend l'instauration avec impatience. Le nouvel empereur, Frédéric III, qui, depuis plus de trois mois, se soignait sur la Riviera italienne, à San Remo, regagne Berlin le 11 mars. Son état est désespéré. Il ne peut plus parler, griffonnant des notes et des ordres et s'alimentant à l'aide d'une pipette. Il est si mal qu'il ne peut suivre le catafalque de son père, tiré par huit chevaux noirs. Il doit se contenter de saluer le cortège des souverains germaniques depuis une fenêtre du château de Charlottenburg où il s'est installé, fantôme de monarque derrière le buste de Frédéric le Grand. Le défilé qui passe devant la longue façade jaune de la résidence des rois de Prusse préfigure sa propre marche funèbre. Son retrait physique de la cérémonie annonce son effacement proche : il sera Frédéric le Bref, ne régnant que quatre-vingt-dix-neuf jours. Il mourra dans le nouveau palais de Potsdam. Une esquisse de règne, la dernière phase d'une agonie terrifiante que Rodolphe vit comme un traumatisme. Et la fin d'un rêve politique. « C'est une tragédie pour l'Allemagne, une tragédie pour l'Europe[1]. » Il était populaire, ses idées étaient généreuses. Aurait-il réussi à les appliquer ? La question hante d'autant plus Rodolphe que ce

---
1. Antoine d'Arjuzon, *Édouard VII*, Perrin, 2004.

qu'il sait de son cousin Guillaume II n'est guère édifiant. Le complexe de son bras atrophié, sa vanité, sa sensibilité à la flatterie, sa manie des parades sonores, des uniformes et des décorations seraient sans réelle importance s'il n'y avait son jugement à l'égard de l'Autriche-Hongrie et de François-Joseph. Son mépris, ses injures sont insupportables. Il faut noter – car on l'oubliera volontiers – que Rodolphe n'admet pas que l'on manque de respect à son père, quelles que soient leurs divergences. Mais ces informations, recueillies par les bons offices de cette maquerelle de Frau Wolf auprès des coûteuses prostituées viennoises qui assouvissent les pulsions sexuelles du Hohenzollern, sont un traquenard : Rodolphe ne peut les révéler ni même s'en servir réellement, car ce serait avouer que lui-même fréquente les mêmes créatures dociles dans la même maison accueillante... Seuls quelques complices de ses frasques sont dans le secret de ces confidences sur l'oreiller. Rodolphe est contraint de s'en tenir à des armes « convenables » pour défendre ses idées, lesquelles doivent s'adapter à la nouvelle situation berlinoise : le danger pour l'Autriche-Hongrie n'est plus l'Empire du tsar mais celui de Guillaume II, trop prussien et pas assez germanique au sens large.

Au même moment, on a la preuve d'une nouvelle tentative de réconciliation initiée par Rodolphe auprès de sa femme. Peu avant les fêtes pascales de 1888, Stéphanie séjourne une nouvelle fois à Abbazia. La douceur de la Riviera adriatique est bénéfique. Son mari doit la rejoindre pour une croisière à bord du *Greif*, navire militaire mais confortable, qu'ils apprécient tous deux pour se reposer et que Sissi utilise souvent. Le couple échange plusieurs courriers et selon son habitude, Rodolphe envoie à son épouse ses instructions avant son arrivée :

« Vienne, le 31 mars 1888

« Chère Stéphanie,

« Grand merci pour tes télégrammes. Cette lettre te sera apportée par Beck [un valet de chambre de Rodolphe], qui installera également les cabines. Le lundi de Pâques, j'aimerais inviter à dîner à Abbazia, outre les gens de notre suite, Franzi [l'archiduc François-Ferdinand], Pausinger [le peintre animalier], Otto avec sa suite [le frère de François-Ferdinand], le Père

Racic et Weilen [un poète]. Tout le monde en civil (Bonjourl[1]). »

Puis, Rodolphe en vient à des souhaits nettement plus intimes ; à l'évidence, ils n'ont pas fait lit commun depuis longtemps... « Il me semble que pour cette nuit à Abbazia, nous pourrions dormir ensemble : cela s'arrange bien, puisqu'à cause de la confession et de la communion, on va se coucher tôt, et ce serait bien agréable de pouvoir se retrouver tous les deux au lit et se bécoter (sic) bien à l'aise. J'espère que le *Greif* pourra se trouver à Abbazia le lundi de Pâques pour mon arrivée ; si le temps ne le permet pas, fais dire au commandant d'être là, car j'ai à lui parler.

« Je termine cette lettre pour m'habiller en vue de la procession pascale, qui se déroulera aujourd'hui par un temps assez froid et gris.

« T'embrassant de tout cœur, ton Coco qui t'aime sincèrement. »

Un retour de flamme ? L'inconscience d'un homme furieux que sa femme lui refuse son lit ? La différence de ton entre les commentaires distanciés, froids et imprégnés de convenances que formule Stéphanie d'un côté et les lettres, souvent gaillardes, sans pudeur et détaillées de Rodolphe illustre, littéralement, la difficulté du couple à se maintenir. Précisons que cette lettre se trouvait dans la correspondance entre Stéphanie et une amie ; au moment de la rédaction des Mémoires de l'archiduchesse et comme on l'a déjà vu, ce genre de document contredit la version selon laquelle, dès 1887, la rupture physique entre le prince et sa femme serait définitive et sans appel ; et on comprend que ses détenteurs aient noté, en marge : « À n'utiliser qu'avec discernement. » On ne sait comment est reçu le programme très privé que Rodolphe propose à son épouse dans ce décor romantique... *Coco* révèle son désir, *Coceuse* pleure dignement son mariage détruit et, au-delà, ses ambitions compromises.

À Pâques donc, Rodolphe et Stéphanie se réjouissent d'une croisière au large d'Abbazia, cette Nice autrichienne de plus en plus à la mode. On doit chasser l'aigle le long de la côte escarpée de Dalmatie. L'archiduc Otto, son épouse et quelques amis, tous

---

1. Derrière ce mot curieux, il s'agit, pour les hommes, d'un paletot confortable, sorte de jaquette. Voir Irmgard Schiel, *op. cit.*

d'excellente humeur, s'embarquent le soir, ce qui n'était pas prévu, depuis le port militaire de Pula. L'archipel de Quarnero n'étant pas signalé par des fanaux, le commandant suggère vivement à Rodolphe de modifier l'itinéraire initial du *Greif*, car la navigation nocturne est très dangereuse. L'archiduc n'en tient pas compte et ordonne qu'on navigue entre les îles. Après le dîner, dans une joyeuse ambiance, la musique de la marine joue pendant que le champagne coule à flots. Les dames jugent que l'atmosphère devient « exubérante » ; à l'invitation de Stéphanie, elles se retirent. Vers minuit, dans un épouvantable fracas, un long tremblement secoue le navire. D'un saut, l'épouse de Rodolphe, debout devant son lit, s'enveloppe d'un manteau et bondit jusqu'à la salle à manger. Un officier lui apprend ce qui était prévisible, le *Greif* s'est encastré dans un rocher à fleur d'eau et a subi une sérieuse voie d'eau. Déjà, les pompes sont mises en action alors que Rodolphe et ses compagnons... dorment toujours, cuvant leur vin ! Finalement, l'archiduchesse, très fière de contribuer à la manœuvre de sauvetage, aide l'équipage. Avec des échelles et des cordages, toute la compagnie est transférée à terre. Le bateau reste comme épinglé sur la roche ; heureusement, la mer est calme. Furieuse, Stéphanie demeure sur le pont jusqu'à l'aube avec les officiers. Ce n'est que vers midi qu'un vapeur, faisant du cabotage, peut ramener les naufragés à Pula. C'est, on s'en doute, un retour peu glorieux. L'accident est dû à l'insistance de l'archiduc mais l'amiral von Sterneck, qui commande la zone, ne l'entend pas ainsi ; il veut révoquer le commandant et l'officier de quart. Il semble que Stéphanie soit intervenue elle-même pour que ces deux hommes échappent à leur mise à la retraite. À Vienne, François-Joseph fait à son fils une « sérieuse réprimande » pour son inconscience et cet incident stupide. La marine est fort mécontente. Le *Greif*, très endommagé, entre en cale sèche pour plus de trois semaines. Stéphanie, contrariée par l'interruption de sa croisière, s'attire cette réponse embarrassée de Rodolphe : « (...) Il m'est impossible, vu l'état d'esprit qui règne ici, de réquisitionner un autre navire. »

Rapidement, l'héritier d'Autriche-Hongrie retrouve ses inquiétudes diplomatiques à cause du drame qui se déroule à Berlin. Toute la politique balkanique de Rodolphe est remise en question ; il redoute la poursuite de l'alliance avec l'Allemagne.

Un tel revirement de sa part révèle l'ampleur de ses inquiétudes ou, selon ses adversaires, son inconstance. Le procédé des brochures plus ou moins anonymes ayant fait ses preuves, l'archiduc l'utilise une fois encore. Grâce aux contacts français de Szeps, fort nombreux dans la presse et l'édition, Rodolphe se sert de la capitale française comme d'un tremplin. Alors que Frédéric III est aux portes de la mort, à la mi-avril 1888, l'éditeur parisien Auguste Ghio publie un texte en allemand de trente-cinq pages sous le titre *L'Autriche-Hongrie et ses alliances. Lettre ouverte à S.M. l'Empereur François-Joseph par Julius Felix.* Le pseudonyme, dont on ignore l'inventeur, cache Rodolphe. Le mystérieux M. Felix ne justifie pas son patronyme ; il est fort malheureux : « Je suis autrichien comme vous, Majesté, mais mon cœur est rempli de tristesse et d'amertume, mes poings se serrent, mes dents grincent de rage impuissante à l'annonce de si tristes nouvelles en provenance de ma patrie. Si j'étais ministre, je déploierais toute la force de mon discours pour toucher Votre cœur et ouvrir Vos yeux. Si j'étais général, je déposerais avec enthousiasme mon épée à Vos pieds, en Vous demandant de pouvoir la dégainer contre Vos ennemis. Si j'étais millionnaire, je mettrais ma fortune à Votre disposition pour tirer l'Autriche de ce piège diabolique. Mais je ne suis ni ministre, ni général, ni millionnaire, je ne peux qu'étouffer en silence ma fureur ou tout au plus écrire une lettre à mon Empereur. » L'expéditeur de la missive n'est que le fils unique de l'empereur et l'héritier... que personne, dans son pays, ne prend réellement au sérieux. Pis, on s'en méfie. Ce texte est, d'abord, un cri de souffrance patriotique. « Sire, écoutez-moi ! » lance le prince, politiquement désespéré. Remarquons la constante attaque de Rodolphe contre la politique du gouvernement impérial, quelle que soit son orientation. En 1881, à son ami Latour, il dénonçait le nationalisme du comte Taaffe ; cinq ans plus tard, il fustigeait les choix orientaux de Kálnoky et maintenant, il prédit le pire d'un accord Vienne-Berlin. La permanence de ses griefs est normale, il se sent exclu et constitue une opposition aux options de son père ; il en irait autrement s'il était effectivement associé aux affaires, de leur ébauche à leur conclusion et non par intermittence, sur des dossiers partiels, avec pour seul festin des miettes de pouvoir. « Détachez-vous de l'Allemagne, Majesté, pendant qu'il en est encore temps ! Entendez-vous directement avec la Russie ! » Et cette phrase, d'une immense portée diplomatique : « Il n'y a qu'une alliance en Europe qui soit justifiée, c'est l'entente officielle ou secrète de l'Autriche avec la Russie et la France. » On voit que Rodolphe et Clemenceau poursuivent le même dessein, l'un voulant effacer Sadowa, l'autre gommer Sedan, ces deux désastres ayant une même cause, la Prusse. En résumé, l'archiduc avertit son père que Berlin lui a tendu un piège en le laissant s'enferrer dans l'imbroglio balkanique et regarder vers Constantinople. Ce retournement est à peine croyable quand on se souvient des obsessions de Rodolphe et de ses voyages pour concrétiser son rêve danubien. Rodolphe en appelle au destin des nations : « La Russie et la Russie seule a la mission de jeter hors de notre continent le cadavre de l'Empire turc qui empeste l'Europe depuis si longtemps. Et non Vous, Majesté, ni l'Autriche ! C'est ce qu'enseignent la géographie et l'histoire. »

Acharné à détruire tout son programme, piétinant son idéal, l'archiduc ne se retient plus. Le pamphlétaire devient agressif. Il vise deux cibles, Bismarck, très dangereux malgré ses soixante-treize ans, et Guillaume qui a, si l'on peut dire, la chance imminente d'être empereur. D'après les médecins, pour une fois tous d'accord, c'est l'affaire de quelques semaines. Il y a donc, certainement, du dépit et de la jalousie chez Rodolphe. Il doit continuer à patienter et à se ronger tandis que Guillaume peut déjà répéter son intronisation, sans doute avant l'été. Sans pudeur, il se fait présenter des tissus d'uniformes... Tandis que Rodolphe est toujours au bas des marches, Guillaume les monte, aidé par la fatalité.

Dans cette lettre ouverte, le prince d'Autriche-Hongrie révèle son sens visionnaire. En effet, il écrit : « À l'arrière-plan, se tient prêt un Augustule, créature de Bismarck[1]. Mû par une ambition dévorante et criminelle, il travaillera à détruire tout ce que Bismarck, son seigneur et maître, a construit pour le malheur de l'Europe. Mais cela ne pourrait se faire que dans un bain de

---

1. Par opposition à un personnage auguste inspirant le respect, la vénération et qui mérite l'estime de tous, l'augustule est indigne de considération, bas, méprisable. Rodolphe glisse, entre les lignes, sa haine personnelle fondée sur les secrets inavouables de la débauche qu'il a partagée avec celui qu'il considère désormais comme son ennemi.

sang où l'Autriche et l'Allemagne, telle qu'elle est aujourd'hui, sombreraient. » Une remarquable analyse, violente, implacable. Et un gâchis en songeant que Rodolphe doit utiliser ses réseaux clandestins pour exprimer à son père ce qu'il pressent... et ce qu'il lui reproche, à savoir de ne pas avoir pris parti pour la France en 1870, position qui, en outre, aurait permis à l'Autriche de prendre sa revanche sur les pertes territoriales qu'elle avait subies depuis des années. La « lettre ouverte » de Rodolphe à son père paraît en France à un moment où le général Boulanger, mis à la retraite par le gouvernement agacé de sa popularité, devient éligible. La maladresse des ministères successifs transforme l'éviction du « général Revanche » en plébiscite : dès qu'il est élu, il démissionne, se représente dans un autre département et est de nouveau élu ! Une voie triomphale s'ouvre devant lui et ses partisans, reconnaissables à l'œillet rouge qu'ils portent à la boutonnière. Parmi les soutiens financiers de Boulanger, à côté de la duchesse d'Uzès, qui donne trois millions, on retrouve l'ami de Szeps et de Rodolphe, le fameux baron Hirsch – tiens ! –, qui fait transiter d'importantes sommes de Vienne à Paris (où il a fait construire un fastueux hôtel particulier proche de l'Élysée) et les met à la disposition du comité boulangiste et des monarchistes. Ajoutons que Rodolphe a donné au baron Hirsch une lettre d'introduction auprès du prince de Galles. Les deux héritiers ont, entre autres points communs, de permanents soucis d'argent. En échange de cette lettre, Hirsch verse au fils de François-Joseph une forte somme, estimée à cent mille florins. On est toujours l'entremetteur de quelqu'un... C'est un étonnant circuit qui introduit davantage le banquier auprès des couronnes européennes. Il prête aux plus grands et patine de respectabilité sa fortune récente mais réelle, tirée des bénéfices de la ligne ferroviaire Vienne-Constantinople, qu'il a construite et exploite pour la circulation, notamment, du déjà *mythique* Orient-Express.

Clemenceau, exaspéré par le phénoménal succès du général qu'il a « inventé » et qui devait être de gauche, tente de lui opposer une « Société des droits de l'homme » afin de lutter contre « toute entreprise de dictature ». Appuyé par les républicains et la franc-maçonnerie, le mouvement, trop hétérogène, ne peut trouver la parade efficace à l'ascension de Boulanger, qui inquiète désormais autant Vienne que Berlin. Le brûlot de l'archiduc paraît donc à un moment où l'adversaire désigné de la France par le général victorieux dans les campagnes électorales est bien l'Allemagne. Toutefois, le texte est peu lu, car il est en allemand ; une traduction française lui aurait donné un impact plus fort. Les diplomates autrichiens en poste à Paris dénigrent ce texte, basse attaque contre l'État impérial. La police parisienne saisit la première édition pour offense à S.M. l'empereur et seuls quelques exemplaires franchissent les frontières et sont lus en Autriche. La flèche n'atteint pas son but.

On peut penser que, malheureusement, François-Joseph n'a jamais pris connaissance de l'avertissement de son fils. Mais tandis que Frédéric III vit son agonie, Rodolphe poursuit son offensive une semaine après son opération (essentielle mais manquée...) contre le militarisme prussien. Le 29 avril, il fait parvenir une brochure, comparable à la précédente, à l'un des proches collaborateurs du ministre des Affaires étrangères, Kálnoky, le seul ministre de son père à qui il puisse donner son avis. Ici encore, il est peu probable que le texte soit remonté jusqu'à Sa Majesté. Tous ces documents prouvent combien, en ce printemps 1888, l'archiduc héritier d'Autriche-Hongrie est devenu un adversaire irréductible de l'Allemagne dont il dit avoir percé le stratagème, une position qui ne peut que gêner le cabinet viennois ; ses traces seront longtemps soustraites aux chercheurs. Et il arrivera même que l'on présente Rodolphe jusqu'à la fin de sa vie comme un soutien convaincu de l'alliance austro-allemande, ce qui est monstrueusement faux.

Parmi les documents qui ont réapparu, citons l'intéressant journal tenu par le général Kuhn, ministre de la Guerre de François-Joseph[1]. Ce général est un personnage pittoresque, farouche libéral en même temps que centralisateur et qui a son franc-parler. Depuis près de deux ans, il avait mis en garde l'archiduc Albert en ces termes : « Nous allons crever avec notre politique orientale[2]. Nous ne pouvons pas lutter seuls contre la Russie. La Prusse travaille à notre déclin. Les Hohenzollern savent que tant que la force des Habsbourg est réelle, ils doivent craindre pour leur existence. Une alliance entre la France et la

---

1. Voir Brigitte Hamann, *op. cit.*
2. Il s'agit, bien entendu, de la politique austro-hongroise en Europe orientale.

Russie mettrait fin à la politique orientale. La Bosnie-Herzégovine doit être rendue à ses mandatures du congrès de Berlin. Il faut évacuer ces provinces en accord avec la Russie et ensuite, ce sera l'écrasement de la Prusse[1]. » Le ministre a donc précédé l'archiduc dans son point de vue sans concession sur l'Allemagne alors que l'imminence de l'installation de Guillaume II n'était pas envisageable. Son jugement concernait seulement le jeu de Bismarck. Or un mois après la parution de sa « lettre ouverte » à Paris, Rodolphe accompagne le général Kuhn à des manœuvres qui se déroulent à Graz, les 24 et 25 mai. Un long entretien entre les deux hommes convainc l'archiduc de la justesse des vues de Kuhn. Le ministre Kálnoky ? « Quelle bêtise ! Aucune vision du futur... » Bismarck ? « Il n'est pas honnête avec nous. » Logiquement, devant une telle critique de la politique de son père, Rodolphe aurait dû répliquer et défendre l'empereur parce qu'il est son fils. Au contraire, Rodolphe approuve complètement le ministre, car il a confiance en lui. Kuhn ajoute encore que s'il y a une prochaine guerre entre la France et l'Allemagne, c'est l'empire des Hohenzollern qui sera battu, une prévision qui enchante Rodolphe. Cette conversation, *a priori* confidentielle, a sans doute été entendue, car quelques semaines plus tard, le ministre est mis à la retraite, sans aucune raison, par une lettre personnelle, très courtoise mais sans appel, de l'empereur. Il est vraisemblable, comme l'avance Brigitte Hamann, que la découverte ultérieure du journal intime tenu par le ministre explique cette mise à l'écart brutale, avec l'obligation pour le général de quitter Vienne sur-le-champ et de se fixer à Graz où ses officiers, furieux de son éviction, lui font un triomphe, relayé par les échos très favorables du journal libéral de Szeps, le *Wiener Tagblatt*. On ne sait quelle est la réaction de Rodolphe à la disgrâce du ministre, mais on peut l'interpréter comme se sentant une part de responsabilité dans la décision de son père. Au minimum, le prince a manqué à son devoir de réserve et trop montré sa fougue, comportement que précisément lui reproche l'empereur. Et ceux qui soupçonnent Rodolphe de s'être laissé emporter dans une dangereuse analyse soulignent que la confiance de Sa Majesté lui reste totalement acquise : François-Joseph n'a-t-il pas nommé son fils, le 18 mars,

---

[1]. Journal du 24 septembre 1886.

inspecteur général de l'infanterie, un poste spécialement créé pour lui ? Cette confiance est-elle encore méritée ?

Selon Rodolphe, le règne de Guillaume II commence « dans un bruit de bottes et de fanfares » ; le militarisme triomphe et Szeps écrit dans son journal que « les millions de baïonnettes ne le protégeront pas de la chute si elle empêche la sympathie des peuples libres ». À Berlin, l'entourage de Bismarck, en particulier son fils Herbert, secrétaire d'État aux Affaires étrangères depuis deux ans, est stupéfait de cette violence, unique dans la presse étrangère.

Le 15 juin, l'archiduc n'assiste évidemment pas à l'intronisation de celui que sa famille surnomme « Willy ». Un nouveau voyage à travers la Croatie et la Bosnie-Herzégovine est beaucoup plus important, surtout si l'on sait que François-Joseph ne s'y est pas rendu depuis que l'Autriche-Hongrie occupe ces provinces ottomanes. Accompagné de Stéphanie et de leur cousin Otto, photographe mondain de ce périple, Rodolphe reçoit partout un accueil enthousiaste, souligné même par les journaux français. Les riches et puissants seigneurs musulmans se prosternent devant le fils de l'empereur. Ce sont des gens lucides, pacifiques et qui savent qui est le plus fort ; ils ne s'opposent pas à l'Autriche à condition que l'on respecte leurs intérêts et leur religion, ce qui est le cas puisque l'Empire comprend toutes les confessions et tous les cultes et peut donc tolérer et protéger les mahométans. Mais Rodolphe est d'autant plus fêté et respecté que Sa Majesté Apostolique prélève moins d'impôts que le... sultan et construit des voies ferrées ainsi que des chemins vicinaux, ce que le même Sultan n'aurait jamais fait. Au milieu de hautes montagnes encore enneigées, de forêts de chênes et de hêtres, une ville se devine avec ses rues étroites, ses maisons aux fenêtres grillagées par les moucharabieh, la cohue d'une foule grouillante et besogneuse, les minarets dont les reflets se projettent sur les tuiles des toits ; c'est Sarajevo la Dorée, selon l'expression de l'époque. Une cité orientale où, d'après Stéphanie, la population chrétienne souffre de l'oppression turque. La mission de Rodolphe est donc délicate. Si les musulmans attendent de lui des paroles définitives, que dire des autorités gouvernementales nommées par l'empereur ? Benjamin von Kàllay, ministre des Finances d'Autriche-Hongrie depuis 1882 et membre du gouvernement d'occupation de Bosnie-Herzégovine, accueille le couple. Pour mesurer combien le terrain diplomatique est miné à Sarajevo – déjà ! –, notons que Rodolphe précise que la mission de l'Autriche-Hongrie est d'apporter à l'Orient la culture occidentale, ce qui laisse les invités du dîner officiel un peu surpris avant de lever leur verre à la santé de François-Joseph, sur invitation de son fils. Pourquoi cette déclaration est-elle gênante ?

Parce que l'archiduc héritier se pose en adversaire de la Russie dans cette région multiethnique où le voisinage des Serbes orthodoxes autorise le tsar à s'estimer le protecteur de ses « frères », comme il le dit, et parce que les Slaves sont nombreux en Bosnie-Herzégovine. Cependant, rappelons, grâce au recul qu'apporte l'Histoire, que Rodolphe est obligé de tenir ce discours officiellement antagoniste de Saint-Pétersbourg parce que l'alliance qu'il envisage avec la Russie et contre l'Allemagne n'est pas encore mûre. Le prince est encore obligé d'être le partenaire sans reproche de Berlin, bien que cela lui soit de plus en plus pénible. Le ministère autrichien des Affaires étrangères, la Balhausplatz, a plusieurs projets d'influences balkaniques et n'apprécie pas que ses plans soient dévoilés, quels qu'ils soient. En fait, Rodolphe, dont la connaissance des Balkans est très affinée, a bien compris que l'on y échangerait avec méfiance ses us et coutumes orientaux contre ceux des Européens d'Occident. Si des chemins de fer, des routes, des hôpitaux sont les bienvenus dans ces pays géographiquement difficiles, la condition féminine demeure à l'opposé de ce qu'elle est à Vienne ou à Budapest. Ainsi, les « femmes indigènes », fort curieuses d'approcher Stéphanie, très élégante, la taille bien prise dans ses robes claires, ne peuvent lui être présentées qu'après que les hommes ont été évacués. Même les sentinelles du palais gouvernemental où l'archiduchesse est logée sont relevées... par des femmes de chambre de la suite princière ! Et les dames d'honneur assurent l'accueil de ces mahométanes, toutes voilées, excitées à l'idée de toucher les tulles, les gazes et les voilages de Stéphanie, de caresser la souplesse de ses gants, de pousser des petits cris devant l'envergure de son chapeau. Un harem babillant où une dame de la suite, la baronne David, assure une traduction sommaire. Courses de chevaux sans cavaliers, danses turques, banquet des officiers de la garnison, troupes passées en revue, récital de « guzla », genre de mandoline ottomane dont jouent les jeunes gens de la haute bourgeoisie venue de Constantinople, cet exotisme laisse une forte impression sur Rodolphe et sa femme. Tous deux s'en tirent fort bien, y compris Stéphanie, très fière de ses petites allocutions (elle a une excellente mémoire), de ses bains de foule dans tous les milieux. Sa revanche est d'exister au premier rang ; elle lui redonne un charme et même une beauté que l'intimité douloureuse lui retire. La présence du couple princier est aussi insolite pour les Bosniaques que le contact des Turcs sous occupation austro-hongroise peut l'être pour Rodolphe et Stéphanie. Le prince accompagne sa femme jusqu'à la frontière bosniaque, car il poursuit ses inspections purement militaires en Herzégovine. En arrivant à Budapest, on peut voir un François-Joseph radieux monter dans la voiture-salon de sa belle-fille et la féliciter sur le résultat de ce voyage. Le ministre von Kàllay avait précédé l'archiduchesse avec ses commentaires élogieux, le télégraphe avait fait le reste.

À son retour, Rodolphe remet à son père un rapport essentiel et très satisfaisant sur la manière dont est perçue la présence des Habsbourg en terre d'Islam. Ce voyage prouve également que malgré la dislocation du couple princier, aucun déplacement officiel de Son Altesse Impériale et Royale de très grande importance ne peut se dérouler sans la présence de Stéphanie, un élément essentiel de la popularité des Habsbourg en tournée, puisque l'impératrice est un courant d'air. La première dame de l'Empire est souvent l'archiduchesse. Pour la plus grande joie de celui qu'elle n'appelle jamais son mari...

Toutefois, en songeant au temps où les photos de l'archiduc à côté du futur Guillaume II ornaient les vitrines de Vienne, Rodolphe ne décolère pas contre le nouvel empereur « à la nervosité bien connue ». L'héritier des Habsbourg rumine une accusation formulée par « Willy » un soir d'orgie, jugeant les descendants de Marie-Thérèse « sans caractère ». Presque une insulte ! Rodolphe suit les débuts du règne avec attention, car le maître de l'Allemagne entend multiplier les voyages officiels hors de l'Empire ; il savoure ces déplacements qui s'accompagnent obligatoirement de fastes et d'hommages à sa personne. Par discours interposés, l'Angleterre et le Reich s'affrontent. Le prince de Galles souhaite la réconciliation franco-allemande par la restitution de l'Alsace-Lorraine, mais Guillaume II, son neveu, lui répond, au nom de la mémoire de son grand-père, que « rien de ce qui a été conquis par l'épée ne doit être rendu ». Rodolphe n'est donc pas le seul prince héritier à détester le Hohenzollern. D'ailleurs, en dehors des liens du sang, l'empereur d'Allemagne et le futur roi d'Angleterre n'ont qu'un véritable point commun, la bougeotte.

À Vienne, en juillet, on apprend, avec mauvaise humeur, que la première visite d'État du *Kaiser* est pour la Russie. Avant de se rendre à Saint-Pétersbourg, Guillaume II envoie tout de même une lettre à son « ami Rodolphe » afin de lui expliquer les raisons de ce voyage. Il y a les questions économiques, un projet de nouvelle alliance des Trois Empereurs, les affaires de Bulgarie, entre autres. Mais la partie la plus intéressante de ce courrier, qui se veut très aimable, parle de « détruire les intrigues de la France dans l'intérêt de la paix ». En d'autres termes, le tsar Alexandre III a reconsidéré son opinion sur ce qu'il appelle « la pourriture républicaine » (la France !). Berlin ne soutenant plus financièrement la Russie, les banques françaises viennent de prendre le relais sous la forme d'un premier emprunt de cent vingt-cinq millions de roubles. Ce crédit public s'accompagne d'investissements industriels (la construction du chemin de fer *Transsibérien*, notamment) d'un montant de deux cents millions en cette année 1888.

L'alliance franco-russe est donc désormais une réalité et son principe est de prendre en tenaille l'Empire allemand afin de l'isoler, rendant à Bismarck sa politesse à l'égard de la France. Pour Rodolphe, qui professe un rapprochement inattendu avec le régime autocratique d'Alexandre III, ce contexte est très encourageant, même s'il lui paraît difficile de nouer des relations personnelles avec le tsar qui réprime sans faiblesse les nihilistes et autres anarchistes qui ont assassiné son père. Mais ignorer la Russie serait une faute politique majeure. Guillaume II conclut sa lettre en assurant l'archiduc que, en plus « des intrigues françaises, il y a les intrigues anglaises, encore plus dangereuses que celles de la France ». Et il lui annonce personnellement que son deuxième voyage officiel sera en Autriche, à l'automne. Ces lignes laissent supposer que Guillaume II ignore l'évolution récente de Rodolphe, acquis à la France et à la Russie, ses contacts avec Clemenceau et les milieux favorables à un rapprochement entre Vienne et Paris[1].

Au cours de l'été, les sentiments de Rodolphe à l'égard de Guillaume II ne font que se durcir, comme son comportement général. L'impératrice et bien sûr Stéphanie s'alarment de sa vie disloquée. Il rentre souvent à l'aube, c'est-à-dire à l'heure où l'empereur se lève, boit trop, fume de même, fréquente une société qui ne devrait pas être la sienne. À table, sa mère l'observe et le trouve terriblement changé depuis la mort de Louis II de Bavière. Sissi demande à son fils :
— Es-tu malade ?
— Non. Simplement fatigué et à bout de nerfs.

En réalité, depuis février, il souffre d'une inflammation des yeux ; cette conjonctivite l'empêche de chasser. La présence d'un médecin, jadis simple précaution normale, est systématique dans ses déplacements, soit le docteur Widerhofer qui suit l'impératrice soit le praticien personnel du prince, le docteur Auchenthaler. Les maladies vénériennes étant très répandues, notamment à la Cour et dans l'armée, un spécialiste a été pressenti. Un traitement au mercure est prescrit, mais Rodolphe se plaint de douleurs articulaires. Toutefois, la réalité de son mal continue d'être masquée.

Le 21 août 1888, l'archiduc a trente ans. Il vient de célébrer, trois jours plus tôt à Bad Ischl, le cinquante-huitième anniversaire de son père. De Laxenburg, le château où il est né, Rodolphe écrit à Moritz Szeps une lettre essentielle en réponse aux vœux du journaliste : « Trente ans, c'est une grande

---

1. Dans son livre *Rodolphe, Prince héritier et rebelle*, Brigitte Hamann signale que le Quai d'Orsay a reçu une copie de cette lettre dès juillet 1888. Elle aurait été classée dans des dossiers secrets et traduite en français seulement en 1895, avec la mention que le gouvernement français (*via* le ministère des Affaires étrangères) a un correspondant qui « occupe une position importante dans son pays ». On peut en déduire que Rodolphe ou son ami Szeps ont transmis ou fait remettre la copie de ce courrier au Quai d'Orsay et que le parti francophile en Autriche est alors très actif. Ajoutons que dans le ministère Charles Floquet du 3 avril 1888, René Goblet, ancien président du Conseil et plusieurs fois sous-secrétaire d'État, est le titulaire du portefeuille des Affaires étrangères. Républicain radical modéré, il est favorable à une alliance franco-autrichienne.

échéance, pas tellement joyeuse. Il s'est passé beaucoup de temps, plus ou moins utile, mais vide de grandes actions et de succès. Nous vivons dans une époque qui traîne et qui s'embourbe ; qui pourrait dire combien de temps cela va durer ? Chaque année, maintenant, me vieillit. Je suis moins frais, moins efficace puisque le travail de tous les jours, sans doute nécessaire et utile mais à la longue fastidieux, épuise la capacité créatrice. Il en est de même d'avoir à se préparer éternellement et d'attendre en permanence de grands événements, porteurs de bouleversements. Si les espoirs se concrétisent ainsi que les espérances que l'on met sur moi, il y aura un temps heureux et belliqueux ; après une victoire, on aurait la base pour travailler en paix et changer la vieille Autriche. Une vie, si elle est toujours en mouvement, est la plupart du temps excitante parce qu'il y a tant de choses variées à faire mais le temps est court. Il faut avoir foi dans le futur et je compte sur les dix années qui viennent. » Une victoire ? Donc une guerre où l'Autriche serait aux côtés de la France avec le soutien de la Russie... Un bouleversement ? Il ne pourrait s'agir que du décès de François-Joseph, lequel affiche une belle santé, sauf à redouter un accident ou un attentat. Au-delà de la résignation de cette lettre, la haine de Rodolphe pour Guillaume II tourne à l'obsession. Pour lui, l'ascension de Guillaume II, empereur à vingt-neuf ans et qui a déjà quatre fils, est un véritable calvaire. L'archiduc s'est préparé à régner, a travaillé dans les domaines les plus divers, en particulier celui de la science économique, et a fourni un effort intellectuel rare. Il a prouvé son intelligence, corrigé ses erreurs et il est informé, par ses réseaux, des affaires les plus sensibles. Pour quel résultat ? Attendre, encore et toujours attendre, sans réellement prendre plaisir aux bons côtés de la vie, comme le fait l'épicurien prince de Galles. Rodolphe pouvait contenir son envie de pouvoir tant qu'il était entouré de princes héritiers dans sa situation. Mais depuis l'arrivée sur la scène européenne de l'arrogant « Willy », son sort, figé et immuable, n'est qu'une intolérable injustice. Il devient donc difficile de s'entretenir avec lui sans esclandre. Aigri, amer, il perd souvent son calme. Se dominer étant une qualité requise chez un futur souverain, Rodolphe enrage de ne pouvoir y parvenir ; selon ses interlocuteurs, il est malheureux de sa propre faiblesse, lucide. En définitive, on le plaint ou on le critique mais on déplore son instabilité qui dépasse le cadre intime des scènes avec Stéphanie.

Trois jours après son anniversaire, l'archiduc exprime, de Vienne, dans une nouvelle lettre à Moritz Szeps, datée du 24 août, l'une de ses plus violentes philippiques en même temps qu'il énonce l'un de ses pressentiments les plus fondés : « Guillaume II fait son chemin. On dit qu'il risque de provoquer bientôt une grande confusion au sein de la vieille Europe. J'ai moi aussi ce sentiment. Il est exactement l'homme qu'il faut pour cela. Dieu l'a gratifié d'une stupidité sans égale et avec cela, il est aussi énergique et aussi obstiné qu'un taureau, tout en se prenant pour le plus grand des génies. Que veut-on de plus ? Quelques années lui suffiront sans doute pour ramener l'Allemagne des Hohenzollern à la place qu'elle mérite. » Et à Stéphanie, il avoue son envie d'éliminer ce personnage, dans un courrier du 12 septembre : « Cela me ferait grand plaisir d'inviter Galles. Guillaume, en revanche, la seule joie que j'aurais à l'inviter serait la perspective de pouvoir l'expédier dans l'autre monde sous le couvert d'un élégant accident de chasse. » Écrire un tel souhait est d'une terrible imprudence... Qu'arriverait-il si cette lettre où l'héritier des Habsbourg avoue souhaiter la mort de l'empereur d'Allemagne tombait entre les mains d'agents de Berlin ?

Dans ces conditions, la visite officielle du *Kaiser* à Vienne, prévue au début d'octobre, s'annonce fort délicate, aussi bien sur le plan personnel que sur le plan politique. On peut craindre que les appréciations tranchées qui opposent, diplomatiquement, Rodolphe à son père ne s'étalent au grand jour. On peut redouter un scandale de Guillaume II s'il ne s'estime pas assez bien accueilli ; au contraire, on peut envisager une vive réaction de François-Joseph si son hôte tient des propos favorables à l'annexion par le Reich des « provinces allemandes » d'Autriche-Hongrie, comme le professe le parlementaire Georg von Schönerer, antisémite et pangermaniste que l'archiduc ne supporte pas. Depuis des années, ce tribun de génie milite pour un séparatisme de ces régions par le biais du parti « national allemand » en Autriche. Les Habsbourg pourront-ils afficher une communauté de comportement exemplaire entre eux et donner une indispensable leçon de cohésion dynastique ? En résumé, l'attitude de Rodolphe sera-t-elle celle d'un futur monarque défendant une Autriche antiallemande au risque d'un incident diplomatique ? Peut-il prendre le risque de révéler spectaculairement son antagonisme ? Le prince est si véhément...

À la surprise générale, l'entente entre le père et le fils, en la circonstance, est parfaite. Leur identité de vues pour éviter ce qu'on nommerait, aujourd'hui, un débordement ou une récupération est exemplaire. Une habileté protocolaire est trouvée par le chambellan : on ne permettra pas, dans le programme de Guillaume II à Vienne, qu'il soit seul un instant, en particulier dans ses déplacements en ville. Ainsi, toute manifestation proallemande de sympathisants anonymes serait prise comme un affront à François-Joseph ou à son fils, donc... impensable. Il est important de noter que c'est l'empereur qui charge Rodolphe de superviser cette mise en scène. Le 29 septembre, lors des ultimes préparatifs de la visite impériale, l'archiduc adresse au ministre des Affaires étrangères, Gustav Kálnoky, ses instructions pour sa présence chez l'ambassadeur d'Allemagne, au 3, Metternichgasse : « Sa Majesté l'Empereur m'a ordonné de vous faire savoir qu'il est tout à fait d'accord pour que je participe au déjeuner chez le prince Reuss, mais, a-t-il été précisé, il faut veiller à présenter l'affaire de manière que la raison réelle, le souci de ne pas laisser l'empereur allemand se déplacer seul à Vienne, n'apparaisse pas. » Le monarque avait déjà notifié, par télégramme, huit jours plus tôt à son Premier ministre, l'interdiction d'une retraite aux flambeaux en l'honneur de Guillaume II, manifestation envisagée et annoncée par la presse proallemande. Le message impérial était clair : on devait « tenir les yeux ouverts ». Précisons que si François-Joseph considère « l'entente la plus large et la solidarité la plus étroite avec l'Allemagne dans toutes les affaires politiques et militaires comme l'axe de notre politique », il apprécie modérément les caprices du nouvel empereur. Ainsi, pense-t-on, les risques de heurts sont réduits.

On se trompe ! D'abord, un incident se produit pour une raison que l'on ne pouvait imaginer. Guillaume II apprend, dès son arrivée le 4 octobre, la présence à Vienne, fortuite, du prince de Galles. Le Hohenzollern, petit-fils de Victoria, nourrit, on l'a dit, un ressentiment à l'égard de son oncle, très lié à Rodolphe. Le *Kaiser* exige le départ immédiat d'Édouard, Vienne ne pouvant, d'après lui, accueillir dignement l'un et l'autre en même temps, même si le prince de Galles, qui arrive de Saint-Pétersbourg, séjourne à titre privé, ce dont il est friand ! Avec finesse et connaissant bien les rodomontades de son neveu casqué, Son Altesse Royale disparaît de la scène viennoise, *a priori* nullement vexée, quelques heures avant l'arrivée du *Kaiser*. Furieux, Rodolphe met immédiatement à la disposition d'Édouard son relais de chasse en Transylvanie. Le 5 octobre, sous des pluies diluviennes, Guillaume II chasse avec Rodolphe pendant quatre heures dans le parc de Lainz, propriété personnelle de Sissi où, il y a cinq ans, François-Joseph a édifié pour elle la villa Hermès. L'archiduc reste de marbre vis-à-vis de son hôte. Le *Kaiser* déchaîne ensuite la fureur des Hongrois, car il ne s'adresse à François-Joseph qu'en qualité d'empereur d'Autriche, oubliant celle de roi de Hongrie ! Enfin, en dépit des précautions, un parlementaire germanophile, le député Vergami, demande à la Diète de Basse-Autriche l'incorporation de l'Autriche à l'Allemagne ! Guillaume II est enchanté de ces désordres, alors que son frère, le prince Henri de Prusse, est nommé capitaine de frégate de la marine autrichienne... Vienne est courtois, Berlin insolent.

À 3 heures de l'après-midi, à cinq kilomètres de Vienne, en arrivant à la gare de Hetzendorf qui dessert une résidence impériale, Rodolphe montre son courroux. La conduite du *Kaiser* est inqualifiable, notamment à l'égard d'Édouard. Alors qu'il accompagne Guillaume II en Styrie pour une durée convenue de cinq jours – aucun chamois n'est tiré car il fait trop mauvais –, au bout de vingt-quatre heures, Rodolphe se hâte de rejoindre le prince de Galles à son retour d'une visite aux souverains roumains, à Sinaïa, dans leur château de Peles. En fait, Rodolphe n'a surtout pas pardonné à Guillaume II qu'il ne se soit excusé ni auprès d'Édouard ni auprès de son père. Et c'est ce manque de manières qui creuse encore le fossé entre les deux hommes. Ainsi, involontairement, le Royaume-Uni a créé un différend entre l'Allemagne et l'Autriche-Hongrie...

L'affront et sa réponse hâtive, également remarquée, n'échappent pas à S. E. l'ambassadeur de France, M. Albert Decrais, qui, dans une note du 11 octobre, narre l'affaire à son ministre et conclut : « (...) Bien que les apparences aient été soigneusement gardées, il est probable que ce voyage n'a guère été qu'un prétexte allégué par l'archiduc Rodolphe afin d'éviter un long tête-à-tête avec l'empereur d'Allemagne. » En effet, il ne fallait pas laisser l'héritier des Habsbourg seul face à celui des Hohenzollern. L'ambassadeur aurait pu ajouter que le *Kaiser* avait refusé de lire les menus rédigés en français et les avait retournés, ce qui n'a pas empêché le chambellan autrichien de continuer à présenter les menus en français. De même, Rodolphe a été stupéfait lorsque, à Stéphanie, servant elle-même le café au *Kaiser*, ce dernier a lancé : « Du lait, s'il vous plaît ! Je ne bois jamais de café noir, c'est pour les peuples latins ! » La dame d'honneur de la princesse a jugé un peu violent le pangermanisme qui va jusqu'au café !

Au-delà des gaffes, des éclats de rire trop bruyants, des susceptibilités et des incidents protocolaires (à l'Opéra, Guillaume II s'est pris les pieds dans la robe de l'impératrice...), une guerre personnelle et politique est ouverte entre les deux hommes. Elle s'est envenimée à la fin du voyage de Guillaume II. Avec sa maniaquerie militaire mais conformément au programme, le *Kaiser* passe en revue plusieurs détachements. Cette tradition lui permet de jeter de l'huile sur le feu. Les accords qui lient les deux empires autorisent leurs souverains respectifs à estimer l'état de leurs armées. Guillaume II, vexé de la leçon que vient de lui donner Rodolphe, critique ouvertement et sans retenue celui de l'armée austro-hongroise, en particulier de son infanterie. Ce n'est pas un hasard : on se souvient que depuis sept mois Rodolphe est inspecteur général de ladite infanterie, donc responsable de son état, même si les mesures qu'il a prises ne peuvent être toutes d'un effet immédiat. La charge est grossière et, bien entendu, non fondée. Mais Guillaume II est enchanté de distribuer blâmes et sarcasmes en présence de François-Joseph, afin d'humilier le père et le fils qui ont décoré la famille de Prusse et sa suite ! Sans doute le *Kaiser* s'estime-t-il le dépositaire de la tradition prussienne, l'allié autrichien n'étant pas au même niveau... L'empereur d'Autriche et roi de Hongrie ne bronche pas ; les railleries de son invité sont caricaturales, comme lui. Mais les Habsbourg n'oublieront pas le comportement de matamore du petit-fils de Guillaume Ier, hélas bien différent de son grand-père si courtois, lors de ces journées du début octobre 1888. Une visite d'État qui a tourné au cauchemar mais qui a soudé, au moins extérieurement, les jugements pour une fois concordants d'un père et d'un fils. L'Allemagne est dangereuse et respectable, mais son maître est un rustre complexé et imprévisible. Il n'y a guère que pour le nonce apostolique qu'il a été d'une amabilité doucereuse ; il est vrai qu'il partait pour Rome. Or à peine Guillaume II est-il remonté dans son train à destination de l'Italie que le prince de Galles réapparaît à Vienne ! *A priori*, il n'y a rien de politique dans son retour puisqu'il s'agit d'assister à la dernière représentation donnée au vieux Burgtheater, ce théâtre de la Cour dont les murs menacent de tomber en ruine mais que les Viennois vénèrent depuis plus d'un siècle[1]. Le 15 octobre, la capitale vibre d'émotion et la soirée est à la fois brillante et touchante. Toute la Cour est présente, sauf l'impératrice qui se trouve à Corfou. L'empereur est arrivé très tôt, en compagnie de son ami le roi Albert de Saxe. La salle est pleine, les dernières places, au « paradis », se sont arrachées dès l'aube, malgré le froid. À côté de la loge impériale, Stéphanie s'asseoit, l'air maussade ; seulement accompagnée d'une dame d'honneur, elle attend son mari, absent depuis une semaine. Une dernière fois, le rideau se lève. *Iphigénie*, la pièce de Goethe, est au programme. Rodolphe paraît enfin, en compagnie du prince de Galles, en retard tous deux mais très observés. Ils arrivent directement de la gare, revenant de Roumanie, avec deux nouvelles d'importance différente. D'abord, ils sont bredouilles, leur chasse à l'ours a été un fiasco, car les plantigrades sont restés invisibles ; ensuite, on apprend que lors d'une manœuvre au cours d'un changement de locomotive, le train spécial du *Kaiser*, franchissant la frontière austro-italienne, a écrasé un soldat italien qui présentait les armes au passage du convoi...

Alors que tout ce qui compte à Vienne devrait vivre les dernières heures du vénérable théâtre, le retour de l'archiduc, très détendu, avec un prince de Galles plus jovial que jamais, prend

---

1. Cette salle avait été inaugurée par l'empereur Joseph II, le frère de Marie-Antoinette, en 1776. On y avait d'abord joué un répertoire français, en particulier Molière, Marivaux et les opérettes de Monsigny. Le théâtre abritait également une maison de jeux où l'on pouvait même pratiquer « les jeux défendus ». L'or roulait sur les tapis verts pendant que sur scène, comédies et tragédies étaient suivies avec passion par un public d'habitués ; certains faisaient la queue dès 8 heures du matin pour être sûrs d'avoir des places. Le nouveau Burgtheater, sur le boulevard circulaire du Ring, consacré au répertoire classique germanophone, est l'équivalent viennois de la Comédie-Française.

un sens très politique. De nombreux spectateurs négligent les déclamations de la célèbre tragédienne Charlotte Wolter pour fixer la baignoire princière où un futur empereur peut enfin réparer l'affront infligé à un futur roi et l'accueillir avec tous les égards. À l'entracte, on jase sur ce chassé-croisé avec le tonitruant monarque de Berlin.

Le Premier ministre, le comte Taaffe, a été la seule personnalité autrichienne non décorée par le *Kaiser* et, de rage, il a failli présenter sa démission à François-Joseph ; son cabinet est devenu plus antiallemand que jamais. Le correspondant du *Figaro*, qui assiste à la soirée, écrit le 17 octobre, à propos de la réapparition synchronisée de Rodolphe et d'Édouard devant le Tout-Vienne, que « rien ne saurait mieux prouver les rapports tendus entre les cours de Berlin et de Londres ». Rodolphe est également révolté que, par provocation, l'empereur d'Allemagne ait décoré le Premier ministre de Hongrie, M. Tisza, d'une croix chargée de brillants ; il lui a même accordé une audience très remarquée. L'archiduc en est maintenant convaincu : des deux composantes de l'Autriche-Hongrie, Guillaume II considère que celle-ci est la plus importante... et la plus favorable. Ces accrocs calculés s'ajoutent à l'exécrable climat entre Berlin et Vienne. Cependant, Rodolphe se sent soutenu ; l'héritier du trône britannique est son ami. Mieux : son allié. Édouard, comme Rodolphe, n'oubliera pas l'affront. En revanche, Stéphanie assure que Guillaume II lui a manifesté beaucoup de sympathie, qu'il est « avide de savoir, plein d'une ironie acerbe et d'une très sincère confiance en soi », ce dernier trait étant, précisément, ce que Rodolphe trouve insupportable ! Stéphanie a déjà oublié le mot impérial à propos du café. Pourtant, tout Vienne s'en offusque !

Ce même 17 octobre, l'archiduc s'apprête à vivre un moment qui doit marquer une étape dans sa vie intime. Depuis un peu plus d'un an, il a acquis un domaine aux environs de Vienne et y a fait faire des travaux. Ceux-ci sont enfin terminés. Dans ces vallées où des vignobles produisent les vins nouveaux servis sous les tonnelles dans les guinguettes, la famille impériale dispose d'un très ancien territoire de chasse. Rodolphe s'est d'abord installé dans une simple maison forestière à un kilomètre au nord-ouest. L'archiduc a prévu la pendaison de crémaillère pour ce soir. L'endroit est plaisant, au milieu de collines et de rochers, dans le décor romantique de la forête viennoise chantée par les chœurs de Johann Strauss. Entre le village de Baden, réputé pour ses eaux sulfureuses, et celui d'Alland, à trente-six kilomètres de la Hofburg, c'est d'un accès facile, isolé, paisible. Son nom évoque la douceur champêtre et coule comme du miel, Mayerling... La route serpente le long du vallon de Sainte-Hélène, dans un décor de bois et de rochers. Non loin de là, plus à l'est, en 1818, on avait vu Beethoven travailler à sa *Missa Solemnis*, jusqu'en 1819.

Dans les années 1820, on y avait aperçu un bel adolescent en uniforme blanc se promenant longuement à cheval, sous bonne garde, souvent accompagné de la mère de François-Joseph, l'archiduchesse Sophie. L'adolescent, très pâle, n'était autre que le duc de Reichstadt, le titre germanique imposé à l'Aiglon, le roi de Rome, le fils de Napoléon et de Marie-Louise, à qui son grand-père avait désormais interdit qu'on s'adresse en français. Il résidait à Schönbrunn, prisonnier dans une cage dorée où il était mort de tuberculose, en 1832, âgé de vingt et un ans.

À l'origine, Mayerling était la dépendance d'un important monastère cistercien fondé au XIIe siècle, l'abbaye de Heiligenkreuz (la Sainte-Croix), à moins de cinq kilomètres. À la fin du XVIIe siècle, l'invasion turque a saccagé la cour à arcades du monastère mais elle a été reconstruite. Le cloître et la chapelle romane sont beaux. Sécularisés et abandonnés, les bâtiments ont été habillés d'une couleur jaune clair habituelle dans le pays et transformés en relais de chasse sur instruction de l'archiduc. La région est en effet très giboyeuse, en particulier les parcelles acquises par Rodolphe, Glasshütte et Krottenbach.

Depuis un an, il y est souvent venu pour une journée et y a entraîné quelques compagnons, de bons fusils. Mayerling, à une altitude d'environ deux cents mètres, est devenu le pavillon de chasse le plus proche de Vienne qui soit la propriété personnelle de l'archiduc. Il s'y plaît. L'ensemble comprend maintenant une grande bâtisse trapue, rectangulaire, à un étage, de huit fenêtres en tout sur trois côtés et une aile basse pour le personnel de service, coupée par un porche d'entrée, assez beau. Elle se termine par des écuries, des remises de voitures, des communs et un chenil. Une chapelle, presque disproportionnée, édifiée sur une pente de la colline, indique l'heure grâce à l'horloge fichée dans son clocheton. Elle est toujours consacrée mais les offices y sont rares. Rodolphe n'a voulu aucun jardin ; la cour n'est qu'un enclos banal mais la forêt est autour, avec ses vieux hêtres et ses sapins sombres où l'on distingue les traits blancs qui sont des bouleaux. Des prairies très vertes au printemps, des bruyères parme et le coteau qui les domine composent un cadre qui n'a rien de spectaculaire mais que l'on devine entièrement voué à la chasse ; le gibier vient à quelques mètres, à l'orée du massif. Des poternes à quatre fenêtres marquent la limite des bâtiments.

Au creux du vallon, derrière ces murs hauts et ces haies, l'archiduc n'a pas souhaité d'installations luxueuses. Un mobilier bourgeois a été acheté à Vienne. Les cathèdres pointues, style gothique-fin de siècle, ne sont pas légères et les coffres faussement médiévaux encombrent les couloirs. Rodolphe a divisé la maison en deux, au moyen d'un escalier. À gauche en entrant, une antichambre, une salle à manger et sa chambre avec un grand lit. À l'étage, les cellules des moines ont fait place à des logements moins exigus, confortables sans plus. Rodolphe y a installé son cabinet de travail et des chambres pour ses invités. À droite du vestibule, au rez-de-chaussée, les salles basses et voûtées de l'ancien réfectoire, notamment, ont été blanchies à la chaux ; des trophées appartenant au nouveau maître des lieux ont été transportés depuis ses autres relais, en Styrie et en Transylvanie, sur les hauteurs de Bad Ischl et dans les bois de Gödöllö. Partout, des collections d'armes et d'animaux naturalisés soulignent la passion du prince pour la chasse et la faune sauvage. L'été, l'épaisseur des blocs de pierre assure une agréable fraîcheur dans ces longues pièces ; l'hiver, une batterie d'imposants poêles à carreaux de faïence, qui se chargent par l'arrière donnant sur un couloir de service, ronfle en dispensant la chaleur nécessaire.

La longue salle de réception est dotée d'une immense cheminée qui, ce soir, fait craquer de véritables troncs d'arbre. La corvée de bois s'effectue à quelques pas.

Sous l'escalier, un réduit est attribué au valet de Rodolphe, le fidèle Loschek, qui s'en contente. La domesticité se compose, en temps normal, de deux cuisinières, deux valets, des femmes de charge ainsi que des gardiens à demeure. Ce soir, une escorte militaire se fera la plus discrète possible. Le dîner est privé et familial.

Très enjoué et visiblement soulagé du départ de Guillaume II, Rodolphe a organisé une pendaison de crémaillère avec ses intimes. Outre ses camarades de battue, sa femme et sa belle-sœur sont présentes. Stéphanie et Louise participant à l'inauguration de Mayerling, on peut en déduire que ce refuge n'aura pas la vocation d'une garçonnière clandestine pour quelque nouvelle aventure extra-conjugale. La maison a été intégralement recouverte de feuillages ; les murs sans grâce disparaissent sous une parure dorée d'automne. La table est élégante, en heureux désaccord avec la sombre rusticité de l'aménagement. Le souper, servi aux chandelles, est raffiné et les crus millésimés. À leur arrivée, les convives sont accueillis à la hongroise par le violoniste Ponguacz, ses musiciens et ses chanteurs. À force de passer ses nuits dans les tavernes, l'archiduc en connaît beaucoup... Chaque mélodie évoquant la *puzsta* nostalgique est applaudie ; on porte de nombreux toasts. Le comportement du prince héritier, visiblement heureux de cette soirée où le champagne est autant apprécié que les virtuoses tsiganes, contraste avec la mélancolie affichée par Rodolphe depuis quelque temps. Sa femme expliquera – toujours après le drame et en excluant ses responsabilités – qu'elle avait observé chez lui « un changement inquiétant dans son état général. Non seulement, son caractère se faisait chaque jour plus inquiet et plus emporté, mais pour les causes les plus futiles, il se laissait aller à des accès d'une violence extrême. J'avais remarqué depuis longtemps que la comédie de notre union, surtout telle qu'elle apparaissait dans ses lettres, était inconciliable avec la réalité des faits. Mais cette fois-ci, la contradiction était plus forte que jamais : bien souvent, il était positivement méconnaissable. Son tempérament nerveux le poussait à de terribles accès de colère, à des scènes déshonorantes et intolérables. On pouvait croire qu'avec sa dignité morale, il avait également perdu jusqu'à la notion de courtoisie la plus élémentaire ». Un véritable jugement. Nous avons dit combien les souvenirs de Stéphanie étaient partiels, parfois confus, sans chronologie précise et rédigés quarante-huit ans après la tragédie qui a rendu dramatiquement célèbre le nom de Mayerling. Or voici un exemple troublant de cette occultation : alors qu'elle participe avec sa sœur et une bonne dizaine d'invités à la pendaison de crémaillère, sans compter le personnel et l'orchestre, l'archiduchesse ne fait aucune mention de cette soirée du 17 au 18 octobre 1888. La première apparition du nom de l'endroit [1] concerne une chasse au printemps de cette année, suivie d'une autre, au mois de décembre, à laquelle Stéphanie participe d'abord à Mayerling et qui se termine sur le Danube. Rien n'est jamais dit de l'achat du domaine, de ses travaux et surtout de l'inauguration du nouveau pavillon de chasse deux mois plus tôt. Mayerling, jadis doux à prononcer, est devenu un nom maudit. Stéphanie, toujours hantée par l'horreur des événements, efface, involontairement ou délibérément, toute trace d'intimité, de moments de répit dans son angoisse ; son livre n'est – et ne veut être – que la lente et inexorable descente de son mari vers la déchéance. Tout ce qu'elle retient obéit à un déterminisme psychologique aussi « rigide » que l'enfance qu'elle avait vécue, austère (les desserts sucrés étaient rares !) et commandée par le seul devoir selon son propre aveu. L'épouse délaissée, trompée, repliée sur elle-même est concentrée, par revanche, sur ses activités mondaines comme la présentation, « avec succès », de quelques-uns de ses tirages au Salon photographique de Vienne. Dans ces souvenirs sélectionnés, elle ne conserve que ce qui la met en valeur ou évoque son courage et sa souffrance contenue. Elle se dit effrayée par l'aspect de Rodolphe. Au retour d'un voyage, elle le trouve « terriblement vieilli, la peau blême et flasque, le regard enfiévré, les traits entièrement altérés, comme s'il avait perdu la volonté de réagir ». Que faire ? Elle n'a plus aucune volonté de tendresse, de compassion ni de pardon. Il lui reste l'espoir que François-Joseph, enfin éclairé sur l'état réel de son fils par sa belle-fille, intervienne.

Au début de l'hiver, Stéphanie ose donc commettre une entorse au sacro-saint protocole en demandant à voir l'empereur sans avoir sollicité une audience. Le chambellan l'annonce ; l'accueil de son beau-père, debout, le dos à une fenêtre de son bureau, est cordial. La princesse commence par lui dire que son mari est très malade, que son aspect dégradé et sa conduite dissipée lui causent de graves soucis. Elle le supplie d'obliger son fils à entreprendre un long voyage pour ainsi le détourner de son existence exténuante.

Le souverain l'interrompt :

— C'est ton imagination qui te crée des fantômes. Rodolphe se porte très bien. Il a l'air un peu fatigué. Il est trop souvent

---

1. Page 186 de l'édition française de 1937.

en route, il se dépense trop. Il devrait rester plus avec toi. Mais sois sans crainte !

Puis, il embrasse sa belle-fille, elle lui baise la main et il la congédie. « Tout ce que j'avais voulu dire à l'empereur n'avait pu être effleuré. Je franchis l'antichambre en chancelant et je dus m'appuyer à un fauteuil. Était-ce là tout ce qu'il me restait de cet ultime espoir ? »

Il est hautement regrettable que François-Joseph, accablé de deuils (son beau-père, le père de Sissi, est mort le 28 novembre), de soucis familiaux et diplomatiques, ne cherche pas à aider Stéphanie. En sait-il plus ? Sans doute. Mais en sait-il assez ? C'est moins sûr. Et en esquivant le problème qui lui est posé, ne cherche-t-il pas à protéger son fils dont il a apprécié la conduite lors de la visite de Guillaume II ? Et ne considère-t-il pas que sa belle-fille, qui a vingt-quatre ans, a sa part de responsabilité dans la dislocation de son couple, une situation dont lui-même souffre depuis si longtemps à cause de l'instabilité et des caprices d'Élisabeth ?

En fait, l'archiduchesse a malheureusement choisi le pire moment pour alerter le souverain, en admettant qu'un autre jour eût été plus favorable... En effet, les conséquences du climat d'hostilité tangible entre Vienne et Berlin ne cessent d'être vérifiées. Lors de sa venue, Guillaume II avait tout fait pour montrer au comte Taaffe, le Premier ministre, son antipathie et il y était parvenu. Le *Kaiser* est furieux que François-Joseph ne se soit pas débarrassé de ce politicien peu favorable à l'Allemagne. Pis, le Habsbourg a nommé, à la mi-octobre, un nouveau ministre de la Justice, le comte Schoenborn, certes issu d'une famille allemande mais surtout un Tchèque radical, fervent partisan de la restauration du royaume de Bohême en soutenant le mouvement tchèque anti-Hohenzollern, clérical et fédéraliste. La presse pro-allemande de Vienne s'en émeut, mais Bismarck avait totalement désapprouvé la conduite fanfaronne de Guillaume II lors de sa visite. En allant plus loin, il est désormais clair que François-Joseph n'est devenu l'allié de l'Allemagne qu'à contrecœur. Et s'il a accepté de subordonner sa politique étrangère à celle de son puissant voisin – ce qui convient à la majorité des Hongrois –, il tient à demeurer maître de sa politique intérieure. La blessure de Sadowa n'est pas refermée. Rodolphe, lui, n'en a pas fini de régler ses comptes avec « l'insolent » *Kaiser*...

CHAPITRE 10

UN FRAGILE ÉQUILIBRE

Rodolphe ne veut plus se taire. Et pourtant, un élémentaire devoir de réserve l'oblige à ne pas manifester publiquement ses antipathies politiques. Il n'est, si l'on peut dire, que le prince héritier, c'est-à-dire qu'il incarne la continuité de l'État et cet État doit demeurer au-dessus des querelles, des opinions et si possible des provocations. Le gouvernement, lui, est toujours temporaire, même si François-Joseph répugne à changer de ministres. Comme tout homme ayant affronté des épreuves dramatiques, le souverain préfère des visages familiers à ceux d'inconnus plus jeunes. Aussi, puisque les écrits clandestins de l'archiduc publiés par le *Wiener Tagblatt* ne suffisent pas à démontrer les risques de l'alliance austro-allemande et que Moritz Szeps se voit obligé, sans cesse, d'amender les chroniques et éditoriaux de son fougueux collaborateur, Rodolphe décide d'avoir son journal à lui. Bien entendu, personne ne doit le savoir... Mais beaucoup de gens vont s'en douter rapidement. En effet, cette gazette, dont le premier numéro paraît le mercredi 31 octobre 1888, a pour titre *Zchwarzgelb*, soit « Noir et Jaune », autrement dit les couleurs des Habsbourg ! Pas celles de l'Autriche, celles de la dynastie. Une identification transparente... Même si on ne peut trouver la trace écrite d'une participation effective à la direction, à la rédaction et à tout soutien de ce journal par Rodolphe, les présomptions conduisent vers lui. La ligne éditoriale est aussi simple que spectaculaire : l'Autriche doit s'allier d'urgence à la France et à la Russie, alors que les superbes titres du premier emprunt russe vont être disponibles à la Bourse de Paris. Le ton est ferme, sans nuance. Il faut créer deux fronts idéologiques, l'un austro-français, l'autre austro-russe, afin de contrer les prétentions allemandes. Diplomatiquement, depuis des mois, l'archiduc ne pense pas à autre chose. Rappelons qu'aux heures sombres de 1870-1871, parmi les innombrables journaux qui paraissaient en dépit des difficultés, un titre français prônait l'entente avec l'Autriche, ce qui était évidemment perçu comme une trahison. Gambetta s'y était intéressé par ses contacts avec Szeps. Depuis, Rodolphe s'était renseigné sur cette initiative dangereuse mais qui lui était sympathique et, bien qu'interdite, elle lui avait semblé aller dans le bon sens, celui de la paix.

Ensuite, parmi les collaborateurs du nouveau journal, le rédacteur en chef n'est autre qu'un chroniqueur régulier du *Wiener Tagblatt*. Un système de vases communicants fonctionne, l'un des journaux est modéré, l'autre violent, seule la forme varie, le fond est identique. Les deux publications s'épaulent, leur objectif étant de créer un mouvement d'opinion. Ce journaliste se nomme Heinrich Bresnitz. Le même Bresnitz est également une des signatures régulières d'un quotidien polonais publié à Varsovie, ce qui confère à l'entreprise un caractère original. En effet, cette publication est animée et contrôlée par une femme d'origine française, Mme von Gurko, devenue l'épouse du gouverneur général de la fraction de la Pologne orientale occupée par la Russie. Mme von Gurko est notoirement hostile à Bismarck ainsi qu'à l'Allemagne et donc surveillée en conséquence. Enfin, l'épineuse question du financement trouve sa réponse en la personne de l'inévitable baron Hirsch, sollicité par Szeps au nom de Rodolphe. Dès la parution du premier numéro, les agents de Berlin enquêtent sur *Noir et Jaune*. Leur conclusion, au bout de quinze jours, est que cette étrange gazette, qui paraît deux fois par semaine, sur huit pages, n'a que peu de ressources vérifiables. Si un quart de sa pagination est réservé aux « réclames » et aux petites annonces, il est patent que le titre a recours à un financement occulte. Et le baron Hirsch, qualifié par certains de « Juif fanatique », étant principalement et fastueusement domicilié à Paris, on en déduit qu'une partie de cet argent est de source française. Dans le climat d'antisémitisme constaté à l'époque, on insinue même que l'influent Hirsch, qui a des relations partout, a les moyens de corrompre les journalistes peu scrupuleux... On ne prête qu'à Hirsch !

L'organisation dont Rodolphe est le fédérateur clandestin est plus vaste que précédemment puisqu'elle s'étend vers le Nord et l'Est européens, créant un axe Vienne-Varsovie avec un prolongement à Saint-Pétersbourg. De même, les thèmes rédactionnels gravissent un degré de plus dans la contestation de la politique impériale. Que lit-on, en effet, dans le premier numéro de ce journal au format réduit ? On trouve un éditorial d'une fidélité d'airain aux Habsbourg, seul rempart contre la dislocation de l'Empire : « (...) Sous le drapeau noir et jaune, Vienne peut redevenir ce qu'elle a été, la capitale florissante d'un empire un et indivisible. (...) Il n'est qu'un seul drapeau qui nous sorte du labyrinthe des confusions politiques, qui nous protège de l'émiettement, de la consomption et, pour finir de la ruine. (...) L'emblème de l'Empire et de la dynastie, l'emblème du droit et de la force. (...) Unis dans la tradition de notre auguste Maison impériale et dans les traditions de l'armée impériale, nous plantons dans les luttes pacifiques ce drapeau qui, dans le tonnerre des batailles, a toujours conduit à la victoire. » Une belle envolée patriotique, lyrique et qui sonne comme une nouvelle version, littéraire et emphatique, de la *Marche de Radetzky*. Mais un peu plus loin, le texte met en cause le système tel qu'il fonctionne depuis 1867, c'est-à-dire le dualisme austro-hongrois : « Pas de privilèges nationaux, pas d'hégémonie nationale. À chaque pays, sa position historique, à chaque peuple son droit national. La politique autrichienne, c'est cela et rien que cela ! (...) La bannière noire et jaune rejette toute oppression nationale. Elle promet protection aux faibles et émancipation aux opprimés. » On sait combien le sort des minorités est cher à l'archiduc. Mais en critiquant le compromis dont sa mère a été l'inlassable avocate, il ne peut que s'attirer la suspicion des Hongrois, décontenancés par ces propos incongrus. Que le fils de la bien-aimée Erzsébet s'en prenne à l'équilibre si difficilement obtenu est inconcevable. Remarquons aussi que Rodolphe, si prompt à défendre les peuples opprimés d'Europe centrale, ne s'émeut pas du dernier partage de la Pologne entre l'Allemagne, l'Autriche et la Russie...

Dans le quatrième numéro de *Noir et Jaune*, daté du 10 novembre, l'éditorial tente de combiner unité et autonomie : « (...) Un Parlement central pour toute la monarchie à Vienne, pas de parlements intermédiaires en Cisleithanie et en Transleithanie, des Diètes pourvues de compétences, voilà le système parlementaire dans lequel l'unité de l'État trouvera un fondement solide. Nous voulons une Autriche une et puissante mais nous voulons aussi le respect de la position historique de chaque pays et du droit national de chaque peuple. »

Après ce projet de nouvel ordre impérial, une pure réorganisation administrative pour asseoir encore mieux, d'après lui, la souveraineté des Habsbourg, Rodolphe en vient à son véritable but. Jamais il n'a été aussi véhément ni déchaîné contre l'Allemagne. Dès le premier numéro, on lit : « (...) Berlin propage l'idée selon laquelle les causes de la crise se trouveraient en Orient. Les reptiles prussiens assurent que le siège du mal se trouve dans les Balkans et sur le Bas-Danube. L'Autriche et la Russie devraient se déchirer à cause de la Bulgarie. Tel est le plan de la diplomatie berlinoise. Mais l'Europe sait que tout cela est une fable. L'Europe est troublée depuis que le prussianisme a franchi les limites qui lui ont été tracées sur le Rhin et sur le Main. »

Pour saisir l'importance de cette accusation, rappelons que la Prusse, État protestant du Nord, avait eu besoin du soutien des États catholiques du Sud pour construire et sceller l'Unité allemande. La Bavière avait joué un rôle déterminant et Bismarck n'aurait pu se passer de son appui, d'où son jugement favorable au roi Louis II. La référence à la frontière du Main, qui rejoint le Rhin à Mayence, vise le traité de Prague ; en 1866, cet accord avait soldé le contentieux de Sadowa et du conflit austro-prussien. De plus, un Bavarois est d'abord un Bavarois avant d'être un Allemand et se sent fort différent d'un habitant du Brandebourg. Rodolphe lance donc un pavé dans la mare diplomatique en démontrant que Bismarck n'a pas respecté la convention frontalière de 1866... et donc qu'il n'y a aucune raison de continuer à lui faire confiance et d'être son allié.

Mais cela ne suffit pas ! Dans le même éditorial qui présente *Noir et Jaune* à ses lecteurs, on trouve encore ceci : « (...) Ce n'est vraiment pas dans l'intérêt de l'Autriche que nos frères d'Allemagne du Sud gémissent sous l'oppression des casques à pointe prussiens ou que l'Alsace-Lorraine demeure séparée de sa mère patrie française. » À Berlin, on fulmine. Rodolphe retourne à Guillaume II sa technique de propagande et de rassemblement des peuples germaniques méridionaux avec d'autant plus d'acuité qu'à une époque lointaine, la Bavière s'était étendue jusqu'à une partie de l'Autriche. Puis, sans aucune modestie, l'archiduc fait poser cette question : « (...) Qu'avons-nous accompli dans l'histoire du monde et à l'opposé, qu'ont à offrir les Prussiens ? Quel passé brillant présente Vienne et, en revanche, quel parvenu ridicule est Berlin ! Et nous devrions nous courber devant cette grandeur improvisée qui est née juste d'hier et qui peut s'effondrer dès demain ? Non, jamais nous ne renoncerons ni n'abdiquerons ! »

Dans sa tombe, le grand Frédéric II doit être plus révulsé que lorsqu'il se disputait avec Voltaire, pourtant son invité.

Enfin, dans son sixième numéro, publié le 17 novembre, le journal n'hésite pas à prédire qu'en cas de conflit franco-allemand, l'Autriche renverserait son alliance actuelle et que Berlin devrait affronter « la conjonction des forces françaises et russes ». Comme cela était prévisible, *Noir et Jaune* connaît un succès de curiosité, lequel s'oriente vers le scandale lorsque d'insistantes rumeurs assurent que l'archiduc héritier est derrière ce journal outrancier qui remet tant de choses en question. Mais dès sa parution, *Noir et Jaune* souffre de ne pas être techniquement bien imprimé et commercialement bien distribué dans une capitale où d'influents titres sont installés. Les difficultés diverses, auxquelles Moritz Szeps a été souvent confronté, s'accumulent. La trésorerie est insuffisante, les frais postaux deviennent énormes dès que les franchises sont, comme par hasard, supprimées, et il se révèle qu'il est difficile de se procurer les exemplaires. Il n'y a pas assez d'abonnés. Rapidement, la parution bi-hebdomadaire devient hebdomadaire. Rodolphe, ses commanditaires et partenaires ont-ils mal préparé l'opération ? Ont-ils, en un sens, été dépassés par l'écho du premier numéro qui a trop vite attiré l'attention des autorités sur cette nouvelle gazette d'aspect *a priori* modeste ? L'Allemagne et l'Autriche se livrent à une guerre par presse interposée qui est de plus en plus aiguë à Vienne, les relations entre le Premier ministre Taaffe et l'ambassadeur Reuss étant exécrables, chacun jugeant l'autre insupportable !

En vérité, avant même le début de la publication de *Noir et Jaune*, entre la fin octobre et le début novembre, le prince héritier était déjà au centre de nombreuses polémiques qui dépassaient le cadre politique. Le journal ne fait pas autre chose que de jeter de l'huile sur le feu. Des controverses au sujet de Rodolphe ont surgi même en dehors de l'Empire et sa vie personnelle est évoquée souvent sans détours. Il est exact que son comportement n'est pas toujours aussi digne qu'il devrait l'être ; il a commis plusieurs graves maladresses... Les attaques contre sa personne ont été particulièrement vives depuis le printemps de cette même année 1888, à propos de deux affaires ; l'une est purement politique, l'autre strictement privée. Ces deux intrigues ont été habilement amalgamées et ont provoqué une terrible campagne de presse contre le prince héritier, pas à Vienne car c'était impossible, mais à Berlin et aussi à Paris, sous la plume féroce d'Édouard Drumont. Depuis deux ans, Drumont poursuit de sa haine les Juifs et les banquiers, les républicains et les affairistes ; lui se pose en champion du nationalisme catholique et intègre.

La première affaire, dite Pernesthorfer, concerne un parlementaire autrichien proallemand qui avait répandu des « ragots » salissant l'archiduc Otto, cousin germain de Rodolphe et frère de François-Ferdinand. On lui reprochait d'avoir humilié son épouse devant leurs amis un soir de débauche. C'était inélégant. Son attitude militaire arrogante à l'égard de ses subordonnés était montrée du doigt. C'était inadmissible. Et, lors d'une randonnée à cheval, apercevant un corbillard tiré par un autre cheval, il avait éperonné sa propre monture pour sauter par-dessus le cercueil ! Un défi autant qu'un exploit équestre, mais c'était du plus mauvais goût. Tout Vienne avait donc été mis au courant. Rodolphe s'était élevé contre les reproches du député Pernesthorfer. Alors qu'il n'était pas lui-même en cause, l'archiduc s'en était mêlé, estimant qu'il devait être solidaire de son parent traîné dans la boue. Dix jours plus tard, Pernesthofer était rossé à son domicile par deux inconnus qui l'avaient grièvement blessé à coups de bâton. L'identité du commanditaire de cette correction ne fait aucun doute puisque Rodolphe écrivait à Stéphanie le 5 mars : « La police n'apporte que des choses désagréables. Ils ont découvert de quel régiment viennent les coups de bâton. Ils n'ont pas pu trouver les gens parce que l'un est en Hongrie, l'autre en Herzégovine. J'ai dû me montrer très malin pour qu'on ne remonte pas jusqu'à Otto et moi. Maintenant, tout va bien. » Un comportement peu glorieux et lâche. Rodolphe n'aurait jamais dû se mêler de ces incidents, encore moins approuver, voire susciter une expédition punitive. Bien sûr, dix jours après, le député Pernesthorfer, remis de ses blessures, renouvelait ses attaques dans un discours plein de sous-entendus sur les voyous de la bonne société, terminant par ces mots : « Il y en a qui disent : "Vous ne savez pas qui sont ces gens" mais la police le sait. » Cette pitoyable histoire avait mis en émoi les milieux proallemands mais aussi les antisémites et les chrétiens socialistes. À Paris, Drumont reprenait ces incidents en y ajoutant que la vie privée de Rodolphe était détestable, qu'il avait quitté sa femme, qu'il vivait avec une Juive du nom de Stern, laquelle lui avait donné un fils au moment même où Stéphanie accouchait de Erzsi ! Le récit devenait plus corsé et le portrait celui d'un homme indigne d'être un jour empereur et roi d'une double monarchie catholique.

Qu'en était-il exactement ? Selon une technique éprouvée, la version « parisienne » d'Édouard Drumont mélangeait avec talent le vrai et le faux. Oui, autrefois, avant son mariage avec Stéphanie, le prince héritier avait bien eu une liaison avec Lisa Stern. La rupture était claire. Mais comme cela arrivait fréquemment, Lisa Stern avait tenté un chantage auprès de Rodolphe, le 17 septembre 1887. Elle lui avait envoyé une lettre menaçant de tout révéler et réclamant de l'argent pour son silence. Selon son habitude, Rodolphe avait transmis ce « dossier » à Bombelles, l'expert de ce genre de situation ! C'était même sa spécialité... L'archiduc lui avait joint une note dans laquelle il expliquait avoir « réfléchi très longtemps avant de trouver de qui il s'agissait » (!) à cause d'un mensonge sur la durée de leur liaison... Il terminait sa note du 22 septembre par ces mots : « Depuis décembre 1878, je ne l'ai jamais revue, même pas dans la rue. Je pense que tout cela est un mauvais chantage. » En effet, et aucune preuve d'un enfant naturel n'a pu être retrouvée... comme il se doit.

La volonté des adversaires de Rodolphe est de le présenter comme un dépravé, sans honneur, par opposition à un Guillaume II chrétien sans faille et père de famille inattaquable ! On a vu ce qu'il fallait en penser et le mépris personnel qu'en éprouve l'archiduc. Mais dans l'immédiat, Rodolphe est discrédité sur tous les plans, personnel, dynastique et politique. Une mise en pièces de ses mauvaises idées, de sa vie privée chaotique et de ses fréquentations sulfureuses. Jamais le tir n'a été aussi nourri ni aussi international. Tous les griefs que l'on peut formuler contre lui sont rassemblés. Moritz Szeps, lucide, est alarmé par l'apathie et la résignation de l'archiduc. Il se donne alors beaucoup de mal pour remonter le moral du prince qu'il considère comme victime d'une véritable « coalition des Prussiens, des cléricaux, des irrédentistes et des socialistes, un chaudron de sorcières, une horrible mixture ». Rodolphe lui avoue, dès le 8 novembre, peut-être en pressentant l'échec à court terme de son journal : « Plus rien ne parvient à m'affecter et encore moins les choses qui me concernent en propre. » Dans ce contexte où la diffamation le dispute à la lâcheté et l'écœurement à la désinformation, on s'explique mieux le mauvais calcul de Rodolphe : avec *Noir et Jaune*, ses flèches ne sont que des réponses politiques radicales alors que lui-même est malmené sur tous les plans et dans une situation guère enviable. Szeps se débat pour organiser un contre-feu. De son côté, l'archiduc n'apprécie pas d'être devenu un gibier chassé par les extrémistes. Sans en parler à Szeps, il tente d'utiliser les mêmes armes que ses ennemis. Le débat ne risque pas de s'élever... Il rédige un projet d'article vengeur destiné à un grand journal européen – il est impossible de savoir lequel – et qui n'est jamais paru, sans que l'on sache non plus pour quelle raison sinon qu'il aurait peut-être déclenché une guerre. Ce texte est daté du 11 novembre 1888 et s'attaque à la vie privée du *Kaiser*, peu exemplaire mais dont rien ne filtre à l'extérieur, un sujet que Rodolphe connaît hélas bien et pour cause ! « (...) L'actuel empereur Guillaume II est venu chasser en Styrie en 1887 avec une certaine Ella Socupis (ce n'est pas son vrai nom et elle est viennoise). Le prince Guillaume avait, depuis quelque temps, une liaison avec elle. Elle était arrivée quelques jours plus tôt à Vienne. Elle a conseillé au prince une amie, une certaine Anna Homolatsch, la fille d'une ancienne femme de chambre de la reine de Wurtemberg. Les deux dames devaient avoir rendez-vous avec le prince dans le parc de Schönbrunn. Le prince est arrivé à six heures du matin, en civil, dans le jardin. Un gardien l'a reconnu et a essayé d'éloigner les dames. Finalement, le rendez-vous n'a pas eu lieu. Quand Guillaume s'est rendu en Styrie, à Mürzsteg, les dames sont également arrivées et ont pu voir le prince, le soir, dans la seule auberge de ce petit village, à côté du cimetière catholique. »

La suite tient du vaudeville, car le futur *Kaiser* refuse de défrayer convenablement les deux femmes de leur voyage en chemin de fer. Il ne leur octroie que quelques marks, ce qu'elles jugent très insuffisant. Furieuse, Ella vole une paire de boutons de manchettes à Guillaume pour les montrer, dit-elle, comme un trophée à sa clientèle huppée. Le prince de Prusse, nullement fâché ou ayant l'habitude de perdre ses boutons de manchettes chez des femmes mécontentes, souhaite revoir ces deux créatures qui, finalement, l'amusent. Le nouveau rendez-vous est fixé ailleurs ; il se présente mal pour les deux prostituées, car leurs papiers ne sont pas en règle. Et elles sont peu discrètes. Un gendarme, appelé pour rétablir l'ordre à l'auberge dite « Au Roi de Saxe », veut les éconduire. Survient un valet de Guillaume qui assure que les inconnues « accompagnent » le prince. « (...) Elles ont passé la nuit avec le Kronprinz. Il y avait tant de bruit dans la chambre que cela a exaspéré les gens. Anna Homolatsch était déjà enceinte d'un diplomate russe et elle a utilisé la situation pour prétendre que l'enfant était de Guillaume. Le prince a été bombardé de lettres de la famille Homolatsch, de plus en plus menaçantes. »

Finalement, Reuss, ambassadeur d'Allemagne à Vienne, reçoit lui aussi des lettres. Gêné, il conseille de payer, mais à Berlin, on n'aime pas les dépenses inutiles. La police viennoise s'en mêle, insiste pour que l'ambassadeur solde cette lamentable histoire qu'il va être difficile d'étouffer. Un avocat réussit à ce que la somme ne soit pas trop élevée. « (...) Il a reçu comme décoration l'ordre de la Couronne de Prusse. L'enfant qui est né est une fille[1]. »

Un sommet du bon genre...

Plus efficace que Rodolphe et visant moins bas, Moritz Szeps obtient, après diverses entremises auprès de ses relations, la publication d'un long article on ne peut plus élogieux sur le prince héritier dans la presse française. Un panégyrique, une hagiographie au contenu surprenant, publié à la une du *Figaro*, le 17 novembre 1888, sur trois colonnes, soit la moitié de la page. Il est titré, simplement, « L'Archiduc Rodolphe », car il s'agit d'un portrait à la fois public et privé. Remarquons que l'article paraît à Paris le jour même où à Vienne, dans le sixième

---

1. Brigitte Hamann, *op. cit.* Ce texte se trouve dans les papiers personnels de l'archiduc conservés aux Archives autrichiennes, carton 17.

numéro de *Noir et Jaune*, le futur souverain révèle son projet d'alliance avec la France et la Russie pour défaire l'Allemagne... Le texte du *Figaro* doit être, selon Szeps, une réponse à divers échos désagréables sur le prince, parus ces derniers temps en France, soit directement soit repris de titres de langue allemande, très critiques à l'encontre de Rodolphe. Ils ont pour dénominateur commun une attaque en règle des fréquentations juives de l'archiduc et illustrent le violent climat antisémite en France et en Europe centrale alors que l'empereur d'Autriche et roi de Hongrie est personnellement l'exemple d'une vigilante tolérance unanimement reconnue et digne d'éloge. Ainsi, un étudiant « nationaliste » avait été condamné par le tribunal de Graz à onze mois de prison pour avoir attaqué l'archiduc sur ses sentiments prosémites. De même, Rodolphe est considéré comme « un valet des Juifs » parce que, pendant son adolescence, il a suivi les leçons de Carl Menger. Ou encore, signalons une invraisemblable polémique au moment de l'annonce de la mort du vieil empereur d'Allemagne Guillaume I$^{er}$ : cette nouvelle ayant été publiée prématurément par erreur (avec quelques heures d'avance...) dans des journaux de Vienne avant des rectificatifs puis une édition spéciale bordée de noir, le tribun « nationaliste » Schönerer avait accusé la presse « libérale » (sous-entendu juive) de « faire du commerce en salissant l'honneur du monarque chrétien Guillaume » ! Ou, enfin, une entrevue arrangée par Rodolphe entre le prince de Galles et le très serviable baron Hirsch ; le motif secret était, dit-on, un prêt du banquier à l'héritier de la Couronne britannique à condition que la rencontre soit mentionnée, sous son seul aspect mondain, dans le *Wiener Tagblatt*. Le prêteur se rembourse d'abord en notoriété. Rodolphe avait donc invité ses comparses au restaurant du célèbre hôtel Sacher qui commence à exporter son délicieux gâteau au chocolat. Le Tout-Vienne sortant de l'Opéra les avait vus se diriger vers un petit salon rouge pour souper... discrètement. Hirsch pouvait ainsi prouver, grâce à Szeps, qu'il était au mieux avec les deux princes héritiers alors que François-Joseph ne le recevait pas à la Cour...

Besoins d'argent, besoins de respectabilité, besoins de reconnaissance sociale : Rodolphe est imbriqué dans un circuit de relations qui déplaisent aux milieux catholiques, non progressistes et proallemands. Tantôt, il a besoin de ces intermédiaires, tantôt ils se servent de lui. Sa position est intenable, mais il s'y plaît. Ces mélanges ne sont-ils pas le vivier de l'Empire ?

Ainsi, pour Szeps, se trouve justifiée et urgente la manœuvre qu'il conduit grâce au *Figaro*. Quotidien depuis 1866, républicain modéré mais servant volontiers la cause monarchiste, le journal, dont le tirage dépasse les cent mille exemplaires, est celui que lisent les conservateurs. Par son intermédiaire, il s'agit donc de montrer que l'héritier du trône est un ami de la France et qu'il a été éduqué dans l'amour et la connaissance de ce pays, exercice un peu délicat s'agissant de la Révolution et de l'exécution sur l'échafaud d'une archiduchesse d'Autriche devenue reine de France, Marie-Antoinette...

Il commence par le curieux rappel d'une exposition qui s'était tenue à Vienne en mai (six mois plus tôt !) dans un musée comparable à celui des Arts et Métiers ; le thème en était l'époque de Marie-Thérèse dont une nouvelle statue est élevée sur le Ring, avec de nombreux documents, manuscrits, portraits et costumes, souvent commentés en un français imparfait mais constituant « (...) un hommage sans prix à notre littérature et à notre langue ». La manifestation avait été inaugurée par l'archiduc. (Il avait très mauvaise mine, les yeux cernés qui inquiétaient Sissi mais le texte se garde bien de le rappeler !) Ensuite, le rédacteur, informé aux meilleures sources officielles, raconte l'enfance et l'éducation de Rodolphe, en insistant sur le haut niveau de ses précepteurs, ses talents de polyglotte à l'aise pour s'exprimer dans toutes les langues de l'Empire, ses travaux scientifiques. Et comme s'il s'agissait de résumer toutes les qualités qui le rendent digne de sa future tâche, il y a cet étrange commentaire : « (...) Voyons ! S'entoure-t-on des mêmes garanties aux États-Unis, en Suisse et ailleurs lorsqu'il s'agit d'élire un président de la République ? » À cette lecture, personne n'en doute : l'archiduc ne pourrait avoir été mieux préparé ! L'apprentissage d'un champion. Il est précisé qu'il a été traité, du berceau à l'adolescence, « comme l'étaient les enfants de Sparte, sans ménagements et même avec dureté ».

En effet ! Le résultat est un homme dont on ne peut dire « s'il est beau ou s'il est laid, encore blond ou grisonnant », qui porte toute sa barbe et dont le front commence à se dégarnir mais qui pense et aime agir. « (...) La bureaucratie le redoute, le peuple l'adore ; partout où il se montre, il est acclamé. Il n'y a que dans les démocraties où ces enthousiasmes soient périlleux ; dans les monarchies séculaires, ils sont comme le rajeunissement des maisons souveraines. » Un portrait flatteur et pour ainsi dire idyllique.

Après quelques lignes insipides et convenues sur le mariage de l'archiduc, les talents d'illustratrice de Stéphanie, l'entourage intellectuel et artistique du couple, le lecteur est informé d'un détail d'intendance d'une extrême importance : « (...) Le prince héritier a sa Maison dans le palais de son père mais il n'a pas de liste civile personnelle. C'est l'empereur qui, sur la sienne propre, laquelle s'élève à 4 650 000 florins pour chacune des deux moitiés de la monarchie, subvient à toutes les dépenses du jeune couple. » Cette tutelle financière explique les difficultés matérielles endémiques de Rodolphe, aggravées par les exigences de ses vies parallèles et le recours à des prêteurs empressés. On vante ensuite les qualités morales et intellectuelles de l'héritier « qui se sont fortifiées : l'équilibre est entré dans cette âme impétueuse et violente ». Le succès de ses missions en Bosnie-Herzégovine et en Galicie est rappelé et ses talents d'orateur sont soulignés, car dès qu'il s'adresse à des autorités, des congrès, des foules « (...) sa parole chaude, colorée, vibrante, fait battre les cœurs et les mains ». Les deux derniers paragraphes sont les plus délicats, car ils expliquent les idées du futur monarque. À l'évidence, on veut le présenter comme un défenseur du système en place : « (...) Le prince évite de se mêler à la politique courante et s'applique à rester en dehors des partis qui divisent l'Empire de son père. On n'ignore pas, cependant, son goût pour les institutions libérales ni ses répugnances pour un système de gouvernement qui, à force de donner champ libre à l'essor des nationalités, réduirait à néant le pouvoir central, détruirait en même temps l'idée autrichienne. L'archiduc accepte le dualisme austro-hongrois sans esprit de retour mais il ne veut ni d'une Autriche vassale de ses alliés ni d'un Empire où l'Empereur ne serait plus rien. (...) » Et à propos des frictions avec l'Allemagne, cette double promesse assortie d'une menace en filigrane : « (...) M. de Bismarck n'en jure pas moins que jamais la Prusse ne s'occupe des affaires intérieures de l'Autriche : l'archiduc Rodolphe prendra ce serment, je crois, au pied de la lettre. »

Et c'est signé d'un pseudonyme qui a le nom d'un jeu de

cartes, « Whist », l'ancêtre du bridge, venu d'outre-Manche et que l'anglomanie a répandu en France. Qui est Whist ? Au minimum, un agent de Szeps sinon Szeps lui-même, vraisemblablement pas un collaborateur régulier du journal. Cet article, à la fois vrai, trop favorable et nécessairement incomplet, est déconcertant. Sa lecture n'en est que plus précieuse quand on connaît la suite des événements, seulement dix semaines plus tard. Il ressemble au curriculum vitae d'une tête couronnée s'apprêtant soit à se marier soit à monter sur le trône dans un délai rapide et fixé. Ou encore sur le point de venir en visite protocolaire en France.

Rédigé au passé, il pourrait être utilisé dans une nécrologie très officielle...

Sans surprise, deux jours plus tard, le *Wiener Tagblatt* de Szeps reprend largement le texte publié par *Le Figaro* afin de prouver comment la personnalité du prince héritier est agréablement perçue en France.

Cette opération de propagande pour séduire l'étranger et apaiser les inquiétudes internes est-elle suffisante ? Non. Dans Vienne, l'expérience gênante de *Noir et Jaune* ternit l'image d'un fils fidèle à son père en même temps qu'elle n'atteint pas le succès espéré et annoncé, en dépit du triomphalisme affiché dans le numéro du 5 décembre : « Nous nous trouvons devant un phénomène sans précédent dans l'histoire du journalisme moderne. Avec notre hebdomadaire, nous avons remporté un succès tellement énorme qu'aucun journal au monde n'en a connu dès le début de sa parution. » Un succès d'estime, de polémique, certes, mais un échec commercial plutôt humiliant pour l'archiduc, directeur politique qui voulait rester dans l'ombre mais qui est maintenant démasqué. Ses détracteurs parlent d'une véritable machine de guerre antigouvernementale. D'une part, le journal sape les vues traditionnelles de l'empereur ; d'autre part, le renversement d'alliances qu'il préconise bouleverserait les relations internationales. Or ce domaine est celui auquel le souverain apporte, jalousement, la plus grande attention. Cependant, le prince héritier n'est pas coupable de tous les spasmes diplomatiques et autres accrocs à l'harmonie européenne. Certains antagonismes se nourrissent d'eux-mêmes. Si la tension austro-allemande ne retombe pas, elle est souvent alimentée par des dépêches incendiaires dans les journaux de

Vienne, de Berlin et de Budapest dans lesquels ni Rodolphe ni Szeps n'ont la moindre responsabilité.

Dans la même journée du 29 novembre, on peut lire ces échos de Vienne : « Le conflit entre le comte Taaffe et le prince Reuss, ambassadeur d'Allemagne, est devenu public. Ce conflit ne pourra finir que par la retraite du ministre ou de l'ambassadeur. » De Budapest : « Le comte Taaffe affirme que sa position est plus sûre que jamais. Les députés slaves disent que c'est la dernière heure de l'alliance austro-allemande. » De Budapest encore, en réponse « aux articles agressifs des journaux berlinois », cette déclaration : « L'Autriche tient ferme la Triple-Alliance mais elle exige que l'Alliance soit mutuelle. L'Autriche donne autant qu'elle reçoit. Elle peut exister sans cette alliance et rien ne nous empêche d'adhérer à la politique de la France. Quant à la Russie, nous pouvons suivre avec elle une politique de compensation. » (Publié par le *Pester Lloyd*, organe du gouvernement hongrois.) Rodolphe n'est donc pas le seul à poser les questions qui dérangent ni à affirmer que de nouvelles ententes sont possibles, sinon souhaitables. Son patriotisme autrichien s'est mué en nationalisme anti-allemand. C'est une idée fixe.

À l'opposé de cette agitation, on remarque la ferveur avec laquelle se préparent les festivités célébrant les quarante ans de règne de François-Joseph. Un jubilé impérial prévu... le 2 décembre. Déjà, pendant l'été et l'automne, des expositions artistiques et industrielles ainsi que des concours agricoles ont préparé l'opinion à témoigner sa reconnaissance à l'empereur tant aimé. Toujours économe de fastes quand il s'agit de lui-même, le monarque a fait savoir à ses peuples, par une annonce de la Cour publiée dans le *Wiener Zeitung*, journal officiel de l'Empire, qu'il ne voulait ni fêtes, ni réjouissances dispendieuses, ni feux d'artifice, ni processions. Le décès de son beau-père il y a deux semaines justifie partiellement cette discrétion. Mais les Viennois ne modèrent pas leurs applaudissements pour Sarah Bernhardt qui a entrepris une tournée de six mois en Europe et dont la venue est ressentie comme un cadeau à l'empereur. Elle est à la tête d'un « petit Paris ambulant » et triomphe dans le rôle-titre de *Théodora*, l'impératrice de Byzance, pièce de Victorien Sardou, comme dans celui de Marguerite Gautier dans *La*

*Dame aux camélias.* Au dernier acte du drame de Dumas fils, sa toux fatale fait sortir tous les mouchoirs.

Quel dommage que Sissi soit encore à Corfou ! Depuis l'affaire hongroise, Élisabeth voyage pour ne plus être atteinte par les polémiques entre politiciens. Avec Rodolphe, elle partage une haine des antisémites et des extrémistes déchaînés, quels qu'ils soient. Or, soudain, les frictions entre l'Autriche et l'Allemagne, dont son fils est alternativement l'instigateur et la victime, éclaboussent aussi la belle et lointaine impératrice qui récite l'*Iliade* et l'*Odyssée* à l'ombre des cyprès mortuaires de Corfou en se promettant d'étudier bientôt le grec moderne. Et revoici Guillaume II, cette-fois-ci face à Sissi sur un inattendu terrain de discorde où Rodolphe rejoint sa mère, pour la soutenir en cette fin d'année 1888. Une affaire que l'archiduc suit avec d'autant plus de colère que Berlin vient de recevoir fastueusement le tsarévitch, futur tsar Nicolas II. Sa chevauchée en uniforme blanc le soir « sous les Tilleuls », avec son escorte à casque et couvre-nuque étincelants grâce à la lumière électrique, a mis un peu de pittoresque dans ces tristes journées d'hiver à Berlin. Mais le tsar Alexandre III n'est pas dupe. Hostile à Guillaume II, il a même fait savoir à l'archiduc, après étude d'un long rapport de l'ambassadeur russe à Berlin, qu'« on peut s'attendre à tout du côté de ce Guillaume nerveux et fou ».

Pourquoi en vouloir à l'épouse de François-Joseph ? Le poète Heinrich Heine reste l'écrivain favori de Sissi, sans doute parce qu'il avait sa sensibilité et la même intelligence caustique qu'elle. Il était tour à tour gai et triste, sceptique et croyant comme elle peut l'être, juxtaposant les contradictions. Qu'il ait été d'origine juive et allemande importe peu, seul compte son talent. Disparu en 1856 à Paris, cet artisan du rapprochement intellectuel franco-allemand, qui avait vu, ébloui, Napoléon sur son cheval blanc et aimait les libéraux, était né à Düsseldorf. Sissi décide de financer de ses deniers un monument à la gloire du poète dans sa ville natale qui l'a oublié. Contre cette initiative, une campagne de dénigrement antisémite éclate comme une bombe. De quoi se mêle donc Sissi ? On fait remarquer que l'impératrice serait plus avisée de voyager moins... La ville s'oppose à l'installation du monument puis, de Düsseldorf, l'émotion gagne Berlin. Guillaume II se range du côté des adversaires de Heine et interdit l'édification de la statue souhaitée par Élisabeth. Bien qu'absorbée par la préparation des fiançailles de sa dernière fille Marie-Valérie, l'impératrice-reine souligne que le poète s'était converti au protestantisme à l'âge de vingt-huit ans (c'était en 1825) et qu'il avait ainsi espéré acquérir ce qu'il appelait « un billet d'entrée donnant accès à la civilisation européenne ». N'a-t-il pas légué à l'Europe une de ses plus vibrantes compositions poétiques, *La Lorelei* ? Pour appuyer le mécénat de sa mère, Rodolphe fait publier un hommage à Heine dans le *Wiener Tagblatt*, avec une référence à l'ouverture d'esprit et aux goûts littéraires d'Élisabeth, une démarche fort rare. Immédiatement, Sissi est très attaquée en Autriche. L'acharnement conforte l'archiduc qui trouve dans cette affaire un contact inattendu avec sa mère distante. Au début décembre, il envoie même Szeps à Paris pour acheter à un parent de Heine des autographes et onze lettres du « Romantique défroqué » qu'il se propose d'offrir à la souveraine pour Noël. Cette dernière, aussi stupéfaite qu'attristée par la réaction qu'elle a innocemment suscitée, finit par renoncer à faire élever ce monument qu'elle estimait être une juste réparation.

Contre l'intolérance et la bêtise, la poésie a perdu[1].

Le dimanche 2 décembre, le jour anniversaire de la montée sur le trône de François-Joseph, si aucune cérémonie officielle n'est prévue à Vienne, à Budapest ou à Prague, des services solennels sont néanmoins célébrés dans toutes les églises, les synagogues et même jusqu'en province musulmane, comme à Sarajevo. Des donations rapportent plus de dix-huit millions de forins aux œuvres de bienfaisance patronnées par Sa Majesté. Le baron Hirsch informe Rodolphe – et les journaux... – qu'il verse personnellement douze millions de francs aux Juifs pauvres de Galicie et de Bucovine[2], deux régions particulièrement miséreuses. Sarah Bernhardt elle-même donne son obole, qui se réduit à un autographe. On demande à la tragédienne de signer sur l'Album jubilaire. Enthousiaste, elle écrit : « Quand donc nous, Français, quand donc, hélas ! fêterons-nous le jubilé

---

1. En fait, le monument voulu par Sissi sera élevé à... New York, sur Mott Avenue ! À Düsseldorf, un autre monument a été inauguré le 17 février 1981 pour le 125e anniversaire de la mort de Heine sur le Schwanenmarkt.

2. Aujourd'hui une partie du nord-est de la Roumanie, à la frontière de la Moldavie.

de notre souverain ? ! » François-Joseph et sa femme, radieuse après avoir bénéficié du climat des îles Ioniennes, passent la journée seuls à Miramar, comme ils l'ont voulu, dans une intimité préservée, sans félicitations, discours ni revues. Chez les Habsbourg, comme chez les Hohenzollern, on ne célèbre que le 25ᵉ ou le 50ᵉ anniversaire de règne, ce qui explique la non-participation des Hongrois, Férenc Jozsef n'étant leur souverain que depuis onze années. Seules les dépêches télégraphiques de félicitations envoyées par leurs proches, comme Rodolphe, sont acheminées jusqu'à l'ancien château de Maximilien où Sissi est arrivée en venant de Corfou. Le contexte du jubilé est instructif, car l'ambiance diplomatique et familiale y est très présente. Ainsi, la presse étrangère rapporte que « (...) les rodomontades, les airs de conquérant de Guillaume II l'ont révolté et le titre de prince donné aujourd'hui au comte Taaffe, au ministre dévoué, au serviteur fidèle, auquel le jeune empereur d'Allemagne n'a pas parlé pendant son séjour à Vienne, est une triomphante leçon donnée aux Allemands de Vienne et d'ailleurs ». De même qu'on a lu des récits dithyrambiques sur Rodolphe, on en lit de chaleureux concernant les relations du fils avec son père, sous la plume d'un journaliste français : « (...) Il faut bien mal connaître François-Joseph pour croire aux bruits qui ont couru il y a quelque temps. L'archiduc se prépare à son métier d'empereur et son père eût su mettre bon ordre aux choses auxquelles je fais allusion. L'archiduc Rodolphe vit en prince héritier ; il visite toutes les provinces qui formeront un jour son Empire. » Mais le plus remarquable est cette fin de paragraphe sur la vie conjugale de Rodolphe, présentée comme sereine et harmonieuse : « (...) Il est aussi heureux dans son ménage que son père l'a été aux jours lointains où il allait chercher l'impératrice Élisabeth sur les bords du lac de Starnberg[1]. » Étrange assertion quand on sait bien que la vie du couple princier n'est pas exactement placée sous le signe d'une entente sans nuages... En revanche, l'allusion aux rumeurs auxquelles François-Joseph, lassé, n'accorde aucune importance est avérée ; l'empereur conserve à l'égard de son fils une attitude d'une extrême bienveillance, en dépit de ses excès. Deux incidents l'attestent qui ont pour point commun les armes à feu. L'un concerne un accident de chasse

---

1. *Le Figaro*, 3 décembre 1888.

survenu en Styrie, près de Mürzsteg. Le 3 janvier de cette année 1888, on traquait le gros gibier à Höllgraben. Ayant manqué un impressionnant sanglier et la harde s'enfuyant, Rodolphe avait quitté son poste pour suivre l'animal. Une première faute, suivie d'une seconde, encore plus grave puisqu'il avait de nouveau fait feu. C'était, bien entendu, au mépris des règles de sécurité. Une balle avait frôlé l'empereur et atteint le bras d'un garde-chasse posté derrière Sa Majesté et rechargeant ses fusils. François-Joseph était entré dans une colère dont on ne l'aurait pas cru capable mais parfaitement justifiée ; l'accident, finalement sans gravité, aurait pu être une tragédie. Rodolphe avait commis un double manquement aux usages de prudence, inexplicable chez un chasseur expérimenté, sinon par une perte de contrôle de ses nerfs. Il avait fallu que Sissi emploie tous ses charmes pour réconcilier le père et le fils lors d'un dîner intime plus tard. Avec la rapidité d'une épidémie, un ragot était parti de la Cour pour inquiéter les salons viennois et les cafés cosmopolites, carrefours de toutes les nouvelles, vraies et supposées. « Le prince héritier a voulu tuer l'empereur ! » C'était une abominable rumeur, évidemment sans fondement, même si le réflexe de Rodolphe était condamnable et inexcusable. Lorsque le monarque, remis de son courroux, avait appris qu'on accusait son fils d'avoir tenté un parricide, une autre colère avait empourpré son visage de patriarche ; il s'était montré avec son successeur désigné dans tous les endroits possibles et lui avait témoigné sa tendre indulgence. Tout le monde avait eu peur. De même, dans ses fonctions militaires, on avait accusé Rodolphe d'avoir mal choisi le nouveau fusil à répétition Mannlicher de l'armée autrichienne. Pour des raisons techniques, ce modèle 1888 n'avait pas plu à Berlin ; en dépit des livraisons déjà en cours, il avait fallu commander une arme d'un calibre inférieur, ce qui avait lourdement grevé le budget du ministère autrichien. L'archiduc n'était pour rien ni dans le premier choix du calibre trop gros ni dans les réclamations allemandes, alimentées par les critiques de son oncle l'archiduc Albert et des généraux. L'empereur, mécontent que son fils soit traité en bouc émissaire, s'était dressé contre ces cabales venues d'Allemagne et soigneusement relayées en Autriche. L'archiduc les prenait fort mal et perdait le calme méprisant qu'il aurait dû afficher. Ses crises réjouissaient ses ennemis puisqu'ils cherchaient à l'atteindre dans son honneur.

Pour clore l'affaire, François-Joseph avait donc nommé son fils inspecteur général de l'infanterie, on l'a vu. D'un trait de plume, ce grade, qui n'existait pas, devait faire taire les amateurs de désaccords et de scènes au plus haut niveau. C'était il y a sept mois. Et quand Rodolphe avait fait une chute de cheval puis, une autre fois, s'était retrouvé contusionné dans l'accident de sa voiture près de Laxenburg, François-Joseph avait montré tous les signes d'affolement et d'inquiétude d'un père bouleversé bien que rigide. Et il s'était préoccupé des maux de tête qui, depuis, perturbaient son fils.

En ce début décembre 1888, malgré ses activités de moins en moins clandestines, le prince héritier est toujours le fils très aimé de son père, même si les deux intéressés s'interrogent sur l'avenir. Rodolphe est mal vu du gouvernement, de l'aristocratie, de la haute bourgeoisie étriquée, de l'état-major, des chrétiens rigoureux qu'ils soient catholiques ou protestants, des antisémites, des Allemands. Il inquiète sa famille ; les Hongrois, comme les Tchèques, s'interrogent sur ses intentions. Une rumeur parle, en effet, d'une possibilité d'étendre la double monarchie à une triple association, créant un triangle d'or de la puissance des Habsbourg Vienne-Budapest-Prague, supposant un couronnement dans cette ville mais aussi de nouvelles institutions. Cette hypothèse fait peur à Berlin. En revanche, Rodolphe est aimé du peuple, de la petite bourgeoisie, des milieux libéraux, intellectuels, artistiques et scientifiques, des importantes communautés juives et musulmanes, des francs-maçons, des pacifistes. Pour les uns, il incarne le discrédit, pour les autres l'espoir. L'archiduc évolue selon un équilibre fragile, périlleux, où rien ne lui est facilité ni pardonné. La seule vérité tangible du moment est que les idées du prince combattent la politique du gouvernement impérial, en aucun cas il ne se dresse contre son père, ne lui manque de respect ni ne porte atteinte à son autorité, au contraire.

Ce bilan des ragots s'étale publiquement par voie de presse, mais de telle manière que sont mis en cause des journalistes étrangers, en particulier l'envoyé spécial permanent du *Figaro* à Vienne, Walter Vogt. Dans l'édition du 12 décembre, il avertit ses lecteurs et se livre à un plaidoyer *pro domo* : « La guerre qui avait éclaté entre les journaux de Berlin et ceux de Vienne et de

Budapest est finie ou du moins touche à sa fin. De part et d'autre, on a bataillé avec une extrême violence et les adversaires des deux empires ont dû se réjouir de cet édifiant spectacle. *La Gazette de la Croix* de Berlin a essayé d'y mêler votre correspondant de Vienne en l'accusant de troubler la Triple-Alliance et en lui attribuant certains articles sur l'archiduc Rodolphe, parus dans ce journal et fiévreusement commentés par toute la presse européenne. » Visiblement vexé dans son honneur professionnel, le journaliste rappelle que ses sentiments personnels n'ont rien à voir avec les écrits qu'on lui prête et qu'il n'est responsable que de ce qu'il signe. « De tout temps, *Le Figaro* a été une tribune où les opinions les plus diverses ont pu se faire entendre et cet éclectisme fait l'originalité et la force de ce journal. (...) Quant aux dissonances qu'on m'accuse de jeter dans la Triple-Alliance, je ne suis pas assez fat pour me croire de taille à lutter contre le génie diplomatique du prince de Bismarck. Je ne cherche pas non plus à deviner ce que fera l'archiduc Rodolphe le jour où il deviendra empereur et je serais déjà fort satisfait de savoir ce que le souverain régnant fera demain ou dans huit jours. »

Et tout ce qui se dit sur Rodolphe, sur son impatience à régner, son désespoir de ne pouvoir faire triompher ses idées pour une vision des États-Unis d'Europe telle qu'elle était espérée par Victor Hugo ? Est-il prêt à succéder à son père ? « (...) Un homme aussi robuste ne songe pas à abdiquer ni même à se décharger d'une partie de ses travaux de souverain. On sait qu'il est aussi jaloux de ses droits et de ses devoirs que l'était le vieil empereur Guillaume et je crois que c'est surtout l'archiduc héritier qui le sait. Jamais celui-ci ne sort du cercle de ses attributions. Ici, on ne connaît pas cette *politique de Kronprinz* qui a toujours joué un rôle si important à la cour de Berlin. »

Il est vrai que si, à Londres, il serait malséant d'évoquer la succession de Victoria, l'exemple allemand a frappé les esprits : Guillaume II s'est empressé de rompre avec la politique de son grand-père et de dénoncer les orientations que son père aurait prises s'il en avait eu le temps. La question est simple : y aura-t-il continuité ou annulation ? Un prince héritier est porteur d'espoirs ou d'inquiétudes, selon les intérêts. Sans doute le sujet est-il soudain abordé à cause du jubilé impérial qui a fait prendre conscience que François-Joseph règne depuis 1848. À voir le souverain, on ne le dirait pas. D'une santé insolente au point qu'il épuise ses aides de camp et ne consulte jamais son médecin, l'empereur, même si ses longs favoris blancs vieillissent son visage, est demeuré alerte et sa démarche gaillarde. En revanche, son fils, travailleur acharné et désordonné, viveur et insatisfait, malade souffrant de névralgies, le teint terne, semble prématurément vieilli. Son hiver est aussi actif que l'avait été son automne. Alors que Stéphanie était auprès de sa sœur Louise l'été précédent, Rodolphe avait multiplié les missions, les tournées et les voyages épuisants en Croatie, en Galicie, en Haute-Autriche, au Tyrol, ainsi que les inaugurations avec discours, ces corvées où, de plus en plus, il remplace l'empereur. Une lettre à Stéphanie prouve que son agenda officiel était bien chargé et que lui-même est harassé : « Je suis très fatigué, les derniers jours ont été extrêmement durs. Du matin au soir, je fus en mouvement, par une chaleur épouvantable, au milieu de la poussière et des miasmes. Chaque soir, un orage violent sévit sans apporter de fraîcheur. (...) Demain, je passerai une nouvelle inspection et après-demain très tôt, je pars pour la Hongrie. J'aime à croire qu'il fait beau et que tu t'amuses en Bavière. Je vous embrasse toi et la petite de tout cœur et suis ton Coco qui t'aime. »

Seule l'arrivée du prince de Galles, qui repasse par Vienne, a constitué une véritable détente, mais non un repos, car « (...) il est de très bonne humeur et il veut tout voir et assister à toutes les fêtes. Il ne changera jamais ». Stéphanie reconnaît que ce bon vivant d'Édouard est « perspicace, intelligent et très correct. (...) Sa conversation était agréable, très intéressante et son éducation dénotait une délicatesse rare ». Le futur roi d'Angleterre était le meilleur alibi du futur empereur d'Autriche et c'est sans doute la personnalité étrangère dont Rodolphe se sentait le plus proche. Comme à regret, Stéphanie note : « Les deux princes héritiers s'entendaient parfaitement quand il s'agissait de parties de chasse ou de plaisirs. Tous les deux étaient des tireurs d'élite, grands buveurs et fins gourmets. » L'archiduchesse ne pouvait ajouter qu'ils étaient aussi grands coureurs de jupons (elle s'en doutait !) et fins connaisseurs de l'évolution des relations européennes, pour le meilleur et pour le pire (l'avait-elle remarqué ?).

Trois jours après que toutes les supputations de conspirations ont été réfutées et que l'avenir de la dynastie ne semble plus compromis par diverses querelles et ambitions débridées, l'impératrice, tourmentée par l'aspect blafard de son fils, l'invite à dîner avec Stéphanie. On est le 15 décembre. Le prétexte est l'imminence des fiançailles de Marie-Valérie avec François-Salvator. Sissi, qui a aussi convié l'intéressée, adresse une requête à son fils :

— Je t'en prie, sois bon pour Valérie et son époux le jour où ils dépendront de toi...

— Je te le promets. Je te le jure.

Élisabeth, qui vient donc d'évoquer le décès de l'empereur, est soulagée. Elle bénit son fils par un signe de croix sur son front. Rodolphe est très ému. Il baise la main de Sissi tandis que Valérie enlace son frère et leur mère. Stéphanie demeure un peu à l'écart. Un cri d'affection s'échappe de Valérie, un élan du cœur presque incongru sous les riches lambris de la Hofburg :

— C'est ainsi que nous devrions être toujours...

Tout semble donc rentré dans l'ordre puisque, ce soir, le couple princier ne s'est pas déchiré. Et pourtant, il y a du nouveau dans la vie de Rodolphe...

## CHAPITRE 11

## L'ÉTAU

Palais de la Hofburg, mardi 24 décembre 1888. En cette veille de Noël, la famille impériale est réunie pour les fiançailles de Marie-Valérie, la dernière fille de Sissi, dans sa vingt et unième année. Enfant favori de l'impératrice, douée comme elle pour la littérature et la poésie, elle est passionnée par le théâtre et a suivi avec grand intérêt l'ouverture du nouveau Burgtheater ; elle est réputée pour sa bonté, sa disponibilité à l'égard des autres en même temps que sa discrétion. François-Salvator, son fiancé et lointain cousin, aura bientôt vingt-trois ans. Ancien élève de l'École de guerre et de l'École de cavalerie, il en est sorti avec le grade de capitaine. À la demande de Sissi, ils ne se marieront pas avant au moins un an.

Élisabeth célèbre aussi, avec le plus de discrétion possible, ses cinquante et un ans. Elle est enjouée, belle, alerte, le teint rose. Même l'ancienne gouvernante de Marie-Valérie est de la petite fête. Sissi lui dit avec humour :

— Nous voilà toutes les deux à la retraite !

Un profond bonheur nimbe l'assemblée. Il y a longtemps qu'on n'a pas constaté une telle harmonie dynastique, même si Stéphanie paraît distante et renfrognée. Elle a ses raisons, la plus cruelle étant l'absence d'héritier mâle. Les regards silencieux sur elle sont des reproches. Elle s'interdit – et on le lui rappellerait au besoin – de révéler que le principal responsable de sa stérilité est son mari infidèle et débauché. Rodolphe offre à sa mère les documents de Heine qu'il avait achetés à Paris, grâce à Szeps. Quelle stupidité que cette polémique sur le monument prévu ! D'après un écho mondain publié le lendemain dans la *Neue Freie Press*, l'impératrice, qui ne s'attendait pas à un tel cadeau, est surprise et très touchée. Comme elle, Heine était un éternel voyageur, francophile au point qu'il s'était défini lui-même « un rossignol allemand qui aurait fait son nid dans la perruque de M. de Voltaire », une expression qui fait toujours rire l'impératrice. Mais le lendemain, le 25, alors que la famille est de nouveau rassemblée autour d'un gigantesque sapin décoré, Rodolphe fond subitement en larmes sans que sa mère s'en aperçoive. Seulement attentive au futur bonheur de Marie-Valérie, elle renouvelle sa prière à l'archiduc de bien s'occuper de sa sœur et de son mari quand eux, les parents, auront disparu. Cette fois, les sanglots étouffent les promesses. François-Joseph et sa femme ne peuvent réprimer leur émotion. L'atmosphère est tellement larmoyante que, d'après Marie Festetics, la dame d'honneur de la souveraine à qui rien n'échappe, Rodolphe s'effondre en évoquant sa fin prochaine... mais dans l'entourage, personne n'y fait attention, ce qui est incroyable. À moins que son état dépressif ne soit considéré comme inhérent à son caractère et n'inquiète plus réellement les siens... Étrange Noël, soudain assombri par le départ de Sissi pour la Bavière le lendemain. François-Joseph n'ose lui reprocher cette nouvelle escapade : Élisabeth va tenir compagnie à sa mère qu'elle n'a pas revue depuis la mort de son père, le duc Max.

En bas, dans les ruelles enneigées du cœur de Vienne, les équipages marchent au pas, entourés d'une foule grouillante, pressée par ses achats tardifs. Des commissionnaires au bonnet rouge disparaissent sous les branches des énormes sapins qu'ils portent. Une forêt qui marche, comme celle qui effrayait Macbeth. Les gens se hâtent, car les jours fériés, les magasins ferment au plus tard à midi. Vue d'un salon de la Hofburg, la cité est une fourmilière qui s'engouffre de la place Michel vers le lacis médiéval. Rodolphe ne parvient pas à participer à cette allégresse un peu forcée. Un poids presque insoutenable freine ses enthousiasmes, obère ses désirs et altère sa vie réelle. En dehors des effets de sa maladie vénérienne et des remèdes réputés les atténuer, à part son extrême fatigue physique et son surmenage intellectuel, quels maux psychologiques rongent l'archiduc ? Il semble inquiet, désespéré. Il est méfiant, comme s'il se sentait menacé. Pourquoi ? Par qui ? À dater de cette fin de l'année 1888, des événements, des réflexions, des comportements et des décisions tant de Rodolphe que de son entourage, qui appartiennent parfois plus à la légende qu'à la vérité historique, sèment le trouble et la confusion. Toutes sortes d'interprétations et d'affabulations postérieures au drame brouillent les pistes car il est facile d'expliquer des actes quand on connaît la fin. L'énigme tisse déjà sa toile. Un mystère dont la trame se met en place.

Rodolphe serait donc en proie à une dépression dont les manifestations semblent s'aggraver. Ne serait-il pas son pire ennemi, découragé devant l'immobilisme de ses projets et l'échec de ses idées ? Ses amis et alliés, comme Szeps et Hirsch, se disent catastrophés par le triomphe des manifestations antisémites, la montée des nationalismes, le discrédit des idées libérales. Depuis le krach boursier de 1873, l'influente bourgeoisie juive, que François-Joseph avait souvent anoblie en témoignage de sa gratitude, est suspectée d'affairisme et jugée responsable de scandales financiers, comme en France.

Hirsch, Szeps et l'archiduc ne savent plus comment combattre les préjugés et l'étroitesse d'esprit, ce poison. À Berlin, on tente de minimiser les tensions avec l'Autriche, mais la trêve des confiseurs n'apporte pas la confiance en guise d'étrennes, car Guillaume II ne parle que d'action et ne se soucie que de sa popularité. À Vienne, la création, le 25 novembre, du mouvement des Chrétiens unis prouve la vigueur de la réaction catholique face aux libres penseurs ; à Paris, la popularité du général Boulanger atteint un sommet avec la préparation de l'élection législative partielle fixée au 27 janvier ; les partisans du « revanchard », chaque jour plus nombreux que la veille, entonnent « la marche des œillets rouges, chanson patriotique » sur les boulevards. Szeps informe son impérial chroniqueur l'archiduc que Jules Ferry, qui envisage aussi de se présenter au prochain scrutin, a écrit à sa femme : « La République, il ne faut pas se le dissimuler, est profondément atteinte. » L'État républicain vit dans la hantise d'une insurrection populaire ; alimentée par la délation, l'opinion est versatile, violente, inflammable, prompte à dénoncer les « chéquards » (les politiciens corrompus acceptant des chèques) dans le scandale de Panama. Boulanger a le visage de l'honnêteté, ce qui explique sa gloire. Les perspectives d'entente et de paix sont devenues des chimères ; il n'y a rien à espérer mais tout à redouter de l'Allemagne, de sa supériorité militaire et des complexes vengeurs des Français, les yeux fixés sur « la ligne bleue des Vosges ». Et à Saint-Pétersbourg, le tsar Alexandre III confie à sa mère l'impératrice douairière Maria Alexandrovna : « (...) Tôt ou tard, j'en suis convaincu, nous allons sentir sur nos propres épaules la force de l'Allemagne. » Malgré tous ses efforts, Rodolphe n'est pas entendu, pas même écouté. Cette indifférence, voire cette inconscience, est vexante puisque, somme toute, le renversement d'alliances qu'il préconise d'urgence n'est rien d'autre qu'un retour aux choix de l'illustre Marie-Thérèse que Rodolphe admire et de son chancelier Kaunitz, qui préconisaient, en priorité, l'alliance avec la France. C'était au temps de Louis XV, mais qui veut bien s'en souvenir ? La Révolution avait balayé dans le sang cette stratégie. Sombres présages... Dans une lettre où Rodolphe remercie Szeps de ses félicitations concernant les fiançailles de Marie-Valérie, après avoir évoqué la situation politique en Serbie où, lors d'un voyage, il avait craint d'être assassiné, il écrit : « (...) Cette tranquillité anormale me donne l'impression d'une accalmie avant la tempête. Ma consolation est que les choses ne peuvent continuer ainsi. Il arrive de Berlin de curieuses nouvelles. Les milieux les plus importants de cette ville redoutent les préparatifs militaires colossaux effectués en France et admettent que l'Allemagne n'est pas préparée, surtout en matière de fusils. Il faut que la paix dure encore au moins un an[1]. (...) » Dans sa vie privée, l'héritier ne se ménage pas, comme pour oublier le cauchemar du désenchantement qui le taraude. En admettant que Stéphanie cède à son désir, il lui serait impossible d'enfanter de nouveau. Unique héritière directe du trône des Habsbourg, la petite Erzsi pourrait-elle, un jour, devenir une nouvelle impératrice Marie-Thérèse du XXe siècle ? À la Hofburg, l'appartement de célibataire du prince reçoit des visites de charme ; le cocher Bratfisch va chercher et raccompagne des femmes qui rêvent d'une aventure avec Rodolphe, souvent des femmes du meilleur monde ; les courtisanes les plus en vue sont répertoriées par Bombelles ; cette comptabilité n'est pas infaillible, car un soir, après avoir remis à sa conquête – si l'on peut dire ! – une petite boîte en or comme il en a l'habitude, Rodolphe s'aperçoit qu'il a déjà couché avec cette femme... qu'il n'a pas reconnue et qui n'osait

---

1. Courrier du 12 décembre 1888, in Julius Szeps, *L'Archiduc Rodolphe : Lettres politiques à un ami*, Vienne, Rikola, 1922.

rien dire. D'ailleurs, elle n'y aurait eu aucun intérêt ! Confusion et éclats de rire ! Était-ce mieux ou moins bien que la première fois ? Si François-Joseph ne s'émeut pas de ce cortège de femmes littéralement à l'assaut de son fils, c'est peut-être parce qu'il juge que les plaisirs de la chair sont moins dangereux que ceux de l'esprit. Pour l'empereur, l'état amoureux ou de désir occupe tellement le cerveau qu'on ne saurait avoir d'autres idées concomitantes. Méthodique, François-Joseph répugne sans doute à avoir plusieurs préoccupations en tête. Son fils, lui, y est expert. Les femmes ne l'empêchent pas d'échafauder son programme pour une nouvelle organisation politique des pays danubiens. Instable, complexe et amateur de plaisirs, il l'est et c'est sa faiblesse dont profitent ses adversaires. Intelligent, visionnaire, progressiste, il l'est également, et pour ces mêmes détracteurs, il représente une menace. Depuis quatre années, les idées de Rodolphe sont bien connues. Ceux qui ne l'aiment pas redoutent qu'il réussisse à les appliquer.

Certains soirs, c'est l'archiduc qui se rend dans quelque endroit canaille où l'attendent, contre rétribution, des femmes encore plus rapidement disponibles. De toute manière, ce sont toujours des passades, des étreintes sans lendemain, des adultères tarifés ou non, sans raison ni valeur, parfois sans plaisir, une méthode pour contenter une hygiène sexuelle mais pas toujours efficace ni satisfaisante. Avec l'amertume des petits matins sans joie. Une amie de l'impératrice se désolant de cette réputation d'orgies – évidemment amplifiée – s'est attirée cette réplique de Sissi : « Rodolphe est comme moi, il est fait pour être libre. » Il arrive aussi que l'archiduc demande simplement à Bratfisch de le conduire chez lui, car Mme Bratfisch, vrai cordon-bleu, prépare au prince des plats épicés à la hongroise, relevés par une gamme de paprikas du plus doux au plus fort. Les sorties du prince ne sont pas toutes répréhensibles ; simplement, il ne supporte pas la solitude. Mais le tri entre l'important et le dérisoire est délicat. Rodolphe est très populaire ; les Viennois le reconnaissent souvent car il porte presque toujours l'uniforme des hussards hongrois. Volontiers, il répond aux saluts des passants et sourit aimablement. Familièrement, beaucoup de femmes le surnomment « Notre beau Rudi ». Elles savent, tout le monde sait, qu'il aime s'amuser. Le peuple ne lui reproche pas ces divertissements d'un mari malheureux en ménage.

Vienne n'est pas une ville où la vertu domine ; elle partage alors avec Paris le titre de « capitale des plaisirs ». Et les habitudes du prince héritier sont à l'unisson. En marge de ses obligations, il n'a pas d'heure. Tenant beaucoup de sa mère dans sa façon de décider un départ, une promenade ou un rendez-vous à l'instant – spontanéité que le protocole assimile à du désordre ! –, Rodolphe ne tient pas en place. Dans un courrier à Stéphanie où il décrit sa journée d'audiences et de rencontres, il indique : « (...) Dès que j'aurai fini cette lettre, je me plongerai dans la baignoire où je fumerai, dormirai, chanterai... Après le bain, j'irai faire un bon repas. Le Sacher s'est beaucoup amélioré cette année. (...) » La neurasthénie de Rodolphe est donc toute relative. Il sait être joyeux, il est souvent cynique et sarcastique, blessant ses relations et connaissances d'un trait ou d'un mot qui font mal. Sa lucidité et sa dérision lui valent des ennemis supplémentaires.

Dans la mesure où l'on peut procéder à des recoupements sérieux de l'emploi du temps et de l'état d'esprit de l'archiduc dans ces journées d'hiver prélude à un traumatisme ineffaçable devenu une fascinante énigme, notons qu'une ancienne connaissance du prince prend une importance inattendue, après deux ans d'une liaison réellement tapageuse. Il s'agit de l'élancée et brune Mitzi Kaspar. Elle est toujours aussi gracile, fraîche, douce, attachée à ne pas contrarier son protecteur, car, rappelons-le, c'est Rodolphe qui a installé l'ancienne chanteuse dans ses meubles et c'est souvent chez elle que s'achève, dans la fraîcheur de l'aube, une nuit d'angoisses, d'échecs, d'espoirs. Outre la tendresse apaisante dont Mitzi Kaspar semble pourvue, Rodolphe croit qu'elle n'est pas surveillée parce que ces filatures incessantes finissent par l'exaspérer. Après tout, qui est-elle sinon l'une de ces innombrables jolies « petites femmes » comme il y en a tant à Vienne, à Paris, à Berlin ?... Elle n'est ni compliquée ni dangereuse, elle est très bonne fille et même apaisante ; l'espionner serait donc absurde.

Rodolphe se trompe. Selon son habitude, le baron Krauss, préfet de police, fait suivre l'archiduc par une noria d'inspecteurs que Rodolphe s'amuse à perdre dans des pièges, les entraînant vers des maisons à double issue et utilisant diverses astuces, comme le classique changement de fiacre, pour être tranquille. Mais à la longue, cette monotone partie de cache-cache exaspère

Rodolphe. Officiellement, les policiers ont pour mission d'assurer la sécurité du prince quand il se déplace sans son aide de camp ou une escorte, c'est-à-dire lors des engagements officiels. Le futur empereur, il faut le savoir, s'acquitte scrupuleusement de ses obligations. Sa prostration n'atteint pas son sens du devoir, du moins officiellement. Il ne fait défaut à aucune de ses charges.

L'un des rapports remis au baron Krauss indique que si le train de maison de Mitzi Kaspar, « personne de réputation douteuse » selon l'appréciation policière, est assuré par l'archiduc, le mobilier de sa maison n'est toujours pas acquitté. Rodolphe a des dettes qu'il fait attendre mais il a aussi des créances, pour des services rendus, non recouvrées ; l'homme est généreux, idéaliste, plutôt dépensier au grand désespoir de l'empereur, modèle de gestionnaire économe. Si Mitzi Kaspar est fichée, c'est aussi parce qu'elle est toujours en relation avec la célèbre maquerelle Mme Wolf, sans doute pour des échanges d'informations confidentielles obtenues entre deux étreintes. À l'automne, quand le vin nouveau était servi dans les charmantes guinguettes des collines viennoises, les *Heuringen*, Rodolphe aimait à s'y faire conduire avec Mitzi, simplement pour chanter ses mélodies favorites, avec Bratfisch et les musiciens des tavernes, afin que « Vienne reste Vienne », selon une scie inusable moulinée par les orgues de rues.

Dans ses relations avec Mitzi, la nouveauté du moment est, croit-on, la macabre proposition faite par Rodolphe à sa douce maîtresse : se tuer avec elle ! La mort rôde autour de l'archiduc comme une interrogation qui le hante. Il en parle, c'est vrai. Sur ce sujet, il interroge des familiers, des officiers de sa suite, c'est exact. Sa conversation est parfois morbide, à l'occasion de la disparition d'un ami ou d'un parent ; c'est encore avéré. Mais il faut éviter d'interpréter des incidents de la vie et de leur donner, *a posteriori*, un sens obligatoirement prémonitoire en connaissant la fin tragique d'une destinée qui a bouleversé le monde et suscité tant d'interrogations. Après la tragédie, on ne comptera plus le nombre de gens qui se prétendaient « au courant », qui « savaient »... Dans le cas de Mitzi, il est dit qu'en ce mois de décembre 1888, Rodolphe lui aurait proposé de se suicider avec elle, sans autres détails. Le lieu choisi aurait été une hauteur de la forêt viennoise, devant le fameux temple des Hussards, un monument de style classique élevé à la mémoire des soldats autrichiens tombés lors des batailles napoléoniennes d'Aspern et de Wagram. Au sommet de ce mémorial, on peut lire : « Pour l'Empereur et la Patrie. » Le site est Mödling, un village de vignerons. En descendant vers le sud-ouest, la route, sinueuse, conduit en moins de dix kilomètres au hameau de... Mayerling !...

Mitzi, qui aurait d'abord éclaté de rire, croyant à une proposition sous l'effet du vin, a finalement pris peur ; elle avertit le policier Meissner qui la file en permanence ; l'homme est un fin limier, sachant beaucoup de choses, et il avait été très efficace pour étouffer les scandaleuses incartades de Guillaume II, le *Kaiser* débauché. Le rapport très précis de l'inspecteur est remonté jusqu'au sommet de sa hiérarchie, mais, inexplicablement compte tenu de la gravité des informations qu'il recelait, le document confidentiel n'est jamais arrivé jusqu'à l'empereur. Inconscience ? Peur d'une réaction affolée ou violente du souverain ? Conspiration du silence au nom du secret d'État ? Incrédulité en songeant aux plaisanteries et aux allusions de mauvais goût dont le prince héritier est coutumier ? Inexistence de la menace ou, au contraire, premier degré d'une machination ? On l'ignore toujours. Mais une lettre existerait, révélant les inquiétudes de Mitzi Kaspar. Une lettre qui pourrait fort bien avoir été dictée ultérieurement, bien sûr, à la galante Mitzi qui n'était pas en mesure de refuser un « témoignage » aux autorités policières et avait besoin de se faire oublier. En suivant cette piste, qu'on a présentée comme une « preuve » du caractère suicidaire de Rodolphe, le drame aurait pu survenir deux ou trois mois plus tôt. Mais Mitzi Kaspar avait le bonheur d'aimer la vie, la mort n'était pas son refuge. La fameuse lettre n'ayant jamais été produite, une explication a circulé, également sans preuve : c'est le baron Krauss lui-même qui aurait interdit à Mitzi de révéler quoi que ce soit de l'affaire ; il l'aurait même menacée si elle parlait, car il s'agissait du futur empereur... Notons, également, que les tendances morbides de l'archiduc sont à considérer sous deux aspects. Chez les Habsbourg, la fréquentation de la mort est une habitude. Le rituel d'éparpillement des corps, l'observance de deuils interminables, la tradition d'humilité imposée aux illustres défunts avant d'être inhumés dans la crypte des Capucins, prouvent une familiarité quotidienne avec le terme de la vie humaine. L'extraordinaire tombeau baroque de Marie-Thérèse et de son époux François de Lorraine dont les côtés sont flanqués de quatre têtes de mort couronnées en est un exemple impressionnant. Par ailleurs, qui, dans une vie trépidante mais contrariée où l'idéal le plus pur se heurte à la réalité la plus sordide, qui n'a pas songé, ne serait-ce qu'un instant, au suicide comme seule solution à tous ses désespoirs ?

Le mélange de faits avérés et de mensonges fabriqués pour compromettre la mémoire de Rodolphe dans tous les domaines s'apparente à un labyrinthe doté d'un jeu de miroirs déformants ; sans cesse, on bute sur des fausses pistes, des voies sans issue, des contradictions, des suppositions et des récits dont on ignore même l'origine. Son comportement désinvolte et immoral facilite les démarches de ceux qui veulent le discréditer. Ses idées audacieuses justifieraient son attitude et, à l'inverse, sa manière d'agir n'aurait pas d'autre explication que son caractère frondeur et révolutionnaire. Ainsi, vers 1887, Rodolphe et Stéphanie, devenus inconditionnels des rivages de la Croatie et attachés à l'expansion de cette région attrayante, avaient encouragé un industriel à construire des hôtels de luxe. Du côté d'Abbazia, on devait à cet investisseur fortuné, Emil Kuranda, *l'hôtel Princesse héritière Stéphanie*. Juif, Kuranda déclenchait l'ire des milieux antisémites déplorant sa mainmise sur l'aristocratique villégiature. François-Ferdinand, le cousin de Rodolphe qui fustigeait sa conduite, avait même déclaré que la station était devenue un « aquarium juif »... et que le futur empereur – il l'affirmait ! – était l'amant de Annie Kuranda, l'épouse de l'homme d'affaires. Furieux, Rodolphe, qui souffrait des yeux et avait préféré renoncer à la chasse prévue à la fin de cet hiver 1888, s'était rendu seul chez les Kuranda pour dîner, tenter sa chance à la roulette du nouveau casino et flâner sur les promenades longeant le bord de mer qui venaient d'être éclairées. Rodolphe écrivit alors à Stéphanie pour lui jurer que, contrairement aux ragots, il n'était pas l'amant de Mme Kuranda et lui rappeler qu'elle le savait très bien. Il était conscient qu'on lui pardonnerait ses adultères, sauf s'il avait une maîtresse juive[1]...

D'une certaine manière, l'archiduc envie l'exemple de ses

---

[1]. Papiers personnels de Rodolphe, lettre du 4 mars 1888. (Brigitte Hamann, *op. cit.*).

parents. La franchise et la sérénité semblent désormais régler les rapports du couple impérial. Il semble même que grâce à Mme Schratt, compagne intérimaire choisie par Sissi et dont la présence fait jaser, un équilibre réel se soit mis en place entre François-Joseph et Élisabeth. Douce, fine, la comédienne-maîtresse a empêché une rupture totale entre le mari et la femme et sait être conciliante pour l'un comme pour l'autre. Elle est aussi l'amie des deux. Un exploit ! Chez Rodolphe, rien de comparable. La déchirure avec Stéphanie est irréparable et leur mésentente définitive, du moins selon l'archiduchesse. Se plaignant des scènes que lui fait son mari – et omettant les siennes –, la princesse affirme : « (...) Au cours d'un de ces incidents, il ne se gêna plus pour me parler, en public, de ses scandaleuses aventures amoureuses. Finalement, il en arrivait à me menacer parfois de mettre fin à son existence en me tuant et en se suicidant. » Son mari – du moins l'homme qui aimerait encore l'être et à qui elle refuse toute chance de relations intimes – se sent incompris, traqué, mis à l'écart. Il est un banni de l'amour conjugal. Si Stéphanie se considère comme socialement bafouée, Rodolphe se dit isolé, meurtri parce que sa femme a cessé de l'estimer. Le mal dont il est atteint l'oblige à consommer des drogues aux effets contradictoires, tantôt des calmants, tantôt des stimulants. Son équilibre s'en ressent. Chez Stéphanie, le comportement de façade et la discipline du maintien issus d'une éducation stricte priment sur le fond, tandis que, malgré ses provocations et ses fautes de goût, Rodolphe a du charme, il plaît et séduit. Si Stéphanie, élégante, digne mais éteinte, s'accommode péniblement de la situation en voyageant de plus en plus pour éviter l'intimité d'un homme qui lui fait horreur, le prince héritier est souvent seul ou mal accompagné. Ses amis, ses camarades, ses maîtresses ne font que masquer la détresse d'un esprit qui rêve de vastes mutations européennes mais s'interdit de compromettre les institutions impériales. L'Autriche-Hongrie est menacée, il le sent. L'Empire, dont les fondations ont six siècles, lui semble à bout de forces dans un monde qui se rétrécit et a besoin d'aspirations nouvelles.

En cette fin d'année 1888, Sissi et sa belle-fille ont en commun d'être absentes de Vienne, celle-ci à Abbazia, celle-là en Bavière tandis que l'empereur et son fils sont restés dans la capitale, officiellement enchaînés par leur devoir, même si d'importantes nuances entre le père et le fils doivent toujours être rappelées. Stéphanie reçoit des vœux de bonheur qui sont autant de coups de poignard : « (...) La lettre de mes parents exprimait des ardents souhaits pour la naissance prochaine d'un héritier du trône, tant attendu. » On en déduit que les souverains belges ignorent l'état de guerre conjugale permanente entre leur fille et leur gendre.

Que fait l'archiduc le 31 décembre au soir ? Revenu d'Abbazia où Stéphanie a voulu rester, on sait seulement, avec certitude, qu'il écrit à son épouse une lettre pleine de vœux dont elle reconnaîtra elle-même que « le style léger et railleur ne pouvait être considéré comme l'expression d'une humeur morose » ; il y a donc une contradiction, flagrante et avouée, entre la noirceur tellement décrite de l'esprit de son mari à ce moment précis et la réalité. De plus, la princesse est partie sans sa fille, ce qui surprend de la part d'une jeune femme ne supportant son calvaire que par devoir de mère. Il apparaît, d'ailleurs, que selon les engagements de son père, Erzsi sera très souvent auprès de lui quand l'archiduchesse voyage :

« Chère Stéphanie,

« Je te souhaite pour le Nouvel An tout le bonheur imaginable, la santé et les jours agréables, une vie gaie et la réalisation de tout ce que tu désires. Ici, il ne fait pas froid mais bien moins chaud qu'à Abbazia ; de plus, l'atmosphère est imprégnée de brouillard et d'humidité. La petite est enrhumée mais sans gravité. Elle est très gaie et même exubérante (...). » Suivent des nouvelles d'un oncle, l'archiduc Louis, au comportement jadis scandaleux et que l'empereur avait assigné à résidence à Salzbourg. On l'a cru à la dernière extrémité, son frère était même venu à son chevet mais il va mieux au point que « (...) demain il se lèvera et après-demain, il pourra dîner aussi copieusement que d'habitude. Maintenant, je dois partir avec Pausinger et Adler. Je te réitère mes vœux de bonheur et je t'embrasse.

Ton Coco qui t'aime. »

Certes, si ces propos sont attentionnés, ils manquent de chaleur, comme s'il écrivait à une étrangère. Ne l'est-elle pas devenue, d'ailleurs ? Cependant, il reste fidèle à sa signature « Ton Coco qui t'aime », pathétique référence à une intimité détruite, peut-être un appel au secours, maladroit comme beaucoup d'intentions et de gestes amoureux quand la frontière de l'irréparable a été franchie. Rodolphe persiste, en vain ; sa femme s'abrite derrière la double cuirasse de la souffrance silencieuse et de l'indifférence proclamée.

Mardi 1er janvier 1889. Vienne est ensevelie sous une brume neigeuse. Dans les environs, le parti social-démocrate tient son congrès qui doit déboucher sur une véritable unification du mouvement, lequel fera naître le courant « austro-marxiste » dans « Vienne la Rouge ». Cette assemblée intéresse beaucoup Rodolphe et... la police.
C'est une étape. Il y a quatre ans, alors à Prague, le prince avait écrit à Szeps : « Regardez comme le parti socialiste a progressé et ceci en quelques années. En Bohême, ses membres et sympathisants sont uniquement ceux qui font fi des différences nationales, pour ne s'intéresser qu'à des objectifs plus élevés... Si vous me faisiez connaître votre opinion sur les mouvements socialistes en France et chez nous, je vous en serais reconnaissant. » La question des différentes nationalités de l'Empire est brûlante en ce premier jour de l'année. Sur le bureau de l'archiduc se trouve le texte de la nouvelle loi militaire adoptée au Parlement viennois. Elle oblige tous les aspirants au grade d'officier à apprendre et à parler parfaitement l'allemand, langue officielle de l'armée impériale. Rodolphe est soucieux de la sanction prévue en cas de connaissance linguistique insuffisante des populations non autrichiennes, en particulier en Hongrie et en Bohême ; les candidats devront passer un deuxième examen, ressenti comme une punition. Déjà, en prévision du vote au Parlement de Budapest, les Hongrois, avec leur sens pratique, cherchent à contourner ce règlement tandis que les Tchèques, légalistes, remuent ciel et terre pour adoucir ce paragraphe du texte voté à Vienne par la Chambre des députés juste avant de se mettre en congé. L'archiduc constate, inquiet, que la langue allemande étend sa domination dans l'Empire alors que lui, le prince destiné à régner sur une quinzaine de nationalités, a été contraint d'apprendre leurs idiomes pour ne pas se présenter en germaniste dominateur ou laisser supposer une préférence... Le prince est étonné de cette anomalie. Parler la même langue qu'en Allemagne, n'est-ce pas, en définitive, un piège, malgré les différences régionales et les accents ? Et ce même jour, comment ne pas s'inquiéter de la parution du premier numéro de la *Gazette*

*allemande du Peuple*, quotidien des antisémites viennois ? On comptait déjà un hebdomadaire de cette mouvance dans la capitale, d'autres à Gratz et à Prague. Comme le remarque un témoin français, qui relate l'affrontement – d'une violence inconcevable aujourd'hui – de ces journaux virulents : « On voit que le mouvement n'est pas près de s'enrayer. »

L'année 1889 commence donc d'une manière inquiétante. De surcroît, Rodolphe a appris que cinq semaines plus tôt, Reuss, l'ambassadeur d'Allemagne, avait dû répondre à Bismarck que le prince n'avait pas de domestiques d'origine allemande à son service mais seulement des Tchèques en qui il avait confiance. Reuss rêvait donc d'avoir des espions à sa solde du côté de l'office, des cuisines, des écuries de l'archiduc. D'autre part, une rumeur prétendait que François-Joseph comptait abdiquer prochainement. Ce n'était pas nouveau ; l'empereur, agacé, démentait régulièrement sa volonté de transmettre le flambeau, mais avec le temps, la probabilité de cette décision se renforçait puisqu'il aurait bientôt soixante ans. Rodolphe serait, peut-être, plus tôt que prévu un empereur et un roi aux idées trop modernes. On s'en soucie à Berlin. Bismarck avait envoyé une dépêche au prince Reuss révélant sa préoccupation : « Nous déplorons que le prince héritier ait contracté des relations étroites non seulement avec des esprits littéraires et des journalistes, mais qu'il soit aussi, selon vos propres affirmations, impressionné par des directeurs de journaux qui ont bel et bien reçu de l'argent français et entretiennent toujours des relations avec Paris. Si le prince continue dans cette voie, nous pouvons nourrir de vives appréhensions pour l'avenir... » Guillaume II et Bismarck restaient ulcérés de l'article louangeur publié par *Le Figaro* six semaines plus tôt, annonçant qu'avec Rodolphe l'Autriche serait dirigée par un souverain éclairé et gommerait l'insulte de Sadowa. En réplique, le *Deutsches Tagblatt* avait publié un texte titré : « Hostilité de l'Autriche envers l'Allemagne : On sait qu'un auguste personnage, contrairement à l'empereur François-Joseph, a manifesté une aversion morbide, basée sur la haine et l'envie, à l'égard de l'empereur allemand. (...) Le peuple allemand devra surveiller étroitement tous les courants antiallemands en Autriche. L'empereur François-Joseph est au-dessus de tout reproche... Toutes les instigations et incitations remontent à cette sinistre autorité[1]. » L'allusion était transparente. La « sinistre autorité » ne pouvait être que l'archiduc héritier. Bismarck confirme son souci du moment dans ses Mémoires, publiés dix ans plus tard : « (...) L'Allemagne se sent en sécurité en la personne de l'actuel empereur d'Autriche... mais une politique à long terme doit tenir compte de toutes les éventualités qui se trouvent dans le domaine du possible[2]. »

Désormais, Rodolphe est non seulement surveillé étroitement par la police de son père, mais aussi épié et traqué par tous ceux qui ont intérêt à le tenir à l'écart de toute activité politique réelle. Ses amis le mettent en garde ; les campagnes de presse contre lui sont des avertissements. À l'opposé de la haute société que l'archiduc rudoie et qui le méprise, les classes populaires sont comme lui, impatientes d'insuffler à la vieille Autriche un nouveau dynamisme. Ces aspirations dérangent les partisans de l'immobilisme. Le 10 décembre, donc il y a trois semaines, l'ambassadeur d'Allemagne a, de nouveau, été pressé de questions par le cabinet de son ministre. Par une dépêche confidentielle, le prince Reuss a répondu : « Je n'ai rien de nouveau à dire aujourd'hui sur l'archiduc Rodolphe mais je recevrai, probablement bientôt, de plus amples informations. »

Autour du prince héritier, l'étau se resserre.

---

1. Édition de Berlin, le 22 novembre 1888. Voir le remarquable et courageux livre de Victor Wolfson, *The Mayerling Murder*, paru en 1969 sous un titre qui ne laisse aucun doute sur la conviction de l'auteur : « Le crime de Mayerling ». Traduit en français par Marie-Louise Audiberti, l'ouvrage est paru sous un titre très édulcoré, *Mayerling, la mort trouble* (Robert Laffont, collection « Les ombres de l'Histoire », 1970).

2. Otto von Bismarck, *Réflexions et Souvenirs*, édition française, 1899.

CHAPITRE 12

L'INCONNUE DU PRATER

*A priori*, l'événement ne mérite pas d'être transmis à l'ambassadeur d'Allemagne tellement il est banal. Mais dans l'univers opaque du renseignement, il n'est pas d'information mineure, surtout lorsque le personnage surveillé occupe le rang d'un futur souverain et que ses fréquentations dérangent l'ordre établi. Tout sert ou peut servir. L'aventure recèle une notable différence avec ce que l'on sait jusqu'à présent de la vie de Rodolphe. Que l'archiduc ait une nouvelle maîtresse ne fait que rajouter un nom sur une liste déjà longue, mais jamais le prince héritier n'a connu une amante aussi jeune ; en effet, la demoiselle n'a que dix-sept ans. Elle est neuve dans la vie et – on le suppose – en amour. L'âge de la personne qui va accompagner Rodolphe dans sa destinée tragique est le premier élément de cette histoire d'un romanesque légendaire. Il explique beaucoup de choses mais pas toujours dans le sens d'une fulgurante et brève passion amoureuse, rendue célèbre uniquement par la mort et ses circonstances troubles. L'âge est une certitude : Mary Vetsera est née le 19 mars 1871 à Vienne. En revanche, savoir où et quand elle et Rodolphe se sont réellement rencontrés reste, encore aujourd'hui, un point de discussion, parmi bien d'autres.

Nous avons déjà relaté l'existence de la famille Vetsera puisque la baronne Hélène Vetsera, la mère de Mary, était parvenue à approcher la famille royale en Hongrie, à Gödöllö. Il lui avait fallu de l'audace, elle n'en manquait pas. Née Baltazzi, une très riche famille levantine d'origine grecque qui se flattait aussi d'attaches vénitiennes et anglaises, elle avait épousé Albin Vetsera, l'administrateur des biens du sultan de Constantinople. Remarquons la différence d'âge entre les mariés, vingt-deux ans.

L'amour ne pouvait être le seul ressort de cette union. La position d'Albin Vetsera ajoutée à la dot de sa femme Hélène constituaient une solide fortune. Le titre de baron devait bientôt accompagner leur désir de reconnaissance sociale. Il ne suffisait pourtant pas pour permettre au baron et à la baronne de paraître à la cour de Vienne où l'on exigeait seize quartiers de noblesse de chaque côté... Mais comme le baron possédait une écurie de course, les rencontres avec l'ancienne aristocratie, fort active dans le monde équestre, avaient été d'abord normales puis fréquentes. Deux des frères d'Hélène avaient participé à la fondation du Jockey-Club de Vienne, en 1866, inspiré des cercles éponymes britannique et français. Et finalement, le maître d'équipage d'Erzsébet en Hongrie, le comte Esterházy, avait invité les Baltazzi et les Vetsera aux chasses de Gödöllö. Les frères Baltazzi, excellents cavaliers, étaient admis à suivre l'impératrice dans ses chevauchées intrépides. Pour Hélène, d'une ambition sans bornes, c'était atteindre la Terre promise. Ayant constaté l'arrivisme du clan Vetsera-Baltazzi, François-Joseph et Sissi s'en amusaient mais « leur manifestaient une grande bienveillance ». Et nous avons vu que la baronne, qui avait deux filles à marier, comptait passer du « troisième cercle » de la société viennoise au premier rang. D'un snobisme inouï, Hélène Vetsera n'entendait pas être seulement conviée aux chasses hongroises ; elle visait les bals et les réceptions à la Hofburg. C'était un objectif beaucoup plus audacieux, ne fût-ce que parce que si le protocole est assoupli à Budapest, de tels aménagements sont impensables à Vienne où l'Empire s'appuie sur les traditions. Il fallait donner des gages et commencer par changer de domicile, ce qu'elle avait fait. Quittant la périphérie et les rues extérieures de la Leopoldstadt habitées par les petits commerçants et les artisans juifs, elle s'était fixée près du Ring. Rappelons encore que la dame d'honneur de Sissi, méfiante et dressée à démasquer les arrivistes, notait dans son journal que Mme Vetsera parviendrait naturellement à se faire des relations grâce à sa fortune, car « (...) l'aristocratie viennoise est extrêmement tolérante en matière de flirts et il est beaucoup pardonné à une femme qui dépense son argent avec prodigalité pour recevoir les autres ». Enfin, ultime rappel, la baronne Vetsera s'était astucieusement placée dans le champ de vision de Rodolphe qui avait alors vingt et un ans. L'empereur, cette fois, s'était dit stupéfait d'un tel culot. Oui,

Mme Vetsera mère poursuivait Rodolphe ! Oui, elle lui avait offert un cadeau... Et pour faire bonne mesure, certains ajoutèrent que la baronne, qui aurait pu être la mère de l'archiduc, était devenue brièvement sa maîtresse, à moins qu'elle ne soit demeurée aux prémices d'une liaison. Depuis Stendhal, ces situations, souvent scandaleuses, prenaient la forme de romans populaires lus en cachette.

En résumé, à l'automne 1888, les Vetsera étaient connus de la Cour mais n'y avaient toujours pas leurs entrées. Ils étaient les sujets de potins mondains et demi-mondains parmi des centaines d'autres. La baronne avait multiplié les efforts pour se hisser au sommet des faveurs, s'insinuant par tous les moyens dans l'entourage impérial, en particulier grâce à la nièce morganatique de Sissi, l'intrigante et complexée Marie Larisch, maillon faible des usages familiaux.

Inévitablement, Rodolphe avait croisé, vu, revu la baronne Vetsera, inoubliable ne serait-ce que par son audace calculatrice. Il avait pu entendre parler de ses deux filles, peut-être même les avait-il aperçues bien que, dans un souci d'éducation irréprochable, ces demoiselles ne sortissent jamais sans leur chaperon et ne reçussent leur courrier qu'après que leur mère en avait pris connaissance. La baronne était obstinée, le monde la tenait à distance. On lui faisait comprendre qu'il y avait « autour » et « alentour ». Elle avançait dans la notoriété que confère l'argent, certes, et de grands noms appréciaient les fastueuses soirées de son palais de la Salezianerstrasse, près du Ring. Les jaloux de sa fortune assuraient qu'elle n'avait pas de charme. Elle l'avait remplacé par un art d'aguicher les hommes qui lui valait autant d'inimitiés que d'attentions, d'autant plus que son vieux mari, souvent absent puis souffrant, était mort au Caire, en 1887. Marie Festetics avait encore raison de noter que la baronne s'empressait de rendre service à tout le monde pour en user habilement, car « (...) ses filles grandissent, elle commence à les former. Elle a l'intention d'aller à la Cour et de s'avancer dans le monde, ainsi que sa famille ». Le crédit social procuré par les dettes morales des autres est précieux. En résumé, les Vetsera étaient bien identifiés et catalogués. Mary n'était qu'un simple prénom. Une jeune fille inconnue de Rodolphe, qu'il n'avait même pas remarquée lors du jubilé de la reine Victoria où, par un tour de force, la baronne Vetsera avait réussi à être invitée à une soirée. Diverses allégations, aujourd'hui abandonnées, ont prétendu que l'archiduc avait rencontré, c'est-à-dire au minimum salué, Mary au printemps 1888, en avril ou en mai. Aucun élément tangible ne confirme cette date vraisemblablement inventée pour donner de la consistance à l'histoire d'amour en y ajoutant quelques mois. En revanche, l'automne 1888, il y a donc environ huit semaines, est le moment le plus probable d'un entretien entre le prince et la jeune fille ; encore faut-il faire la différence entre une occasion mondaine au milieu d'une foule, une rencontre plus ou moins arrangée et un véritable rendez-vous à deux.

Au début d'octobre 1888, alors que la haute société viennoise est à ses chasses et reçoit dans ses châteaux, la comtesse Larisch-Wallersee arrive de son domaine situé entre Prague et Vienne et se livre au rituel inverse, les emplettes et achats d'hiver. Descendue au *Grand Hôtel*, où elle a ses habitudes sur le Ring et face à l'*Hôtel impérial*, elle rencontre fortuitement Hélène Vetsera, toujours exclue des manifestations cynégétiques dans la partie autrichienne de la monarchie. La baronne s'empresse d'inviter la comtesse à déjeuner, car, en dépit des dissensions familiales, avoir à sa table une nièce de l'impératrice qui est aussi une cousine de l'archiduc héritier représente un atout précieux, presque un sésame puisque la fille du duc Louis en Bavière passe pour une protégée de sa tante, Sissi[1]. Au cas où la baronne, maintenant veuve, aurait eu jadis un moment d'égarement avec le jeune Rodolphe, la situation n'en serait que plus piquante... Et que dire si, selon d'autres rumeurs, Marie Larisch, perverse et qui

---

1. Louis, né en 1831, est l'aîné des neuf enfants de Max et Ludovica, et Sissi en est le quatrième. Ayant renoncé à ses droits dynastiques, le duc Louis avait épousé, en 1859 et contre l'avis de sa famille, une comédienne, Henriette Mendel, titrée baronne de Wallersee. Leur fille Marie, née en 1848, était connue sous le patronyme de son époux d'origine bohémienne, Georges Larisch, mais portait aussi ses deux noms, selon l'usage de l'époque. Longtemps, Sissi s'était efforcée de faire oublier à sa nièce les conditions humiliantes, selon Marie, de sa naissance. Depuis, l'impératrice, déçue, avait pris ses distances. Marie en était vexée, car elle avait perdu divers avantages et éprouvait à l'égard de la mère de Rodolphe un sentiment de vengeance. À cette date, la baronne Hélène Vetsera ignore sans doute la situation marginalisée de Marie Larisch.

souffre d'un complexe social comparable à celui de la baronne, avait été la première maîtresse de Rodolphe ? Un charmant déjeuner de femmes prêtes à tout auquel assiste Mary, jeune demoiselle silencieuse. La conversation vient – comme par hasard ! – sur Rodolphe. Immédiatement, les yeux de la jeune fille s'enflamment. Rodolphe ! Le prince héritier ! Voilà six mois qu'il a envahi son esprit, bouleversé son comportement, hanté ses rêves... Soyons clair : elle n'a pas encore rencontré le prince charmant mais elle l'a aperçu sur le champ de courses de Vienne où il inaugurait une série de reprises. Lui, bien entendu, ne l'a pas vue. Mary était en famille. C'était le 12 avril. On peut retenir cette date grâce aux confidences que Mary, le soir même et le rouge aux joues, livre à sa femme de chambre Agnès et à son professeur de piano, Hermine. À ces deux femmes qui s'étonnaient du trouble soudain de l'adolescente, Mary n'avait pu s'empêcher d'avouer qu'elle était tombée amoureuse du prince héritier. Comme ça, simplement en le voyant. Le coup de foudre, un traumatisme unilatéral, répétons-le. À la personne atteinte par la flèche de Cupidon, il importe peu que l'autre – qui n'est pas informé ! – soit également amoureux. Il le sera obligatoirement ! Toute tentative de raisonnement est inutile, on ne peut rien contre une obsession de ce genre. Hier comme aujourd'hui, les passions les plus aléatoires pour des politiciens ou des célébrités du spectacle font les mêmes ravages. Des millions d'amours, à distance et innocentes, naissent ainsi. Et meurent de même aussi vite qu'une fièvre peut retomber. Certains fantasmes, rares on le sait, deviennent la réalité. En termes familiers, depuis six mois Mary est sur un nuage, elle rêve comme une midinette et se promet d'atteindre son but, rencontrer le prince et vivre une folie avec lui. Elle a l'âge de l'absolu. De ce point de vue, elle est sincère, ce qui n'empêche pas l'inconscience.

Sa mère a compris. D'urgence, elle adopte la solution classique pour éteindre les feux d'un amour de jeunesse ; Mary va partir avec elle pour l'Angleterre au cours de l'été ; elle verra de la famille, un autre pays, visitera des régions inconnues et pensera certainement à autre chose. La baronne ignore que sa fille, braquée et butée, glisse à sa femme de chambre inquiète, avant de partir pour Londres : « Je jure que je n'en aimerai pas d'autre. » Une Hongroise alliée à la famille royale, la comtesse Apponyi,

avance que Mary a la « tête montée » par les romans français...
évidemment ! C'est oublier la responsabilité de Shakespeare
avec sa tragédie des amours maudites...

Exaltée et dissimulatrice, Mary poursuit son rêve. Elle a des
prétendants qui ne l'intéressent pas mais conviennent à sa mère ;
l'un d'eux, le favori, est un prince d'origine portugaise officier
dans l'armée autrichienne, le duc Michel de Bragance. Pour
Mary, il présente un immense avantage puisqu'il est le frère de
la troisième épouse du deuxième frère de François-Joseph, l'archiduc Charles-Louis. Il a donc ses entrées à la Cour et est
nécessairement proche de Rodolphe. Mais après ce constat, que
faire ? Demander une audience ? Ce serait fou, impensable et
ridicule. Le hasard vient au secours de la jeune fille. Lors de
l'inauguration du nouveau Burgtheater, le 14 octobre, tout
Vienne est présent. Les habitués de l'ancien théâtre viennent
vérifier les médisances qui circulent, à savoir que la scène est
trop étroite et que les difficultés techniques, en particulier pour
les changements de décors, vont obliger la direction à... fermer
pour d'indispensables travaux ! Accompagnant sa mère, Mary
se moque bien de ces péripéties – un scandale – et n'a d'yeux
que pour la loge impériale où Rodolphe a pris place. Elle ne voit
plus que lui, ce qui est normal, car il est plus en vue qu'elle et lui
ne peut, vraisemblablement, la distinguer dans la foule, même si
ses cheveux relevés en chignon piqué d'un croissant de diamants
et sa robe de tulle blanc sont ravissants. Si on est certain que
l'archiduc et la demoiselle sont dans la même salle mais séparés
par des centaines de spectateurs, il est difficilement imaginable
que Mary ait été présentée à Rodolphe sans qu'une trace mondaine en ait été gardée. Mais, selon un document britannique
conservé dans les archives du château de Windsor, le prince de
Galles, présent à ce spectacle et dont l'œil est exercé à discerner
prestement les femmes ardentes, aurait remarqué Mary qu'il prétendait avoir déjà rencontrée ; son attention ayant été attirée par
son ami Édouard, Rodolphe aurait jugé que cette jeune fille était
une des plus jolies de l'assistance. C'est tout. Il ne la connaît
toujours pas.

La suite est difficile à éclaircir, car la chronologie se fonde
d'une part sur les mémoires de Marie Larisch et d'autre part sur
un mémorandum de la baronne Vetsera, ces deux textes
excluant leurs responsabilités respectives dans le drame et

réfutant un rôle majeur dans la rencontre entre le prince et la jeune fille. Imprécisions, erreurs, confusions de dates et commentaires suspects *a posteriori* jettent le doute sur la valeur de ces témoignages visiblement arrangés pour être favorables à leurs auteurs ; ils sont également peu fiables sur d'autres épisodes que la tragédie. Marie Larisch, en particulier, se livre à un règlement de comptes avec sa famille officielle auquel ses outrances retirent presque toute crédibilité. Son récit est un monument de désinformation et d'erreurs factuelles grossières. Seul un journal intime authentifié, tenu par Mary à cette époque, serait convaincant. Nous ne disposons que de fragments de sa brève correspondance.

Toutefois, on peut, approximativement, reconstituer l'approche finale. D'un côté, Marie Larisch aurait parlé à Rodolphe de la demoiselle Vetsera, fort éprise de lui, vierge mais dotée du tempérament oriental de sa mère et prête à lui offrir son honneur ; de l'autre, la jeune baronne aurait écrit une lettre au contenu irrésistible destinée à l'archiduc. Elle l'attend, elle ne sera qu'à lui. Ensuite, il lui fallait faire parvenir ce courrier à son haut destinataire. On pense qu'Agnès, la femme de chambre dans la confidence depuis le début, se serait chargée de faire parvenir la missive à la Hofburg. Un stratagème d'opéra ! Et enfin, au cours de la dernière semaine d'octobre, Rodolphe aurait répondu à la jeune fille, sous couvert de la précieuse domestique. Les deux procédures ne sont pas incompatibles, elles se complètent. Une jeune fille ?... Cela change des femmes mariées infidèles, des aristocrates désœuvrées et des prostituées coûteuses. Dans sa réponse, le prince héritier propose à l'inconnue un rendez-vous au Prater.

Le Prater ! Tout un symbole ! Longtemps réservé aux chasses de la Cour et au seul plaisir des illustres familles, ce vaste parc de mille sept cent douze hectares s'étend entre le Danube et le canal latéral, au nord-est de la cité. En 1776, l'empereur Joseph II, le libéral frère de Marie-Antoinette, avait décidé d'ouvrir le Prater au bon peuple. Vienne était sinistre, il fallait l'égayer. Depuis, les raisons de s'y rendre sont nombreuses. Il y en a pour tous les goûts ; dans la grande allée, bordée d'une quadruple rangée de marronniers, les élégantes font admirer leurs toilettes et leurs équipages à des horaires convenus. Dans la partie antérieure plus populaire, les orchestres rivalisent d'entrain et de nostalgie ; les baraques vendant des charcuteries, du vin et de délicieux gâteaux alternent avec les cafés chantants et des attractions foraines dont un célèbre théâtre de marionnettes où l'on suit les mésaventures de Wurstel (Polichinelle). C'est au Prater, en 1815, que le congrès de Vienne s'amusait entre un mot de Talleyrand et une exigence de Metternich ; c'est au Prater qu'est né le triomphe de la valse viennoise lors de véritables joutes musicales, la baguette de Joseph Lanner affrontant celle de Johann Strauss père pour l'immense satisfaction du public le plus mélomane du monde. Même l'impératrice se rend au Prater, mais très tôt le matin, pour ses exercices à cheval qu'elle aime pratiquer à l'abri des regards ; seuls quelques habitués guettent le passage de l'amazone impériale en soulevant leur chapeau ou leur casquette. Dans la journée, un rendez-vous au Prater est donc ce qu'il y a de mieux pour se retrouver dans la foule sans trop attirer l'attention. Le brassage social y est permanent, ce qui convient à l'archiduc. Le comble est que vers le Danube, où sont aménagés de nouveaux quais et quartiers, se dresse le... *pont du Prince Impérial Rodolphe* ! Mais comment Mary Vetsera, dix-sept ans et sans cesse surveillée, peut-elle s'y rendre ? Marie Larisch est l'intermédiaire idéale. Sous prétexte d'emmener la jeune fille faire des courses et prendre un chocolat chez Demel, elle devient le chaperon de Mary. La baronne Hélène a confiance et est évidemment flattée. De la rencontre elle-même, on sait seulement que la jeune fille avouera à son professeur de piano, qui a quitté Vienne pour Francfort : « Marie me présenta. » D'un côté, un faux hasard ; de l'autre un moment d'émotion pure. Il est quatre heures du soir, la lueur des lanternes vacille, la nuit est déjà une alliée. Mais quel peut-être l'état d'esprit de l'archiduc, arrivé dans un fiacre anonyme conduit par l'indispensable Bratfisch ? Il y a d'abord, sans doute, la curiosité. Une demoiselle si impatiente, si entière, jolie de surcroît, voilà qui est excitant. Ensuite, retenons la flatterie éprouvée par un homme semblable à tous ceux qui sont sensibles aux attraits féminins ; Rodolphe a toujours été un séducteur sans avoir à se donner grande peine pour obtenir ce qu'il désirait. On se bouscule pour ses faveurs mais lui juge que bien des femmes dites du monde sont capricieuses ! Enfin, il est une troisième considération qu'il faut évoquer, celle du service rendu à Marie Larisch, sa cousine. Elle connaît quelques difficultés matérielles.

Complices, tous deux savent estimer la valeur d'une introduction dans un milieu auquel on a du mal à accéder. En acceptant de rencontrer Mary Vetsera et en mettant cet événement sur le compte de sa relation avec l'archiduc, la comtesse Larisch ne peut qu'être précieuse à la baronne, toujours raillée pour ses manières de nouveau riche. Rodolphe est accessible, Marie Larisch très utile et soulagée de reprendre un rôle discret auprès de l'héritier de la double monarchie. La cousine est une entremetteuse née.

Mary Vetsera est-elle aussi jolie qu'on l'a dépeinte ? Portraits et photographies ne révèlent pas tout. Les avis sont partagés, selon qu'ils concernent son visage ou son corps. Marie Larisch ne peut que vanter les charmes de sa protégée, en soulignant sa fraîcheur et sa beauté : « (...) Elle n'était pas grande et sa silhouette souple et son buste bien développé la faisaient paraître plus que ses dix-huit ans [1]. Elle avait un teint ravissant et sa bouche voluptueuse et rouge s'ouvrait sur de petites dents blanches que j'appelais "des dents de souris". Le nez de Marie était légèrement retroussé, ce qui donnait à son adorable visage un piquant supplémentaire et je n'avais jamais vu d'aussi beaux yeux que les siens, d'un bleu profond avec des cils recourbés et rehaussés par de fins sourcils. Ses cheveux châtain foncé étaient très longs ; elle avait de jolies mains et de jolis pieds et elle marchait avec une grâce séduisante et ondulante, qui était irrésistible. » Les documents dont on dispose, peu nombreux, montrent une jeune fille aux traits plutôt lourds, d'aspect potelé. L'ancienne ambassadrice britannique lady Walpurga Paget, qui peut enfin dire dans ses souvenirs tout ce que sa position lui interdisait de formuler quand son époux était en poste à Vienne, écrit que Mary était « courte, plutôt trapue, avec une épaule plus haute que l'autre mais par ailleurs bien développée [2] ». Un joli minois, des formes déjà généreuses, un regard porteur d'amour, une coquetterie d'instinct, une innocence prête à succomber, il faudrait être de marbre pour ne pas être intrigué, voire amusé et attendri, par la nouveauté de la situation, délicieusement amo-

---
1. Exemple d'erreur de Marie Larisch : au moment de cette première rencontre, Mlle Vetsera n'a pas dix-huit ans. Mais ses racines orientales lui donnent une maturité précoce.
2. *Ambassades d'autres temps*, Hutchinson, 1923.

rale. Car enfin, elle ressemble beaucoup à sa mère... En cette fin d'octobre 1888, celle qui, jusqu'à présent, ne s'intéressait qu'aux dernières créations de la mode parisienne et aux courses de chevaux, a décidé qu'elle se donnerait à l'archiduc héritier d'Autriche-Hongrie, beau, irrésistible et tellement malheureux à cause de sa femme si dure et prétentieuse, comme le lui a répété la trop aimable comtesse Larisch. Mary n'en doute pas un instant, elle peut rendre le prince heureux. Sa vie commence et s'arrêtera avec lui. Elle est vaniteuse et s'ennuie, deux éléments qui suffisent pour se jeter dans une histoire insensée. Comme dans un de ces romans à bon marché. Une folie ? Un bonheur ? Un rêve impossible ? Non, puisque Son Altesse Impériale et Royale est venue... Mais après les battements de cœur d'un rendez-vous un peu à l'écart de la foule des promeneurs, comment poursuivre cette tendre exploration ? Le protocole, les conventions, les barrières sociales et policières ne disparaissent pas comme dans un conte de fées. L'amour secret est, d'abord, une question de géographie. Où se revoir ?

Le prince est surveillé. S'il ne s'agissait que de sa femme, l'affaire serait simple. Mais la police impériale, volontiers maniaque, a ses ordres. Et dans son uniforme des hussards hongrois (bien qu'il soit inspecteur général de l'infanterie), l'archiduc est reconnaissable. Son allure, sa barbe, ses moustaches, sont bien connues. Comme son père, on ne le voit pratiquement jamais en civil. Sissi s'en était d'abord plainte puis avait déclaré, avec son humour féroce pour elle-même et sa famille, que même en complet-veston, François-Joseph avait l'air d'un cordonnier !

La comtesse Larisch n'est pas une débutante. Elle ne fera donc pas de suggestions irréalisables. Prêter son appartement au *Grand Hôtel* est hors de question. On ne saura jamais si c'est elle ou l'archiduc qui a l'idée la plus simple en même temps que la plus dangereuse. La garçonnière du prince à la Hofburg est ce qu'il y a de mieux puisqu'il y reçoit sans cesse, des femmes notamment. L'habitude peut se transformer en discrétion. Mais comment Mlle Vetsera peut-elle s'y rendre ? L'archiduc aime fixer ses rendez-vous et ses audiences tard le soir ou la nuit, car il s'endort plutôt sur le matin.

Comme il ne saurait être question que la jeune fille sorte le soir sans être accompagnée par sa mère, Rodolphe va aménager ses horaires. La jeune Vetsera n'est pas Clemenceau, il la recevra donc soit le matin, soit l'après-midi. Marie Larisch n'a plus qu'à trouver un nouveau prétexte pour sortir dans Vienne avec sa protégée. Le 4 novembre, la nièce de Sissi arrive de sa propriété de Pardubitz en Bohême, à environ cent soixante kilomètres au nord de Vienne. Rodolphe a fixé le rendez-vous au lendemain. On quitte les probabilités pour une date prouvée, en particulier par une lettre de Mary Vetsera à Hermine, son ancien professeur de piano. À noter que si cette dernière ne s'était pas installée en Allemagne, elle ne lui écrirait pas et nous ne disposerions sans doute pas d'un tel document :

« Chère Hermine,

« C'est une lettre heureuse que vous recevrez aujourd'hui, car j'ai été chez lui. Marie Larisch m'a emmenée faire des courses, puis nous sommes allées chez *Adèle* pour nous faire photographier, pour lui naturellement. » Naturellement... La référence à *Adèle*, photographe de la Cour et du monde, ainsi que le cliché des deux femmes côte à côte prouvent que Marie Larisch accompagne bien la demoiselle en ce jour pas comme les autres ; on les voit légèrement penchées l'une vers l'autre, ayant presque le même col garni de fourrure ; Mary porte une toque dégageant son visage poupin alors que le chapeau de la comtesse, beaucoup plus féminin, jette une ombre sur ses yeux. Pourtant, dans ses Mémoires, la comtesse, qui tente de se disculper à chaque paragraphe, ose assurer qu'elle n'a servi de chaperon à la jeune fille pour ses rendez-vous à la Hofburg qu'une seule fois, onze semaines plus tard, ce qui est faux... L'intérêt de la lettre de la demoiselle est d'être rédigée à chaud, par définition sans esprit de falsification ou d'omission. Les mots sont ceux de l'éblouissement. Ce que vit Mary Vetsera est trop beau pour être déformé ; elle n'écrit pas pour affronter le tribunal de la postérité et être acquittée par l'Histoire. Après la séance chez le photographe où plusieurs poses ont été prises « (...) nous nous sommes rendues derrière le *Grand Hôtel* où Bratfisch nous attendait. Nous avons caché nos visages dans nos boas, puis nous sommes parties en trombe pour la Hofburg. À une petite porte de fer, nous attendait un vieux serviteur qui, après nous avoir conduites par des escaliers et des pièces obscures, s'arrêta devant une porte par laquelle il nous fit entrer (...) ». Le cœur de Mary ne peut que battre la chamade, comme dans un roman de Théophile Gautier.

Arrêtons-nous un instant. On sait que si l'archiduchesse

Stéphanie a ses quartiers dans le sud du palais – qui constituent l'appartement officiel du couple héritier au deuxième étage –, Rodolphe utilise largement sa garçonnière dans la partie nord de la Hofburg. On y accède par une entrée discrète ouvrant sur la Josefsplatz où trône la statue équestre en bronze noir de l'empereur Joseph II qui jugeait que la musique de Mozart comportait... trop de notes ! Après être descendues puis remontées, les deux femmes suivent le valet silencieux et se retrouvent sous le toit du palais. Soudain, la lumière du jour inonde le corridor. Le serviteur est un habitué du trajet. Puis, à l'extrémité d'un autre couloir, il ouvre une porte. À cet instant, un étrange incident survient, confirmé aussi bien par la demoiselle que par l'entremetteuse : « (...) Quelque chose sortit de l'ombre avec un bruissement d'ailes pour venir tournoyer (...). » Elles crient. Une chauve-souris ? Non, un corbeau au croassement enroué qui terrorise les visiteuses en volant autour de leurs têtes et en cherchant à se poser sur leurs épaules. L'oiseau est apprivoisé et visiblement chez lui. C'est une bien curieuse présence que celle d'un corbeau familier si près du prince héritier. En effet, une ancienne légende veut que son apparition ou son vol annonce toujours un drame chez les Habsbourg[1].

Enfin, après avoir traversé une salle de chasse où des trophées devaient tenir compagnie au corbeau bien vivant, voici un vestibule et des double portes qui s'ouvrent sur une antichambre aux murs blancs rehaussés de filets d'or, la décoration normale des appartements. Mais il y a encore une porte et c'est donc dans ces deux pièces, le refuge de Rodolphe, où se sont déroulées tant d'audiences politiques secrètes et de rencontres galantes, qu'arrive une jeune fille amoureuse et qui ne se demande pas si elle rêve puisqu'elle vit son rêve. Clemenceau, qui avait précédé Mary dans le cabinet encombré de poufs, de draperies, de tabourets mauresques, de lourdes tables et d'un baldaquin hérissé comme une tente de bédouin, se divertirait de la présente rencontre, *a priori* moins dangereuse que sa visite...

Dès cet instant, un trio de complices est constitué. Deux

---

1. Le 9 septembre 1898, à Genève, Sissi et sa dame d'honneur, assises sur un banc du jardin Brunswick, sont effrayées par l'arrivée d'un corbeau « signe de malheur dans notre Maison », dit l'impératrice. Le lendemain, elle est assassinée à une cinquantaine de mètres de là...

hommes, dont c'est la fonction, sont associés à une femme dont c'est le tempérament. Bratfisch, le cocher, connaît les moindres ruelles de Vienne où la voiture du prince peut être relayée par un fiacre anonyme ainsi que les itinéraires à éviter ; Loschek, le valet, se glisse telle une ombre à travers la Hofburg dans ses moindres recoins.

Couloirs, escaliers, portes dissimulées et passages secrets lui sont familiers ; il sait qui introduire, qui peut patienter, qui doit attendre, qui doit sortir sans faire une rencontre inopportune. Enfin, la comtesse Larisch est à l'aise dans son rôle de pourvoyeuse. Deux domestiques, une aristocrate qui se sent déclassée, un lourd secret. Le récit de Mary Vetsera est très détaillé et il est normal que la jeune fille en fraude enregistre ce qu'elle voit et ce qu'elle entend avec la plus grande attention. Il n'est pas toujours conforme au récit ultérieur de la comtesse Larisch, laquelle, on l'a dit, noircit la conduite de Mary Vetsera qui, d'après elle, serait beaucoup plus rouée et moins oie blanche qu'on ne l'a affirmé. Ainsi, la comtesse a le sentiment que la jeune fille a déjà parcouru ce trajet complexe et appelé le corbeau par son nom, ce qui prouverait qu'elle est venue avant le 5 novembre. Enfin, le mémorandum de la baronne Vetsera, pathétiquement apocryphe, proteste contre cette allégation. Sa pauvre fille était pure, elle n'était jamais venue auparavant et la comtesse n'est qu'une demi-mondaine malhonnête et lâche ! Ainsi, personne n'est coupable...

Écoutons l'ingénue Mary : « (...) D'une pièce voisine, une voix nous appela : "Mesdames, venez par ici !" Nous entrâmes, Marie me présenta et aussitôt, nous nous trouvâmes pris dans une conversation à la manière viennoise. (...) » Ici, on peut objecter que la présentation avait déjà été faite au Prater... mais passons.

L'archiduc dit :

— Excusez-moi, mais j'aimerais parler quelques minutes en privé avec la comtesse.

Et il gagne la pièce voisine avec Marie Larisch. « (...) Je regardai autour de moi, raconte la jeune visiteuse. Sur son bureau se trouvaient un revolver et un crâne. Je soulevai le crâne, le pris entre mes mains et l'examinai sur toutes ses faces. Rodolphe entra brusquement dans la pièce et m'ôta le crâne des mains avec une profonde appréhension. » Plus tard, on ne manquera pas d'insister sur le caractère morbide de ces objets et de la scène prémonitoire qui suivit. La comtesse Larisch relate leur arrivée chez Rodolphe d'une autre manière : « (...) La porte s'ouvrit et le Prince impérial s'avança à notre rencontre. Rodolphe, qui portait un dolman, avait l'air très enjoué et il souriait tandis que nous échangions des saluts. "Venez dans ma chambre, nous y serons bien plus à l'aise." » Dans ce cas, aucune présentation n'est faite. De même, le bureau de Rodolphe n'est garni d'aucun objet sinistre ou, s'il y en a, ils ne sont pas visibles. D'ailleurs, il est jonché de journaux, de livres et de fleurs. Un peu plus loin, des partitions traînent sur un piano et un majestueux aigle naturalisé est fixé au plafond. Marie Larisch aperçoit une paire de lunettes de femme et en conclut qu'elles appartiennent à Stéphanie. Or on imagine mal, surtout à cette époque, l'archiduchesse partager l'intimité de la garçonnière de son mari ! Plus étonnant est le fait que, selon la nièce de Sissi, c'est à la jeune fille que Rodolphe a demandé de s'isoler avec lui pendant une dizaine de minutes. Qui croire ? La vérité est sans doute comme le mensonge, des deux côtés.

Signalons, selon le mémorandum de la baronne Vetsera, que Rodolphe aurait raccompagné lui-même sa cousine et la jeune fille par une salle très sombre puis un interminable escalier, et enfin déclaré à Marie Larisch : « Ramène-la-moi bientôt, je te prie. » Ici, on démasque le véritable mobile de l'intercession de la comtesse Larisch auprès de l'archiduc, le besoin d'argent. En effet, au retour, elle aurait avoué ses soucis matériels à la jeune fille et prié la demoiselle d'écrire à Rodolphe pour lui demander une somme de vingt-cinq mille florins en faveur de la comtesse. Mary avait plu à l'archiduc, ce montant était le salaire du secret. Un vrai feuilleton devait suivre où l'argent serait remis dans une enveloppe au nom de la femme de chambre de Mary, la dévouée Agnès. Puis, la comtesse aurait pris soin d'exiger que la jeune fille précise, par écrit, que cette somme provenait d'une part d'elle-même, d'autre part de sa sœur, comme gage d'amitié. Personne ne devait savoir que cet argent avait été remis par le prince héritier. Ainsi présentée, l'affaire prend un ton déplaisant : Rodolphe a payé sa cousine qui lui a trouvé cette perle rare qu'est Mlle Vetsera, un tendron comme il n'en a jamais pris dans ses filets. La comtesse Larisch agit et se comporte comme une maquerelle de luxe. Ce n'est pas surprenant. En revanche, la baronne Hélène Vetsera ne se rend pas compte qu'en acceptant cette combinaison financière, sa fille se laisse elle-même acheter... et que sa réputation d'amoureuse éperdue, idéaliste et seulement tourmentée par un irrésistible désir est singulièrement mise en pièces ! Il semble, selon des découvertes contemporaines du drame, que l'origine de ces fonds ait été éclaircie. Le baron Hirsch, à nouveau sollicité par un ami fidèle de Rodolphe, hongrois mais diplomate britannique en poste à Vienne, aurait accordé un prêt en espèces de cent mille florins à l'archiduc. Le recours à l'ami aurait eu pour but d'écarter les soupçons. Mais quelques achats complémentaires peu discrets eurent lieu et, croyant bien faire, un bijoutier avait envoyé à l'intendant de l'archiduc une facture acquittée. Ce paiement, hors la cassette personnelle de l'héritier, avait attiré l'attention de son secrétariat puisqu'on ne trouvait pas dans ses livres de comptes la sortie de la somme correspondante. L'argent venait donc nécessairement d'ailleurs.

Deux semaines s'écoulent. Le prince héritier est très absorbé. Il n'a pas le temps ni la possibilité de revoir Mlle Vetsera. D'ailleurs, Mitzi Kaspar n'a pas disparu de ses préoccupations. Le lancement de son journal *Noir et Jaune* et les campagnes de presse auxquelles il est mêlé, sans parler de ses missions pour l'empereur, rongent tout son temps. Entre le 5 et le 20 novembre, il se contente, croit-on, d'écrire à la jeune fille sous couvert de la femme de chambre et elle répond par le biais du valet Loschek, rompu à la discrétion la plus absolue. On ignore le contenu de ces échanges puisque ces lettres n'ont pas été retrouvées. La jeune fille est contrainte d'attendre le retour de la comtesse Larisch ; celle-ci, pourvue du viatique en espèces glissé dans son manchon, a regagné la Bohême et n'envisage pas de revenir à Vienne de sitôt. Elle estime peut-être que son rôle est achevé, voire qu'il serait imprudent de persévérer, car la baronne Vetsera pourrait finir par s'interroger sur les sorties répétées de sa fille. Celle-ci écrit à Hermine : « (...) Je ne peux le voir. Je me languis de lui à en mourir et peux à peine attendre le jour où elle reviendra. Elle m'a cependant promis de revenir bientôt et je compte déjà les heures, car, depuis que je le connais et que j'ai parlé avec lui, mon amour n'a fait que croître. J'étudie jour et nuit comment je pourrai le revoir, mais, sans Marie, c'est impossible. » Donc la comtesse Larisch a su se rendre indispensable ; sans elle, l'histoire d'amour resterait pour la jeune fille un monologue désespéré. Et la frustration ne fait qu'accroître son ambition.

La nièce de Sissi revient le 21 novembre, retardée par les funérailles de son grand-père, le duc Max en Bavière. Si la comtesse s'organise pour prétexter des courses à faire avec Mlle Vetsera, elle commence à se dégager de son rôle. Quand elle conduit Mary Vetsera jusqu'au *Grand Hôtel* où stationne Bratfisch, elle ne monte plus dans la voiture. Mary Vetsera va donc totalement seule à un nouveau rendez-vous avec l'archiduc. On en ignore le déroulement, il est seulement établi que la demoiselle doit être revenue au plus tard à cinq heures du soir derrière le *Grand Hôtel* d'où l'hypocrite comtesse la ramènera à son domicile, au numéro 11 Salezianerstrasse. Il est possible que ce premier rendez-vous sans témoin ait été marqué par une nouvelle promenade au Prater que l'on a pu confondre avec la première.

1er décembre 1888. François-Joseph est parti en direction de Trieste rejoindre Élisabeth au château de Miramar, le cadre choisi pour le jubilé impérial dans la stricte intimité. Rodolphe est soucieux. Une dépêche d'un de ses correspondants à Budapest revient sur le contentieux austro-allemand. « Malgré les démentis officieux, je puis vous affirmer que le conflit entre Vienne et Berlin est loin d'être calmé. Les observations présentées par l'ambassadeur Reuss ont été prises en très mauvaise part en haut lieu ; cependant, on désire pour le moment étouffer l'affaire, qui n'aura pas de suites. » La menace, toujours. Autour du respect réservé au souverain, la saison viennoise est brillante. L'Opéra impérial, qui annonce prochainement *Manon*, l'œuvre de Massenet créée à Paris il y a quatre ans, affiche ce soir le *Faust* de Gounod. Les deux mille deux cent soixante places se sont arrachées ; de l'orchestre au parterre, des loges aux galeries, on ne glisserait plus un éventail. Seules, pour une somme modique et selon l'usage, quelques personnes pourront rester debout, accoudées à des barrières au fond de la salle. Le rideau se lèvera à sept heures du soir. À cinq heures et demie, l'hôtel de la baronne Vetsera est illuminé. À travers les sept hautes fenêtres du premier étage, on devine une réception. Un dîner est servi avant le spectacle... que la baronne ne verra pas, car elle n'avait pas envie d'entendre la musique de Gounod qui, pourtant, fait courir tout Vienne. Parmi ses invités se trouvent le duc de Bragance, qui remarque combien Mary a changé ; sa spontanéité, ses enthousiasmes ont disparu. Elle semble dissimuler quelque chose, un chagrin, un rêve. Elle n'est plus la même jeune fille qu'il admirait, mais il est vrai qu'on évolue vite à son âge. Il y a aussi le comte et la comtesse Larisch. Celle-ci racontera que son mari trouvait Mary fort délurée et que son comportement de « cocotte » lui déplaisait depuis quelque temps. Il n'est pas enchanté que sa femme ait cédé aux supplications de la demoiselle pour être invitée dans leur loge. C'est entendu, Mary les accompagne à l'Opéra mais pas pour entendre le vieux Docteur Faust crier : « Je veux la jeunesse ! » Elle sait que le prince y assistera, elle sera la jeunesse qu'il attend... Qu'il soit au côté de sa femme et accessoirement de sa belle-sœur avec son mari Philippe de Cobourg ne la dérange pas.

Mary est invitée à s'asseoir à l'avant de la loge des Larisch. Si elle a envie de se montrer, elle a surtout le souci d'être vue du prince. Mlle Vetsera a passé des heures à se préparer. Le résultat est clinquant. Les brillants qui prolongent ses lobes d'oreilles sont trop gros pour une jeune fille et sa robe de crêpe de Chine blanc fait ressortir son teint de brune. Elle paraît orientale, ses longs cheveux sont relevés par sa barrette de diamants en forme de croissant et une frange barre son front. Ses charmes, très dévoilés ce soir, sont ceux d'une jeune fille soudain anormalement épanouie et déjà guettée par l'embonpoint comme sa mère au même âge.

L'angle de sa loge avec celle des princes lui permet de ne pas être noyée dans la foule élégante de la soirée. Du moins le croit-elle. Car, selon la comtesse Larisch, Mlle Vetsera fait tout pour attirer le regard de l'archiduc, à un tel degré que l'archiduchesse Stéphanie et sa sœur Louise auraient fini par braquer leurs jumelles nacrées en direction de la loge où une demoiselle se tenait fort mal. Tiens !... Mais c'est Marie Larisch qui est à côté d'elle... Stéphanie la déteste depuis qu'elle l'a surnommée « la paysanne flamande » et qu'elle est toujours un peu amoureuse de Rodolphe après avoir été, peu de temps, sa maîtresse. La comtesse, scrutée elle aussi, aurait fini par intimer à sa protégée l'ordre de se tenir tranquille sous peine d'un scandale ou d'un départ précipité de l'Opéra avant que Marguerite ne chante : « Il m'aime... Ah ! Presse mon cœur cher bien-aimé ! Viens ! »

Et aux entractes, alors que les foyers-salons tendus de rouge s'emplissaient, le protocole interdisait à l'archiduc de se déplacer pour saluer les Larisch et leur invitée ; il était également inconcevable devant sa femme de prier Mary Vetsera à un rafraîchissement dans la loge princière. L'incident – s'il a eu lieu – est certainement exagéré dans la mémoire de la nièce de Sissi. La chronique impériale en eût été abreuvée ! Mais il est exact que Mary avait l'esprit en feu. Rodolphe n'était qu'à quelques mètres mais si loin, si inaccessible ! Mary pense sincèrement s'être contrôlée si l'on se réfère à ce qu'elle écrit à sa confidente Hermine après ce supplice : « Il nous est terriblement difficile de nous retenir quand nous nous voyons à l'Opéra. » Un aveu inquiétant, car la demoiselle considère maintenant que son amour est partagé, que le cœur de l'archiduc et le sien battent à la même cadence d'une passion réciproque. Elle utilise le pluriel où s'installe un ton d'intimité. Suivant son idée fixe, l'un comme l'autre doivent être prudents car le monde est mesquin, jaloux et médiocre. Elle n'en doute pas : le prince brûle d'amour pour elle...

À cette période, on ne dispose pas du contre-champ. Que l'archiduc ait trouvé la jeune fille appétissante, qu'il ait été diverti par sa jeunesse – dans une période intellectuelle et politique plutôt désespérée, on l'a vu –, tout est possible, vraisemblable puisqu'il avait souhaité la revoir. Est-elle une amourette ? Un flirt un peu gênant, car l'intéressée est tout de même plus jeune que Marie-Valérie, la sœur cadette de Rodolphe ? Lui manque-t-elle comme il lui manque ? Est-ce vraiment sérieux ? On ne peut, en ce début décembre, apporter une réponse claire pour dire si le prince héritier d'Autriche-Hongrie et l'inconnue du Prater vivent à l'unisson et s'ils souffrent des barrières invisibles, les pires, et de tous les interdits de la situation. Il semble que dès le lendemain, peut-être à la demande de son mari, la comtesse Larisch décide de ne plus jouer les faux chaperons ; son alibi des boutiques et magasins à dévaliser ne tiendra plus longtemps. Mlle Vetsera s'engage sur la voie d'une liaison avec le prince. Si le couple souverain apprend quel rôle elle a joué dans ces mensonges, sa position sociale, déjà ternie, risque d'être balayée d'un ordre impérial. Et puis, n'a-t-elle pas été payée ? Cette histoire peut devenir très ennuyeuse, mieux vaut ne plus servir de caution.

Mary Vetsera n'en a d'ailleurs plus besoin, comme on va le voir. L'imagination de la demoiselle et les risques qu'elle est prête à prendre prouvent qu'elle est amoureuse. Donc capable de tous les excès. L'Opéra avait été une frustration et un tourment, ce même Opéra va lui fournir l'idée d'une incroyable revanche.

La magnifique salle a programmé, pour la première fois, la *Tétralogie* à Vienne, entre le 11 et le 21 décembre. Depuis toujours, à Vienne comme à Paris et à Londres, Wagner déchaîne les passions. On a encore en mémoire le geste de la princesse de Metternich, ambassadrice d'Autriche à Paris au temps de Napoléon III, qui avait cassé son éventail sur la tête d'un spectateur mécontent qu'on interprète les œuvres du compositeur saxon. Enfin, après des polémiques acides, le compositeur de *Lohengrin* peut être joué à l'Opéra impérial. Mary Vetsera n'aime pas Wagner mais, pour l'événement, sa mère a retenu sa loge, plus par souci de présence mondaine que par goût musical. La stratégie de sa fille est la suivante : le soir de la première représentation, elle s'arrangera pour ne pas être prête à temps. En se lavant les cheveux trop tard dans l'après-midi, sa tignasse devenue un rideau tombant jusqu'aux reins n'a pas eu le temps de sécher ; ruisselante, Mary prend un air désolé devant sa mère et sa sœur Hanna. Tant pis, on la laissera à la maison... La ruse fonctionne parfaitement. Comme Mary est allergique à Wagner, il est tout naturel qu'elle n'ait pas fait d'effort particulier pour se préparer à temps. Préférerait-elle Gounod ?

La baronne Vetsera et sa fille aînée partent donc sans le moindre soupçon. Elles ignorent que Mary est une nouvelle Cendrillon. Avec l'aide d'Agnès, l'opulente chevelure sèche rapidement et la jeune Mlle Vetsera est prête. Elle pourrait sourire mais le temps est compté. De même qu'elle suit le programme officiel quotidien de Rodolphe grâce à la chronique de la Cour publiée par les journaux, elle a noté les horaires du spectacle. Ils sont fiables, la ponctualité n'est pas un vain mot. Avec Wagner, ce soir, la représentation durera quatre heures. La voici dans la rue avec sa femme de chambre, emmitouflée pour qu'on ne la reconnaisse pas. Pourvu que sa mère ne revienne pas pour on ne sait quelle raison ! Arrivée derrière le *Grand Hôtel*, heureusement pas trop éloigné du palais Vetsera, le fiacre de Bratfisch attend, avec un seul cheval pour ne pas attirer l'attention ;

la silhouette trapue du bonhomme barbu est réconfortante. Il est le relais de ce roman insensé en plein cœur de Vienne. On suppose que les rendez-vous de la *Tétralogie* ont lieu à la Hofburg ; Mary l'affirmera par écrit à Hermine, décidément fort précieuse pour l'historien.

Toutefois, selon une rumeur tardive et provenant d'une femme de la plus haute société, un appartement entre le *Grand Hôtel* et le palais impérial aurait été prêté à l'archiduc au moins une fois, par l'intermédiaire d'un banquier. Cela semble peu probable et très imprudent quand on examine la secrète minutie de ces rencontres. Une chose est sûre : les opéras de Wagner sont très utiles pour encourager l'adultère. Ils sont si longs ! La moyenne des spectacles est de trois bonnes heures. Certes, *L'Or du Rhin*, logiquement donné en premier, n'est en somme qu'un prologue ; il faut faire vite ! Mary s'accorde deux heures, gardant une marge équivalente. Si jamais sa mère avait un malaise ? Mais non, l'instinct mondain l'emporterait sur l'étau d'un corset et on desserrerait son laçage. Les trois actes de *La Walkyrie* et de *Siegfried*, le prologue et les trois actes du *Crépuscule des dieux* avec leurs entractes ont la durée nécessaire à ces entrevues. Le prince n'aime pas particulièrement Wagner, donc il est disponible. Certes, le défunt roi Louis II l'avait initié à la splendeur de cette musique révolutionnaire, mais, depuis, le maître de Bayreuth avait été nommé membre de l'Académie impériale à Berlin et, avant même sa disparition à Venise, il avait troqué son aura bavaroise contre une protection prussienne.

On ignore la teneur exacte de ces rendez-vous dont Wagner est le complice involontaire, mais l'archiduc ne peut qu'annoncer à la jeune fille qu'il va prochainement partir avec femme et enfant pour Abbazia et que la fin de l'année sera largement consacrée aux fiançailles de Marie-Valérie. Un éloignement, des obligations familiales, quel désastre ! Et quel gâchis ! Mary est parvenue à endormir sans crainte la suspicion de sa mère. Après l'incident des cheveux mouillés, il est apparu inutile à la baronne de proposer à sa seconde fille de venir à l'opéra. Mlle Vetsera n'aime Wagner que pour la longueur de ses scènes. Dès cette période, environ une dizaine de jours avant Noël, le caractère de la fille Vetsera est révélé. Exaltée, quasiment folle d'amour, manipulatrice de son entourage, sournoise et excluant tout retour en arrière, paresseuse et fougueuse à la fois, superficielle et presque ignare, pulpeuse et offerte, elle invente toutes les ruses qu'une femme amoureuse peut dénicher pour arriver à ses fins. L'amour donne des idées aux plus stupides. Que de risques ! S'il y avait un incident technique à l'Opéra comme il y en a régulièrement au Burgtheater ? Si sa mère était prise d'une migraine imprévisible et rentrait plus tôt que prévu ?

Tous les affres du mensonge, sa fille les affronte avec aplomb. Elle a déjà quitté le monde de la raison et, pour elle, il n'y a pas d'amour sans folie. Dès le début de sa correspondance avec Rodolphe – dont, rappelons-le, nous ignorons le contenu et les réponses –, elle a prévenu sa femme de chambre expéditrice et réceptionnaire de ces lettres : « Il faut me jurer de ne rien dire à personne, ni à Hanna ni à maman, car si jamais l'une d'elles apprenait quelque chose, je serais obligée de me tuer. » Mlle Vetsera est éprise et se délecte d'avoir enclenché un engrenage que rien ne doit bloquer. Sa passion est absolue, définitive, indiscutable. Elle est dans un état de ravissement seulement assombri par la pensée que l'archiduc va être absent et qu'il va voyager avec cette Stéphanie si froide, si fière et si coriace. Il sera avec les siens ; la jeune fille se met à haïr la période des fêtes de fin d'année qui suspend les vies clandestines. Mary ne s'intéresse pas à la politique et les soucis du prince héritier lui échappent, en particulier le projet de loi militaire hongroise qui relègue la langue magyare à un usage secondaire, ce que ne peuvent admettre les amis de Rodolphe à Budapest.

Quand donc le directeur de l'Opéra affichera-t-il un nouveau monument wagnérien ? Mary compulse les journaux chaque matin, ce qui étonne tout de même sa mère, mais, après tout, sa fille sait ainsi ce qui se passe, à la Cour et en ville. Et dans Vienne ralenti par la trêve des confiseurs, ses yeux tombent sur l'information salvatrice : le 13 janvier, il y aura *Tannhäuser* ! Pourquoi ne joue-t-on pas plus souvent les œuvres de Richard Wagner ? Elles ont une puissance magique...

CHAPITRE 13

LA MENACE

Il y a toujours foule pour assister à un opéra qui a fait scandale. *Tannhäuser*, l'une des premières œuvres importantes du répertoire wagnérien, avait causé un chahut mémorable à Paris en 1861 ; le prétexte en était l'ajout, imposé au compositeur, d'une bacchanale afin d'employer les danseuses du corps de ballet. Ces demoiselles, qui avaient toutes un protecteur s'intéressant de près à leur carrière (!), avaient protesté parce que le sujet de M. Wagner ne faisait pas appel à leurs talents. Il y avait donc désormais une « version parisienne » de ce livret relatant un tournoi de chanteurs au XIIIe siècle. Quels coquins ces Français ! La baronne Vetsera et sa fille aînée s'apprêtent donc à apprécier ces trois actes avec ballet, fort différents de la création à Dresde en 1845, mais qui ont gagné en beauté dans la composition dramatique. Mary viendra-t-elle cette fois ? Non. Même avec une chorégraphie, elle préfère rendre une visite à la comtesse Larisch, de passage à Vienne. Bien sûr, elle ment. De mieux en mieux et de plus en plus. Marie Larisch n'est pas en ville et Mlle Vetsera est décidée à se passer de son concours actif chaque fois qu'elle le pourra. Un instant, on peut s'interroger sur le degré de crédulité de la baronne Vetsera relatif au comportement de sa fille, qui, tout le monde s'accorde à le reconnaître, est perpétuellement excitée et nerveuse alors qu'on la connaissait indolente et peu enthousiaste. L'aveuglement de sa mère frise la complaisance.

Le fiacre roule vers la Hofburg. *A priori*, l'archiduc n'a pas vu la jeune fille depuis le début de l'année, mais rien ne le prouve ni ne l'infirme. En revanche, à peine la splendide et impressionnante ouverture de l'opéra a-t-elle été exécutée que, dans la garçonnière du prince, Mlle Vetsera se jette dans les bras de celui à qui elle veut appartenir. L'occupation de l'Alsace-Lorraine par l'Empire allemand n'incite toujours pas l'archiduc à écouter le génie wagnérien. Il était donc resté dans son appartement avec un programme plus personnel. Et quand, à la fin du deuxième acte, sur la scène de l'Opéra un septuor chante « Un ange est descendu du Ciel », Marie Vetsera est déjà devenue la maîtresse de Rodolphe de Habsbourg. Coup de foudre, coup de folie, l'irréparable est commis. Elle n'a passé qu'une heure dans le palais. Elle n'a que le temps de se rendre présentable et, le corps en feu, de regagner son domicile. À l'Opéra, le troisième acte s'achève et Tannhäuser déclare qu'ayant perdu tout espoir de salut, il préfère se jeter dans les bras de Vénus. C'est ce que vient de faire Rodolphe. Mary avait bien choisi son jour. Nous sommes le 13 janvier 1889.

Alors que tant d'incertitudes planent sur des événements à peu près connus, tandis que l'on ignore toujours les sentiments réels de Rodolphe à cette date puisque aucun journal intime ou document de première main n'a été retrouvé, comment peut-on être sûr que le prince et la demoiselle sont devenus amants ce soir-là ? Parce que, dès le lendemain, sa scrupuleuse Hermine, toujours résidente à Francfort, est la destinataire d'une lettre qui ne laisse aucun doute : « Chère Hermine, je dois vous faire aujourd'hui un aveu qui vous mettra très en colère contre moi. J'ai été hier chez lui de 7 à 8 heures. Nous avons tous les deux perdu la tête. Maintenant, nous nous appartenons l'un à l'autre corps et âme. » On imagine que l'ancienne gouvernante et professeur de piano de Mary est catastrophée de cette révélation. Dès le début, elle avait prédit un désastre. Agnès, la femme de chambre qui guettait le retour de l'effrontée et l'avait suppliée de ne pas aller à ce nouveau rendez-vous, confirmera qu'elle l'avait trouvée encore plus agitée que lorsqu'elle était partie. Mieux – ou pis : Mary, méconnaissable, lui avoue : « Je suis reconnaissante au destin car désormais, je ne m'appartiens plus. À compter de maintenant, je devrai faire tout ce qu'il exigera de moi. » Dans un état second, elle décide de faire son testament ; on peut douter qu'elle soit, selon la formule consacrée, « saine de corps et d'esprit »... Un autre élément nous confirme le bouleversement de sa vie ce soir-là. Deux jours plus tard, accompagnée d'Agnès, Mary Vetsera se rend dans le centre de Vienne pour y faire une course. Cette fois, c'est vrai ! Entre le Graben, ancien fossé comblé devenu une artère commerçante, et la Hofburg, se trouve le Kohlmarkt, jadis le marché aux choux. Au n° 7 de cette petite rue se tient un magasin exigu, fournisseur de la Cour comme l'indique la fière mention sous les armes impériales qui surplombent démesurément le centre de la vitrine. La boutique des frères Rodeck est une bijouterie réputée. Officiellement, Mary y achète un étui à cigarettes en or pour l'un de ses oncles. En réalité, le cadeau est destiné à Rodolphe. Elle fait graver une inscription à l'intérieur : « 13 janvier. Merci au Destin. » On pense, d'après le témoignage d'Agnès, que lors d'un nouveau rendez-vous au Prater le lendemain, et qui n'aurait duré que quelques instants, Mary a remis au prince ce bel objet contenant la preuve avouée de leur union. Toutefois, le porte-cigarettes n'a pas été retrouvé non plus. Et Rodolphe, l'amant qui a toujours offert un souvenir précieux à celles qu'il a honorées ? A-t-il fait un présent à la demoiselle qui s'est donnée à lui ? Sur ce sujet, il a beaucoup été question d'objets à la réputation romanesque. D'abord, Mary aurait un médaillon contenant une goutte de sang – de Rodolphe – sur une petite pièce de toile. C'est évidemment étrange. Pourquoi ne contiendrait-il pas aussi un échantillon du sang de Mary si l'on veut considérer ce cadeau comme la preuve d'un serment éternel entremêlant deux destinées à la manière de *Roméo et Juliette* ? Ensuite, l'archiduc a offert à Mary une curieuse bague en fer à l'intérieur de laquelle sont gravées six initiales, I.L.V.B.I.D., dont la transcription, ô combien romantique, signifie « Unis dans l'Amour jusque dans la Mort ». Que de fantasmes, de suppositions et de commentaires à la révélation de ce qui ressemble à une devise dictée par la fatalité ! On peut, objectivement, s'interroger, d'abord sur cet objet ordinaire puis sur son origine. La bague bon marché en fer, inélégante et modeste, ne ressemble pas aux cadeaux raffinés que l'archiduc remet à ses maîtresses. En admettant que cette relation amoureuse échappe à sa routine sensuelle ou qu'il n'ait pas voulu attirer l'attention en lui offrant un véritable bijou, Mlle Vetsera n'est visiblement pas traitée comme l'héroïne d'un amour précieux. Certes, la valeur d'un sentiment n'est pas nécessairement liée à celle d'un métal... et la qualité du donateur importe en priorité. Contrairement à la demande supposée de Rodolphe, Mary ne porte pas cet anneau sous ses vêtements, par discrétion, mais à son annulaire gauche, lequel, dans les pays germaniques, n'est pas celui réservé à l'alliance, portée à la main droite. Un symbole tout de même. Et une folie. Il y aurait aussi un bracelet, également de fer, fort disgracieux, porté au bras. Ensuite, les déclarations de Mary à la comtesse Larisch, surprise de cette médiocre bimbeloterie comme gage de passion, ne confirment pas que ces souvenirs viennent du prince héritier. Mary a beau prétendre que l'archiduc porte le même anneau de fer qu'elle, personne parmi ses familiers ne signale cette nouveauté. Et si Mary, électrisée par ce qui lui arrive, avait acheté elle-même ces babioles pour faire croire au monde qu'elle était devenue l'amour unique du prince héritier et, de ce fait, se rendre intéressante et provoquer un scandale ? Il est des amoureuses qui se font livrer de la part d'un homme des fleurs qu'elles ont elles-mêmes commandées... Carl Lonyay, dans son excellente enquête, rapporte que « Mary perdit toute mesure pour rendre publique son histoire avec Rodolphe et exploita la situation sans le moindre tact[1] ». On peut souligner ici la contradiction du comportement de Mlle Vetsera. D'un côté, elle supplie son entourage de ne rien révéler de sa liaison, assurant, d'après sa mère, que si elle était démasquée, elle n'aurait d'autre issue que « de se donner la mort dans un lieu inconnu, après quelques dernières heures de bonheur ». De l'autre, en exhibant ces colifichets que Marie Larisch trouve laids, elle fait tout pour attirer l'attention sur la transformation de sa vie et en informer le monde. Rien n'est cohérent dans son attitude ; les propos de la baronne Hélène, postérieurs, lui ont sans doute été dictés par souci de convention pour correspondre à une explication acceptable. Entre le 15 et le 19 janvier, Mlle Vetsera devient hystérique. La comtesse Larisch, effarée des égarements de la jeune fille, l'affronte dans une discussion pénible à propos de l'inscription inquiétante à l'intérieur de la bague, « Unis dans l'amour jusqu'à la Mort ».

Mary s'effondre puis se reprend, le visage très dur :

— Maman m'a réprimandée pour avoir apporté le déshonneur dans notre famille.

On ne savait pas la baronne Vetsera si digne et si vertueuse ! La mère est certaine que « ... c'est le prince impérial qui vous a

---

1. *Rodolphe, la tragédie de Mayerling*, Scribner, 1949.

donné ces choses stupides mais, de toute façon, je saurai la vérité par la comtesse Larisch ». En admettant que la baronne Vetsera soit sincèrement catastrophée – cela resterait à démontrer – d'apprendre que sa fille est devenue la maîtresse de Rodolphe, elle est assurément vexée de cette pacotille qu'il lui a offerte. Elle a même cru que c'était une idée de la comtesse Larisch, à cause des explications embarrassées de sa fille ! Ce n'est pas chez les frères Rodeck qu'on trouverait de telles horreurs ! Où l'archiduc a-t-il pu dénicher cette ferraille ? Lui qui a tant de goût... On en revient à se demander s'il a réellement pu oser offrir ces navrants accessoires. L'anneau de fer de Mary ne risquait pas d'être celui, tant convoité, des Niebelungen. De même, on est obligé de rappeler qu'à Mitzi Kaspar, qu'il continue de voir régulièrement, l'archiduc avait remis une forte somme provenant largement d'un prêt du baron Hirsch (encore un !) avec laquelle cette maîtresse qu'aime Rodolphe avait acheté une maison. C'était tout de même la preuve d'un attachement plus fort qu'un simple anneau de fer !

De cette anomalie, on peut conclure qu'à cette date, si Mary Vetsera apparaît comme survoltée en vivant sa passion d'une façon illusoire, il ne semble pas que l'archiduc héritier soit saisi de la même frénésie amoureuse. Du moins, nous n'en avons aucune preuve ; rien n'indique que la possession de cette jeune vierge ait procuré à Rodolphe un plaisir tel qu'il aurait décidé de ne vivre qu'avec elle. Ce que l'on sait du roman d'amour – et qu'il faut examiner avec vigilance – vient uniquement des déclarations et écrits de Mary puis de témoignages ultérieurs qui, souvent, se contredisent. La réalité est là : il n'y a aucune trace d'une passion irrépressible vécue par Rodolphe au point que plus rien n'existerait en dehors de Mlle Vetsera. À bien des égards, il s'agit d'un amour à sens unique. Cela ne retire rien à la sincérité incontestable ni à l'exaltation de cette jeune fille plus sensuelle que belle, qui, lors d'un bal costumé donné par sa mère, s'était déguisée en soubrette. Jusque-là sans grande personnalité, elle est, depuis huit jours, une fanatique éprise d'absolu. Elle a connu l'amour avec le prince héritier et cette révélation est à la fois un début et une fin. Quel autre contentement la vie pourrait-elle désormais lui servir ? Mary est amoureuse, amoureuse de l'amour, définitivement, comme on ne l'est qu'une fois, la première. Sa femme de chambre Agnès recueille cette confidence : « Puisqu'il est malheureux, je lui consacre mon amour. Peu importe ce qui arrivera ! » Rodolphe, en revanche, ne donne aucune preuve de l'ardeur joyeuse ni des signes d'emballement qui accompagnent l'état amoureux lorsqu'il s'abat soudain sur les êtres. Et rien n'indique qu'il ait décidé de reconstruire sa vie vers un bonheur partagé avec la jeune fille. Au contraire, il est anxieux et méditatif, doutant de lui, de ses chances et de la possibilité de voir ses espoirs politiques réalisés. Le jeudi 17 janvier, en répondant aux vœux de l'archiduc, Moritz Szeps lui adresse une lettre fort instructive, autant sur le fond que sur sa date. Le journaliste, inquiet du découragement politique de Rodolphe, le supplie de se reprendre : « Il faut que vous ne vous fatiguiez pas, il faut que vous soyez fort, que votre esprit soit fort ; c'est votre devoir et c'est votre but, Monseigneur. Essayez de le faire jour après jour, dans un travail sans relâche et avec persévérance. Vous ne devez pas être fatigué, tout le monde se lasse de tout et ne veut rien changer. Si le prince héritier ne se lasse pas, nos espoirs pour le futur sont solides pour une Autriche grande, libre, riche, glorieuse. Vous avez subi, Monseigneur, dans l'année qui s'est achevée, des malhonnêtetés et des malveillances mais vous les avez supportées avec grandeur. On sait que vous voyez grand, vous pourrez faire grand et là où on ne le sait pas, on vous soupçonne ; c'est pour cela qu'on vous attaque avec des moyens variés, on vous barre les chemins du futur et vous avez déjà aujourd'hui beaucoup d'adversaires et d'ennemis. Mais vous comptez sur vous-même, sur votre nature, sur votre génie, sur votre force et sur votre persévérance, et avec justesse, vous pouvez compter dessus. Avec tout cela, un peu de chance, pas uniquement autant de chance que vos amis honnêtes le souhaitent, seulement un peu de chance. Et vous allez faire de grandes choses pour cette monarchie, pour votre patrie, pour votre propre gloire et pour le peuple qui tient à vous. »

Des vœux d'une haute portée dans la vie de l'archiduc. Un bilan des épreuves, des espoirs de solutions, des adversaires et des partisans, et, comme toujours, aucune allusion à la vie privée, sinon à l'extrême épuisement de Rodolphe. Il ne se repose presque jamais. Outre ses obligations, ses soirées plus intimes sont arrosées de champagne, de cognac. Si les douleurs sont trop fortes, le valet Loschek sait comment les apaiser par la morphine. Et il n'est pas rare qu'après une nuit blanche, l'archiduc retrouve ses dossiers et se mette immédiatement au travail. Politiquement, le prince est à un tournant de son existence. Szeps agit tel un conseiller anxieux mais confiant, connaissant parfaitement le caractère et la situation périlleuse de son disciple. On peut d'ailleurs rapprocher cette volonté chez Szeps de voir Rodolphe se ressaisir des propos, semblables malgré un contexte fort différent, écrits jadis par Richard Wagner à Louis II de Bavière alors en proie au désenchantement. Le monarque idéaliste utilisait lui aussi des superlatifs dans sa correspondance, s'adressant à l'« Ami pour toujours » et fondant ses rêves sur l'éternité[1]. Le romantisme se repaît d'élans impérieux.

Samedi 19 janvier 1889. La direction de l'Opéra a le mauvais goût de ne pas programmer *Lohengrin* ou *Parsifal*. Vienne a fini sa cure wagnérienne. Le répertoire français, qui avait été négligé, revient à l'affiche, mais il n'enthousiasme pas la tribu Vetsera. Heureusement, la saison des grands bals d'hiver commence. Entre l'Épiphanie et le Mardi gras, on compte chaque soir entre dix et vingt bals publics, souvent dans les faubourgs, sans recenser les réceptions privées dans des appartements, des salles louées ou des palais autour de la Hofburg, le sommet étant les bals de la Cour. À Vienne, la danse est un oxygène. Mary, Hanna et leur mère sont invitées ce soir dans l'une de ces demeures huppées. La cadette se dit ravie d'aller valser et l'a même écrit à sa confidente Hermine. Soudain, elle se sent mal à l'aise, lasse, un peu fiévreuse. C'est trop bête. Elle est désolée mais sortir est au-dessus de ses forces. Tant pis ! Il y a d'autres belles soirées auxquelles elle est conviée, dont une à l'ambassade d'Allemagne dans une semaine. Bien sûr, Mary ment. Son indisposition est une feinte. Restée seule, elle va rejoindre l'archiduc. En l'absence de Marie Larisch qui n'est pas encore rentrée d'un voyage avec son mari, tout devient compliqué mais elle s'échappe tout de même. La rencontre ne peut qu'être brève. Le jeudi 24, avec des ruses appliquées, elle parvient à faire une courte promenade au Prater en compagnie de Rodolphe grâce à la complicité de l'indispensable Bratfisch, surnommé par l'archiduc « le meilleur cocher de Vienne ».

D'après la femme de chambre Agnès, Mlle Vetsera en revient

---

1. Voir, du même auteur, *Louis II de Bavière ou le Roi foudroyé*, op. cit.

tendue et peu épanouie. Elle paraît contrariée. Pour quelles raisons ? On l'ignore.

Le prince a des soucis qui le taraudent depuis près de trois semaines. Les conséquences prévisibles de la loi militaire qui risque d'être adoptée au Parlement de Budapest sont contraires à ses engagements. Autour de Rodolphe, ses amis sont furieux de l'emploi exclusif de la langue allemande qui serait désormais imposée dans les régiments hongrois. Or, de même qu'une fraction des Magyars est progermanophone, une importante partie de l'opposition hongroise entend maintenir son identité historique dans la double monarchie, avec des unités de traditions hongroises, des commandements dans cette langue, des emblèmes et autres signes distinctifs. Il est évident que Berlin, invoquant son alliance militaire, veut gommer l'intermédiaire linguistique hongrois. Chez Bismarck, on s'inquiète des revendications autonomistes hongroises. Il est également exact que Rodolphe, autant par respect des nationalismes que par haine de l'Allemagne, soutient les revendications à l'est de la Leitha. Son ami Étienne Károlyi, Pista pour les intimes, avec lequel il chasse souvent en Transylvanie, compte principalement sur l'appui du prince pour faire échouer ce projet législatif et se propose de demander aux députés de Budapest le maintien d'une armée hongroise telle qu'elle est. Leur allié est le ministre de l'Instruction publique ; ils espèrent qu'il saura atténuer les rigueurs prévues par son collègue ministre de la Guerre, le comte Csaki. Le souvenir de la répression de 1849 par les troupes russes de Nicolas I$^{er}$ venues au secours de François-Joseph demeure cuisant ; et le rapprochement apparent de Berlin avec Saint-Pétersbourg ne fait que rendre cette plaie encore plus douloureuse. Rodolphe a été frappé de la remarque du correspondant d'un grand journal français écrivant, le 9 janvier 1889, à propos des gens qui, à Paris, avaient appris l'allemand après les désastres de 1870 et 1871 : « On arrache une arme à l'ennemi en apprenant sa langue. » Or, selon un rapport secret de la police remis au comte Taaffe, le Premier ministre, et à l'empereur, l'archiduc reçoit dans sa garçonnière son ami Károlyi pour parler de cette affaire sensible, car le vote à Budapest semble acquis. Un rapport qui, curieusement, a disparu quatre mois après le drame final... Rodolphe se trouve donc dans une situation délicate. Bien que dans son journal *Noir et Jaune* il n'ait cessé de condamner le séparatisme de la Hongrie prôné par les extrémistes, il ne peut davantage endosser la germanisation forcée de l'aile orientale de l'aigle à deux têtes. Ne porte-t-il pas, ostensiblement, l'uniforme seyant des hussards hongrois ? Déjà, sa mère avait déclenché autrefois une révolution de commérages en revêtant le gilet brodé des femmes de Transleithanie. Pour les uns comme pour les autres, l'archiduc peut passer pour un traître. Chacun des deux partis compte sur son poids de prince héritier pour faire triompher sa cause.

On doit également souligner que contrairement à diverses allégations, Rodolphe ne refusait pas de sortir avec Stéphanie. Si l'archiduc n'était pas à son bras au somptueux bal polonais – son absence, il est vrai, avait été critiquée alors qu'on l'attendait pour danser la mazurka ouvrant le bal –, le samedi 26 janvier, le couple assiste à une grande soirée offerte par la princesse de Croÿ, porteuse d'un des plus illustres noms de Belgique. Le même jour, dans la matinée, la dame de compagnie de Mary a demandé à parler à la baronne Vetsera. Elle était visiblement gênée. La suivante avoue que la veille, dans l'après-midi, elle avait, comme prévu, accompagné Mary à la patinoire puis, d'une manière inattendue, chez une voyante. La jeune fille était restée assez longtemps dans cette officine. Elle en était ressortie fort perturbée. Rentrée chez elle, elle s'était couchée en larmes. La baronne interroge sa fille qui finit par lui relater l'histoire de l'étui à cigarettes qu'elle avait offert au prince. « (...) Je reprochai violemment à Mary sa conduite, disant que ce qu'elle venait de faire était une grave inconséquence. Je lui laissai entendre que, pour peu qu'elle fît parler d'elle, elle serait pour toujours compromise dans la société. Je lui dis également que je ne voudrais plus vivre si je la voyais flétrie dans le déshonneur. Alors Mary éclata en sanglots. » La peur d'un scandale terrifie sa mère, car il ruinerait ses patients efforts de respectabilité. Exigeant que sa fille ouvre sa cassette d'acier où elle range des objets auxquels elle tient, la baronne découvre un étui qu'en principe elle dit avoir offert à l'homme de ses rêves. Dans cet imbroglio, on ne sait plus exactement qui a offert quoi à qui ! L'intérieur était gravé d'un seul mot : *Rodolphe*. S'y trouve aussi une feuille de papier pliée, le testament rédigé par sa fille, étrangement daté du 18 janvier alors que, on l'a dit, elle l'avait consigné le 13, le jour où elle était devenue la maîtresse du prince. Ce testament « n'était guère autre chose, pour moi, que le griffonnage d'une jeune fille amoureuse et exaltée[1] ». Mary, pâle, semblant terrassée par une lutte intérieure, ne s'était levée qu'en fin d'après-midi pour se rendre au Grand Hôtel, chez la comtesse Larisch qui venait d'arriver après des soins chez son dentiste. Horrifiée par l'état de Mary, la comtesse débarque chez les Vetsera, traînant la jeune fille traumatisée qui remonte dans sa chambre. « Qu'as-tu fait de ta fille ? me demanda la comtesse Larisch. Elle est venue chez moi à six heures pour que nous sortions ensemble. Lorsque je lui eus dit que je n'avais pas le temps, étant invitée à un dîner de l'impératrice, elle piqua une crise de nerfs terrible, me jeta l'étui à cigarettes à la tête en hurlant "Va ! Reprends-le, je n'en ai plus besoin, je vais me jeter à l'eau !..." et puis elle s'évanouit[2]. » Pour éclaircir cet imbroglio, la jeune fille prétendait que, en réalité, le fameux étui aurait été offert par Rodolphe à... la comtesse un an plus tôt et que cette dernière le lui aurait donné devant l'admiration béate de la demoiselle. Où il est prouvé que « le Diable est dans les détails » !

Dimanche 27 janvier. Vers dix heures du matin, Rodolphe se fait annoncer à sa cousine Larisch, au Grand Hôtel. Son arrivée est consignée par un rapport de police. L'archiduc, en uniforme, est dans un cabriolet, accompagné d'un laquais. La voiture s'arrête derrière le palace, dans la Maximlianstrasse. Par l'escalier de service, le prince gagne l'appartement de sa cousine. Elle relate ainsi cette visite qu'elle n'attendait pas :

— Je serai bref et vous dirai la raison de ma venue. Vous savez tout sur la petite Vetsera et moi-même.

— Rodolphe ! Comment avez-vous pu être assez fou pour vous laisser empêtrer ainsi ?

L'archiduc a un haussement d'épaules. D'après la comtesse, l'entretien se poursuit en ces termes :

---

[1]. *Le douloureux roman de ma fille, Journal de la baronne Vetsera.* Il s'agit d'une présentation commentée et d'une analyse chronologique postérieures du *Mémorandum de Mme Vetsera*, lequel répondait aux *Mémoires* de la comtesse Larisch, par J. Paal, Goemare, imprimeur du Roi, Bruxelles, 1939.

[2]. *Journal* de la baronne Vetsera, *op. cit.*

— Rien de plus facile pour un homme que de se laisser entraîner dans une histoire avec une jolie femme. Et Mary est un parfait petit démon. L'ennui est qu'elle a perdu la tête et, à moins que vous ne fassiez quelque chose pour la calmer, elle va tout embrouiller et causer un véritable scandale. Je ne veux pas de cela.

— Mais... Vous vous êtes libéré de pas mal d'entraves féminines. Pourquoi pas de Mary ?

— Tout simplement parce qu'elle ne se laissera pas évincer, je vous le dis. Dieu sait que j'ai tout essayé pour la persuader d'accepter Michel de Bragance...

Mais Mary refuse de revoir son ancien soupirant, lequel s'est hâté de prendre ses distances avec l'écervelée. Le prince suggère à la comtesse d'emmener Mary avec elle à Monte-Carlo où, haute société oblige, elle a prévu de passer le mois de février.

— Trouvez une excuse... Dites-lui que je la rejoindrai incognito, promettez-lui ce que vous voudrez...

La comtesse réfléchit et ne semble pas convaincue par cette proposition.

— J'ai peur qu'il soit difficile d'arranger un mariage pour Mary. Les Vetsera sont riches et rien n'oblige Mary à épouser le premier homme qui demandera sa main.

— Les Vetsera, riches ?

Rodolphe feint d'être étonné.

— Ne savez-vous pas que la baronne vit sur son capital qui est presque épuisé ?

Mary représente leur dernière chance.

Observons, avec Victor Wolfson[1], que le prince ne sait plus comment se débarrasser de la jeune fille. Visiblement, son souci est de mettre un terme à cette liaison infernale et non de poursuivre une romance gênante. Mais comment ? L'art de rompre est le plus délicat.

La comtesse est évidemment très ennuyée. Que faire ?

Un peu plus tard, par un chasseur de l'hôtel, elle fait porter à son cousin la missive suivante lui annonçant qu'elle a obtenu de la baronne la permission d'une promenade au Prater le lendemain, où Mary pourra revoir Rodolphe. Une dernière fois... :
« Cher Rodolphe, tu sais que je te suis aveuglément dévouée et

---

1. Victor Wolfson, *Mayerling, la mort trouble*, Robert Laffont, « Les ombres de l'Histoire », 1970.

que j'obéirai à ton ordre à chaque fois que tu m'appelleras ! Dans ces circonstances lourdes de dangers, je l'accompagnerai. Je ne peux l'exposer seule à des ennuis. Je viendrai donc quoi qu'il advienne[1]. » Un autre rapport policier de la même journée consigne le retour du prince vers cinq heures de l'après-midi au même *Grand Hôtel*. Cette fois, l'archiduc est trempé par la pluie verglacée qui tombe sur Vienne depuis midi. D'après la comtesse Larisch, Rodolphe sort d'une poche cousue de son manteau un petit coffret plat. Ses mains tremblent. Il lui explique que le contenu de la cassette est de la plus haute importance en raison d'événements graves qui risquent de survenir très bientôt. Il ne peut la confier qu'à elle. Et s'il n'est pas en état de la lui reprendre dans trois jours au plus tard, elle ne devra la remettre qu'à un émissaire qui prononcera ces quatre lettres : « R.I.U.O. » Sa cousine doit impérativement les retenir. Il s'agit d'un mot de passe. Quel est le sens de ce mystère ? Le prince évoque un grand danger politique, mais il n'en dit pas davantage et il disparaît, laissant sa cousine aussi inquiète qu'intriguée. Relevons ici, d'une part, que la comtesse Larisch, certes intrigante et heureuse de rejouer un rôle dans la vie de Rodolphe dont elle aurait aimé se faire épouser, ne s'est jamais occupée de politique. D'autre part, on a du mal à admettre qu'un homme qu'on présentera comme suicidaire n'ait pas détruit le contenu compromettant du coffret. S'il ne l'a pas fait, c'est qu'il avait l'intention de le récupérer quand le danger serait écarté.

Déjà riche en allées et venues et en conciliabules, cette journée montre que les préoccupations immédiates du prince sont loin d'être la seule poursuite de relations amoureuses intenses avec Mlle Vetsera. Il est vraisemblable qu'un événement politique l'inquiète gravement. Il agit comme un homme menacé.

Et cependant, la journée réserve encore bien des étonnements ! La légende de Mayerling, c'est-à-dire la part démesurée des fantasmes et des suppositions, introduit une audience que François-Joseph aurait accordée d'urgence à son fils. Les sources relatant l'entretien sont indirectes bien qu'émanant de personna-

---

1. Fritz Judtmann, *Mayerling ohne Mythos*, « Mayerling sans mythe ». Vienne, Kremayr und Scheriau, 1968, nouvelle édition 1982 avec un avant-propos de Margot Judtmann. Non traduit en français. Un travail minutieux, précieux et très fouillé avec un grand souci d'équilibre.

lités qui suivent, par fonction, la situation avec vigilance. Il s'agit d'une dépêche adressée par le prince Reuss, ambassadeur d'Allemagne, directement à Bismarck et du journal personnel d'un autre diplomate, le comte Lambsdorf, ministre plénipotentiaire du tsar auprès de François-Joseph. Selon eux, les portes fermées du cabinet de travail de l'empereur n'auraient pas empêché un valet d'entendre le souverain apostropher son fils en ces termes coléreux : « Tu n'es pas digne de me succéder ! » On s'interroge encore aujourd'hui sur la réalité de cet entretien orageux et l'objet réel de la discussion. S'il a eu lieu – ce que rien ne prouve –, il pourrait être soit d'ordre privé, soit de nature politique. François-Joseph aurait appris de Mgr Galimberti, nonce apostolique, que son fils se serait adressé directement au Saint-Père pour formuler une requête en annulation ou en divorce de son mariage.

Agissant de cette manière, il aurait violé les règles de fonctionnement de la Couronne fixées depuis le premier tiers du siècle et interdisant aux Habsbourg d'entreprendre une telle démarche sans l'assentiment du souverain. Une acceptation qui, à l'évidence, aurait été refusée par un monarque catholique disposant toujours d'une influence particulière au Vatican[1]... Dans cette première hypothèse, François-Joseph, qui ne s'était jamais mêlé ni offusqué des aventures de son fils, l'aurait sommé de mettre un terme immédiat à sa relation avec Mlle Vetsera. Rodolphe, effondré, aurait donné sa parole en échange d'une ultime entrevue avec elle. Pour rompre. Si l'audience avait un contenu politique – les deux motifs ne sont pas incompatibles –, il se serait agi de réprimander Rodolphe de ses projets avec ses alliés hongrois et leurs souhaits d'émancipation. Cette agitation risquait de compromettre les relations officielles de la double monarchie avec l'Empire allemand déjà tendues et à la merci d'un incident, comme la presse étrangère le souligne régulièrement. Enfin, selon une rumeur, l'aide de camp de l'empereur qui était de service ce jour-là, le général Margutti, aurait trouvé l'empereur évanoui sous le choc de l'altercation ! Ce dernier détail est particulièrement peu crédible. François-Joseph n'est pas homme à

---

1. En sa qualité de « roi apostolique », François-Joseph dispose d'un droit de veto à l'élection d'un pape. Ce privilège sera supprimé par le Saint-Siège à la veille de la Première Guerre mondiale.

perdre connaissance à la suite d'une colère. Il a l'habitude d'affronter l'adversité avec une infaillible maîtrise de lui-même. Le passé l'a prouvé, l'avenir le confirmera. Mais, en dépit d'éléments historiques irréfutables, par bien des aspects cette journée atteint le paroxysme de la confusion sur le chemin de la tragédie.

Le soir même, en effet, à partir de neuf heures trente, une importante réception est offerte par le prince Reuss à l'ambassade d'Allemagne en l'honneur de l'anniversaire de Guillaume II. On s'interroge. Compte tenu de son antipathie, l'archiduc va-t-il y assister ? La réponse est oui.

L'épouse de Rodolphe l'évoque avec une singulière économie de mots qui tiennent en moins de deux lignes : « ... à laquelle nous nous rendîmes ensemble [1]. » Dans la mythologie du drame, cette soirée a donné lieu à tant de commentaires qu'il faut s'y arrêter. À l'opposé de la sécheresse rédactionnelle de l'archiduchesse, le récit qu'en fait la comtesse Larisch est celui d'un véritable scandale à faire trembler le palais donnant sur la Landstrasse et la Metternichgasse. Sont réunis, en effet, l'éternel trio des adultères, le mari, la femme et la maîtresse, mais dans un contexte dramatique. Mary Vetsera a recouvré ses forces pour affronter la vision du couple héritier, donc la présence de sa rivale dans son rôle officiel. Un rôle alourdi, car elle représente aussi l'impératrice qui n'était pas d'humeur à « se harnacher », selon ses dires. Avant leur départ, Hélène Vetsera passe une véritable inspection de ses filles. Hanna, l'aînée, se contente d'une simple robe blanche et d'un collier de perles montées sur un seul rang ; Mary a choisi une robe en drapé bleu pâle bordé de jaune et son corsage brille d'un petit nœud de diamants, plus discret que d'habitude. La mère a préféré s'en tenir à du velours noir, mais outre un collier de brillants taillés en feuilles de lierre, des aigrettes blanches griffées de diamants éclaircissent sa chevelure très sombre. Les robes ont été commandées spécialement pour cette circonstance que la tribu n'aurait voulu manquer sous aucun prétexte en dépit des réticences de certains amis allemands de la baronne qui lui avaient recommandé de s'abstenir. Quelques minutes après dix heures, le couple héritier fait son

---
[1]. Dans ses Mémoires, l'archiduchesse Stéphanie situe cette soirée le 29, soit deux jours plus tard. C'est un exemple, parmi tant d'autres, d'erreurs factuelles à propos de ces temps forts de l'affaire.

entrée. On suppose que la baronne Vetsera a morigéné sa fille. Mais, selon la comtesse Larisch : « (...) Lorsque la princesse héritière passa près d'elle, elle la regarda droit dans les yeux, sans la saluer. Les yeux des deux femmes se croisèrent et on me raconta qu'elles ressemblaient alors à des tigresses prêtes à bondir l'une sur l'autre. Les témoins regardaient interdits et, comme chacun attendait, intrigué, ce qui allait bien pouvoir se passer maintenant, Mary frappa le sol du pied puis une fois encore, elle renversa ensuite la tête avec un mouvement de très profond mépris. La baronne Vetsera qui avait suivi cet incident avec effroi, empourprée par la colère et la honte devant l'affront infligé en public par sa fille à la princesse héritière, se précipita en toute hâte. Elle saisit Mary par le bras et l'entraîna aussi vite que possible hors de la salle du bal. »

Une belle, une grande scène du répertoire de la jalousie ayant pour cadre la salle des fêtes au premier étage de l'ambassade d'Allemagne à Vienne, autant dire devant toute l'Europe. Refus de révérence, regard soutenu et provocateur, gestes vulgaires, Mlle Vetsera voudrait en imposer mais en réalité elle trépigne d'impuissance en étalant une regrettable mauvaise éducation. C'était, il est vrai, la première fois que l'épouse et la maîtresse se trouvaient face à face. L'ennui avec ce récit alléchant est que la comtesse Larisch était absente du bal ; elle avait refusé d'y assister, préférant tenir compagnie à l'impératrice qui semblait, de nouveau, étendre sa protection sur elle, ce qui était bien plus important que de célébrer les trente ans de Guillaume II ou de risquer d'être mêlée aux caprices névrotiques de Mary.

Encore plus ennuyeux, le récit de la comtesse est le seul faisant état de cet incident admirablement théâtral... Elle ne cite aucun nom des témoins lui ayant conté l'affaire avec délectation. Et aucune gazette, aucun mémorialiste ne rapporte l'éclat public qui aurait dû faire la joie des échotiers trempant leurs plumes dans l'encre jubilatoire de Saint-Simon.

En revanche, de cette même réception, il existe plusieurs impressions et souvenirs avérés en rapport avec la situation politique et diplomatique. Pratiquant la courtoisie entre pays alliés, l'archiduc héritier d'Autriche-Hongrie a revêtu son uniforme de colonel du deuxième régiment de uhlans du Brandebourg, autrement dit prussien. Que Rodolphe ait dû sacrifier à cet usage en l'honneur du *Kaiser* qu'il exècre est déjà une épreuve. Et que ce soit ce même *Kaiser* régnant à Berlin qui l'ait nommé à ce grade honorifique ne fait qu'aggraver son ressentiment et sa gêne.

Au contraire, François-Joseph, qui arrive à dix heures quinze précises, semble à l'aise dans son uniforme de feld-maréchal prussien. Mais on sait que le mari de Sissi raffole des uniformes. Notons, au passage, que d'après les témoins identifiés, rien ne laisse supposer que quelques heures plus tôt se serait déroulée entre Rodolphe et son père la pire scène jamais engendrée par leurs divergences ou différends. L'orchestre, quittant le registre martial, joue un air qui est déjà célèbre, *La Gavotte Stéphanie*, à la demande de l'ambassadeur ; l'hommage est apprécié de l'intéressée. L'archiduchesse Stéphanie est impressionnante dans une somptueuse robe pourtant d'une sobre couleur grise et coiffée d'un diadème en diamants. Elle est parfaitement à sa place de princesse héritière et de représentante de Sa Majesté l'impératrice. Après les révérences, un cercle de dames s'est constitué autour d'elle, ce qu'elle apprécie. L'archiduchesse est fière, distante, mais très attentive à l'atmosphère électrique de cette réception.

La soirée tient, rétrospectivement, le rôle d'un baromètre diplomatique dont l'examen conduit à craindre quelque orage. Rodolphe ne parvient pas à se dérider. Son uniforme étranger est pesant, lui donnant une contenance embarrassée et maussade. S'approchant de Son Excellence l'ambassadeur de France qu'il connaît bien, Albert Decrais, l'archiduc, portant le regard à travers les salons sur le personnel diplomatique allemand en grande tenue, lui glisse, avec mélancolie et à voix basse :

— Ces gens-là ont fait en bien peu de temps une bien grande carrière [1].

Quelle imprudence ! Et quelle haine ! Un tel commentaire en territoire germanique au représentant de la Troisième République révèle tout autant l'amertume que la colère. Que cet aveu soit formulé à M. Decrais est également significatif : c'est ce

---

1. Archives du ministère des Affaires étrangères. Dépêche adressée par l'ambassadeur de France à son ministre, M. René Goblet, le lendemain matin, lundi 28 janvier. Relatant les propos gênants de Rodolphe mais qui confirment son intérêt pour la France, le diplomate, jugeant que la confrontation protocolaire entre l'Allemagne et l'Autriche ne trompe personne, écrit : « Celui à qui cette démonstration a dû le plus coûter est, sans doute, le prince impérial. »

même diplomate qui avait informé son gouvernement de la désastreuse ambiance entre Rodolphe et Guillaume II lors de sa mémorable visite trois mois plus tôt.

Mais cette remarque, déplacée, s'appuie sur une information transmise par Szeps en début de soirée et qui alarme Vienne, Budapest et Berlin : à Paris, le général Boulanger vient d'obtenir la majorité lors des élections législatives. Place de la Madeleine, le restaurant *Durand* est assiégé ; le « général Revanche » y a dîné en attendant les résultats. On dit qu'à la tête de ses partisans, il pourrait marcher sur l'Élysée où le président de la République a déjà fait ses bagages. Un coup d'État ? La guerre contre l'Allemagne et ses alliés ? La tension est vive et les chancelleries européennes sont en émoi. Ce contexte, fort préoccupant, suffirait à justifier l'irritabilité de l'archiduc. Tous ses plans s'écroulent, ses espoirs de nouvelles alliances sont réduits à des chimères. Ses craintes d'un désastre provoqué par le souverain « délirant » (c'est son mot) sont fondées. Pourtant, le prince héritier qui parle à plus de cinquante personnes identifiées fait aussi des efforts de mondanités familiales. Il bavarde un peu de questions militaires avec l'archiduc Albert alors que l'oncle et le neveu s'insupportent ; puis, il s'entretient avec son autre oncle, l'archiduc Charles-Louis, frère cadet de l'empereur et père de François-Ferdinand. On ne peut nier que Rodolphe soit tendu ni qu'il ait les traits tirés. La présence de sa femme et de sa maîtresse ne rend pas la situation confortable, car beaucoup d'invités sont instruits de cette liaison plus scandaleuse et plus provocante que les autres. De nombreux regards féminins ont été jetés sur la baronne Vetsera à son arrivée. Décidément, après avoir eu les faveurs de l'archiduc, elle en fait profiter sa fille ! À deux reprises, Rodolphe croise Mary Vetsera, se contentant d'une esquisse de salut et de brèves banalités. Lady Paget, épouse de sir Augustus Paget, l'ambassadeur de Sa Gracieuse Majesté britannique, racontera le samedi suivant qu'elle avait jugé le prince « comme tout le monde, changé de manière saisissante, triste, abattu, ne semblant retenir ses larmes qu'avec peine[1] ». Et Louise de Cobourg, sa belle-sœur, reconnaîtra, bouleversée, que Rodolphe lui était apparu « épouvantablement nerveux[2] ».

---

1. Fritz Judtmann, *Mayerling ohne Mythos, op. cit.*
2. Louise de Belgique, *Autour des trônes que j'ai vus, op. cit.*

À minuit moins le quart exactement, François-Joseph se retire. Il est resté une heure trente à l'ambassade, sans doute satisfait dans la perspective de son voyage à Berlin, prévu pour le mois de mars, en compagnie de Rodolphe. Le prince a déjà prévenu son père qu'il préférerait se rendre à Saint-Pétersbourg... Répétons qu'aucune animosité n'a été observée entre le père et le fils pendant cette soirée présentée comme l'un des pivots de la tragédie. Au contraire, ce soir on a vu l'empereur serrer la main de son fils et échanger quelques mots avec lui. Certes, la parfaite éducation du monarque est aussi un vernis, mais si Rodolphe avait eu un violent accrochage avec son père, il aurait pu s'abstenir de venir. Son absence aurait alors suscité bien d'autres commentaires !

La réception s'achève. Il est minuit quinze. Des témoins soutiennent qu'au moment où l'archiduc et sa femme se dirigent à leur tour vers la sortie de l'ambassade, raccompagnés par le prince Reuss qui avait déjà fait de même pour le souverain, Stéphanie parle durement à son mari. Des reproches, une scène, le ton est vif, peu discret. Que dit la princesse ? On ne sait. Rodolphe est exaspéré et épuisé. Attend-il des nouvelles de Paris ? De Budapest ? Stéphanie continue, le ton haut, et s'impatiente parce que son manteau d'hermine est égaré quelque part dans le vestiaire et qu'on ne le retrouve pas. Inadmissible ! Elle demande à Rodolphe de l'aider. Il explose. Pendant près de deux heures, il a tenu son rôle en apparence, résistant à l'envie de fuir. Fêter l'anniversaire de Guillaume II, n'est-ce pas le comble de l'hypocrisie ? Il n'en peut plus. Cette nuit est interminable. Après une journée si éprouvante...

Rapport de police d'après les confidences de Mme Wolf, célèbre maquerelle et indicateur : « Lundi 28 janvier 1889. L'archiduc a été chez Mitzi Kaspar jusqu'à trois heures du matin. Il a bu beaucoup de champagne. Au moment de se séparer de Mitzi, il lui a fait, contrairement à son habitude, un signe de croix sur le front. » Ce constat, cité par Fritz Judtmann, est à rapprocher des Mémoires de Louise, la sœur de Stéphanie, à qui son beau-frère avait avoué qu'il « aimait Mitzi Kaspar mieux que personne d'autre ». En apparence heureux de ces moments passés avec elle, il a donné dix florins au concierge de la courtisane pour s'excuser de l'avoir réveillé en partant. Auparavant, il a eu un bref entretien avec Moritz Szeps qui l'attendait, ainsi que sa fille Berta l'a noté dans ses souvenirs. Nul n'en connaît la teneur. Mais à une telle heure et compte tenu de l'actualité, le motif ne pouvait qu'être urgent. Le secret n'en a jamais été révélé par Szeps, sans doute autant pour la sécurité du journaliste que pour la mémoire du prince.

Dans quelques heures, la loi militaire sera discutée au Parlement de Budapest. Qu'arrivera-t-il ? Que se passe-t-il à Paris ? Une journée décisive s'annonce. Ayant enfin regagné la Hofburg, Rodolphe écrit à Mitzi une lettre. Il vient de la quitter mais elle occupe toutes ses pensées dans cette nuit noire. La jeune femme est sa complice amoureuse. Avec son cœur et son corps, il est évident qu'elle tient beaucoup plus de place que Mary Vetsera dans le destin de Rodolphe. La demoiselle Vetsera n'est que de passage dans ses sentiments. Selon un Hongrois de permanence à la Hofburg, le comte Ladislaus Szögyenyi-Marich, chef de la première section de la Maison impériale et qui a toute la confiance de l'archiduc puisqu'il remplit la mission d'un fondé de pouvoirs, la lettre qu'il va faire porter ce matin à Mitzi Kaspar est « débordante d'amour ». Ce fonctionnaire l'a-t-il lue ? L'archiduc l'a-t-il écrite devant lui ? Lui en a-t-il révélé le contenu ? L'entourage du prince est truffé d'informateurs douteux.

Il neige sur Vienne.

## CHAPITRE 14

## LE PIÈGE

Il a peu dormi. Levé tôt, Rodolphe paraît calme, bien que se plaignant d'une migraine facilement explicable. Il travaille à son bureau. On a la preuve que la surveillance de l'archiduc par les services allemands s'est incroyablement renforcée puisque l'ambassadeur Reuss informe Bismarck dans la journée que « l'aide de camp de service du prince héritier indique qu'il n'est pas très attentif ce matin, qu'il s'en excuse à cause de ses maux de tête et qu'il pense que l'air de la campagne lui fera du bien ». Effectivement, Rodolphe a décidé de se rendre à Mayerling pour chasser, mais plus tôt que prévu. Il y a convié son beau-frère, Philippe de Cobourg, et le comte Hoyos. En raison de l'avancée de son départ de vingt-quatre heures, l'archiduc a déjà envoyé à Mayerling son valet Loscheck et le personnel nécessaire, en particulier Mall, la vénérable cuisinière à son service depuis des années, Kathie, la fille de cuisine, le garde-chasse Wodiczka et deux autres aides de service. Lui-même a demandé sa voiture pour midi mais n'est pas sûr d'être prêt à cette heure. Il devait accorder au prince archevêque de Prague une audience qu'il essaie de repousser à une autre date. Le prélat peut patienter.

— J'attends encore une lettre et un télégramme, dit l'archiduc au garçon de courses Püschel.

Lorsqu'ils arrivent à une demi-heure d'intervalle, il en prend connaissance tout de suite, les lit avec résignation. Le même Püschel affirmera qu'après le second message lu dans sa chambre, oubliant que l'huissier se tenait à ses ordres à l'entrée du bureau, Rodolphe, se parlant à lui-même, laisse tomber ces mots énigmatiques :

— Oui... Cela doit être.

En froissant le papier et en le jetant sur une petite table – où il n'a pas été retrouvé –, Rodolphe paraît s'abandonner à la fatalité, pris dans un engrenage. Comme si le sort en était jeté.

Quel sort ?

Il a aussi quelques rendez-vous, dont un avec Szeps, porteur des dernières nouvelles de Paris. L'atmosphère y est confuse, mais on dit que le général Boulanger a renoncé à son coup d'État, sous l'influence de sa maîtresse, joliment nommée Mme de Bonnemains. Ses partisans sont affreusement déçus.

Le boulangisme s'essouffle et Clemenceau en est le principal perdant. Toutefois, les rumeurs d'une guerre franco-allemande persistent ; s'y ajoute la crainte d'une attaque de la Russie contre l'Autriche-Hongrie...

Le prince ne cesse pas d'écrire en cette matinée du lundi 28 janvier. Il s'agit de lettres dont beaucoup, très personnelles d'après son entourage, ont disparu, à l'exception d'une, officiellement destinée à Stéphanie. Selon le secrétaire particulier de Rodolphe, un homme un peu plus jeune que lui, ces missives sont toutes enfermées dans un tiroir de son bureau, dans le salon turc. Beaucoup de gens le savent. Cependant, il existe une lettre oubliée dont le contenu est instructif. Il ne recèle aucun message d'adieu ni la moindre allusion à la force écrasante du destin, encore moins à la mort. Daté du 28 au matin, le courrier est adressé à l'un de ses amis poète, écrivain et journaliste qui avait collaboré à l'immense ouvrage dirigé par le prince, *L'Empire austro-hongrois par le texte et par l'image*. L'archiduc, qui est en contact régulier avec lui, continue ses recherches sur la Hongrie, complète son enquête et procède à une mise à jour. Il a d'ailleurs demandé à son secrétaire d'aller chercher, ce matin, des manuscrits à la Bibliothèque impériale sur ce sujet et de les envoyer, par la poste, à Mayerling pour pouvoir les étudier :

« Cher Wielen,

« Jusqu'à ce jour, je n'ai pas eu le temps d'écrire et de travailler sur les plans de Gödöllö. Mais ce lundi, je vais à Mayerling. J'aurai quelques heures devant moi et je pourrai alors terminer le mémoire concernant Gödöllö. J'ai parcouru la documentation à ma disposition. Aussi abondante qu'elle soit, son contenu en est aussi pauvre. Peu de données sont utilisables. J'espère vous voir mercredi ou jeudi pour vous transmettre le manuscrit. Un salut très attentif. Rodolphe[1]. »

Pendant ce temps, la comtesse Larisch tient sa parole à la baronne Vetsera. À dix heures, elle arrive au palais de la Salezianergasse. Mary est prête, vêtue d'un tailleur vert olive à galons noirs. Le col en est maintenu par une broche en or. Son chapeau, en feutre vert à plumes d'autruche noires, a des bords très relevés. Ses cheveux sont simplement noués en chignon. Pour se protéger du froid, elle glissera ses mains dans un manchon d'astrakhan. L'an dernier, elle avait posé dans cette tenue chez le photographe. Elle semble fraîche, sereine.

Autour de son cou, une discrète croix en or. Son chaperon remarque qu'elle ne s'est pas séparée de la bague en fer, si ordinaire, toujours passée à son annulaire. La comtesse dira : « Jamais je n'oublierai ses yeux, bleu foncé, ni la profondeur de son regard. » Mary embrasse sa mère, sans émotion particulière.

Officiellement, il s'agit de se rendre au Kohlmarkt, à la bijouterie des frères Rodeck, pour régler des achats en cours. Faire des courses semble à la baronne Vetsera le meilleur moyen de distraire sa fille, qui, elle le craint, est sur le point de perdre l'esprit. La promenade au Prater, qui avait été prévue, est oubliée. Le cocher, Franz Weber, conduit le fiacre sans hâte. Le temps est toujours neigeux. Soudain, la voiture bifurque vers la gauche, la comtesse Larisch ayant ordonné de prendre la direction de la Hofburg, ce qui n'était pas convenu. Elle a attendu de ne plus être en vue du palais Vetsera.

Le fiacre s'immobilise loin de l'entrée principale, près du bastion des Augustins ainsi nommé à cause de son voisinage avec l'église. À dater de cet instant, il faut croire la comtesse Larisch, seul témoin de ce qu'elle raconte. Rodolphe lui aurait demandé de venir chez lui avec la jeune fille pour une dizaine de minutes. Un adieu discret, sans doute. Loschek étant sur le chemin de Mayerling, c'est le valet Nehammer qui les guide. Autrichien, il avait dirigé les pas de Clemenceau et de Szeps lors de la fameuse entrevue nocturne. Les deux femmes refont le trajet sous le toit que domine la coupole de l'observatoire et, d'escaliers en corri-

---

1. Source hongroise : Szabó Margit, *Gödöllöi lakos vagyok,* Ofel sége Bt,. 2002.

dors, redescendent jusqu'au deuxième étage. L'archiduc paraît et prie sa cousine de le laisser seul avec Mary quelques instants. Il ferme la porte de son cabinet de travail. Il a simplement l'air d'un homme fatigué qui n'a pas beaucoup dormi et a un emploi du temps chargé. Une version différente affirmera que, en réalité, les deux femmes avaient changé de fiacre et pris celui de Bratfisch, anonyme mais qu'elles connaissent bien, selon une manœuvre rodée. Le résultat est le même : en fait de courses, la comtesse avait cédé à l'idée du dernier rendez-vous...

Après un moment, Rodolphe revient seul. Mary n'est plus là ! Elle a quitté la Hofburg ! L'archiduc donne à sa cousine l'ordre de se retirer et de ne rien dire. Comprenant qu'elle a été dupée, elle proteste, dit que ce comportement est une honte et qu'elle va immédiatement avertir Sissi de ce piège. Le récit de la nièce de l'impératrice atteint alors un sommet du feuilleton comme les journaux populaires de l'époque en publient en bas de page, tenant les lecteurs haletants à chaque épisode :

« "Si tu ne me jures pas de te tenir tranquille, je te tue", reprit Rodolphe d'une voix sifflante. Il laissa mes poignets qu'il tenait comme un étau, ouvrit sans un autre mot un tiroir d'où il tira un petit revolver noir. Puis il revint vers moi :

"Devrais-je t'abattre ?" Il me saisit à la gorge et me pressa son arme sur le front.

"Oui, tire, criai-je désespérée, ce serait charitable de ta part maintenant que tu as détruit ma vie." Le prince héritier baissa son revolver et, me regardant, dit : "Au moins es-tu courageuse ?"

"Oui, je peux être brave quand il s'agit de faire face à un démon comme toi, criai-je. Tu es Satan. Tu m'as attirée ici, en m'assurant solennellement que tu te conduirais avec moi en homme d'honneur. Tu ne sais pas ce que vaut la parole donnée." »

Un vrai mélodrame. Est-ce crédible ? C'est une source unique, donc précieuse, mais non vérifiable. On peut se demander pourquoi Rodolphe agit avec une telle violence alors qu'il a confié à sa cousine une boîte au contenu dangereux qu'elle ne devrait restituer qu'en échange d'un code si Rodolphe disparaissait.

Et il est clair qu'à l'heure de rédiger ses souvenirs, la comtesse Larisch tente par tous les moyens de se disculper et de certifier qu'elle a été manipulée. Encore une fois ! Pourtant, elle continue d'être complice. D'une voix plus douce, l'archiduc lui explique qu'il a absolument besoin de la présence de Mary Vetsera pendant deux jours, pas plus. Il ne donne pas d'explication, mais la remarque est intéressante. Mary n'est pas, ici, le motif d'une passion définitive. Elle est un moyen, un prétexte utile. Peut-être un alibi.

Mais comment justifier auprès de la baronne Vetsera que sa fille ait disparu alors qu'elle était sous sa garde ? Rodolphe a tout prévu. La comtesse doit se rendre chez le bijoutier Rodeck. Elle y passera une commande. Là, elle demandera à un commis d'aller chercher Mlle Vetsera dans le fiacre de sa maison. Puisque la jeune fille ne s'y trouvera pas, c'est qu'elle se sera enfuie. Et le cocher ? Une gratification de cinq cents florins, remise par l'archiduc à sa cousine, aidera ce brave homme à dire ce qu'on attend de lui.

Le plan est exécuté. Et, coup de théâtre, sur le siège du fiacre, on trouvera un billet, ce que confirmera la baronne : « Je ne peux plus vivre. Aujourd'hui, j'ai de l'avance. Je serai dans le Danube avant que tu me rattrapes. Mary. »

Onze heures passées. Rodolphe dit au revoir à sa cousine en la serrant dans ses bras. « Pour la première et pour la dernière fois, il m'embrassa sur la bouche. » Un détail surprenant quand on sait qu'autrefois, la cousine jalouse aurait été la maîtresse du prince héritier... À l'évidence, il a le cœur innombrable.

Sont-ils naïfs ? Imaginent-ils que la surveillance de l'archiduc ait pu se relâcher ? Dès onze heures cinquante, un télégramme envoyé par l'inspecteur Willaut au préfet de la police viennoise avertit le baron Franz Krauss que l'archiduc a quitté la Hofburg. Son Altesse Impériale et Royale a franchi la limite du cinquième arrondissement, celui de Margarethen, et roule en direction du château de Schönbrunn. Au galop. Le prince conduit lui-même sa voiture découverte, un phaéton attelé à deux lippizans. Un laquais se tient sur le siège arrière. L'archiduc a finalement annulé son audience avec l'archevêque de Prague et hâté son départ comme il le souhaitait.

Schönbrunn ? C'est à l'ouest, en direction de Mayerling. Dans le fiacre conduit par Bratfisch, Mary Vetsera roule vers la même destination. Effectivement, elle a de l'avance. Le temps est gris, les collines de la forêt viennoise sont effacées par la brume. La nuit tombera vite.

Le roman continue. Rodolphe est convenu d'un rendez-vous près d'une auberge appelée *Roter Stadl* (« La Grange Rouge »), connue dans la région. À une bonne cadence, Rodolphe y parvient en approximativement une heure quinze. La distance – environ vingt kilomètres depuis la Hofburg – a été couverte dans le temps prévu. Devant l'auberge, le fiacre de Bratfisch est déjà arrivé. La silhouette épaisse du cocher barbu, coiffé de son éternel haut-de-forme, est familière. Mary est au fond du fiacre. La voiture du prince repart sous la conduite du laquais en direction de la Hofburg. Il est à peu près treize heures. Selon un témoignage publié au début de la Seconde Guerre mondiale, Rodolphe est gai, aimable, s'excusant auprès de Bratfisch de l'avoir fait attendre. Le fiacre démarre, au petit pas. Rodolphe et Mary sont ensemble. Rien n'a filtré de leurs propos, en admettant qu'ils n'aient pas observé le silence angoissé des amants en fuite. À partir de la vallée de Breitenfurt, au nord du relais de chasse, la progression est laborieuse car la route est gelée. Le trajet comporte une douzaine de kilomètres. À plusieurs reprises, l'archiduc descend et aide le puissant Bratfisch à pousser la voiture pour soulager le cheval qui peine sur ce chemin de campagne non dégagé. Bien que ferré à glace, l'animal avance difficilement. La voiture dérape. Rodolphe transpire dans son manteau fourré.

Environ quinze heures trente. Rodolphe marche à côté de la voiture. On aperçoit le clocher de la chapelle Saint-Laurent qui émerge du vallon. Les voici enfin à Mayerling.

Par prudence, une nouvelle diversion a été décidée. Tandis que l'archiduc finit le trajet à pied (mais d'où arriverait-il ainsi ?), Bratfisch, se dirigeant vers les communs, conduit la jeune fille jusqu'à une porte de service – elle est habituée à ces entrées – où Loschek l'accueille. Comme d'habitude depuis six semaines. Elle n'a aucun bagage mais le valet a prévu un nécessaire de toilette, du linge de rechange, une robe d'intérieur bien chaude et une paire de mules ornées de plumes de cygne. Un serviteur modèle... Rapidement, il la conduit à une chambre éloignée animée par un feu crépitant. La voyageuse doit rester enfermée dans cette pièce pendant que le prince se repose dans la sienne, au rez-de-chaussée mais dans un angle du coin sud-est.

Notons que le premier étage, que se réserve Stéphanie lorsqu'elle accompagne son mari, demeure fermé. Mlle Vetsera s'installe et se réchauffe. On viendra la chercher. Officiellement – et ceci est essentiel –, Mary Vetsera n'est pas à Mayerling. Rodolphe non plus, d'ailleurs ! La demoiselle a été enlevée, avec son consentement sans doute, mais on ignore où elle est. Cette « absence » de Mary Vetsera, qui sera la source de tant de confusions et de contradictions, est bizarre, car même dans la discrétion la plus absolue, elle sera nécessairement découverte demain matin, lorsque les chasseurs arriveront, notamment le beau-frère de Rodolphe. Il est vrai que Philippe et sa femme Louise savent depuis longtemps à quoi s'en tenir sur l'état des relations entre Stéphanie et Rodolphe. Et les domestiques ? Bien que fidèles et dévoués, ils n'ont rien de ces musiciens aveugles du siècle passé jouant pour de hauts personnages en goguette. Pour le moment, la présence de Mlle Vetsera n'est ni vérifiée ni soupçonnée... C'est une question de moment et d'opportunité. La jeune fille est un atout dans un jeu complexe et dangereux. Elle n'apparaîtra que plus tard. Sa sincérité n'est pas en cause, mais, décidément, quelle curieuse histoire d'amour [1]...

D'ailleurs, ce n'est pas là le seul élément paradoxal en cette fin d'après-midi. Le silence de la forêt enveloppe les bâtiments. Le rendez-vous de chasse ne connaît pas l'animation habituelle aux arrivées du prince. Il a donné des instructions pour que sa présence soit la plus discrète possible. Les sentinelles ne doivent pas révéler son arrivée, ne pas se coiffer de leur casquette réglementaire et ne pas porter l'arme à la bretelle. Les fenêtres visibles depuis la route resteront fermées. Et – mesure qui prendra une importance redoutable –, le service télégraphique n'y est pas installé, contrairement à tous les précédents séjours de l'archiduc. Il s'y trouve, si l'on peut dire, incognito. Officiellement, Mayerling est vide, impression confirmée le lendemain

---

1. Parmi les allégations présentées beaucoup plus tard, le secrétaire particulier de l'archiduc, prévoyant un congé dans la région qu'il connaissait bien, aurait pris, en début d'après-midi, le train de Vienne à Baden, la gare la plus proche de Mayerling. En descendant du compartiment, à sa grande surprise, il aurait aperçu Mary Vetsera seule, qui en faisait autant. Toujours au conditionnel, il aurait été étonné de voir la jeune fille monter dans « une voiture de louage ordinaire, du genre provincial ». Un récit difficilement acceptable comme tant d'autres sans preuve... Voir Victor Wolfson, *op. cit.*

matin par Joseph Hoyos et Philippe de Cobourg, étonnés d'arriver dans une maison d'apparence inoccupée. Que craint le prince héritier ? *A priori*, il ne souhaite pas être dérangé dans sa fuite amoureuse. Du moins aujourd'hui, puisque, demain, une chasse est programmée. Épuisé, Rodolphe se couche immédiatement. Il a pris froid.

La nuit est tombée sur Mayerling. Tout est calme.

À Vienne, le préfet de police se trouve dans une situation embarrassante. Vers une heure de l'après-midi, la comtesse Larisch lui a demandé un entretien d'urgence. Ayant pris conscience qu'elle est impliquée dans une histoire folle, elle avait informé la baronne Vetsera que sa fille s'était enfuie. Stupeur et angoisse de la mère. La fable du fiacre vide a été acceptée sans méfiance. Mais ce billet qui parle de se jeter « dans le Danube », quel effroi ! Proposant d'alerter elle-même les autorités policières pour valider son explication de la disparition de Mary, bien entendu elle ne souffle mot de son rendez-vous matinal à la Hofburg. Or tout en insinuant que la famille Vetsera soupçonne le prince héritier et en recommandant la plus grande discrétion au préfet, la comtesse ignore que depuis plus d'une heure ce dernier est informé du départ précipité de l'archiduc pour Mayerling où, sauf incident, il doit être en train d'arriver... Si la comtesse s'inquiétait seulement de la disparition de la jeune fille, l'affaire serait assez simple. Mais le départ de Rodolphe suivant, comme par hasard, celui de la jeune fille dans la même direction, l'enquête s'oriente non vers le Danube mais vers la forêt viennoise. Un domaine politique sensible puisqu'il concerne, c'est à redouter, le prince héritier. Il est urgent d'attendre, un faux pas serait catastrophique. Une fugue amoureuse, pour choquante qu'elle soit, n'est pas une conspiration contre la Couronne.

À Mayerling, dans la nuit laiteuse, une seule cheminée fonctionne visiblement.

Le logement des gardiens, sans doute. C'est ce que penserait un étranger de passage sur cette route qui traverse le hameau endormi. Mais qui s'aventurerait ici à une telle heure ? Tout est normal et aucun élément ne permet de savoir ce qu'il se passe à l'intérieur.

Vienne, sept heures du soir. Le bureau du préfet de police. Le haut fonctionnaire est encore plus gêné qu'au début de l'après-midi. La comtesse Larisch n'ayant sans doute pas été convaincante, elle a été contrainte de revenir le voir d'urgence, dûment accompagnée d'Alexandre Baltazzi, frère de la baronne Hélène et oncle de Mary. M. Baltazzi n'est pas rassuré, car, on ignore comment, mais il a appris où se trouvait Rodolphe. Cette indiscrétion n'en est pas une, de nombreuses personnes ayant pu voir la sortie du phaéton et surtout l'identité de l'homme qui tenait les rênes. Il lui demande d'ouvrir immédiatement une enquête sur le sort de sa nièce, soupçonnant qu'elle se trouve aussi à Mayerling. Le préfet objecte que l'endroit suspecté est une propriété privée de la famille impériale :

— Je ne peux que remarquer que Mayerling échappe au champ d'action de la police, que, de ce fait, je ne suis pas en mesure d'y intervenir ou bien d'y enquêter. À Vienne même, je ne suis pas habilité à mener une enquête à l'intérieur de la Hofburg[1]. Si la mère me signale officiellement la disparition de sa fille, j'entreprendrai des recherches en vue de la retrouver. J'attire cependant l'attention sur le fait qu'on ne pourra alors éviter que les journaux n'en fassent une affaire à sensation. Je ne peux mêler le nom du prince héritier à l'affaire. (...) Des conséquences de toutes sortes pour l'honneur de la jeune dame seraient alors inévitables. C'est peut-être en ne rendant rien public qu'on l'empêcherait le mieux.

Le préfet prend toutes les précautions nécessaires. Pour déclencher une enquête, il a besoin d'une plainte écrite. N'est-ce pas un peu prématuré ? Implicitement, les déplacements, les contacts et la sécurité de Rodolphe le concernent davantage qu'une fugue amoureuse. Rien n'indique une réelle disparition de Mlle Vetsera. Du moins ce soir...

---

1. À titre de comparaison, le palais présidentiel de l'Élysée est, juridiquement, une enceinte militaire, donc de statut judiciaire spécial. Cette déclaration est extraite du dossier du baron Krauss, conservé pendant des décennies avant de disparaître et d'être, curieusement, retrouvé à Berlin... Il a été porté, en partie, à la connaissance du public en 1955. Sa publication, à Vienne, Munich, Stuttgart et Zürich, est intervenue au moment où l'Autriche signait le traité du Belvédère par lequel elle recouvrait une identité internationale, sous couvert de neutralité. Jean-Paul Bled estime que l'authenticité de ces 248 documents réapparus est incontestable. (*op. cit*).

Mardi 29 janvier, Mayerling, huit heures du matin. Comme cela était convenu, Hoyos et Cobourg arrivent tôt pour la chasse organisée dans les environs, à Glasshütte. Il a neigé mais il fait un peu moins froid. Rodolphe rejoint ses amis dans la salle à manger où Loschek a préparé le petit déjeuner. Le prince est enroué, il s'est enrhumé hier, lors de ses efforts pour dégager la voiture, mais il ne le précise pas à ses hôtes. D'ailleurs, Mary Vetsera est toujours cloîtrée dans sa chambre, servie par Loschek mais invisible et « absente » de Mayerling où, d'ailleurs, elle n'était jamais venue. Ni Hoyos ni Cobourg n'ont décelé sa présence. L'archiduc s'est entouré le cou d'une longue écharpe de soie et juge prudent de ne pas sortir ce matin. Il prie ses invités de chasser sans lui. Et il s'interroge sur sa possibilité de rentrer à Vienne dans l'après-midi et d'assister au dîner donné par l'empereur et l'impératrice pour tous les membres de la famille séjournant en ville. Son beau-frère Philippe y est naturellement invité. Rodolphe avisera dans l'après-midi. Avant leur départ, l'archiduc, bizarrement, leur lance ce qu'il ne faut jamais dire à des chasseurs :

— Bonne chasse !

Ses deux invités s'éloignent donc sous la conduite du garde-chasse Wodiczka. Même si Rodolphe est effectivement enrhumé, on sait, depuis, qu'il avait de bonnes raisons de rester joignable et, *a priori*, proche de la jeune fille dont la présence secrète lui était nécessaire, comme il l'avait dit à la comtesse Larisch, sans en avouer la raison. En effet, à Budapest, le vote décisif a lieu aujourd'hui et le prince attend le résultat avec inquiétude. Les derniers pronostics de son ami Károlyi, chef de l'opposition à la tête de nombreux partisans, sont pessimistes ; la loi risque d'être adoptée. Et la langue allemande supplantera réglementairement la langue hongroise dans l'armée. Comment sera-t-il prévenu du résultat ? Par un dispositif anormalement complexe : Moritz Szeps, arrivé lui aussi le matin, s'est installé au petit bureau de poste d'Alland. Avec son entregent habituel, le journaliste se débrouille, informant l'employé du télégraphe qu'il attend des nouvelles de Budapest. Posons-nous la question : pourquoi compliquer la transmission sinon pour éviter une indiscrétion à Mayerling ? En effet, l'installation habituellement provisoire étant mise en service et fonctionnant sous contrôle militaire, Rodolphe souhaite éviter que les soldats fassent un rapprochement entre les messages et le prince héritier, dont on doit ignorer la présence dans les parages ; Mayerling n'est qu'à un kilomètre environ d'Alland. Szeps patiente pour entendre le cliquetis des bobines et leur débit saccadé de ruban sans révéler le destinataire final de leur contenu.

Vienne, cabinet du préfet de police, vers neuf heures trente. En arrivant à son bureau, le baron Krauss a trouvé une lettre de la comtesse Larisch lui annonçant, à son grand regret, son départ imminent pour son domaine de Bohême. Elle souhaitait, bien entendu, rester pour suivre l'affaire. Mais son mari a insisté et elle a pris le premier train pour Pardubitz. Le contenu de cette lettre est confus. Elle prétend ne pas agir pour elle, souhaite qu'on oublie le passé même s'il est inévitable d'enquêter. « (...) Ma requête vise uniquement à ce que l'affaire jusqu'à aujourd'hui soit traitée avec prudence (...). » Pour se démasquer, elle ne pouvait faire mieux ! Le policier en est convaincu et il le dit à la baronne Vetsera et à Alexandre Baltazzi qui viennent ensuite le voir, inquiets comme on le pense que leur fille et nièce n'ait ni reparu ni donné de ses nouvelles. Il y a près de vingt-quatre heures qu'elle s'est volatilisée. Une certitude s'impose : « (...) La comtesse Larisch a eu connaissance des projets du prince héritier et a agi sur son ordre. »

Le temps qui passe est de mauvais augure. Le préfet informe le Premier ministre, lequel, connaissant la réputation d'intrigantes des Vetsera mère et fille, soupçonne quelque machination ou chantage pour compromettre le prince héritier et donc l'avenir de la monarchie. Le comte Taaffe se pose, lui aussi, la question pertinente : mais pourquoi la comtesse Larisch n'a-t-elle pas informé sa tante l'impératrice qui est dans ses appartements de la Hofburg ? Pour une fois ! Au lieu de remonter vers l'Olympe du pouvoir, l'affaire serait redescendue vers le chef du gouvernement. Sa position eût été moins inconfortable, il aurait alors obéi à une requête précise.

Mayerling, vers une heure trente. Philippe de Cobourg revient de la chasse et prend un thé revigorant avec Rodolphe qui est d'excellente humeur. Il semble aller mieux. Les deux beaux-frères discutent du dîner impérial auquel ils sont conviés le soir.

Ayant repris des forces mais toujours enrhumé, Rodolphe décide qu'il n'est pas raisonnable de ressortir dans le froid et de faire ce trajet quasi nocturne jusqu'à Vienne puis de se changer et d'être présent à la grande table de la Hofburg avec ses inévitables vingt-quatre couverts dressés selon la rigoureuse étiquette d'origine bourguignonne et espagnole. Son beau-frère comprend aussi que Rodolphe n'a guère envie de retrouver sa femme. Mais son absence est peut-être explicable par ailleurs, puisqu'il s'agit de fêter – encore ! – les fiançailles de Marie-Valérie, sa sœur favorite, avec François-Salvator, qu'il n'aime pas...

Bureau de poste d'Alland, cinq heures du soir. Après le départ de Philippe de Cobourg, l'archiduc fait porter au préposé cette dépêche à envoyer à l'attention de l'archiduchesse Stéphanie :

« Je te prie d'écrire à Papa que je lui demande très respectueusement de m'excuser. Je ne pourrai assister au dîner. Un rhume très violent m'empêche de faire le déplacement cet après-midi et je dois rester ici avec Josl Hoyos. Je vous embrasse très affectueusement. Rodolphe. » Son refroidissement sera confirmé par Philippe de Cobourg dès son arrivée. Il précisera que le prince lui demande, en son nom, de baiser les mains de l'empereur.

Cabinet du Premier ministre, six heures du soir. Le comte Taaffe et le baron Krauss estiment qu'il faut attendre jusqu'à ce soir. Puisqu'un dîner doit rassembler toute la famille, si le prince y paraît c'est qu'il n'est pas impliqué dans la disparition de la jeune fille. Ils le souhaitent, bien sûr, car l'enquête serait plus classique et moins délicate. Et même si la présence de Mlle Vetsera était confirmée à Mayerling, sa mère serait bien inspirée de ne pas en faire un scandale. N'est-elle pas responsable de sa fille mineure ? Et puis, le Premier ministre, agacé des leçons de moralité données par la baronne Vetsera, lui aurait signifié que sa fille n'était peut-être pas aussi innocente qu'elle le prétend. Certes, la comtesse Larisch avait insinué que Mary, à l'âge de seize ans et se trouvant au Caire, aurait eu une liaison avec un officier britannique. Seuls la condition modeste et le manque de fortune de ce suborneur avaient empêché leur mariage. L'accusation est à rapprocher d'une précision de lady Paget. Fine mouche, l'ambassadrice du Royaume-Uni estime que Mary est « une jeune fille très rapide » et donne deux noms, incomplets, d'amants de Mlle Vetsera. La conclusion s'imposait : Mary n'était plus vierge quand elle a succombé aux charmes de Rodolphe... Au minimum, bien que sans réelle certitude, le Premier ministre a ce soupçon.

Mayerling, six heures. Szeps fait parvenir à Rodolphe trois télégrammes. Le premier annonce le résultat du vote, acquis à une très large majorité par 267 voix contre 141. Une victoire pour les germanophones, les germanophiles et donc Guillaume II. Deux autres dépêches indiquent qu'une agitation populaire secoue Budapest. Des étudiants, partisans de l'opposition, se sont rassemblés dès onze heures du matin. Une partie des députés proteste contre les représentants de Vienne, venus suivre le débat. Le commandant de la garnison fait sortir la troupe. Irait-on jusqu'à l'affrontement ? Les trois gares sont occupées ; des policiers en civil sont entrés dans le Parlement ; l'armée a investi les carrefours et les points chauds sur ordre du Premier ministre Tisza. Depuis des semaines, il avait déployé une énergie extraordinaire pour faire adopter ce texte sans les concessions ni les faveurs exigées par les partisans de Pista Károlyi. Le député Fényvessy l'a même accusé d'avoir insulté la France en favorisant l'Allemagne. « Berlin vous en a récompensé en vous donnant l'Aigle noir. Le comte Taaffe, lui, a montré beaucoup plus de fierté. »

Mais cela n'avait pas suffi. D'après Szeps, dès quatre heures de l'après-midi, les rédactions des journaux viennois savaient que la résistance était inutile et que la protestation n'était plus qu'un mouvement avorté dans lequel Rodolphe avait mis beaucoup d'espoirs. Le prince ne peut qu'être atteint par ces nouvelles. Ici, on peut se poser deux questions sur les effets de ce climat politique effervescent en Transleithanie alors qu'en Autriche, l'affaire avait été vite réglée, presque bâclée. Soit Rodolphe est appelé à l'aide par l'opposition pour tenter de renverser la situation, si c'est encore possible. C'est accepter la thèse de ce qu'on nommera « le complot hongrois », souvent réfutée un peu vite en ignorant ses nuances. Ce n'est pas parce que Rodolphe craint l'hégémonie de la langue allemande à moins de trois cents kilomètres à l'est de Vienne qu'il aurait ourdi un complot contre son père, pris sa place comme roi de Hongrie et déstabilisé l'Empire en risquant sa dislocation. Cette rébellion aurait eu comme résultat de réjouir davantage Berlin, car Vienne se serait trouvée isolée, face à une sécession tragique. Et Guillaume II aurait eu la tentation d'entrer en Hongrie. À aucun prix, Rodolphe ne peut faire le jeu de l'Allemagne. Soit l'effondrement quasi immédiat des forces de l'opposition apparaît comme un échec politique grave de Rodolphe et, de toute manière, il passe pour un traître pris la main dans le sac. En définitive, en cette fin d'après-midi du mardi 29 janvier, on ne pouvait que se rappeler ce commentaire sévère d'un journaliste français, familier de la situation, qui avait écrit peu de temps avant : « (...) Ces discussions ont démontré surtout une chose, c'est que le Hongrois, pour être né avec des instincts guerriers, ne fait qu'un assez médiocre soldat. Il n'a pas l'esprit militaire. Il aime à se battre, il est brave et chevaleresque, mais il abhorre la discipline, il déteste la caserne, et sous ce rapport, il est loin de suivre le courant moderne. » En tout cas, le bilan laisse l'archiduc amer et ses sympathisants très déçus. Peut-être certains lui en veulent-ils. Rodolphe a mauvaise conscience. L'idéal eût été un échec du vote sans que le prince en fût, ni de près ni de loin, tenu pour responsable. Mais, vue de Berlin, l'affaire peut très bien passer pour un « complot antiallemand » fomenté ou soutenu par Rodolphe, qui a échoué mais ne peut qu'inquiéter l'entourage de Bismarck. Le successeur de François-Joseph aurait dévoilé ses plans trop tôt et perdu la partie.

Palais de la Hofburg, un peu avant sept heures du soir. Stéphanie se prépare pour le dîner. Le télégramme de son mari lui est remis. Effondrée, elle baisse la tête et ne peut empêcher une larme de couler sur sa joue. De chagrin ou de rage ? Une réconciliation était-elle espérée ? Dans ses Mémoires, elle explique son absence à Mayerling parce que « le prince héritier avait exprimé le désir de ne pas me voir prendre part à cette excursion ». Donc la présence de son mari dans son relais de chasse préféré n'était pas un mystère pour sa femme. Mais avant de partir lundi, il avait promis d'assister au dîner du mercredi puis était allé embrasser sa fille. Stéphanie assure avoir eu alors « un sentiment étrange quand la porte se referma derrière lui ; une crainte indéfinissable me glaçait le cœur. Je tombai à genoux et cherchai une consolation dans la prière ».

Avant de se rendre chez ses beaux-parents, elle soupire devant sa dame d'honneur :

— Maintenant, je dois aller seule chez Leurs Majestés...

Elle a honte, elle est gênée et cela se comprend. Elle est également vexée d'être traitée de cette manière. Son beau-frère a beau répéter que Rodolphe l'embrasse ainsi que Louise, que personne ne doit s'inquiéter et que lui-même repart tôt demain matin pour retrouver Rodolphe, le malaise s'abat sur la jeune femme comme un invisible mais pesant voile de tristesse. « Quand j'entrai au salon, il me semblait que tous les regards étaient dirigés sur moi. L'empereur et l'impératrice me demandèrent où était Rodolphe. Je répondis qu'il était enrhumé et qu'il voulait se soigner, qu'il était souffrant depuis longtemps déjà et que son état me causait des soucis. Je ne me hasardai pas cependant à exprimer toutes mes craintes et je n'osai insister pour qu'on lui envoie un docteur à Mayerling. Je m'efforçai aussi de refouler mes angoisses ; je ne pouvais me les expliquer moi-même. »

Mayerling, sept heures du soir. L'archiduc et le comte Hoyos sont assis dans la salle de billard qui fait fonction de salle à manger. Loschek sert aux deux hommes un bon dîner préparé dans la cuisine au bout de l'aile nord, près de la chapelle. Mary Vetsera n'a toujours pas paru, sa présence n'est pas soupçonnée par l'ami du prince. À l'office, le valet a dû faire des prodiges pour que l'on serve aussi des repas à la jeune fille ; Loschek est l'homme des miracles et le maître des domestiques silencieux. La conversation est gaie ; c'est un vrai repas de chasse entre bons amis où l'on parle du gibier, du flair des chiens, du froid, des talents réputés de la cuisinière. L'atmosphère est détendue. À la fin du service, au moment d'allumer une cigarette et de déguster un cognac, Rodolphe montre à son invité les trois télégrammes qu'il a reçus de Pesth. Le prince note que son ami Károlyi a « mauvaise conscience ». Lui aussi. En effet, la dernière dépêche est étrange : le chef de l'opposition s'était d'abord battu vigoureusement contre le texte de la loi de recrutement, n'avait cessé de prononcer des discours négatifs pendant des semaines puis, après son adoption ce matin, il félicite... Rodolphe ! « Bravo pour la suprême habileté avec laquelle le prince héritier a fait triompher la Hofburg ! » Impensable ! Károlyi serait-il un traître ayant tendu un piège au futur roi de Hongrie pour le compromettre ? Un opportuniste ? Aurait-il été manipulé ou acheté ? Est-ce de l'humour de très mauvais goût ? De toute manière, ce texte place l'archiduc en première ligne, qu'il ait été le conseiller de la réaction hongroise ou qu'il soit la victime de son échec. Pourtant, ce soir, le prince ne donne pas l'impression de céder à une quelconque panique ni de s'effondrer de désespoir comme la logique le commanderait, puisque Hoyos ajoute : « (...) Il me sembla un peu ému, bienveillant dans ses jugements et il laissa agir sur moi tout le charme de sa personnalité[1]. » Deux heures plus tard, après ce dîner succulent et charmant, Hoyos se retire. Il serre la main du prince qui lui souhaite une bonne nuit d'une manière cordiale en précisant qu'il va essayer de soigner son rhume. Détail important, la chambre occupée par Hoyos n'est pas dans le bâtiment principal mais dans une annexe traditionnellement réservée aux invités, à une bonne centaine de mètres. L'invité s'endort, selon ses dires, vers dix heures.

Maintenant, Rodolphe est seul. Avec Loschek, c'est-à-dire avec une ombre qui sait tout mais ne dit rien. Enfin, il peut rejoindre Mary Vetsera, enfermée depuis quarante-huit heures.. Rodolphe fait appeler Bratfisch pour qu'il chante les douces mélodies viennoises qu'il connaît si bien. Et il n'a pas son pareil pour siffler en imitant les oiseaux, ce qui a toujours fasciné l'archiduc amoureux des animaux et de la nature. Le prince demande du champagne, la bouteille est bientôt vide. Loschek sert une collation dans la chambre. Mary, selon Bratfisch, est heureuse. Et le prince très détendu, simplement un peu en sueur sous l'effet de la fièvre et d'un bon cru, servi généreusement dans son verre.

---

[1]. Baron Oskar von Mitis, *Das Leben des Kronprinzen Rudolf*, Leipzig, 1928, nouvelle édition Munich, 1971. Et Mémoires du comte Josef Hoyos (Hoyos-Dentkschrift) conservés aux Fonds Rodolphe des Archives d'État à Vienne. Cependant, les télégrammes eux-mêmes, cités par Hoyos, ont eux aussi disparu du dossier où ils auraient dû être classés... On ne peut croire qu'il s'agit d'un simple désordre !

Cabinet du préfet de police, Vienne, dans la soirée. L'absence de l'archiduc au dîner décide le baron Krauss à envoyer un inspecteur tôt demain matin à Mayerling. Mlle Vetsera n'ayant pas donné signe de vie, il est à craindre qu'elle se trouve effectivement auprès du prince. L'intervention policière, même discrète, demeure délicate. Il y a, d'une part, la disparition d'une jeune fille dont les relations avec Rodolphe ne sont plus un secret pour le gouvernement. D'autre part, l'archiduc ne cesse de se plaindre de la surveillance et de la sollicitude des policiers. Il l'a souvent fait savoir au Premier ministre, qu'il méprise pour sa politique conservatrice. Un faux pas ne ferait que détériorer davantage les relations entre l'héritier du trône et le comte Taaffe. À Mayerling, Rodolphe est chez lui, dans une résidence privée. Mais il n'est plus possible de différer une enquête sur place. Il faut vérifier si cette disparition et cette absence du prince sont liées... sans avoir averti l'empereur de cette démarche. Mais un élément appris ce soir, peut-être par le personnel ayant servi le dîner, complique la mission policière : Philippe de Cobourg a indiqué qu'il repartait très tôt le matin pour Mayerling, afin de suivre la chasse et de retrouver son beau-frère. Quelle gaffe si tout est normal dans le pavillon de chasse ! D'un autre point de vue, puisque le corps de la jeune fille n'a pas été retrouvé dans le Danube ni ailleurs, la prudence – l'inertie – de la police pourrait finir par provoquer chez la baronne Vetsera une demande d'audience urgente au souverain ou à la souveraine, ce qui déclencherait une catastrophe. De toute façon, un scandale est à redouter et le préfet de police pourrait fort bien se retrouver mis à la retraite anticipée. Il faut donc savoir ce qu'il en est, mais sans faire de dégâts protocolaires qu'il serait impossible d'étouffer. Le temps, l'allié des amants fugueurs, est le cauchemar des enquêteurs.

Mayerling, onze heures du soir. Rodolphe prie Bratfisch de se retirer, ravi d'avoir encore entendu sa voix aux étonnantes variations. À cet instant de la nuit, le seul témoignage direct dont nous disposons est celui de Loschek. Au moment de se coucher, le prince lui dit :

— Ne laisse entrer personne dans ma chambre. Pas même l'empereur !

Défi ou plaisanterie ? Un ordre. Le valet se glisse dans le

réduit, sa chambre, à côté de la grande pièce voûtée où Rodolphe et Mary vont passer la nuit ensemble. La première. « Toute la nuit, je les ai entendus parler d'un ton sérieux, à voix basse. Je ne pouvais rien comprendre de leur conversation. » Loschek finit par s'endormir, car plus aucun bruit ne vient de la chambre voisine.

Mercredi 30 janvier, six heures dix du matin. Rodolphe, en tenue nocturne, réveille Loschek et lui ordonne de faire atteler deux chevaux à une voiture pour huit heures et de préparer le petit déjeuner. L'archiduc demande à être réveillé dans une heure puis referme sa porte. Il siffle légèrement, comme lorsqu'il est de bonne humeur. Ou tendu. Déjà Loschek se dirige vers le logement du cocher Bratfisch.

Le sol est blanc. La nuit est noire.

# CHAPITRE 15

# LA TRAGÉDIE

La brume glacée réveille complètement Johann Loschek. Le ciel est très bas et le temps n'est guère indiqué pour chasser dans les bois de Krottenbach. Tout est gelé. Le prince a raison de faire atteler tout à l'heure. Peut-être pour regagner Vienne... Le valet dévoué s'avance dans la cour, en direction des écuries et de la chambre de Bratfisch. Il est environ six heures quinze ce mercredi 30 janvier 1889. Ici, le lecteur doit savoir que l'historien se trouve confronté à des sources à la fois précises et contradictoires, le témoignage du valet et celui du comte Hoyos. Leurs récits, de première main, vont gravement varier avec le temps ! Depuis le début de l'affaire, les témoins ont des scrupules, des hésitations, des trous de mémoire, toutes modifications destinées à atténuer leurs responsabilités, même des décennies plus tard. On est en présence d'un fait divers confus impliquant une très haute personnalité et où se trouvent imbriquées la vie privée et des conséquences politiques de première grandeur. Un labyrinthe infernal.

En effet, dans une première version, consignée les jours suivants, Loschek va réveiller Rodolphe à sept heures. Il frappe à la porte. N'obtenant pas de réponse, il pense que le prince dort encore. Il était fatigué et il est encore très tôt. Il avertit le garde-chasse Wodiczka qu'en raison du mauvais temps, la chasse n'aura sans doute pas lieu. Une demi-heure plus tard, Loschek revient devant la chambre. Toujours pas de réponse, le silence est total. Il tente d'ouvrir la porte mais elle est fermée de l'intérieur, ce que Rodolphe ne faisait jamais, car Loschek pouvait pratiquement entrer à toute heure chez le prince. À l'aide d'une bûche, il essaie de forcer les deux battants. En vain. Inquiet, il retraverse la cour et réveille le comte Hoyos dont la chambre est « à cinq cents pas ». Le valet lui confie alors que le fils de l'Empereur n'est pas seul dans sa chambre, la jeune Mary Vetsera s'y trouve aussi. Selon Hoyos, il s'agit d'une révélation. Non seulement il ignorait la présence de cette jeune fille, mais encore il n'était pas au courant de sa liaison avec l'archiduc. Il ment et l'avouera plus tard, demandant pardon à l'empereur... Que faire ? Dans un premier temps, ils décident d'attendre l'arrivée de Philippe de Cobourg qui s'était annoncé aux environs de huit heures. Le temps passe. Le train a-t-il eu du retard ? Le trajet depuis Baden est-il encore plus difficile qu'hier à cause du gel et de la neige ? Ils changent d'avis et commencent par éloigner de la chambre le personnel de la cuisine qui devrait déjà préparer le petit déjeuner des chasseurs. Tant pis, les deux hommes vont défoncer la porte, à l'aide d'une hache de bûcheron. Dans ce récit, il est évident que Loschek et Hoyos sont inquiets du silence des occupants de la chambre. Dans un grand bruit de coups et de bois démoli, c'est Loschek qui entre le premier. Que voit-il ? La luminosité est faible.

Le valet s'approche du lit. Rodolphe, habillé, le corps légèrement replié sur le rebord du lit, gît sans vie. Une mare de sang s'étend à ses pieds. Le valet conclut, étrangement, à un empoisonnement par le cyanure qui, selon lui, aurait provoqué une hémorragie. Dans cette thèse, Loschek n'a entendu aucun coup de feu. Mais il va varier dans son témoignage... L'explication avancée se veut simple à la lumière de ce qui sera découvert : Rodolphe a tiré un premier coup de revolver sur Mary Vetsera à travers un oreiller pour étouffer la détonation ; puis, ayant appelé Loschek qui n'aurait rien entendu, il lui a demandé de vérifier auprès de Bratfisch qu'il préparait l'attelage comme il l'avait ordonné, ce qui aurait eu pour effet d'obliger le valet à retraverser la cour. Ainsi éloigné, Loschek n'entend pas le second coup de feu, celui du suicide de l'archiduc. Cette première version, dite de l'empoisonnement, fournie à la Cour, est maintenue par le valet, malgré sa contradiction évidente. Elle comporte un grave inconvénient : le crâne de l'archiduc est fracassé, ce qui est incompatible avec l'absorption d'un poison, quel qu'il soit. L'attitude de Loschek est celle d'un serviteur affolé, qui ne laissait son maître seul que dans ses moments d'intimité. Le malheureux, se sentant coupable, invente, sous l'effet de la panique, cette histoire de poison. Jean-Paul Bled fait remarquer justement que pour expliquer cette fable macabre présentée à l'empereur « (...) il aurait redouté que la responsabilité du drame ne fût impliquée à son manque de vigilance, s'il révélait la cause réelle de la mort ». On peut le comprendre. Mais si le prince avait décidé cette double mort, personne, pas même Loschek, n'aurait pu l'empêcher de commettre un geste fatal, quels que fussent le lieu, le moment et le moyen choisis. Tenir le valet pour responsable est excessif. Enfin, aucune indication n'est fournie sur la cause apparente de la mort de la jeune fille, sans doute parce que l'identité du prince écrase celle de sa jeune maîtresse. Cette thèse, rapidement contredite par les constatations, est à l'origine de l'avalanche de doutes sur les circonstances exactes de la tragédie.

Il faut maintenant verser au dossier une deuxième version. Elle nous est fournie par Loschek lui-même, mais dictée à son fils... trente-neuf années plus tard, soit en 1928... Remord tardif ? Mémoire retrouvée tant d'années après l'affolement et les rumeurs ? Pression sur un personnage clé ? Ou ralliement à l'évidence des conditions techniques du drame ? Tout est possible. Le revirement du témoin est spectaculaire : « Cinq minutes avant six heures un quart, Rodolphe vint me trouver tout habillé dans ma pièce et m'ordonna de faire atteler. Je n'étais pas encore sorti dans la cour que j'entendis deux détonations. Je revins en courant, l'odeur de la poudre me saisit ; je me précipitai à la chambre à coucher mais, contrairement à l'habitude de Rodolphe, elle était fermée. Jamais il ne fermait la porte. Que faire ? J'allai aussitôt chercher le comte Hoyos, j'enfonçai le panneau de la porte, si bien qu'en passant la main à l'intérieur, je pus ouvrir la porte. Quel spectacle affreux ! Rodolphe gisait mort sur son lit ; il en allait de même de Mary Vetsera, entièrement habillée sur son lit. Le revolver militaire de Rodolphe se trouvait près de lui. Aucun des deux ne s'était couché. Dès le premier coup d'œil, on pouvait voir que Rodolphe avait d'abord tué Mary Vetsera, puis s'était donné la mort[1]. »

Cet aveu – c'en est un – est évidemment capital pour confirmer la thèse du meurtre de la jeune fille suivi du suicide de l'archiduc. Toutefois, elle suscite diverses interrogations, en

---

1. Dossier du comte Hoyos cité par Oskar von Mitis dans son ouvrage essentiel *Vie de Rodolphe de Habsbourg : avec des lettres et documents trouvés dans ses affaires*, Londres, Skeffington, 1930.

dehors de sa date. Relevons que la chambre ne comportait pas deux lits mais un seul, que Mary Vetsera n'était pas habillée comme on l'apprendra plus tard. Admettons qu'il s'agisse de détails par rapport à l'ensemble. Mais comment le valet, dans la pénombre de la pièce voûtée et n'étant ni policier ni médecin légiste, peut-il conclure, sans examen approprié, que Rodolphe a « d'abord tué Mary Vetsera puis s'était donné la mort » ? Pourquoi pas l'inverse ? Et si la jeune fille avait empoisonné l'archiduc ? Ou avait tué le prince avant de se suicider ? À ce moment, rien n'est vérifié, rien n'est invraisemblable. Le train de Vienne s'arrête en gare d'Alland à huit heures dix. Le beau-frère de Rodolphe en descend. À huit heures trente, Philippe de Cobourg arrive. Une version rapporte que c'est lui, en qualité de parent du prince, qui décide d'enfoncer la porte. Mais, selon le « mémorandum officiel » rassemblant les premiers éléments de l'enquête, seul Loschek entre dans la chambre, Hoyos et Cobourg restant sur le pas de la porte. Question : pourquoi ne font-ils pas comme Loschek ? « L'un était un ami intime, l'autre un beau-frère. Étaient-ils si délicats [1] ? » Leur attitude, inexplicable, réduit à une seule personne le premier témoignage alors que trois déclarations auraient sans doute évité d'incroyables élucubrations.

Quelles que soient les causes immédiates en ce début de matinée, Rodolphe est mort avec une jeune fille qu'il connaissait depuis moins de deux mois. Maintenant, il faut prévenir l'empereur. De toute urgence. Et éviter que l'affaire ne s'ébruite avant. Philippe de Cobourg choisit de rester sur place, montant la garde devant la chambre tragique tandis qu'Hoyos, grâce à Bratfisch, va se diriger vers la gare de Baden au grand galop. Il est huit heures trente-sept quand la voiture sort de la cour. Le jour est levé. Un jour effroyable dans le destin de l'Autriche-Hongrie.

On se souvient que le prince n'avait pas souhaité qu'on installât à Mayerling un matériel télégraphique le temps de son séjour, en raison de la discrétion dont il voulait entourer ses communications avec Budapest. Cette mesure est à l'origine du gigantesque embarras qui, au-delà de la nouvelle dont Hoyos est porteur, va pétrifier les autorités. En effet, le moyen le plus

---

1. Victor Wolfson, *Mayerling, la mort trouble*, *op. cit.*

rapide de gagner Vienne est le train Trieste-Vienne. Mais cet express de nuit ne s'arrête pas normalement en gare de Baden, petite station climatique fréquentée à la belle saison. Au chef de gare, Hoyos invoque une impérieuse raison de faire stopper le convoi pour qu'il puisse monter à son bord. « Service de l'Empereur ! » Mais pour obtenir cette mesure exceptionnelle, il doit révéler la vérité. À neuf heures dix-huit, l'express s'arrête une minute. Hoyos sera à Vienne dans moins d'une demi-heure. À peine le train reparti, le chef de gare avertit par télégraphe la direction de la compagnie du Sudbahn, les Chemins de fer du Sud. La société appartient majoritairement au baron de Rothschild, immédiatement informé. Il prévient son épouse au moment où elle partait rendre visite à lady Paget, l'ambassadrice britannique, laquelle instruit son époux. Ainsi, lorsque, avant dix heures, le comte Hoyos atteint la gare du Sud, hèle un fiacre, traverse le pont Élisabeth, passe devant l'Opéra et entre dans la Hofburg, le milieu diplomatique viennois est déjà au courant, ainsi que la Bourse, qui vient d'ouvrir. De son côté, le baron de Rothschild s'est hâté, on ne sait pour quelles mystérieuses raisons, vers l'ambassade d'Allemagne. Le Tout-Vienne des chancelleries et des affaires bruit de l'effroyable nouvelle alors que ni la Cour ni la police ne sont au courant. Le monde est en avance sur le palais. Ce décalage explique la confusion des communiqués successifs, les cafouillages que nous dirions « médiatiques », les équivoques et les contradictions jalonnant les réactions officielles. Ce désordre prolongé va immédiatement jeter l'ombre du doute sur des affirmations successives de plus en plus suspectes. L'empire en sera déstabilisé. Définitivement.

La grande horloge de la Hofburg qui donne sur la Josefsplatz indique dix heures passées. Des flocons neigeux tourbillonnent devant les fenêtres du palais. L'étiquette impériale, stricte et immuable, n'a pas prévu le cas du décès d'un prince héritier dans des circonstances pareilles, à la fois troubles et scandaleuses. Hoyos demande à voir le grand maître de la Maison de l'archiduc, Bombelles. Souvent considéré comme l'âme damnée de Rodolphe, ce jouisseur est pétrifié, incrédule. Et soudain peu fier d'avoir protégé les écarts d'un prince qui brûlait ses nuits. Rodolphe suicidé ? Il ne peut y croire. Bien sûr, il est mieux placé que personne pour avoir partagé les déceptions du prince dans sa vie conjugale comme dans ses aspirations politiques, mais jamais il n'aurait cru l'archiduc capable de s'infliger lui-même le châtiment définitif. Encore moins pour cette Mlle Vetsera ! Si quelqu'un compte dans la vie de Rodolphe, c'est Mitzi Kaspar, adorablement charnelle. De précieuses minutes sont perdues. Le grand chambellan de la Maison de l'empereur, le prince de Hohenlohe, est mis au courant. L'effroi sur son visage s'accompagne d'inquiétude avec la seule question que tous se posent : qui va oser révéler à François-Joseph l'effroyable vérité ? Peut-être pourrait-on se décharger du fardeau en informant un officier de haut grade comme l'aide de camp de Sa Majesté puisque l'archiduc était inspecteur général de l'infanterie ? Non, il s'agit d'abord d'un drame familial et dynastique, avant toute question de hiérarchie. Après réflexion – encore du temps gaspillé –, Hoyos et Bombelles décident d'informer en priorité l'impératrice ; bien que fragile, elle seule est susceptible d'annoncer à l'empereur l'horrible réalité dans les termes les plus appropriés. C'est l'heure où Sissi, ayant fini sa gymnastique quotidienne, se retrouve dans sa chambre-salon, en écoutant son lecteur de grec comparer la langue d'Homère à l'idiome moderne. Bombelles prévient le baron Nopcsa, son homologue auprès de l'impératrice, ainsi que le comte Paar, premier aide de camp de François-Joseph qui est de service ce matin. Ces respectueuses formalités prennent du temps, pendant lequel la Bourse réagit et les journaux tentent de vérifier l'incroyable rumeur. Il est onze heures lorsque Ida Ferenczy, l'une des rares personnes qu'Élisabeth autorise à entrer dans ses appartements sans être annoncée, frappe à sa porte.

La dame d'honneur et lectrice de hongrois est décomposée. D'une voix éteinte, elle dit :

— Majesté, le baron Nopcsa veut vous parler immédiatement...

— Qu'il attende ou qu'il revienne plus tard !

Ida Ferenczy insiste. Pour se justifier, elle ajoute :

— Il apporte de mauvaises nouvelles de Son Altesse Impériale le prince héritier...

Le professeur de grec s'éclipse. Nopcsa, qui aime Élisabeth comme si elle était sa fille, parle doucement, avec une intense émotion :

— Majesté... Le prince héritier, Rodolphe, est mort...

Sissi fond en larmes et s'effondre sur son lit en fer qu'elle fait sortir chaque soir et qui n'a pas encore été retiré.

À ce moment, on entend un pas rapide et souple venant du salon du petit déjeuner. C'est l'empereur !

L'impératrice crie à Ida :

— Qu'il n'entre pas ! Pas encore !

La Hongroise se précipite à la porte devant laquelle se trouve le baron Nopcsa qui s'efforce de maîtriser sa douleur. L'impératrice puise dans son énergie la force de faire face. Elle sèche ses larmes et maîtrise son désespoir.

— Cela se voit-il ? Eh bien ! Soit, laissez-le entrer et que Dieu vienne à mon secours.

L'atroce tête-à-tête est bref. Aucun témoin ne peut dire quels mots Sissi employa pour annoncer la terrifiante vérité au souverain. Mais, bien plus tard, elle confiera à une dame d'honneur que le pauvre homme chancela avant de se redresser. Au bout de quelques instants, la porte du petit salon s'ouvre. François-Joseph, accablé, brisé mais reprenant le contrôle de son émotion, passe devant le chambellan et ne lui donne qu'un ordre étouffé :

— Venez avec moi, baron.

Maintenant, il faut prévenir la famille et surtout en savoir davantage. Le couple impérial se partage cette redoutable tâche. Sissi descend chez sa lectrice où, comme au théâtre, Mme Schratt attend... la visite de François-Joseph. L'impératrice fait un effort surhumain, demandant à la comédienne qui est si proche de l'empereur d'employer toute sa douceur et son calme pour aider ce père à surmonter la mort de son fils qu'il aimait profondément, même s'il ne savait pas le lui prouver. Puis, il faut prévenir Marie-Valérie, dont Rodolphe était si proche. Notons que la priorité n'est pas réservée à Stéphanie... De son pas rapide, l'impératrice retourne chez elle et, en larmes, fait appeler sa fille cadette. Les couloirs et les antichambres sont les vecteurs du chagrin. Avec des imprécisions, des exagérations et des convictions, toutes non fondées. Ainsi, Marie-Valérie croit son frère encore vivant mais très malade, condamné :

— Il n'y a plus d'espoir !

Elle s'avance, passe son bras autour du cou de sa mère en s'asseyant sur ses genoux. Élisabeth, déchirée, articule péniblement :

— Le pire est arrivé...

Marie-Valérie demande :
— Est-ce qu'il s'est tué ?
— Pourquoi dis-tu cela ? Non... Non... Il a sans doute été empoisonné.

Cette réaction est essentielle dans l'engrenage du chaos. Ainsi, avant midi, à la Hofburg, la thèse de l'empoisonnement volontaire par cyanure de potassium, impossible nous le savons, est inversée : victime d'un poison, l'archiduc a donc été assassiné...

François-Joseph paraît. Les deux femmes se jettent dans ses bras, sanglotantes. Le silence est insoutenable. L'empereur, livide, s'adresse à sa fille :
— Va chercher Stéphanie.

Entre deux flots de larmes, Élisabeth répète :
— Quand il se met à détruire, le grand Jéhovah est comme la tempête.

Ce sont, à peu près, les mêmes paroles qu'elle avait prononcées en apprenant la mort de Louis II de Bavière. Et comme pour son cousin le roi foudroyé, l'impératrice refuse de croire au suicide de son fils.

L'archiduchesse prend, chaque matin à dix heures, sa leçon de chant avec son professeur, Mme Niklas Kempner. Ses exercices vocaux et les chansons populaires lui servent de dérivatif, sans grand succès. Son bonheur d'épouse s'est totalement effondré. Depuis des semaines, elle craignait de rester seule avec son mari, car, selon ses Mémoires, « (...) il énonçait des menaces terribles et, avec un cynisme grossier, cherchait à me faire peur avec le revolver qu'il portait toujours sur lui ». En effet, en dépit de la passion de Rodolphe pour les armes, autrefois, on ne le voyait pas le pistolet à la ceinture ou à portée de main ; mais il est vrai que depuis quelque temps, son entourage avait remarqué qu'il était, d'une manière ou d'une autre, constamment armé.

Survient la grande maîtresse de la Maison de la princesse héritière qui interrompt les vocalises. D'un regard grave et austère, elle demande à Stéphanie de la suivre pour une communication privée très importante. Les deux femmes passent dans un autre salon. Isolées, elles se font face. De mauvaises nouvelles de Mayerling... « Je compris déjà que la catastrophe redoutée depuis longtemps devait s'être produite. "Il est mort ?" criai-je. Elle inclina la tête. Il était mort, il avait mis à exécution sa terrible menace. Il avait lui-même mis fin à sa vie de débauches, tout ce qu'en ces dernières semaines j'avais souffert, tout ce que j'avais vu et entendu se cristallisait maintenant dans cet événement terrible. Je tremblai d'émotion et de frayeur. Ma grande maîtresse essaya de me consoler. J'insistai pour qu'elle m'exposât les circonstances du drame, mais elle les ignorait encore elle-même. » C'est exact. Personne, à cette heure, ne connaît encore la vérité apparente, y compris qu'à côté du corps de l'archiduc se trouve celui de Mary Vetsera.

Stéphanie est ensuite appelée chez les souverains. Sissi, blanche comme de la neige et déjà habillée de deuil, est très près de l'empereur ; elle semble guetter une défaillance, un malaise, alors qu'elle-même est soumise à un état d'extrême tension. « (...) Je crus qu'on me considérait comme coupable de cette mort affreuse. Une foule de questions me furent posées. Je ne pouvais répondre aux unes, je ne devais pas répondre aux autres. » L'archiduchesse prétend, dans son récit, que Sissi lui a tout dévoilé dès cet instant. C'est impossible car à ce moment, la confusion sur les circonstances est totale et les allégations contradictoires. La Cour ne dispose encore que du récit, chaotique, du comte Hoyos. En revanche, la présence de Mary Vetsera est apprise par la famille et son personnel le plus proche. La réalité est que Stéphanie est très amère d'avoir été prévenue en dernier, c'est-à-dire en même temps que la baronne Vetsera, ce qui constitue une humiliation supplémentaire. Avec aigreur, elle note : « (...) Ce ne fut que plus tard qu'on s'était décidé à informer la veuve. » Un constat pathétique, celui d'une considération chichement mesurée à l'épouse de l'héritier. Quarante-cinq ans plus tard, quand elle écrit ses souvenirs sélectionnés, la fille du roi des Belges n'a toujours pas pardonné ce protocole macabre qui lui a appris la nouvelle en même temps qu'à la mère de la maîtresse de son mari. L'arrivée de « la petite Arménienne à l'aspect tzigane » (la baronne Vetsera) et sa présence ce 30 janvier 1889 étaient insupportables à Stéphanie. Près d'un demi-siècle plus tard, la rancœur de la veuve de Rodolphe restait entière. Et la froideur de l'impératrice refusant de parler à la jeune femme est un lourd reproche silencieux. N'est-ce pas injuste ? Sissi est-elle donc si parfaite et si exemplaire qu'elle puisse donner des leçons d'art de vivre conjugal ? Au même moment, la douce fermeté de l'impératrice accable la baronne qui tombe à genoux, blême et apeurée. Elle aussi se sent coupable. Élisabeth la relève, prononce quelques paroles apaisantes et lui suggère de rentrer chez elle se reposer. Non sans lui faire une recommandation étrange : le prince héritier est mort d'une crise cardiaque par empoisonnement... Ce n'est pas tout ! Mary est morte elle aussi, mais c'est elle qui a assassiné l'archiduc !

En une matinée, voici la troisième version du décès qui va circuler, avec les effets d'incompréhension que l'on devine.

Douze heures trente. Chaque jour, sauf le dimanche, près du monument de l'empereur François, beau-père de Napoléon, une musique militaire joue des airs célèbres, y compris du répertoire lyrique. Aujourd'hui, le programme comportait l'ouverture d'un opéra de Meyerbeer, *Les Huguenots*. L'évocation musicale d'un drame historique européen – la nuit de la Saint-Barthélemy le 24 août 1572 – est malvenue. Le morceau est commencé lorsque, sur intervention du premier aide de camp de l'empereur, la fanfare s'arrête et repart, au pas, vers son cantonnement. Ce silence est la première mesure officielle du deuil que prend la Cour, en attendant de mettre les drapeaux et étendards en berne, maintenus par une attache de tissu noir. En début d'après-midi, Vienne est pétrifiée de chagrin et de stupeur. La douleur s'accompagne d'une interrogation : mais comment est-ce arrivé ?

Stéphanie regagne ses appartements. On lui a remis une lettre de son époux « écrite apparemment quelques instants avant sa mort ». Il s'agit d'un document essentiel, en allemand, à l'appui de la thèse du suicide donc en contradiction flagrante avec l'ordre de l'impératrice :

« Chère Stéphanie,
« Tu es délivrée de ma funeste présence ; sois heureuse dans ta destinée. Sois bonne pour la pauvre petite, qui est la seule chose qui subsiste de moi. Transmets mon dernier salut à toutes les connaissances, spécialement à Bombelles, Spindler, Latour, Nowo, Gisela, Leopold, etc., etc.
« J'entre avec calme dans la mort qui, seule, peut sauver ma bonne réputation.
« T'embrassant de tout cœur, ton Rodolphe qui t'aime. »

Le document semble authentique. L'écriture est bien celle de l'archiduc avec ses lettres larges, inclinées, remplissant deux pages. Mais elle suscite plusieurs remarques, dont celle-ci : l'adieu n'est pas daté. C'est troublant car Rodolphe datait toujours sa correspondance. Quand et où la lettre a-t-elle écrite ? Qui l'a découverte ? À quel endroit ? Ensuite, elle est rédigée sur un papier à lettres anonyme à larges bordures noires signifiant le deuil, selon l'usage de l'époque. On ne décèle aucun chiffre, aucune adresse ni détail permettant une identification de l'ultime missive adressée à sa femme après huit années d'une vie orageuse. Rodolphe s'en est servi comme d'un faire-part. Plaisanterie macabre ? Accessoire de mise en scène ? Enfin, on ne trouve aucune référence à Mary ni à la présence de la jeune fille ou encore à la réunion amoureuse de deux êtres unis dans la mort. À cette lecture, Stéphanie est taraudée par les craintes qu'elle avait formulées devant l'empereur qui « n'avait vu aucun danger ni dans l'attitude ni dans les projets de son fils ». On ne l'avait pas écoutée, on ne l'écoute pas davantage. « (...) Ce drame restait pour moi comme une affreuse énigme. Pourquoi avait-il fait cela ? » Enfin, ce geste pour sauver sa « bonne réputation » s'oppose à la conviction que Rodolphe savait qu'il allait être tué par sa maîtresse. Pourtant, ce schéma est celui que François-Joseph charge son premier aide de camp, le comte Paar, d'expliquer dans l'après-midi à la baronne Vetsera pour éclairer le comportement de sa fille : « Il est acquis que le fiacre a été attelé pour le mercredi matin, à huit heures, afin qu'elle soit ramenée chez elle et qu'ils ont commandé ensemble le petit déjeuner. Il faut en déduire qu'elle l'a empoisonnée elle-même, avant de s'empoisonner. Vraisemblablement, n'a-t-elle pas voulu se faire renvoyer chez elle. » En d'autres termes, à cette heure, il n'est pas question de revolver et Mary ne serait venue à Mayerling que pour un adieu, peut-être sans le savoir à son arrivée. Désespérée et furieuse de la solution que lui imposait le prince, elle aurait ourdi ce double empoisonnement. Question : d'où venait ce fameux cyanure ? Était-il dans le relais de chasse ? Ou bien la jeune fille, méfiante, en aurait-elle emporté secrètement un flacon, lequel n'a jamais été mentionné ni retrouvé ? À moins que la dose n'ait été, par exemple, cachée dans le médaillon offert par Rodolphe, mais rien n'a été avéré à l'appui de cette idée, bientôt balayée par les constatations sur les corps. Pour éliminer psychologiquement la thèse de l'empoisonnement, on peut citer une curieuse phrase gravée dans un cendrier en onyx qui se trouvait sur le bureau de l'archiduc à Vienne : « Plutôt un revolver que le poison, un revolver c'est plus sûr. » C'était un des signes du tempérament macabre prêté à Rodolphe mais qui, jusque-là, n'était apparu que comme la désinvolture anticonformiste d'un libre penseur et libre viveur. Autre sujet d'étonnement, la lettre d'adieu de Rodolphe à sa femme n'a été publiée qu'en 1937, en fac-similé, dans ses Mémoires. Ce délai indique combien le drame, ses causes et ses conséquences n'ont cessé d'intriguer par-delà les convulsions européennes, une Première Guerre mondiale et l'effondrement des empires. Mais le prince en avait écrit d'autres à sa mère, à sa sœur, à Hirsch, à Szögyenyi, ce diplomate hongrois en qui il avait confiance. Et à d'autres amis et relations. Mais aucune à son père. La difficulté est de savoir si ces courriers, à supposer qu'ils soient authentiques, ont été effectivement rédigés dans la nuit du 29 au 30 janvier. Une source indique que ces lettres ont été trouvées sur un petit bureau de la chambre, une autre opinion assure au contraire qu'elles se trouvaient à l'intérieur de son grand bureau, à la Hofburg. En tout cas, lorsque Loschek était entré dans la chambre, cet amoncellement de courrier, prétendument très visible, n'avait pas été remarqué par le valet angoissé à l'idée de ce qu'il pressentait déjà, un drame. D'où cette hypothèse qui sera avancée : les lettres auraient été déposées après la mort du couple mais avant la découverte des corps. Donc, elles seraient suspectes, peut-être fausses. À quel moment aurait eu lieu cette mascarade, et manigancée par qui ? Mystère. L'empereur se serait fait remettre l'ensemble, sauf la lettre destinée à Stéphanie. Toutes les missives de l'archiduc parlent de la mort, en particulier celle adressée à son fondé de pouvoir : « Je vais mourir, je n'ai pas d'autre choix que de mourir... Différentes raisons font que je ne puis continuer à vivre. Je dois mourir. »

Deux théories s'affrontent, celle d'un « suicide assisté » (Mary Vetsera) suivi d'un « suicide simple » (Rodolphe) ayant pour mobile un amour impossible, et celle d'une disparition pour raisons hautement politiques, l'affaire du « complot hongrois » insinuant que le prince était impliqué dans une tentative de coup d'État manquée ou bien que, n'ayant pas rejoint ses partisans à Budapest, il se serait puni de sa lâcheté ou en aurait été victime. On en est réduit aux spéculations puisque ces documents ont disparu...

Dans l'après-midi, les journaux viennois, s'appuyant sur le communiqué officiel de la Cour, tirent des éditions spéciales bordées de noir. Toutes informent la population que le prince héritier est « décédé subitement d'une crise cardiaque ». Il n'est donc question ni de crime, ni de suicide, ni de Mary Vetsera. Voilà des heures que la mort de Rodolphe est connue et que des rumeurs folles circulent. Cela ne fait que commencer. À la Cour, la cause naturelle est la seule présentable. Mais au gouvernement, la panique devant le scandale qui couve oblige à aller vite. Une note du dossier du préfet de police en donne la mesure. Le Premier ministre Taaffe lui dit : « Il s'agit maintenant d'éloigner l'autre cadavre et de le transporter hors du pavillon de Mayerling sans attirer l'attention. »

Chez François-Joseph, le sens du devoir l'emporte toujours sur l'émotion. Le monarque porte une cuirasse qui aide l'homme à réagir. Même effondré, l'empereur s'est installé à son bureau pour écrire. Il n'a pas la même urgence que son gouvernement, car en sa qualité de souverain il doit informer les cours étrangères de la tragédie. Son premier télégramme est destiné à Guillaume II. L'empereur d'Allemagne est certainement le premier chef d'État qui ait su la nouvelle puisque le baron de Rothschild s'était précipité chez le prince Reuss avant dix heures du matin, sans que l'on s'explique sa curieuse démarche. La dépêche, en allemand, est d'une éloquente sobriété : « Profondément bouleversé, t'informe que Rodolphe est mort ce matin à Mayerling où il était à la chasse. Embolie probablement. » Le deuxième télégramme, en français, est adressé au roi d'Italie ; il est plus émotionnel : « C'est avec la plus profonde douleur que je viens t'annoncer la mort subite de mon fils Rodolphe qui a succombé ce matin à un coup de sang. Je suis sûr de la part sincère que tu prendras à cette perte cruelle. »

Le suivant, toujours en français, est destiné aux souverains belges : « Avec le chagrin le plus profond, je suis dans l'obligation de vous informer que notre Rodolphe est mort subitement ce matin à Mayerling où il s'était rendu pour chasser. Embolie probablement. Que Dieu nous aide tous. » Outre la douleur et la tristesse, ces messages continuent, sans doute involontairement, de nourrir les rumeurs. Un « coup de sang », autrement dit une crise d'apoplexie, est une hémorragie cérébrale, tandis qu'une « embolie » est la présence d'un caillot bloquant le flux sanguin. Il faut choisir. Seul un diagnostic médical pourrait établir la véritable cause alors que l'impératrice s'en tient, officiellement, à la thèse du poison. Ainsi, trois souverains parmi les plus importants d'Europe ne reçoivent pas la même explication. Déjà, la confusion dépasse les frontières.

Le dernier télégramme écrit cet après-midi est particulièrement délicat, car le plus important pour un monarque catholique héritier de siècles de christianisme. Il s'agit du message destiné au Saint-Père, le pape Léon XIII. Son texte est en français :

« C'est avec la plus profonde douleur que je viens annoncer à Votre Sainteté la mort subite de mon fils Rodolphe. Je suis sûr de la part sincère qu'Elle prendra à cette perte cruelle. J'en offre le sacrifice à Dieu auquel je rends sans murmure ce que j'ai reçu de Lui. J'implore pour moi et ma famille la bénédiction apostolique. » Admirable d'abnégation et d'obéissance muette aux décrets divins, le texte se distingue des précédents d'une manière frappante : il n'indique pas la cause du décès, ni embolie ni apoplexie. Ce message va rester enfermé dans le bureau de l'empereur jusqu'à demain. Parce que pour le Vatican, qui ne se contentera pas d'un simple faire-part, il faut en savoir plus sur les circonstances du drame et fournir une explication acceptable. Comment obtenir le droit de célébrer des obsèques religieuses pour un suicidé doublé d'un assassin ? Si elles étaient refusées, le scandale éclabousserait la monarchie.

Mayerling. Quelle dérision de penser que ce matin, le policier envoyé par le baron Krauss pour flairer l'atmosphère des lieux devait, avec mille précautions, devait essayer de savoir si le prince héritier n'était pas en difficulté. Cet inspecteur n'est jamais venu. C'est une forte délégation de médecins et de hauts dignitaires de la Cour qui arrive ce mercredi 30 janvier, juste avant la tombée de la nuit. Trois hommes montent la garde, Philippe de Cobourg, Loschek et Bratfisch. Personne, assurent-ils, n'est entré dans la chambre maudite depuis ce matin, soit une durée approximative de huit heures. Ces hommes sont immobilisés par la douleur, l'incrédulité, le froid et la crainte de représailles. Hier soir tard, sous les anciennes voûtes des bâtiments abbatiaux, on chantait, on buvait, on sifflait. Il y avait de la tendresse et de l'amour dans l'air. Depuis ce matin, le silence a figé le hameau. Comme s'il n'y avait plus personne. D'une certaine façon, la vie s'en est retirée.

Parmi les émissaires de l'empereur figure le baron Slatin,

secrétaire du cabinet du prince de Hohenlohe. Il fait ouvrir les deux volets ; la lumière nacrée d'un jour d'hiver finissant éclaire pour la première fois le lieu du drame. Récit du baron Slatin : « Nous entrâmes dans la chambre où les deux corps étaient étendus. Le visage de l'archiduc était à peine défiguré mais le haut de la tête avait sauté. Le sang avait coulé à flots du sommet du crâne où le cerveau, visible par endroits, était éclaté. Le coup avait été tiré de très près, c'est l'évidence. L'autre corps était celui d'une femme très belle, la baronnesse Vetsera. Des lettres étaient posées sur un petit cabinet ou une table. L'une d'elles était adressée à Johann Loschek, le valet personnel du prince héritier. Il y avait encore cinq autres lettres et un télégramme pour le monastère de Heiligenkreuz. Je me souviens avec une certitude absolue que le prince héritier gisait sur le côté gauche du lit et la jeune baronne à droite. Je me rappelle aussi avec certitude qu'à la gauche du lit, à côté du prince héritier, se trouvait une chaise ou bien une table basse, un meuble enfin où étaient posés un miroir et un revolver. »

Remarquons une différence fondamentale avec le récit de Loschek : il avait immédiatement cru à un empoisonnement. La commission médicale est présidée par le docteur Widerhofer, l'un des praticiens personnels de l'empereur. Le détail de ses constatations immédiates, avant son rapport à François-Joseph, est cité par la comtesse Larisch. Il est précédé d'un rite funèbre imprévu qui se serait déroulé dans la matinée. La scène devient terrifiante, monstrueuse. Contrairement à ce qui avait été convenu, Loschek était rentré dans la chambre pendant que Hoyos se dirigeait vers Vienne. Philippe de Cobourg était nécessairement d'accord puisqu'il gardait la porte démolie. Loschek cherchait à atténuer la vision scandaleuse qu'auraient tous ceux qui allaient obligatoirement arriver. Selon le valet complice d'une mise en scène posthume qu'il était seul capable de supporter, le corps de Mary est nu lorsqu'il rentre dans la chambre alors qu'il l'avait décrit habillé. Il le transporte dans un réduit voisin, la buanderie, sombre et infestée d'araignées. Dissimulé par un drap, le corps est glissé dans un panier en osier utilisé pour le linge sale. La rigidité cadavérique n'étant pas encore effective, ce transfert est parfaitement possible.

Puis, Loschek, toujours selon cette version, place les vêtements de la jeune fille à côté du panier et referme la porte. Ainsi, les premiers arrivants mandatés par l'empereur ne trouveront pas le corps de la maîtresse. Le choc sera atténué et il sera toujours possible de révéler sa présence à qui de droit.

C'est exactement ce qui se produit... à quelques nuances près ! D'une part, le médecin se serait livré à un nettoyage de la plaie visant à présenter la tête de l'archiduc d'une manière moins atroce ; ensuite, il aurait examiné le corps de Mary, se serait presque évanoui en découvrant une adolescente qu'il connaissait depuis toujours. Elle était décédée depuis plus longtemps que le prince. Pourquoi une telle manipulation sinon dans l'attente de la venue de l'empereur ? Or ici se pose une interrogation aussi simple que redoutable : il est impossible de dire que François-Joseph s'est rendu à Mayerling ; et il est même probable, en recoupant son activité de l'après-midi, qu'il n'est pas venu ! Une singulière réaction ! Quel père ne se serait pas précipité auprès de son fils ? Nous ne pouvons envisager que deux réponses : soit l'empereur se sent incapable d'affronter la vision aggravée d'un scandale, presque pire que le drame de la perte de son seul fils ; soit, devant l'inutilité d'un déplacement, il a privilégié la préparation de l'opinion à sa version des faits, la mort naturelle. Dans un cas, son absence révélerait une sensibilité insoupçonnée mais admissible ; dans l'autre, l'impérial rond-de-cuir se concentre sur sa mission qui est de préserver l'image de l'Autriche-Hongrie. Par tous les moyens. François-Joseph ne veut pas voir le lieu d'une tragédie familiale, dynastique, politique, diplomatique et européenne. Et peut-être refuse-t-il d'être mis en présence d'une réalité plus sombre, la difficulté de comprendre ce qui s'est réellement passé. La douleur se greffe sur la honte et sans doute la crainte d'interprétations calamiteuses. Il importe de maîtriser les réactions ; une gigantesque lézarde menace l'édifice fragile et encore neuf qu'est la double monarchie, car les tensions entre l'Autriche et la Hongrie sont tangibles. Paradoxalement, les pitoyables précautions prises dans l'après-midi et les jours suivants ne feront qu'alourdir le climat de méfiance et parer cet endroit jusque-là inconnu d'une légende définitivement romantique et sanglante.

À seize heures trente, alors que la nuit enveloppe le hameau, le corps de l'archiduc repose toujours dans la chambre où il est mort. Seul. La pièce a été transformée en chapelle ardente. Le lit, débarrassé des draps souillés de sang, est entouré de candélabres. Sur la poitrine de l'archiduc devenu agnostique depuis une bonne dizaine d'années, un crucifix d'argent a été posé. Des moines de l'abbaye de Heiligenkreuz ont été requis. Ils prient. Dehors, la neige tombe. Un détachement militaire entoure le bâtiment principal et défend l'accès de l'aile où se trouve la chambre. Des torches et des flambeaux illuminent les visages vacillants d'hommes et de femmes venus des environs. Certains pleurent, d'autres paraissant incrédules échangent des propos à voix basse.

Des silhouettes sombres apparaissent en même temps que trois attelages. Du premier, on extrait un cercueil provisoire pour transporter le prince jusqu'à Vienne. Six veneurs, compagnons de chasse de Rodolphe dans la région, portent la bière. Sabre au clair, un officier hurle un ordre ; ses hommes présentent les armes. Le cortège des voitures quitte Mayerling en direction de Baden, d'un pas lent, autant par le rite de l'ultime voyage qu'à cause des difficultés de la progression. Le sol est complètement gelé.

Selon une lettre destinée au père abbé d'Heiligenkreuz, Rodolphe désirait reposer, avec Mary, dans le petit cimetière accroché sur une colline un peu avant l'abbaye en montant depuis Mayerling. Cette dernière volonté n'est pas exaucée. Prince impérial d'Autriche et royal de Hongrie, archiduc de Habsbourg-Lorraine n'ayant pas été déchu de ses droits dynastiques, Rodolphe doit être inhumé dans la crypte des Capucins. Une tradition qui date du XVII$^e$ siècle.

Vienne, fin de l'après-midi. Sur ordre supérieur, la police s'est présentée chez la baronne Vetsera, lui intimant de quitter Vienne immédiatement. Une place de wagon-lit a été retenue à son nom dans le rapide de nuit Vienne-Venise. À Venise, elle devra faire une déclaration selon laquelle sa fille Mary est morte brusquement en visitant la Cité des doges ! Par décision de l'empereur, le gouvernement a mis au point cette fuite. Mlle Vetsera ne s'est jamais rendue à Mayerling. Par conséquent, elle ne peut s'y trouver.

Pendant que cette opération de diversion est tentée, alors que le train spécial emportant la dépouille du prince roule, rideaux baissés, à petite vitesse vers la capitale, une seconde cérémonie funèbre se prépare dans le hameau tragique. Mais autant la première était solennelle et officielle, autant la suivante est discrète et même clandestine. L'affaire est conduite par un médecin, un représentant de la Cour et deux oncles de la jeune fille. De tous les épisodes du drame, celui-ci est le plus macabre. Un cauchemar. Il s'agit d'abord d'identifier le cadavre, toujours dans le panier d'osier où il avait été dissimulé. Le docteur Auchenthaler, médecin personnel de Rodolphe, et le représentant du grand maréchal de la Cour, qui a laissé de précieux souvenirs publiés en 1930 et 1931 – encore un délai qui s'explique par la raison d'État – rencontrent Alexandre Baltazzi et le comte Stockau, les parents de Mary qui seuls peuvent l'identifier, personne dans l'entourage impérial n'étant supposé la connaître.

Il est environ sept heures du soir. Ce qui va se passer est lié à un message de deux policiers dépêchés à l'abbaye de Heiligenkreuz auprès du père abbé. C'était une requête, signée de Bombelles mais sur ordre de l'empereur, d'autoriser l'inhumation chrétienne d'une jeune fille morte. Un cas de conscience puisqu'il faut bien avouer que la jeune fille « s'est suicidée », une formule pudique puisqu'elle a été, techniquement, assassinée... par le prince héritier. Deux heures plus tôt, l'accord du supérieur des moines avait été donné, sans que l'on puisse fournir de détails. L'examen du corps de la malheureuse ressort de la pénible mission d'un médecin légiste. Le corps est couvert de sang, la main gauche est refermée sur un mouchoir, les yeux sont sortis de leurs orbites. L'horreur à la lueur déformante de torches et de lampes. Le médecin conclut « au caractère indubitable du suicide au moyen d'une arme à feu ». Notons que le revolver avait déjà été rapidement enlevé et mis en lieu sûr. Les oncles de Mary reconnaissent leur nièce, c'est la seule vérité de ce moment insoutenable. L'accord des autorités religieuses locales est donc assorti du permis d'inhumer délivré par la mairie, mais au prix d'un faux témoignage médical. Ce ne sera pas le seul... Mais comment transporter le corps jusqu'au cimetière sans éveiller la curiosité des villageois amassés en silence ?

Certes, ils sont tenus à distance et la nuit est opaque. C'est, semble-t-il, un policier qui a l'idée du subterfuge. On rhabille la morte. Dessous, corset, bas de soie, bottines et son tailleur lui sont remis. Pour finir, on l'asseoit sur une chaise et on la coiffe de son chapeau de feutre vert en même temps que son manteau de fourrure la recouvre. Quelle voiture utiliser ? Certainement pas un corbillard et il est exclu de glisser le cadavre dans un cercueil. L'ordre de François-Joseph est implacable : puisque la jeune fille ne pouvait être à Mayerling, donc morte, on va l'évacuer comme si elle était... vivante. Hissée dans un fiacre anonyme, l'amoureuse du prince est coincée sur le siège arrière, maintenue à peu près droite par un bâton. Le sinistre cortège démarre. Une tempête de pluie verglacée mêlée de neige rend le cheminement lent. Mais les cahots sont inévitables. Et dans le récit recueilli par la comtesse Larisch de la bouche du comte Stockau, d'effroyables détails sont consignés au nom des deux parents qui ont pris place sur le siège avant, dans le sens inverse de la marche. « (...) Le mouvement de la voiture jetait parfois Mary sur eux. » Il faut la redresser, refixer la canne, le chapeau qui tombe. L'un des accompagnants, que cette vision insupportable poursuivra toute sa vie, dit : « (...) Si j'avais lu dans un roman à sensation ce à quoi j'allais assister, cela m'aurait paru un mélodrame grossièrement exagéré et imaginaire. » Ce n'est pourtant que la vérité morbide.

Un récit d'épouvante. À cause du mauvais temps, le trajet est plus long que prévu sur cette route de montagne. Mais il est aussi compliqué par des précautions infinies d'itinéraire modifié afin d'éviter une éventuelle rencontre. Le cocher est contraint de visser des clous supplémentaires aux sabots ferrés du cheval ; chaque mètre parcouru est un véritable calvaire. Finalement, après environ deux heures, le triste équipage, escorté de policiers, entre dans la cour du monastère. Les formalités administratives sont remplies mais la dernière phase est impossible à exécuter cette nuit, le sol n'étant qu'un marbre gelé. La tombe n'est pas complètement creusée par les fossoyeurs. Il faut attendre le petit jour, en espérant un temps plus clément. Provisoirement, la jeune fille est posée dans un cercueil de bois grossier, dans la chambre mortuaire du monastère qui sert habituellement aux religieux défunts dans l'attente de leurs funérailles. Les oncles de Mary détachent la petite croix d'or qu'elle portait toujours au cou et l'enroulent autour de ses doigts raidis. Le cercueil est cloué. Les moines, les oncles et les policiers passent le reste de la nuit à veiller, dans tous les sens du terme.

À neuf heures du matin, le cercueil est monté jusqu'au cimetière de la colline dont le sol est détrempé. La tombe est prête. Mary Vetsera est inhumée dans la forêt viennoise après une brève bénédiction. Longtemps, son tombeau restera anonyme. Il est neuf heures trente. Une demi-heure plus tard, l'un des deux policiers choisis pour cette mission relevant de la sécurité de l'État, le commissaire Habrda, peut envoyer un télégramme de trois mots laconiques au baron Krauss : « Tout est terminé. » À Vienne, en pleine nuit, un fourgon escorté de cavaliers sabre au clair a traversé la capitale pour gagner la Hofburg. Sur ordre de François-Joseph, le corps de Rodolphe a été déposé sur son lit. Comme s'il y était mort.

Jeudi 31 janvier, sept heures du matin. L'empereur, en grand uniforme, gants blancs et sabre, entre dans la chambre aux volets clos. Le crâne de l'archiduc est entouré d'un bandage et, avec de la cire rose, la plaie a été soigneusement maquillée. Un regard rapide ne permet pas de soupçonner la nature du coup mortel. Même les traces de brûlures ont disparu. Le corps, embaumé, est revêtu d'un uniforme simple en attendant les obsèques. Tout a été si vite... Un aide de camp de Rodolphe, le baron Arthur de Giesl, remonte jusqu'au cou du défunt une couverture de flanelle banche, de telle sorte que les mains du prince sont dissimulées. Ce détail aura son importance. Sa poitrine disparaît sous les fleurs. Un quart d'heure s'écoule. L'empereur d'Autriche et roi de Hongrie est face à son fils unique, son héritier direct, l'avenir fracassé de la monarchie. Au-delà du chagrin, au-delà du drame familial et de tous les remords imaginables, l'existence de l'État est en jeu. Le baron de Giesl et l'aumônier de la Cour observent que François-Joseph ne cesse de caresser sa moustache, signe d'une vive émotion intérieure. En vingt-quatre heures, le malheureux père a vieilli de dix ans. Sans un mot, il quitte la pièce.

Le cabinet de travail de François-Joseph, peu après. L'empereur, marqué mais impassible, estimant que les risques de scandale liés à la présence de Mary Vetsera sont écartés, écoute le rapport du docteur Widerhofer. Le souverain est toujours convaincu que son fils a été victime d'un empoisonnement. Le médecin choisit d'abord les mots du réconfort :

— Je peux donner à Votre Majesté l'assurance que le prince n'a pas souffert. La balle a pénétré directement dans la tempe.

L'Empereur, étonné, l'interrompt :

— Qu'avez-vous à parler d'une balle ?

— Oui, Sire, la balle, nous l'avons trouvée, la balle avec laquelle il s'est tué...

— Quoi ! Il s'est tué ! Ce n'est pas vrai. Elle l'a empoisonné ! Rodolphe ne s'est pas tué. Ce que vous affirmez là, il faut que vous en apportiez la preuve.

Widerhofer, « ému par la grandeur de la douleur », donne des détails, en particulier le soin avec lequel la jeune fille a été couchée sur le lit, et indique, s'agissant de Rodolphe, que le coup de feu « a été tiré devant un miroir placé sur la table de nuit. Alors, l'empereur François-Joseph, complètement effondré pendant un moment, pleure et sanglote sous le poids d'une douleur redoublée ».

L'émotion qui étreint ce père accablé occulte une constatation médicale dont la pertinence va apparaître bientôt : Rodolphe était droitier. Or la balle est dite entrée dans la tempe gauche. Même avec l'aide d'un miroir, pourquoi l'archiduc se serait-il suicidé en tenant son arme de la main gauche ? Plusieurs experts du suicide feront remarquer que la maladresse de la main gauche risquait de dévier l'axe du canon. Le prince pouvait manquer sa mort sur le coup, agoniser, survivre quelque temps. Une personne déterminée à se suicider par une arme à feu et qui aurait souvent fait allusion à la mort ne pouvait laisser la moindre place au hasard de la trajectoire mal assurée d'un projectile.

Dans la journée, un nouveau communiqué officiel, rédigé par le Premier ministre, est publié par la presse : « Le prince héritier s'est suicidé dans un moment d'aliénation mentale. » En deux jours, les autorités ont fourni à l'opinion trois explications différentes : deux naturelles (apoplexie, embolie), et maintenant une artificielle (la démence), chacune ayant fait l'objet d'une édition spéciale des journaux qu'on s'est arrachés dans Vienne. Rappelons que, en plus, Sissi a fait répandre la première thèse, celle de l'empoisonnement dont son fils aurait été victime. Quatre versions. Maintenant, les rumeurs vont plus vite que la presse, pourtant à l'affût ; l'une d'elles soutient qu'en apprenant la mort du prince son amant, Mary Vetsera s'est tuée à Pardubitz, en Bohême, chez la comtesse Larisch où elle avait été éloignée. D'Allemagne, un journal apporte une information supplémentaire catastrophique : *Les Dernières Nouvelles de Munich* avancent que, en réalité, la jeune fille est morte à Mayerling elle aussi. Sa présence révélée, sans écho de la macabre mise en scène pour faire disparaître son corps, ruine les efforts de l'empereur cherchant à éviter que la honte ne s'ajoute au scandale. Livré par le train venant de Bavière, le journal est vite vendu dans le quartier de la gare du Nord-Ouest. Alertée, la police fait saisir la publication et interdire sa distribution sur tout le territoire de l'Autriche-Hongrie. Une maladresse supplémentaire attisant la curiosité et l'incrédulité. Les premiers exemplaires passent de main en main.

À midi, l'impératrice, Marie-Valérie et son fiancé François-Salvator entrent dans la chambre où repose l'archiduc. Élisabeth, qui n'est plus que la silhouette noire que l'on connaîtra jusqu'à sa propre mort, tombe à genoux au pied du lit, en larmes. Depuis deux jours, elle résiste, prend sur elle, car toutes ses pensées sont pour François-Joseph. La fatalité d'un protocole défaillant a voulu que ce soit elle, fragile, émotive, qui ait reçu la mission de lui annoncer la mort de leur fils. Dans la tragédie, Sissi révèle un courage qui relègue loin sa réputation de futilité névrotique. Puis, Stéphanie vient avec sa fille, la petite Erzsi, qui n'a pas encore six ans. Sa mère marque l'enfant du signe de la croix.

Au triste repas silencieux qui réunit la famille, Sissi éclate en sanglots. Pour la première fois en vingt-quatre heures, celle qui voulait être forte pour son mari perd le contrôle d'elle-même devant lui.

Le soir du 31 janvier, l'empereur, réagissant mécaniquement avec des mouvements d'automate, interroge son aide de camp :

— A-t-on des nouvelles du Vatican ?

— Pas encore, Sire.

Le télégramme destiné au Saint-Père a été expédié il y a une douzaine d'heures. Pourquoi le pape n'a-t-il pas encore fait parvenir sa réponse ? François-Joseph ne le sait que trop. Son fils est un assassin doublé d'un suicidé. L'Église va sans doute exiger des éclaircissements.

## CHAPITRE 16

## L'ÉNIGME

C'est la confusion la plus totale. Dans l'histoire dynastique européenne, jamais un drame de cette nature n'est venu altérer le fonctionnement d'un État ni laisser des millions de gens bouleversés, incrédules et insatisfaits. Rarement la disparition d'un futur souverain a donné lieu à tant de commentaires, d'interrogations et de doutes dès que l'événement a été publiquement révélé. L'ahurissant chaos d'informations prend le pas sur l'affliction. Il est incompréhensible que tant d'interprétations aient été avancées et continuent de l'être sur la base de nouveaux éléments. Sans doute, les espoirs incarnés par le prince héritier étaient-ils tels que l'avenir semble soudain privé de projets essentiels. Les libéraux fondaient les plus grandes espérances sur son ouverture d'esprit et sa vision politique. La presse, dont le rôle et l'influence sont alors en pleine expansion, agit comme un amplificateur du désarroi de la Cour et de toutes les autorités. Elle met en évidence, sous les yeux de dizaines de milliers de lecteurs et dans un nombre incalculable de langues, les failles de la position officielle... qui varie de jour en jour, avec un désastreux mélange d'inconscience et de bonne volonté. À chaque édition, presque heure par heure, des dépêches alimentent les colonnes des quotidiens, toutes tendances confondues. Mayerling devient un feuilleton dont chaque épisode provoque l'étonnement. En marge des explications techniques successives de ce qui est, d'un point de vue policier, un retentissant fait divers, des analyses politico-diplomatiques sont publiées, souvent pertinentes, certaines audacieuses et prémonitoires.

Ces récits à chaud traduisent la perception au jour le jour d'une catastrophe masquée ou édulcorée dans son déroulement ;

il importe d'en prendre connaissance ; c'est une recension généralement oubliée. Et pourtant ! La juxtaposition des communiqués officiels avec les enquêtes et reportages des journalistes est aussi passionnante qu'instructive. Tout y est relaté, si l'on ose dire, en direct. Elle indique également que si des saisies et des interdictions de titres jugés irrévérencieux sont pratiquées, le laxisme avec lequel certaines thèses sont avancées est à mettre au crédit du régime, dépassé par l'avalanche d'informations et noyé dans ses paradoxes évidents. Cette confrontation inonde et désempare l'opinion. Depuis hier, alors que le deuil répand son immobilisme sur les débats parlementaires (suspendus), les spectacles (annulés), les commerces (fermés), les usines (au ralenti) et tous les engagements prévus de la Cour (évidemment annulés), Vienne a la fièvre. Une étrange fièvre, paralysante d'effroi chez les uns, excitante de curiosité chez les autres.

L'examen des informations publiées à l'étranger est également édifiant.
*New York Times*, le 31 janvier 1889. Le célèbre quotidien publie une dépêche de l'Associated Press, agence réputée qui existe depuis quarante ans, selon laquelle la nouvelle de la mort de l'archiduc est tombée comme la foudre sur la Hofburg la veille à... six heures quarante-cinq du matin ! Donc, d'après ce que nous avons relevé, avant la découverte officieuse du drame ! Qui a donné la nouvelle ? Qui l'a reçue ? Mystère...
*Le Figaro*, 31 janvier 1889. Trois colonnes à la une. Titre neutre : « La mort de l'Archiduc Rodolphe. » Après une description de l'onde de choc vivement ressentie dans l'Europe entière, on lit que le prince « était non seulement l'espoir de ceux de ses futurs sujets qui n'oublient pas Sadowa, mais encore celui de tous ceux qui trouvent que les événements de 1866 et de 1870 ont singulièrement déplacé l'équilibre européen. Il était libéral, d'un libéralisme éclairé et sage ; il aimait la littérature et les arts, on voyait en lui l'homme qui pouvait, à l'occasion, agir contre les tendances réactionnaires en politique et en art qu'on a l'air de protéger à Berlin. Le deuil de ses peuples sera donc sincère et profond. (...) Et quand on pense que celui qui vient de disparaître passait pour un adversaire de l'Allemagne et qu'avant lui, tous ceux qui avaient le même renom ont disparu aussi, on se dit qu'il y a des pays qui ont de singulières chances. (...) Pour

aujourd'hui, nous n'avons voulu que dire d'une très brève façon combien tous les Français déplorent la mort de l'archiduc Rodolphe. Il est bon qu'on le sache à Vienne. Et il est à désirer qu'on ne l'oublie pas ».

Entre les lignes, l'éditorial rappelle les liens étroits de Rodolphe avec la France, et on sait avec quelle attention ses activités étaient suivies par les milieux français favorables à l'Autriche. Mais on est frappé par les assertions immédiates visant l'Allemagne et le danger qu'elle est supposée constituer. Il est vrai que la France et l'Autriche ont en commun d'avoir souffert de l'appétit botté et casqué de Bismarck. Et que l'Alsace-Lorraine est occupée. Parmi ceux dont la disparition a profité à l'Empire allemand, le texte évoque, vraisemblablement, la mort énigmatique de Louis II de Bavière qui, le premier, avait dénoncé l'hégémonie intransigeante du *Chancelier de fer*.

Dépêche envoyée de Vienne à Paris, le 30 janvier, à midi. Le journaliste, qui ne cite pas ses sources, se précipite à la Hofburg où la parade militaire vient de commencer. L'écrivain Weilen, le collaborateur de Rodolphe pour son étude historique et géographique, pleure à chaudes larmes. « (...) À la Hofburg, l'affolement est complet. Tout le monde est au désespoir, toutes les portes sont ouvertes, entre et sort qui veut. »

30 janvier, quatorze heures cinquante-cinq. Au Parlement, la séance, qui venait d'être ouverte, est levée. « Il y eut un moment d'épouvante. À deux heures, on disait à la Bourse que l'archiduc avait eu un accident de chasse ; d'autres parlaient d'un attentat. »

Quinze heures quarante. Dans les vitrines, les photographies de l'héritier apparaissent voilées de crêpe. « Le Bulletin officiel dit *Herzschlag* (apoplexie). » Les journaux écrivent Meyerling au lieu de Mayerling. La deuxième orthographe finira par s'imposer.

Dix-sept heures dix. « Des bruits fabuleux circulent sur les causes de la mort du Kronprinz. Au milieu de ces contradictions, la version officielle reste la plus vraisemblable. On parle d'une chute de cheval, d'un accident de chasse, même d'un attentat. Selon elle, on a trouvé le Kronprinz mort ce matin dans son lit, à Meyerling, d'une paralysie du cœur. Rappelons qu'il a eu plusieurs fois des attaques de rhumatisme articulaire. » On apprend qu'un dîner de famille devait avoir lieu ce soir même chez le prince attendu à Vienne dans la matinée ; un autre dîner était confirmé pour demain, en l'honneur du général Keller et du comte Károlyi. Rodolphe avait veillé à faire envoyer les invitations avant son départ. Demain encore, le prince était attendu chez le sculpteur Tilgner pour une séance de pose qui amusait Rodolphe. Et Weilen précise que l'archiduc venait de lui écrire pour lui annoncer l'envoi imminent de son article sur la Dalmatie. Stupeur.

Vingt et une heures cinquante. La *Wiener Zeitung* (journal officiel) sort une édition spéciale. Concert d'éloges, propos respectueux, biographie édifiante, commentaires affectueux et emphatiques. Entre autres qualités, Rodolphe est présenté comme « l'époux adoré de la princesse Stéphanie » !

Dépêche de dix heures : « Le prince était déjà indisposé hier soir », information sibylline qui laisse supposer une cause naturelle, par exemple une broncho-pneumonie avec complications cardiaques intraitables... Or le rhume bénin de Rodolphe ne l'avait pas empêché de souper avec Hoyos. Après le dîner, déçue et amère, l'archiduchesse Stéphanie, accompagnée de sa belle-sœur Valérie, avait assisté sans inquiétude particulière à une représentation du cirque allemand Renz dont une écuyère est le professeur de Haute École de Sissi.

Dépêche de vingt-deux heures trente : « Les bruits les plus contradictoires circulent sur les causes de la mort. Dans le monde officiel, on dit que la version officielle est la seule vraie » ! Mais laquelle ? On ajoute que « le prince se serait écrié il y a quelque temps "Je ne vivrai plus longtemps" ».

Dépêche de vingt-deux heures quarante-cinq : Déclaration surprenante du ministre de l'Agriculture, M. de Falkenhayn : « Le Kronprinz a été trouvé mort d'une apoplexie au cœur. » Une curiosité médicale !

Dépêche de vingt-trois heures : « Un second bulletin officiel, paru à l'instant, rectifiant le premier, annonce que le Kronprinz est mort "probablement d'une apoplexie au cœur". » Toujours la même curiosité médicale... Un journal viennois qui met cette explication en doute est aussitôt saisi.

La *Neue Freie Presse* affirme que « l'on a trouvé le Prince dans son lit mort d'un coup de feu ». On apprend qu'à Berlin, dès hier, jour du drame, « la nouvelle est arrivée à la Cour à trois heures. Aussitôt, l'empereur Guillaume est allé à l'ambassade d'Autriche-Hongrie donner la nouvelle au comte Szechenyi, qui ne savait encore rien ». C'est le souverain allemand qui a informé le plénipotentiaire de François-Joseph ! Un comble !

*Le Figaro* revient sur la passion de Rodolphe pour la littérature. Son correspondant, Jacques Saint-Cère, précise à propos de la publication en cours du grand ouvrage *La Monarchie austro-hongroise par le mot et par l'image* que son maître d'œuvre « en surveillait le tirage avec soin, revoyait les épreuves et écrivait lui-même des articles, car l'archiduc était homme de lettres et il était fier de ce titre ». Une révélation : « Il a même été collaborateur du *Figaro*. En décembre 1886, on publiait ici une description de chasse de l'Archiduc et, quelques jours plus tard, le comte de Bombelles, l'ami, le confident du Prince, m'écrivait : "Monseigneur l'archiduc Rodolphe a été très flatté de voir son article dans un journal aussi répandu que *Le Figaro* ; il me charge de vous en exprimer toute sa reconnaissance." »

De nombreuses références à l'amour que Rodolphe portait à la France sont rappelées, évoquant celui « qui parlait le français comme un Français » et qui « il y a quelques mois, s'était mis à apprendre le turc, pour pouvoir parler aux habitants de l'Herzégovine et de la Bosnie ». Puis est soulignée la constante dégradation de ses relations avec l'empereur d'Allemagne ; elles avaient cessé d'être intimes pour devenir « strictement officielles. Il ne reste de cette amitié que des photographies et un sentiment de violente antipathie qui se fit jour plus que jamais pendant le dernier séjour de Guillaume II à Vienne ». Mais « (...) on oubliera les dissensions, les discussions, et demain, il n'y aura plus en Autriche ni Allemands, ni Tchèques, ni Hongrois, ni Slovènes. Il y aura des Autrichiens en deuil ».

Paris, ambassade d'Autriche, avenue de l'Alma. À dix-sept heures trente, le chef de la mission diplomatique, le comte Hoyos, parent de celui qui était à Mayerling, n'est toujours pas averti officiellement. Il ne l'est pas avant dix-huit heures. À dix-neuf heures trente, le commandant Chamoin, chef du cabinet militaire du président de la République Sadi Carnot, vient signer le registre de condoléances au nom du chef de l'État. Un quart d'heure plus tard, le ministre des Affaires étrangères, M. Goblet, présente ses condoléances et celles du Quai d'Orsay. Dans la soirée, par le service de l'ambassade de France à Vienne, l'empereur adresse un télégramme de gratitude à Sadi Carnot qui lui a fait part de son émotion et de celle de ses concitoyens :

« Au Président de la République française,
« Sensiblement touché de ce que vous voulez bien vous associer à ma douleur, je vous prie d'agréer toute ma reconnaissance pour la part sincère que vous prenez à la perte cruelle dont la Providence vient de me frapper.
François-Joseph. »

Ce même 31 janvier, après avoir examiné le corps de Rodolphe et s'être longuement concertés, les docteurs Widerhofer, Hormann et Kundraft informent Sa Majesté que les thèses de la crise cardiaque, de l'apoplexie et *a fortiori* celle de l'empoisonnement sont indéfendables et définitivement exclues. Widerhofer, rappelons-le, est le médecin ordinaire du prince ; Hormann est professeur de médecine légale et Kundrat est le directeur de l'Institut anatomico-pathologique de Vienne, plus particulièrement chargé de l'autopsie. Ils signent le procès-verbal d'un rapport en six points :

« 1. Son Altesse Impériale et Royale le Prince héritier est décédé d'une fracture du crâne et de la destruction de la partie antérieure du cerveau.

« 2. Cette fracture est due à un coup de feu tiré à bout portant dans la tempe droite.

« 3. Une balle de revolver d'un calibre moyen a pu vraisemblablement causer la blessure.

« 4. Le projectile n'a pas été retrouvé parce qu'il est ressorti par l'ouverture constatée au-dessus de l'oreille gauche.

« 5. Il ne fait aucun doute que Son Altesse Impériale et Royale s'est tiré elle-même le coup de feu et que la mort fut instantanée.

« 6. Le durcissement prématuré des tissus cérébraux, la profondeur extraordinaire de la cavité du crâne et les dépressions de la surface interne de os de la boîte crânienne, l'affaissement évident des canaux du cerveau et la dilatation de la matière cérébrale sont des symptômes pathologiques et, d'après l'expérience, les indices de conditions mentales anormales qui, en conséquence, permettent d'admettre que l'acte a été commis dans un état d'aliénation mentale. »

Ce texte, qui n'est pas rendu public, appelle trois observations. La première est l'accablement de l'empereur (son fils s'est suicidé) et le soulagement d'un souverain catholique qui n'a toujours pas eu de réponse du pape à sa requête d'obsèques religieuses (il était en état de démence). Selon le droit canon, rien ne s'oppose plus à ce qu'elles soient accordées. La deuxième est la révélation de cet état à Sissi. La folie ! Son fils était fou ! La malheureuse impératrice, née Wittelsbach, ne peut échapper à cette menace. L'hérédité de ses cousins Othon et Louis II est aussi la sienne. Est-elle génétiquement coupable ? Comment ne pas être hantée par cette idée, la malédiction du sang vicié ? Égarée par une mauvaise conscience qui ne la laisse pas en paix et choquée par la douleur, elle fait irruption chez sa fille Marie-Valérie. Désignant la chambre à l'étage où son fils repose, elle hurle :

— Ce n'est pas vrai ! Rodolphe n'est pas là-haut, mort. Je veux monter le voir.

Élisabeth est aussi en révolte contre le Ciel qui a permis cette tragédie. On a beaucoup de difficultés à l'apaiser. La troisième remarque concerne deux contradictions (encore !) avec ce qui a été constaté à Mayerling : l'archiduc était supposé s'être tiré une balle dans la tempe gauche, or les médecins affirment qu'il a visé la tempe droite ! Se sont-ils soudain souvenus que Rodolphe était droitier ? Enfin, la balle, que l'on avait retrouvée, a disparu ! Deux fâcheuses incohérences...

En ville, à travers l'Empire et l'Europe, les rumeurs enflent. Pour tenter de les étouffer, l'officiel *Wiener Zeitung* du 1er février publie ce qui devrait avoir l'effet d'une mise au point définitive et indiscutable. À noter : ce texte n'est pas mis en pages dans la partie réservée aux communiqués officiels de la Cour. On y lit, notamment, que « à côté du lit et à portée de la main droite, on a trouvé un pistolet déchargé, qui ne laisse pas douter que la mort est due à un suicide ». Un pistolet et non un revolver... Plus loin, on insiste sur le fait que l'entourage du prince avait constaté « qu'il donnait, dans ces derniers temps, un grand nombre de signes d'une vive exaltation nerveuse ; on doit donc persister dans l'opinion que la résolution terrible qu'il a prise est due à un trouble momentané des facultés mentales. De plus, le Prince souffrait de violents maux de tête qu'il attribuait lui-même à une chute de cheval qu'il avait faite au mois d'octobre. (...) ». L'accident n'avait pas été ébruité, à la demande de Rodolphe.

Naïvement, le Premier ministre espère que cette explication forcée va enfin dissiper les doutes et les inquiétudes. Quelle erreur ! Le résultat est encore pire, car les journaux étrangers se livrent à un relevé des invraisemblances grossières et diligentent des contre-enquêtes très poussées, en toute indépendance. On peut ainsi signaler que la remise en cause spectaculaire de la thèse du suicide par l'impératrice Zita en 1983, que j'avais recueillie en exclusivité dès 1982, n'est pas, sur le fond, une nouveauté ni l'obsession nouvelle d'une très vieille dame d'un autre temps et d'un autre monde. Quarante-huit heures après la mort de Rodolphe, le sentiment général est déjà que l'on cache quelque chose d'encore plus grave mais avec tant de maladresse que tout le monde s'en aperçoit !

Pour preuve oubliée, ce titre à la une du *Figaro* du samedi 2 février 1889 : « Meurtre ou suicide ? » Sous-titre : « La mort de l'archiduc Rodolphe. » Le journal répond à l'argumentation maladroite des autorités. Entre autres révélations, il y a celle-ci : « (...) la tête et le cou du mort avaient été singulièrement emmaillotés à Mayerling ; on aurait cru qu'ils ne tenaient plus au corps. Tous ces détails, bientôt répandus dans le public, font que personne ne croit à la version du suicide. » Pourquoi Rodolphe aurait-il confirmé ses rendez-vous du lendemain jeudi ? Pourquoi aurait-il commandé du café à Loschek une demi-heure avant de se tuer ? Et, plus embarrassant pour François-Joseph : « (...) Maintenant que l'on a avoué le suicide, pourquoi ne pas publier le procès-verbal de l'autopsie ? »

Oui, pourquoi ?

Le quotidien parisien se livre ensuite à une analyse sans concession et très osée de tout ce qui circule comme potins, rumeurs et confidences sur la tragédie depuis quarante-huit heures. En dépit de ce qu'il imprime, *Le Figaro* n'est pas saisi à Vienne, ni à Budapest, ni à Prague. À Berlin, il est lu avec une attention particulière.

« Première hypothèse : le Prince a été tué en duel : il avait été obligé de rendre raison d'une injure grave à quelqu'un qui est presque aussi noble que lui. Et voilà pourquoi l'archiduchesse Stéphanie refuserait de voir son beau-frère, le comte de Cobourg qui n'aurait pas dû accepter les fonctions de témoin. Le prince Rodolphe ayant été blessé par-derrière, cette version est fausse. » La thèse d'une rixe au cours de laquelle l'archiduc aurait été tué accidentellement – donc involontairement – sera reprise avec des variations dont la plus tenace est celle d'un crime de jalousie de la part d'un bûcheron ou d'un garde-chasse dont Rodolphe aurait courtisé la femme. L'arme du meurtre aurait été une... bouteille de champagne, des éclats de verre ayant été trouvés, dit-on, dans la tête et sur le cou du prince. Effondré par les conséquences de sa vengeance, le bûcheron ou le garde-chasse se serait immédiatement fait justice.

« Deuxième hypothèse : le Prince a été tué à la chasse. Comme il est prouvé qu'il n'était pas sorti du pavillon mercredi et qu'il était rentré mardi, cette hypothèse est fausse également. » Cela est à rapprocher des analyses du *Wiener Tagblatt* dans son édition spéciale du mercredi soir, 30 janvier. Il est écrit que Rodolphe « aurait été tué par des braconniers, assommé durant une orgie nocturne, blessé au cours d'un accident de chasse, tué par un coup de fusil tiré malencontreusement ». Donc, le jour même du drame, six heures après le premier communiqué officiel neutre, le journal n'évoquait ni une cause naturelle ni celle du suicide comme étant vraisemblables. Le décès serait dû à une cause externe violente. La police avait immédiatement saisi les exemplaires du journal non encore achetés ou distribués aux abonnés, mesure qui n'avait fait qu'ajouter du crédit à ses allégations.

L'incrédulité des foules est également rapportée de source diplomatique dès que la mort de Rodolphe a été annoncée. Le jour même, depuis son bureau Himmelpfortgasse, le comte de Jonghe, ambassadeur du roi des Belges, nécessairement impliqué dans l'évolution de l'affaire, déclare à son ministre le prince de Chimay que « les rues sont encombrées de monde avide de nouvelles et se livrant aux commentaires les plus variés. L'imagination populaire est portée à attribuer aux grandes catastrophes des causes plus mystérieuses que la réalité ». Dans une dépêche datée du lendemain depuis le palais de la place Lobkowitz, le 31 janvier, l'ambassadeur de France Albert Decrais informe son ministre René Goblet que « l'imagination populaire se refuse à croire qu'un prince de cet âge et de cette activité ait succombé à une attaque d'apoplexie ou à un anévrisme. Il n'y a pas, je crois, à l'heure qu'il est, un Viennois qui accepte l'une ou l'autre de ces versions officielles ». Hier comme aujourd'hui, la disparition brutale et inattendue d'une célébrité suscite toujours de vastes mouvements d'inquiétude, surtout si le ou la défunte est très populaire. Les cafouillages « médiatiques » étaient-ils évitables ? Si seulement la Cour avait pu être la première informée, par télégraphe... Ainsi échauffée, l'opinion en arrive à suspecter une autre explication, toujours susceptible d'être la vraie quand le personnage est désigné pour assumer les plus hautes fonctions. L'actualité d'hier et d'aujourd'hui fourmille d'exemples de ces insatisfactions perpétuelles. *Le Figaro* daté du 2 février l'énonce brièvement mais clairement, reprenant des informations allemandes :

« Troisième hypothèse : le Prince a été victime d'un attentat politique : c'est là une version qui nous vient de l'étranger et qui ne repose sur aucun fondement. Où est donc la vérité ? » Cette accusation est la plus grave en raison des conséquences européennes qu'elle peut immédiatement entraîner. Revenant sur le début de la matinée du 30 janvier, le journaliste donne une autre heure du départ de Rodolphe de la Hofburg le lundi matin, il aurait eu lieu très tôt et non vers midi, une de ces « quelques obscurités » non résolues. La suite de son enquête est une véritable bombe : « (...) Mercredi matin, il appela son domestique Johann Loschek – c'est là que la version officielle commence à ne plus être crédible – et lui commande d'ouvrir les volets. En exécutant cet ordre, le serviteur dit :

« "Monseigneur, il y a deux hommes dans le jardin..."

« "Ce sont des gardes-chasse ; donnez-moi les lettres."

« Et le Prince s'assit dans son lit pour lire.

« Johann Loschek sortit de la chambre et, en passant par le salon, dit au comte Hoyos :

« "Monsieur le comte, il y a des gens dans le jardin qui ne me reviennent pas."

« Au même instant, on entendit un coup de feu, on se précipita dans la chambre de l'archiduc. Les carreaux étaient cassés. Le Prince était mort, la partie postérieure du crâne fracassée. On avait tiré sur lui du dehors et comme il lisait assis dans son lit, le dos tourné du côté de la fenêtre, on avait eu le temps de viser. Il y eut quelques minutes d'indescriptible désordre ; on finit par envoyer quelqu'un à Vienne, et vous savez le reste.

« Ce que l'on ne sait pas, ajoute le correspondant, c'est que l'Impératrice avait été seule mise au courant et qu'on avait résolu de tenir le drame secret. Mais pendant que l'archiduchesse Stéphanie priait près du corps, les bandelettes de toile qui retenaient la tête se détachèrent et la tête tomba de côté ; la blessure était visible dans toute sa hideur. On ne pouvait plus cacher la vérité. » Comme on l'imagine, ce stupéfiant récit provoque l'effarement des autorités. C'est une catastrophe pire que tout ce qui aurait pu être imaginé ! Encore une fois, livrons deux remarques à notre réflexion. Le journal n'est pas saisi, cette mesure étant sans doute inefficace s'agissant d'un titre non autrichien. Bloquer les exemplaires dans le train à la frontière ? Trop tard. Par ailleurs, il est vraisemblable que comme souvent dans ce genre d'affaires, des sources locales ont préféré confier leurs propos à des journalistes étrangers, plus aptes qu'elles-mêmes à diffuser leur point de vue et avec moins de risques. De fait, ce n'est pas l'envoyé spécial permanent du *Figaro* qui signe ces affirmations explosives mais trois initiales : « X.A.Z. » Prudence ! La fin de l'article n'est pas moins inquiétante. Elle évoque Bratfisch. Le cocher aurait été appelé le mercredi matin à six heures par Rodolphe pour atteler, un ordre formulé « en dialecte viennois ». Le lever du jour étant encore loin et puisqu'on ne voyait rien, l'archiduc aurait décidé de se recoucher une heure. Enfin, le même Bratfisch, lorsqu'il avait présenté ses vœux au prince pour le Nouvel An, se serait attiré cette réponse désabusée : « Mon cher Bratfisch, je ne vivrai plus longtemps, j'en ai le pressentiment. » Ajoutons que, toujours selon ce récit, « le revolver trouvé dans la chambre est du type Bulldog et n'aurait pas pu causer la blessure ». Si ses informations sont démenties, le journaliste se dit prêt à en apporter les preuves. Il n'est pas démenti.

La seule réaction de la Cour et du gouvernement est de faire publier, le soir même dans le *Wiener Zeitung*, le procès-verbal des conclusions du rapport d'autopsie rédigé par les trois médecins. Demain, dit-on, l'empereur recevra en audience Bratfisch et Loschek. Rien de cet entretien confidentiel avec les deux hommes ne filtrera à l'époque.

Nous sommes donc en présence de la thèse, sensationnelle

et diamétralement opposée à celle du suicide romanesque, de l'assassinat (d'une part) politique (d'autre part). Contrainte à la réserve et à la pudeur, la presse autrichienne n'en dit mot. En revanche, les journaux étrangers ne se privent pas d'insinuations audacieuses. Déjà, à Londres, d'après un document conservé au château de Windsor, cette idée circule dans les hautes sphères. Lord Salisbury, successeur de Disraeli à la tête du parti conservateur et Premier ministre depuis 1885, a demandé d'urgence une audience à la reine Victoria pour lui dire : « Madame, nos Services ont acquis la conviction que le Prince a été assassiné. » Le *Times* a rappelé les désaccords tangibles de l'archiduc avec Guillaume II : « (...) Cette brouille était si grave qu'on la considérait comme un facteur éventuel dans la situation future de l'Europe. » Le même jour, le *New York Times*, qui avait annoncé la nouvelle à la une, publie ces lignes dans son éditorial : « La mort soudaine de l'archiduc Rodolphe, prince impérial d'Autriche-Hongrie, a plus de portée, sur le plan international, qu'il n'y paraît au premier abord. L'amitié de l'archiduc Rodolphe pour le prince de Galles a souvent fait l'objet de commentaires, ainsi que l'apparente désapprobation de l'Archiduc pour les façons et les idées de l'empereur Guillaume II. Sa mort, avec les conséquences qu'elle peut entraîner, doit donc constituer une raison de plus pour faire preuve de vigilance en matière de politique autrichienne. » Enfin, le grand quotidien belge francophone *Le Soir* du 1er février estime crédible la thèse de l'assassinat, d'après son correspondant de Paris. Comme d'autres esprits libéraux adversaires de Bismarck qui ont disparu d'une manière suspecte et non élucidée, tel Gambetta victime, lui aussi, d'un coup de pistolet inexpliqué, le prince aurait été éliminé.

Ainsi, l'opinion étrangère, réfutant les laborieuses explications officielles successives, s'oriente vers la version criminelle. C'est la plus dérangeante. Ici, avec la prudence qui s'impose et sans aucun *a priori* pour une version par rapport à une autre ni goût excessif pour la contradiction, on peut se reporter au bref livre de souvenirs publié anonymement par le secrétaire particulier de Rodolphe en 1916, c'est-à-dire au moment de la mort de François-Joseph et alors que l'Empire et son allié allemand sont empêtrés dans la Première Guerre mondiale. On peut en retenir deux éléments intéressants. Le premier est la référence à des faussaires professionnels, travaillant à Berlin pour le compte de Bismarck, en marge des services secrets. En mars 1888, ces spécialistes auraient montré à un agent de liaison des missives qu'il identifia comme étant de l'écriture de Rodolphe, sur un papier à lettres à ses armes. À sa stupeur, on lui démontra qu'il s'agissait de documents apocryphes, résultat d'un long entraînement. L'imitation de l'écriture princière, bien connue, était parfaite. Le procédé est loin d'être un fantasme, Bismarck ayant lui-même parlé de faussaires expérimentés œuvrant à son cabinet ! La *Dépêche d'Ems* n'avait-elle pas démontré son redoutable talent de manipulateur ? Le second élément concerne la présence d'étrangers près de l'abbaye d'Heiligenkreuz peu de temps avant le drame. Des étrangers parlant allemand avec un accent prussien, ce qui avait été remarqué dans cette région où le dialecte viennois est la langue courante. À l'aubergiste intrigué par ces clients inhabituels, les inconnus ont expliqué qu'ils cherchaient du gibier, sans autre précision. L'alibi de la chasse était inattaquable. Toutefois, l'hôtelier soupçonneux avait trouvé que ces messieurs n'avaient ni l'aspect ni le comportement de chasseurs. On notera que ces propos rejoignent, vingt-sept ans plus tard, ceux rapportés par *Le Figaro* dès le 2 février 1889.

Après les condoléances que lui a adressées Léon XIII, l'empereur attendait avec anxiété la réponse du Vatican pour l'autorisation d'obsèques religieuses. Ici se pose une question dont on débat encore. S'appuyant sur l'hypothèse du dérangement mental de son fils, donc de son irresponsabilité, François-Joseph a fait parvenir le rapport médical au pape par l'intermédiaire du nonce apostolique, Mgr Galimberti. Plusieurs télégrammes sont échangés entre Vienne et Rome par le canal diplomatique. Le 1er février, dans un nouveau message, le Saint-Père précise : « (...) Nous avons exprimé nos sentiments dans une lettre privée adressée à Votre Majesté que nous avons remise au comte Revertera (...) », l'ambassadeur d'Autriche-Hongrie auprès du Saint-Siège. Léon XIII fait également une allusion claire à un télégramme de François-Joseph, reçu la veille, et « en réponse aux informations que Votre Majesté nous a communiquées (...), Nous vous adressons la bénédiction apostolique ». L'attente de l'empereur fut un nouveau supplice. Le délai avec lequel le Vatican a finalement donné son acquiescement aux obsèques religieuses semble suspect à un journaliste britannique du *Standard*. Dans son numéro du 4 février, la veille des obsèques, il fait état d'un télégramme secret d'environ deux mille mots envoyé par François-Joseph au pape, lui expliquant les causes réelles de la mort de Rodolphe et justifiant sa requête. Ce télégramme a-t-il existé ? Pour divers auteurs, dont Fritz Judtmann, il s'agit de l'invention d'un enquêteur tombé dans le piège des fantasmes les plus insensés ; en dehors des télégrammes officiels, bien que diplomatiques et codés, il n'y en aurait pas d'autre. Rappelons que Léon XIII n'avait aucune raison de faire un geste à l'égard de Vienne dont le gouvernement venait de dénoncer le Concordat. Les spécialistes sont formels : à l'époque, le droit canon excluait toute indulgence du Vatican en faveur des suicidés. Seule une raison grave, un cas de force majeure ou une cause extérieure permet alors de respecter le rituel catholique des défunts. Le fameux télégramme demeure « introuvable ». Vrai ? Faux ? Mystification ou dissimulation ? Cette pièce serait évidemment la clé. Ainsi que je l'ai appris de la comtesse Hélène Esterhàzy, son grand-père, qui avait été le représentant de François-Joseph auprès du Saint-Siège, certifiait à la fin de sa vie, comme diplomate ayant participé au déchiffrage du télégramme, que l'explication qu'il contenait était l'assassinat. Lorsque j'ai fait poser la question au Vatican, il m'a été répondu que ce genre de document est « indisponible ».

Et Mary Vetsera ? Elle réapparaît, si l'on ose écrire, le samedi 2 février.
Comme tous les grands journaux de la planète où la mort de Rodolphe a pris la dimension d'un incroyable roman, *Le Figaro* signale que « la population continue à ne pas vouloir croire la version officielle et les bruits les plus extraordinaires circulent ». Ces extravagances confinent au délire : maintenant, on fait état d'une vague de suicides dans les grandes familles, y compris chez leurs domestiques... ayant cassé une assiette ! Rien de neuf sinon des spéculations et l'attente des funérailles. En revanche : « (...) On parle beaucoup d'une disparition assez singulière : la baronne Mary V... aurait disparu depuis mardi. La famille prétend qu'elle est au château de Pardubitz, mais comme personne ne l'y a vue, le public, très surexcité, ne veut pas le croire. » Pour des raisons à la fois complémentaires et différentes, les

deux familles concernées sont envahies par la méfiance et la honte.

Du côté des informations officielles, les surprises continuent. « On constate avec étonnement que le procès-verbal publié aujourd'hui diffère entièrement de celui qui a été publié hier. Dans le premier procès-verbal, il était dit que la boîte crânienne était enlevée ; dans le second, on dit que la balle est entrée par la tempe gauche, ressortie par la tempe droite et n'a fait qu'une blessure à peine visible, "ce qui explique l'erreur des premiers témoins" » ! Le tir a changé de sens ! Or, les spécialistes du suicide observent que, le plus souvent, la blessure de sortie du crâne est plus large que la blessure d'entrée. Donc, la balle serait entrée par la tempe droite... N'était-ce la tragédie, ces renversements radicaux seraient risibles. Ils ne font qu'alourdir le climat de soupçons. Conclusion du journal ce 2 février, à huit heures un quart du soir : « La vérité est que personne ne sait rien. »

Puis, l'attention se fixe sur la préparation des obsèques qui auront lieu dans trois jours. L'empereur souhaite une cérémonie simple, dépouillée et sans l'encombrement de couronnes du Gotha qui se serait déplacé compte tenu « des circonstances ». De Berlin, Guillaume II fait cependant savoir qu'il assistera aux funérailles ; immédiatement, François-Joseph se lance dans de grandes manœuvres diplomatiques pour dissuader l'empereur d'Allemagne de venir. La présence de son ambassadeur, le prince Reuss, suffira, comme celle de tous les autres ambassadeurs qui représenteront les cours. Vexé, sincèrement attristé et inquiet de ce qui se murmure, le prince de Galles entend venir malgré l'avis défavorable du cabinet britannique. Furieux, il annonce qu'il sera incognito. Dans ce cas encore, l'empereur déploie des trésors de persuasion pour empêcher la venue de l'héritier du Royaume-Uni. S'il fait une exception pour Édouard, tous les princes étrangers viendront. Pendant ces délicates tractations, le corps de Rodolphe a été transporté jusqu'à sa salle de billard. Sa tête est recouverte d'un nouveau bandeau et son corps dissimulé par un drap remonté jusqu'au cœur. L'archiduc a été habillé de son uniforme de général commandant la 25$^e$ division d'infanterie. Sur un coussin, un képi à plumes de coq vertes et l'épée du défunt. Détail étrange : au-dessus du fils de Sissi est accroché un portrait de feu Louis II de Bavière... Simple coïncidence si le tableau se trouvait à cet endroit ou intention délibérée voulue par l'impératrice ? On ne saurait répondre, mais les deux cousins sont morts brutalement, sans témoin, alors que rien ne laissait redouter une fin aussi prématurée. Un roi, un futur monarque, deux visionnaires avec lesquels Bismarck devait compter.

Ce même samedi 2 février, *L'Illustration*, le prestigieux hebdomadaire français, paraît avec un hommage à Rodolphe rajouté au moment de mettre sous presse. Bien que sous une forme ramassée, ce repiquage est cependant complet. Le texte insiste d'abord sur l'écrivain distingué qui avait « publié sous son nom ses *Notes de voyages* dont la plupart ont été traduites en français ». Son esprit moderne lui « fera une place spéciale dans l'histoire parce que ce descendant des plus autoritaires des souverains n'a pas hésité à se ranger du côté du libéralisme et partout où il en trouvait l'occasion, il le disait aussi. Aussi était-il devenu promptement l'idole des populations austro-hongroises ». Puis, pour la première fois, il est question de son mariage : « Cette union fut-elle bien heureuse ? On ne le sait et, le saurait-on, que ce ne serait pas le moment de se faire l'écho des bruits de tout genre qui ont couru Vienne et qui n'ont pas peu contribué aux commentaires auxquels la mort du prince a donné lieu. » Citant encore, en raison de son horaire d'imprimerie, la cause de la mort « probablement » par une apoplexie du cœur, il est précisé que « dans le public, on dit tout autre chose ». Enfin, « (...) le prince éclairé que l'on pleure était un ami de la France, un ami sincère et pas un peuple sur terre n'a autant de raisons que nous de déplorer cette mort et d'envoyer aux Austro-Hongrois un cordial salut de deuil ».

À Schönbrunn, l'empereur se promène pendant une heure au bras de sa fille Marie-Valérie. Contrairement aux ragots, il tient le choc avec une calme vigueur.

Dimanche 3 février, sept heures trente du matin. Le corps, dans un cercueil ouvert, est transporté jusqu'à la chapelle de la Hofburg, de style gothique.

Le cortège est impressionnant, éclairé par des porteurs de torches. Des officiers représentent les uns l'Autriche (avec tunique écarlate, culotte blanche, hautes bottes noires et casque d'argent), les autres la Hongrie (avec tunique rouge, peau de panthère, haut bonnet de fourrure griffée d'aigrettes et de diamants).

Selon l'usage, c'est dans la chapelle du palais que sont exposés les corps des membres de la Maison de Habsbourg-Lorraine pour que le peuple puisse se recueillir. On n'y entre qu'avec l'autorisation du grand maréchal de la Cour, mais la foule est si dense que quatre femmes sont grièvement blessées dans la bousculade silencieuse. La cire posée sur le visage de Rodolphe donne à sa figure « une expression singulière et l'on n'y trouve pas le calme habituel des morts. Les cheveux sont ramenés vers les yeux et la barbe coupée allonge la figure », d'après un témoin. Ce témoin est lui-même fort troublé puisque le large bandeau dissimule justement la chevelure ! Les décorations nationales et étrangères de l'archiduc sont posées sur deux coussins au pied du cercueil. On remarque combien le catafalque a été placé à une hauteur telle que la tête de Rodolphe est quasiment invisible ; elle disparaît sous les fleurs ainsi qu'une forêt de plantes vertes et d'inattendus palmiers. On devine à peine sa tunique blanche à parements rouges et galons d'or. Et contrairement à une tradition constante, les mains du défunt ont été glissées dans des gants blancs alors qu'elles auraient dû être nues. Cette anomalie vestimentaire intrigue beaucoup les milliers de Viennois qui vont défiler pendant vingt-quatre heures. Certains tentent de s'approcher, mais la disposition les en empêche. Une lettre, conservée aux Archives royales de Windsor, atteste la préoccupation de la reine Victoria. Ce même jour, elle demande à Philippe de Cobourg, son parent, des éclaircissements sur les causes réelles de la mort. En allemand, elle précise :

« Je veux être en mesure de contredire les rumeurs qui courent. »

Sur le cercueil, l'impératrice a fait déposer un bouquet de muguet. Une grande couronne à ruban noir et jaune porte la froide mention « La Cour Impériale et Royale ». D'autres couronnes ont été déposées au nom des souverains belges ainsi que celles de Gisèle et de Marie-Valérie. À droite, se trouve celle du prince de Galles, à gauche celle de Guillaume II. Lentement, la foule, incrédule, s'avance. Comme l'avait exprimé un journal libéral, repris à Paris par *L'Illustration* parue la veille : « Toute la monarchie est dans les pleurs et les gémissements. » Pour l'Empire, le prince n'incarnait pas seulement l'avenir, il personnifiait l'espoir. En fin d'après-midi, une couronne de camélias blancs, ornée d'un ruban tricolore, est apportée. Un instant, on pense que c'est celle de l'ambassadeur de France, mais on lit : « À l'archiduc Rodolphe, la France, la Presse française. » Ce témoignage de sympathie de la part de ceux avec qui l'héritier entretenait des relations si chaleureuses est vivement apprécié des milieux intellectuels. Un très haut fonctionnaire de la Cour assure que la famille en est très touchée, d'autant plus « qu'aucune manifestation semblable n'a été faite à Berlin et Dieu sait pourtant si notre pauvre archiduc recevait bien les écrivains berlinois ; il les comblait. Décidément, les Français auront toujours le monopole du tact, du cœur et de la courtoisie ». Le compliment émane d'un partisan convaincu de la Triple-Alliance, qui n'est donc pas suspect d'être un adversaire de l'Allemagne.

On sait déjà que le roi et la reine des Belges sont arrivés à Vienne. Malgré ses efforts, l'empereur n'a pu les empêcher d'assister aux funérailles de leur gendre. En revanche, le monarque a été inflexible face aux prétentions de Guillaume II qui persistait à vouloir être présent. Et à ce qu'on le sache. Avec la finesse expérimentée d'un maître des convenances, François-Joseph lui a expédié un télégramme aussi impératif qu'hypocrite : « Reçois mes remerciements les plus chaleureux pour ta fidèle amitié et ton projet de venir ici. Si je te prie de n'en rien faire, tu peux mesurer combien les miens sont effondrés pour que je doive également te le demander. » La crainte de manifestations hostiles ou de réactions protestataires des anti-Allemands s'éloigne. Un léger soulagement dans le poids du désespoir. Mais à Berlin, le *Kaiser* ne cache pas sa déception. Depuis peu de temps, sa fringale de voyages à l'étranger est à l'origine d'un mot satirique : « Quelle est la principale firme d'Allemagne ? C'est Bismarck et Fils car elle a l'Empereur pour représentant de commerce. »

Tous les commandants de corps d'armée sont arrivés ainsi que les gouverneurs de province. On attend une importante délégation des troupes impériales russes, ce qui portera à son comble l'exaspération de Guillaume II. L'impératrice est invisible, mais Gisèle ne la quitte plus. Auprès de ses parents, Stéphanie trouve affection et réconfort « avec un sentiment de confiance bienfaisante ». Mais Léopold II est furieux. De même que Sissi, par sa distance, paraît blâmer sa belle-fille de n'avoir pu empêcher le désastre, le roi des Belges estime subir un affront dynastique. « (...) Il était indigné de l'injure faite à sa fille. Pour lui, cette insulte semblait entacher l'honneur de la famille », écrit Stéphanie. Le beau-père du défunt en profite tout de même pour essayer de reparler de son emprunt « congolais » au Premier ministre. Consterné, le comte Taaffe éconduit Léopold II... Vienne, souriante capitale des arts et des plaisirs et métropole au cosmopolitisme joyeux, est figée derrière d'immenses voiles de crêpe noir drapant les façades, soulevés par un vent glacial. Chaque fenêtre porte le deuil.

Le Ring s'est mué en une effrayante galerie funèbre à ciel ouvert. La ville où est née la valse a le souffle court.

Mardi 5 février. Jusqu'à deux heures de l'après-midi, la foule se presse. Puis la chapelle est interdite au public ; le cercueil est fermé et sa clé remise solennellement au prince de Hohenlohe, grand maître des cérémonies. Depuis midi, toute circulation est interdite dans la cité, la Bourse et les magasins sont fermés. Sur le court trajet du cortège qui ralliera la Hofburg à la crypte des Capucins, des curieux patientent depuis cinq heures du matin. Le silence n'est brisé que par les cris – incongrus – des vendeurs de saucisses et de vin chaud, sous l'œil bienveillant de la police. Il fait très froid. Des tribunes dressées dans la nuit ont été prises d'assaut. Le prix d'une place louée à une fenêtre a été multiplié par cinq depuis hier. Dans le chœur de l'église ont déjà pris place les généraux. À droite, les ministres, dont le comte Kálnoky, le titulaire des Affaires étrangères, très affecté ; Rodolphe avait accompli de nombreuses missions pour son département. À quinze heures trente, deux Capucins viennent se placer devant l'autel. Un peu avant seize heures, plusieurs membres de la famille impériale font leur entrée mais ni l'impératrice ni Marie-Valérie ne sont présentes ; François-Joseph a supplié sa femme d'épargner ses nerfs éprouvés depuis près d'une semaine. Sissi s'est résignée. Stéphanie laisse entendre, dans ses Mémoires, qu'elle a assisté aux funérailles et que c'est là qu'elle revit sa belle-mère pour la première fois depuis près d'une semaine, assurant que « (...) l'Impératrice répondit à ma révérence. Elle ne prononça aucune parole, son visage restait impénétrable ». Une belle scène, un ton prétentieux, mais... malheureusement fausse ! L'archiduchesse, la veuve, n'assiste pas aux funérailles de son mari, sans que l'on sache si l'épreuve eût été au-dessus de ses forces ou si un sentiment de gêne, notamment face au corps diplomatique, eût été trop apparent. Il est également possible que sa présence n'ait pas été souhaitée ; dans ce cas, il s'agirait d'une mortification supplémentaire qu'elle a voulu gommer dans ses Mémoires. En réalité, l'impératrice, Stéphanie et Marie-Valérie se trouvent au palais, dans la chapelle Saint-Joseph, totalement recouvertes de voiles noirs pour échapper aux moindres regards. Stéphanie ne rejoindra la crypte des Capucins qu'au moment de l'absoute et de l'inhumation.

Par la porte du chœur, l'empereur, en grande tenue de maréchal, s'avance, un peu courbé, au milieu des tentures noires, donnant le bras à la reine des Belges. Il se rend à son fauteuil. Il y en a trois au premier rang. Léopold II suit, très ému, boitant en uniforme autrichien.

Le glas. La cadence lente des cloches viennoises indique l'heure de la levée du corps. Sur ordre de François-Joseph, le cortège est peu imposant et court. L'apparat est réduit au minimum. L'heure est à la simplicité ; la volonté de discrétion est une réaction à l'ampleur incontrôlable des commentaires, toujours interrogateurs et insatisfaits alors que la perte du prince est chaque jour plus regrettée. Précédé d'un escadron de cavalerie et de dignitaires, tiré par huit lippizans à plumets noirs, voici que s'engage dans l'étroite rue des Augustins le corbillard rouge[1].

Quatre heures. Accompagné de deux évêques, Mgr Ganglbauer, cardinal et prince-archevêque de Vienne, se rend devant le portail de l'église. Il reçoit le cercueil porté par six laquais en livrée noire. La voix altérée par l'émotion, le prélat célèbre l'office ; à plusieurs reprises, des larmes étouffent sa voix. François-Joseph ne quitte pas le catafalque des yeux. Au moment de la bénédiction, il se lève, s'approche et s'agenouille en priant. Nul ne saura l'ultime dialogue intérieur d'un père avec son fils, tellement différents dans la vie et soudain si proches à l'heure de l'accablante confrontation. L'assistance est réduite, à la requête de François-Joseph qui a lui même établi la liste des personnalités admises. On remarque sa fille aînée, l'archiduchesse Gisèle,

---

1. Ceux des archiducs sont de cette couleur qui surprend les étrangers. Seuls les corbillards des souverains régnants ou ayant régné sont noirs. Ils sont exposés au musée du Château de Schönbrunn.

et son mari Léopold de Bavière, la princesse Louise de Cobourg, le général Keith Fraser qui représente le prince de Galles, le prince héritier de Saxe-Meiningen à la tête d'un détachement allemand appartenant au régiment « Franz-Josef », les princes François de Liechtenstein et d'Orange-Nassau, les ambassadeurs en grande tenue, le bicorne emplumé sous le bras, et on note que la représentation diplomatique française est au grand complet devant les bourgmestres de Vienne et de Budapest entourés de hauts dignitaires de la Cour.

La messe de requiem dure à peine une demi-heure. À quatre heures trente commence l'ultime phase de toute cérémonie funèbre des Habsbourg, la descente vers la crypte des Capucins, dont la disposition est plus réduite qu'aujourd'hui. Stéphanie apparaît, livide. Seuls François-Joseph, son frère l'archiduc Charles-Louis, son neveu l'archiduc François-Ferdinand, son gendre Léopold, Philippe de Cobourg ainsi que les comtes Kálnoky et Hunyadi s'enfoncent dans ces catacombes impériales. La tradition de cette mise au tombeau, sans équivalent, accueille les défunts de la Maison d'Autriche depuis 1633, dans une austérité qui sied à la règle d'un ordre mendiant. Gardien de la clé du cercueil, le prince de Hohenlohe l'ouvre une dernière fois. Le drap est découvert. Un dialogue impressionnant commence entre le père supérieur et le chambellan, qui répond au nom du mort :

— Qui es-tu ? Qui demande à entrer ici ?

— Je suis Son Altesse Impériale et Royale l'archiduc héritier d'Autriche-Hongrie.

— Je ne le connais pas. Qui demande à entrer ici ?

Le chambellan énumère les titres du prince aux dénominations recouvrant les domaines anciens ou actuels de l'Empire, telles que prince de Transylvanie, grand-duc héritier de Toscane, duc de Lorraine, prince de Bohême.

Mais ces vanités terrestres sont encore de trop :

— Je ne le connais pas, répète le capucin. Une troisième et dernière fois, il pose la même question :

— Qui demande à entrer ici ?

Le chambellan s'agenouille et répond, cette fois avec humilité :

— Je suis Rodolphe, pauvre pécheur, et j'implore la miséricorde de Dieu.

— Alors, tu peux entrer.

Stéphanie pousse un cri déchirant, François-Joseph sanglote, la scène est insoutenable. Le drap dissimule à nouveau le visage recouvert d'un bandeau en forme de bonnet. L'abandon de tous titres et de toutes prétentions dus à la naissance confie le corps à la garde éternelle des religieux. L'ambassadeur de Belgique, le comte de Jonghe, enverra, le lendemain, une longue dépêche à son ministre révélant les détails de la cérémonie. Il précisera que l'empereur réputé insensible par souci du devoir s'est effondré avant l'adieu : « (...) Jusqu'alors, Sa Majesté avait pu dominer sa douleur, mais à cette heure suprême, au moment de voir descendre dans la crypte tout ce qu'il avait eu de cher au monde, il ne put retenir longtemps les larmes qui l'étouffaient. Agenouillé près du cercueil, il souleva le drap funéraire, le baisa longuement et murmura un dernier adieu à celui qui avait été tout son espoir et qui lui était si tristement ravi. »

Les voûtes de la crypte résonnent de bruits sourds. On descend le cercueil. Une scène « dont les rares témoins n'étaient pas remis une heure plus tard ». À Berlin, à la même heure, Guillaume II et son épouse assistent au service catholique célébré pour le repos de l'âme de Rodolphe. Le monarque semble très contrarié. Tout le corps diplomatique est présent.

**Mercredi 6 février 1889.** Le deuil officiel est un bouclier dérisoire contre les rumeurs. Le baron Krauss le constate à ses dépens. Il s'évertue à étouffer les théories les plus folles, mais elles ne font que se fortifier. C'est à croire qu'il n'y a eu aucune enquête sérieuse et que l'opinion s'en tient à ses convictions, chacune ou chacun ayant son idée ou croyant sa version plus crédible que les autres, selon ses penchants. Rodolphe n'était pas un homme ordinaire, sa mort ne peut donc qu'être extraordinaire. L'Europe entière s'interroge, des journalistes fouinent dans les environs de Mayerling, d'étranges témoins apparaissent puis se rétractent, des documents sont produits, convaincants ou douteux. On pèse le pour et le contre des quatre principales versions en concurrence avec la position officielle, donc cinq au total huit jours après le drame. Mayerling n'est plus seulement un événement politique majeur ayant modifié l'ordre de succession au trône. On murmure que l'archiduc Charles-Louis, deuxième frère de l'Empereur et âgé de cinquante-six ans, va renoncer à ses droits en faveur de son fils aîné, François-Ferdinand, cousin de Rodolphe, âgé de vingt-six ans et non marié. De lui, le fils de Sissi avait dit, au cours d'une chasse : « Il me succédera », étrange prémonition. Désormais, Mayerling rime avec énigme. Et cela bien au-delà des frontières de la double monarchie puisque le même jour, le ministre français des Affaires étrangères, René Goblet, reçoit de l'ambassadeur de France à Saint-Pétersbourg, M. de Laboulaye, une dépêche déplorant qu'on ne puisse guère lutter contre l'inévitable suspicion du public : « C'est le propre des événements tragiques de frapper violemment l'imagination et d'ouvrir devant elle le champ des suppositions. » Des suppositions ? Voici ce qu'on peut lire dans la presse le 6 février, le lendemain des obsèques, alors que l'empereur envisage de partir pour Budapest :

« Le Prince aurait été tué par un garde-chasse qui l'aurait vu sortant de chez sa femme. » La preuve ? Une brève notice du *Courrier de Baden*, petite gazette de la région de Mayerling. Dans son édition du 31 janvier, la feuille annonçait : « Le corps du garde forestier Werner a été apporté hier à l'hôpital de Baden. Werner, qui a été au service du prince impérial Rodolphe, s'est suicidé peu après la mort constatée de S.A.I. et R. en se logeant une balle dans la tête. Son inhumation aura lieu demain. » Les policiers saisissent immédiatement le modeste journal qui n'avait jamais eu les honneurs de la censure. La région vibre d'un émoi supplémentaire. Puis, on passe à une autre thèse :

« Le Prince se serait tué avec la baronne Vetsera. » La preuve ? « La baronne a disparu depuis lundi dernier, laissant à sa mère une lettre dans laquelle elle annonce l'intention de se suicider. Or, il est de notoriété publique que le prince s'intéressait à la baronne. » Les lettres laissées par Mary Vetsera – celles qui ont été rendues publiques – ne sont pas entourées de la même suspicion que celles attribuées à l'archiduc, même si leur contenu varie selon les sources. La jeune fille, répétons-le, sans maturité et exaltée, était sincèrement amoureuse de Rodolphe au point d'en perdre la raison de vivre puisque sa passion était soit impossible soit moins réciproque qu'on ne l'a rabâché ; il n'y a aucune preuve déterminante des sentiments de l'archiduc. La principale lettre de Mary, non datée, est destinée à la baronne Vetsera :

« Chère Maman,

« Pardonne-moi ce que je fais. Je n'ai pas pu résister à la mort. Nous voulons être enterrés tous deux, côte à côte, dans le cimetière d'Alland. Je suis plus heureuse dans la mort que dans la vie. » Avec un post-scriptum : « Bratfisch a sifflé merveilleusement cette nuit. » Signalons tout de même une différence de choix pour sa sépulture avec le souhait de l'archiduc : lui désirait être inhumé au cimetière de Heiligenkreuz. Or c'est Mary qui s'y retrouve, seule, contre sa dernière volonté apparente. Il eût été logique qu'ils s'accordent sur cette question. Ni elle ni Rodolphe ne pouvaient raisonnablement espérer être réunis dans la même tombe ; ils le sont, en revanche, dans le mythe et sans doute pour longtemps encore...

Lors de cette nuit tragique, Mary écrit à sa sœur Hanna : « Nous sommes heureux de partir tous deux pour l'autre monde. Souviens-toi de moi de temps en temps. Sois heureuse. Ne te marie que par amour. Je n'ai pu le faire et comme je ne pouvais résister à l'amour, je m'en vais avec lui. » Heureuse, presque enjouée, cette nouvelle *Juliette* ajoute un post-scriptum en deux paragraphes :

« Ne me pleure pas. Je m'en vais joyeuse dans l'au-delà. C'est beau ici. Encore une fois adieu !

« Je t'en prie, dépose un bouquet de camélias sur ma tombe, tous les 13 janvier et aussi le jour de ma mort. Demande à Maman de s'occuper d'Agnès afin qu'elle ne pâtisse pas de mes erreurs. » Le 13 janvier est la date où Mary est devenue la maîtresse de l'archiduc, soit il y a dix-sept jours. Ce court délai rend invraisemblable la thèse d'une grossesse de Mary et d'un avortement qui aurait été pratiqué maladroitement, entraînant le décès de la jeune mère et, par désespoir, le suicide de Rodolphe. Suivent d'autres courriers, l'un à son frère : « Adieu, je veillerai sur toi dans l'autre monde car je t'aime beaucoup. Ta sœur dévouée. » La baronne Vetsera avait perdu un autre fils dans l'incendie du *Ringtheater* en 1881. Il y a aussi une inévitable lettre à la comtesse Larisch :

« Chère Marie,

« Pardonne-moi la peine que je t'ai causée. Je te remercie tant de tout ce que tu as fait pour moi. Si la vie devient trop difficile, et je crains que ce soit le cas après ce que nous avons fait, suis-nous. C'est ce que tu peux faire de mieux. Ta Mary. » La comtesse ne suivra pas ce sinistre conseil. Comme Mitzi Kaspar, elle a toujours aimé la vie avec gourmandise.

La thèse suivante avance simplement que « le Prince se serait suicidé ». Preuve ?

Une lettre publiée ce même 6 février dans le *Nemzet,* un journal de Budapest. Ce courrier, rédigé en hongrois et non daté, était adressé par Rodolphe à son grand ami le comte Szögyenyi qu'il avait désigné comme exécuteur testamentaire, « un homme incapable de mentir », selon ses proches : « Je vous envoie sous ce pli un codicille. Agissez conformément aux dispositions qu'il renferme et à celles du testament que j'ai rédigé il y a deux ans avec le consentement de ma femme.

« Dans mon cabinet de travail à la Hofburg, vous trouverez, près du sofa, une table ; vous ouvrirez le tiroir de ce meuble avec la clef en or que je vous adresse et y trouverez mes papiers que je vous confie ; je m'en remets à vous pour choisir ceux de ces manuscrits qui sont de nature à être publiés.

« Je dois quitter la vie. Saluez en mon nom tous mes bons amis et connaissances, adieu. Que Dieu bénisse notre chère patrie adorée !

« Votre Rodolphe »

Enfin, le même jour, une quatrième version est proposée, « la plus romanesque et par conséquent la plus agréable au grand public ». Cette fois, l'amour serait bien à l'origine du drame, mais de quelle façon ! « L'archiduc aurait été tué en duel par le prince Auersperg. » La sœur de ce dernier est une amie de Stéphanie.

Rodolphe l'aurait-il courtisée ? Mary Vetsera, apprenant la mort de Rodolphe, serait accourue à Mayerling et se serait empoisonnée. Des preuves ? « L'absence de la baronne, l'absence de la jeune princesse Auersperg, l'absence du comte Hoyos à toutes les cérémonies et la façon plus que froide dont le comte de Cobourg a été reçu : ces deux messieurs auraient servi de témoin au Prince. » Il est avéré que Stéphanie refusa de voir son beau-frère, que d'ailleurs elle jugeait débauché et complice de la vie dissolue de Rodolphe.

Rappelons que toutes ces thèses sont largement publiées et commentées le lendemain des funérailles. « En résumé, conclut – provisoirement – le journaliste, on ne sait rien, on ne saura jamais rien officiellement, on finit par se perdre dans le récit de toutes les bonnes fortunes qu'on attribue au prince Rodolphe qu'on devrait maintenant laisser reposer en paix dans le caveau de la petite église des Capucins. » Le lendemain, le correspondant signale qu'on lui a remis d'autres lettres « qui prouveraient qu'il y a eu véritablement suicide ». La livraison quasi quotidienne de nouvelles explications ne fait qu'aviver sa suspicion. Il le dit sans gêne : « (...) Je vous les envoie en ajoutant qu'elles me viennent d'une source qui, dans toute autre circonstance, me paraîtrait absolument sûre. Mais je vous ferai observer que, depuis huit jours, c'est surtout du côté de la Cour que sont venues les fausses nouvelles » ! Seul résultat : tout ce qui est transmis par la voie officielle est douteux ! Alors, que penser de l'adieu du prince au duc de Bragance : « Cher ami, il faut que je meure. Je ne peux pas faire autrement. Porte-toi bien. Servus. Ton Rodolphe » ?

*Servus, Servitem*, expression courante à Vienne, signifierait familièrement bonsoir. Une autre lettre de Mary au même Michel de Bragance est presque comique par son début : elle lui lègue son boa et lui demande de le suspendre au-dessus de son lit ! La suite met en évidence le caractère espiègle, infantile et irresponsable de la jeune fille : « Nous sommes très heureux de voir à quoi ressemble l'autre monde. » Presque un jeu ! Cette fois, c'est Rodolphe qui ajoute « Bonsoir, Wasserer », allusion au surnom de Michel de Bragance qui entoure toujours son cou d'un curieux foulard rouge comme en portent les palefreniers attendant aux stations de fiacre pour nettoyer les chevaux et la voiture après une course. On assure que « les jeunes gens avaient agi dans un moment d'exaltation suprême ».

C'est aussi à dater de ce jour que les mobiles du suicide sont examinés par la presse d'une manière nettement plus intime. Rappelons qu'en dépit d'une légende tenace, il n'existe aucune preuve d'une demande d'annulation du mariage de Rodolphe adressée à Léon XIII à l'insu de François-Joseph. En revanche, le prince héritier aurait proposé à son père de renoncer à ses droits pour pouvoir épouser Mlle Vetsera. L'empereur ayant refusé, ils n'avaient plus devant eux que cette funeste solution. Puis « (...) il y avait huit mois que la liaison durait. Les médecins qui ont fait l'autopsie du Prince ont également fait celle de la jeune baronne : ils n'ont trouvé aucune trace de grossesse. Je vous répète encore une fois que ces renseignements me viennent de la meilleure source ». Une véritable indigestion de détails... mais qui ne correspondent pas aux écrits que l'on a répandus de la jeune fille : elle était formelle, elle n'avait pas couché avec l'archiduc avant janvier. Ensuite, l'autopsie, non avérée, de Mary n'a jamais fait l'objet d'un procès-verbal... puisqu'elle n'était pas censée être à Mayerling. Enfin, par une remarquable acrobatie, on dénichera bientôt le pire : Rodolphe et Mary étaient demi-frère et demi-sœur ! François-Joseph aurait eu, autrefois, une faiblesse pour la baronne mère dont la couche était accueillante et Mary serait le fruit de cette brève liaison ! C'est l'empereur qui aurait révélé l'insoutenable vérité à son fils, catastrophé. Un inceste ! À la cour d'Autriche ! La baronne Hélène employa après le drame le mot « abominable ». Cette thèse, avancée en Autriche, ne semble reposer que sur une vague ressemblance entre les deux amants. Leurs nez un peu courts et légèrement relevés, leurs oreilles longues et ourlées peuvent évoquer, au premier regard, une parenté morphologique, mais, après examen, l'argument n'est guère convaincant. On ressortira du placard aux calomnies la carrière anormalement rapide du baron Albin Vetsera mais rien n'interdit de penser qu'il ne la devait qu'à ses mérites et... à la fortune de sa femme. Dans quelque temps, des indiscrétions, venues de la Pharmacie impériale, révéleront la maladie vénérienne de Rodolphe dont personne ne pouvait parler. Les traitements qu'il subissait pour calmer ses douleurs étaient-ils devenus inefficaces ? La progression du mal aurait-elle atteint un degré tel que la déchéance physique et cérébrale ne pouvait que pousser le malade à abréger ses souffrances ? Ce mobile pourrait être le plus sérieux de tous ceux déjà passés en revue pour justifier sa décision de se tuer puisque la guérison était impossible. N'ayant bénéficié que de rémissions, l'archiduc ne pouvait plus dissimuler la réalité de sa maladie. Elle était honteuse, il en avait honte. Seule la mort pouvait racheter son honneur perdu avec des prostituées.

Ajoutons que si dans Vienne, un chagrin aussi profond n'a pas été ressenti depuis le décès – naturel ! – de l'empereur François en 1835, le titre du journal monarchiste mais antisémite de Schœnerer cause un choc par exception : « Salut, noble Guillaume, empereur d'Allemagne ! » Il n'y a pas une seule ligne sur la mort de Rodolphe ; il n'est question que de l'anniversaire du *Kaiser* dix jours plus tôt ! Une grossièreté inouïe et une évidente provocation. L'hebdomadaire n'est pas saisi. Quatre jours plus tard, le samedi 9 février, l'impératrice se retire très tôt dans ses appartements. L'empereur prépare minutieusement leur voyage à Budapest, une ville en proie aux spasmes de l'inquiétude. Comme chaque soir, Élisabeth s'est dévêtue pour la nuit. Ses femmes de chambre et sa lectrice viennent de partir. Silencieusement, Élisabeth se rhabille et dissimule son visage d'un épais voile de soie noire. À vingt et une heures, elle quitte la Hofburg par une petite porte à l'angle de l'aile de la Chancellerie et de l'aile Amélie. La complicité indiscrète d'un laquais nous est précieuse. Sissi descend par l'escalier secret qui joint les deux parties du palais. C'est par cette ouverture qu'elle se ménage les fuites dont elle a besoin. Elle se retrouve au rez-de-chaussée ; le vaste ensemble ne dort pas. Depuis plus d'une semaine, il est pétrifié. Pour éviter d'attirer l'attention, Sissi hèle un fiacre. Sans escorte, sans dame d'honneur, elle se fait conduire à la crypte du couvent des Capucins. Rodolphe est le cent treizième Habsbourg qui y repose.

Elle sonne. On ne répond pas. Finalement, un jeune moine vient ouvrir. Mais que veut donc cette femme en pleine nuit et qui demande à voir le père prieur ?

— Je suis l'impératrice. Conduisez-moi auprès de mon fils...

Les coules brunes des religieux glissent comme des spectres, des mains allument des torches.

Élisabeth descend l'escalier. Devant la grille, elle dit :

— Je désire être seule avec mon fils.

Bruit de clés, dégagement de la serrure, la grille est ouverte à deux battants. Le père prieur, qui se trouvait dans la chapelle sur la gauche, suit la souveraine à bonne distance. Elle passe devant les alignements de sarcophages. Le tombeau de Marie-Thérèse et de son mari, se regardant allongés sur un lit d'argent, est toujours aussi imposant ; celui de Maximilien, son infortuné beau-frère, est modeste, à part, comme si on avait oublié sa mort après avoir oublié sa vie. Parvenue devant le cercueil de son fils couvert de fleurs, elle se fige. Un détail, révélé plus tard, veut que les francs-maçons, dont Rodolphe était intellectuellement très proche, aient fait déposer clandestinement une branche d'acacia sur le cercueil, hors de la vue de l'empereur. L'archiduc aurait été initié et ses relations l'étaient[1]. N'avait-on pas

---

1. Ce détail fut révélé par le journal maçonnique viennois *Der Zirkel* (« Le Compas ») du 15 février 1889. On peut penser, avec Brigitte Hamann, que le prince appartenait à une loge, mais on ne peut préciser laquelle.

entendu, lors de l'Exposition consacrée à l'électricité, cette fée moderne, le prince héritier rendre hommage « à la Lumière qui vient d'En-Haut » ? Ce soir, la branche d'acacia a disparu. Soudain, dans la nuit sépulcrale où sont inhumés onze empereurs et quinze impératrices, un cri retentit, deux fois, surprenant les moines en méditation :

— Rodolphe ! Rodolphe !

Le silence. Le défunt ne répond pas. La voix s'est brisée sur le bronze des têtes de mort sculptées qui ornent certains tombeaux. Pour cette mère en transe, la scène, grandiloquente, est à la fois un soulagement et une déception. Elle se sent un peu apaisée – elle l'avouera – et en même temps, elle aurait aimé communiquer avec l'au-delà qui a accueilli son fils. Intriguée par les médiums et les spirites, elle-même annonciatrice des tragédies frappant les dynasties, attentive aux pressentiments d'illuminés qui sont décriés par les journaux, elle a pu croire qu'elle entrerait en contact avec son fils. Pour savoir. La démarche d'Élisabeth s'oppose aux convictions de son fils. En 1882 – Rodolphe avait vingt-quatre ans –, l'archiduc avait rédigé une brochure contre le spiritisme qui faisait rage dans toute l'Europe. D'innombrables séances se déroulaient chaque soir dans Vienne, en particulier chez les aristocrates. Rodolphe tournait en dérision ces rituels qu'il jugeait de la prestidigitation d'un nouveau genre, rien de plus que des farces lugubres pour des esprits influençables. Curieusement, le fils de Sissi les traitait d'athées et défendait, avec une touchante simplicité, le christianisme, une option inhabituelle de sa part. En même temps, il laissait percer sa prédilection pour un certain matérialisme quelque peu romanesque.

Le même jour, *L'Illustration* consacre deux nouvelles colonnes pleines à l'affaire. Sous le titre : « Les morts énigmatiques », le journal dresse un récapitulatif de quelques disparitions mystérieuses de personnages historiques. À commencer par celle de l'archiduc qui « dort de l'éternel sommeil et personne ne sait encore de quelle façon il s'est endormi ! Suicide, suicide à deux, vengeance de frère, vengeance de mari, duel, on raconte chacune de ces versions ; qui plus est, on les prouve ». Suit un commentaire sur l'influence de la presse qui est d'une remarquable modernité : « Et le public, habitué par les procédés d'information à outrance qui nous viennent d'Amérique à tout savoir vite et exactement, s'étonne et s'impatiente. Pour un peu, il en voudrait aux journaux qui ne peuvent pas lui dire de façon précise de qui ou de quoi Rodolphe, archiduc d'Autriche, est mort l'autre matin, dans sa petite maison des bois de Mayerling ! » Les amateurs de feuilleton se précipitent sur leurs journaux en se demandant ce qu'on va essayer de leur faire croire. Et de conclure à la vanité des « historiens qui cherchent à établir de façon certaine ce qui s'est passé à Carthage ou à Tyr », c'est-à-dire « vouloir savoir ce qui s'est passé il y a trois mille ans, quand on ne peut même pas arriver à savoir ce qui s'est passé il y a trois ans, trois mois ou trois jours ». Le lendemain, 10 février, après que l'impératrice eut avoué à François-Joseph et à ses filles sa visite nocturne, l'empereur décide de maintenir leur déplacement à Budapest. Il faut, d'urgence, arracher Sissi à l'atmosphère sinistre de la Cour, à cette ville en noir qui a perdu la légèreté de son art de vivre. Élisabeth répète à Marie-Valérie, en songeant au mariage annoncé de sa dernière fille et aux tendres liens entre l'empereur et Katherine Schratt :

— Si seulement Jéovah me rappelait à lui... Papa serait libre et ton bonheur conjugal ne serait pas troublé à la pensée de la vie désolée que je devrais mener sans toi.

Désormais, l'impératrice meurtrie appelle la mort. Comme Rodolphe, dit-on. Il était réputé, selon certaines sources, souhaiter son propre trépas, l'annoncer et s'y résigner. Si ses lettres, disparues depuis, peuvent être douteuses, certaines paroles qu'il a prononcées en public ne sont pas des inventions. Ainsi, en décembre, lors d'une réunion de travail avec tous les collaborateurs de son encyclopédie austro-hongroise, il avait rendu hommage à l'un d'eux, qui venait de disparaître, le professeur Neumann. En se levant, Rodolphe avait déclaré à son équipe : « Maintenant, à qui le tour ? » On peut relever que, par une coïncidence étrange, le dernier fascicule de l'ouvrage paru traite de « Mort et Deuil », une description illustrée des rites et usages funéraires dans une province hongroise.

Là-bas, en Hongrie, la reine Erzsébet est le sujet d'une double vénération macabre. Le souvenir de sa petite Sophie morte en bas âge n'est pas oublié. Et maintenant, elle a perdu Rodolphe, le futur roi, tellement lié à ce pays que les Romains appelaient la Pannonie et auquel il avait, comme sa mère, voulu rendre justice. Accompagnée de Marie-Valérie, la reine vénérée part lundi pour Budapest ;

elle n'y passera que deux jours puis se reposera à Gödöllö. Loin de Vienne, elle y sera à l'abri des médisances, épargnée par les révélations de plus en plus délirantes sur son fils, sa vie et sa mort. Surtout si elle connaît une autre vérité...

François-Joseph vient de décider que le pavillon de chasse de Mayerling devra être rasé, le domaine rendu à des religieux (en l'occurrence des Carmélites), de nouveaux bâtiments construits. Une chapelle sera élevée à l'endroit exact de la chambre où Rodolphe a été retrouvé mort ; en expiation, une messe y sera dite chaque 30 janvier. On apprend que la baronne Vetsera, revenue de Venise où elle n'a pas fait les déclarations que l'on attendait d'elle sur sa fille, car elles auraient ajouté l'odieux au ridicule, est partie pour Cannes le lendemain des obsèques. Elle est *persona non grata* dans les parages de la Hofburg. Dimanche, le 10 février, l'archiduc François-Ferdinand, héritier présomptif désigné de l'empereur, s'est rendu à Prague pour faire ses adieux au régiment qu'il commandait. Comme autrefois Rodolphe... De nombreux commentaires regrettent que le cousin du disparu ne soit pas marié. Un héritier célibataire est toujours inquiétant. Pourtant, on ne saurait prétendre que le mariage de Rodolphe ait été heureux !

Les incertitudes sur les causes de la mort ont une conséquence inattendue. En dépit de la sollicitude compassée du Vatican et de l'autorisation des obsèques religieuses, des prêtres du Tyrol ont refusé de dire des messes à la mémoire d'un suicidé. Le clergé des provinces alpines se montre très hostile aux célébrations honorant l'archiduc. Certains officiants refusent même d'ouvrir les portes de leurs églises à ceux qui veulent prier pour le repos éternel du prince L'empereur est furieux. À Laybach, la population s'en est mêlée et a cassé les vitres de la résidence épiscopale parce que l'évêque refusait qu'on sonnât le glas en mémoire de Rodolphe. C'est la majorité allemande et libérale de la ville qui, après une journée de tension voisine de l'émeute, obtient que Mgr Missin consente à célébrer un requiem, bien qu'abrégé. À Rome, le cardinal Rampolla, le tout-puissant secrétaire d'État de 1885 à 1903, a manifesté son désaccord aux obsèques religieuses de Rodolphe. Il refuse d'assiter à un *Requiem* célébré avec réticence, semble-t-il[1]. L'effervescence

---

1. Lorsque le cardinal Rampolla fit partie des « Papabile » à la succession de Léon XIII, François-Joseph mit son veto à sa candidature.

spirituelle suivant la disparition d'un homme qui fréquentait ouvertement les milieux progressistes et athées est également relevée par la presse internationale. Le 8 février, un quotidien de Londres, *The Standard*, révèle qu'« une quantité de journaux cléricaux furent saisis à cause de leurs articles irrespectueux sur le défunt Prince. Non moins hostile que la conduite des cléricaux fut le comportement des antisémites dont les journaux se sont conduits durant les huit derniers jours de façon aussi scandaleuse que ceux des fanatiques cléricaux ». Même le distingué *Times* estime que « le manque de respect est dû à des raisons politiques ». Ainsi, le procès posthume de l'archiduc est instruit d'une manière que François-Joseph ne pouvait que redouter, car il trahit des comportements nuisibles à la stabilité de l'Empire. Face aux louanges dont Rodolphe est couvert, l'Église, les antisémites et les pro-Allemands sont critiques et rassurés. La presse révèle un joli mot de Rodolphe à Bismarck. Un jour, le Chancelier avait accueilli le prince avec froideur. Ironique, l'archiduc avait lancé à son vis-à-vis : « L'Allemagne se trouve dans une situation fort critique. »

« Comment donc ? » fit Bismarck, surpris. « Mais oui, continua l'archiduc, songez donc : un pays qui a trois frontières à défendre ! Contre la France, contre la Russie et, si l'alliance n'existait pas, contre l'Autriche-Hongrie. » Bismarck, scrutateur, s'était montré soudain charmant avec le prince. Et encore plus méfiant...

Un homme tel que le comte Taaffe, ami d'enfance de François-Joseph et qui a toute sa confiance, ne peut qu'être politiquement soulagé par la disparition de l'archiduc. En qualité de Premier ministre, la désinvolture et les paradoxes de Rodolphe gênaient son action. On a vu avec quelle lenteur il avait ordonné une enquête sur l'absence de l'archiduc. Selon les membres de son cabinet, l'affection que ce catholique conservateur a pour son souverain en ces effroyables moments contraste avec la froideur de sa réaction politique. La polémique sur les causes de la mort se double d'une mise en question des qualités réelles du prince ainsi que de l'espoir ou, au contraire, du danger que représente sa personne. *The Saturday Review*, publié à Londres le 9 février, parle d'un désastre hâtivement réglé et précise que « une Autriche affaiblie peut servir les desseins du prince de Bismarck ». La presse russe fait état de la consternation des peuples slaves de l'Empire. On connaissait et on appréciait la façon dont l'héritier défendait les droits des minorités ethniques. Avec Rodolphe, ils étaient certains d'être épargnés « du danger d'être dévorés par les Allemands ». Maintenant, que va-t-il se passer pour les orthodoxes d'Autriche-Hongrie ?

Le 12 février, *Le Figaro* publie la relation d'un Français qui habite Vienne depuis longtemps et s'est rendu sur les lieux du drame. Titre : « Un voyage à Meyerling » (l'orthographe est encore aussi floue que les certitudes !). Un récit qui révèle que le fiacre de Rodolphe a fait de nombreux allers et retours du pavillon de chasse à Baden le mardi, que des cavaliers ont été aperçus au galop et que Bratfisch a été vu à l'auberge à sept heures du matin, le mercredi « et qu'il y était resté jusqu'à huit heures sans parler à personne ». Des visiteurs inconnus ont été signalés dans les parages. Le pavillon est gardé par quatre gendarmes et devant la grande porte, un panneau « Entrée interdite » dissuade les curieux. Le correspondant indique qu'au hameau de Sattelbach, à deux kilomètres, il « a essayé de faire causer les paysans. Cela n'a pas été facile. On en a arrêté il y a quelques jours une dizaine qui avaient eu la langue trop longue et cela les a rendus tous méfiants ». Le bilan ? L'emploi du temps de l'archiduc et celui de son entourage ne peuvent être établis avec certitude. Au contraire, plus aucune assertion n'est vérifiable. La peur s'est greffée sur la douleur.

Début mars, la Cour est réorganisée par l'empereur. La Maison de Rodolphe est dissoute. Bombelles, qui était son grand maître, est mis à la retraite avec une belle décoration. On lui reprocherait d'être resté complètement aveugle et sourd à certains changements observés depuis plusieurs mois dans le comportement du défunt. De même, ses aides de camp et des proches sont frappés de disgrâce ; ils sont soit affectés à des régiments stationnés loin de Vienne, soit priés de partir immédiatement en voyage pour longtemps. Philippe de Cobourg lui-même a reçu une mission inattendue en Italie.

François-Joseph a nommé le comte de Bellegarde comme nouveau grand maître de l'archiduchesse Stéphanie. La veuve de Rodolphe prend très au sérieux sa mission de poursuivre la publication des fascicules dirigés par son mari. Nouvelle rédactrice en chef, résidant actuellement à Miramar, car Vienne lui fait horreur, elle a convoqué le journaliste et poète Weilen qui était très proche de l'archiduc. Ils étudient le programme de la publication dont la décision finale reviendra à l'empereur.

Vienne se remet peu à peu de ses émotions. Le Carnaval lui-même agite, timidement, ses premiers grelots à la mi-mars. Il est difficile de renoncer longtemps aux plaisirs. La fête commence par l'étonnant « bal des gueux » qui a attiré près de cinq mille personnes. Le déguisement en Vautrin ou en Robert Macaire et autres figures inquiétantes du pavé et du boulevard parisiens était de rigueur. Un grand concours de l'horreur qui a été distingué par un jury. Voici annoncés les classiques « bal des cochers de fiacre » et « bal des blanchisseuses. » Les violonistes ont repris leurs archets. Ces réjouissances sont paisibles, la vie revient. À Vienne, à la Cour cependant, on est encore sous le choc d'un grand bal de cour à Saint-Pétersbourg qui était prévu le 7 février et qui... fut maintenu mais transformé en bal noir ! Un bal de deuil ! Stéphanie commente cette ahurissante soirée : « (...) Le bal noir de Saint-Pétersbourg était un symbole frappant des sentiments qui régnaient en Russie ; extérieurement, on tenait compte de la situation, mais on se sentait heureux qu'un ennemi convaincu et dangereux pour la Russie eût disparu pour toujours. » Il est vrai que Rodolphe comptait prouver son revirement d'alliance et son amitié pour la Russie lors d'un prochain voyage, en mars. À sa mort, sa volte-face n'était pas publiquement connue.

Tout de même, un bal noir... Il n'y avait qu'en Russie qu'une telle idée pouvait être retenue ! Sans doute, mais le voisinage de la mort chez les Habsbourg peut aussi se manifester de curieuse façon. Le 5 mars, on apprend que le jour même de la mort de l'archiduc, un menuisier très connu à Vienne avait reçu une commande urgente de la Cour, la confection d'un cercueil en bois de chêne dans la journée ! L'artisan ayant objecté que ce délai était vraiment trop serré, on lui rétorqua que la commande était à prendre ou à laisser. Il se mit au travail. Il livra la commande le soir même. Quand la sinistre nouvelle fut connue, on alla chercher le cercueil. Rodolphe y reposa provisoirement. Et la Cour renouvela immédiatement sa commande d'un cercueil. Au cas où... À la Hofburg, on doit toujours être à la disposition du destin.

CHAPITRE 17

LE DOUTE

La fête est un peu forcée. Le printemps viennois n'a pas ses teintes habituelles comme si un interminable hiver avait figé les esprits sans empêcher les bavardages. La crypte des Capucins est le seul endroit concerné par le drame où l'éternité se manifeste par le silence. La ville porte un deuil à deux facettes, à la fois officiel et populaire. La Cour, gênée et embrouillée dans un labyrinthe d'explications dont aucune n'est convaincante, est guindée, mécanique mais accrochée à une tradition pourtant mise en pièces. Reuss, l'ambassadeur allemand, envoie dépêche sur dépêche à Bismarck ; l'un de ces messages chiffrés signale, dès le 9 février, que « tout le monde s'accroche à la version du suicide mais on dissimule les circonstances ». L'aristocratie s'indigne publiquement des ragots dont, en secret, elle se repaît avec une délectation effarouchée et se montre cynique face aux révélations sur la vie de Rodolphe. Les critiques sévères et les commentaires négatifs dressent un même bilan : cela devait arriver. L'archiduc ne pouvait que mal finir, peu importe cette amourette ridicule. Il est significatif de lire sous la plume de certains commentateurs de l'époque et ultérieurs que toute l'existence de l'archiduc n'avait été dominée que par l'idée de la mort, la sienne en particulier. L'obsession du suicide chez l'archiduc convient à beaucoup de gens. Ce déterminisme est aussi caricatural que si, dès son enfance bavaroise, l'on prévoyait chez Sissi l'obligation de périr assassinée par un anarchiste. La seule vérité est que chez les Habsbourg et les Wittelsbach, l'inéluctable fin a souvent pris des formes violentes ou mystérieuses, mais ils ne sont pas les seuls à connaître des disparitions mouvementées.

Les étudiants, les ouvriers, les commerçants, les artisans, la petite et la grande bourgeoisie sont sincèrement affligés. Et furieux qu'on les prenne pour des sots en les abreuvant de thèses farfelues. Allons, il y a trop d'invraisemblances ! Un Viennois de souche, le critique musical Édouard Hanslick, écrit, dans le second tome de ses Mémoires publié en 1894 : « J'ai vécu beaucoup de moments tristes à Vienne, des révolutions, des pertes de provinces, des défaites militaires, des inondations, des incendies mais le chagrin désespéré dans les journées qui suivirent ce 30 janvier est sans équivalent. » Malgré un froid vif, cent mille personnes avaient défilé dans la chapelle de la Hofburg avant les obsèques. Le chambellan lui-même avait été surpris d'une telle ferveur. On avait fait remarquer combien le corps, disposé sur un véritable autel trop fleuri, était éloigné de la foule alors que vivant, l'archiduc était le plus accessible des princes. En maintenant sa dépouille à distance, sa véritable nature, ennemie du protocole, était bafouée ; les usages, tel un bouclier cabossé dissimulant des circonstances troubles, contenaient l'élan d'un peuple loin derrière les immenses chandeliers et les feuilles vertes aussi larges que les panneaux d'un paravent. Cette mise en scène avait déplu. Il suffit de lire certains journaux locaux contemporains pour mesurer l'abîme séparant la dignité de façade du traumatisme d'un avenir fracassé. Ici et là, entre les lignes, quelques piques visent l'empereur, admirable, intouchable, respecté et debout comme un vieux chêne épargné par la foudre, certes, mais aussi d'un fâcheux immobilisme rétrograde et sourd aux craquements d'une société rigoureusement compartimentée. Sans doute, plus de cinquante millions de sujets accompagnent le souverain dans sa douleur. En même temps, les éloges qu'on peut lire sur son fils, contrebalançant les réserves sur sa vie, semblent enterrer le règne de François-Joseph en évoquant, par petites touches, ses limites, ses failles et ses échecs. Cinquante ans plus tôt en Russie, l'immense poète Pouchkine avait dressé tellement de lauriers à la mémoire de Pierre le Grand que le tsar Nicolas I$^{er}$ s'était estimé outragé par ces éloges du passé ressentis comme des critiques du présent et de lui-même.

Alors que les polémiques sur les circonstances de son décès continuent, le portrait du défunt s'affine. On veut voir dans Rodolphe celui qui pouvait réussir l'indispensable transition d'un monde à l'autre, entre le temps des cochers de fiacre et celui des chauffeurs de locomotives. Son règne devait inaugurer une ère nouvelle. La *Neue Freie Presse* avait ainsi écrit, dès le 31 janvier, que « Rodolphe était pour la justice et s'opposait aux privilèges de certaines classes. Ce descendant de la plus noble et de la plus fière famille avait des sentiments bourgeois. Il était proche de ceux qui soutiennent l'État par leur travail et leur esprit. Il est important de rappeler qu'il a aimé son peuple, celui qu'il aurait dû gouverner un jour ». Et le lendemain, la comparaison avec son père était nettement plus défavorable à François-Joseph : « L'héritier commençait à prouver qu'il était un futur monarque ne s'enfermant pas dans les certitudes, n'apprenant pas uniquement grâce à ses dossiers mais auprès du peuple et par la présence d'hommes irréprochables, qu'il n'était pas entouré de serviteurs muets et dévots mais qui demande toujours la vérité et la franchise. Il avait des amis dans toutes les couches sociales. Malgré sa position, il a également supporté des critiques et il les considérait comme un témoignage de fidélité. Bref, Rodolphe était populaire. » Ce portrait, non censuré par le gouvernement, (ce qui est à son honneur, mais il a d'autres vérités à sanctionner), justifie le surnom de « Prince rebelle » retenu par l'historienne Brigitte Hamann dans ses travaux, mais cette rébellion n'était qu'une gourmandise de connaissances. Et cet appétit, le fils de Sissi l'avait toujours eu. Enfin, un journal hongrois publié en langue allemande, le *Pester LLoyd* allait plus loin dans les vingt-quatre heures suivant la tragédie en assurant que Rodolphe « (...) n'était pas seulement obsédé par les questions militaires ; selon l'ambiance observée en Autriche-Hongrie, il pensait aux idées nouvelles, se sentait en harmonie avec les revendications de la liberté de pensée, sa véritable religion. Pour lui, la tradition n'avait de valeur que si elle était confrontée au modernisme. Il n'aimait que la grandeur intellectuelle ».

À la lecture de ces louanges, on ne pouvait que s'interroger : comment Rodolphe pouvait-il être le fils de François-Joseph ? Par réaction, par intelligence et ouverture d'esprit, l'archiduc était le contraire de l'empereur. Mais les temps avaient changé et si jadis le courageux fils de l'archiduchesse Sophie n'avait pas fait preuve d'une poigne de fer à ses débuts en 1848, son Empire aurait été assailli de pire façon qu'en ce triste début de printemps 1889. Et il aurait sans doute sombré dans la tourmente révolutionnaire européenne.

Loin des échos peu délicats, Stéphanie va demeurer quatre mois à Miramar, avec sa fille, ses deux sœurs et sa mère, la reine des Belges dont le roi Léopold ne regrette pas l'éloignement. Miramar ne semble pas indiqué pour essayer de reprendre goût à la vie, une existence nouvelle augurée en noir. Pourtant, le souvenir de Maximilien le fusillé et de la pauvre Charlotte toujours enfermée par raison d'État dans un coin du parc ne rebute pas celle qui « devait être impératrice ». Les vagues courtes de l'Adriatique mourant sur l'éperon du château, le chant des oiseaux remontant du sud lui apportent « résignation et patience et je reprenais courage avec la maîtrise de moi ». Cet isolement incite Stéphanie à un examen de conscience. Est-elle coupable ? De quelle manière et dans quelle proportion ? Pour elle, la question est essentielle puisqu'elle sera toujours confrontée à la seule version officielle du suicide par dégradation mentale, morale, physique qu'aggravait le désespoir de ne pas avoir un fils. Ce carcan qui lui est imposé exclut toute autre thèse – elle en a été soigneusement éloignée – et oblige la veuve à méditer sur son triste mariage. « Et toujours cette question revenait obsédante : comment tout cela a-t-il pu arriver ? Pourquoi ce dénouement tragique ? »

Devenue archiduchesse douairière, la belle-fille de Sissi confesse son amertume sans trop charger sa conscience tout en essayant de résumer l'inexorable descente de son époux (elle ne l'appelle jamais ainsi ni par son prénom) vers l'abîme avec des notations justes et respectables : « Il est sans doute vrai qu'il est plus difficile à un couple de princes héritiers, dans un Empire de plusieurs millions d'hommes, de races différentes, de trouver le calme bonheur conjugal que pour des personnes de condition plus modeste. Nous étions les captifs de tous ceux qui composaient la communauté austro-hongroise. Je ne cessais d'espérer un peu de bonheur. On n'aurait pu prétendre que notre union avait été malheureuse dès le début. Bien que désillusionnée sur beaucoup de choses, j'avais essayé, malgré tout, de pénétrer l'âme du prince héritier pour m'adapter à son existence, je m'étais intéressée à ses projets, à son activité, à ses loisirs, afin de créer une ambiance plus intime pour notre union. Mais toutes mes tentatives restèrent vaines, car le goût familial manquait totalement au prince héritier. Il ne manquait pas de dévouement ; il est toujours resté fidèle à ses amitiés et à ses partisans, mais il n'estimait pas une femme à un prix égal. Ses nombreux succès avaient discrédité la femme à ses yeux. » Stéphanie, qui a une haute idée d'elle-même, avait-elle su devenir l'épouse-maîtresse dont rêve tout homme marié ? L'alcôve gardera ses secrets.

En revanche, la suite des aveux intimes de la veuve nous renseigne sur plusieurs aspects de l'affaire et corrige quelques idées reçues. Oui, s'ils avaient eu un fils, la cohabitation conjugale eût pu être différente. Non, Rodolphe n'était pas en état « d'aliénation mentale » ni atteint d'une « déficience maladive », mais son caractère était faible. Stéphanie contredit donc la conclusion du rapport médical officiel, ce qui n'est pas négligeable. Suit une précision essentielle : « Ses vrais buts politiques demeureront ignorés à jamais car les documents et les manuscrits qui s'y rapportaient ont été détruits. (...) Lorsque le comte Szögyenyi, en exécution des dispositions testamentaires du prince héritier, ouvrit, en ma présence, son bureau et en brûla le contenu, les dernières notes ont dû être détruites également. » La belle-fille de l'empereur confirme donc que les écrits de Rodolphe, ceux qui lui sont attribués ou qui le concernaient de près ou de loin, ont donc été volontairement réduits en cendres. En déduire quoi que ce soit n'est donc que supputations. La décision de faire disparaître ces documents reste extrêmement grave, à la mesure de ce que pouvaient révéler ou dénoncer ces archives. Pourquoi détruire ces papiers ? Pour deux raisons : la première est de préserver la mémoire de Rodolphe en gommant l'imminence d'une crise politique, diplomatique ou militaire imputée à ses projets. Dans ce cas, l'imagination de certains auteurs a envisagé un contre-complot de l'empereur éliminant son fils qui le menaçait ou menaçait l'équilibre impérial. Cette thèse de François-Joseph commanditaire de l'assassinat de son fils est la plus monstrueuse et la moins acceptable de toutes. La seconde raison justifiant la suppression des lettres est d'éviter qu'un examen plus approfondi de ces pièces compromettantes n'aboutisse à la découverte qu'il s'agissait de faux, et donc d'un piège voire d'un complot dans lequel l'archiduc aurait été entraîné. Non initiée aux conceptions libérales de son mari, Stéphanie se contente de souligner : « ... Je pense que, avec raison, il n'avait plus confiance en moi. Ce que j'en découvris, incidemment, me choqua ; j'ai toujours eu une crainte instinctive des personnes avec lesquelles il entretenait des relations étroites. Les prétendus projets hongrois, dont il a été beaucoup parlé depuis sa mort, resteront à jamais entourés d'obscurité et de mystères. » Par ailleurs, Stéphanie s'inscrit en faux contre le naufrage de son mariage depuis des années. Jusqu'à 1887, « (...) on ne pouvait cependant pas dire que même en ce moment, notre union était anéantie au sens vrai du mot ». Le testament de Rodolphe prouve d'ailleurs que sa femme n'était pas devenue l'être qu'il haïssait ni l'épouse qui lui faisait horreur selon les on-dit. Loin s'en faut ! Ses dispositions, les dernières qu'il ait arrêtées et donc les seules prises en compte, datent du 2 mars 1887. Il en avait remis une copie olographe à Stéphanie et une autre au cabinet du maréchal de la Cour, sous pli fermé et scellé :

« J'ai rédigé de ma main le testament ci-après, étant entièrement sain d'esprit. Je prie très respectueusement Sa Majesté Apostolique Impériale et Royale de vouloir accepter la mission d'exécuteur testamentaire et d'assumer ainsi la tutelle de ma fille Élisabeth. Je nomme héritière universelle et de mes biens mobiliers et immobiliers ma fille Élisabeth. Je lègue à mon épouse Stéphanie l'usufruit de tous mes biens. Dans les cas d'un nouveau mariage, l'usufruit prendra entièrement fin et sera transmis à ma fille. En cas de mariage de ma fille, l'usufruit sera partagé entre elles deux.

« En outre, je dispose comme suit :

« 1. Je lègue 50 000 couronnes au chef de mon secrétariat, Oberst von Spinder et en cas de mort à son fils, ou à sa fille si ce dernier n'est plus en vie.

« 2. Je lègue 20 000 couronnes au grand maître de la Cour, le comte Charles de Bombelles ; si celui-ci n'était plus en vie, ce montant reviendrait à mon héritière universelle.

« 3. 30 000 couronnes seront partagés entre mes serviteurs, gardes-chasse, personnel d'écurie et autres membres de mon personnel de chasse du Wienerwald, Görgény, Laxenburg et autres domaines du Danube. (*À noter : à l'époque de cette rédaction, Mayerling, qui fait partie de la forêt viennoise, est en travaux et non encore habité.*)

« 4. Le grand coffret avec les aquarelles (cadeau de noces des industriels viennois) ira aux musées de la Cour.

« 5. Ma femme distribuera une partie de mes sabres et armes de chasse modernes et d'usage, de même que les trophées de chasse qui seront répartis parmi mes connaissances et mes parents ; le restant ira à mes valets de chambre et aux aides de chasse.

« 6. Je lègue tous mes chiens de chasse et de luxe à mes chasseurs et aux gardes-chasse de même qu'au personnel du Wienerwald et des domaines du Danube.

« 7. Je lègue tous mes habits, linge et chaussures à mes valets de chambre.

« 8. Je lègue mes collections d'histoire naturelle aux institutions d'éducation de Vienne, selon les avis de ma femme.

« J'ordonne en outre que les adjudications de chasses existantes à Görgény Szt. Imre, Liptau et dans le Wienerwald soient levées immédiatement après ma mort, de même, après enlèvement de mes biens, le bail du château de Görgény Szt. Imre.

« Mes bureaux à Vienne et Laxenburg seront ouverts en présence de ma femme par le chef de section au ministère des Affaires étrangères, le sieur Ladislaus von Szögyényi-Marich et les écrits, selon son jugement personnel, seront en partie détruits et en partie classés. (*Cet homme de confiance sera nommé par François-Joseph ambassadeur à Berlin.*)

« Je confirme par ma signature et par mon sceau que cette disposition écrite de ma main est l'expression de ma volonté libre. »

La signature est à la fois dynastique et militaire : « Prince héritier archiduc Rodolphe », suivie de quatre lettres « Fmlt », son grade : Feldmarschalleutenant (en dessous de Feldmarschal). Il est donc impossible de connaître le contenu des documents détruits. Selon la volonté du défunt, ils le furent tous, en vrac et en présence d'un autre personnage imposé par l'empereur, un certain Kubash, conseiller à la Cour. En Hongrie, d'autres papiers ont été réduits en cendres, car Rodolphe écrivait beaucoup et partout, entretenant de nombreux messagers.

À l'heure du bilan, la veuve de vingt-quatre ans ajoute deux paragraphes qu'il faut encore citer. L'un concerne l'une des motivations avancées pour expliquer le mobile du suicide, peu crédible mais qu'on devait tout de même retenir, les dettes, car il entachait la réputation de l'archiduc.

Stéphanie balaie cet argument : « On a fréquemment raconté

que des difficultés financières avaient contribué à précipiter le drame. Il n'en est rien. La vie menée par le prince héritier a, certes, englouti de grosses sommes. Plus d'une fois, la Cour a réglé ses dettes. Le grand maître était chargé de diriger la Maison Impériale et ses finances. À sa mort, le prince héritier n'a laissé que des dettes mais celles-ci n'ont nullement atteint le montant qu'on a dit. Elles n'ont eu aucune influence sur sa décision. La Cour a payé toutes les créances après sa mort de même que les legs et les donations testamentaires. » Outre un involontaire lien familial avec Bonaparte par son remariage avec Marie-Louise, François-Joseph a en commun avec Napoléon de détester les dettes. Rodolphe a disposé de sommes qu'il ne possédait pas, mais la Cour a entériné toutes ses décisions en puisant dans la cassette familiale. L'archiduc emprunteur-prêteur n'était donc pas financièrement aux abois. Ses créanciers ont tous été remboursés et contrairement à certaines légendes, l'archiduc était, sur ces questions, un homme d'honneur.

L'autre paragraphe est presque touchant, courageux et digne puisqu'il évoque, à l'extrême fin de ses Mémoires, le nom de celle qui est définitivement unie à la tragique célébrité de son mari, la jeune fille. Pour saisir l'importance des lignes ci-dessous, rappelons que la Cour n'a jamais admis ni avoué la présence de Mary Vetsera à Mayerling. Tout le monde était au courant, avec des nuances, sauf le palais impérial ! C'est sans doute le plus grand mensonge de toute l'affaire. Une dépêche de presse, datée du 13 février 1889 à Vienne et reprise par les grands journaux étrangers, annonce, en tête de rubrique, cette nouvelle ahurissante : « La famille Vetsera a fait distribuer un avis annonçant la mort et l'inhumation à Venise de la jeune baronne Mary dont on a tant parlé depuis la catastrophe de Mayerling » ! Ainsi, la baronne Hélène a finalement cédé aux injonctions rocambolesques de la Cour. Mais dans l'un des titres citant cette information surprenante, le lecteur attentif a de quoi sursauter. Deux colonnes plus à gauche, donc sur la même page, se déroule, sous la plume d'un enquêteur anonyme, l'une des nouvelles thèses de l'affaire... qui démolit complètement les allégations vénitiennes ! Et pour cause[1] ! En effet, pour résumer, le mardi 29 janvier

---
1. *Le Figaro*, 14 février 1889, p. 2.

après-midi, les allées et venues d'un médecin et de gens inconnus entre le pavillon de chasse et la gare de Baden s'expliqueraient parce que Mary Vetsera, orgueilleuse, ambitieuse et désespérée de ne pouvoir épouser l'archiduc, se serait empoisonnée avec de la strychnine. Elle serait décédée vers six heures du soir. « Le Kronprinz était fou de douleur et, pour le calmer, le médecin lui envoya de Baden de la morphine qu'il n'a même pas touchée. Vers une heure du matin, Loschek entendit tirer un coup de pistolet, accourut et trouva le Kronprinz dans son lit, blessé à mort mais encore vivant. Le prince de Cobourg, qui était parti pour Vienne dans l'après-midi (*officiellement afin de participer au dîner impérial*) pour faire connaître à l'empereur le suicide de Mlle Vetsera, était revenu le soir avec une lettre de l'empereur à l'archiduc. Après avoir lu cette lettre, l'archiduc Rodolphe s'enferma, écrivit puis se suicida. » La Cour ne réagit pas à cette version, la plus proche des amours maudites de *Roméo et Juliette* ; aucune censure gouvernementale n'est exercée contre ce texte qui enflamme Vienne. À chaque publication, l'intensité dramatique monte d'un cran. Notons que cette thèse corrobore l'une des premières constatations médicales sur place, à savoir que Mary Vetsera serait morte plusieurs heures avant Rodolphe, ce qui avait légitimement intrigué les personnes proches et les médecins ; aucune explication rationnelle n'avait pu être donnée sur cet aspect tangible du corps, sinon que Rodolphe aurait longuement pesé le pour et le contre de son geste fatal avant de se supprimer. Ici, au contraire le délai s'expliquerait par la recherche urgente d'un médecin qu'il avait fallu faire venir de Baden, voire de Vienne... Ce n'est pas tout ! Notre reporter s'est fait conduire à Heiligenkreuz, sans pouvoir entrer dans le monastère. « (...) Mais dans le village, tout le monde raconte sans se gêner que la baronne Vetsera est enterrée chez les moines de Heiligenkreuz, que le cadavre y est arrivé mercredi à onze heures du soir et que l'enterrement a eu lieu dans la même nuit. J'ai même parlé à un domestique de l'aubergiste Graetzer qui a été témoin de l'arrivée du cadavre. On m'a raconté encore que le valet de chambre Loschek, qui accompagnait seul le corps de la baronne Vetsera, a répandu lui-même la fable du garde-forestier qui se serait suicidé et qu'on enterrait en silence dans la nuit. » Ainsi, le même jour, on apprend que Mary Vetsera n'a pas été tuée d'une balle de revolver (la thèse du poison revient !)

et qu'elle est enterrée à la fois à Venise... et dans la forêt viennoise !

Épuisé par ces révélations, ces paradoxes, ces délires et ces impossibilités étalés devant un public stupéfait mais jamais rassasié par ce feuilleton dont toute l'Europe s'émeut, Jacques Saint-Cère, le correspondant du *Figaro*, conclut sur cette accumulation de thèses d'une plume lasse et migraineuse : « (...) Toutes sont possibles, toutes sont probables ! Mais il est certain que jamais le secret de Mayerling ne sera entièrement connu. » On imagine le calvaire que représente ce déballage pour la famille impériale, surtout si la vérité est encore pire...

Il faudra attendre l'effondrement de l'Empire pour que la présence de Mary Vetsera soit reconnue à Mayerling, sans autre détail sur les circonstances de son décès. Stéphanie écrit, rappelons-le, cinq ans avant la Deuxième Guerre mondiale, alors que l'Autriche a perdu la Hongrie et doit se contenter de lambeaux consentis par le traité de Versailles et les conventions annexes. Bientôt, ce pays « humilié par le diktat de Versailles », réduit au neuvième de sa superficie d'avant 1918, se jettera dans les bras d'une Allemagne jamais envahie par les vainqueurs, assoiffée de revanche et lui promettant de retrouver sa gloire. Écoutons l'épitaphe mesurée d'indifférence de la femme trompée à sa dernière rivale, la plus célèbre : « (...) Il paraît que le prince héritier avait conçu depuis longtemps le projet de ne pas quitter seul la vie. Comme il ne trouvait personne qui voulût se sacrifier, il profita de la passion que Mary Vetsera lui portait pour lui adresser la terrible question. Elle y consentit aveuglément. Mary Vetsera était du type de sa race qu'on trouve beaucoup en Orient ; il y avait, à Vienne, un grand nombre de femmes plus séduisantes, d'une beauté réellement remarquable et le prince héritier était habitué à n'en voir aucune lui résister. Il n'a pas aimé Mary Vetsera, elle ne fut pour lui qu'un caprice parmi tant d'autres. Elle, pourtant, l'aima profondément et c'est en envisageant les difficultés inextricables qui devaient en résulter qu'elle l'a suivi dans la mort. Que mon témoignage de l'amour profond et sincère de Mary Vetsera pour le prince héritier soit la gerbe que la femme dupée dépose, en signe de pardon, sur la tombe de la malheureuse jeune fille aveuglée par sa passion. »

Stéphanie a souvent été diffamée. L'élégance de sa miséricorde mérite d'être saluée. Quarante-huit ans plus tard, « la gerbe de la femme dupée » n'est pas fanée.

La controverse autour de la mort de Rodolphe est telle en 1889 que tout est envisageable mais que chaque thèse est immédiatement contredite par une autre explication. Si certains propos sont délirants – faute de preuves –, certaines fuites dans la presse restent difficilement explicables. L'article du *Wiener Tagblatt* du 2 février contenait des détails sur le revolver utilisé qu'on ne retrouve pas dans le rapport médical officiel. Entre autres contradictions, les uns affirment qu'une balle a été retrouvée mais pas la seconde ; les autres assurent qu'aucun projectile n'était dans la chambre ! Or, on prétend que chaque balle a traversé la boîte crânienne et en est ressortie... De même, de laborieuses analyses balistiques ne parviennent toujours pas à déterminer le modèle de l'arme utilisée, s'il s'agissait d'un revolver réglementaire de l'armée autrichienne ou d'un calibre plus petit, dit « arme de dame ». Rodolphe aurait même pris l'habitude de glisser deux pistolets sous son oreiller ! Enfin, différentes assertions évoquent un revolver à barillet vidé mais qui était garni, de sorte que, logiquement, six balles avaient été tirées par l'archiduc... À partir de la troisième balle, la thèse du double suicide est difficile à défendre !

Au bout de quatre semaines, la Cour lève le deuil public. Alors que le carnaval viennois s'organise dans une fausse allégresse, on admire comment François-Joseph et Élisabeth, soudés dans l'effroyable malheur, résistent à ces avalanches de suppositions et de démonstrations qui ne prouvent rien mais agissent telle une lancinante torture. C'est en Hongrie qu'ils cherchent un relatif apaisement. Dès son arrivée, l'empereur et roi reçoit le maire de Budapest et les présidents des deux chambres du Parlement. Il leur déclare « compter sur le patriotisme et la loyauté des Hongrois dans ce moment si dur pour la dynastie et que l'on ne soulèverait pas de difficultés politiques en ces circonstances ». C'est dans ce contexte que la fameuse loi militaire qui contrariait tant Rodolphe entre en application et qu'à Berlin, le même jour, le *National Zeitung* confirme que le nouveau fusil Mannlicher dont Rodolphe ne voulait pas est choisi par le ministère de la Guerre. L'archiduc a perdu ces deux batailles. Du palais royal sur la colline de Buda, François-Joseph écrit, le 5 mars 1889, à Mme Schratt. Depuis le drame *l'Amie* est devenue la confidente du couple meurtri. L'empereur et l'impératrice sont hantés par la mort de leur fils, les circonstances (celles qu'ils connaissent et celles qu'ils supposent) et le harcèlement que nous dirions médiatique qui les poursuit : « (...) Nous avons parlé à nouveau de tous les tristes évènements, cherchant à établir leurs rapports, cherchant les causes. Tout cela ne sert à rien et n'a vraiment pas de but mais on ne peut penser à rien d'autre et en parler donne un certain apaisement... » Bientôt, Sissi va rejoindre les siens en Bavière ; ce bain familial va l'aider non à vivre, mais à survivre. Elle qui gardait toujours les lèvres serrées pour cacher ses dents qu'elle jugeait mal plantées ne sourira plus jamais. Et François-Joseph va poursuivre la mission qu'il s'est fixée, maintenir l'Empire fragilisé et recevoir, deux fois par semaine, celles et ceux qui ont obtenu une audience du chambellan. Sur un registre, le motif de la requête, le nom du solliciteur sont indiqués. Et debout, le dos à la fenêtre et les mains dans le dos, le monarque écoute avec attention son visiteur, réglant lui-même les détails de la pension d'une veuve d'officier. Désormais, c'est la seule force de l'habitude qui maintient en vie ce monarque régnant depuis plus de quarante ans. Toutefois, l'édifice multiethnique est ébranlé. Plusieurs communautés s'accusent mutuellement, directement ou indirectement, d'avoir entretenu un climat de luttes d'influences. Les catholiques en veulent aux Juifs, aux libéraux et aux francs-maçons et réciproquement. Les jésuites répètent que Bismarck a envoyé des tueurs déguisés en chasseurs pour éliminer l'ennemi de l'Allemagne. Les Tchèques soupçonnent les Hongrois d'avoir empêché par jalousie la constitution de la triple monarchie qu'ils réclamaient. L'ambassadrice de France à Berlin – selon un document dans les archives de ma famille – écrit à sa sœur le 3 février en prenant d'infinies précautions d'acheminement de sa lettre : « Ici, on parle d'une guerre. L'Allemagne est montrée du doigt. On craint pour l'Autriche. Que ferait la France en cas de conflit ? » L'un des meilleurs amis de Guillaume II, le comte Philippe d'Eulenburg, envoie une note à Berlin au conseiller impérial Holstein avouant son soulagement : « (...) Que pensez-vous de Rodolphe ? Personnellement, je pense que pour les partisans de l'alliance Autriche-Allemagne, ce n'est pas un inconvénient qu'il ne soit plus là. » Le journal autrichien *Das Vaterland* (*La Patrie*) montre sa satisfaction ; selon lui, le drame a une vertu purificatrice, il va réhabiliter les principes du christianisme que l'archiduc libéral avait reniés.

Cette considération morale est à rapprocher d'un conseil pressant de l'archiduc Albert (que Rodolphe méprisait et qui ne cessait de sermonner l'archiduc) au prince héritier présomptif, François-Ferdinand[1]. L'archiduc Albert est un spécialiste des discours bien-pensants : « Notre dynastie a été considérée jusqu'à présent comme rigoureusement catholique. C'était notre force et cela nous a aidés à résister à beaucoup de tempêtes. Le pauvre Rodolphe nous a faits beaucoup de mal. Heureusement, l'esprit catholique reprend le dessus en Cisleithanie comme en Transleithanie. Notre devoir est de le soutenir sinon ce serait un suicide politique. » L'Église voyait en Rodolphe un sceptique devenu un agnostique déclaré. Les exécrables relations entre la hiérarchie ecclésiastique et le successeur de l'empereur étaient notoires ; les idées de Rodolphe et sa vie heurtaient la tradition spirituelle des Habsbourg, même si l'empereur Joseph II, le frère de Marie-Antoinette, avait sécularisé de nombreux monastères et montré son intérêt pour l'idéal maçonnique.

On insinue alors « que des cercles de la Cour, hostiles au prince héritier, avaient exploité ses histoires d'amour pour se débarrasser du futur souverain libéral[2] ».

Un journal de Londres, *The Standard*, ose écrire, le 8 février 1889 : « Les cléricaux ont cru que leur temps était revenu... Ils intriguent contre le nonce du Pape, Mgr Galimberti, parce que celui-ci n'est pas intransigeant et n'appartient pas aux opposants ; et ils ont presque exulté à la mort du prince héritier libéral dont le règne ne leur disait rien de bon. » Le rôle de Mgr Luigi Galimberti dans les diverses interprétations du drame doit être rappelé. Ambassadeur de Sa Sainteté Léon XIII, il a été au cœur des télégrammes secrets entre la Cour et le Vatican et a endossé avec réticence la laborieuse explication officielle. En privé, le nonce apostolique refuse d'accepter la thèse du suicide pour cause d'aliénation mentale. Il le dit au prince Reuss, l'ambassadeur d'Allemagne. Le plénipotentiaire prussien est fort embar-

---

1. Il ne sera le successeur désigné qu'à la mort de son père, en 1896.
2. Richard Barkeley, *La Route de Mayerling ; vie et mort de Rodolphe, prince impérial d'Autriche* (St Martins, Londres, 1958).

rassé qu'un diplomate de l'Église émette de tels doutes. L'aumônier de la Cour, Mgr Laurenz Mayer, exprime les mêmes réserves sur la vraisemblance du suicide. Pis : le nonce fournit des explications techniques si précises qu'on se demande comment il a pu les recueillir et s'il n'était pas dans la chambre maudite ! Très troublé, Reuss est donc obligé d'informer son gouvernement que la rumeur de l'assassinat n'est pas colportée par n'importe qui. L'effet en est désastreux. Dans une dépêche chiffrée et datée du 9 février, l'ambassadeur de Guillaume II rapporte sa conversation secrète, une véritable bombe : « (...) La blessure du prince impérial n'allait pas de droite à gauche, comme cela avait été déclaré officiellement et comme cela aurait été naturel en cas de suicide mais elle allait de derrière l'oreille gauche au sommet de la tête où la balle ressortit. D'autres blessures ont été trouvées sur le corps. On a expliqué la destruction du sommet du crâne par le fait que le revolver avait été tenu tout près de la tête et que les gaz poudreux s'échappant du canon auraient provoqué cette dégradation. On peut en douter. (...) Le revolver qui fut trouvé à côté du lit n'appartenait pas au prince impérial ; les six coups avaient été tirés. La blessure de la jeune fille, causée par la balle, ne se trouvait pas sur la tempe comme on l'a prétendu jusqu'ici mais sur le sommet de la tête. » Enfin – et ce n'est pas rien ! –, le nonce affirme que l'autopsie de Mary (donc, elle a eu lieu....) démontre que sur son corps, en particulier son dos et ses jambes, « il y avait des tâches blêmes » sans pouvoir indiquer leur cause.

Admettons que par fonction Mgr Galimberti sache beaucoup de choses, la diplomatie vaticane étant l'une des plus discrètes et les mieux informées qui soient. Considérons que le prélat cultive un art onctueux du secret et qu'il n'a pas été nommé à Vienne par hasard. Il n'en reste pas moins que les observations qu'il développe devant l'ambassadeur d'Allemagne – alors que ce pays est suspecté d'être l'instigateur de l'assassinat ! – font réfléchir. Elles sont d'une stupéfiante précision. On en revient à la quasi-impossibilité pour un droitier de provoquer les dommages crâniens constatés sur la tempe gauche. Les éclats constatés ne s'expliquent que par un coup tiré depuis la gauche. Le prince Reuss termine son rapport explosif par des détails que la presse américaine avait déjà publiés[1]. Entre les rumeurs des

---

1. En particulier le *New York Times* dans son édition du 2 février 1889, non saisie par la police autrichienne.

gens de la région de Mayerling qui n'ont jamais cru au suicide et celles relevées par le secrétaire de Rodolphe, une explication cohérente de la thèse de l'assassinat peut-être soutenue : en rappelant que la chambre de Rodolphe se trouvait au rez-de-chaussée, que l'archiduc avait entrouvert une des fenêtres soit pour respirer une bouffée d'air frais chassant la tabagie, soit pour guetter un messager, soit, enfin, parce qu'il a entendu un bruit ou aperçu une silhouette inconnue, « la fenêtre de gauche avait été ouverte et les dormeurs assassinés ». Le reste ne serait qu'une mise en scène maladroite exécutée par Loschek devant l'horreur du spectacle.

S'il est exact que le catholicisme est l'un des ciments de l'Empire respectant une réelle tolérance religieuse et la liberté de culte pour les autres croyances, Marie-Valérie et sa mère sont très affectées par la dernière lettre de Rodolphe à sa sœur, publiée dans les années trente par le comte Corti : « À la mort de l'empereur, quittez l'Autriche-Hongrie. Cet État ne survivra pas. Tout va éclater. » Une vision prémonitoire puisque deux ans après la mort de François-Joseph, le 21 novembre 1916, la monarchie des Habsbourg s'effondre en même temps que les empires allemand, russe et ottoman soufflés par l'issue du premier conflit mondial. Alors que bien des diplomates manquent d'une vision européenne, quelle leçon de géopolitique ! On peut encore compléter l'avertissement de Rodolphe par cette déclaration, un an plus tard, de sa mère méditant sur les affrontements ethniques et les frictions entre les minorités de l'Empire :

« L'orage européen éclatera dans les Balkans », prévoit Sissi en 1890. Personne ne l'écoute. N'est-ce pas d'une pertinence tragique d'annoncer avec près d'un quart de siècle d'avance l'attentat de Sarajevo du 28 juin 1914 contre un autre archiduc, le successeur désigné de Rodolphe, le neveu de François-Joseph ?

À la date du 18 février 1889, Marie-Valérie, dont le journal intime reflète l'onde de choc politique diffusée par la disparition de son frère, écrit ces lignes qui font réfléchir : « (...) Maman dit que seul l'amour pour Papa retient les peuples d'Autriche de dire officiellement comment ils veulent être intégrés dans la grande patrie allemande. » La sœur cadette de Rodolphe prend le risque de reconnaître qu'elle se sent une « nationale allemande : avant tout, nous sommes des Allemands, puis des Autrichiens et troisièmement des Habsbourg. Le bonheur de la patrie allemande doit être notre premier ardent désir. Si cela réussit, peu importe que ce soit avec des Habsbourg ou avec des Hohenzollern. La patrie passe avant la famille[1]. »

Nous nous trouvons donc en présence d'un mystère comme il y en a peu en histoire, par sa nature, ses conséquences et l'incroyable variété des thèses avancées, les unes annulant les autres, certaines se combinant entre elles, aucune ne donnant entière satisfaction. Les ingrédients du secret sont rassemblés. En première ligne, une histoire d'amour impossible – donc séduisante et facile à imposer – bien que visiblement exagérée. En filigrane, des ramifications politiques, diplomatiques et militaires européennes impliquant plusieurs dynasties et de hautes personnalités de tous bords aboutissent à un catalogue sans doute unique de raisonnements, de vérités incomplètes, de faits établis, d'indices, de mensonges, de suppositions, de faux manifestes mais aussi de délires, d'extravagances, d'inventions émanant de gens supposés autorisés à formuler des indications sérieuses ou, au contraire, de sources inconnues mais troublantes, mises à jour clandestinement. Enfin, n'oublions pas que le contexte du moment nous éclaire sur la longévité de l'énigme. Il est délicat et donne à l'affaire un relief qui aurait été impensable à une époque précédente. Les grandes puissances s'affrontent. En arrière-plan, il y a l'expansion coloniale (y compris allemande : le jour du décès de Rodolphe, les îles Samoa occidentales, dans le Pacifique sud, sont conquises au nom de Guillaume II), les vieilles ententes menacées par de nouvelles alliances (franco-russe, par exemple), la montée des idées socialistes face à l'enracinement conservateur, l'émergence d'un prolétariat industriel qui met sa confiance dans le progrès et en revendique les fruits, le combat de la philosophie maçonnique triomphante contre le catholicisme le plus rigoureux considéré comme rétrograde, les développements des moyens d'information et donc de désinformation ; c'en est même le premier exemple en comparant les différentes photographies et gravures représen-

---

[1]. Archives d'État de la Hofburg. Cité par le comte Corti mais seulement en 1934, soit quatre ans avant l'Anschluss...

tant Rodolphe sur son lit de mort : sa tête est parfois enrobée d'un bandeau, parfois avec un bonnet lisse au sommet ovale du crâne ou bien avec un pansement soulignant, au contraire, un fort enfoncement du crâne ! Sur d'autres documents, l'archiduc n'a aucun pansement, simplement un mince filet de sang le long de la tempe, artistiquement dessiné au choix sur celle de droite ou sur celle de gauche ! Tout a circulé, tout a été présenté, montré, dans l'incohérence, l'invraisemblance, perturbant les esprits et permettant d'échafauder les plus surprenantes thèses. Les contemporains ont fini par s'y perdre, ce qui était voulu. Même la version la plus simple voire simpliste – disons la plus humaine –, celle d'une histoire d'amour qui finit mal (si elles finissent, c'est souvent mal...), ne peut emporter l'adhésion totalement. À l'opposé, la thèse d'un assassinat ne peut que séduire un autre public, mais les deux extrêmes ont un point commun redoutable : le manque réel de preuves. L'opinion a été manipulée, trompée, abusée car il fallait éviter le pire, la vérité indiscutable, avérée, définitive qui peut faire s'écrouler un Empire de près de six siècles. Enfin, n'oublions pas le romantisme des lieux du drame, cette vallée autrefois paisible, cette forêt qui fait partie de la légendaire ceinture verte autour de Vienne, ces auberges qui dégagent un appétissant fumet, la vie simple et rude des paysans d'autrefois, une abbaye où l'on prie pour le pardon des folies humaines, un relais de chasse dans la neige, une nuit d'encre dans un hiver rigoureux et l'idée d'un rendez-vous d'amour qui se transforme en ultime rencontre avec le destin. C'est assez pour forger une légende fascinante dans un monde, celui de 1889, où la paix est précaire, la mise en pièces systématique de l'Empire ottoman suscitant les plus inavouables convoitises.

En résumé, admettre – ou faire semblant d'admettre – la thèse du double suicide n'est pas glorieuse pour les Habsbourg (adultère, assassinat, suicide) mais c'est la moins dérangeante. Un crime suivi d'un suicide passionnel, le public le comprend, l'opinion s'y conforme. C'est un fait divers dans la plus haute société, ce qui la fait redescendre au niveau des peuples. Le Gotha est déconsidéré, les démocrates se réjouissent. Après des tonnes d'encre, les larmes de tous les amoureux du monde accompagnent les disparus de Mayerling. L'amour appelle à la rescousse ses illustres victimes de la fatalité que sont *Roméo et Juliette, Tristan et Yseult, Othello et Desdémone...* et le dossier est refermé. Du moins, c'est ce que souhaite François-Joseph qui commence à plier sous le poids des secrets qu'il apprend, de ce qu'on lui révèle et, sans doute, de ce qu'on lui dissimule. Mais ni la presse, ni l'édition, ni même le cinéma ne vont se contenter des manipulations qui ont jeté un voile de deuil et d'embarras sur une affaire décidément bien trouble. L'empereur, la Cour et le gouvernement espèrent qu'après l'inhumation des deux corps, les rumeurs finiront elles aussi par être dissoutes et pulvérisées sous des mètres de terre, des plaques de plomb et d'argent ne laissant plus aucune trace de leurs malfaisants soupçons.

1918. L'heure des empires a sonné. Ils s'écroulent, laissant des millions de morts, de mutilés, de gazés, de gueules cassées, des peuples exsangues, des vieux pays en ruines et des jeunes nations gorgées d'espoirs de revanche nationaliste. Les mystères de Mayerling sont enfouis dans les décombres de l'Autriche-Hongrie. Ce roman à deux sous est oublié. Que sont la crypte des Capucins et une tombe dans la campagne à côté des alignements de corps émergeant d'une terre tellement retournée par les obus que ce n'est plus de l'humus mais un substrat de sang, de chair, d'os et de métal ? Une horreur sans précédent. Les rescapés reviennent de l'enfer. Maintenant, ils savent ce que c'est.

1925-1930. Les dynasties balayées, ces « aigles foudroyés » selon la poignante expression de Frédéric Mitterrand pour sa remarquable série télévisée, ont leurs nostalgiques. Ils sont des survivants, des témoins cachés, des spectres d'avant Sarajevo. Certains parlent, d'autres écrivent. Les uns cherchent à se justifier et à s'exonérer ; les autres, scandalisés, répondent à des élucubrations en ajoutant leurs propres certitudes. On comprend que des contemporains du drame, proches de la Cour, aient été contraints au silence. Ce mutisme ne fait qu'engendrer de nouveaux fantasmes. L'ancien aide de camp de Rodolphe, le baron de Giesl, supplie même les insatisfaits de cesser leurs divagations : « (...) Il y a une telle tragédie dans cette vérité qu'il est incompréhensible que le monde s'attende toujours au pire et ne se contente pas du silence[1]. » La vérité, selon cet homme qui n'a jamais vu le corps de Mary Vetsera, est simple et l'a toujours été, mais elle était infamante. Rodolphe a tué Mary puis s'est suicidé. Arrêtons cette chasse à l'inexplicable !

Deux autres mystères ayant longuement excité l'imagination, les affaires Naundorff et Anastasia, sont comparables par la violence des arguments qui s'opposent, les convictions et les doutes, les progrès de l'enquête scientifique et ce supplément d'adrénaline qu'apporte la possibilité d'une survivance miraculeuse après leurs supposées morts respectives. Aujourd'hui, l'investigation génétique par la comparaison des ADN des familles a levé définitivement les doutes sur Anastasia et Naundorff, au grand embarras de certains partisans ; et comme il se doit, diverses escroqueries ont trouvé leur terme après que quelques fortunes eurent été englouties dans de coûteuses recherches. Il n'est pas anodin de remarquer que ces mystères ont repris une place dans l'actualité au moment où les espoirs de paix nés à Versailles se révèlent rapidement n'être que des illusions. Très vite, en effet, les bons principes fraternels mais opposés de MM. Wilson et Clemenceau – le premier l'emportant sur le second – deviennent le terreau des pires idéologies du XX$^e$ siècle. Les diplomates s'acharnant à détruire les fantômes des Habsbourg et à piétiner la dernière parcelle de terre impériale n'ont fait qu'allumer un chaudron de frustrations et d'humiliations. Déjà, on sait que « la der des der » n'est qu'un mensonge. Tout esprit avisé a compris ce que les triomphateurs satisfaits de Versailles n'ont pas voulu voir : leurs frontières aberrantes, autoritaires et méprisant les ancestrales rivalités ethniques ont aiguisé les haines, par exemple en créant la Tchéco-Slovaquie et la Yougo-Slavie, deux États artificiels qui ont volé en éclats dès que la poigne de leurs dictateurs a relâché ces proies, victimes d'angélisme puis de terreur. Autre exemple : les trois millions de Hongrois véritablement déportés par le traité de Saint-Germain du 10 septembre 1919 pour être, sans leur avis, naturalisés Roumains, justifient que Clemenceau n'aura jamais une rue à son nom à Budapest, ainsi que me l'a rappelé, à la chute du *Rideau de fer*, le Premier ministre hongrois de l'époque, M. Imre Pozsgáy. La série de révolutions, d'attentats et d'assassinats de personnalités de pre-

---

[1]. *Neues Wiener Tagblatt*, édition du 19 décembre 1937.

mière importance (rois, chanceliers, ministres) de l'entre-deux-guerres dans l'Europe prétendument apaisée est un accablant constat d'échec. Ceux qui avaient gagné la guerre avaient déjà perdu la paix en signant ces accords ignorant l'histoire, la géographie et les traditions, religieuses et linguistiques notamment.

Face à ce qu'on nommera « la montée des périls », programmée dès 1920, un parfum de vieille Europe se devine, çà et là. Du côté de Vienne orpheline de son digne souverain – épargné par la vision de l'écroulement final –, on a cru entendre une ancienne valse nostalgique échappée d'un joli pavillon à la rencontre d'une *Veuve joyeuse*. On pouvait croire à une recherche du temps perdu de la *Mitteleuropa* d'avant 1914. Quelques souvenirs et diverses élucubrations revinrent hanter le repos des amants de Mayerling, un sommeil éternel mais décidément bien perturbé.

La plus spectaculaire thèse qui devait renouveler (et de quelle manière !) l'affaire de Mayerling est due à la baronne Marie Surcouf, s'appuyant sur les confidences d'un familier de la Cour, un certain Van Linden titré baron de Kenenburg, décédé à Paris en 1932. Cette version, développée par le baron Lafaurie en 1937, très discréditée auprès des spécialistes, peut toutefois être évoquée. Même si elle est la plus folle de la quinzaine d'hypothèses principales circulant autour de l'affaire, quelques détails méritent d'en être relevés.

En résumant, les amants de Mayerling... n'y seraient pas morts ! Ils se seraient enfuis du pavillon de chasse avec la complicité de Bratfisch. Sous de fausses identités, ils auraient gagné la Grèce, en particulier l'île de Corfou où Sissi prétendait fixer ses rêves mythologiques dans sa villa, *Achilleon*. Il y aurait donc eu une prodigieuse mascarade : le corps présenté comme celui de Rodolphe serait en réalité la dépouille d'un soldat décédé à l'hôpital militaire de Vienne et ressemblant à l'archiduc. À Mary Vetsera, on aurait substitué un mannequin. À l'appui de cette allégation, on relève une importante somme d'argent laissée dans une enveloppe, étant entendu que la plus grande partie en aurait été prélevée par les amants pour financer leur fuite, les allées et venues incompréhensibles de Bratfisch entre Mayerling et la gare de Baden, les séjours prolongés de Sissi à Corfou et ses visites non moins énigmatiques à une petite maison cachée dans l'île. Admettons que ces indices soit vagues et guère convaincants. Il en est deux autres dignes d'être soulignés. Le premier est que la baronne Vetsera n'a jamais été autorisée à voir le corps de sa fille et qu'aucune demande d'exhumation ne lui a été accordée. La volonté de nier la raison du scandale privé, indigne d'un futur empereur et roi, ne pouvait que justifier cet ordre sans appel. Plus sérieuse est l'observation des mains de Rodolphe. On a déjà remarqué qu'elles étaient gantées, ce qui était contraire aux usages. Lorsque le pieux défilé s'était pressé dans la chapelle de la Hofburg, la foule était tenue à bonne distance, une disposition qui avait intrigué et mécontenté notamment Jean Horns, l'un des anciens précepteurs de l'archiduc, célèbre universitaire viennois ayant enseigné l'histoire au prince, le connaissant bien et l'appréciant. Tentant de s'approcher pour contempler de plus près son ancien élève, le professeur Horns avait été énergiquement repoussé et éloigné. C'était choquant. Cependant, malgré la brièveté de sa vision, le maître de Rodolphe, réputé pour sa vue perçante, était resté stupéfait de la forme bizarre des gants du défunt. Et il avait murmuré comme pour lui-même, mais on l'entendit nettement : « Ce ne sont pas les mains du prince ! » Répétons-le : sauf mutilation, les mains d'un défunt ne sont jamais gantées. Deux exemples familiaux le mettent en évidence : les corps de Louis II de Bavière en 1886 et de François-Joseph en 1916 furent présentés aux foules et contemplés par des milliers de gens les mains nues et très visibles...

Ainsi, dans la série des hypothèses avancées, combattues, modifiées, tarabiscotées, ridicules ou vraisemblables, de l'orgie à l'accident de chasse, de la jalousie d'un mari à l'assassinat par des Prussiens peut-être associés à des Hongrois, de la castration de Rodolphe par une Mary Vetsera devenue folle à l'avortement d'une demi-sœur sans oublier un duel opposant deux illustres noms du Gotha, il ne manquait qu'une variation : celle de la substitution du corps et de la présentation, à distance, d'un sosie parfaitement maquillé ! Nous sommes chez Eugène Sue, Ponson du Terrail, Paul Féval, Dumas père et Edgar Poe en attendant que sir Arthur Conan Doyle nous dépêche son plus fin détective, Sherlock Holmes, l'imbattable ! Il est vrai que dans le genre extravagant et délirant, l'imagination des exégètes en remontrerait aux feuilletonistes d'autrefois payés à la ligne. Mais ici, il s'agit d'une histoire vécue dans l'Histoire. Et on ne peut imaginer une seconde l'empereur acceptant de simuler l'odieuse comédie de l'inhumation d'un corps autre que celui de son fils ! Toutefois, une hypothèse en quelque sorte voisine est concevable, celle d'un corps mutilé. Après l'étonnement du professeur Horns, citons la gêne et la colère des deux sœurs de Rodolphe, Gisèle et Marie-Valérie. Ayant obtenu le rare privilège d'approcher le catafalque de leur frère, elles ont eu un mouvement de recul en constatant que ses mains gantées... étaient molles, donc sans la rigidité cadavérique naturelle une semaine après son décès. Les gants étaient remplis de tissus, d'ouate ou d'un coton figurant approximativement – en tout cas de loin – des doigts reconstitués... Gisèle confia plus tard à l'impératrice Zita qu'elle avait aussi touché la tête de son frère, qui était broyée, comme enfoncée au sommet. Même affirmation ultérieure de l'archiduchesse Marie-Thérèse, veuve de l'archiduc Charles-Louis, frère de François-Joseph et donc tante de Rodolphe. Ajoutons que par une catastrophique opération de propagande – une constante dans cette affaire ! –, diverses photographies avaient été très rapidement mises en circulation à titre de souvenir mais comme pour imposer la « vérité » qui arrangeait tout le monde. Or certains de ces documents étaient grossièrement retouchés ; il faudra attendre Staline et l'infâme Beria pour que cette technique de l'effacement ou du rajout photographique soit maîtrisée. Une très ancienne famille d'officiers autrichiens, dont Rodolphe commandait un régiment, m'a montré ces incroyables clichés. Agrandis par les procédés actuels, ils mettent en évidence la trace de coupures sur le visage, provenant de coups de sabre ou de rasoir. D'autres documents montrent, au contraire, un profond enfoncement de la boîte crânienne et du bonnet la recouvrant. De l'avis des meilleurs spécialistes en balistique et en médecine légale, une balle provoque un éclatement mais non un enfoncement, sauf si plusieurs projectiles ont été tirés en direction de la tête[1]. Cette macabre constatation doit être mise en parallèle avec la confession d'un médecin, le docteur

---

1. Mon enquête personnelle, comparant avec précision les illustrations de l'époque hâtivement vendues dans le public, rejoint le récit signé Ugek, nom d'auteur à l'évidente consonance hongroise, *La Tragédie de Mayerling* (Veritas, Bruxelles, 1953).

Karl Georg von Boroviczény, praticien exerçant habituellement à Berlin. Il était le petit-fils de la princesse de Löwenstein dont la sœur avait épousé don Miguel de Bragance, l'ancien soupirant de Mary Vetsera. Très lié à Rodolphe, il avait été invité à la chasse prévue le matin du 30 janvier mais au dernier moment, il n'avait pu s'y rendre, étant appelé au chevet d'un patient. Lui aussi, médecin perplexe devant les conclusions antinomiques et alambiquées de ses confrères de la faculté, avait mené une enquête parallèle. Il avait appris et racontait, horrifié, que Rodolphe s'était battu contre un ou deux agresseurs, qu'il s'était cramponné à un meuble, une table ou une chaise pour se protéger et que ses assassins lui avaient brisé les doigts. Immédiatement convoqué par François-Joseph, il jura de se taire mais il était trop tard. Il répéta que Rodolphe l'avait averti : « On va m'assassiner. Je sais trop de choses. » Ici encore, Marie-Thérèse, tante de Rodolphe, certifia que son neveu avait informé son mari peu de temps avant : « Je vais être assassiné. » Il importe de préciser que l'archiduc faisait sans doute allusion à une conspiration européenne visant à déposer François-Joseph du trône de Hongrie pour y installer son fils, libéral. En somme, un « complot hongrois », mais d'une grande ampleur et sans la caution de Rodolphe. La thèse, monstrueuse et inconcevable de François-Joseph éliminant son fils, a souvent été évoquée pour ajouter au discrédit et à la décadence de la monarchie. Mais, selon les propos de l'impératrice Zita, il faudrait, en réalité, considérer la thèse inverse. Rodolphe, imprudent et idéaliste, se serait laissé entraîner dans ce complot sans s'en apercevoir. Découvrant *in extremis* le machiavélisme du plan, il aurait refusé d'y participer. À son oncle Charles-Louis, décédé en 1896, il avait confié : « Il y a beaucoup à critiquer dans la politique de mon père mais la critique a ses limites. Je suis un fils loyal de l'empereur. Je dévoilerai sans scrupule cette conspiration mais si je le fais, on me tuera. » Le prince en savait trop.

Ajoutons que le prince Xavier de Bourbon-Parme, l'un des frères de Zita ayant tenté une négociation de paix séparée avec la France en 1917, a déclaré : « Je tiens de bonne source, croyez-moi, puisque de la bouche d'un personnage officiel entré dans la chambre du drame alors qu'on venait d'enlever promptement le corps de Mary Vetsera, que le poignet droit de l'archiduc avait été sectionné d'un coup de sabre¹. » Il assortit cette déclaration d'une remarque : « Voyez-vous, la vérité n'est que rarement là où les historiens la cherchent. Elle se trouve souvent dans la mémoire des hommes. Elle est éphémère puisque, comme eux, elle était donc mortelle. » Enfin, tandis que les germes de la Deuxième Guerre mondiale éparpillés par l'issue de la Première contaminaient irrémédiablement l'Europe des Années folles et préparaient un nouveau cataclysme, Louise de Cobourg, la sœur de Stéphanie, observait sévèrement, dès 1921 dans ses Mémoires, que son beau-frère « (...) était usé par le fait de vivre dans l'atmosphère étouffante de la Cour », faisait souvent remarquer : "Je ne règnerai pas ; il ne me permettra pas de régner." Et s'il avait régné ? Ah ! S'il avait régné ! Je connaissais tous ses projets, toutes ses idées. Je dirais à propos de ces dernières que le modernisme ne lui faisait pas peur. L'idée la plus hardie, il pouvait l'accepter. Il avait déjà détruit, en esprit, la machinerie usée de la monarchie austro-hongroise. Mais comme les pièces d'une armure invisible, tenues par des chaînons extensibles, les contraintes, les formules, les idées archaïques, l'ignorance l'encerclaient. Sa vie était une lutte perpétuelle contre une cour chancelante, finie, aveugle et corrompue. » Ainsi, à l'inverse de ce que recommande le prince héros du célèbre roman *Le Guépard* : « Il faut que tout change pour que rien ne change », la double monarchie ne voulait rien modifier, préférant périr que déroger à ses usages immuables. En 1939, la très avisée fille de Moritz Szeps lançait dans ses souvenirs ce magnifique éloge, chaleureux et pertinent : « (...) Le prince Rodolphe, qui aurait pu faire de grandes choses pour son pays et pour le monde entier et dont le règne en Autriche aurait pu éviter la plus grande catastrophe du XXᵉ siècle, mourut à cause du despotisme de son père. Il mourut parce qu'il aimait la liberté. Il mourut à cause de son antipathie pour l'alliance germano-autrichienne. Il mourut parce que la figure de l'empereur Gui-

---

1. Le prince Charles, né en 1889 et décédé en 1977, fit cette confidence à M. Pierre Ordioni qui attendit le retour de l'impératrice-reine en Autriche pour la publier dans le numéro du mois de décembre 1982 du magazine *Historia*, quinze jours après l'entretien exceptionnel, alors inédit et secret, que m'avait accordé l'ancienne souveraine, la veille de son entrée dans Vienne.

laume II était devenue pour lui un cauchemar. Il mourut parce que son âme rebelle luttait contre les chaînes qui essayaient d'emprisonner son esprit supérieur[1]. » Dans ce texte, il est clair que « la plus grande catastrophe du XX$^e$ siècle » est le traité de Versailles et sa nébuleuse de bonnes consciences revendiquant « le principe des nationalités ». À l'époque où écrit la fille de Moritz Szeps, peu de gens osent dire ce qui apparaît aujourd'hui comme une tragique évidence dont l'Europe souffre toujours.

Ainsi, à la veille de la Deuxième Guerre mondiale, on peut rappeler quelques vérités tangibles sur l'affaire que la suite et la fin du XX$^e$ siècle n'ont fait que confirmer. Mais beaucoup de ces informations passent alors inaperçues ou sont étouffées en raison des nouvelles illusions de paix des diplomates en jaquette (les accords de Munich) et des dangers imminents d'une nouvelle guerre mondiale.

Résumons :

1. François-Joseph a fait jurer, à genoux et sur la Bible, à tous ceux qui de près ou de loin ont été au courant des modalités du drame, de ses causes et de ses conséquences, de garder le silence sur l'affaire. Ce serment solennel m'a été confirmé par le comte Léopold Goëss et sa sœur, Christiane von Kuehnelt-Leddihn dont l'arrière-grand-mère, la comtesse Marie Goëss, fut l'ultime grande maîtresse de la Maison de l'impératrice. Si, en dépit des faiblesses qui ont été relevées dans la version « officielle » accréditant un meurtre suivi d'un suicide par amour et la maintenant contre vents et marées, pourquoi prendre la précaution d'un respect sacré du silence devant l'empereur ? C'est donc qu'il y a une autre vérité. Et qu'elle est pire ! À partir du moment où une version est répandue (on sait ce qu'il peut en être dans des exemples français récents !), pourquoi continuer à cacher un secret qui ne peut qu'éveiller des soupçons et déchaîner des fantasmes ? Le prétexte d'un amour impossible a séduit des générations ; c'était son but : il entretenait la léthargie de l'opinion à la recherche des valses perdues. Les rôles étaient définitivement distribués : Rodolphe, prince charmeur, n'était qu'un noceur, un dépravé syphilitique, une fin de race, un velléitaire en politique ; sa femme Stéphanie une mégère frigide, prétentieuse, futile et arriviste ne rêvant que de ceindre une couronne plus

---

1. Berta Sezps-Zuckerhandl, *Ma vie et l'Histoire*, Knopf, New-York, 1939.

grande que celle de son père ; Mary Vetsera était une Messaline insoupçonnée, vicieuse, experte en philtres d'amour et autres accessoires aphrodisiaques rapportés d'Orient ; François-Joseph, une culotte de peau sans imagination du moment que sa montre était à l'heure, Sissi une névrosée qui n'avait pu s'allonger sur le divan du trop jeune docteur Freud, etc. Une galerie de dégénérés destinés à disparaître, un alibi idéal pour les forces européennes démocratiques issues des ruines mais enfin au pouvoir. Ce sont là des caricatures comme celles qui faisaient passer Louis XVI pour un sot, un ignare, un tyran et la fin de l'Ancien Régime pour inéluctable.

2. Si l'on retient la thèse d'une opération politique – Rodolphe avait de nombreux ennemis, car il n'était pas un médiocre et avait deviné bien des intrigues –, l'héritier de François-Joseph et son cousin Jean-Salvator ne sont pas nécessairement des « conspirateurs » mais plutôt les victimes des véritables conspirateurs. En réalité, dans ce cas, l'Allemagne triomphe, qu'elle soit impliquée ou non. Sa plus grande victoire est d'ajouter Mayerling à Sadowa et à Sedan, trois noms qui, en vingt-trois ans, n'ont fait qu'amenuiser l'influence autrichienne en Europe, obliger les Habsbourg à des compromis en excitant d'autres appétits, ceux des Tchèques et des Hongrois pro-allemands, des Serbes, des Bosniaques, des Polonais affiliés à divers mouvements philosophiques et confréries pratiquant une solidarité aussi secrète qu'efficace, nourris des Lumières ayant éclairé la France révolutionnaire.

3. François-Joseph, acculé devant une vérité accablante parce qu'elle compromet des personnages de l'Empire jusque dans son entourage, répéta à son petit-neveu Charles, le successeur de François-Ferdinand et le dernier empereur d'Autriche et roi de Hongrie : « Je n'ai pas pu faire autrement. L'existence de la monarchie était en jeu. » L'impératrice Zita m'a elle-même confirmé cet aveu de son époux, qui lui avait été transmis avec les précautions d'un secret d'État par François-Joseph lors de son mariage avec Charles de Habsbourg en 1911. Dans ce cas, l'empereur aurait choisi – si l'on peut dire – de souiller la mémoire de son fils mort comme un joueur criblé de dettes ou un sous-lieutenant suborneur pour sauver l'empire menacé d'une déstabilisation générale, selon un terme d'aujourd'hui. La

cible était l'Autriche-Hongrie, son prince héritier la première victime.

4. D'après une lettre conservée aux archives royales du château de Windsor, les plus hautes autorités britanniques reviennent sur la thèse de l'assassinat, confirmant l'information de leurs *Services*. Le 12 février 1889, le prince de Galles, insatisfait des conclusions officielles autrichiennes, écrit à sa mère, la reine Victoria : « Vous me dites que lord Salisbury (le Premier ministre) est certain que ce pauvre Rodolphe et cette malheureuse jeune fille ont été tués... » Ce document doit être mis en perspective avec une autre lettre, contemporaine, adressée par le roi des Belges, Léopold II, beau-père de Rodolphe, à son frère, le comte de Flandre qui était resté à Bruxelles au moment des funérailles. Après le récit de l'éprouvant voyage jusqu'à Vienne, le monarque belge ajoute : « Il importe souverainement que la version du suicide soit affirmée et soutenue. Il peut paraître difficile aux yeux de nos populations catholiques de voir une Maison de convictions telle que la Maison de Habsbourg affirmer la version du suicide. Le suicide et la folie étaient les seuls moyens d'éviter un scandale inoubliable dont je ne puis confier les détails à ma lettre mais que je vous narrerai en tous détails samedi. Votre frère, Léopold. »

Le roi ne prend aucun risque d'en dire plus par écrit. Toutefois, cette lettre a été retrouvée en 1942, après la mort de M. Paul Hymans, ministre des Affaires étrangères de Belgique à plusieurs reprises, de 1918 à 1920, de 1924 à 1925, en 1927, en 1934 et en 1935. Il était l'un des signataires du traité de Versailles. Ce document, capital, se trouvait dans ses papiers personnels. Il a été découvert au hasard d'un rangement après sa mort, par sa nièce qui a identifié la lettre ; ce document n'a jamais été contesté.

5. Suivant ce schéma, le poids de la mort du prince héritier serait encore alourdi pour les Maisons de Habsbourg et de Wittelsbach par l'impossibilité de rétablir publiquement la vérité. François-Joseph et Élisabeth auraient donc supporté la honteuse légende du suicide qu'ils savaient être fausse. Un complot dans l'entourage même de l'empereur ? Lui-même avait subi une tentative d'assassinat au début de son règne et était informé des menaces pesant aussi bien sur sa personne que sur celle de son fils. Les services autrichiens étaient nerveux sur ces dangers.

Lors d'un séjour au Cap-Martin dans sa villa Cyrnos, l'impératrice Eugénie, qui n'aimait pas Sissi mais avait dû la recevoir à une heure très matinale (leurs deux fils étaient morts tragiquement), entendit la mère de Rodolphe avouer qu'elle avait été obligée d'accréditer la thèse du suicide mais n'y avait jamais cru, ni à l'authenticité des rares lettres qu'on lui avait remises. Comme les suicidés, les condamnés à mort peuvent laisser des lettres. *A contrario*, on peut aussi admettre que la vie débridée de l'archiduc partiellement expliquée par le mal qui le rongeait représente médicalement un cas type de suicide dit par étapes dont l'issue ne pourrait laisser aucun doute. Une telle décision serait mise à exécution pendant des années, par des attitudes incompréhensibles des profanes mais bien connues des spécialistes de ce qu'on ne nommait pas encore la dépression mais le « spleen » baudelairien. Il est évident que si Rodolphe n'avait pas manifesté un intérêt anormal pour la mort et s'il ne s'était pas livré à quelques plaisanteries du plus mauvais goût dignes d'un roman russe, en bref s'il n'était pas apparu comme « suicidaire », sa disparition brutale et imprévue aurait été plus difficile à expliquer. Surtout pour une passade dont l'importance pour lui n'a jamais été prouvée. L'ambiance morbide, le cynisme qu'il entretenait en niant un quelconque « au-delà », sa curiosité pour les maladies mentales (qu'il tenait de sa mère) seraient la condition nécessaire pour expliquer son geste et le rendre crédible pour l'opinion. Elle n'était pourtant pas déterminante. Toujours selon cette thèse, la condition suffisante aurait pris, par hasard, les traits sensuels de la jeune Mary. En d'autres termes, seul manquait un mobile de charme. Mary Vetsera serait donc, sous cet angle, l'arbre cachant une immense forêt de mystères. Un arbre qui n'a cessé de grandir dans l'imaginaire...

6. Dans l'histoire de Mayerling et des cent cinquante dernières années, l'affaire est le premier exemple où les traces d'un fait divers de cette importance et les preuves écrites ont été détruites avec un tel acharnement et si rapidement, sans parler de la maladresse des interventions. C'est aussi la première fois qu'un drame touchant une dynastie régnante est suivi par la presse internationale presque chaque jour, avec une grande liberté d'investigation. L'élimination méthodique, les manipulations en tout genre, les intoxications par déclarations officielles et autres désinformations dont l'affaire est jalonnée constituent un record

dont plusieurs spécialistes des services secrets que j'ai interrogés citent les phases comme l'exemple d'un « montage » réussi au nom d'intérêts supérieurs. C'est même, pour le XIX<sup>e</sup> siècle, un cas d'école souvent démonté et analysé. Werner Richter le note avec pertinence, en 1944 : « (...) C'est pourquoi dès que le tombeau se fut refermé sur Rodolphe, un fleuve intarissable de rumeurs commença à couler. On ne peut pas vraiment rapporter tout ce que la fantaisie des Viennois, grands amateurs de théâtre et habitués aux fins d'actes pathétiques, a pu inventer, même s'il s'y trouve un petit grain de vérité complémentaire sans importance pour le cours réel des choses [1]. » En admettant la thèse d'un assassinat politique, l'empereur et l'opinion auraient exigé une enquête, ce que le monarque fera après l'attentat, incontestable puisque public, de Sarajevo. Le risque d'une guerre, par exemple austro-allemande voire d'une guerre civile dans l'Empire entre pro et anti-allemands ne pouvait que provoquer l'explosion de la monarchie. Le refus de cette thèse (si elle était avérée) s'appuierait sur le souvenir encore brûlant de Sedan. Moins de vingt ans plus tôt, un Empire s'y était perdu. L'idée d'une nouvelle guerre calma les chancelleries, d'autant plus volontiers que la France se préparait à l'Exposition universelle pour briser l'isolement diplomatique dans lequel Bismarck l'avait enfermée et humiliée. Au début de 1889, la tour de M. Gustave Eiffel commence à s'élever dans le ciel parisien.

Un tel mythe ne pouvait échapper au cinéma. Bien entendu, seule la thèse romanesque était susceptible de faire pleurer les foules, surtout à la date de sortie de la première version filmée, en 1936. Le réalisateur Anatole Livak (qui, plus tard, mettra en scène une autre énigme avec un intéressant *Anastasia* incarnée par Ingrid Bergman) réunit pour ce *Mayerling* en noir et blanc Charles Boyer et Danielle Darrieux. Ces deux excellents comédiens n'ont rien à voir avec la réalité physique des personnages, mais le septième art de l'époque ne se soucie pas de ressemblances. Ni de vraisemblances. Charles Boyer, bedonnant et trop âgé, ne brûle pas de la jeunesse racée de Rodolphe ; sa ravissante partenaire est une Parisienne acidulée alors que Mary était digne du pinceau orientaliste de M. Ingres. Les acteurs sont ridicules, mais à l'époque on est moins attentif qu'aujourd'hui aux exi-

---

1. Werner Richter, *L'Archiduc Rodolphe*, Payot, 1944.

gences du crédible. Le scénario est inspiré d'un « roman » (oui, un roman...) à succès de Claude Anet intitulé *La Fin d'une idylle*. On devine le parti pris de l'auteur et des adaptateurs. Ils ne risquaient pas de provoquer une polémique. Après la guerre, en 1960, la télévision américaine proposa une version également romantique, inédite en France, avec Audrey Hepburn et Mel Ferrer, déjà plus plausibles dans leurs aspects et interprétations. En 1956, alors que le monde était inondé de la série des *Sissi*, plus exacte qu'on ne l'a dit et qu'on revoit toujours avec plaisir pour une jeune Romy Schneider (excellente et vraisemblable dans le rôle-titre), un autre film autrichien, également inédit en France, revenait sur l'histoire grâce à la caméra de Rudolf Jugert avec Rudolf (!) Prack et Winnie Markus. Le titre allemand donnait le ton, *Le Dernier amour du prince héritier Rudolf.* Enfin, en 1968, un *Mayerling* à grand spectacle était signé de Terence Young, le réalisateur des premières aventures de James Bond, l'agent secret britannique 007 augurant une prolifique série. Le scénario s'inspire lui-aussi du « roman » de Claude Anet. Sa distribution est étincelante, même si Catherine Deneuve et Omar Sharif sont, ici encore, physiquement les contraires des personnages réels. Une manie ! Un comédien qui n'est pas conforme à ce qu'on sait d'un personnage historique est, me semble-t-il, aussi néfaste qu'une grave erreur chronologique. Mais ils sont des stars au sommet et un producteur ne peut qu'être sensible à leur notoriété. En revanche, James Mason campe un extraordinaire François-Joseph et Ava Gardner une surprenante et sublime Élisabeth, bien que fort éloignée des célèbres portraits de Winterhalter. Geneviève Page est une parfaite Marie Larisch, perverse et ambiguë selon sa personnalité. Jeune journaliste, envoyé spécial de *Paris-Match* et *Marie Claire* (alors propriété de l'industriel Jean Prouvost), j'ai couvert le tournage de cette superproduction à Vienne dans les divers palais, appartements impériaux puis dans les studios de Boulogne. Par sa longueur (2 h 20) et ses moyens, ce film se distingue des précédents. L'authenticité des décors naturels, les superbes images en Panavision, le soin de la reconstitution d'époque, l'atmosphère mélodramatique poignante aboutissent à un film dans l'ensemble bien fait. Vu et revu, il imposait consciencieusement, une fois encore, la thèse de l'amour interdit et du suicide des amants, non sans s'autoriser quelques libertés avec des faits historiques avérés. Un somptueux spectacle qui connut un grand succès. Mais c'était toujours la même thèse... Toute autre tentative d'explication était taboue. Magique usine à rêves, ce cinéma continuait de bricoler des approximations pour faire rêver toujours dans le même sens. Je conçois que l'amour inspire davantage que la politique !

Or il existe un autre film français plus ancien, rigoureux dans son approche, nettement plus intelligent, mieux documenté et autrement passionnant sur le sujet, car il le traite complètement en quatre-vingt-treize minutes. Injustement oublié et même occulté, il est l'œuvre d'un prestigieux réalisateur, Jean Delannoy, l'un des derniers « grands Monsieur » du cinéma français. Auteur de plusieurs chefs-d'œuvre (*L'Éternel Retour*, *La Symphonie pastorale*, *Notre-Dame de Paris*, *Marie-Antoinette*, *La Princesse de Clèves* sans oublier les excellents *Maigret tend un piège*, *L'Affaire Saint-Fiacre* ni *Le Baron de l'Écluse* dans le registre comique), Jean Delannoy a réalisé *Le Secret de Mayerling* de janvier à mai 1949, en Alsace (région de Munster) et aux studios d'Épinay. C'est, à ma connaissance, le traitement le plus complet, le plus subtil de l'énigme et le seul qui envisage avec finesse toutes les hypothèses pour conclure, d'une manière aussi astucieuse qu'audacieuse, à la thèse politique d'un assassinat commandité par Berlin et adroitement déguisé en suicide. À cette époque, les connaissances sur le sujet permettaient déjà d'envisager une telle explication avec autant d'arguments que pour l'éternelle option suicidaire par amour. Mais personne n'avait osé contester la version du prince charmant mal marié, un rêve pour midinettes. C'était tellement confortable de faire pleurer les jeunes filles ! Le scénario de Jacques Rémy, la coadaptation avec le réalisateur et les dialogues bien ciselés de Philippe Hériat s'appuient sur des sources très solides, jamais consultées ni utilisées à l'écran, avec un louable soin du détail en dépit de moyens non hollywoodiens dans une France soumise aux restrictions de l'après-guerre. Uniformes, décorations, mobilier, pavillon de chasse, bal de la Cour sont évoqués avec le souci de l'exactitude cher à ce réalisateur qui déclare : « Tout ce que le cinéma a pu raconter sur Mayerling n'a aucune réalité historique. Ce qui m'intéressait, c'était donc de rétablir la vérité puisque nous avions eu, Philippe Hériat, Jacques Rémy et moi accès à des documents qui nous le permettaient. »

Philippe Hériat, futur académicien Goncourt, a, de l'avis même de Jean Delannoy, pris une part essentielle à la conception du film ; le talent du metteur en scène, qui excellera dans les évocations historiques de qualité, est digne d'éloges. Si j'en parle aujourd'hui, c'est parce que *Le Secret de Mayerling* en cache... d'autres, d'une troublante actualité historique plus de cinquante ans après sa réalisation et directement liés à mes investigations, à des évènements concomitants ou postérieurs et aux déclarations que m'a livrées l'impératrice Zita.

À l'été 1948, l'idée est dans l'air. La préparation de ce film était en concurrence avec un projet américain qui devait être tourné en France, en association avec Pathé-Cinéma, mais fut abandonné. Jean Delannoy choisit une distribution exemplaire dans le souci de mieux cerner la vérité. Les stars sont inutiles, seuls comptent de très bons comédiens vraisemblables. Jean Marais, dont la gloire est éclatante, apporte à Rodolphe le charisme, la fantaisie et la réflexion conformes à ce que l'on sait de l'archiduc charmeur, séduisant et libéral. Dominique Blanchar, est – de loin ! – la meilleure des Mary Vetsera de l'écran ; même si elle n'en a pas la beauté, Marguerite Jamois joue avec beaucoup de classe une impériale et rayonnante Sissi ; ce fut la seule apparition au cinéma de cette comédienne, importante personnalité du monde de la scène qui dirigea le Théâtre Montparnasse Gaston Baty. Stéphanie est remarquablement incarnée par Silvia Monfort et le scénario donne une grande importance aux archiducs François-Ferdinand (Jacques Dacqmine) et Jean-Salvator (Michel Vitold), correspondant à leurs interventions connues et supposées dans l'affaire où il est admis qu'ils ont eu une influence trouble. Quelques erreurs de détail sont négligeables, par exemple François-Ferdinand ne dirigeait pas la police.

*Le Secret de Mayerling* sort le 7 mai 1949 dans deux salles parisiennes, les cinémas Marignan et Marivaux. Dans *Le Figaro* du 10 mai, page 4, le critique cinématographique souligne les immenses qualités du film tout en regrettant que « (...) le scénario n'a[it] pas assez précisé les conditions politiques dans lesquelles se déroula l'idylle sanglante ». Les initiales au bas de ce papier, « J.-J.G. », sont celles de Jean-Jacques Gautier, prix Goncourt 1946 pour *Histoire d'un fait divers*, futur redouté mais respecté critique dramatique de ce même journal pendant des années. Et pourtant, un œil exercé reconnaît dans le film un portrait de l'empereur Guillaume II, un patron des services secrets allemands qui a la tête de Bismarck, et la décision d'abattre l'archiduc est clairement décidée, confiée à un professionnel, un commandant prussien, parce que les ambitions de l'archiduc paniquent Berlin. C'est on ne peut plus clair. Enfin, la façon dont le tueur exécute les amants (Mary simplement parce qu'elle est témoin de l'assassinat) tient compte de toutes les possibilités évoquées par les tenants de cette thèse, y compris l'angle de tir et la fenêtre ouverte.

Parce qu'il n'est pas conforme au mythe, ce film est boycotté. Certes, le contexte de 1949 freine sans doute la carrière d'un long métrage où l'Allemagne, toujours elle, a tenté de déstabiliser l'Europe en 1889. Déjà ! Encore l'Allemagne ! Et le film fut littéralement enterré comme une interprétation iconoclaste et irrévérencieuse. On ne touche pas aux histoires d'amour ! Il se trouve que ce film était – et reste – une œuvre dont l'intérêt exceptionnel n'a fait que croître. Car déjà, il y avait du nouveau...

1946. L'Autriche vaincue est occupée par les Alliés, donc Vienne. La zone où se trouve Mayerling est sous commandement soviétique. Le général responsable du secteur explique à ses troupes que la déliquescence d'un monde condamné a commencé ici, là où se trouvent des religieuses, apeurées par la brutalité des soldats de Staline. Dans Vienne, sombre et lépreuse, *Le Troisième Homme* va bientôt se livrer à un trafic de pénicilline. Une nuit où la vodka donne des idées et du courage, quelques combattants ivres profanent la tombe de Mary Vetsera. Ces romantiques d'un soir espéraient y trouver des bijoux. Arrêtés, sanctionnés, les soldats doivent tout remettre en ordre, assistés de fossoyeurs. Quelques observations techniques sont consignées dans le rapport de l'incident... qui, officiellement, n'a pas eu lieu. Entre forces d'occupation, l'affaire était gênante, donc on l'étouffe. Le rapport soviétique n'est qu'une « invention », les paysans se taisent, les religieux aussi. Une habitude !

23 février 1952. Un homme de quatre-vingt-deux ans décide de libérer sa conscience ; il se confie à un hebdomadaire autrichien et son fils confirme ce récit que son père n'a cessé de rabâcher en famille. Il s'agit de M. Frédéric Wolf, jeune menuisier du village d'Alland en 1889, convoqué à Mayerling par la police pour remettre la chambre du drame en état deux jours

après, c'est-à-dire le 1ᵉʳ février. Frédéric Wolf est formel. Il certifie que la pièce avait été le théâtre d'un terrible combat. On s'y était battu. Tout le mobilier était renversé et brisé. On voyait des traces de clous de bottes jusque dans la salle de billard. Il y avait des impacts de balles sur les meubles et dans les murs. Partout, on relevait des traces sanglantes, en particulier une énorme flaque de sang près du lit. Pour la faire partir, M. Wolf dut raboter longuement le parquet. Il ajoute que la fenêtre était brisée, son chambranle entaillé et qu'une échelle était posée contre le mur épais (environ un mètre). L'artisan avait aussi observé que la neige ayant cessé de tomber, des traces de pas restaient visibles dans le sol gelé. Des policiers ont vite fait disparaître les débris de bois démontrant qu'il y avait eu un combat et le père Wolf reçut des arguments solides pour se taire. Ce témoignage d'un professionnel était précis. Il n'a cessé de le relater sans varier, y compris, plus tard, aux carmélites occupant le couvent élevé à la place du pavillon maudit, et n'a jamais été démenti [1].

1955. La signature du traité du Belvédère redonne à l'Autriche sa personnalité juridique internationale. La République autrichienne, neutre, respire enfin, bien qu'on y sente immédiatement le parfum nauséabond de la guerre froide. Les troupes d'occupation quittent l'Autriche et Vienne où la guerre, en somme, avait duré dix ans de plus. Les Soviétiques évacuent leur zone où ils avaient laissé, entre autres souvenirs, celui de la destruction du château de Laxenburg où était né Rodolphe. Décidément...

7 juillet 1959. De nouvelles rumeurs circulant du côté de Mayerling (il y avait longtemps !), les pompes funèbres de Baden sont autorisées à procéder à l'exhumation du corps de Mary Vetsera. Y assistent des policiers, un médecin légiste, deux moines de l'abbaye et un M. Baltazzi, descendant de l'oncle de Mary Vetsera, Hector Baltazzi, qui montait à cheval avec Sissi et était si petit que l'impératrice l'avait surnommé « mon mouchoir de poche » ! Le constat rejoint le rapport soviétique secret de 1946, en particulier sur un point essentiel. Le corps de la jeune fille est toujours dans son tailleur vert mais « (...) le crâne

---

[1]. Cela m'a été personnellement confirmé il y a des années ainsi qu'à M. Fritz Jutdmann, qui en fait état dans son livre, *op. cit.*

présentait sur le dessus un trou ovale de sept centimètres. Il n'y avait pas de trou dans la tempe par où aurait pu ressortir la balle. Le directeur des pompes funèbres, le médecin et deux témoins attestent cet état de choses qui est en contradiction avec tous les témoignages de l'époque, excepté celui de Mgr Galimberti ». On se souvient que le nonce apostolique avait fourni des détails évoquant un coup donné sur le crâne de la jeune fille et non sur une tempe, affirmations qui gênaient considérablement l'ambassadeur allemand à Vienne. Dans le cas d'un attentat, le représentant de Guillaume II n'en aurait pas été nécessairement instruit. En général, les services parallèles portent bien leur nom.

Ainsi, dix ans après le remarquable film de Jean Delannoy, un élément essentiel qu'il proposait était avéré, remettant gravement en cause la version du suicide. Depuis, les affirmations de l'impératrice Zita n'ont fait que souligner cette entorse à la légende et bien d'autres. Mais en 1959, la vieille dame était toujours exilée, interdite de séjour dans son ancien pays et le gouvernement autrichien enterra, si l'on peut dire, ce nouveau mystère, toujours le même en réalité : la thèse du roman d'amour s'effritait mais Vienne avait mieux à faire que de s'occuper d'une romance surannée. L'affrontement politique Est-Ouest était dans une phase aiguë ; à l'heure où les dictateurs d'Allemagne de l'Est réfléchissaient déjà à la construction du futur « Mur de Berlin », qui pouvait encore se soucier de ce roman-photo désuet compromettant l'aristocratie décadente avec la bourgeoisie exotique ?

1973. Les révélations du prince de Bourbon-Parme sur l'agression de Rodolphe et son combat désespéré apparaissent dans la brochure... vendue à l'abbaye, selon un texte de Mme Camilia Freiser. Deux thèses contradictoires circulent donc sur place, dont l'une au bénéfice de l'œuvre des carmélites.

1982-1983. Le retour triomphal de l'ancienne souveraine, la décrépitude officielle des dictatures communistes d'Europe, la publication des affirmations de Zita dans mon livre suivie d'accusations affinées lancées par la vieille dame dans la presse autrichienne provoquent un tollé en Autriche, du côté des milieux de gauche, universitaires et farouchement républicains. De quoi avaient-ils donc peur ? Les Habsbourg n'appartenaient plus qu'au passé et Vienne, comme ses environs, n'était plus que musées, somptueux, certes, mais définitivement figés. La vieille dame troublait un arrangement qui faisait le bonheur du tourisme. En restant dans le flou, on pouvait imposer ce qu'on voulait et on ne s'en privait pas. À l'été 1983, la publication de ma biographie *Sissi ou La Fatalité*, faisant état des premiers éléments, très bien accueillie par la presse écrite et le public, est en revanche totalement ignorée, éliminée et proscrite des médias du service public en France. Toutes les émissions auxquelles j'étais invité étaient, *in extremis*, annulées « pour raisons techniques ». Mes interrogations n'étaient pas « politiquement correctes », comme on commençait à le dire. Ce silence médiatique officiel fut orchestré à une exception près, remarquable et remarquée, le long entretien que m'accorda Philippe Caloni, dans son émission sur France-Inter, très écoutée chaque matin, de 7 heures à 8 heures, fin juin 1983. Elle provoqua quelques remous et je me plais à saluer ici la mémoire de Philippe Caloni, celle d'un journaliste très cultivé, courageux et d'une indépendance qu'on lui fit payer cher. À la rentrée 1983, des membres de la famille de Habsbourg me contactent. Ils ont entendu parler du film de Jean Delannoy mais n'ont jamais pu le voir. Et pour cause !

Un voyage est organisé à Paris ainsi qu'une projection dans une petite salle, Jean Delannoy ayant pris la précaution de conserver chez lui une copie personnelle de chacun de ses films, en 16mm. Stupéfaits par la qualité profonde de cette réalisation, étonnés par la véracité de nombreux détails, ils applaudirent l'audace d'une version qui avait enfin le mérite de poser des vraies questions et de faire réfléchir à partir d'éléments authentiques. Jean Delannoy et moi n'avons jamais oublié l'émotion des petits-enfants de Zita. Pour eux, le cinéma, enfin, sortait des sentiers battus ! Depuis 1949...

Cela méritait bien un débat public. Je l'espérai. La fameuse émission « Les dossiers de l'Écran », créée par Armand Jammot sur la deuxième chaîne française, était exactement ce qui convenait pour essayer d'en savoir davantage. Bien avant que je ne m'intéresse à cette question, il y avait eu une première émission diffusée le 12 novembre 1974. « (...) Parmi les contradicteurs, se trouvait Mlle Mususrus-Bey petite-nièce de Marie. Elle montra une lettre de son grand-oncle Vetsera, écrite au début du siècle à son avocat dans laquelle il écrivait : "Nous savons que Marie n'est pas morte à Mayerling, mais elle a disparu sans laisser de trace[1]. " » C'était la thèse de la baronne Surcouf, dont l'inconvénient majeur est de se heurter aux découvertes dans la tombe de la jeune fille.

Les déclarations de l'impératrice Zita, revenue plusieurs fois en Autriche, recevant un écho de plus en plus spectaculaire, la chaîne française de service public Antenne 2 décida de consacrer un des nouveaux « Dossiers de l'Écran » à l'énigme puisqu'il y avait de quoi faire le point des discussions, que l'on soit pour ou contre telle ou telle thèse ; c'était la confrontation qui était intéressante. Le 26 janvier 1988, étant à l'origine de la médiatisation éditoriale française des rebondissements, j'eus l'honneur d'être invité sur le plateau. On imagine ma joie. Et ma déception quand je vis annoncer comme prétexte au débat l'éternelle version Deneuve-Sharif ! Avec l'accord de Jean Delannoy, je proposai à l'équipe d'Armand Jammot de diffuser gracieusement sa copie personnelle, celle que je connaissais, afin de lancer le débat qui avait pour thème « Du nouveau sur Mayerling ». N'était-ce pas tout indiqué ? Cela changerait et quel beau point de départ pour la discussion ! On me répondit, sans excès de courtoisie, que la diffusion du film de Jean Delannoy n'était « pas souhaitable ni opportune ». On ajouta que le film était vieux, en noir et blanc, sans grandes vedettes, ce qui était mauvais pour l'audience... Mes objections ne furent même pas écoutées. J'en déduis qu'un film soviétique d'Eisenstein sur *Raspoutine* ou allemand de Fritz Lang sur *Le Masque de Fer* seraient bons à mettre au musée. Nous eûmes donc encore droit à Mary Vetsera blonde et à Rodolphe de Habsbourg très brun. Pour je ne sais quelle raison, le débat avait lieu en direct de la principauté de Monaco. D'inexplicables incidents techniques (panne d'image, panne de son) se produisirent lors de mes interventions pendant le débat remarquablement dirigé par Alain Gérôme, ce qui n'était pas simple, plusieurs invités s'accrochant à leurs convictions, quelles qu'elles soient. Certaines de mes remarques furent donc impossibles à entendre dans plusieurs régions. Les enregistrements le prouvent. Je ne crie pas au complot, je m'interroge.

Je noterai simplement que l'une des invitées, la princesse Stéphanie de Windisch-Graetz, arrière-petite-fille de Rodolphe, confirma publiquement la version de l'assassinat, précisant que

---

1. Gérard Pesme, *Mayerling*, Éditions Balzac, 1975.

toutes les familles d'Europe concernées le savent et l'ont su depuis le début. Hors antenne, elle me dit : « La légende cherche la vérité mais seuls les morts la détiennent. » L'émission, suivie par un vaste public, me valut un monumental courrier. Une de ces lettres était plus troublante que les autres. Un monsieur, d'un âge certain, ancien secrétaire de la célèbre comédienne Cécile Sorel, me racontait un dîner vers 1925 au domicile de l'actrice à Paris. Georges Clemenceau était l'un de ses invités ainsi qu'un ancien officier britannique et mon correspondant. À la pétulante comédienne et mythique *Célimène* de la Comédie-Française, l'Anglais suggéra, avec le cynisme distingué d'Albion juste avant de passer à table, de demander au « Père la Victoire » son sentiment sur ce mystère de Mayerling, lui qui avait connu Rodolphe. Ravie, Célimène tenait là une entrée dramatique fracassante. Le vieux Tigre rugit, la moustache en colère et hurla : « Ah ! Non ! Assez ! » Il serra si fortement le poignet de Cécile Sorel qu'il en brisa son bracelet. Le vénérable président patriote semblait poursuivi par l'ombre du Habsbourg montant de la crypte des Capucins et s'étendant sur le radical intraitable qu'il avait été, celui qui avait fait échouer la paix séparée et définitivement laminé l'Autriche-Hongrie à Versailles. Les convives furent pétrifiés de la violente réaction de Clemenceau, alors âgé d'environ quatre-vingt-cinq et retiré de la vie politique depuis son échec vexant à l'élection présidentielle en 1920. On assurait qu'il en avait fait un mot, à propos de son rival victorieux, Deschanel : « Les Français ont voté pour le plus bête ! » Mais, selon mon correspondant, chez Cécile Sorel, l'allusion à Mayerling suggérée par l'invité britannique n'était pas due au hasard et le résultat avait été une grande scène de politique... théâtrale et gênante. Il est intéressant de noter que près de soixante ans avant les accusations de Zita, celui qui avait été « le premier flic de France » restait suspecté d'être intervenu dans la tragédie ou d'y avoir eu une influence.

1955. Le dossier d'État, enfin ouvert, ne contient que du papier blanc ! Est-ce normal de conserver un dossier... vide ? Et on apprend que le dossier personnel de François-Joseph qu'il avait remis au comte Taaffe, son Premier ministre et ami d'enfance, avait « disparu » dans l'incendie suspect de son château alors qu'il était absent. De plus, un avocat de la famille impériale, dépositaire par sécurité d'un double de ces archives enfermées dans un lieu secret, se les était fait voler par des gens visiblement bien informés. Les archives manquaient d'ordre !

1983. Au moment d'achever ma biographie de *Sissi*, grâce à une religieuse qui avait très bien connu ma grand-mère et l'impératrice Zita lors d'une retraite à l'abbaye de Solesmes (Sarthe), il m'est précisé que les moniales ne prient pas pour l'âme de l'archiduc « qui s'est suicidé » mais seulement qui est « mort ». La supérieure du couvent à l'époque, mère Johanna Högler, me déclara que chaque nouvelle carmélite est instruite que le prince ne s'est pas suicidé mais qu'il a été tué. J'ajoute que la brochure vendue sur place par les religieuses précisait déjà à cette époque que « tous les récits qui mettent l'accent sur l'histoire d'amour ne sont pas fondés ». Un changement spectaculaire d'opinion !

8 juillet 1991. Stupéfaction en Autriche. À la suite d'un appel téléphonique au journal à grand tirage *Kronenzeintung* (à qui Zita avait confié ses accusations publiques), on apprend que la tombe de la pauvre Mary Vetsera aurait été de nouveau profanée ! Les policiers et le père abbé de Heiligenkreuz font procéder aux opérations d'exhumation. La tombe est vide ! Le feuilleton continue, mais qui aurait pu imaginer un tel rebondissement ? En effet, un certain Helmut Flatzelteiner, respectable homme d'affaires de Linz, en Basse-Autriche, a volé le cercueil ! Avec l'aide de deux complices, le forfait aurait été commis il y a quatre ans ! En réalité, le vol remonterait à 1988 et dans un premier temps, M. Flatzelteiner avait prétendu qu'il n'y était pour rien mais que des inconnus, connaissant son obsession, lui avaient proposé de lui vendre le contenu de la tombe. Puis l'affabulateur-profanateur s'est embrouillé dans ses explications. Finalement, l'homme a avoué. Le voleur, c'est lui. Anéanti par la mort de son épouse, il cherchait dans un autre amour tragiquement brisé une raison de vivre... Vouant un véritable culte à la mémoire de Mary Vetsera, il avait voulu « en avoir le cœur net ». Aux policiers, le voleur de cadavre explique : « Je voulais résoudre le mystère de sa mort et j'en devenais fou. » Un examen médical confirme que l'homme, un marchand de biens jusque-là inconnu des services judiciaires et psychiatriques, est « psychiquement et physiquement exténué ». Le déséquilibré finit par conduire les enquêteurs jusqu'à un entrepôt où est caché le cercueil plombé. L'Institut médico-légal de Vienne s'en empare et procède à de minutieuses analyses. La rigueur scientifique et les

examens génétiques permettent désormais de se prononcer sur les légendes les plus tenaces. Dans la cellule de sa prison, l'homme regrette ne pas être devenu le héros national qui aurait permis de mettre un point final au destin controversé des amants.

Ainsi, un siècle après la tragédie, Mayerling revient à la une avec ce pitoyable fait divers. Mais pas inutile... En effet, le crâne, formellement identifié, « n'a pas été fracassé par une balle mais porte des marques de coups sur le sommet, caractéristiques de celles que pourraient causer un accessoire agraire comme une houe de jardinage ou une pelle ». Aucune trace de coup de feu...

Samedi 2 janvier 1993. À la suite du vol du cercueil de Mary, l'historienne autrichienne Brigitte Hamann, qui a consacré plusieurs ouvrages à la dynastie impériale, prétend que l'archiduc Otto de Habsbourg, fils aîné de Zita et chef de la Maison d'Autriche, détiendrait depuis une dizaine d'années un coffret qui expliquerait le mystère de Mayerling. Dans cette cassette se trouverait le revolver de l'archiduc, des lettres d'adieu, des mèches de cheveux des deux amants et un mouchoir. Selon Mme Hamann, ce seraient « tous les éléments clés de l'affaire. L'examen balistique de l'arme et le décryptage des lettres permettraient de mettre un terme aux spéculations sur la mort de Rodolphe et de Mary ». Une cassette qui réapparaît après un cercueil qui disparaît, voici un sommet du policier historique ! D'où vient ce coffret ? Un ancien haut fonctionnaire de l'Empire, Édouard Freiherr de Pauemann, en aurait hérité avant d'émigrer aux États-Unis, au début des années trente. Ses héritiers l'auraient remis à l'archiduc Otto, d'après eux la seule autorité digne de le recevoir et de le conserver. Son Altesse Impériale et Royale n'a fait, semble-t-il, aucun commentaire sur ces propos. Il s'était contenté de dire, en 1983, qu'il y avait une version officielle, que rien n'avait été démontré ni dans un sens ni dans un autre et que sa mère « savait ce qu'elle avait à dire ». Par une touchante courtoisie, en 1983, Zita avait d'ailleurs demandé à son fils son accord avant de faire ses révélations publiques.

Dimanche 20 avril 2003. Énième diffusion de la somptueuse pâtisserie Deneuve-Sharif sur la chaîne franco-allemande Arte. Présentant le film, Nita Rousseau, la critique du magazine *Le Nouvel Observateur* (n° 2006, semaine du 17 au 23 avril) écrit

« (...) le doute plane encore ». Jusque vers 1985, une telle appréciation aurait été inconcevable dans la presse.

Juillet 2004. Souhaitant une nouvelle vision du film de Jean Delannoy, je demande au metteur en scène s'il peut me prêter sa copie personnelle, celle que j'avais vue dix-neuf ans plus tôt, afin de vérifier certains arguments. Le metteur en scène me signale que le film est commercialisé en vidéocassette depuis 1994 (Éditions René Chateau) et me la fait parvenir par un ami. C'est le cinéaste Pierre Unia, auteur d'un remarquable DVD sur les « 75 ans de cinéma de Jean Delannoy » comportant de passionnants entretiens et qu'il serait temps de diffuser ! Il me remet la cassette, recouverte de l'affiche d'origine. À ma stupéfaction, la fin du *Secret de Mayerling* ne correspond pas du tout à mes souvenirs ni à ceux de ma famille. Visiblement, des plans et des séquences manquent et le parti pris, exposé dès le début, est gommé. Les dernières minutes sont incompréhensibles. Croyant être abusé par nos mémoires, nous procédons à une nouvelle vision le lendemain. Aucun doute : la fin a été changée, sans doute coupée. J'en informe Jean Delannoy. Il est stupéfait et furieux en même temps que surpris, car il n'avait jamais regardé la transposition en vidéo de son film. Pour nous assurer de notre impression, Jean Delannoy confie à Pierre Unia la troisième bobine de sa copie en 16 mm (durée 36'27") ainsi que le découpage technique plan par plan du film, avec les dialogues, les mouvements de caméra et tout ce qu'on nomme le *story board* de 1948-1949, qu'il avait heureusement conservé. Une immense preuve d'amitié et de confiance dont je le remercie. Pierre Unia procède à un transfert de la bobine sur un disque compact. Nos craintes et nos doutes étaient fondés : en comparant la copie filmée et la cassette vidéo, il manque environ sept minutes par rapport à l'œuvre dans le commerce ! Et pas n'importe lesquelles, puisqu'il s'agit de la décision d'éliminer Rodolphe en profitant de son amourette et de la manière, digne d'Hitchcock, dont procède le tueur.

Sept minutes ! Les coupes ne sont pas dues à l'usure ou au hasard, encore moins à une quelconque exigence commerciale ; elles sont très bien choisies, en parfaite connaissance de cause.

Il s'agit donc d'une grave atteinte au droit d'auteur (Jean Delannoy est co-adaptateur), sans qu'il en ait jamais été informé et, *a fortiori*, sans qu'il ait donné son accord à cette mutilation qui dénature totalement son film, affadit son originalité et le rend obscur.

Question posée à l'été 2004 : qui a procédé à cette coupe ? Quand : à partir de la copie 35 mm choisie pour le transfert ou au moment de la duplication ? L'éditeur-diffuseur René Chateau est-il au courant ? Jean Delannoy a pris contact avec lui. Question complémentaire : pourquoi cette coupe spécifique ? Que craint-on ? Une guerre ? Ou la destruction d'une légende qui arrangeait tout le monde ? Faudrait-il réécrire la biographie de certains hauts personnages ?

La dernière victime de Mayerling (à l'été 2004 !) et de ses secrets est donc le seul film qui, depuis plus de cinquante ans, gêne.

N'est-ce pas, dans le fond, le destin du prince héritier qui se trouve ainsi résumé ? Aucune preuve absolue ni définitive ne peut être apportée en faveur d'une thèse ou d'une autre. On peut avoir ses convictions dans un sens ou dans l'autre, mais les *a priori* sont interdits aux véritables historiens. Aujourd'hui, on ne peut que constater que les preuves en faveur du suicide sont affaiblies et sérieusement contestées. La certitude imposée pendant des décennies a fait place à un doute grandissant, ridicule pour les uns, réconfortant pour les autres. Certes, l'ouverture du cercueil de Rodolphe apporterait sans doute des informations précieuses, voire embarrassantes. Il ne saurait en être question. Il faudrait l'autorisation du président de la République d'Autriche, du Chancelier, du gouvernement, du Parlement et des centaines et des centaines de Habsbourg vivants. Sans doute, d'ailleurs, personne ne le souhaite dans un pays vantant sa douceur de vivre[1]. Maurice Paléologue, qui a fort bien analysé cette période, porte un jugement incontestable : « Dans l'histoire des Habsbourg, la date du 30 janvier 1889 est fatidique. C'est ce jour-là que le destin s'est irrévocablement prononcé contre

---

1. Un refus comparable a été opposé par les autorités françaises et la famille Bonaparte en 2003 à l'ouverture du tombeau de Napoléon Ier aux Invalides après les hypothèses soutenues sur la substitution de son corps à Sainte-Hélène. Le metteur en scène Terence Young, déjà cité et que j'ai connu, me racontait qu'étant enfant, sa grand-mère le conduisait à Londres, à l'abbaye de Westminster. Désignant une tombe anonyme, elle lui affirmait : « Tu vois, c'est ici, en réalité, que repose Napoléon, l'ennemi de l'Angleterre ! »

eux. » Mayerling est-il le premier acte d'une nouvelle guerre envisagée par raison d'État et retardée par la même raison d'État ? Vingt-cinq ans plus tard, c'est encore le prince héritier d'Autriche-Hongrie qui meurt. Lui aussi avait des idées réformatrices qui n'étaient pas prises en compte, et il redoutait un conflit meurtrier. Cette fois, la guerre, qui avait peut-être été retardée de vingt-cinq ans, n'attend plus. Depuis son adolescence, Rodolphe surprenait, inquiétait, éblouissait. Il était différent, trop brillant, trop curieux, trop moderne, trop rebelle. Adulte, il n'a cessé de perturber l'ordre établi. Sa mort a continué à intriguer. Son destin nous fascine, mais il dérange toujours.

# QUE SONT DEVENUS LES CONTEMPORAINS ?

## 1. La famille directe

***François-Joseph :*** son règne va durer encore... vingt-sept ans. Il aura la douleur de perdre son épouse Élisabeth, assassinée à Genève le 10 septembre 1898. Jusqu'à sa mort, l'Empereur répétera : « Personne ne saura jamais combien je l'ai aimée... » L'assassinat de son neveu, l'archiduc héritier François-Ferdinand et de son épouse à Sarajevo, le 28 juin 1914, oblige le souverain à imposer un ultimatum à la Serbie. Au bout d'un mois, une seule (oui, une seule !) des vingt-quatre conditions exigées dans l'injonction austro-hongroise ayant été rejetée par la Serbie, le monarque déclare les hostilités. Il signe le décret de mobilisation sur son bureau de Bad Ischl, sous un buste de Sissi. La Première Guerre mondiale commence. François-Joseph meurt le 21 novembre 1916, rejoignant Louis XIV et Victoria au titre des plus longs règnes de l'Histoire. La double monarchie lui survit encore deux ans.

***Sissi :*** elle ne va plus quitter le deuil. Parmi les drames qui la frappent, citons la mort de sa jeune sœur Sophie, ancienne éphémère fiancée de Louis II de Bavière devenue la duchesse d'Alençon. Digne épouse d'un petit-fils de Louis-Philippe, roi des Français, elle périt brûlée vive dans l'incendie du Bazar de la Charité, à Paris, le 4 mai 1897, se sacrifiant pour sauver des jeunes filles. L'année suivante, le 10 septembre 1898, l'impératrice-reine périt à Genève sous le poinçon d'un anarchiste italien, Luigi Lucheni. L'assassin, qui voulait tuer une personnalité choisie au hasard, n'a tué qu'un corps ; depuis Mayerling, l'âme de Sissi était morte. Depuis, le 10 septembre 1998, en complément de la plaque commémorative sur le quai du Mont-Blanc où Sissi a été frappée (elle est morte à l'hôtel Beau-Rivage), une statue rappelle le dernier séjour de la souveraine en Suisse où, le matin même, elle avait refusé la moindre escorte...

**Stéphanie :** après la mort de Rodolphe, elle séjourne plusieurs mois à Miramar puis à Abbazia, avant de se fixer au château de Laxenburg. Son père, Léopold II, roi des Belges, se battra pour qu'elle reçoive le titre de « princesse héritière veuve » et que la cour d'Autriche lui assure les ressources nécessaires lui permettant de tenir son rang et d'élever sa fille, Erzsi. Protocolairement, elle doit céder le pas à l'épouse de l'archiduc Charles-Louis, Marie-Annonciade, la mère de François-Ferdinand. Lors de ses séjours sur l'Adriatique, Stéphanie utilise souvent le pseudonyme de *comtesse de Lacroma*, en souvenir de l'île où elle avait séjourné avec Rodolphe, en face de Dubrovnik, aujourd'hui Lokrum.

Le 22 mars 1900, à Miramar, Stéphanie se remarie avec un aristocrate hongrois, le comte Elemer de Lonyay, protestant et fils d'un ancien ministre des Finances de Hongrie, diplomate, qui fut, entre autres, en poste à Paris. Ils se fixent en Hongrie. Si François-Joseph a donné son consentement à la nouvelle union de sa belle-fille, il n'en est pas de même pour le roi des Belges qui apprend la nouvelle en... lisant le *Times* ! Furieux, Léopold II refuse de revoir sa fille, lui retire sa rente annuelle et son titre d'Altesse royale. En 1902, lorsque Stéphanie vient s'incliner devant la dépouille de sa mère au palais de Laeken, le roi lui donne l'ordre de déguerpir sur-le-champ et de quitter la Belgique. Le difficile Léopold II est d'ailleurs dans les pires termes avec les sœurs de Stéphanie et déshéritera ses trois enfants.

En 1906, Stéphanie et son mari acquièrent le domaine d'Oroszvàr, près de Bratislava (alors en Hongrie mais en actuelle Slovaquie). Après son remariage, Stéphanie reste très éloignée de sa fille. Erzsi demeure auprès de son grand-père François-Joseph. Le second mariage de la veuve de Rodolphe est affectivement très heureux, même si les temps sont difficiles. Obligée de se réfugier en Suisse après la proclamation de la république de Hongrie, elle y revient mais son domaine est victime du nouveau découpage territorial et sa pension supprimée. Elle publie ses Mémoires – des souvenirs attentivement sélectionnés et laborieusement rédigés – en 1935. L'occupation allemande réquisitionne son château ; Stéphanie, malade du cœur et âgée de quatre-vingts ans, refuse d'en partir. En mars 1945, la Wehrmacht bat en retraite. Le 2 avril, l'Armée rouge envahit le château et s'y livre à un pillage tel qu'au bout de huit jours, le fidèle domestique Elemer, l'un des rares restés auprès d'elle dans la tourmente, déplore qu'on n'y trouve même plus une paire de chaussures ! Dans un chariot à fumier tiré par des bœufs, Stéphanie et son mari doivent fuir la brutalité des troupes soviétiques ; ils se réfugient à Pannonhalma, près de Györ, en Hongrie, dans une abbaye bénédictine placée sous la protection de la Croix-Rouge internationale. Stéphanie y meurt le 23 août 1945, âgée de quatre-vingt-un ans, et son mari un an plus tard. Ils y sont tous deux enterrés [1].

**Élisabeth, dite Erzsi :** l'unique enfant de Rodolphe et de Stéphanie tient, après le remariage de sa mère, la première place féminine à la Cour auprès de François-Joseph. On ne peut l'ignorer : elle mesure plus d'un mètre quatre-vingts... L'empereur, très affectueux avec sa petite-fille, lui passe tous ses caprices, y compris celui d'épouser le prince Otto de Windisch-Graetz... déjà fiancé à une autre ! Cette union étant socialement inégale, elle renonce, le 23 janvier 1902, à ses droits dynastiques pour elle et ses descendants. Toutefois, elle est richement dotée et conserve son titre d'Altesse Impériale et Royale. François-Joseph lui offre un domaine près de Vienne et... paie ses dettes, car l'élégance et la mode coûtent cher. Ils vivent en Bohême. Le couple aura trois fils et une fille, mais le mariage sera désastreux. D'un coup de pistolet, elle blesse une maîtresse de son mari, une chanteuse d'opéra ; l'empereur parvient à étouffer l'affaire quelque temps. Puis, Erzsi trompe son mari sans aucune discrétion, s'éprenant, en 1913, d'un officier de la marine impériale austro-hongroise. Elle le suit sur la côte adriatique. En août 1915, son amant, qui commande un sous-marin, périt en mission au large de Venise.

Erzsi et Otto sont séparés. Entre-temps, la petite-fille de l'empereur s'est engagée dans les luttes du Parti socialiste autrichien, devient une militante et vit avec le député social-démocrat Léopold Petznek, marié, père de famille, ancien instituteur et athée. Ce parcours idéologique d'Erzsi, très engagé, lui vaut le surnom d'*archiduchesse rouge*. Il convient, cependant, de préciser qu'elle n'a jamais renoncé pour elle à un train de vie princier digne d'une très riche héritière des Habsbourg-Lorraine, inaugurant ce qu'on pourrait appeler le style « gauche caviar ». Le prince de Windisch-Graetz se bat pour récupérer, dès 1918, la garde de ses enfants, car il a découvert qu'Erzsi avait une liaison avec le précepteur de ses fils ! La procédure aboutit : Erzsi

---

1. Sur ces questions, on lira avec le plus grand profit le remarquable ouvrage d'Isabelle Bricard, *Les Dynasties régnantes d'Europe*, Perrin, 2000.

perd la garde de ses quatre enfants dont l'un, né en 1907, se prénomme Rodolphe. Le 21 mars 1921, son mari se présente au château de Schönau avec les gendarmes, pour emmener ses enfants. Mais, à l'appel de leur mère, le château est cerné par des ouvriers en armes, ses amis. Le prince renonce : il y aurait des morts. Il devra attendre 1924 pour que son divorce soit enfin prononcé.

De château en hôtel particulier, traitant fort mal sa domesticité, Erzsi continue son existence de « bohème chic » et vend sa résidence pour s'installer dans la banlieue de Vienne, plus près de son amant. Léopold Petznek, maintenant veuf, est arrêté en 1938, relâché puis déporté à Dachau en 1944 d'où il est libéré par les troupes américaines. En 1945, leur villa est réquisitionnée d'abord par les Soviétiques puis par les Français. Erzsi épouse Léopold le 4 mai 1948. Ils emménagent dans une maison à moitié en ruines, ne récupérant qu'en 1956 leur ancienne villa où Petznek meurt, âgé de soixante-quinze ans. « L'archiduchesse rouge » finit sa vie seule, le 16 mars 1963, avec ses trois chiens, après avoir perdu deux fils et s'être brouillée avec ses deux autres enfants. La fille de Rodolphe a une nombreuse descendance : huit petits-enfants, vingt-huit arrière-petits-enfants et, en 2003, trente arrière-arrière-petits-enfants...

**Gisèle, la sœur aînée de Rodolphe :** elle poursuit sa vie harmonieuse avec son époux le prince Léopold de Bavière, vivant principalement à Munich mais faisant de fréquents séjours à Vienne et à la Kaiservilla de Bad Ischl. Le couple aura quatre enfants et, en 2003, cent deux descendants en vie !

**Marie-Valérie, la sœur cadette de Rodolphe :** après ses multiples célébrations de fiançailles, la dernière fille de Sissi épouse son cousin au troisième degré l'archiduc François-Salvator d'Autriche-Toscane à Bad Ischl, le 31 juillet 1890. Le marié est alors capitaine de cavalerie. Le couple vivra principalement au château de Wallsee, en Basse-Autriche. Très discrète, très cultivée, Marie-Valérie, qui était très proche de sa mère, a publié des poèmes et fut le mécène du nouveau Burgtheater de Vienne. Généreuse et charitable, l'archiduchesse installera un hôpital militaire dans son château dès le début de la Grande Guerre. Elle fonde aussi un foyer pour les pauvres et les personnes âgées. Son dévouement et son efficacité lui vaudront le surnom d'*Ange de Wallsee*. Après la chute de l'Empire en 1918, elle signe, en 1919, l'acte de Renonciation et reconnaît la loi votée sur le statut des Habsbourg-Lorraine en

Autriche, donc l'instauration de la République. Cela lui permettra de demeurer en Autriche et de conserver les biens dont elle avait hérités à la mort de son père François-Joseph, en particulier la Kaiservilla de Bad Ischl. Aujourd'hui, cette résidence d'été de l'empereur est toujours la propriété du petit-fils de Marie-Valérie, l'archiduc Markus d'Autriche-Toscane ; une partie de la maison, gardée « dans son jus », est devenue un charmant et très intéressant musée dont l'archiduc est le conservateur.

Marie-Valérie est décédée le 6 septembre 1924, son mari en 1939. François-Salvator, qui avait également reconnu la République, fut l'un des mécènes de la société Porsche et, à ce titre, l'un des premiers conducteurs d'automobiles parmi les noms connus. La descendance de Marie-Valérie est la plus nombreuse de tous les enfants du couple François-Joseph-Sissi : dix enfants, quarante et un petits-enfants, cent quarante-sept arrière-petits-enfants, deux cent trente-six arrière-arrière-petits-enfants, soit quatre cent trente-quatre descendants en 2003... À cette date, on comptait quatre cent deux descendants directs vivants de Marie-Valérie !

Ainsi, en 2003, à la septième génération, la descendance des trois enfants de François-Joseph et de Sissi atteignait le chiffre de... cinq cent trente-quatre personnes vivantes ! Il est important de savoir que sur le passé et l'histoire de la famille, en particulier sur l'énigme de Mayerling, toutes et tous n'ont pas la même opinion sur l'affaire. Comme j'ai pu le vérifier lors de mon enquête, certains acceptent d'en parler, d'autres refusent, ce qui est leur droit. Ceux qui vivent en Autriche s'astreignent à la discrétion et s'en tiennent, officiellement et par respect pour la République, à la version du suicide, avec des nuances sur le(s) mobiles(s). Ceux qui vivent en dehors de l'Autriche, en particulier en Suisse, en Allemagne et en Belgique, optent souvent pour la thèse de l'assassinat et, selon les cas, n'hésitent pas à le dire.

**Louise, la belle-sœur de Rodolphe et son mari Philippe de Cobourg :** sœur aînée de Stéphanie, elle avait épousé en 1875 son cousin Philippe de Cobourg dont la mère était une fille de Louis-Philippe. Le prince, ayant quatorze ans de plus que sa femme, était vite devenu un compagnon de débauche de Rodolphe et l'un de ses confidents, à l'exclusion, sans doute, de toute considération politique. Louise, initiée par son mari expert au plaisir des sens, a ébloui Vienne par sa « beauté irradiante » puis exaspéré François-Joseph par ses liaisons tapageuses et ses dettes. Après Mayerling, son époux, qui était à Mayerling le matin du drame, espère recevoir avec elle une partie de la fortune du roi Léopold, « les millions du Congo ». Il est immédiatement exilé de Vienne et affecté à une mission lointaine en Italie... Mais il patiente, ignorant que son beau-père va priver sa femme de revenus aussi mirifiques qu'illusoires. En 1897, Louise s'éprend d'un aristocrate croate, officier des ulhans, le comte Geza Mattachich ; elle s'enfuit avec lui sur la Riviera. Commence alors une accablante et incroyable série de scandales, tantôt comiques, tantôt tragiques. En février 1898, son mari et son amant se battent en duel ; Philippe de Cobourg est blessé. Pour se venger – et ne pas perdre la fortune espérée de sa femme ! –, il tente de la faire passer pour folle. Ce complot est ourdi avec la complicité de son fils, de son gendre allemand qui n'est autre que le beau-frère de Guillaume II et... d'un frère de François-Joseph, l'archiduc Louis-Victor, qui avait été très amoureux de Louise mais en vain et était resté aussi amer que rancunier d'avoir été repoussé ! L'officier croate est arrêté à Agram (aujourd'hui Zagreb), condamné – à tort – pour escroquerie. Il perd titre et grade mais récolte, si l'on peut dire, six ans de prison... Louise, accusée, non sans raison, de faux en écriture, est enfermée en mai 1898 dans une clinique d'aliénés en Autriche puis transférée près de Dresde. Sept ans d'internement ne la brisent pas : elle s'enfuit avec l'aide de son amant, ayant soudoyé ses gardiens ! Les voici à Paris. Le Croate Mattachich est blanchi et gracié de toutes ses peines. En 1906, le divorce d'avec Philippe de Cobourg est prononcé ; il mourra en 1921, n'ayant jamais vu « les millions du Congo »... Louise refuse la proposition de son père de rompre avec son amant croate, de s'installer en Belgique et de recevoir une pension. Pourtant, elle est aux abois. Elle intente avec Stéphanie un procès au roi son père, un autre scandale sans précédent. L'affaire n'est pas recevable. En 1909, après la mort de Léopold II, elle et ses sœurs intentent un procès à l'État belge. Elles le perdent en 1913 : Louise et ses sœurs doivent se contenter chacune des millions que leur a laissés leur père, son testament étant reconnu valide. Pour Louise, le passif l'emporte largement sur l'actif. En 1914, séparée du comte Mattachich en prison en Hongrie, Louise erre entre l'Allemagne et l'Autriche, subissant les tracasseries méprisantes des deux pays.

Mattachich étant libéré, elle ne l'épouse pas mais intente de nouveaux procès à l'État belge. Elle les perd encore. Ruinée, elle survit dans une Europe monarchique traumatisée et démantelée. Son amant disparaît en 1923 ; elle meurt, misérable, le 1$^{er}$ mars 1924, à l'asile de la station thermale de Wiesbaden, en Hesse (Allemagne).

## 2. Les cousins, neveux et petits-neveux

**François-Ferdinand :** d'héritier présomptif à la mort de Rodolphe, il devient l'héritier direct du trône à la mort de son père en 1896. En 1900 et après de longues tractations, le neveu de François-Joseph épouse une aristocrate tchèque, la comtesse Sophie Chotek, qui sera titrée par l'Empereur duchesse de Hohenberg en 1909. Ce mariage d'amour est morganatique : leurs enfants ne seront pas dynastes. Par serment solennel du 28 juillet 1900, François-Ferdinand a exclu ses héritiers de la succession au trône. Le tragique attentat qui lui coûtera la vie à Sarajevo le 28 juin 1914 sera à l'origine de la Première Guerre mondiale. François-Ferdinand est l'un des rares Habsbourg avec rang de prince héritier qui n'ait pas été inhumé dans la Crypte des Capucins. À sa demande expresse, il a été enterré auprès de son épouse bien-aimée Sophie dans la crypte de château d'Amstetten, en Basse-Autriche. Dominant le Danube, ce ravissant château appartient à la descendante directe de la comtesse Chotek et de l'archiduc, duchesse de Hohenberg, qui a épousé un Français, le comte Romée d'Harambure. Artsetten propose de remarquables expositions temporaires et une reconstitution exemplaire de l'attentat de Sarajevo sous le titre, évocateur : « De Mayerling à Sarajevo. » Après la mort de François-Ferdinand, c'est le fils de son frère Othon, donc un petit-neveu de François-Joseph, l'archiduc Charles, qui devient l'héritier d'Autriche-Hongrie. En 1911, celui-ci épouse Zita de Bourbon-Parme (*voir avant-propos*). Charles I$^{er}$ fut le dernier empereur d'Autriche et le roi Charles IV de Hongrie. Ils ont eu huit enfants dont l'aîné est l'archiduc Otto, chef de la Maison d'Autriche, président de l'Union Paneuropéenne Internationale, qui a épousé la princesse Regina de Saxe-Meiningen à Nancy, le 16 mai 1951. Voir l'excellent volume *Les Dynasties d'Europe au XX$^e$ siècle*, de Michel Sementary (Éditions Christian, 2001).

Après des décennies d'enquêtes et de procédures, Charles, décédé en 1922 à Madère où il repose, a été béatifié par le Vatican le dimanche 3 octobre 2004. Lors de cette cérémonie à Rome, les anciens pays dont il avait été le souverain étaient officiellement représentés ; des pèlerinages ont été organisés, notamment en Hongrie et en Croatie. Quelques articles et reportages ont poursuivi leur œuvre de désinformation et de dénigrement avec une inadmissible indécence. Il serait ensuite logique et souhaitable que la dépouille du dernier monarque rejoigne, à Vienne, celle de son épouse Zita dans la Crypte des Capucins (*voir avant-propos*).

**Marie Larisch :** la cousine ambiguë et rancunière de Rodolphe va tenter de se faire oublier... En 1935, elle publie ses Mémoires, *Les*

*Secrets d'une Maison royale*. On notera que cette publication se situe la même année que celle des Mémoires de Stéphanie... Cependant, elle avait déjà publié un premier volume à Londres en 1913, *My Past*, dont la cour d'Autriche avait racheté de nombreux exemplaires en diverses éditions. Le second ouvrage, précieux instrument d'investigation, doit, comme le premier et tous les livres de souvenirs, être abordé avec prudence, car l'intention de nuire y est évidente. Il est surtout remarquable par ses contradictions, graves lacunes et impossibilités chronologiques. La nièce morganatique de Sissi commet, d'ailleurs, sa première imposture en utilisant comme nom d'auteur « Comtesse Larisch von Wallersee-Wittelsbach ». En effet, en 1896, elle divorça du comte Larisch, épousa un chanteur bavarois, M. Otto Brucks, baryton du répertoire wagnérien puis, en troisièmes noces, un fermier américain, M. Fleming, qu'elle avait rencontré en Floride. Le fils de Marie Larisch s'est suicidé – incontestablement... – après avoir appris le vil rôle joué par sa mère dans la tragédie de Mayerling. Dans ses écrits, Marie Larisch revient sur le mystérieux coffret que Rodolphe lui a confié peu avant sa mort et qu'elle ne devait remettre qu'à un messager qui prononcerait ou écrirait les lettres « R.I.U.O. ». Ces initiales signifient Rudolf Imperator Ungarn Österreich, soit Rodolphe, Empereur de Hongrie-Autriche. L'ordre du dualisme est inversé, donnant la priorité à la Hongrie, ce qui laisse entendre un bouleversement dans le fonctionnement de la double monarchie. Selon elle, peu de temps après la tragédie, Marie fut contactée par un inconnu et par l'intermédiaire de sa femme de chambre à qui cet homme avait remis un billet écrit au crayon sur lequel on lisait « R.I.O.U. ». Marie Larisch se rendit au rendez-vous, « demain soir, à dix heures et demie », dans les jardins de la place Schwarzenberg. L'inconnu répète alors ce mot de passe et Marie Larisch assure qu'il s'agissait de l'archiduc Jean-Salvator dont elle reconnaît immédiatement les « yeux extraordinaires et son visage expressif » (*voir ci-dessous*).

Marie Larisch n'a jamais pu obtenir le pardon de Sissi, qui a refusé de la revoir. Furieuse, sa nièce menace alors François-Joseph de révéler ce qu'elle sait à moins que l'empereur n'achète son silence, c'est-à-dire les exemplaires de son premier livre *My Past* ! Son chantage lui rapportera, en treize ans, la somme, himalayenne, de plus d'un million de marks, soit, selon Jean-Paul Bled, « une fois et demi le coût de la grande roue du Prater » ! Par une sorte de justice immanente, Marie Larisch sera, à son tour, victime d'escrocs qui écorneront les revenus de ses extorsions de fonds. Elle est morte en 1940, ruinée, à la fois oubliée et méprisée, à l'asile de vieillards d'Augsbourg, en Allemagne.

**Jean-Salvator :** peut-être le meilleur ami de Rodolphe qui suivait de très près son action politique et partageait ses vues sur l'avenir de la Hongrie. Dans les derniers temps de sa vie, Rodolphe accordait une place particulière à ce cousin plus âgé qui avait espéré monter sur le trône de Bulgarie quatre ans plus tôt. Les deux hommes professaient des idées souvent amères et négatives sur l'existence. On peut penser que Jean-Salvator avait une forte influence sur le prince héritier dans ses rêves européens. Il connaissait ses secrets. Il attendait tout de Rodolphe et l'état-major de l'armée soupçonnait son goût de l'intrigue.

En octobre 1889, de retour d'un long voyage en mer, le cousin de Rodolphe adresse une curieuse requête à l'empereur. Il demande à renoncer à tous ses titres, à ses apanages et à changer de nom pour prendre celui de Orth, château habité par sa mère. François-Joseph n'appréciait guère ce neveu qu'il jugeait agitateur, débauché et trop lié à son fils. Sissi, en revanche, aimait son tempérament artiste et l'originalité de ses propos. François-Joseph accepte volontiers cette demande inattendue (qu'il aurait volontiers suggérée), car elle tiendra à l'écart le turbulent ami de Rodolphe qu'on disait, entre autres, impliqué dans les échanges télégraphiques avec la Hongrie à Mayerling... Toutefois, l'empereur en attend davantage : il exige que son neveu quitte immédiatement l'Autriche et, en changeant de nom, prenne la nationalité suisse. Lui aussi dérange...

Commence alors un extraordinaire feuilleton complémentaire, celui du mystérieux Jean Orth. Il gagne le port britannique de Liverpool et y achète un trois-mâts auquel il donne le nom de sa mère, *Marguerite*. Le 26 mars 1890, il s'embarque en compagnie de la chanteuse dont il partage la vie depuis des années, Milly Stubel. Le bateau met le cap au sud, à destination de l'Argentine. Une dernière lettre, datée du 10 juillet 1890, arrive à Vienne. Ensuite, le silence. Et, à nouveau, des interrogations : est-il mort ? Est-il vivant ? Certains affirment que son trois-mâts a fait naufrage dans l'Atlantique sud et a sombré corps et biens. De fait, on perd la trace du bateau. D'autres, comme Marie Larisch, dans la logique de sa rencontre pour la restitution du coffret confié par Rodolphe, affirment qu'il a disparu délibérément, a vécu en Chine avec sa maîtresse et qu'il est mort en Iran, en 1920. On l'aurait vu, aussi, caché en Norvège, juste après la Deuxième Guerre mondiale et il y serait mort à l'âge de quatre-vingt-quinze ans. Enfin, on affirma encore que selon son projet, il avait bien atteint la baie du Rio de la Plata, revendu son bateau après l'avoir maquillé et commencé une nouvelle vie fortunée en Amérique latine, dans le commerce de la viande. En tout, vingt-trois « témoins » ont aperçu et reconnu l'ancien archiduc dans divers endroits mais sans apporter aucune preuve. Il s'était exilé *a priori* volontairement (?) et brutalement. On ignore toujours pour quelles raisons précises. Personne, semble-t-il, ne l'a vraiment recherché...

## 3. L'entourage et les relations de Rodolphe

**Le comte de Bombelles :** ce jouisseur avait eu la même attitude « dévouée » à l'égard des princes qu'il servait, l'empereur Maximilien puis l'archiduc Rodolphe : leur procurer des « plaisirs », éventuellement particuliers dans le cas du frère de François-Joseph (voir l'excellent livre de Dominique Paoli, *Maxime ou le secret Weygand*, Racines, 2003). On peut considérer que n'ayant pas éclairé François-Joseph sur la véritable personnalité de son fils, le comte de Bombelles a une responsabilité au moins indirecte dans le préambule du drame de Mayerling. Dès que François-Joseph eut prononcé la dissolution de la Maison du Prince héritier, celui qui en était le grand maître se voit démis de ses fonctions avec une pension annuelle de 13 300 florins. Très rapidement, Bombelles sombre dans une débauche acharnée et c'est ainsi qu'il meurt la même année que Rodolphe. Il avait cinquante-sept ans. Un haut dignitaire de la Cour résume l'affaire, en réalité un vrai scandale : « Au retour d'une cure à Karlsbad (*en tchèque Karlovy-Vary*), il a emmené deux filles publiques (*en français dans le texte*) au Kahlenberg et c'est là, au milieu d'une orgie de la plus basse catégorie, qu'il fut frappé par une attaque. Il ne mourut pas instantanément et eut juste le temps de léguer à l'une de ces filles publiques tout ce qu'il possédait. Et dire que cet homme (...) était le mentor et le grand maître de l'archiduc Rodolphe (...). On ne pouvait pas avoir la main moins heureuse. » Cette opinion indignée est celle du comte Hübner, diplomate et fin observateur de la société impériale. Quel contraste avec le jugement de Stéphanie ! Lorsqu'elle apprend la mort de Bombelles, la veuve de Rodolphe écrit à sa sœur Louise son désarroi : « Encore un de moins. Je ne puis te dire quelle impression cette nouvelle me fait. Les plaies de mon cœur s'ouvrent à nouveau. Il était si dévoué, si bon conseiller et je ne le verrai plus, ne l'entendrai plus... Il ne pouvait plus vivre sans son maître (...). »

On notera que les deux princes que « Charly » Bombelles a servis, Maximilien et Rodolphe, sont morts tragiquement.

***Johann Loschek et Joseph Bratfisch :*** l'empereur, qui les a reçus longuement, les soupçonne, le gouvernement aussi. De quoi exactement ? D'en savoir trop, quelles que soient les circonstances du drame, d'y avoir été mêlés et, éventuellement, d'en être des complices, actifs ou passifs. Constatons seulement que le valet de Rodolphe est expulsé de Vienne (sans doute avec de l'argent) et que son cocher est placé sous filature policière permanente. « On » a peur qu'il ne parle les soirs où il chante dans les tavernes. Le rapport du préfet de police au Premier ministre est très explicite : « J'ai donné les ordres les plus stricts pour que Bratfisch soit gardé sous surveillance et que mes agents m'avertissent s'il rompt sa promesse de ne faire aucune déclaration. Je leur ai demandé aussi de veiller à ce que les journalistes n'entrent pas en contact avec lui. Il serait très désagréable qu'il dise quelque chose (...). » Par prudence, le comte Taaffe aurait vivement recommandé à Bratfisch de quitter le pays en lui garantissant que son avenir serait assuré. Il semble que le cocher soit parti un moment, mais vite revenu, attaché à ses racines. Certains soirs, il se contentait de murmurer, comme à lui-même : « Cela ne s'est pas passé comme on le dit... » Bratfisch est mort en 1892.

***Le comte Taaffe, Premier ministre :*** l'ami d'enfance de François-Joseph démissionne le 29 octobre 1893. Ses dossiers, ouverts après sa mort en 1912, sont... vides. Les enveloppes scellées, probablement remises par l'empereur, ne contiennent rien. Une hypothèse veut que ces secrets aient été transférés en Bohême, dans les profondeurs du château familial d'Ellischau. Ensuite, la précieuse caisse aurait disparu dans l'incendie, suspect, du château en 1926. Le fils du comte Taaffe a prétendu qu'il avait détruit ces documents. À moins que, selon un autre scénario, le petit-fils du comte Taaffe ait évacué ces archives lorsqu'il a fui la Tchécoslovaquie en 1937... Rien n'a jamais été retrouvé, ni les rapports de la commission nommée par l'Empereur qui s'est rendue à Mayerling ni même l'intégralité du rapport d'autopsie dont on connaît seulement un extrait publié par la presse proche du pouvoir, le 2 février 1889. En résumé, aucune des pièces constituant le dossier officiel n'a été découverte, ce qui ne peut que susciter des interrogations. Tant de « disparitions » ne peuvent être dues au seul hasard.

***Le baron Krauss, préfet de police :*** son dossier, ouvert en 1955, ne contient... rien non plus. Question : pourquoi conserver un dossier vide ? Ou croyait-on, sincèrement, qu'il était riche d'informations avant de l'ouvrir ?

**Le comte Hoyos :** il est le seul entré dans la chambre dite du drame qui ait laissé un compte rendu officiel mais privé de la mort de Rodolphe, sous le titre « Memorandum », daté du 30 janvier 1889. Ce document n'a été trouvé à Vienne qu'en 1928, par le baron Oskar von Mitis, directeur des Archives de l'État autrichien. Pour Mitis, qui rédige la première biographie de l'archiduc à partir de ce texte rempli d'incohérences, ce récapitulatif aurait été écrit, en réalité, en juillet 1889 « ... laissant la permission écrite de faire usage de ce document si la sauvegarde de son honneur l'exigeait ainsi ou si, parmi les historiens, il naissait des divergences d'opinion sur les circonstances de la mort du Prince impérial... ». Cela, en effet, n'a pas manqué ! Manifestement, Hoyos craint quelque révélation ou interprétation salissant sa mémoire après sa mort. Homme simple, qui passait pour borné, il ne pouvait supporter que ce soit son aveu, maladroit, de la mort de Rodolphe au chef de gare de Baden qui ait déclenché la déstabilisation de la Cour et irrémédiablement introduit le doute.

**Le baron de Hirsch :** la Cour paiera les créances qu'il détenait sur l'archiduc, beaucoup moins élevées qu'on ne l'a prétendu. Hirsch meurt d'une crise cardiaque en mars 1896, lors d'une chasse en Hongrie. Rodolphe, on s'en souvient, l'avait présenté au prince de Galles pour des raisons financières. Il saura gérer et faire gérer les faibles actifs d'Albert-Édouard, y compris par son successeur, un investisseur génial, sir Ernest Cassel. Devenu le roi Édouard VII, l'ancien grand ami et compagnon de Rodolphe sera délivré de soucis matériels privés.

**Moritz Szeps :** son rôle de conseiller politique et journalistique clandestin auprès de Rodolphe, bien que fortement soupçonné au moment du drame, n'est pas réellement connu. Il ne le sera qu'après sa mort par la publication de son importante correspondance, en 1937, par les soins de sa fille et collaboratrice Berta. Celle-ci avait épousé un célèbre professeur d'anatomie, le docteur Emil Zuckerkandl, dont Rodolphe suivait les travaux avec grand intérêt. Toutefois, avant cette date, dès 1922, Julius Szeps, frère de Moritz, avait publié une partie de ces « Lettres politiques à un ami ». L'édition de ce travail en Allemagne passe totalement inaperçue, car la république de Weimar doit surmonter de gigantesques difficultés de tous ordres, dont une crise économique et une inflation spectaculaires.

## 4. Les personnalités politiques étrangères

**Le chancelier Bismarck :** le Premier ministre de Guillaume II arrive au terme de sa prodigieuse carrière. Âgé de soixante-quatorze ans et malade, il vit très mal le conflit qui l'oppose chaque jour davantage à l'empereur. De même, les parlementaires lui paraissent être systématiquement des adversaires à son action. En 1890, le Kaiser le contraint à la démission. Aucune trace sérieuse d'un complot ourdi à Berlin contre Rodolphe n'a été trouvée, mais, franchement, le contraire eût été étonnant en admettant l'hypothèse de l'attentat ! Bismarck n'est pas un amateur. On peut seulement relever que son inquiétude à propos de l'avenir de l'Autriche est évoquée par une lettre à son fils Herbert dix ans avant Mayerling : « Les puissances de l'Est peuvent facilement former des coalitions contre nous avec l'entrée en scène de l'Autriche ; peut-être une coalition entre la Russie, la France et l'Autriche serait-elle plus dangereuse encore. Si deux de ces puissances venaient à s'allier étroitement, la troisième pourrait ainsi exercer sur nous une pression à n'importe quel moment. » Bismarck a toujours craint les tendances antigermaniques en Autriche « qu'elles fussent nationales ou religieuses ». Bismarck meurt en 1898. Dans ses Mémoires, qui ne paraissent qu'en 1899, où il révèle beaucoup de choses, il fait part de son cauchemar d'une « France et d'une Autriche liguées avec la Curie romaine... Il n'est pas besoin de grands mots pour montrer à quel point serait aggravé le péril de l'Allemagne ». Les adversaires de Bismarck ne cesseront de répéter la réflexion que le chancelier avait formulée devant le libéralisme affiché de Rodolphe : « Si le Prince impérial continue dans cette voie, nous avons tout à craindre de l'avenir. »

**Georges Clemenceau :** son propos est évidemment l'inverse, comme l'a montré sa rencontre nocturne avec l'archiduc à la veille de Noël 1886, ce dont Bismarck avait été informé avec retard. Il convient, ici, de replacer la situation de Clemenceau à l'égard de l'Autriche en tenant compte des événements. À défaut, on ne peut comprendre pourquoi l'impératrice Zita a accusé le politicien français d'être impliqué dans un supposé complot contre Rodolphe. D'abord, au moment de Mayerling, Clemenceau est absent de la vie publique française, souillé par l'imminent scandale de Panama où plusieurs de ses amis sont impliqués, en particulier Cornelius Herz, commanditaire de son journal *La Justice* et l'un des principaux protagonistes de l'affaire de Panama. Pour Clemenceau, Rodolphe incarne un avenir prometteur. Lui qui déteste les monarchies et exècre le catholicisme s'appuie sur un allié à Vienne pour son projet de revanche contre l'Allemagne. La mort du prince héritier, quels qu'en soient les modalités et les mobiles, s'ajoute aux épreuves qu'il subit. Le *Tigre*, jadis orateur vindicatif, est pour ainsi dire politiquement muet. Il est sévèrement battu aux législatives de 1893 et se réfugie dans une intense activité journalistique et mondaine, orientée autour de la littérature (Alphonse Daudet, Anatole France) et de la peinture (Claude Monet). Clemenceau ne réapparaît, incognito, dans la vie publique que lors de l'affaire Dreyfus, avec le titre qu'il donne au célèbre texte d'Émile Zola, « J'accuse... » dans *L'Aurore* du 14 janvier 1898. Et il ne retrouve un siège de parlementaire qu'en 1902, en devenant sénateur du Var.

Enfin, le chef historique du radicalisme est nommé ministre de l'Intérieur dans le cabinet Sarrien de mars 1906 puis président du Conseil le 23 octobre suivant.

La disparition prématurée de Rodolphe ne pouvait que gêner Clemenceau en le privant du pivot essentiel de son rêve européen. Il en parla, d'ailleurs, en 1909, avec Édouard VII, regrettant, selon Louise de Cobourg, une « Europe forte, dans la paix et la culture » que les princes libéraux comme Rodolphe auraient édifiée. Dès lors, son opinion sur l'Autriche-Hongrie, immuable alliée de l'Allemagne et dont il n'a plus grand-chose à espérer, va très lentement se modifier, même s'il continue de venir chaque année faire sa cure annuelle à Carlsbad, jusqu'en 1913. Et même s'il est heureux de se retrouver chez les Habsbourg après avoir été obligé de traverser le territoire des Hohenzollern... Et même enfin, si, rappelons-le, son frère Paul a épousé la fille aînée de Moritz Szeps. Son comportement se durcit, pour des raisons évidentes, en 1914. « (...) avec la guerre, les sentiments de Clemenceau envers l'Autriche-Hongrie changèrent. Lorsque, pendant la Conférence de la paix, Wilson voulut lui dire que suite à son changement de gouvernement, la Hongrie était devenue un pays ami, Clemenceau répondit brutalement qu'il n'en était rien, qu'elle restait "notre ennemie"[1]. »

---

1. *Clemenceau en 30 questions* de Jean-Jacques Becker, Getse Éditions, 2001, collection dirigée par Jean-Claude Martin. Une excellente monographie thématique, concise et claire.

Si l'impératrice Zita a poursuivi Clemenceau d'une haine définitive, publiquement révélée seulement en mars 1983, c'est évidemment parce que le patriote de 1917 s'est opposé farouchement à la négociation de paix séparée entre la France et l'Autriche diligentée en Suisse par les frères de Zita, à l'initiative de l'empereur Charles. Au passage, le Tigre traita le souverain de menteur, alors qu'il n'était pour rien dans le déclenchement de la guerre. L'acharnement de Clemenceau à dépecer l'Autriche-Hongrie et à soutenir la fixation de frontières nouvelles inspira à Rita Szeps, la seconde fille de son ami, une lettre en décembre 1918 : « Georges, je sais que tu es en train de détruire l'Autriche pour la punir. Je sais aussi que c'est injuste parce que mon peuple n'est pas responsable des erreurs de ses chefs. » Dès 1920, une partie de la presse britannique, consciente des illusions du traité de Versailles, qualifie le *Père la Victoire* de *Perd la Victoire*.

La faute de Clemenceau fut d'oublier l'avertissement de Talleyrand au congrès de Vienne, en 1815 : « Ne détruisons jamais l'Autriche. C'est le rempart de l'Europe. »

# SOURCES ET BIBLIOGRAPHIE

De très nombreuses sources utilisées pour la rédaction de ce livre ont été citées dans le cours de l'ouvrage. Toutefois, l'auteur tient à indiquer, à titre de rappel, les principaux documents, témoignages et archives qu'il a pu consulter ainsi que les études classiques parfois anciennes ou méconnues sur le sujet. Ces références complètent les entretiens personnels qu'il a eus depuis vingt ans avec plusieurs membres de la Maison d'Autriche, en particulier S.M. l'impératrice et reine Zita, S.A.I. et R. l'archiduc Otto de Habsbourg-Lorraine ainsi que la princesse Stéphanie de Windisch-Graetz. D'innombrables renseignements et remarques utiles lui ont également été fournis par des descendants directs ou indirects qui ont souhaité conserver l'anonymat, le tout constituant une enquête en partie inédite. En raison de l'importance du sujet, de ses implications familiales européennes et de ses divers aspects personnels, politiques et diplomatiques, les éléments ci-dessous ne peuvent que constituer une sélection, nécessairement subjective mais établie dans l'intérêt du lecteur soucieux d'approfondir la personnalité et la vie souvent ignorées de Rodolphe et les données de l'énigme. Un obstacle est constitué par les langues. Si la majorité des ouvrages publiés est bien entendu en allemand, de très intéressants travaux ont été édités directement en anglais, en hongrois, en tchèque, en slovaque, en croate, en italien, en espagnol et bien sûr en français. Parfois, l'ouvrage n'est pas diffusé dans le pays d'origine ni la langue maternelle de son auteur, sans doute par prudence ; parfois, le nom de l'auteur est inconnu ou caché par un pseudonyme ; cela concerne surtout les recherches et révélations de l'entre-deux-guerres publiées par d'anciens ressortissants de la double monarchie, dans une période troublée. Pour beaucoup d'entre elles, aucune traduction ou adaptation française n'est envisageable. Même remarque, par définition, pour la presse de l'époque qui a été consultée dans une dizaine de pays. Enfin, cette liste ne propose pas de regrouper les titres par option, le suicide ou l'assassinat, ni par d'autres classifications analysant les innombrables mobiles supposés dans un cas comme dans l'autre. Au lecteur de se faire son opinion après l'exposé le plus objectif et le plus complet possible par l'auteur, sans aucun *a priori* ni parti pris.

Anonyme, *Das Mayerling Original. Offizieller Akt des k.k. Polizteipräsidiums*, Munchen-Stuttgart-Zürich-Wien, 1955.
Anonyme, *Les Derniers Jours de l'Archiduc Rodolphe*, édité par Hamil Grant, Dodd Mead, New York, 1916.
Antoine d'Arjuzon, *Édouard VII, le prince de l'Entente cordiale*, Perrin, Paris, 2004.
Christian Baechler, *Guillaume II d'Allemagne*, Fayard, Paris, 2003.
Guy Authier, *Victoria, l'apogée de l'Angleterre*, France-Empire, Paris, 2000.
Richard Barkeley, *The Road to Mayerling*, Saint Martin's, Londres, 1958.
Jean-Jacques Becker, *Clemenceau en 30 questions*, Geste, 79260 La Crèche, 2001.
Célia Bertin, *Mayerling ou le destin fatal des Wittelsbach*, Perrin, Paris, 1967.
Otto von Bismarck, *Réflexions et souvenirs*, édition américaine, Harper, New York, 1899.
Jean-Paul Bled, *François-Joseph*, Fayard, Paris, 1987.
—, *Rodolphe et Mayerling*, Fayard, Paris, 1989.
—, *Histoire de Vienne*, Fayard, Paris, 1998.
Isabelle Bricard, *Les Dynasties régnantes d'Europe*, Perrin, Paris, 2000.
Cyril Buffet, *Berlin*, Fayard, Paris, 1993.
Jean des Cars, *Sissi ou la Fatalité*, Perrin, Paris, 1983, réédition avec mise à jour, 2003.
—, *Sur les pas de Sissi*, album illustré de photograhies de Jérôme da Cunha, Perrin, Paris, 1989, réédition avec mise à jour, 1998.
—, *Louis II de Bavière ou le Roi foudroyé*, Perrin, Paris, 1975, réédition 2003.
André Castelot, *Maximilien et Charlotte, la tragédie de l'ambition*, Perrin, Paris, 1977.
Zeffiro Ciuffoletti (sous la responsabilité de), *Les Habsbourg, moments d'une dynastie 1848-1916*, Alinari, Florence, 2002.
Égon César, comte Corti, *Élisabeth d'Autriche*, édition française, Payot, 1936, réédition 1982.
Raymond Chevrier, *Le Secret de Mayerling*, Pierre Waleffe, Paris, 1967.

Georges-Henri Dumont, *Léopold II*, Fayard, Paris, 1990.
Jean-Baptiste Duroselle, *Clemenceau*, Fayard, Paris, 1988, réédition, 2002.
Philippe Erlanger, *Clemenceau*, Grasset/Paris-Match, 1968.
Faludi Ildikó, *A Gödöllöi Kastély*, Gödöllő Királyi Kastelymúseum, 1998.
Erich Feigl, *Zita de Habsbourg, Mémoires d'un Empire disparu*, préface de François Fejtö, Criterion, Paris, 1991.
François Fejtö, *Requiem pour un Empire défunt*, Lieu Commun, Paris, 1988.
Emil Franzel, *Crown Prince Rudolf and the Mayerling Tragedy*, Herold, Vienne, 1974.
Lothar Gall, *Bismarck, le révolutionnaire blanc*, édition française, Fayard, Paris, 1984.
François Georgeon, *Abdul Hamid, le sultan calife*, Fayard, 2003.
Yves Grosrichard, *Les Cent Visages de Bismarck*, Presses de la Cité, Paris, 1970.
Brigitte Hamann, *Rudolf, Kronprinz und Rebell*, Amalthea, Vienne, 1978.
—, *Élisabeth, Kaiserin wider Willen*, Amalthea, Vienne, 1982.
Fritz Judtmann, *Mayerling ohne Mythos. Ein Tatsachenbericht*, Kremayr & Scheriau, Vienne, 1968, réédition 1982 présentée par Margot Judtmann.
Mia Kerckvoorde, *Marie-Henriette, une amazone face à un géant*, Racines 1998, Bruxelles, nouvelle édition revue et corrigée, 2001.
Jacques de Langlade, *La Reine Victoria*, préface de Robert Merle, Perrin, Paris, 2000.
Comtesse Marie Larisch von Wallersee-Wittelsbach, *My Past*, Nash, Londres, 1913.
—, *Les Secrets d'une Maison royale*, Payot, Paris, 1935, réédition 1945.
Comtesse Judith of Listowell, *Crown Prince Rudolf*, Ascent, Londres, 1978.
Comte Carl de Lonyay, *The Mayerling Tragedy*, Scribner, New York, 1949.
Princesse Louise de Belgique, *Autour des trônes que j'ai vu tomber*, Albin Michel, Paris, 1921.
Szabó Margit, *... Gödöllői lakos vagyok... Erzsébet kiràlyné a kastélyban*, Ofelsége Bt, Gôdöllö, 2002.
Général baron Albert de Margutti, *Emperor Franz-Josef and his Time*, Doran, New York, 1921.
Roland Marx, *La Reine Victoria*, Fayard, Paris, 2000.

Baron Oskar von Mitis, *The Life of the Crown Prince Rudolf*, édition anglaise, Skeffington, Londres, 1930.

Paul Morand, de l'Académie française, *La Dame Blanche des Habsbourg*, Robert Laffont, Paris, 1963.

Prince Paul Mourousy, *Charlotte de Belgique, Impératrice du Mexique*, Le Rocher/Jean-Paul Bertrand, Paris/Monaco, 2002.

Dominique Paoli, *Maxime ou le secret Weygand*, Racines, Bruxelles, 2003.

Gérard Pesme, *Mayerling*, Balzac, Paris, 1975.

Werner Richter, *Bismarck*, édition française, Plon, Paris, 1962.

Irmgard Schiel, *Stéphanie, princesse héritière dans l'ombre de Mayerling*, édition française, Duculot, Paris/Louvain 1989, réédition Racines, Bruxelles, 1999.

Michel Sementéry, *Les Dynasties d'Europe au XX$^e$ siècle*, Éditions Christian, Paris, 2001.

Jean Sévillia, *Zita, Impératrice courage*, Perrin, Paris, 1997, réédition 1999.

Renate Stephan, *L'Impératrice Elizabeth d'Autriche*, Austria Imperial Edition, Lindenau Production, Vienne, 1998.

Princesse Stéphanie de Belgique, comtesse de Lonyay, *Je devais être Impératrice*, Jean Dewitt/Librairie de la Grand'Place, Bruxelles, 1937.

Julius Szeps, *Kronprinz Rudolf. Briefe an einen Freund*, Rikola, Vienne, 1922.

Jose C. Valades, *Maximiliano y Carlota en México*, Diana, Mexico, 1976, réédition 1977.

Baronne Vetsera, *Le Douloureux Roman de ma fille*, présenté par J. Paal, Goemaere, Bruxelles, 1939.

Baronesse Mary Vetsera, *Tagebuchblätter und Briefe*, Carl Minde, Leipzig, 1889.

Ugek, *La Tragédie de Mayerling*, Veritas, Bruxelles, 1953.

Stanley Weintraub, *Victoria, une biographie intime*, édition française, Robert Laffont, Paris, 1988.

Princesse Ghislaine de Windisch-Graetz, *L'Orpheline de Mayerling, Élisabeth-Marie, l'Archiduchesse Rouge*, édition française, Duculot, Paris/Louvain, 1990, réédition Racines, Bruxelles, 1998.

Victor Wolfson, *Mayerling, la mort trouble*, édition française, Robert Laffont, Paris, 1970.

Berta Zuckerkandl-Szeps, *Ich erlebete fünfzig Jahre Weltgeschichte*, Berman/Fischer, Stockholm, 1939.

# GÉNÉALOGIES

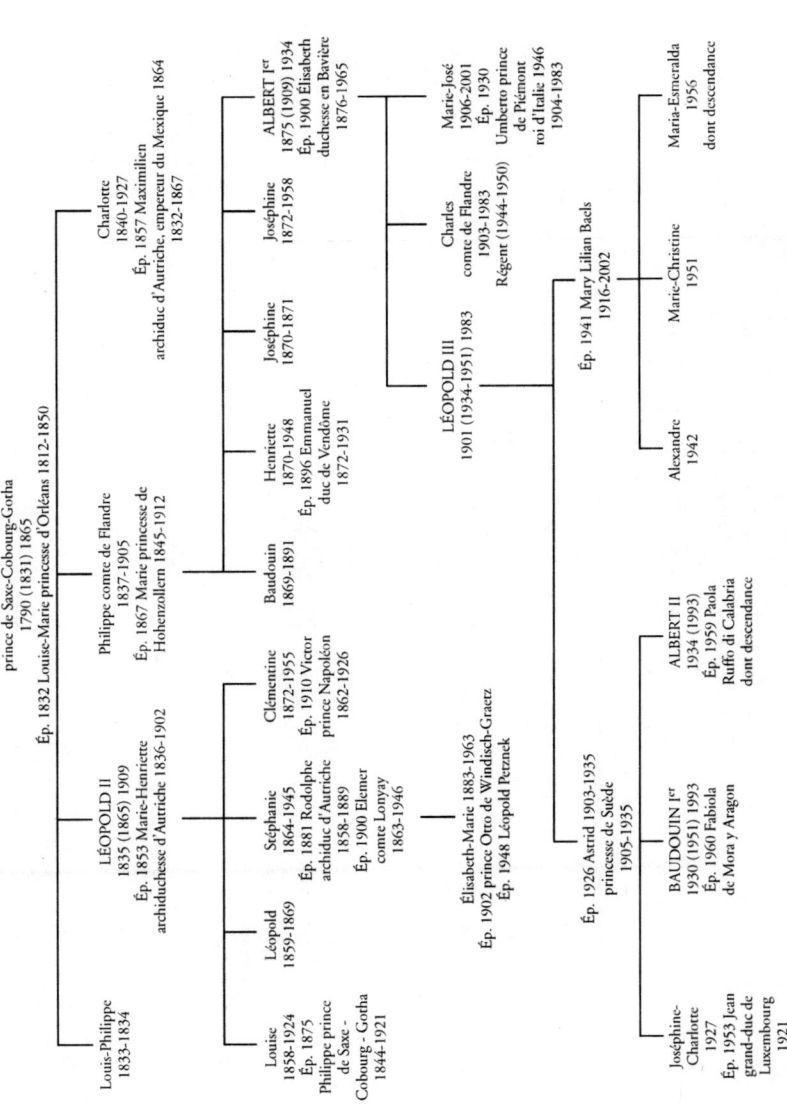

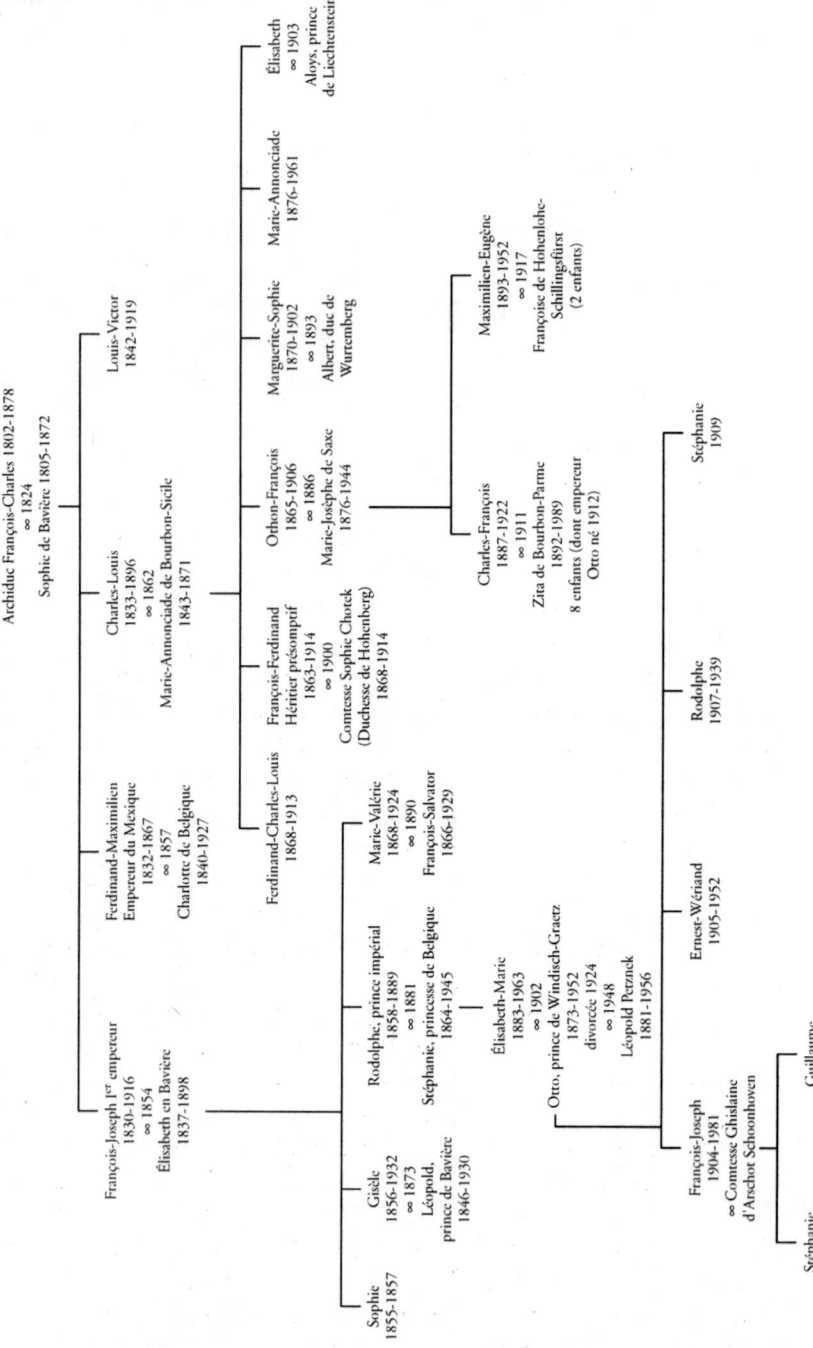

# REMERCIEMENTS

Je tiens à exprimer ma gratitude aux personnes, privées et publiques, organismes et institutions qui m'ont aidé dans mes recherches, la préparation et la rédaction de cet ouvrage.

Mon enquête, étalée sur plusieurs années, m'a conduit dans les différents pays composant l'ancien Empire des Habsbourg, de Vienne à Prague, de Bratislava à Budapest, en Croatie, en Dalmatie, en Slovénie, en Bosnie-Herzégovine, en Serbie, en Roumanie, en Bulgarie, au Monténégro mais aussi en Turquie, en Allemagne, en Russie, au Royaume-Uni, en Espagne, au Portugal, en Italie, en Grèce, en Pologne, en Belgique et en France.

Je dois une reconnaissance particulière à Mmes Ursula Painvin (pour ses traductions de l'allemand), Maria Sandorfi (pour ses traductions du hongrois), Dominique Paoli, historienne rigoureuse, pour sa fourniture de précieux documents et archives. Que Mme Szabó Margit, du château de Gödöllö (Hongrie), et M. Sàndor Csernus, directeur de l'Institut hongrois de Paris et conseiller culturel auprès de l'ambassade de Hongrie en France sachent que je suis leur obligé. Il en va de même pour M. Ogris, que j'avais rencontré lorsqu'il dirigeait les archives de Klagenfurt en Carinthie (Autriche). Je n'oublierai pas le souvenir attachant de M. et Mme Erik von Kuehlnet-Leddihin ainsi que celui de leur beau-frère, le comte Léopold Goëss dont les témoignages familiaux m'ont été très utiles. M. Jacques Mayer, administrateur délégué de l'Hôtel Beau-Rivage (Genève) ainsi que sa famille trouveront l'assurance de mon amitié renouvelée. De même, que les propriétaires et la direction de l'Hôtel Baur-au-Lac de Zürich (Suisse) sachent combien leurs attentions m'ont comblé (Mme Marguita Kracht, M. et Mme Andrea Kracht, M. et Mme Michel Rey en particulier). Le souvenir de ma rencontre avec M. Roger Stroh demeure très émouvant.

Ma reconnaissance ne saurait oublier le grand metteur en scène Jean Delannoy, tellement décrié par la *Nouvelle Vague* mais dont l'œuvre, si variée, demeure un symbole du cinéma français de qualité, ni le cinéaste Pierre Unia pour leurs exceptionnelles confiance et assistance technique. Merci, également, à Magalie Guilpain pour son aide dans la recherche des journaux de l'époque ainsi qu'à Jérôme Da Cunha pour son travail iconographique et photographique. J'exprime aussi ma gratitude à Patrick de Carolis pour son émission « Des Racines et des Ailes » diffusée sur FR3 (en particulier celle du 10 décembre 2003 dont j'étais un invité) et à l'équipe particulièrement attentive et compétente : Christophe Charles, Isabelle Richard, Laurence Thiriat et Sam Caro.

Les conservateurs et le personnel des anciennes résidences impériales et royales publiques (Hofburg, Schönbrunn, Villa Hermès, château de Prague, château de Konopicse) et les propriétaires des demeures privées (Kaiservilla à Bad Ischl, château de Persenbeug, château de Artsetten). J'y associe, en particulier, le souvenir de S.A.I. l'archiduchesse Hubert-Salvator d'Autriche-Toscane née Rosemary zu Salm und Salm-Salm, entre autres mon inoubliable cavalière lors d'une non moins mémorable « Valse de l'Empereur », évidemment...

D'innombrables descendants directs ou de contemporains m'ont fourni d'intéressants détails ou éléments de réflexion et des documents, y compris dans les environs de Mayerling. Je respecte l'anonymat qu'ils ont souhaité conserver tant le sujet divise toujours l'opinion, parfois sans tenir compte d'une réalité : l'histoire est aujourd'hui une science vivante et on doit s'en féliciter.

Enfin, on comprendra ma plus déférente gratitude posthume à l'égard de S.M. l'impératrice et reine Zita, décédée le 14 mars 1989. L'audience qu'elle m'avait accordée en novembre 1982 en exclusivité pour la presse francophone et quatre mois avant la confirmation de ses propos à la presse autrichienne demeure le plus passionnant et le plus poignant de mes souvenirs de journaliste et d'historien. De même, les entretiens avec son fils, S.A.I. et R. l'archiduc Otto de Habsbourg, sont du plus haut intérêt. Ils se sont déroulés à son domicile de Pöcking (Bavière), à Vienne lors du tournage d'un documentaire auquel je collaborai pour la chaîne FR3 sous le titre « Otto l'Européen » ainsi que lors de l'émission de François-Henri de Virieu « L'heure de vérité », dont l'archiduc était l'invité sur Antenne 2, en décembre 1993. Je ne puis oublier sa lumineuse vision des questions européennes, sa connaissance si précise de notre histoire, la justesse de ses prévisions ni la qualité de ses propos dans plusieurs langues, toujours avec élégance et une inlassable courtoisie.

Mon épouse Monique a été d'une irremplaçable aide par sa collaboration constante, ses recherches et son regard attentif de première lectrice. Je la remercie d'avoir supporté une si longue concurrence intellectuelle ! Que Laurent Theis soit remercié de la justesse de ses remarques et suggestions, toujours formulées avec autant de pertinence que de délicatesse. Que la Direction et les équipes des Éditions Perrin, qui, pour diverses raisons indépendantes de ma volonté, ont attendu ce livre, sachent combien je leur suis reconnaissant de leur patience, de leurs efforts et de leur soutien.

Enfin, je n'oublierai jamais la présence à mes côtés de l'incomparable Epsom. Il nous a donné quinze ans de bonheur et réservé ses dernières forces. Il fut, jusqu'au terme de sa vie, le plus tendre et le plus gai des compagnons. Son regard était bon et intense. Comme le dit l'admirable film d'Ettore Scola récemment reprogrammé : « *Nous nous sommes tant aimés...* »

# INDEX

Abdül-Hamid II, sultan : 248 à 251.
Adélaïde, princesse : 17.
Adler : 386.
Agnès, femme de chambre de Mary Vetsera : 396, 403, 408, 412, 413, 415, 417.
Albert, archiduc : 52, 72, 110, 208, 211, 224, 255, 292, 309, 311, 335, 371, 427, 516.
Albert, roi de Saxe : 147, 312, 347.
Aleko Pacha : 270.
Alençon Sophie d', duchesse (voir Wittelsbach Sophie)
Aleš Mikolàs : 201.
Alexandre de Battenberg, prince de Bulgarie : 247, 270 à 272, 289, 290, 299, 315, 321.
Alexandre II, tsar : 105, 117, 141, 170, 207, 268, 272.
Alexandre III, tsar : 240, 262, 266 à 268, 272, 289, 290, 320 à 322, 340, 368, 379.
Alphonse XII, roi d'Espagne : 138.
Andrássy, comte : 44, 49, 56 à 58, 60, 62, 64 à 66, 71, 72, 81, 90, 97, 113, 116, 122, 124, 140, 141, 143, 245, 271.
Andropov, ambassadeur de Russie : 12.
Anet Claude : 533.
Anspach Jules : 152.
Apponyi, comtesse : 394, 395.
Arneth, historien : 77.
Auber Daniel-François-Esprit : 155.

Auchenthaler, docteur : 341, 465.
Audiberti Marie-Louise : 389.
Auersperg Karl : 79, 85, 494.
Aumale, duc d' : 321.
Baechler Christian : 232, 317.
Baltazzi Alexandre : 438, 440, 465.
Baltazzi Hector : 537.
Baltazzi, les frères : 391.
Bartos, professeur : 92.
Battyàny, famille : 49.
Baty Gaston : 535.
Baudouin, prince : 150.
Baudry Paul : 201.
Beaconsfield, lord (voir Disraeli).
Beck, général baron : 119, 208, 255, 329.
Bell Alexandre Graham : 113.
Bellegarde, comte : 502.
Bergman Ingrid : 532.
Beria : 525.
Bernhardt Sarah : 367, 369.
Bertin Célia : 35, 76, 85, 145.
Béthouart, général : 12.
Beust, ministre : 64, 90, 113.
Bilirot, docteur : 316.
Bischoffheim Clara : 307.
Bismarck Herbert : 312, 337.
Bismarck : 35, 43, 48, 51, 52, 54, 55, 60, 64, 86, 87, 89, 90, 95, 104, 105, 110, 116, 117, 121, 122, 124, 141, 179, 201, 205, 220, 222, 227, 231, 232, 241, 265, 271, 272, 273, 284, 287, 289, 290, 293 à 301, 308 à 316, 320, 322, 327, 333, 336, 340,

353, 357, 365, 373, 388, 389, 418, 423, 430, 443, 472, 481, 482, 485, 487, 501, 504, 515, 532, 536.
Blanchar Dominique : 535.
Bled Jean-Paul : 200, 226, 324, 325.
Bombelles de, marquis : 106.
Bombelles Henri-François : 107.
Bombelles Louis-Philippe : 107.
Bombelles, Charles-Albert de, archiduc : 105 à 111, 118, 124, 125, 130, 132, 145, 149, 305, 360, 379, 452, 453, 465, 474, 502, 509.
Boroviczény Karl Georg von : 526.
Boulanger, général : 293, 294, 301, 315, 327, 334, 427, 431.
Bourbon-Parme Marie-Louise de, reine de Bulgarie : 321.
Bourbon-Parme Xavier de, prince : 526, 538.
Bourbon-Parme Zita de (voir Zita de Bourbon-Parme, impératrice).
Boyer Charles : 532.
Bragance Marie-Thérèse de, princesse : 102.
Bragance Michel de, duc : 395, 406, 421, 495.
Bratfisch, cocher : 305, 306, 379, 380, 383, 397, 402, 405, 408, 417, 434, 435, 445 à 451, 461, 480, 493, 502, 523.
Bratfisch, M$^{me}$ : 380.
Braun, conseiller : 206, 208.
Brehm, docteur : 41, 125, 126, 136, 161, 168, 238.
Brejnev Leonid : 20.
Bresnitz Heinrich : 355.
Briand Aristide : 13.
Brook-Sheperd Gordon : 14.
Brown John : 112, 318.
Calabre de, duc : 32.
Caloni Philippe : 539.
Cambridge de, princesse : 113.
Carnot Sadi : 474, 475.
Carol I$^{er}$, roi de Roumanie : 240, 251, 252, 256.
Carolis Patrick de : 72.
Chaffanjon Arnaud : 321.
Chamoin, commandant : 474.
Charles de Habsbourg-Lorraine, archiduc (voir Charles I$^{er}$ d'Autriche)
Charles Louis, archiduc : 108, 110, 267, 282, 395, 427, 490, 491, 525.
Charles I$^{er}$, empereur d'Autriche : 11, 14, 16, 20, 183, 529.
Charles IV de Hongrie (Charles I$^{er}$, empereur d'Autriche) : 11, 183.
Charlotte de Belgique, impératrice du Mexique : 63, 108, 109, 150, 157, 159, 162, 278.
Chastenet Geneviève : 107.
Chastenet Jacques : 222.
Chateau René : 544, 545.
Chimay de, prince : 478.
Chotek Sidonie : 148.
Chotek Sophie : 148.
Chotek, comte : 148, 154.
Chotek, comtesse : 133.
Chouvalov, comte : 121.
Christian IX, roi de Danemark : 262.
Christomanos Constantin : 39.
Clemenceau Georges : 10, 15, 16, 214, 220 à 222, 225, 226, 291 à 299, 301, 312, 316, 327, 332, 431, 432, 522, 541.
Clemenceau Paul : 295, 301.
Clemenceau Sophie, M$^{me}$ (Sophie Szeps) : 301.
Coquelin Constant dit Coquelin Aîné : 223.
Corti Egon César, comte : 277, 518, 519.
Corvin Mathias : 93.
Cossé-Brissac Hélène de : 18.
Croÿ de, princesse : 419.
Csaki, comte : 418.
Curtius Ernst : 242.
Darrieux Danielle : 532.
David, baronne : 338.
Déak Ferenc : 45, 46, 57.
Decrais Albert : 345, 426, 478.
Delannoy Jean : 535, 538 à 540, 544, 545.
Deneuve Catherine : 533.
Denis Jacques : 15.
Deschanel : 541.
Disraeli : 112, 113, 115, 116, 121, 124, 153, 481.

Drouant Charles : 221.
Drumont Edouard : 222, 307, 359, 360.
Dumas fils Alexandre : 368.
Dumont Georges-Henri : 152.
Edouard, prince de Galles : 113 à 115, 179, 213, 230, 264, 288, 298, 318, 319, 334, 339, 342 à 348, 363, 374, 395, 484, 529.
Eiffel Gustave : 322.
Elisabeth de Wittelsbach, impératrice d'Autriche, dite Sissi : 12, 13, 16, 18 à 20, 25 à 51, 54 à 96, 99, 103, 112, 114, 116, 123, 125, 130 à 135, 138, 140 à 147, 150, 152 à 168, 171, 173 à 177, 181, 183, 185, 186, 189 à 194, 196, 203, 205, 208, 213 à 215, 229, 233, 236, 237, 243, 246, 252, 259, 262, 268, 269, 273 à 278, 284 à 286, 289, 309, 314, 316, 319, 329, 339, 341, 347, 353, 356, 368 à 371, 375, 384, 386, 391, 399, 401, 405, 433, 444, 453 à 457, 468, 473, 476, 484, 487 à 488, 491, 497 à 499, 504, 514, 515, 518, 523, 529, 531, 535, 537.
Elisabeth-Marie-Henriette-Stéphanie-Gisèle, dite Erzébet, dite Erzsi, fille de Rodolphe et Stéphanie : 234, 243, 302, 379, 386, 469, 507, 509.
Eötvös Joseph, baron : 68.
Erkel Ferenc : 264.
Erlanger Philippe : 298.
Esterházy Hélène, comtesse : 483.
Esterhazy Liechtenstein, comtesse : 30.
Esterházy, comte : 391.
Eugénie de Montijo, impératrice des Français : 84, 89, 531.
Eulalie d'Espagne, infante : 147.
Eulenburg Philippe d', comte : 515.
Exner, professeur : 41, 92.
Falk Max : 64, 65.
Falkenhayn, M. de : 473.
Favre Jules : 89.
Feigl Erich : 14.
Fejto François : 15.
Fényvessy, député : 442.

Ferdinand I$^{er}$, empereur d'Autriche : 55, 64, 108, 126, 133, 198.
Ferdinand I$^{er}$, roi de Bulgarie : 320.
Ferdinand IV, grand duc de Toscane : 131, 169, 258.
Ferenczy Ida : 44, 48, 57, 62, 64, 453.
Ferrer Mel : 533.
Ferry Jules : 213, 220, 222, 293, 378.
Festetics Marie : 37, 90, 96, 100, 103, 133, 142, 143, 153, 157, 177, 183, 184, 200, 285, 377, 392.
Fischer, docteur : 47, 60.
Fischer, M$^{me}$ : 149.
Flandre de, comte et comtesse : 154, 159, 164, 530.
Flatzelteiner : 542.
Floquet Charles : 341.
Foliot de Grenneville, comte : 75.
François II, empereur d'Autriche : 496.
François-Charles, archiduc, père de François-Joseph : 64, 122, 138, 243.
François-Ferdinand de Habsbourg, archiduc : 15, 126, 133, 148, 243, 255, 307, 329, 359, 384, 490, 491, 500, 516, 518, 529, 535.
François-Joseph, empereur d'Autriche, roi de Hongrie : 10, 12, 13, 15, 18, 19, 21, 23, 25 à 38, 41, 42, 45, 47, 49 à 56, 59 à 62, 65 à 93, 97 à 99, 102 à 104, 106 à 113, 116, 117, 119, 122, 124 à 126, 128 à 130, 133, 134, 140, 141, 144, 146 à 148, 150, 152, 154, 157, 158, 161, 162, 165, 166, 168, 171, 173 à 175, 179, 181 à 183, 185, 187, 189, 194, 196, 199 à 204, 208, 213, 215, 219, 227, 231 à 234, 236, 239, 245, 246, 249, 252, 256, 265, 267 à 271, 274, 275, 278, 282 à 285, 290, 299, 300, 306, 309, 312, 321, 322, 329, 331, 335 à 339, 342 à 349, 352 à 354, 363, 367, 369 à 373, 377, 378, 380, 385, 388, 391, 399, 405, 418, 422, 423, 426, 428, 443, 444, 453 à 455, 458, 460, 462, 463, 466 à 469, 474 à 477, 481 à 491, 495, 496, 500 à 502, 505, 506,

508, 510, 511, 514, 515, 518, 521, 524, 526 à 530, 533, 541.
François-Salvator, archiduc : 276, 302, 322, 375, 376, 441, 469, 529, 535.
Frazer Keith, général : 490.
Frédéric III (voir Frédéric-Guillaume, kronprinz)
Frédéric VII, roi de Danemark : 262.
Frédéric-Guillaume IV, roi de Prusse : 122, 123, 287, 288.
Frédéric-Guillaume, kronprinz : 242, 310, 311, 314, 316, 317, 319, 323, 325, 327, 328, 332, 335.
Freiherr de Pauemann Edouard : 543.
Freiser Camilia : 538.
Freud Sigmund : 48.
Freycinet Charles : 292.
Frossard Charles, général : 88, 161.
Fugger, princesse : 176.
Fürstenberg de, comtesse : 80, 135.
Galimberti, Mgr : 423, 482, 516, 517, 538.
Gambetta Léon : 213, 220, 224, 295, 355, 481.
Ganglbauer, Mgr : 489.
Gardner Ava : 533.
Garnier Charles : 264.
Gautier Jean-Jacques : 535.
Georges I$^{er}$, roi de Grèce : 262, 263.
Gérôme Jean-Léon : 201.
Géruzet, les frères : 158.
Ghio Auguste : 332.
Giesl Arthur de, baron : 467, 521.
Gisèle, archiduchesse, 2$^{ème}$ fille de François-Joseph : 27, 33, 49, 50, 52, 56, 63, 68, 70, 71, 74, 78, 82, 84, 95, 96, 102, 125, 154, 175, 233, 258, 283, 285, 486, 489, 525.
Gladstone William : 115.
Goblet René : 292, 301, 341, 426, 474, 478, 492.
Goëss Léopold, comte : 528.
Goëss Marie, comtesse : 528.
Gondrecourt de, général, comte : 36, 38, 46, 76.
Grasset Jean-Baptiste : 230.
Grévy Jules : 171, 213, 301, 315.

Grunne de, comte : 30.
Gudden von, docteur : 285, 286.
Guénet François : 10, 17, 19.
Guillaume d'Allemagne, prince, futur Guillaume II, roi de Prusse : 229 à 231, 240, 242, 264, 306, 310, 318, 327, 333.
Guillaume I$^{er}$, roi de Prusse : 35, 52, 54, 59, 60, 86, 89, 90, 122, 179, 205, 207, 240, 242, 265, 266, 272, 308, 310, 311, 315, 316, 323, 327, 328, 363.
Guillaume II, roi de Prusse : 10, 179, 316, 329, 336 à 348, 357, 360 à 362, 368, 370, 373, 378, 383, 388, 424, 425, 427, 428, 442, 443, 460, 474, 481, 484, 486, 487, 491, 515, 517, 519, 527, 536, 538.
Gurko von, M$^{me}$ : 355.
Habsbourg Otto de, archiduc : 17, 21, 329, 330, 337, 358, 359, 543.
Habsbourg-Toscane Jean-Salvador, archiduc de : 299, 300.
Halévy Ludovic : 295.
Hamann Brigitte : 230, 309, 335, 336, 341, 362, 384, 543.
Hanslick Edouard : 505.
Hattala, professeur : 128.
Heine Henrich : 368, 369, 376, 377.
Hélène, princesse de Monténégro, reine d'Italie : 260.
Henri de Prusse, prince (frère de Guillaume II) : 345.
Hepburn Audrey : 533.
Hériot Philippe : 534.
Hermine, professeur de piano : 400, 407, 409, 412, 417.
Herz Cornelius : 221, 293, 307.
Hirsch, baron : 251, 300, 301, 306, 307, 312, 334, 355, 363, 369, 377, 404, 415, 459.
Hitler Adolf : 11.
Hochstetter de, docteur : 77.
Hodek, M. : 125.
Högler Johanna : 542.
Hohenlohe de, prince : 453, 462, 488, 490.
Hohenzollern de, prince : 86, 87.
Hohenzollern, Marie de : 61, 89.

Holstein : 515.
Homolatsch Anna : 361, 362.
Hormann, docteur : 475.
Horns Jean : 524, 525.
Horthy, amiral : 16.
Horvath Michel : 93.
Hotze von, colonel : 128.
Hoyos Joseph, comte, dit Josl : 169, 430, 437, 439, 441, 445, 448 à 453, 456, 462, 473, 479, 494.
Hübner, comte : 175.
Hugo Victor : 296, 373.
Hunyadi, comte : 490.
Hymans Paul : 530.
Jammot Armand : 539, 540.
Jamois Marguerite : 535.
Jérôme Alain : 540.
Joffre, marechal : 13.
Jókai Maurice (Mór) : 102, 144, 244.
Jonghe de, comte : 478, 491.
Joseph II, empereur d'Autriche : 22, 95, 516.
Joseph-Antoine, archiduc, comte palatin de Hongrie : 192.
Juan Carlos, roi d'Espagne : 17.
Judtmann Fritz : 422, 427, 428.
Judtmann Margot : 422.
Jugert Rudolf : 533.
Kàllay Benjamin von : 337, 339.
Kálnoky Gustav : 219, 245, 254, 260, 266, 270, 273, 290, 300, 309, 311, 312, 319, 321, 332, 335, 336, 344, 488, 490.
Karas Anton : 11.
Karl, archiduc : 21.
Karolyi Etienne, *Pista*, comte : 264, 418, 439, 442, 444, 445, 473.
Kaspar Mitzi : 305 à 307, 325, 381 à 383, 404, 415, 428, 429, 453.
Kathie, fille de cuisine : 430.
Keller, général : 473.
Kempler Niklas, M$^{me}$ : 455.
Khevenhuller, comte : 272.
Khrouchtchev Nikita : 12.
Kindermann Dieter : 21.
Köchert J.H. : 40.
König, Mgr : 20.
Kossuth : 44, 51, 62.

Krauss, baron : 381 à 383, 434, 438, 440, 441, 446, 461, 467, 491.
Kreisky Bruno, chancelier : 17, 18.
Kubash, conseiller à la cour : 540.
Kuehnelt-Leddihn Christiane von : 528.
Kuhn, général : 335, 336.
Kundraft, docteur : 475.
Kuranda Annie : 384.
Kuranda Emil : 384.
Laboulaye, M. de : 492.
Lafaurie, baron : 523.
Lambsdorf, comte : 423.
Lanner Joseph : 397.
Larisch Georges, comte : 103, 406.
Larisch Marie, comtesse : 114, 116, 132, 161, 162, 176, 177, 187, 215, 228, 309, 319, 392 à 407, 411, 414 à 417, 420 à 422, 424, 425, 432 à 441, 462, 466, 468, 493, 533.
Latour de Thurnburg de, colonel : 39, 45, 53, 54, 63, 75 à 77, 83, 85, 93, 99, 102, 103, 110, 116, 124, 134, 140, 143, 149, 152, 154, 159, 163, 164, 199, 206, 208, 209, 216, 270, 271, 273, 289, 332.
Lavoisier : 95.
Ledru-Rollin : 62.
Léhar Franz : 260.
Léon Léonie : 220.
Léon XIII, pape : 461, 482, 483, 495, 516.
Léopold de Bavière : 95, 125, 258, 490.
Léopold de Hohenzollern-Sigmaringen, prince : 241.
Léopold II, roi des Belges : 146, 149 à 151, 153, 157 à 159, 162, 163, 172, 183, 186, 194, 234, 265, 281, 282, 487 à 489, 507, 530.
Lesseps Ferdinand de : 169, 221.
Lévy Bernard-Henri : 185.
Liechtenstein de Henri, prince : 17.
Liechtenstein Elisabeth de, princesse : 17, 18.
Liechtenstein François de, prince : 489.
Liechtenstein Vincent de, prince : 18.

Liszt Franz : 13, 71.
Litvak Anatole : 532.
Lonyay Carl : 414.
Loschek, valet : 350, 404, 416, 430, 432, 435, 439, 444 à 447, 451, 459, 461, 462, 477, 479, 480, 512, 518.
Louis I$^{er}$, roi du Portugal : 139.
Louis II de Bavière : 41, 43, 47, 51, 55, 61, 65, 76, 79, 89, 95, 100, 101, 112, 119, 120, 121, 139, 141, 155, 165, 205, 218, 237, 262, 278, 283 à 288, 324, 341, 357, 409, 417, 472, 476, 484, 524.
Louise de Belgique, princesse : (voir Saxe-Cobourg Louise de).
Louis-Philippe : 95, 209.
Louis-Victor, archiduc, frère de François-Joseph : 101, 204, 205, 386.
Lueger Karl : 233.
Luitpold de Bavière : 95, 283.
Mackau Angélique de : 106.
Mackensie Morell, docteur : 316, 317.
Mac-Mahon, maréchal : 88, 156.
Majlath Georges : 58.
Makart Hans : 134, 135, 216, 218.
Mall, cuisinière : 430.
Manet Edouard : 221, 222.
Manz, maître imprimeur : 135.
Marais Jean : 535.
Margutti, général : 423.
Maria-Anna, veuve de Ferdinand I$^{er}$ : 133, 198, 199.
Maria-Antonia de Toscane : 131, 169.
Maria-Pia de Savoie, reine du Portugal : 139.
Marie-Antoinette, reine de France : 25, 50, 95.
Marie-Christine de Habsbourg Lorraine : 138.
Marie-Henriette, reine des Belges : 146, 150, 157, 159, 167, 180, 186, 192, 281, 487, 489, 507.
Marie-Thérèse, archiduchesse : 525, 526.
Marie-Thérèse, impératrice d'Autriche : 12, 45, 50, 57, 61, 68, 144, 178.
Marie-Valérie, fille de François-Joseph d'Autriche : 81 à 84, 96, 142, 154, 165, 175, 196, 233, 234, 274, 276, 283, 285, 286, 289, 301, 302, 323, 369, 375 à 377, 379, 407, 409, 441, 454, 455, 469, 473, 476, 485 à 489, 499, 518, 525.
Marion Bernard : 230.
Markus Winnie : 533.
Mason James : 533.
Mathilde, princesse : 72.
Maximilien I$^{er}$ de Habsbourg : 57, 63, 64, 73, 79, 108, 109, 135, 136, 162, 255, 278, 279, 282, 294, 295.
Mayer Laurenz, Mgr : 517.
Mayer, père : 76, 83.
Mazzini : 62.
Meilhac Henri : 295.
Meissner Florian : 307, 383.
Menger Karl : 41, 117, 120, 129, 210 à 212, 217, 363.
Meraviglia-Crivelli Antonia : 109.
Metternich de, chancelier : 11, 26, 33, 60, 91, 107, 166.
Metternich de, princesse : 320, 408.
Middleton George : 114, 116.
Missin, Mgr : 500.
Mitis Oskar von : 104.
Mitterrand Frédéric : 521.
Mols Dominique : 152.
Moltke : 54, 89, 313.
Monfort Silvia : 535.
Montesquieu : 41, 77, 95.
Mora Ferenc : 194.
Moulay Hassan, sultan : 139.
Mozart : 14, 41, 127, 155, 172, 218.
Mususrus-Bey, M$^{elle}$ : 539.
Napoléon I$^{er}$ : 13, 91.
Napoléon III : 34, 43, 53, 54, 57, 60, 63, 84 à 89, 295.
Nehammer, valet de chambre : 292, 432.
Neumann, docteur : 92, 499.
Nicolas I$^{er}$ de Monténégro : 260, 261.
Nicolas I$^{er}$, tsar : 12, 249, 418, 505.
Nicolas II, tsar : 321, 368.
Nopcsa, baron : 156, 284, 453, 454.

Nostitz-Rieneck, comtesse : 162, 191.
Obrénovitch Milan, prince de Serbie : 201, 202, 230, 253, 271, 284.
Offenbach : 208, 295.
Olga, grande-duchesse de Russie, reine de Grèce : 262.
Ordioni Pierre : 527.
Paar, comte : 453, 458.
Pachmann Robert : 131.
Pachmann Théodore : 131.
Page Geneviève : 533.
Paget Augustus, sir : 427.
Paget, lady : 398, 427, 441, 452.
Paléologue Maurice : 545.
Paoli Dominique : 108.
Paul, grand duc de Russie : 262.
Pausinger Franz Xaver : 169, 170, 200, 205, 243, 256, 329, 386.
Pelletan Camille : 221.
Pernesthorfer, député : 359.
Philippovich Joseph von, général : 124, 128.
Pie IX : 85, 86, 120.
Planker Sophie von : 204.
Poelaert Joseph : 155.
Ponguacz, violoniste : 351.
Pozsgáy Imre : 522.
Potocki Arthur, comte : 324, 325.
Pouchkine : 505.
Prack Rudolf : 533.
Prouvost Jean : 533.
Püschel : 430.
Racic, père : 330.
Radetzky, maréchal : 52.
Radziwill Catherine, princesse : 122.
Rampolla, cardinal : 500.
Reed Carol : 11.
Reichstadt de, duc : 349.
Reinach de, baron : 221, 307.
Rémy Jacques : 534.
Renard, général : 156.
Reuss, prince : 308, 312, 344, 358, 362, 367, 388, 389, 405, 423, 424, 428, 430, 460, 484, 504, 516, 517.
Revertera, comte : 482.
Richter Werner : 256, 532.
Roberts David : 170.

Rodeck, bijoutiers : 413, 415, 432, 434.
Ronay Hyacinthe de : 75.
Rothschild de, baron : 452, 460.
Rousseau Jean-Jacques : 41, 77.
Rousseau Nita : 543.
Rudigier, Mgr : 86.
Saint-Cère Jacques : 474, 513.
Salis Rodolphe : 213.
Salisbury, lord : 115, 116, 481, 530.
Salvan Georges-Albert : 15.
Sardou Victorien : 367.
Saxe-Cobourg Ferdinand de : 300, 315, 320 (voir aussi Ferdinand I$^{er}$, roi de Bulgarie)
Saxe-Cobourg Louise de : 151, 174, 214, 218, 239, 242, 257, 258, 267, 279, 324, 351, 374, 406, 427, 428, 436, 444, 490, 527.
Saxe-Cobourg Philippe de : 151, 258, 430, 437 à 441, 446, 449, 451, 461, 462, 486, 490, 494, 502, 512.
Scéchény : 44.
Schiel Irmgard, M$^{me}$ : 152, 281, 282, 330.
Schleswig-Holstein Augusta-Victoria, princesse : 229.
Schliemann : 271.
Schnaebelé, policier français : 315.
Schneider Romy : 12, 533.
Schnitzler Arthur : 306.
Schoenborn, comte : 353.
Schönerer von Georg : 343, 363.
Schratt Katharina : 268, 269, 324, 385, 454, 499, 514.
Schultz Josef : 218.
Schwarzenberg, Mgr : 160, 185, 186, 239.
Seckendorff von, comte : 318.
Seeburger, docteur : 27, 31.
Semper : 201.
Senil Marguerite : 256.
Sévillia Jean : 16, 18, 21.
Sharif Omar : 533.
Slatin, baron : 461, 462.
Smetana Bedrish : 127, 201.
Socupis Ella : 361.
Sommenthal, acteur : 223.
Sommssich Ella : 232.

Sophie, archiduchesse d'Autriche : 26 à 30, 33, 34, 39 à 41, 45, 47, 55, 62, 65, 67, 73, 78, 81, 84, 88 à 92, 107, 122, 133, 204, 349, 506.
Sophie, princesse, fille de François-Joseph d'Autriche : 26 à 28, 50.
Sorel Cécile : 541.
Spinder Oberst von : 509.
Staline : 12, 16, 525, 536.
Stamboulov Stefan : 289, 290, 299.
Stanley, explorateur : 150.
Steiningen von, baron : 231.
Stéphanie de Belgique, archiduchesse : 146 à 163, 167, 168, 171, 173 à 239, 242 à 247, 249, 250, 252, 254 à 267, 273, 277 à 280, 283, 300, 302, 303 à 306, 308, 313 à 315, 318, 324 à 326, 329 à 331, 337 à 343, 346 à 348, 351 à 353, 359, 360, 365, 374 à 376, 381, 384 à 386, 403, 406, 410, 419, 426, 428, 431, 436, 441, 443, 444, 454 à 458, 469, 473, 477, 487 à 491, 494, 502, 503, 507 à 510, 513, 527, 528, 535.
Stern Lisa : 360.
Sterneck von, amiral : 331.
Stockau, comte : 465, 466.
Strauss Edouard : 180.
Strauss Johann Fils : 164, 180, 182.
Strauss père : 182, 397.
Surcouf Marie, baronne : 523, 540.
Sylva Carmen (voir Wied Elisabeth de, reine de Roumanie)
Szechenyi, comte : 474.
Szeps Berta : 217, 224, 225. (voir aussi Zuckerkandl Berta)
Szeps Moritz : 210 à 227, 233, 234, 238, 239, 241, 244, 254 à 256, 274, 275, 290 à 293, 295, 297, 298, 300, 301, 310, 312, 315, 327, 328, 332, 334, 336, 337, 341, 343, 354, 355, 358, 360 à 369, 378, 379, 387, 416, 417, 427, 429, 431, 432, 439 à 442, 527, 528.
Szeps Sophie : 291, 295, 301 (voir aussi Clémenceau Sophie, M$^{me}$)
Szögyenyi-Marich Ladislaus, comte : 312, 429, 459, 494, 508, 510.

Taaffe, comte : 144, 200, 206, 208, 212, 217, 219, 223, 226, 244, 277, 307, 309, 332, 348, 353, 358, 367, 370, 418, 440 à 442, 446, 460, 488, 501, 541.
Talleyrand : 10.
Tilgner : 473.
Tisza Kolomàn : 99, 244, 245, 348, 442.
Toldy François : 93.
Tour et Taxis de, prince : 73.
Tour et Taxis Hélène de, princesse : 73, 74, 90.
Umberto I$^{er}$, roi d'Italie : 208.
Unia Pierre : 544.
Uzès d', duchesse : 334.
Van der Smissen, général : 298.
Van Linden : 523.
Vergami, député : 345.
Vetsera Albin : 390, 391, 496.
Vetsera Hannah : 417, 424.
Vetsera Hélène, baronne : 142, 145, 146, 208, 319, 390 à 395, 397, 403 à 405, 411, 414, 415, 417, 419, 424, 425, 432, 434, 437, 438, 440, 441, 446, 456, 458, 462, 464, 492, 493, 496, 500, 511, 524.
Vetsera Mary : 320, 390, 392 à 429, 432 à 469, 483, 492 à 496, 511 à 513, 517, 522 à 526, 529, 531, 532, 536 à 543.
Victor-Emmanuel II, roi d'Italie : 110.
Victor-Emmanuel III, roi d'Italie : 260.
Victor-Emmanuel, roi d'Italie : 43.
Victoria, épouse de Frédéric-Guillaume, kronprinz : 242, 316, 318, 323.
Victoria, reine d'Angleterre : 41, 112 à 116, 121, 124, 153, 213, 229, 316 à 319, 392, 481, 486, 530.
Vitold Michel : 535.
Vogt Walter : 372.
Vranitzky Franz : 22.
Wagner Cosima : 71.
Wagner Otto : 166.
Wagner Richard : 47, 71, 100, 284, 408, 409, 411, 417.

Waldersee, comte : 313.
Waldhein Kurt : 22.
Wallenstein, archiviste : 77.
Wallersee Marie (voir Larisch Marie).
Wallersee, baronne (Mendel Henriette) : 100.
Walterskirchen Max de, baron : 103.
Weber Franz : 432.
Wedel, colonel : 223.
Weilen Joseph von : 243, 330, 431, 472, 473, 503.
Welles Orson : 11.
Weygand, général : 108.
Widerhofer, docteur : 341, 462, 467, 468, 475.
Wied Elisabeth de, reine de Roumanie : 252, 253.
Willaut, inspecteur : 434.
Wilson : 522.
Windisch-Graetz Stéphanie de : 540.
Winterhalter Franz-Xavier : 40.
Wittelsbach Charles-Théodore : 67.
Wittelsbach Louis, duc : 99, 203, 309, 393.
Wittelsbach Ludovica, duchesse : 286.
Wittelsbach Marie de : 32.
Wittelsbach Mathilde de : 65.
Wittelsbach Othon de : 89, 262, 476.
Wittelsbach Sophie de : 65, 76, 79, 91, 100, 284.
Wodiczka : 430, 448.
Wolf Frédéric : 536, 537.
Wolf, Frau : 230 à 232, 238, 305, 307, 329, 382, 428.
Wolfson Victor : 421.
Wolter Charlotte : 218, 348.
Worth, couturier : 40, 68, 70, 319.
Ybl Miklos : 264.
Young Terence : 533.
Zeissberg, bibliothécaire : 77.
Zeníšek František : 201.
Zhismann, docteur : 92, 94.
Zilk Helmut : 22.
Zita de Bourbon-Parme, impératrice d'Autriche : 14 à 22, 183, 477, 525, 526, 529, 535, 538 à 543.
Zitek Josef : 127, 201 à 203.
Zuckerkandl Bertha : 224, 295, 301, 303, 429.
Zuckerkandl Emil : 295, 303.

# TABLE

*Avant-propos* .................................................................... 9

1. Un enfant sans amour ................................................. 25
2. Un prince éclairé ........................................................ 43
3. Une apparence de bonheur ......................................... 106
4. Des arrangements trompeurs ...................................... 196
5. Le messager de l'Empereur ........................................ 236
6. Inquiétudes et rumeurs ............................................... 276
7. Un rendez-vous secret ................................................ 292
8. Le prince des paradoxes ............................................. 303
9. Le souper de Mayerling .............................................. 327
10. Un fragile équilibre .................................................... 354
11. L'étau ........................................................................ 376
12. L'inconnue du Prater .................................................. 390
13. La menace ................................................................. 411
14. Le piège .................................................................... 430
15. La tragédie ................................................................ 448
16. L'énigme ................................................................... 470
17. Le doute .................................................................... 504

*Que sont devenus les contemporains ?* ............................ 547
*Sources et bibliographie* ................................................. 563
*Généalogies* ................................................................... 567
*Remerciements* ............................................................... 571
*Index* .............................................................................. 575

232

Baechler, Christian, Guillaume
 Bled, II (2003)
Jean-Paul

*Cet ouvrage a été imprimé par
CPI Firmin Didot à Mesnil-sur-l'Estrée
pour le compte des Éditions Perrin
76, rue Bonaparte
Paris 6ᵉ
en décembre 2011*

Composition et mise en page

NORD COMPO
multimédia

Dépôt légal : septembre 2004
N° d'édition : 1940 – N° d'impression : 109048
Imprimé en France